挖掘中东动荡复杂根源 ‖ 把握中东巨变历史脉络

中东政治专题研究

STUDIES ON MIDDLE EASTERN POLITICS

刘中民◎著

时事出版社

本书的出版得到了以下建设项目的经费支持：

上海外国语大学211工程重点学科建设项目

上海外国语大学上海市一流学科“政治学”学科建设项目

上海市高等学校智库“上海外国语大学中东研究所”建设项目

自　序

——从事中东研究二十年有感

中国圣贤孔子曰：

> 古之欲明明德于天下者，先治其国，欲治其国者，先齐其家；欲齐其家者，先修其身；欲修其身者，先正其心；欲正其心者，先诚其意；欲诚其意者，先致其知，致知在格物。物格而后知至，知至而后意诚，意诚而后心正，心正而后身修，身修而后家齐，家齐而后国治，国治而后天下平。自天子以至于庶人，壹是皆以修身为本。

孔子哲言的落脚点在于，无论是“天子”还是“庶人”，为人之本在于“修身”。对于属于“庶人”的多数人而言，终其一生如能达致“修身”、“齐家”已实属不易，而能参与“治国”、“平天下”者只是凤毛麟角而已。身为凡人，我们虽远离“治平”之伟业，却无法逃脱“修齐”之身家生活。“修身”之难在于它需要完成“格物”、“致知”、“诚意”、“正心”一系列相互联系的重要环节，正所谓“如切如磋者，道学也；如琢如磨者，自修也”。

如果从修身的角度来看待学术研究，学术研究也就是修身的过程。学术追求基本上可以概括为“格物致知”和“诚意正心”两个相辅相成的环节。“格物致知”是在认识层面对事物本原的探究，“诚意正心”是精神和伦理层面的价值追求，二者相辅相成、互为支撑。通俗地讲，“格物致知”和“诚意正心”是知识分子安身立命的两大基石，亦即许多学界前辈所言的“道德文章”，“诚意正心”乃道德修行的为人之道，“格物致知”乃学术研究的为学之道。知识分子一生的活动都围绕道德文章而展开，荣辱褒贬均系于“诚意正心”的道德修养和“格物致知”的学术素养。

在已过不惑之年且直奔天命之年之际，虽已不致为生存之忧所困，但仍难免为世俗名利所扰。虽身为凡夫俗子，在闲暇时重读孔子名篇《大学》，却也围绕“修身为本”多了几分不同以往的感悟。感受之一是“君子必慎其独”的重要性，“慎独”是达到“诚意”的根本；感受之二是“修身在正其心”的重要性，身有“忿懥”、“恐惧”、“好乐”、“忧患”，“则不得其正”。

本书的序言之所以从重读《大学》的感受谈起，其原因主要有二，这也是作者决定选取从事中东研究20年的主要论文结集出版的原因。首先，本人试图以慎独和自省之心，对自己从事中东研究二十年的历程进行回顾与反思，鞭策自己敬畏学术、敬畏道德，并从中获取未来为人为学的精神动力。其次，中东研究在中国国际问题研究中乃偏僻一隅，国际问题研究在中国人文社会科学研究中乃未成体系之学，亟需我辈树立道德自觉和学术自觉，为中国中东学、国际关系学早具雏形及至自成体系添砖加瓦。

与中东研究偶然结缘

我与中东研究的结缘实属偶然，时至今日仍有阴差阳错之感，也时常感叹命运造化的难以抗拒。我于1968年出生于冀东偏僻农村，虽家境贫寒，但也生逢变革时代，乃有凭借高考在20世纪80年代走出大山、进城求学之机遇。像那个时代的许多农村孩子一样，参加高考完全出于功利，最直接的目的在于能拥有父辈所期待的体面的工作和生活，全然不知学术为何物，遑论从事国际问题研究和中东研究。

虽出身农村寒门，但我所在的家族尚属读书之家，前辈和同辈中有多人考入大学，同时也多有爱好文学之人，少许的文学著作也成为我能够阅读到的唯一一种课外书。因此，那时的梦想是考取国家全部负担学费并有生活补助的师范院校，毕业后回乡做一名中学语文教师。

除文学外，我感兴趣的另一领域是历史，当然那时对历史的理解远非真正的历史学。最初接触到的所谓历史来自地方戏（如儿时痴迷的冀东皮影戏），传统评书（那个年代农村最具影响的娱乐方式），以及祖父炕头泛黄的破旧历史小说（如《水浒传》）中的野史。稍后接触到的一点真正意义上的历史，得益于高中历史教师潘敏老师的博学，他在教授基本历史知识的同时，常有当时在我看来非常高深的知识拓展与评论。那时在世界历史课程中了解到的巴比伦王国、波斯帝国和阿拉伯帝国，以及作为世界三大宗教之一的伊斯兰教，构成了我最早接触到的关于中东的历史知识。在我参加高考的1987年，潘敏老师考取了南开大学历史系的硕士研究生，这也是我第一次知晓大学毕业后还可以通过攻读研究生继续深造。回想起来，这对我产生了非常深刻的影响，大学期间与潘敏老师的继续交往，构成了大学毕业时选择攻读研究生的最直接原因。

我的高考成绩并不理想，起码与平时成绩有非常大的差距。其结果是，我未能如许多老师的期待考取重点大学，仅考取了地处省城石家庄的河北师范学院（现已并入河北师范大学），也未能实现学习中文和历史专业的夙愿，阴差阳错地被政治教育专业录取。入学后方才了解到，中文和历史专业的录取分数要略高于政治教育专业。学习政治教育专业便成为我与政治学结缘，乃至后来与中东政治研究结缘的起点。

在四年的政治教育专业学习中，所学内容十分庞杂，包括哲学、经济学、历史学、法学、心理学、伦理学、管理学、宗教学等几乎所有社会科学学科，虽然对这些学科的学习只能是入门的基础，但回想起来却觉得十分受用，起码使自己的知识视野大为开拓。

大学期间对我影响最深的是讲授政治经济学的刘永瑞教授，他是一位博学善辩、勤于思考，同时有惊人记忆力的青年学者，至今仍能回忆起他在课堂上信手拈来大段背诵《资本论》的奕奕神采。也许是出于对博学者的崇拜，我大三的学年论文和大四的毕业论文都选择了刘永瑞教授为指导教师，并有幸得到悉心指导和严格要求。我的毕业论文“论国家垄断资本主义条件下的国民经济军事化”经刘老师数次修改，后来于1993年正式发表，成为我的学术处女作。后来的20多年里，刘永瑞老师因能力出众，先后出任学校副校长、教育厅长、省委统战部长等职务，直至目前担任河北省政协副主席。在河北学习和工作期间，还经常有幸得到刘老师的教诲。后来因工作调动离开河北后，由于奔波忙碌，已许久未能与刘老师联系。但每每静坐回忆往事时，仍对刘老师的学术启蒙心怀万分感激。

我上大四的1990年，适逢河北师院政教系设立“当代世界政治经济与国际关系”硕士点（隶属于马克思主义教育学科），已经对学术研究产生一定兴趣的我决定报考，也算经过过关斩将，成为该专业于1991年招收的两名硕士研究生之一，师从王仲义教授从事“宗教与第三世界政治”研究方向的学习。王仲义教授当时主要从事宗教与中东政治研究的开拓性工作，这也成为我走进中东研究领域的首要原因。

王仲义教授于20世纪60年代毕业于南开大学历史系世界史专业，擅长历史研究。先生指导学生的最大特点是为人平和、尊重个性。由于我对中东的了解近乎于空白，先生要求我广泛学习关于中东历史、民族、宗教、国际关系等领域的基础知识，但却从不强加任何规定性的任务，还算自觉的我十分适应这种学习方式。我的师弟田文林也很喜欢这种学习方式，他目前就职于中国现代国际关系研究院，已是国内中东研究领域的知名青年学者。

在具备了初步的知识基础后，我于1993年选择“论伊斯兰教对中东政治的影响”作为硕士学位论文题目，主要从中东国家政治发展和中东国际关系两大视角，分析伊斯兰教对中东政治的影响，最后形成了8万余字的硕士学位论文。由于题目过大，其内容自然十分粗糙，但该领域的研究在20世纪90年代初尚属于前沿性研究，因此在论文答辩中得到了专家学者的充分肯定。

在准备论文的过程中，在导师王仲义先生推荐下，我有幸结识我国著名伊斯兰问题专家、时任中国社会科学院世界宗教研究所所长的吴云贵先生，并曾经在1993年到世界宗教研究所聆听先生教诲，使我颇有茅塞顿开之感。后来，吴云贵先生不仅拨冗作为答辩委员会主席参加了我的论文答辩，还曾在百忙之中仔细批改我的两篇论文，即《宗教对国际政治的影响》和《伊斯兰与西方——兼评“伊斯兰威胁论”》，后来分别于发表于学术期刊《欧洲》杂志的1996年第5期和1997年第3期，对于引导我走上学术道路影响颇深。

从事中东研究的起步阶段

以1994年参加工作、1998年考取北京大学博士研究生和2002年、2007年两次调动工作为分界线，我从事中东研究这20年大致可以划分为四个阶段，基本是每五年一个周期。

1994—1998年是我从事中东研究的第一个阶段。

1994年硕士研究生毕业后，我在河北师院政治教育系留校任教，主要从事“宗教学概论”、“政治学”、“当代世界经济与政治”等课程的教学工作。虽然教学任务繁重、生活条件艰苦，但今天回忆起当年在筒子楼陋室备课和写论文的情景，却多是苦中有乐的充实感。

在为本科大学生授课的四年间，对宗教学、政治学、国际关系学理论的学习，对后来的学术研究大有裨益，其最重要的收获是使我的学术视野并未狭隘局限于中东研究领域，而是拓展到政治学和国际政治的相关领域，而这反过来又增强了中东研究的理论深度。在此期间，经过努力，我在修改完善硕士学位论文的基础上，整理发表了10余篇、总字数20余万字译文与论文，它们分别是：

1. 《世界新格局下的伊斯兰教》（译文），载《世界宗教资料》1993年第4期。
2. 《关于冷战后全球民族主义的多维思考》，载《世界经济与政治》1995年第12期。
3. 《伊斯兰教与阿以冲突的关系探析》，载《西亚非洲资料》1995年第1期。
4. 《从三大国际冲突看伊斯兰教对国际政治的影响》，载《西亚非洲资料》1996年第1期。
5. 《伊斯兰教与两伊战争》，载《中东》1995年第1期。

6.《冷战后国际政治形势的特点》，载《现代国际关系》1996 年第 5 期。

7.《冷战后伊斯兰原教旨主义的新特点》，载《世界宗教文化》1996 年夏季号。

8.《伊斯兰教、民主与西方》（译文），载《国外哲学社会科学文摘》1996 年第 2 期。

9.《伊斯兰教与当代伊斯兰世界的国际合作》，载《世界经济与政治》1996 年第 11 期。

10.《宗教对国际政治的影响》，载《欧洲》1996 年第 5 期。

11.《论伊斯兰教在当代中东伊斯兰国家的社会调控作用》，载《宁夏社会科学》1996 年第 2 期。

12.《伊斯兰教在当代中东伊斯兰国家的社会分化作用》，载《宁夏社会科学》1997 年第 2 期。

13.《伊斯兰与西方——兼评“伊斯兰威胁论”》，载《欧洲》1997 年第 3 期。

14.《冷战后伊斯兰教影响中东政治与国际政治的历史走向》，载《宁夏社会科学》1998 年第 2 期。

15.《对中东的在思考》（译文），载《高校社科情报》1998 年第 3 期。

16.《文化与国际政治的关系管窥》，载《欧洲》1998 年第 5 期

从事中东研究的深入阶段

1998—2002 年是我从事中东研究的第二个阶段。

1998 年，也是我的而立之年。从功利的角度说，那是我收获颇丰的一年。正是在那一年，我申请国家社会科学基金课题“伊斯兰复兴运动与当代中东伊斯兰国家社会历史发展”获得成功；随后又于当年 9 月考取了北京大学国际关系学院博士研究生，师从我国著名非洲问题专家陆庭恩先生学习深造；那年岁末，我在担任讲师两年后破格晋升为副教授。

成绩的取得总是离不开师长的提携，期间对我帮助最大的莫过于我大

学期间的授业恩师王凤鸣老师。在河北师范学院于1997年并入河北师范大学后，当年从北京大学国际关系学院博士毕业的王凤鸣老师出任法政学院院长，也就是我工作单位的领导。王老师虽仅年长我5岁，但却是我进入国际问题研究的领路人。大学期间，王老师讲授“国际共产主义运动史”，至今我仍清晰地记得，正是他在课堂上对苏联东欧问题的深入分析，使我对国际问题产生了浓厚的兴趣。在大学和硕士研究生期间，我和另外几位同学都曾在学业和生活上得到王老师的无私帮助。他从北大学成返校工作后，在频繁的工作和生活交往中，我在学术上多次得到他的指点与提携。正是通过王老师的介绍，经庞中英师兄（现已是国内知名的国际问题专家）推荐，我才得以认识北京大学的陆庭恩先生，并于1998年师从先生攻读博士研究生。后来，王老师先后担任河北经贸大学、河北大学副校长，联系虽少，但我对王老师予以的巨大帮助却始终不敢忘怀。

北大三年求学对我的学术成长至关重要。陆庭恩先生堪为典范的为学、为人之道，都使我对北大的优良学术传统感受至深。陆老师指导博士生的研究方向是“当代世界民族与民主”，并主要研究民族问题，而我有限的研究基础在于中东伊斯兰问题研究，并且当时正在从事相关的国家社科基金的课题研究。因此，经过多次交流，先生点拨我可在“伊斯兰复兴”、“中东民族主义”、“中东政治”几个方面寻找结合点，使我很快选择“中东民族主义与伊斯兰教关系”作为博士论文的研究选题。这一领域也成为我近十余年来长期研究的领域，可谓使我终身受益。

陆庭恩先生在中国非洲史学界是当之无愧的领袖，许多非洲研究的后起之秀都曾得到其大力提携。2006年，先生已届七旬，在卸去北京大学非洲研究中心主任的行政职务后，出于对身体健康的自信，他制定了非常庞大的研究计划，并开始着手工作。但也许正是由于过度劳累，先生突然因患严重中风住进了医院。经治疗虽生活能够基本自理，但他的非洲研究事业却已无法继续。先生从事非洲研究，我从事中东研究，在研究领域上并无太多交集，但先生的治学方法与为人之道却使我受益终生，没齿难忘。

2000年底，也就是我博士毕业的半年前，我在担任副教授两年后破格晋升为教授，当时也是整个河北师范大学最年轻的教授之一，成为我攻读博士期间取得的最大收获。

2001年7月，在博士顺利毕业后，我返回河北师范大学法政学院任教。坦率地讲，各种主客观因素使自身的心态发生了较大的变化。在此背景下，我对学习和工作达十几年之久的城市石家庄顿生厌倦，并于2002年12月进行工作调动，奔赴美丽的海滨城市青岛，到中国海洋大学法政学院从事教学科研工作。

客观而言，1998~2002年既是学业、事业大有收获的5年，也是生活、事业压力最大的5年。虽面临诸多压力、困惑与迷茫，但对学术的真诚追求并无改变，并在中东研究和国际政治研究领域内发表了10余篇学术论文，出版了学术专著2部。它们分别是：

1.《国际政治社会学》（合著，第一作者），中国军事科学出版社1999年版。
2.《文化与当代国际政治》（合著，第二作者），人民出版社2002年版。
3.《文化对冷战后国际政治的影响与跨世纪中国文化战略的构建》，载《中国软科学》1998年第3期。
4.《伊斯兰复兴运动与中东现代化的互动关系》，载《西亚非洲》1999年第2期。
5.《关于冷战后世界民族主义的若干认识》，载《世界民族》1999年第4期。
6.《犹太教对犹太复国主义的影响》，载《世界民族》1999年第2期。
7.《科索沃战争与冷战后国际秩序》，载《欧洲》1999年第5期。
8.《国际政治社会化初探》，载《世界经济与政治》1999年第3期。
9.《伊斯兰复兴运动与土耳其的社会历史发展》，载《宁夏社会科学》2000年第3期。
10.《伊斯兰复兴运动与当代埃及》，载《西亚非洲》2000年第3期。
11.《当代中东伊斯兰复兴运动的政治文化机理》，载《宁夏社会科学》2001年第5期。
12.《安东·萨阿德的民族主义思想宗教观》，载《西亚非洲》2001年第2期。

13.《伊斯兰原教旨主义对民族主义的思想挑战》，载《世界民族》2001年第6期。

14.《埃及的地方阿拉伯民族主义与伊斯兰教》，载《世界民族》2001年第3期。

15.《试析影响国际格局的民族主义因素》，载《世界经济与政治》2002年第8期。

从事中东研究的调整阶段

2003—2007年在中国海洋大学工作的近5年时间，是我从事中东研究的第三个阶段。

初到青岛的2003年，除承担并不繁重的教学任务外，休养生息、调整心态成为我最主要的任务。游走崂山的秀丽山水，漫步风景如画的黄海之滨，这种寄情山水的生活，的确让人有“思接千载”、“心游万仞”的释然与惬意。

经过调整后，以淡泊和安静的心态从事教学科研工作成为我最大的乐趣。但不久后我便发现，对于以海洋人才培养和科学研究为特色，并以理工学科见长的中国海洋大学而言，我所从事的中东研究无疑是边缘之边缘。在学校以海洋科学为支撑，着力打造海洋人文社会科学的浓郁氛围下，融入学校的主流学科，以自身具有的一定的国际政治研究为基础，从事海权理论和海洋战略研究，成为无法规避的选择。

在海洋研究和学科建设领域，我从事的工作主要有二：首先，积极参与学校的海洋人文社会科学的学科建设，尤其对申请教育部人文社会科学重点研究基地“中国海洋大学海洋发展研究院”、具有海洋研究特色的国际政治硕士点等工作奉献了一己之力。其次，以文献整理为起点，围绕海权与大国兴衰、中国海权战略、海洋权益争端、中国近代海防思想、国际海洋环境制度等问题进行了专题研究，通过近五年的耕耘也算颇有收获，相继在核心期刊发表了十余篇论文，并有专著出版。①

当然，对于当时已经从事近十年之久的中东研究，无论如何也是难以割舍。但在该领域的研究中，由于在青岛工作期间与中东研究学界渐行渐远，其研究基本上已属个体户式的单独研究，同时也需要在海洋问题研究与中东研究两大领域之间平衡用力，其艰难困苦只有自己心知肚明。

总之，在把主要精力投入到海洋问题研究的情况下，在中东和国际政治领域的研究主要是吃老本，能对中东研究保持不舍不弃已属不易，也算为后来回归中东研究积累了一点资本。那五年在中东研究领域从事的工作主要包括：第一，基于深入研究中东民族主义与伊斯兰教关系的需要，对民族主义理论进行了系统的学习和思考，并主要围绕民族主义与当代国际政治进行了一定的研究。第二，对过去完成的国家社科基金课题的最终成果和博士学位论

---

① 在中国海洋大学工作期间，我在海洋研究领域取得的主要成果包括：

《中国近代海防思想史论》，青岛：中国海洋大学出版社2006年版。

《国际海洋政治专题研究》（合著，第一作者），青岛：中国海洋大学出版社2007年版。

《国际海洋制度导论》（主编），北京：海洋出版社2007年版。

"海权争霸与俄苏的兴衰及其历史反思"，载《东北亚论坛》2004年第6期。

"复合相互依赖论与海洋政治研究"，载《太平洋学报》2004年第7期。

"海洋领域的非传统安全威胁及其对当代国际关系的影响"，载《中国海洋大学学报》2004年第4期。

"试论邓小平的海洋政治战略思想"，载《中国海洋大学学报》2005年第5期。

"中国海权发展战略的若干思考"，载《外交评论》2005年第1期。

"海权问题与中美关系：矛盾的认知与艰难的选择"，载《外交评论》2005年第6期。

"《海底政治》述评——兼论国际海底政治的新发展"，载《中国海洋法评论》2006年第1期。

"20世纪90年代以来国内南海问题研究综述"（合著），载《中国海洋大学学报》2006年第3期。

"近十年来国内钓鱼岛问题研究综述"（合著），载《中国海洋大学学报》2006年第1期。

"地缘政治理论中的海权问题研究"（合著），载《太平洋学报》2006年第3期。

"中日海权争端的态势及其对策思考"，载《太平洋学报》2006年第3期。

"海权问题与中美关系述论"，载《东北亚论坛》2006年第5期。

"中国与国际海洋制度的互动关系"，《中国海洋大学学报》，2007年第1期。

文修改完善和整理出版，同时整理发表了几篇相关的学术论文。它们主要包括：

1.《当代中东伊斯兰复兴运动研究》，香港社会科学出版社，2004 年版

2.《挑战与回应：中东民族主义与伊斯兰教关系评析》，世界知识出版社 2005 年版。

3.《民族主义与当代国际政治》（合著，第一作者），世界知识出版社 2006 年版。

4.《萨达姆之后：美国中东霸权面临的挑战》，载《世界经济与政治》2003 年第 5 期。

5.《关于伊斯兰复兴运动术语、概念和类型研究的学术讨论》，载《宁夏社会科学》2003 年第 3 期。

6.《西方国际关系理论视野中的非传统安全研究》，载《世界经济与政治》2004 年第 4 期。

7.《伊斯兰复兴运动对中东伊斯兰国家关系的影响》，载《宁夏社会科学》2004 年第 5 期。

8.《伊斯兰复兴运动与当代中东政治发展》，载《宁夏社会科学》2004 年第 1 期。

9.《纳赛尔的阿拉伯民族主义与伊斯兰教》，载《宁夏社会科学》2006 年第 2 期。

10.《中东民族主义与伊斯兰教关系评析》，载《阿拉伯世界研究》2007 年第 3 期。

11.《萨提·胡斯里的阿拉伯民族主义与伊斯兰教》，载《阿拉伯世界研究》2007 年第 1 期。

从事中东研究的再创业阶段

在青岛的近 5 年工作可谓有得有失。对世界海洋政治进行的开拓性研究可谓得，这使得我在近几年不断趋热的海洋研究中仍拥有一定的话语权；与中东研究渐行渐远可谓失，当时几乎是通过吃老本使自己尚能够保持与中东研究的联系。至 2006 年前后，由于海洋问题研究的任务日趋繁重，我长期

从事的中东研究已近于停滞，但十余年间对中东研究的深厚学术感情又实在令我心有不甘。

正在困顿茫然之际，时任上海外国语大学中东研究所所长、中国知名中东问题专家朱威烈先生为我回归中东研究提供了重要的机遇。2006年岁末，朱先生亲自致信诚邀我加盟中东研究所。收到邀请后，我虽对朱先生的盛情邀请心怀感激，但已经小有成绩的海洋研究，青岛的舒适生活环境，上海令人恐惧的房价等生活压力，都令我难于迅速做出举家南迁上海的决定。因此，最初我只能无奈地选择婉拒，但从事中东研究的诱惑以及上海更好的学术氛围，又让我始终难以压抑到上海工作的冲动。

在几经思想斗争后，我还是决定南下上海、回归中东研究。2007年9月，我正式进入上外中东研究所工作。中东研究所作为教育部人文社会科学重点研究基地，具有政策研究和国际化水平较高的鲜明特点。来上海之初，朱威烈教授在工作和生活方面提供诸多关照的同时，也殷切地希望我能把提升政策研究和国际化水平作为工作的重点。对于长期从事基础研究和理论研究的我来说，完成这种转型和重塑无疑是一种沉重的压力。进入中东研究所工作近六年来，自己虽远未完成彻底的转型，但在朱威烈教授的指点与提携下，在自身的不断努力下，我从事中东研究的领域和方式亦已发生深刻的变化。

变化之一是从单纯的基础研究向基础研究、动态研究、政策研究相结合的转变。近几年来，在继续从事伊斯兰复兴、中东民族主义与伊斯兰教等领域基础研究的同时，对中东热点问题、反恐问题、中东国家外交、大国中东战略、中东变局、中国与中东关系等问题均已有所涉略，动态研究和政策研究的内容得到较为明显的加强。

变化之二是迈出了国际化的第一步。在进入上外中东研究所工作之前，自己在中东研究领域的国际交流近乎于空白，更无到中东国家进行考察、调研的经历，因此完全是一种书斋内的静态研究。近几年间，受益于中东研究所这一国际交流平台，除能够在研究所内广泛接触来访的国外人士外，还两次到美国参加学术会议，五次到中东国家进行学术访问和调研，走访了沙特、卡塔尔、阿联酋、叙利亚、黎巴嫩、埃及、苏丹、利比亚、以色列等近一半的中东国家，近距离观察了南苏丹独立和“阿拉伯之春”等重大历史事件，使自己的中东研究增加了许多现场感。

变化之三是研究成果的多元化和通俗化。较之过去主要撰写纯学术的专著与论文，近年来结合动态研究和政策研究，通过做讲座、接受媒体采访、撰写时政评论和调研报告等方式，不断适应学术研究应服务于国家与社会需求的发展趋势，逐步实现了研究成果的多元化、通俗化，尤其是结合近三年来的阿拉伯大变局，在《人民日报》、《环球时报》、《世界知识》、《文汇报》、《解放日报》、《中国社会科学报》、《东方早报》等大众媒体发表了几十篇时政评论（具体情况参见本书附录），对引导社会舆论发挥了一定的作用。

变化之四是积极参与中东研究的学科建设、智库建设。近几年来，积极参与了政治学一级学科博士点和博士后流动站、自主设置二级学科“中东研究”博士点、211 工程 3 期建设项目“中国特色的阿拉伯学—中东学”、上海市高等学校智库“中东研究所”等学科建设项目的申报与管理工作，积极致力于中东研究所的“思想库”、“信息库”和“人才库”建设，为中东研究所的学科建设和智库建设付出了辛勤的劳动。

近六年来，由于工作内容的增加，尤其是在承担行政管理工作后，如何平衡繁杂的行政事务和学术研究的关系，始终是自身面临的最大困惑。这里我必须对现任中东研究所名誉所长的朱威烈先生深表谢意与敬意。几年来，朱先生多次在思想上释疑解惑，在工作上排忧解难，才使自己能够克服畏难情绪，不断探索前行。而他在大病初愈后依然不遗余力地坚持学术研究和学科建设的精神，更是堪为楷模。

在中东研究所工作期间，虽然为学术之外的许多繁杂事务所累，但我对学术研究始终不敢懈怠；在加强动态研究、政策研究的同时，也从不轻视作为学术根本的基础研究。近六年来，在中东研究和国际政治研究领域仍产生了一批较为规范的研究成果。它们主要包括：

1.《民族与宗教的互动：阿拉伯民族主义与伊斯兰教关系研究》（专著），时事出版社 2010 年版。

2.《中东地区发展报告：中东变局的多维透视》（2012 年卷，主编），时事出版社 2013 年版。

3.《中东民族国家建设中的民族主义与伊斯兰教》，载《国际观察》2008 年第 5 期。

4.《巴列维王朝时期的伊朗民族主义与伊斯兰教》，载《宁夏社会科学》2008 年第 3 期。

5.《从族群与国家认同的矛盾看阿拉伯国家的国内冲突》，载《阿拉伯

世界研究》2008 年第 3 期

6.《从“烟草抗议”到“宪政革命”——伊斯兰教与 19 世纪末 20 世纪初的伊朗民族主义》，载《西亚非洲》2008 年第 12 期。

7.《从原始共同体到民族共同体——齐亚・格卡尔普的土耳其民族主义思想研究（上）》，载《西亚非洲》2008 年第 8 期。

8.《从普世主义与帝国传统走向民族主义——齐亚・格卡尔普的土耳其民族主义思想研究（下）》，载《西亚非洲》2008 年第 9 期。

9.《中国中东外交三十年》（上），载《宁夏社会科学》2008 年第 5 期。

10.《中国中东外交三十年》（下），载《宁夏社会科学》2009 年第 1 期。

11.《中国热点外交研究》，载《东北亚论坛》2009 年第 3 期。

12.《中东伊斯兰地区与国际体系的关系缘何紧张——次国家行为体视角的分析》，载《国际观察》2009 年第 5 期。

13.《和平与反恐：奥巴马政府中东政策面临的双重挑战》，载《外交评论》2009 年第 5 期。

14.《阿富汗尼伊斯兰改革主义的双重历史遗产——民族主义与伊斯兰复兴主义》，载《宁夏社会科学》2009 年第 5 期。

15.《巴基斯坦恐怖组织与中东的联系及其对“动荡弧”地带的影响》，载《阿拉伯世界研究》2009 年第 2 期。

16.《从单方援助到互利共赢：中国与发展中国家经济关系六十年》，载《宁夏社会科学》2009 年第 6 期。

17.《中国对发展中国家战略六十年》，载《国际展望》2009 年第 5 期。

18.《阿拉伯民族的三大特点及其对阿拉伯政治思潮的影响》，载《国际观察》2010 年第 3 期。

19.《关于加强中国热点外交的若干对策思考》，载《东北亚论坛》2010 年第 1 期。

20.《中国的中东热点外交：历史、理念、经验与影响》，载《阿拉伯世界研究》2011 年第 1 期。

21.《从阿拉伯民族主义到巴勒斯坦民族主义——20 世纪上半叶巴勒斯坦地区民族主义的发展与转型》，载《西亚非洲》2011 年第 7 期。

22.《伊斯兰主义的“伊斯兰国家”思想》，载《西亚非洲》2011 年第 4 期。

23.《当代伊朗外交的历史嬗变及其特征》，载《宁夏社会科学》2011年第1期。

24.《中东变局与世界主要大国中东战略的调整》，载《西亚非洲》2012年第2期。

25.《关于中东变局的若干基本问题》，载《阿拉伯世界研究》2012年第2期。

26.《中东变局与中国外交的几个基本问题》，载《国际观察》2012年第1期。

27.《巴勒斯坦内部伊斯兰主义与世俗民族主义的矛盾纷争》，载《西亚非洲》2013年第2期。

说起在上海工作以来的学术研究，我还必须提及至今仍牵扯我一定精力的海洋问题研究。坦率地讲，受精力所限，来上海后对海洋问题的研究已逐步弱化，乃至到目前已经很难再进行系统的研究。近年所发表的成果基本上是在青岛期间的积累，即我于2004～2008年承担的科研课题“世界海洋政治的发展与中国海洋战略的选择”的最终成果，所产生的专著和论文均来源于对此成果的整理和拓展。① 但是，伴随近年来中国与周边国家海洋权益

---

① 2007年9月来上海工作后，我在海洋研究领域发表的主要成果包括：

《世界海洋政治与中国海洋发展战略》（专著），时事出版社2009年版。

“关于海权与大国崛起问题的若干思考”，载《世界经济与政治》2007年第12期。

“冷战后东南亚国家南海政策的发展动向与中国的对策思考”，载《南洋问题研究》2008年第2期。

“领海制度形成与发展的国际关系分析”，载《太平洋学报》2008年第3期。

“海权发展的历史动力及其对大国兴衰的影响”，载《太平洋学报》2008年第5期。

“《联合国海洋法公约》生效的负面效应分析”，载《外交评论》2008年第3期

“中国国际问题研究视域中的国际海洋政治研究述评”，载《太平洋学报》2009年第6期

“海权与大国兴衰的历史反思”，载《文汇报》2010年6月13日第10版。

“国际海洋形势变革背景下的中国海洋安全战略研究”，载《国际观察》2011年第3期。

“毛泽东、邓小平、江泽民海洋战略思想探说”，载《中国军事科学》2012年第2期。

“中国海洋强国建设的海权战略选择”，载《太平洋学报》，2013年第8期。

争端的加剧，国家和社会对海洋战略研究的需求迅速加大，我也不断收到学术期刊和大众媒体的约稿请求，但苦于分身无术，目前除撰写某些短小评论文章外，对其他请求实在无法一一满足，借此机会我在这里谨致歉意。

本书选取的40个研究专题，是我从事中东研究20年来较规范的学术论文的集合，选取的原则主要有二：第一，在总体上以基础研究和理论研究成果为主，这些成果主要包括伊斯兰复兴与中东政治、中东民族主义与伊斯兰教关系、中东热点问题与国际关系三大领域的研究成果，希求能对中国中东研究的知识积累有所裨益。第二，动态研究和政策研究成果主要以中东热点问题、中东国家外交、中东变局、大国中东外交等领域的近期成果为主，希求能对认识近年来的中东形势有所帮助。

所有论文在收入本书时，除对注释体例进行统一和对部分文字谬误进行修改外，其内容尤其是主旨思想都未作改动，以充分尊重历史。最后，我对长期以来发表本人成果的《世界经济与政治》、《外交评论》、《欧洲》（现已更名为《欧洲研究》）、《西亚非洲》、《世界民族》、《国际观察》、《宁夏社会科学》、《阿拉伯世界研究》等学术期刊编辑部，以及付出辛勤劳动的责任编辑深表谢意。本书的结集出版，得到了长期合作伙伴、时事出版社苏绣芳女士的大力支持，这里同样深表感谢。

汉代无名氏留诗曰："生年不满百，常怀千岁忧。昼短苦夜长，何不秉烛游。"其主旨思想意在说明人生苦短，自当心无旁骛，及时行乐。但我更愿意对"生年不满百，常怀千岁忧"作更积极的理解。人生百年者至少，但常怀千岁之忧者甚多，千岁之忧恰恰体现了人类作为社会性动物的人文关怀和历史关怀，因此得以有文化香火之绵延传承。学术研究同样如此，其积累和进步得益于历代以来无数人的忧患意识和不懈探索。

掐指算来，至退休之前我尚能有20年的时光投入于学术研究。中东研究虽为社会科学研究偏僻一隅，但伴随崛起之中国与中东联系日趋紧密，尤其是"阿拉伯之春"以来中东变革与转型之巨，当有无数艰深议题需要我辈研究破解。

是为序！

刘中民

2013年8月于酷暑中的上海

目　录

第一编　伊斯兰复兴与中东政治研究

第三编 中东国际关系与热点问题研究

第一编

伊斯兰复兴与中东政治研究

专题1

关于伊斯兰复兴运动概念、术语和类型研究的若干讨论*

【摘要】通观近年来我国的伊斯兰复兴运动研究，在概念和术语的使用上存在着多种说法。本文认为，由于当代的“伊斯兰现象”波及范围之广、形式之多样，对于伊斯兰世界所出现的形形色色的“伊斯兰现象”，还是使用“伊斯兰复兴运动”这一术语较为妥当。对于伊斯兰复兴运动的形式划分，从国际和国内的角度可以划分为国际层面的伊斯兰复兴和国家层面的伊斯兰复兴；对于伊斯兰国家内部的伊斯兰复兴，可以划分为穆斯林民众精神信仰的复兴，伊斯兰社会文化的复兴，伊斯兰在国家政治中的复兴。

伴随我国伊斯兰复兴运动研究的不断深入，伊斯兰复兴运动成为国际政治、世界历史和宗教学界研究的重要领域，并相继产生了一大批代表我国伊斯兰复兴运动研究水平的著述。但是，由于所属学科以及研究视角的不同，加之受伊斯兰复兴运动本身复杂性的影响，在关于伊斯兰复兴运动概念内涵和形式划分这两个基本问题上，存在着一定的分歧并在某种程度上导致了学术规范的混乱。众所周知，严谨的学术规范是进行学术研究的必要前提。因此，本文拟在对伊斯兰复兴运动概念和类型研究情况进行介绍总结的基础

* 原载《宁夏社会科学》2003年第3期。

上，对这两个问题进行力所能及的学术梳理，希望能对建立我国伊斯兰复兴运动研究的学术规范有所裨益。

关于概念的界定和术语的使用

通观近年来我国伊斯兰复兴运动的研究，在概念和术语的使用上主要有以下几种：即“伊斯兰复兴运动”、“伊斯兰原教旨主义”、“伊斯兰主义”、“现代伊斯兰主义”、“伊斯兰运动”等。下文笔者首先加以介绍，然后谈一点自己的看法。

“伊斯兰复兴运动”是使用频率较高的术语。有的学者指出，它是指面对伊斯兰世界的衰落，伊斯兰社会在个人信仰、社会生活、国家政治以及国际关系等层面日益强调和重视伊斯兰文化传统而出现的伊斯兰在精神信仰、社会生活、国家政治和对外政策等领域的全面复兴；① 或者说是要求严格遵循伊斯兰教基本教义，并用这些教义规范穆斯林社会与生活的思潮与运动。② 也有学者认为，“伊斯兰复兴”是与“衰落”相对应而言的，即相对于民族主义、伊斯兰社会主义、伊斯兰现代主义思潮居于主导地位的20世纪50、60年代，传统宗教概念、宗教形式、宗教感情、宗教价值所出现的在国际政治、社会生活、思想文化领域的回升。③ 总之，我国的伊斯兰教专家金宜久、吴云贵和中东史学家彭树智等学者都强调要从精神信仰、社会文化生活、国家与国际政治等多个层面更广泛地界定和认识伊斯兰复兴运动，而要对源于西方的“伊斯兰原教旨主义”这一术语谨慎使用。

在伊斯兰复兴运动研究中，另一为人们广泛使用的概念是“伊斯兰原教旨主义”（Islamic Fundamentalism）。许多学者都知晓伊斯兰原教旨主义并

---

① 参见金宜久主编：《当代伊斯兰教》，北京：东方出版社1995年版，第212～218页。

② 彭树智主编：《伊斯兰教与中东的现代化进程》，西安：西北大学出版社1997年版，第335页。

③ 吴云贵：“当代伊斯兰复兴之浅见”，载《世界宗教资料》1987年第2期，第6页。

不能代表伊斯兰复兴运动的全部，同时也知道这一术语容易引起歧义。因为“原教旨主义”一词来源于西方，曾指那些主张回到基督教原初教义的教派，并含有一定的贬义。尽管如此，他们又多认为既然这一术语已广泛使用并为人们所接受，因而继续使用也未尝不可。他们对伊斯兰原教旨主义的基本定义是：“伊斯兰原教旨主义是指主张按伊斯兰原初教旨变革现实社会的一种复古的神学思潮及随之而来的一场反对世俗化和西方化，全面推行伊斯兰化的运动”。① 其基本宗旨是“反对西方化、反对世俗化、返回伊斯兰教的原初教旨、变革现存的世界秩序、推翻现存的世俗政权、建立由宗教领袖或教法学者统治的、以‘沙里亚法’（伊斯兰教法）为基础的伊斯兰国家和秩序，最终实现‘真主在人间的意志’”。② 关于伊斯兰原教旨主义近年来已有多篇论文发表。③ 另外也有学者把70年代以来的伊斯兰原教旨主义与历史上的伊斯兰原教旨主义相比较而称之为“新伊斯兰原教旨主义”。④

目前，在伊斯兰复兴运动的研究中，又出现了一种“伊斯兰主义”的说法，以取代容易引起歧义的“伊斯兰原教旨主义”，并将其内涵界定为“它主张建立适应、适合伊斯兰教法统治的‘伊斯兰国家’、伊斯兰社会、伊斯兰秩序；经济上实行社会公正、平等和正义、反对西方的经济制度；律法上以伊斯兰教法替代西方影响制定的律法；文化上反对西方化、世俗化的意识形态、生活方式、伦理规范和价值观念。总之，它要求在社会生活领域以伊斯兰教法为衡量一切的准绳，恢复并推行伊斯兰教法的统治，以实现社会生活的全面伊斯兰化”。⑤

---

① 宗和初：“对伊斯兰原教旨主义的基本看法”，载《西亚非洲资料》1993年第1期，第7页。

② 赵国忠、刘靖华：“伊斯兰原教旨主义及其在中东的政治前途”，载《西亚非洲》1992年第2期，第23页。

③ 除以上引注的两篇外，较有代表性的还有：东方晓：“伊斯兰原教旨主义的再认识”，载《西亚非洲》1995年第2期；李国福、孙鲲：“伊斯兰原教旨主义的兴起及其影响”，载《西亚非洲》1988年第2期；熊家学：“冷战后伊斯兰原教旨主义新崛起分析”，载《西亚非洲》1995年第2期。

④ 陈德成：“新伊斯兰原教旨主义探析”，载《西亚非洲》1995年第4期。

⑤ 金宜久：“论当代伊斯兰主义”，载《西亚非洲》1995年第4期，第32页。

有的学者提出了“现代伊斯兰主义运动”的范畴。持此论的学者不同意使用其它术语而提出了“伊斯兰主义”，并将其区分为“传统伊斯兰主义”和“现代伊斯兰主义”，同时对现代伊斯兰主义运动与伊斯兰复兴运动的关系作如下理解：“从历史上考察，伊斯兰复兴运动是伊斯兰社会的一种历史现象，时起时伏。到了近代初期，伊斯兰复兴运动一直就是伊斯兰主义运动，两者是一回事。但是进入近代中期以来至今，随着形势的变化，伊斯兰复兴运动的内涵也在不断变化和扩展，先后经历了两次重大的变化：第一次发展为包含伊斯兰主义运动和世俗民族主义运动，第二次再发展为包含伊斯兰宗教复兴运动、伊斯兰民族复兴运动和伊斯兰国家复兴运动”。持此观点的学者认为，现代伊斯兰主义的基本主张是，伊斯兰就是政治，是政治的伊斯兰，伊斯兰的全面性在于它同时兼有政治和宗教两个职能。伊斯兰主义反对资本主义、犹太复国主义、民族主义和社会主义，反对世俗政治体制；主张当代伊斯兰世界社会矛盾和社会问题，唯有伊斯兰教能够解决，因而必须恢复伊斯兰教的政治职能，建立伊斯兰神权统治，全面实行伊斯兰教法，重建伊斯兰国家和伊斯兰社会，重振昔日的伊斯兰文明。[①] 由此派学者的观点看来，他们所指的“现代伊斯兰主义”基本上和人们通常所说的“伊斯兰原教旨主义”的内涵一致。

此外，还有的学者提出了“伊斯兰运动”的说法。“伊斯兰运动”“指的既不是那种由官方自上而下推行的、旨在巩固政权和既得利益的社会生活的伊斯兰化运动，也不是广泛存在于各国民间的那种自发地要求强化信仰、抵制西方意识形态和生活方式的群众运动。伊斯兰运动指的是有理论、有组织的、以伊斯兰为旗帜为口号的政治反对派运动，其目的是要用一种他们认为的‘真正的’伊斯兰社会—政治制度取代大多数伊斯兰国家现存的社会和政治制度。这一运动包括不同的派别，所采取的斗争手段既可能是暴力形式的，也可能是非暴力形式的”。[②]

下面谈一下本文对伊斯兰复兴运动概念和术语使用问题的看法。笔者认

① 陈嘉厚主编：《现代伊斯兰主义》，北京：经济日报出版社 1998 年版，第 4、40 页。

② 刘月琴：《跨世纪的伊斯兰运动》，载肖宪主编：《世纪之交看中东》，北京：时事出版社 1998 年版，第 181 页。

为，还是“伊斯兰复兴运动”的说法较为准确贴切。原因在于：

首先，由于当代的“伊斯兰现象”波及范围之广、涉及社会各层面、形式之多样，用“伊斯兰原教旨主义”、“新伊斯兰原教旨主义”、“伊斯兰主义”、“现代伊斯兰主义”、“伊斯兰运动”等术语均不能涵盖形形色色的伊斯兰运动。

对于“伊斯兰原教旨主义”，诚如有的学者指出，“‘原教旨主义’一词来自基督教，原指强调按照《圣经》的原旨教义来指导宗教生活，清除后世影响的主张和派别。虽然‘原教旨主义’也可以用来指当前伊斯兰运动中的某些现象或派别，却难于反映整个运动，因为这场伊斯兰运动有着比‘原教旨主义’更为广泛的内容”①。因此，伊斯兰世界的许多穆斯林学者根本就拒绝伊斯兰原教旨主义一词。

至于“现代伊斯兰主义运动”的说法，从此派学者对其与伊斯兰复兴运动关系的论述上可以看出，在概念的外延上有一定的问题，因为它把世俗民族主义运动和伊斯兰国家的民族复兴运动也归入伊斯兰复兴运动显然有不妥之处，因为它尽管也都倚重于伊斯兰教，但在本质上追求的都是以世俗化为基础的现代化。因此，如果把任何与伊斯兰教有或多或少联系的社会运动都归入伊斯兰复兴运动，而不看其本质属性，那么伊斯兰也就根本没什么“复兴”而言，因为伊斯兰社会的任何社会变动从来都没有完全失去过与伊斯兰教的某种联系，并贯穿于伊斯兰社会的历史发展进程之中。如果不对伊斯兰社会的种种运动中伊斯兰是本质的还是形式的，是居于运动的主流，还是属于支流和矛盾的次要方面加以甄别，显然是不足取的。

至于“伊斯兰主义”和“伊斯兰运动”，它们基本上是“伊斯兰原教旨主义”的代名词，只能代表复杂多样的伊斯兰复兴运动的某个方面，但在名称上却冠以具有广泛性和普遍性意义的“伊斯兰主义”和“伊斯兰运动”，在概念的内涵和外延上似乎也有不妥之处。“作为一个专称，伊斯兰主义最大的不幸是失之于宽泛”，“‘伊斯兰主义’（Islamism）也往往使人联想到整个伊斯兰教，而不是其中的一种形态、一种思潮、一个派别。从排

---

① 金宜久主编：《当代伊斯兰教》，北京：东方出版社1995年版，第213页。

他性原则看，这一词语过于笼统，不能满足定名时区别性的要求。”①

笔者认为，从广义而言，对于伊斯兰世界所出现的形形色色的“伊斯兰现象”，还是使用“伊斯兰复兴运动”这一术语较为妥当，而“伊斯兰原教旨主义”（伊斯兰主义）可以用来特指作为伊斯兰复兴运动主体的伊斯兰原教旨主义。之所以使用“伊斯兰复兴运动”来界定“伊斯兰现象”的全部，其原因在于，从概念的内涵而言最为准确，因为“伊斯兰复兴运动”比较贴切地概括出了这一运动所追求的通过伊斯兰复兴达到正本清源、净化信仰、返朴归真、清除腐败、重振伊斯兰社会的宗教价值取向和政治追求。

其次，从概念的外延来看，形式复杂多样、类型形形色色的“伊斯兰现象”，包括精神领域伊斯兰的信仰复兴，社会生活领域的传统文化和社会习俗复兴；穆斯林民众反对西方化、世俗化，以合法或非法方式向政府发难的伊斯兰政治反对派；在国际关系层面打伊斯兰牌和输出“伊斯兰革命”；在地区范围和伊斯兰世界范围内以伊斯兰文化进行整合的泛伊斯兰主义；由国家和政府出于维护政治合法性和应对政治反对派挑战而进行的自上而下的伊斯兰化；等等。如此多样复杂的信仰复兴、宗教复兴、宗教—政治复兴、政治—宗教复兴，还是以“伊斯兰复兴运动”加以概括相对较为贴切。

关于伊斯兰复兴运动的形式类分

由于在概念理解和术语使用上的差异，对伊斯兰复兴运动的形式划分也存在着一定的差异，现根据近年来较有代表性的著述略作说明，并谈一点自己的浅见。

我国伊斯兰教专家金宜久在《当代伊斯兰教》一书中从伊斯兰复兴运动所涉及的诸多社会层面进行了分析，并指出伊斯兰复兴运动在不同的国家

---

① 吴云贵：“当代伊斯兰原教旨主义析论”，载《世界宗教研究》1999年第2期，第3页。这是一篇十分值得一读且具思辨性的大作，作者通过比较民族主义、伊斯兰现代主义、制度化的伊斯兰、泛伊斯兰主义、传统主义伊斯兰、苏菲主义与伊斯兰原教旨主义的关系对“伊斯兰原教旨主义”进行定位，对建立学术规范有重要意义。

和地区的表现形式和特点各异，很难一概而论，但大致可以归纳为以下几个方面:①

（1）个人信仰层面。从20世纪60年代起，穆斯林民众不仅对礼拜、斋戒、朝觐、缴纳天课等宗教活动中表现出极大的热情，而且在生活方式、禁忌、习俗和伦理道德等领域都表现出宗教意识、宗教观念、宗教情感的复苏，反映了穆斯林思想和价值倾向向伊斯兰传统的复归。

（2）社会生活。即在社会生活领域的伊斯兰化，突出表现为清真寺的大量修建和修复、礼拜活动的兴盛、伊斯兰教法的强化、教界人士社会地位的提高和作用的加强，伊斯兰文化宣教活动的增多，经济领域传统伊斯兰经济原则的恢复以及伊斯兰银行的出现，都在伊斯兰国家创造了浓厚的宗教社会环境，而且在许多穆斯林占少数的非穆斯林国家的穆斯林中也出现了明显的宗教复兴运动。

（3）国家政治。一方面表现为穆斯林民众抨击和反对政府的世俗化、西方化、现代化及其导致的社会危机，主张重建伊斯兰社会及其秩序的宗教政治反对派；另一方面表现为政府为维护政治合法性而推行的自上而下的伊斯兰化运动。

（4）国际关系。突出表现为伊斯兰国家在对外政策中大量使用伊斯兰语言，“输出革命”，推行泛伊斯兰主义，关注或参与国际社会中有关穆斯林利益的热点问题，等等。

在《伊斯兰教与世界政治》一书中，金宜久先生主要从社会思潮和运动的角度把伊斯兰复兴运动划分为三种形式，并以三章的篇幅分别进行了探讨②:

（1）新泛伊斯兰主义，突出表现为有种种不同的政治—宗教主张或宗教—政治主张，以形形色色的国际性、地区性的官方或民间的伊斯兰组织为载体的国际伊斯兰复兴，其根本特点是强调伊斯兰世界的团结、协作和统一。

---

① 金宜久主编:《当代伊斯兰教》，北京：东方出版社1995年版，第214～219页，笔者进行了总结归纳。

② 金宜久主编:《伊斯兰教与世界政治》，北京：社会科学文献出版社1996年版，参见第6～8章。

（2）民间广泛存在的伊斯兰复兴运动，其基本特征为宗教性的，本质上它是一部分穆斯林对社会现代化、西方化、世俗化、政治腐败、经济衰退、通货膨胀、失业、贫富分化加剧、民众贫困化的反对。

（3）伊斯兰主义（又称原教旨主义），它的基本特征是政治性的，突出表现为伊斯兰的政治化和政治的伊斯兰化，它一方面表现为某些国家自上而下地颁布伊斯兰教法、推行伊斯兰化、输出“伊斯兰革命”，反对西方化和世俗化；另一方面体现为宗教政治反对派要求政府恢复和实行伊斯兰化，并以合法或非法、暴力或非暴力的方式向政府发难。

在东方晓主编的《伊斯兰与冷战后的世界》一书中，使用了“伊斯兰运动”这一术语，并将其划分为四种类型①：

（1）自上而下的伊斯兰运动，即从20世纪70年代起，穆斯林各国都程度不同地恢复和强调伊斯兰在社会中的广泛作用，从而形成了一种自上而下的回归伊斯兰的现象。

（2）自下而上的伊斯兰浪潮，它构成了当代伊斯兰复兴的主体，是穆斯林民众对社会政治、经济衰弱，传统道德和民族认同感沦丧的特殊反应，其基本特征是：与现存统治当局，包括宗教当局的强烈对立，强烈的反西方倾向和反世俗化倾向，强调伊斯兰对现代社会的重要作用。该书又进一步将民众伊斯兰划分为激进的伊斯兰运动、社会的伊斯兰运动和政治的伊斯兰运动。

（3）新泛伊斯兰主义，其特点突出表现为泛伊斯兰主义与阿拉伯民族主义和阿拉伯社会主义的对立；以反对以色列为目标结成广泛的伊斯兰国家联盟；追求在伊斯兰的旗帜下加强穆斯林国家的了解和团结，推动穆斯林国家间在各个领域的交流与合作；在北美、欧洲、非洲等地建立宣教与研究机构，扩张伊斯兰教的影响。

（4）伊朗——输出伊斯兰革命，该书把伊朗“伊斯兰革命”作为伊斯兰运动的特殊形式加以概括，并指出“不要东方，不要西方，只要伊斯兰”的政策以及对革命的输出对伊斯兰复兴运动产生了强劲的冲击力，它“不仅是当代伊斯兰复兴运动的重要组成部分，它也是当代伊斯兰复兴运动的重

---

① 参见东方晓主编：《伊斯兰与冷战后的世界》，北京：社会科学文献出版社1999年版，第13～33页。

要表现形态之一。"

在陈嘉厚主编的《现代伊斯兰主义》一书中，把现代伊斯兰复兴运动划分为三种形式[①]：

（1）现代伊斯兰宗教复兴运动，书中也称之为"伊斯兰主义运动"，其基本内容是，重新提出和强调伊斯兰教是政治宗教，必须恢复伊斯兰的政治功能，建立伊斯兰神权政治，以教治国，打着政治宗教的大旗，发动实际上是宗教改革与社会政治改革性质的运动。现代伊斯兰主义内部又分为和平方式派和暴力方式派，而暴力方式派又可分为武装斗争派和暴力恐怖派。

（2）现代伊斯兰民族复兴运动，也就是伊斯兰国家的世俗民族主义运动，指这些国家的人民在民族主义者的领导下，为争取民族的独立和解放，为实现民族的振兴和强盛开展的政治运动。其任务是反帝、反封和建立世俗的民族主义政府，实现民族经济和文化的现代化，20世纪50～60年代一直居于伊斯兰复兴运动的主导地位，突出表现为形形色色的阿拉伯社会主义和主张阿拉伯国家联合统一的阿拉伯民族主义。

（3）现代伊斯兰国家复兴运动，它是伊斯兰世界各国——世俗政权国家、现代伊斯兰主义国家和传统伊斯兰国家，基于共同的宗教信仰和宗教文化以及传统习俗，而开展的一种国际集团性的联合与合作，以促进伊斯兰国家的共同繁荣与发展，协调他们对国际问题的立场，共同反对殖民主义的干涉和控制，维护伊斯兰教与伊斯兰世界的共同利益。

以上关于伊斯兰复兴运动形式划分的学术观点，除最后一种外，都有一定的可取之处。最后一种划分把世俗的民族主义运动也归入伊斯兰复兴运动，显然是十分不妥的。因为早就有学者精辟地指出，将当代穆斯林致力于振兴其国家和民族复兴的运动都归结为伊斯兰复兴运动是错误的，不能准确地说明伊斯兰复兴运动的特殊本质。"纵观一千多年的伊斯兰教发展史，人们看到在穆斯林世界发生的政治运动，无不与伊斯兰教有这样那样的关系，带有它的这样那样的印记。""但是，我们不能反过来说，凡是穆斯林所领

---

① 陈嘉厚主编：《现代伊斯兰主义》，北京：经济日报出版社1998年版，第4～13页。

导、所组织、所参加的政治运动，必然都是伊斯兰复兴运动。”① 另有学者也指出，“‘伊斯兰复兴’不管采取何种形式，它首先必定是宗教领域内的复兴。”② 世俗的民族主义尽管也从伊斯兰文化中吸收养分，但它在本质上是要清除政教合一的神权统治，进而实现现代化和世俗化，因此它与伊斯兰传统是对立的，水火不容的，来自世俗民族主义的挑战本身就是近代以来伊斯兰教走向衰落的原因之一，伊斯兰复兴运动产生的动因之一也在于对世俗民族主义所推行现代化的不满，因此把世俗民族主义也归入伊斯兰复兴运动不仅在逻辑上是矛盾的，从现实的角度看也是非历史的，不真实的。

笔者比较倾向于金宜久先生在《当代伊斯兰教》一书中从个人信仰、社会生活、国内政治、国际关系四个层面看待和划分伊斯兰复兴运动形式的观点，但可以依据不同的标准进行进一步的细分。

首先，从国际和国内的角度看，伊斯兰复兴可以划分为国际的伊斯兰复兴和国家内部的伊斯兰复兴。国际的伊斯兰复兴突出地表现为泛伊斯兰主义、伊斯兰原教旨主义的国际联合等，同时也表现为伊斯兰语言在国际关系中的运用，还应看到较有影响的伊斯兰大国争夺伊斯兰世界领导权的斗争，等等。

其次，对于伊斯兰国家内部的伊斯兰复兴，可采用不同的标准加以进一步划分：

第一，从伊斯兰复兴所涉及的社会生活各层面看，伊斯兰复兴可以划分为穆斯林民众精神信仰的复兴，伊斯兰社会文化的复兴，伊斯兰在国家政治中的宗教—政治复兴和政治—宗教复兴。这里必须应当指出的是，由于伊斯兰复兴所带来的震荡和冲击主要体现为政治的伊斯兰化和伊斯兰的政治化，因此长期以来许多学者都把注意的焦点放在国家政治层面，而对精神信仰和社会文化生活方面的伊斯兰复兴却注意不够。但实际上，精神信仰的复兴和社会文化的复兴恰恰是政治伊斯兰复兴的精神心理基础和社会文化基础，同时也构成了伊斯兰复兴运动的重要组成部分。因此，要全面认识伊斯兰复兴

---

① 张俊彦：“再论‘伊斯兰复兴运动’”，载刘竞主编《伊斯兰复兴运动论集》（内部发行），北京：中国社会科学院西亚非洲所1989年，第26~27页。

② 金宜久：“试论当代的‘伊斯兰复兴’”，载刘竞主编《伊斯兰复兴运动论集》（内部发行），中国社会科学院西亚非洲所1989年，第44页。

运动，需要加强对伊斯兰精神信仰复兴和社会文化复兴的研究。

第二，从承载伊斯兰复兴运动的社会主体而言，可对伊斯兰复兴进行如下划分：官方的自上而下的伊斯兰复兴、民间的伊斯兰政治反对派自下而上的伊斯兰复兴。这里应该指出的是，官方的伊斯兰复兴是比较复杂的：由于中东伊斯兰国家在政治体制上非常复杂，因此，同样是官方的伊斯兰复兴，其目的、手段和程度可能都有非常大的差异。此外，还应考虑到的是，在伊斯兰政治反对派得手掌权的国家，反对派由原来的在野党变成执政党，它所推行的官方伊斯兰复兴必然有别于一般的官方伊斯兰复兴，伊朗和苏丹的伊斯兰复兴显然都有这种特殊的性质。对于民众的伊斯兰复兴又可以根据其活动方式进一步细分为温和的、以议会选举斗争为主、在现行体制框架内扩展力量的合法的民众伊斯兰复兴，激进的、以暴力斗争和恐怖活动为主、力图推翻现行政权的非法的民众伊斯兰复兴。

专题 2

伊斯兰复兴运动与中东现代化的互动关系*

【摘要】中东现代化进程突出表现为伊斯兰国家在回应西方压力的过程中，对国家发展道路的探索，具有典型的外源性特征，而伊斯兰复兴运动从本质上是现代化进程中传统与现代相互冲突的产物。伊斯兰复兴运动与中东现代化的互动关系具体体现为：中东现代化进程在政治结构、社会经济关系及传统文化领域的变革，构成了对伊斯兰传统的深刻挑战，形成了伊斯兰复兴运动的刺激机制，而伊斯兰复兴运动对现代化的排拒又构成了迟滞中东现代化进程的障碍机制。如何协调伊斯兰教与中东现代化的关系，构成了中东伊斯兰国家面临的长期课题。

"现代化主要是指工业革命以来现代生产力导致社会生产方式的大变革，引起世界经济加速发展和适应性变化的大趋势；具体地说，这是以现代工业、科学和技术革命为推动力，实现传统的农业社会向现代工业社会的大转变，使工业主义渗透到经济、政治、文化、思想各领域并引起社会组织与社会行为的深刻变革的过程"。① 根据现代化理论研究达成的共识，人类的现代化进程基本包括内源性和外源性两种型态。中东的现代化进程突出表现

---

* 原载《西亚非洲》1999 年第 2 期。

① 罗荣渠：《现代化新论》，北京大学出版社 1993 年版，第 95 页。

为伊斯兰国家在回应西方压力的过程中对民族发展道路的探索，具有典型的外源性特征，而伊斯兰复兴运动从本质上是在现代化进程中传统与现代相互冲突与抵牾的产物。考察现代化与伊斯兰复兴运动之间的互动关系无疑是解读和前瞻中东现代化进程无法回避的问题。

理论层面的若干分析

从理论层面上看，中东现代化进程的外源性与后发性，现代化背景相对于其他外源性现代化的特殊性；伊斯兰传统强烈的入世性与包容性，决定了以向传统回归为价值取向的伊斯兰复兴运动产生的必然性。而伊斯兰复兴运动的兴起又势必对中东现代化进程产生迟滞作用，并决定了中东现代化进程的曲折性和长期性。中国现代化研究的开创者罗荣渠先生认为，根据社会创新性变革和传导性变革两种形式，可以将人类的现代化道路划分为源于内部创新的内源性现代化和导缘于外部压力的外源性现代化，并在对其比较的基础上指出："就传统与现代性而论，在西方现代化进程中，这一冲突是缓慢展开的，是在同质文化圈中进行的，变革对历史传承性（Continuity）的破坏是长期渐进性的。在非西方现代化进程中，这一冲突是在压缩很短时间内的，是突发性的，而且是异质文化的激烈撞击，到处都引起历史传承性的断裂"。[①] 在西方的内源性现代化中，由于社会矛盾是在长期的过程中展开并得以消化的，使得经济变革受到较少迟滞并居现代化的主导地位，而在外源性现代化进程中，往往同时承受着经济、政治及社会转型的多重压力，使得传统与现代、内因与外因、经济与非经济的矛盾异常尖锐，并产生不同于内源性现代化的巨大裂变效应。在这一点上，伊斯兰复兴运动无疑具有第三世界现代化进程中传统与现代矛盾的共性特征。

美国的亨廷顿则认为，"现代化免不了带来异化，沉沦颓废与无常等一类新旧观念造成的消极面。""社会和经济变革必然分裂传统的社会和政治团体并破坏对传统权威的忠诚，而这种涣散和沉沦颓废又反过来形成新的认

---

① 罗荣渠：《现代化新论》，北京大学出版社 1993 年版，第 173 页。

同和忠诚的要求。它可能和传统社会潜在的或实际的集团重新认同。”“现代化早期阶段的标志是常常有宗教原教旨主义运动的出现。”在现代性（Modernity）即现代化的最终产物与现代化（Modernization）的关系上，他提出了一个令人深思的命题，“事实上，现代性孕育着稳定，而现代化却滋生着动乱”。“产生政治秩序混乱的原因，不在于缺乏现代性，而在于为实现现代性的努力。”① 日本学者富勇健一也认为，非西方后发展社会现代化的条件在于异质的、外来的西方文明的输入，使脱离本国传统的精神获得认同，“然而这一输入过程本身就是对本国传统的破坏，必然导致社会的混乱。”②

从中东现代化的历史进程看，“它的曲折性是非西方社会传统与现代化关系的一个典型例证。按一般规律，历史与文化传统悠久、深厚和自成体系的程度，决定了现代化变革阻力和冲突的程度。”③ 伊斯兰教传统深厚悠久、体系完整、族教混同、两世兼重的文化特征决定了其现代化进程将导致传统与现代激烈冲突并产生伊斯兰复兴运动的必然性。

从社会历史基础看，在中东现代化进程启动前，中东社会一直是以游牧、农耕和小手工业为主要生产方式的传统社会，同时具有深厚的宗教色彩，伊斯兰教以其强大的政治干预能力参与了社会的变革与冲突，恩格斯对此有过精辟分析。客观而言，伊斯兰复兴运动绝非恩格斯所言的信仰净化运动的简单重复，但又不能否认它具有深刻的历史基因。历经沧桑的中东已经发生了深刻变化，但伊斯兰文化的社会主宰地位并未冰消雪释，现代化进程所导致的政治、经济与文化上的二元对立诱发了以重建伊斯兰社会作为政治和情感诉诸的伊斯兰复兴运动。必须承认，在中东的社会肌体中产生现代化的内在基因仍十分贫乏，而现代化进程所产生的裂变效应构成了伊斯兰复兴运动的刺激机制，并使恩格斯提出的“周期性冲突”具有了现代与传统相互排拒与抵牾的新内容。

从背景上看，中东现代化进程具有第三世界国家背负西方沉重压力而走

---

① ［美］塞缪尔·亨廷顿：《变化社会中的政治秩序》，王冠华等译，北京：三联书店1986年版，第30～37页。

② ［日］富勇健一：《现代化理论之课题》，载亨廷顿等著：《现代化理论与历史经验的再探讨》，上海：上海译文出版社1993年版，第120页。

③ 彭树智主编：《伊斯兰教与中东现代化进程》，西安：西北大学出版社1997年版，第251页。

上现代化道路的历史共性，同时又具有其复杂性与特殊性：由于在全球地缘政治结构中的重要性，近代以来的中东一直是强权争夺和冲突频仍的地区；领土边界与复杂的民族、宗教矛盾相交织使中东伊斯兰国家无不面临着普遍存在的冲突威胁；阿以冲突的根深蒂固和西方对以色列的偏袒使伊斯兰国家倍感压力沉重。因此中东特殊的地缘政治环境进一步加剧了中东现代化进程本已难堪的负荷。伊斯兰复兴之所以在20世纪70年代取代世俗的阿拉伯民族主义成为更具号召力的政治思潮，也正在于阿拉伯国家在第三次阿以战争中的惨败，导致民众对民族主义及其对伊斯兰世界的整合能力感到失望。中东伊斯兰国家所面临的安全困境是其他的发展中国家和地区所难以比拟的，而防范和抵御心理的加重无疑使其对异质文化的压力更为敏感，并诉诸于内向保守和回归传统。

从比较文化和比较现代化的角度看，先期实现现代化并对世界产生深刻影响的西方文化和伊斯兰文化在历史渊源和发展进程上有着迥异的差别。[①]从西方文化的源流看，西方文化除深受希伯来与基督教文化的影响，同时也深受古希腊民主与宪政精神的影响，因而比产生于阿拉伯大漠相对蒙昧时期的阿拉伯—伊斯兰文化具有民主的历史积淀。西方尽管经历了中世纪漫长黑暗的神学统治，但其中毕竟贯穿着王权与教权的二元对立与斗争，世俗王权与教权近千年的较量最终使王权得以确立，并经过两个世纪的宗教改革、思想启蒙和资产阶级革命实现了杜尔凯姆所谓的神圣与世俗的二元分离，使基督教实现了与民主和科学的适应并完成了向现代的转型。反观伊斯兰文化，宗教与政治从来就是合而为一，政权的合法性来源及其运作都一以贯之地统一于伊斯兰教的历史框架内，实现了宗教与世俗的神圣一统。而中世纪伊斯兰在物质、文化和军事上的辉煌，又使其没有进行内省和反思的必要，其哲学思辩也主要局限于神学和教法学领域，更谈不上对自身进行脱胎换骨的改造，伊斯兰教迄今尚没有出现欧洲宗教改革式的历史性转折。而市民社会和商品经济的欠发育使以世俗化为取向的现代化缺乏社会根基，宗教文化积淀深厚使其社会变革均没有超出宗教所框定的历史架构。尽管在近代出现了伊斯兰改革主义，其代表人物阿富汗尼被誉为伊斯兰世界的“路德”，但是要

---

① 详尽论述可参见拙作：“伊斯兰与西方——兼评伊斯兰威胁论”，载《欧洲》1997年第3期。

完成西方经千余年而实现的文化与社会转型这一任务，对于伊斯兰改革主义而言无疑是一种苛求。“现阶段的客观态势使中东政治的框架仍无法彻底游离于伊斯兰政治文化氛围之外”，[①] 宗教与社会共生与同构的历史连续性在一定的历史时期内仍将长期存在。伊斯兰复兴运动对传统的强烈认同，尤其是伊斯兰原教旨主义政治宗教化和宗教政治化的实践构成了中东现代化进程的障碍机制，中东现代化进程将充满宗教与世俗二元对立的强烈色彩，并仍将经历漫长而又曲折痛苦过程才能得以实现。

挑战与排拒：中东现代化与伊斯兰复兴运动的互动关系

伊斯兰复兴运动与中东现代化的互动关系具体体现为：现代化进程在政治结构、社会经济关系及传统文化领域的变革，构成了对伊斯兰传统的深刻挑战并形成了伊斯兰复兴运动的刺激机制，而伊斯兰复兴运动对现代化的排拒又构成了迟滞中东现代化进程的障碍机制。

1. **政治层面的分析**。从政治层面上看，现代民族国家的建立及其战后在政治体制上从集权制向民主政治的转型是政治现代化的最大成果，并构成了对传统伊斯兰政治权威的侵蚀和瓦解：代议制的建立及其宗教与政治二元分离的终极取向削弱了传统的伊斯兰势力；欧式法律体系的建立使传统沙里亚法的地位名存实亡；以民族利益为导向的外交政策使超国家的泛伊斯兰主义倍受冷落；等等。从伊斯兰传统政治文化来看，圣俗一统、政教合一构成了它对社会历史进行评判并作出反应的标准。现代化进程无疑背离了这一历史标准，并诱发了传统与现代的冲突，而现代化又多附以西方的政治符号，加之阿拉伯伊斯兰国家在经济、军事上的无能和政治上的腐败更加深了冲突的烈度，从而产生了以净化信仰、返朴归真、清除腐败为旗帜的伊斯兰复兴运动。

---

① 参见拙作：“冷战后伊斯兰教影响中东政治和国际政治的历史走向”，载《宁夏社会科学》1998 年第 2 期，第 68 页。

伊斯兰复兴运动在政治上对现代化的排斥在伊斯兰原教旨主义的国家观中得到了鲜明的体现：（1）“万物非主，唯有真主”的真主主权论，即真主为唯一主权者，无视真主的“绝对主权”均为“非法主权”；（2）先知权威论，任何违背先知穆罕默德言行的国家均为“非法政权”；（3）代行主权论，国家及其统治者只能代行真主主权，按自己意志自行其是的国家为非法政权机关；（4）政治协商论，根据公议和协商原则产生民选协商机构并由其推选国家元首，充分实现“伊斯兰民主”。① 伊斯兰原教旨主义的政治追求是以伊斯兰教贬损和取代作为舶来品并在中东发育不足的世俗民族主义，它构成了霍梅尼伊斯兰革命的基石并在伊朗神话般地变成了现实。

伊斯兰原教旨主义的宗教政治化和政治宗教化的主张，构成了伊斯兰政治反动派推翻和取代现政权的思想武器。伊斯兰政治反对派的异军突起已对现行政权构成严峻威胁，其政权与社会稳定的弱化无疑将迟滞其政治现代化进程。伊斯兰原教旨主义思想家毛杜迪、哈桑·班纳、赛义德·库特布认为，西方化使伊斯兰社会进入了新“贾黑利亚”（蒙昧）时期，穆斯林有权对世俗政权发动“新圣战”。埃及的穆斯林兄弟会可谓政治反对派的先驱，对其如何处置一直是埃及当政者在现代化进程中面临的难题，萨达特总统就因其激进的现代化及其与以色列的和解而葬身于伊斯兰原教旨主义组织的枪下。伴随伊斯兰复兴运动的兴起，其组织已经遍布中东。伊朗伊斯兰革命后，中东的伊斯兰政治反对派活动异常活跃。冷战后它们更是以民主化浪潮为契机，以合法或非法的方式染指政权。阿尔及利亚“伊斯兰拯救阵线”曾在大选中取得决定性胜利，只是由于军方政变才使其与政权失之交臂。政治反对派的存在不仅威胁着进行现代化所不可或缺的政治稳定，并使现政权迫于压力而赋予其政权与政策更多的伊斯兰特征，这不可避免地会使现代化改革趋于保守。此外，伊斯兰复兴也激活了中东复杂的民族与教派矛盾，它们或引发国内教派冲突，或恶化国家间关系，甚至引起战争，从而进一步恶化了中东现代化的地区环境，同时也为外部大国势力的介入提供了口实。

2. **经济层面的分析**。战后中东各国都不同程度地进行了土地改革、国有化、市场化、引进外资等经济体制、结构与政策的调整，目前仍在继续向市

① 详见吴云贵：“原教旨主义与伊斯兰国家体制”，载《西亚非洲》1990年第4期。

场经济和外向型经济转型的过程中，市场化、工业化等经济变革均触发了现代化与伊斯兰传统经济伦理之间的深层矛盾。伊斯兰主张诚实劳动、合法取财、公平分配、济贫扶困、克己恭俭的经济伦理，并通过宗教礼仪外化为禁止利息、天课制度、宗教基金制度等宗教义务而协调伊斯兰社会的经济关系。现代化不仅导致了传统经济结构的涣散和经济伦理的衰落，更重要的是中东经济现代化缺乏赫赫成绩加以佐证。相反，经济停滞、贫富分化、腐败肆虐及生活方式奢靡颓废，使得民众不仅在变革面前深感困顿，而且冷酷的社会现实与其希冀民族复兴的心理期待形成巨大落差，并在无奈中将具有不谬真理性的伊斯兰作为“困顿中的突围”路径。“伊斯兰原教旨主义植根于贫穷、耻辱、失望和仇恨之中，产生于从外部引进及当地仿制的各种政治经济的灵丹妙药失败之后。”①

伊斯兰复兴运动对中东社会发展的关注突出表现为以宗教名义反思现代化的得失，一个重要的思想倾向是否定和排斥西方的现代化模式，认为现代化不等于西方化，主张用伊斯兰发展观解决伊斯兰世界面临的问题，这应该有助于伊斯兰国家重新思考和审视自己的现代化得失及未来的发展道路。但伊斯兰复兴运动在本质上的复古、保守及其非理性倾向，对其现代化进程产生了强大的迟滞作用：

首先，伊斯兰的经济发展观尽管在批判现代化的弊端方面有其进步性，但它与当今世界经济市场化和全球化的发展趋势相背离，势必对中东伊斯兰国家向市场经济的转型产生惰性作用。

其次，伊斯兰势力已经得手的伊朗等国以及其他面对伊斯兰政治反对派压力的国家，伊斯兰经济制度的建立和部分恢复，都不同程度地抑制了经济的发展，伊朗伊斯兰革命使其经济发展付出的沉重代价已是不争的事实。

第三，伊斯兰激进势力的暴力活动严重恶化了经济现代化的环境，使许多国家的建设方案陷于停顿，而且恶化了其国际经济环境，西方的跨国公司以及世界银行等组织已把是否有效地抑制伊斯兰原教旨主义作为对伊斯兰国家进行经济投资与援助的依据。

第四，伊斯兰激进势力强烈的反西方立场导致多数国家与西方的对抗进一步加剧，使其在西方主导的世界经济中处于更为不利的地位。

---

① Bernard Lewis, “Rethinking the Middle East”, *Foreign Affairs*, Autumn, 1993.

3. **社会文化与心理层面的分析。**现代化必然导致社会文化以及精神心理的变动。伴随中东现代化的推进，西方化的生活方式、价值观念、世俗文化与商业文化不断得以蔓延和渗透，加之西方文化霸权的雄视，使得伊斯兰国家自近代以来所面对的异质文化的压力进一步加重，诱发了伊斯兰社会的认同危机、社会文化危机、合法性危机、精神危机等一系列危机。① 在此背景下，近代以来排拒西方的文化情结日益升华为伊斯兰复兴运动排斥西方文化的信仰复兴精神。原教旨主义对西方化和现代化的贬损和批判主要表现为：首先，世俗化不符合伊斯兰传统，它强加于伊斯兰导致社会的全面异化并后患无穷；其次，西方化即殖民化，西方模式只能导致伊斯兰国家成为西方的附庸；再次，世俗化教育将使伊斯兰教育迷失方向；最后，世俗化的恶果导致政治危机，即世俗化的亲西方政治精英的执政使政权失去民众根基。②

原教旨主义的主张不仅意味着对西方化的否定，而且蕴涵着从价值取向上寻求内向的命题：伊斯兰文明是自足的思想体系，它能够凭自己丰足的文化资源回应时代的挑战并实现未来的复兴。由于中东现代化是在社会远未实现文化自觉的情况下，在外部压力下仓促而起作出的选择，社会民众缺乏传统与现代化冲突的心理准备及足够的心理承受力，从而在社会文化和精神心理危机中诉诸于文化寻根，这也正是伊斯兰复兴运动的文化表达。在中东现代化进程中，其文化变革和观念更新仍将是一个艰难曲折的漫长过程。

从伊斯兰复兴运动看中东现代化的前景

展望中东现代化的趋势和前景，笔者认为，中东现代化进程无疑将在传统与现代的冲突和融合中完成，伊斯兰复兴运动将促使中东国家进行内省与

---

① Hrair Dekmejian, *Islam in Revolution*: *Fundamentalism in Arab World*, New York: Syracuse University Press, 1985.

② 参见吴云贵："伊斯兰教对国际政治影响的评估"，载《西亚非洲》1996年第4期。

反思，并致力于寻觅传统与现代化协调与契合的路径。伊斯兰教无所不在的影响及其顽强的自我调节能力将使中东的现代化进程难以在短时间内褪去其宗教色彩。

首先，现代化共性和个性的关系决定了中东现代化无法游离于伊斯兰的框架之外。对于人类社会的发展道路，马克思早就指出，认为每一个民族都要经历同一发展序列是荒谬的，他强调他对资本主义道路的分析仅限于西欧，如果把它当成“一般发展道路的历史哲学理论，不管它们所处的历史环境如何，都注定要走这条道路”，那就“会给我过多的荣誉，同时也会给我过多的侮辱。”[①] 马克思的思想包含了社会历史道路同一性与多样性统一的丰富内涵。对于中东现代化而言，同样要遵循共性与个性统一的规律，既需要借鉴人类现代化的成功经验，同时也离不开以其民族性作为根基，并最终实现向现代社会的转型。伊斯兰复兴运动的出现也正在于其社会历史发展尚未打通传统通向现代的关节。它作为一种文化反弹固然加剧了传统与现代的冲突，但它本身也是对社会发展的认识和反应，它不仅以各种压力促使中东各国政府重新认识其现代化，同时也不能断然否定从伊斯兰复兴运动中萌芽出有利于现代化合理因素的可能性。在现代化的过程中，宗教本身也会作出适应社会发展的调整。美国社会学家奥戴指出，“宗教与世俗化并不是完全对立的，并非每一种宗教与世俗化的每一个方面都处于势不两立的对立状态之中”。[②] 从本质而言，伊斯兰复兴运动排斥的主要是西方化，而不是现代化本身，中东现代化的最终实现将取决于传统与现代化的双重互动的调整与适应。

其次，伊斯兰教的入世性与包容性及其顽强的自我调节能力决定了中东现代化进程无法排除伊斯兰文化的深刻影响。伊斯兰文化的上述特性是公认的事实，它一以贯之地对伊斯兰的社会历史发展施加了无所不在的影响，并仍在当代社会发挥着重要的调控作用，[③] 其现代化只有赋予伊斯兰的合法性

---

① 《马克思恩格斯全集》第19卷，第130页。

② ［美］托马斯·奥戴：《宗教社会学》，刘润忠译，北京：中国社会科学出版社1990年版，第174页。

③ 参见拙作：“论伊斯兰教在当代中东伊斯兰国家的社会调控作用”，载《宁夏社会科学》1996年第2期。

才能避免社会的动荡与冲突。而伊斯兰教顽强的自我调节能力也必然使其作出调整并适应社会的现代化进程。“伊斯兰教得以不断更新、完善和发展，完全是它的自我调节机制发挥作用的结果”。[①] 进入近代后，穆斯林世界的知识精英提出的伊斯兰改革主义主张协调伊斯兰教与民主、科学和理性的关系，[②] 主张在保留伊斯兰属性的同时变革图存，即使西方学者也认为“伊斯兰改革主义者的确为现代化改革提供了扎根于伊斯兰的理论基础”[③]。在目前的伊斯兰原教旨主义中，也不乏以温和和理性态度思考伊斯兰未来命运者。作为伊斯兰传统势力代表的乌里玛阶层在现代化进程中也有一大部分采取了灵活适应的态度，并作为合法性的诠释者参与了现代化进程。[④]

最后，通过比较中东现代化的多种模式，其成功与失败的经验和教训也证明了中东现代化的出路在于实现现代化与传统的相互协调与适应。伊朗与沙特的现代化进程形成了鲜明写照。巴列维王朝所推行的“白色革命”及其导致的伊朗伊斯兰革命，使伊朗的现代化进程付出了沉重代价。[⑤] 而沙特作为保守的伊斯兰国家，在现代化进程始终注重维护伊斯兰的形象和特征，注重传统与现代的融合而保证了社会的基本稳定，并借助伊斯兰教赋予现代化以政治合法性。埃及起伏跌宕的现代化进程也可说明，宗教与现代化协调时则社会保持稳定发展，而二者关系紧张或冲突时则社会发展受阻。反过来说，现代化与伊斯兰传统或对立或协调的程度又构成了决定伊斯兰复兴运动强弱的关键因素。

综上所述，尤需指出的是，对于中东现代化和伊斯兰复兴运动，我们作为外部世界的旁观者或研究者，切忌盲目断言伊斯兰复兴运动与现代化毫无相通之处，中东现代化进程已经无路可走。伊斯兰复兴运动作为对于现代化

---

① 金宜久：“论伊斯兰教的自我调节”，载《西亚非洲》1989年第2期，第15页。

② 参见刘靖华：“伊斯兰改革主义的理论与实践”，载《世界历史》1990年第3期。

③ ［美］埃斯波斯托：“伊斯兰教与现代化”，杜红译，载《世界宗教文化》1997年第1期，第17页。

④ 参见杜红：“乌里玛阶层在伊斯兰国家现代化进程中的作用”，载《西亚非洲》1996年3期。

⑤ 参见钱乘旦：“论伊朗现代化的失误及其原因”，载《世界历史》1998年第3期。

受挫和外部压力的反应，诉诸于非理性的表现也属必然。但随时间的推移以及矛盾的展开和消解，中东伊斯兰国家必将找到具有民族特色的现代化模式。

专题 3

当代中东伊斯兰复兴运动的政治文化机理*

【摘要】作为中东伊斯兰国家在政治转型过程中现代政治与传统政治矛盾冲突的产物，伊斯兰复兴运动有着深刻的政治文化根源。从政治文化的视角看，宗教与政治共相的政治传统构成了伊斯兰复兴运动的政治合法性根基；历史完美主义的唯理想传统构成了伊斯兰复兴运动的政治文化积淀；深厚的复古主义传统构成了伊斯兰复兴运动的政治文化基因。

政治文化是当代政治学研究的一个新兴研究领域。1956 年美国政治学家加布里埃尔·阿尔蒙德在《政治杂志》上发表了《比较政治系统》一文，首次使用了“政治文化”这一范畴。他指出，每个政治体系都表现为一个特定的政治行为模式，这种特定的行为模式就是政治文化。后来，阿尔蒙德在《比较政治学》一书中进一步指出，“政治文化是一个民族在特定时期流行的一套政治制度、信仰和感情。这个政治文化是由本民族的历史和现实社会、经济、政治活动过程所形成的”。① 塞缪尔·比尔也认为政治文化的主

* 原载《宁夏社会科学》2001 年第 5 期。

① ［美］加布里埃尔·阿尔蒙德、小 G·宾厄姆·鲍威尔：《比较政治学》，曹沛霖等译，上海：上海译文出版社 1987 年版，第 30 页。

要成分是各种价值、信仰、感情和态度。[①] 美国政治学家路辛·派伊也曾多次提出关于政治文化的定义。1961 年，派伊在《政治、人格与民族建构》一文中指出，“政治文化乃由人们对政治过程积淀的取向构成”。1965 年，他在与西德尼·佛巴共同主编的《政治文化与政治发展》一书中指出，“政治文化乃由赋予政治过程以秩序和形式的特殊取向模式所构成”，他进一步强调政治文化“为政治领域提供结构和意义”。1971 年，派伊在《政治发展的危机与连续》一书中再次指出，“政治文化乃人们对政治运作的感觉、认知、评价和情感等取向。”[②]

总之，政治文化是一种与政治相关的文化心理倾向，是特定的政治主体对政治现象、政治行为、政治体系的主观心理倾向的总和，是社会成员作为政治的感受者、参与者和行为者的政治认知、政治情感、政治价值、政治判断的复合体。它“影响着体系中每个政治角色的行动”。[③] 政治文化对政治系统的建构是极其重要的，它直接涉及到国家和政府的政治合法性根基。政治文化“为权威人物和公民间的某种交换确定了原则”。[④] 从整个第三世界的政治发展来看，如何实现传统政治向现代政治的转型，无疑都要完成其上层建筑领域的政治意识形态的重新建构。而在构建新的政治意识形态的过程中，现代政治意识形态对传统政治文化否定和扬弃的程度、现代政治文化与传统政治文化弥合的程度如何，是否会出现断裂，往往决定着现代政治发展的顺利与否，以及政治合法性根基的厚薄，并直接影响政治发展的态势。这是所有发展中国家在政治发展中所面临的共同的难题。

对于有着深厚宗教政治文化传统的中东社会而言，这一难题的分量和难度系数又必然高于其他发展中国家和地区。战后初期，民族主义意识形态成为中东意识形态的主流，传统的伊斯兰政治文化从历史上的主流政治文化沦为被政治精英加以利用和控制的工具，并没有它施加其政治影响的活动空

---

① 参见王沪宁：《当代西方政治学分析》，成都：四川人民出版社 1988 年版，第 137 页。

② 参见刘靖华、东方晓：《现代政治与伊斯兰教》，北京：社会科学文献出版社 1999 年版，第 49 页。

③ ［美］加布里埃尔·阿尔蒙德、小 G·宾厄姆·鲍威尔：《比较政治学》，曹沛霖等译，上海：上海译文出版社 1987 年版，第 29 页。

④ 同上，第 36 页。

间。伴随现代化陷于挫折和困境之中，穆斯林民族渴望民族复兴的理想几近幻灭，传统与现代的矛盾不断激化，作为传统政治文化积淀的伊斯兰在社会陷于重重危机的时刻开始张扬其政治能量。在很大程度上，伊斯兰复兴运动也正是伊斯兰传统政治文化的当代体现。因此，本文将从伊斯兰政治文化的内涵与特征及其对当代伊斯兰复兴运动的影响来认识当代伊斯兰复兴运动。

宗教与政治共生的传统：伊斯兰复兴运动的政治合法性基础

西方学者曾经指出，“伊斯兰教从一开始的先知时代和他的继承人时代就与权力联系在一起。这种宗教与权力，社团与政治的联系，在《古兰经》和其他早期宗教文献中显而易见”。[1] 从伊斯兰教产生至今一千余年的历史变迁表明，伊斯兰教是影响中东伊斯兰社会政治斗争、政治变革、王朝更迭的重要社会意识形态，“伊斯兰教从初创起就是一种以意识形态和精神力量变革社会现实的宗教，它是一种政治宗教，它的政治追求是政治宗教化，它的宗教追求是宗教政治化”。[2] 宗教与政治的共生主要体现在：首先，伊斯兰教是穆罕默德统一阿拉伯半岛的强大思想武器；其次，伊斯兰教是穆斯林社会进行社会统治的有效手段；第三，伊斯兰教是伊斯兰社会进行政治斗争和政治变革的重要工具。

因此，正如我国著名阿拉伯史学家彭树智先生所言，“伊斯兰教首先的特点不是宗教的文化性，而是宗教的政治性”。“政治性在伊斯兰教传统的文化思想体系中占有十分突出的地位，这也是其他宗教文化无法与之比拟

① Miachel Kourtis, *Religion and Politics in the Middle East*, Westview Press, 1981, p. 12.

② 赵国忠、刘靖华：“伊斯兰原教旨主义及其在中东的政治前途”，载《西亚非洲》1992年第2期，第22页。

的”。[1] 这种宗教政治文化体系形成了伊斯兰社会独特的历史传统与社会心理，赋予伊斯兰社会以独特的发展轨道，即“伊斯兰历史的连续性从来都是在宗教意识形态和政治主张的共生现象中表现出来的，伊斯兰教从来不承认政治和宗教的两分模式”。[2]

宗教与政治共生的传统构成了伊斯兰政治文化基本内核，这是从穆罕默德创立伊斯兰教到奥斯曼土耳其帝国解体以前伊斯兰社会政治体系和政治运作的基本特征，也是穆斯林民众政治认知、政治情感和政治价值观的基础所在，更是伊斯兰社会政治合法性的基础所在。从近代以来中东社会历史的发展来看，奥斯曼帝国的解体、多数伊斯兰国家跌入殖民地半殖民地的深渊、西方世俗文化和意识形态的渗透，都使伊斯兰社会政教合一的政治制度受到严重的冲击，尤其是战后以来，多数伊斯兰国家在政治制度和发展模式上的世俗化选择，现代化、西方化的不断发展进一步冲击和解构着传统的伊斯兰政治范式，而以民族主义、社会主义、资本主义为主导的意识形态又都没有满足穆斯林民众渴望民族复兴和富强的心理预期，从而使得处于潜伏状态的伊斯兰传统与现代化之间的矛盾开始凸现于中东社会。在这种背景下，穆斯林民众开始呼唤从伊斯兰传统政治文化来反思社会现代化的得失，传统伊斯兰政治文化再度成为穆斯林民众价值认同的基础，并使世俗化的伊斯兰国家和政府的政治合法性发生了严重的危机。

伊斯兰原教旨主义作为当代伊斯兰复兴运动的主体，以其宗教政治化和政治宗教化的政治诉求张扬出伊斯兰政治文化的活力。而伊斯兰复兴运动的迅速飚起之所以找到了深厚的民众基础，也正在于长期的宗教与政治一统的历史，以及伊斯兰政治文化所熏陶出的政治情感、政治认知和政治价值判断，都深刻地植根于伊斯兰政治文化的历史积淀之中。因此，伊斯兰复兴运动具备了其赖以崛起和发展的政治合法性基础。

---

① 彭树智主编：《伊斯兰教与中东现代化进程》，西安：西北大学出版社 1997 年版，第 3 页。

② 刘靖华：“伊斯兰复兴的政治文化与意识形态研究”，载《西亚非洲》1988 年第 4 期，第 2 页。

历史完美主义的唯理想传统[①]：伊斯兰复兴运动的文化积淀

伊斯兰政治文化具有唯理想主义的政治传统，这种唯理想主义的政治传统及其对当代伊斯兰复兴运动的影响主要表现为以下几个方面：

1. 对先知和四大哈里发时期伊斯兰社会统治形式——乌玛的高度理想化。在伊斯兰教史上，伊斯兰教自创立之日起，便建立起一个政教合一的穆斯林社团——乌玛（Umma）[②]。这一组织建立在对伊斯兰教的共同信仰基础之上，突破了氏族社会以血缘为纽带的藩篱，形成了具有组织制度特征的穆斯林共同体。同时，由于乌玛以弘扬主道为基本任务，因而它也成为伊斯兰教的社会存在方式。这样，在乌玛的内在构成中，一方面是超脱物外、专注信仰的宗教性内容，另一方面是直面人生、关注现实的世俗性成分。而穆罕默德作为安拉的先知和世俗领袖的双重身份，使得乌玛的宗教性和世俗性成分完美地结合在一起。伊斯兰教的这一社会组织模式在当时是必要而又有效的，它"不仅维护了其宗教的恒定性，即虔诚信奉安拉独一至尊的绝对权威，不断进化穆斯林的信仰和道德，使之神圣化，而且还成功履行了历史赋

① 关于此问题的详尽论述可参见东方晓："伊斯兰教与政治传统"，载《西亚非洲》，1991年第2期。

② "乌玛"一词在阿拉伯语中的原意为"群体"，在《古兰经》中被赋予了特殊的内涵即"宗教社团"。"乌玛"在《古兰经》中多次被使用，其中有些指部落宗教社团，有些指异教徒如犹太教社团，而在麦地那后期所启示的经文中则专指穆斯林社团。我国学者钱雪梅专门撰文对"乌玛"的含义进行了考察，她认为"乌玛"至少有五种含义：(1) 指代人类整体，强调人类的统一性；(2) 指代各个乌玛，相当于汉语中的"民族"或"族"；(3) 指代对真主的信仰，以及有启示经典（天经）的人群；(4) 指代虔诚的信徒；(5) 专指穆斯林共同体。（参见钱雪梅："乌玛：观念与实践"，载《国际政治研究》2008年第4期。）在笔者看来，这种考察对于澄清《古兰经》中"乌玛"一词的含义无疑有重要的理论意义。但是，就"乌玛"一词最基本的含义及其对后世的影响来看，"在信仰上区别于其他人类群体的穆斯林共同体"无疑是"乌玛"一词最普遍、最具影响力的含义。

予它的在社会、政治和法律领域的历史使命”。[①] 乌玛在伊斯兰社会的发展中成为伊斯兰教社团、伊斯兰国家、伊斯兰民族和伊斯兰社会的共同表现形式，对于从宗教和世俗两方面调整伊斯兰社会的关系发挥了重要的作用。

穆罕默德主张建立一种统一的、公正的、虔诚顺从安拉的宗教社团，这种关于乌玛的宗教性的思想，构成了伊斯兰宗教观的核心内容，并对后来伊斯兰社会的发展产生了至关重要的影响，同时也成为当代伊斯兰复兴运动尤其是伊斯兰原教旨主义追求的政治理想。“穆罕默德和四大哈里发时代（在伊斯兰教史上亦称“黄金时代”）的穆斯林社团，是乌玛思想的标准体现形式，并常常作为当代伊斯兰复兴运动所追求的伊斯兰社会的‘理想型’或‘原型’。”[②]

在伊斯兰教的初期，由穆罕默德创建并由四大哈里发继任领导权的乌玛，即伊斯兰教社团的职能首先表现为传播伊斯兰教并起到凝聚和团结穆斯林的作用，同时也具有为实现伊斯兰的宗教宗旨而进行社会政治活动的功能。伊斯兰教社团的任务主要是创建伊斯兰教的信仰体系及其伦理道德规范，发展和传播伊斯兰教，争取更多更广泛的穆斯林群众。而要实现这一任务，伊斯兰教社团必须着力解决以游牧部落社会为基础的阿拉伯社会的内部问题，消除部落间的种族仇杀。因此，乌玛作为伊斯兰教与社会的统一体构成了伊斯兰社会基本的社会组织形式，肩负着宗教与世俗的双重职能。

从倭马亚王朝以后，乌玛的领导权开始转入世俗的统治者手中，乌玛的政治职能进一步强化，乌玛开始以伊斯兰国家的形态而存在。到了近代，由于欧洲殖民列强的侵入和伊斯兰国家的衰落，阿拉伯民族主义运动兴起，并将乌玛视为民族的统一体，乌玛的主要功能表现为反对西方殖民主义入侵的伊斯兰民族的统一体，并以此抵御西方化、世俗化对伊斯兰教的威胁。到了20世纪，当代伊斯兰复兴运动的思想家和理论家认识到，伊斯兰教的衰退是整个社会性问题。伴随伊斯兰复兴运动的兴起，乌玛作为被穆斯林理想化的社会组织形式，再度成为伊斯兰复兴运动为之奋斗的目标。原教旨主义认

---

① 周国黎：“乌玛——伊斯兰教与社会的统一体”，载《世界宗教研究》1992年第1期，第34页。

② 同上，第29页。

为，乌玛是伊斯兰社会的理想的组织形式，要全面地复兴伊斯兰教，应建立推行哈里发政体和伊斯兰教法的乌玛。

乌玛作为一种理想政治模式流传至今，并成为伊斯兰复兴主义者的理想政治追求，体现在国家观上就是要重建"乌玛"这一理想王国，以伊斯兰文化为基础，建立一个政教合一、全面推行沙里亚法的"名副其实"的伊斯兰国家。但世俗的民族国家在伊斯兰社会的建立与伊斯兰复兴运动的政治理想形成了巨大的反差，使得伊斯兰复兴运动一方面对现实社会中任何背离传统的行为与现象提出种种批评，同时把回归传统、重建"乌玛"作为解决现实问题的最好办法和未来政治发展的终极走向，这在伊斯兰原教旨主义的政治取向中得到了鲜明体现。

2. **对伊斯兰政府统治者人格的绝对理想化**。伊斯兰政治文化唯理想主义传统的另一表现是对伊斯兰政府统治者人格的理想化。在大部分逊尼派学者看来，哈里发的统治形式是穆斯林社会不可或缺的，因为只有哈里发制度才是维系伊斯兰传统并使沙里亚得以实施的理想制度。因此，在他们的理论中，哈里发不仅是正直、智慧、勇敢的化身，而且还有超凡的个人魅力。

中世纪的阿布·马瓦迪将伊斯兰国家的统治者称之为伊玛目，认为伊玛目是"一个捍卫宗教和世俗事务这种先知身份的继承者（哈里发）"。伊玛目应该具有的人格特征是公正、了解"伊智提哈德"（独立判断）的目的，在心理和认识能力上没有缺陷、拥有治理乌玛和处理事务的能力和智慧、有非凡的勇气保卫伊斯兰教并同敌人进行战斗，最后，他必须来自先知穆罕默德的古莱氏家族。[①] 从逊尼派学者所罗列的条件来看，伊玛目的人格特征完全是对先知和四大哈里发的理想抽象，不仅表达了穆斯林对先知和四大哈里发的崇拜和敬仰，而且也表达了对后世伊斯兰社会统治者的强烈不满，并希望他们理想中的统治者能够再现人间。

在什叶派看来，伊玛目是第四大哈里发阿里及其后裔代代相传的世袭职务，阿里的后裔由于继承了先知的高贵的血统，因此有着与生俱来的、天然的神性，他们不仅有着巨大的感召力和超凡的个人魅力，而且具有远离错误

① 参见东方晓："伊斯兰教与政治传统"，载《西亚非洲》1991年第2期，第47页。

和罪恶的不谬性。什叶派极端分子“甚至相信伊玛目是真主的化身，因为他具有神妙光辉的本质”。[①]“伊玛目被认为是时代的主人，真主与人间之中保，人必须通过伊玛目的说情才能得到真主的恩惠，进入天园。”[②] 由于什叶派穆斯林不承认任何普通人是阿里的合法继承者，于是每隔一个时期就会有一些宗教领袖被授予伊玛目的某种宗教和世俗权威。这也就是什叶派的“马赫迪”（救世主）思想，伊玛目的不断出现就是隐遁的“马赫迪”的再现，并成为铲除暴虐、建立公正社会的领导者。

伊斯兰政治文化中所具有的这种把传统权威人格理想化的传统，使得穆斯林民众具有了一套评价现世统治者的严格的标准体系，尤其是什叶派的“马赫迪”思想更为穆斯林民众铲除不义君主的残暴和专制提供了思想源泉，也“正是这种唯理想主义倾向给当代中东许多穆斯林国家众多的伊斯兰组织提供了现成的行动理论，并对现存的政治权威进行激烈的挑战”。[③] 在伊斯兰原教旨主义思想家的政治主张中，几乎都有以先知和四大哈里发为标准确立伊斯兰社会统治者的理想诉求。当代伊斯兰原教旨主义思想的集大成者霍梅尼明确指出，伊斯兰政府的统治者的两个基本条件是法律知识和公正，当代的许多教法学家都具有上述两个条件，要是他们聚在一起，能够在世界上建立一个真正为民众服务的政府。他主张穆斯林不要坐等伊玛目重返人间解救他们，伊玛目的降临只有通过斗争才能实现，而这种斗争必须由教法权威来领导。因此，有西方学者曾指出，霍梅尼的“追随者把他比作伊玛目。霍梅尼实际上并没有宣称自己是活着的伊玛目或者是马赫迪，但是他却心安理得地接受伊玛目这一称号。他既是革命的伊朗的宗教领袖，又有事实上的统治者的地位，这只有在一个已经适应了宗教权威的什叶派社会才能形成”。[④]

3. 对伊斯兰教法社会的绝对理想化。在伊斯兰传统看来，伊斯兰教法

---

① ［美］希提：《阿拉伯通史》，马坚译，北京：商务印书馆1979年版，第288页。

② 金宜久主编：《伊斯兰教概论》，西宁：青海人民出版社1987年版，第170页。

③ 刘靖华、东方晓：《现代政治与伊斯兰教》，社会科学文献出版社1999年版，第16页。

④ ［美］托马斯·李普曼：《伊斯兰与穆斯林世界》，陆文亮、英珊译，北京：新华出版社1985年版，第180页。

即沙里亚法作为天启的律法，是真主神圣意志的体现，具有亘古永存的不谬性。“沙里亚一旦取得了完美的体现，便在原则上僵固不变了。它像脱离了肉体的灵魂，漂移于穆斯林社会之上，任凭时代风云变幻不定，沙里亚法始终是亘古有效的社会理想的象征”。[1] 伊斯兰教法作为“一部以《古兰经》和圣训为基础的神圣律法，具有宗教、伦理、法律三位一体，交相呼应”[2]的特性，其最典型的特点就在于凭借其神圣性执行世俗法律的功能，体现出显著的神圣性和不可抗拒性。在传统的穆斯林学者看来，伊斯兰教法的完美性在于：第一，它有着广泛的普遍性，由于伊斯兰教法是真主的启示，因此不受时空的限制，有着永恒的有效性，它与人为的世俗法律的最大区别在于不存在使用上的差异性和局限性。第二，伊斯兰教法有着巨大的包容性，由于伊斯兰教法作为真主的启示，对伊斯兰教的信仰原则、政治制度、道德规范、经济关系、民事内容均有明确的规定，具有无所不包的自足性。

伊斯兰传统政治文化对伊斯兰教法的绝对理想化同样构成了当代伊斯兰复兴运动的政治文化基础。“当代的原教旨主义者们一再不厌其烦地重申伊斯兰教法的神圣性、完美性，并对其法源理论加以新的解释”，就在于他们认为“现实中的一切问题皆因‘历史的过错’引起，皆因神圣沙里亚的精神遭到蔑视和践踏所致。因而，只要恢复神圣律法的地位，一切问题皆迎刃而解”。[3] 当代原教旨主义不再具体强调恢复某一领域里的教法实体，而是坚持全面恢复伊斯兰法治，重建“名副其实”的伊斯兰政体，以具有“不谬性”的伊斯兰教法替代世俗的法律，并以此抵制、反对国家与社会的世俗化、西方化。原教旨主义坚决主张无条件地恢复和重建沙里亚法在当代伊斯兰国家和社会中的地位，这种“以不变应万变”的复古主义政治理念，无疑与伊斯兰政治文化对沙里亚法绝对理想化的传统密切相关。

---

① ［英］诺·库尔森：《伊斯兰教法律史》，吴云贵译，北京：中国社会科学出版社1986年版，第2页。

② 吴云贵：《伊斯兰教法概略》，北京：中国社会科学出版社1993年版，第6页。

③ 同上，第298页。

深厚的复古主义传统：伊斯兰复兴运动的政治文化基因

“透视整个伊斯兰教的历史，给人们留下一个较为鲜明的印象是，伊斯兰教是一个具有复古传统的宗教。这种复古现象不仅频繁出现，而且呈现出一定的规律性。”① 因此，当代伊斯兰复兴运动所昭示出的复古精神与伊斯兰政治文化所具有的复古传统无疑有着密切的传承关系。

伊斯兰教的复古传统贯穿于伊斯兰漫长的历史发展进程中，对此，恩格斯曾经有过非常经典的论述：“伊斯兰教这种宗教是适合于东方人的，特别是适合阿拉伯人的，也就是说，一方面适合于从事贸易和手工业的市民，另一方面也适合于贝都因游牧民族。而这里就存在着周期性冲突的萌芽。市民富有起来，他们沉湎于奢华的生活，对遵守律条满不在乎。生活贫困但因此保持着严肃习俗的贝都因人，则以嫉妒和渴望的眼光看待那些财富和享受。于是他们就团结在某个先知，即某个马赫迪的领导下，去惩罚背教者，恢复对礼仪、对真正信仰的尊重，并把背教者的财富作为自己的奖赏收归己有。自然，过了一百年，他又处于这些背教者所处的同样地位，又需要来一次净化，又出现新的马赫迪，戏又重头演起。”“所有这些在宗教外衣下进行的运动都是由经济原因引起的；可是这些有的即使在获得胜利的情况下，也把原有的经济条件原封不动地保留下来。这样，一切又都照旧，冲突就成为周期性的了。”② 尽管恩格斯从经济角度对伊斯兰社会的周期性复古现象的分析是十分精辟的，但是，伊斯兰社会发展中复古现象的政治与文化的基因也是十分重要的。因为“经济与社会所产生的变动这样的原因并不能完全回答这个问题，它只是回答了伊斯兰复古为何产生于某一个时期，比如当代的伊斯兰复兴运动为什么产生于（20世纪）70年代而没有产生得更早或更

① 东方晓主编：《伊斯兰与冷战后的世界》，北京：社会科学文献出版社1999年版，第68页。

② 《马克思恩格斯全集》，第22卷，第526页。

晚；再比如为什么在18世纪中叶的阿拉伯半岛产生了瓦哈比清净派运动，而没有产生在19世纪或者20世纪。问题的核心在于伊斯兰教为什么经常不断地出现复古倾向，伊斯兰教是不是存在某种复古机制？很明显，这样的问题必须从伊斯兰教产生和自身发展中寻求答案”。①

伊斯兰教的第一个教派哈瓦利吉派的产生具有浓厚的复古色彩，该派也被视为伊斯兰教历史上第一个复古派，原因就在于其政治主张和教义思想具有鲜明的回归早期伊斯兰传统的倾向。此后，伊斯兰教中的神秘主义派别苏菲派也是以复古主义的面目出现的，其主要特点是效法先知穆罕默德及其弟子早年的虔诚和简朴的宗教生活。苏菲主义经过曲折的发展，在近代演变为新苏菲主义，一度成为近代复古传统的主要代表。在伊斯兰教的复古传统中影响更为广泛的是中世纪在教法学、教义学领域出现的罕百里教法学派，伊本·罕百勒和伊本·泰米叶的思想直接构成了原教旨主义的思想先驱，尤其是伊本·泰米叶的思想极大地丰富和发展了伊斯兰教的复古传统，并为18世纪阿拉伯半岛的瓦哈比运动提供了理论和思想上的依据。阿布杜勒·瓦哈卜作为伊本·泰米叶思想的继承者和发展者，其基本思想是面对信仰的混乱和多神教的泛滥以及偶像崇拜，主张正本清源、返朴归真、净化信仰、改造社会，其思想不仅为瓦哈比运动的成功和沙特阿拉伯的建立奠定了理论基础，同时也构成了近代伊斯兰复兴运动的历史发轫。

近代伊斯兰政治文化的复古传统主要是通过复兴运动的形式来表现的，18~19世纪的新苏菲主义曾经成为伊斯兰复兴运动的主导潮流，其思想主张是强调遵循伊斯兰教法，并以《古兰经》、圣训作为根本依据。其思想渊源可以追溯到罕百里教法学派，具有鲜明的原教旨主义格调。当时北非的赛努西运动、苏丹的马赫迪运动、南亚的“圣战者运动”都是近代伊斯兰复兴运动的重要表现。此外，在近代出现的伊斯兰改革主义这一伊斯兰现代政治思潮中，尽管改革和现代化是其思想的主流，但依然强调对伊斯兰传统的弘扬，并没有彻底摒弃伊斯兰政治文化的复古传统，如埃及的伊斯兰现代主义的代表人物穆罕默德·阿布杜，就主张复兴伊斯兰教初创时期的朴素信仰，强调正本清源、返朴归真、净化信仰，足见伊斯兰复古传统对伊斯兰社

① 刘靖华、东方晓：《现代政治与伊斯兰教》，北京：社会科学文献出版社1999年版，第31页。

会的影响之深。

总之，复古传统构成了伊斯兰政治文化的一个重要组成部分，并呈现出周期性、多元性、政治性、战斗性、复杂性和群众性等鲜明的特征。[①] 从伊斯兰政治文化的角度看，复古传统得以形成的原因在于：

首先，它是由穆斯林社会宗教与政治发展长期共生、同构所浇铸出的政治传统，这种传统使得任何超越和否定伊斯兰教的政治发展都会引起穆斯林社会的剧烈震荡，并导致回溯到伊斯兰教初始时期政教合一状态的价值诉求和政治行为。

其次，这种传统又深受伊斯兰政治文化中的唯理想主义的传统影响，对伊斯兰社会组织形式（乌玛）、对传统政治权威人格特征、对伊斯兰教法与伊斯兰社会的高度理想化，使得穆斯林民众的政治审美深刻地植根于伊斯兰社会的源头，任何非伊斯兰思想的传播和社会政治架构的确立都会引起穆斯林民众深刻的心理震荡，并选择社会矛盾和民族矛盾尖锐的时期以复古的形式发起大规模的社会运动。

第三，从伊斯兰信仰本身的特点来看，伊斯兰教所具有的真主—真理一元论，认主独一的信仰确立了伊斯兰教的终极性、自足性和优越性，对真主的绝对认知和道德理性相结合，使得穆斯林民众将对真主经验的服从视为对真理的先验的肯定，穆斯林社会与西方社会主体意识的区别在于道德经验与理性怀疑的区别。“经验怀疑主义的价值确认标准只能是传统主义，这包括文化传统主义、传统的行为模式和传统规范的绝对合法性。穆斯林面对现实社会，直觉的判断形式是将现实社会对照于经典和麦地那国家原型。一旦他们确认现实社会偏离了传统的价值轨道，便自然产生一种抗拒意识”。[②]

① 参见东方晓主编：《伊斯兰与冷战后的世界》，北京：社会科学文献出版社 1999 年版，第 75～76 页。

② 刘靖华、东方晓：《现代政治与伊斯兰教》，北京：社会科学文献出版社 1999 年版，第 51 页。

专题4

伊斯兰复兴运动与当代中东政治发展*

【摘要】伊斯兰复兴运动与当代中东政治发展有着密切的关系。从政治合法性、意识形态、政治制度与政治体制、政治民主化的角度看，中东的政治发展进程对伊斯兰教形成了强劲的冲击，政治发展的受挫直接构成了伊斯兰复兴运动的政治根源。反过来说，伊斯兰复兴运动又从政治合法性、意识形态、政治制度与政治体制、政治民主化等层面迟滞了中东的政治现代化进程。本文运用政治学的政治发展理论，对伊斯兰复兴运动与中东政治发展的互动关系进行了深入分析。

从政治的角度看，伊斯兰复兴运动作为以“政治宗教化、宗教政治化”为重要价值诉求和行动取向的社会政治运动，它所蕴含的矛盾内核即中东伊斯兰国家现代政治发展与伊斯兰传统政治文化的冲突，简而言之，即现代政治发展尤其是它所经历的挫折，一方面造成了伊斯兰政治传统的衰微，另一方面深深的挫折感又使伊斯兰文化以及穆斯林民众陷入了前所未有的困顿，进而以回归传统的伊斯兰复兴运动作为寻找出路的突围路径，反过来伊斯兰复兴运动又构成制约伊斯兰国家政治发展的重要桎梏，加大了中东伊斯兰国家政治现代化的难度。

---

* 原载《宁夏社会科学》2004年第1期。

政治合法性层面的分析

从政治发展的角度看，任何国家的政治现代化的进程都包含了从传统政治合法性向现代政治合法性转变的过程。这也诚如卢梭所言："最强者并非能永远保持其主人的地位，除非他将力量转化为正义，将服从转化为责任。"① 马克斯·韦伯也认为，"如果没有合法性，一个统治者，一个政权或者政府体系就很难得到处理冲突的能力（Conflict - management capability），而这种能力对于长期的稳定和良好的统治是至关重要的"。②

根据马克斯·韦伯的理论，任何既定秩序的合法性都包括：第一，纯主观的正当性，包括屈从于情绪情感的正当性、相信某种价值体系所含秩序的绝对正当性、相信救赎必须服从一定秩序的宗教正当性。第二，客观的正当性，主要包括习惯的正当性和法律的正当性。据此，他把政治合法性的基础划分为三种类型：（1）"克里斯玛"（Charisma）基础，事实上也就是以威权人物的品质、魅力及其业绩作为权力的基础。（2）传统的基础，即相信源远流长的传统的神圣不可侵犯性，以及拥有权威的人按照传统实施统治的合法性，世袭、传统习惯、传统法律以及传统的宗教构成了政治合法性的根基和依据。（3）理性的基础，即合法性建立在法律基础之上的法理型统治。在马克斯·韦伯看来，这就是西方以宪政和民主为基础的现代政治制度。对于任何国家而言，都很难说其政治合法性具有纯粹的单一权力来源，只能是以某种权力合法性依据为主。

根据专家学者的划分，中东伊斯兰国家的政治合法性大致有以下几种类型：③（1）以现代法律体系为最高权威的国家，也就是韦伯所谓的以"理性

① ［美］塞缪尔·P·亨廷顿：《变化社会中的政治秩序》，王冠华译，北京：三联书店1989年版，第9页。

② 转引自刘靖华、东方晓：《现代政治与伊斯兰教》，北京：社会科学文献出版社1999年版，第133页。

③ 参见王京烈主编：《面向二十一世纪的中东》，北京：社会科学文献出版社1999年版，第15~17页。

的基础”为权力合法性来源的国家，指已经建立了比较完备的法律体系，实行三权分立、多党制，国家元首通过民选产生的国家。在中东伊斯兰国家中，只有土耳其接近这种类型。(2) 以克里斯玛式领袖为最高权威的国家。这是中东比较普遍的国家类型，多属于在二战前后民族主义运动中建立的国家，纳赛尔等人都属于这种“克里斯玛式领袖”的典型代表。(3) 以君主、国王等世袭权威为合法性来源的国家。这种国家多以海湾国家为代表。但是，无论对以上哪种类型的国家而言，其政治合法性的建构都存在着一定问题。美国学者埃斯波西托指出：“在建构政治合法性和创造民族团结的意识形态方面，穆斯林国家的政府似乎既没有兴趣也不成功，他们更衷情于维持长久的专制统治。王朝统治、军人或准军人政权依然主导着穆斯林世界。政党被禁止或严加限制，选举经常被操纵，政府的议会和政治党派被统治者玩弄于股掌之间，而统治者的政治合法性，像他们的安全一样，完全依赖军人和秘密警察的忠诚，有的统治者则干脆依靠外国政府和多国公司的支持。”尤其是部分国家盲目效仿和不加鉴别的西方化和世俗化使“殖民主义遗产得以延续和长存”，“导致了危及穆斯林认同的文化依赖”，患上了“西方毒化症”(disease of westoxification)。①

从中东伊斯兰国家传统的政治合法性来看，宗教与政治合一的政治传统构成了政治合法性来源的中枢神经，政治制度的建构、国家领导人的产生、权力的更迭、政治价值的体认无不以伊斯兰教作为框架。自近代以来，在外部压力下走上后发型现代化道路探索的伊斯兰国家，不管他们在政治合法性方面作何选择，伊斯兰政治传统的主导地位都受到了不同程度的冲击，外来的意识形态和政治制度都使伊斯兰传统的政治合法性的主导地位丧失殆尽。政治发展的挫折尤其是广泛存在于伊斯兰国家的专制暴政、军人政变、家族统治不但没有建立起新的立足于“理性基础”的政治合法性，反而引起了传统伊斯兰制度及其合法性的幻灭，“传统的价值观也丧失殆尽，被抛入异化和边缘化的汪洋之中的民众把宗教当成了安全港”。②

从某种程度上说，在传统政治权威失落越深重的国家，在政治发展挫折

---

① [美] J·L·埃斯波西托：《伊斯兰威胁：神话还是现实》，东方晓等译，北京：社会科学文献出版社1999年版，第16~17页。

② 同上，第17页。

越严重的国家，现行统治者所面临的政治合法性危机越深重，伊斯兰复兴运动的浪潮越高涨，未来的政治发展也将越艰难。而当代伊斯兰复兴运动也正是在传统的政治合法性陷于困顿的处境中，将“宗教政治化，政治宗教化”作为重建传统政治合法性的路径。

意识形态层面的分析

从广义的角度看，意识形态是“一种建立在明确的世界观之上的规定和自我辩护的信念体系”。[①] 西方学者道格拉斯·诺斯认为，意识形态代表着约定俗成的常识，其功能是使个人和集团的行为符合众所周知的各种规范，并总是与关于正义、公平等道德伦理判断不可分割地交织在一起。[②]

对于传统的伊斯兰社会，其主导意识形态就是包含了对自然、社会、政治、经济、法律、伦理、生活习俗等一切领域进行认知和规范的伊斯兰教。“伊斯兰教证明它是一种使政治产生动力的宗教信仰，伊斯兰社团既是精神的，又是现世的，既是教会，也是国家。宗教信仰和宗教意识提供了阿拉伯部落团结的思想与动机，激发并提供了早期扩张和征服的方向，宗教提供了世界观，为个人和团体生活设计了其结构。”[③] 在近代以前的漫长的伊斯兰社会发展史中，伊斯兰教一直发挥着主导意识形态的强大政治功能。近代以来，中世纪政教合一的伊斯兰政治制度在内忧外患中趋于解体，而新的作为舶来品的意识形态也开始动摇伊斯兰的政治根基，突出地表现为世俗主义、民族主义、社会主义等现代意识形态对传统伊斯兰意识形态的解构、冲击和侵蚀。从意识形态角度看，伊斯兰复兴运动正是由于伊斯兰教面对现代意识形态挑战和自身危机，在传统与现代意识形态矛盾交织的斗争中产生的，并

---

① 参见王逸舟：《当代国际政治析论》，上海：上海人民出版社 1995 年版，第 231 页。

② 同上。

③ John L. Esposito, *Islam and Politics*, New York: Syracuse University Press, 1984, p. 29.

力图通过传统的回归来回应现代意识形态的挑战。

1. **回应世俗主义的挑战**。世俗主义作为西方现代化进程的产物，其思想主旨是产生于近代欧洲启蒙运动的理性主义，在政治上突出表现为取消宗教神学的政治干预，并将其从政治舞台上驱逐到仅仅作为人们精神信仰的伦理领域，进而实现宗教与政治的二元分离。

随着西方在伊斯兰世界的渗透，世俗主义对传统的伊斯兰社会产生了强烈的冲击，并被许多深受西方教育影响的知识精英视为解决伊斯兰社会危机的思想指南。早在奥斯曼帝国苏丹的百年改革和埃及的阿里改革中，就已经呈现出明显的世俗化倾向。但世俗主义真正在伊斯兰国家找到其社会根基，并通过改革确立世俗化的政治制度是在两次世界大战前后。土耳其的凯末尔改革、伊朗的礼萨汗改革、阿富汗的阿马努拉改革都将世俗主义作为其改革的主导思想。[①] 尤其是土耳其的凯末尔改革从政治、经济、文化教育等领域推行了彻底的甚至是强制性的世俗化改革，废黜了作为政治意识形态的伊斯兰教，正如凯末尔所言，要“把伊斯兰信仰从数世纪来充任政治工具的地位中拯救出来，使其信仰得到纯洁与提高”。[②] 二战后，世俗化构成中东伊斯兰国家政治发展的一个重要方面，传统伊斯兰意识形态的政治地位一落千丈。当代伊斯兰复兴运动的兴起也正是面对世俗化不断深化，传统伊斯兰意识形态衰微的困境和伊斯兰社会丛生的社会危机，提出了“唯有伊斯兰才能解决”的口号，强调“伊斯兰的全面性”，反对政治与宗教的二元分离，回应世俗主义对传统伊斯兰的冲击和挑战。

2. **回应民族主义的挑战**。西方著名学者海恩斯认为，民族主义基本上有四种含义：第一，作为一种历史进程的民族主义，在这个进程中，民族主义成为创建民族国家政治联合体的支撑力量；第二，作为一种理论的民族主义，根据这种观点，民族主义是提供给实际历史过程的理论、原则或观念；第三，民族主义包括着一种政治行动，如特定的政治党派的行动；第四，民

① 详尽论述参见彭树智：《现代民族主义运动史》，西安：西北大学出版社1987年版。

② ［英］伯纳德·路易斯：《现代土耳其的兴起》，范中廉译，北京：商务印书馆1982年版，第276页。

族主义是一种情感，即一个民族的成员对本民族国家有着超越于其他的忠诚。[①] 我国学者宁骚认为，“民族主义作为一种意识形态，它的基本主张是一个族体应享有从自治直到独立的程度不等的权利，而一个现代民族即国族（Nation）则享有建立民族国家的权利”。[②]

中东的伊斯兰文化圈是一个包括阿拉伯民族、土耳其民族、波斯民族、库尔德民族和其他民族的多元复合文化板块，多元表现为民族的多样性和独特性，复合表现为以伊斯兰教作为共同的宗教信仰，中东民族的认同和忠诚具有双重性——对伊斯兰文化及其社会组织形式“乌玛”的认同和对本民族文化独特性的认同，这种双重认同实际上蕴藏了宗教忠诚和民族忠诚的矛盾。伴随近代以来西方民族国家的建立和民族主义的传播，建立现代民族国家成为当代世界的历史潮流，民族忠诚和宗教忠诚的矛盾尖锐化，伊斯兰教与民族主义的矛盾日益突出。中东的民族主义形态各异，主要表现为阿拉伯民族主义、土耳其民族主义、伊朗民族主义、地方阿拉伯民族主义等形态。从对待伊斯兰教的不同态度来看，土耳其的世俗民族主义是彻底摒弃伊斯兰教的世俗民族主义，并通过突厥文化及其民族意识寻求价值认同；阿拉伯民族主义则将伊斯兰文化作为阿拉伯民族文化的一部分，进而降低了伊斯兰教的地位；地方阿拉伯民族主义（如埃及民族主义和叙利亚民族主义）则在认同伊斯兰文化同时，强调地域文化的特点。但它们的总体特征是对民族意识、民族感情和民族文化的认同，并对传统的宗教认同有所超越。

在战前，伊斯兰教与民族主义在反对外来殖民侵略、实现民族独立方面具有共同的要求，许多国家的民族独立运动都把伊斯兰作为一种社会动员和组织机制。二战后，亚非的民族主义运动蓬勃发展，在一段时间内，由于民族主义及其政治领袖在维护民族利益和独立方面政绩卓著，民族主义因此赢得了良好的声誉，成为国家的主导意识形态。而伊斯兰教作为一种文化和意识形态，开始从原来的主导文化沦为用以强化民族意识和国家民族属性的亚文化，并对中东的政治发展进程产生了深刻的影响。首先，民族主义作为主流意识形态使得建立现代民族国家逐步成为中东国家的共同选择，中东的现

---

① Carlton J. H. Hayes, *Essays on Nationalism*, New York: The Macmillan Company, 1926, p. 6.

② 宁骚：《民族与国家》，北京：北京大学出版社 1995 年版，第 89 页。

代民族国家体系得以形成，并成为国际体系的重要组成部分。其次，从政教关系上来看，世俗化成为许多中东国家现代化进程的重要目标，中东伊斯兰国家的官方意识形态、国家政治体制、政党组织、议会制度等国家政治上层建筑的架构都以世俗化为基本方向，宗教被置于从属于国家政治的次要地位。根据伊斯兰教在中东国家政治生活中的不同地位，中东国家的政教关系主要有三种类型，即政教分离、政教合一以及介于两者之间的折衷类型的君主制国家，但无论在何种类型的国家，伊斯兰教都遭到了不同程度的削弱。

20世纪六七十年代以来，中东伊斯兰国家在国际上深受冷战体制和西方现代化、世俗化的压力，在阿以冲突中不断败北，而国内又面临着种种困难和问题，民族主义开始丧失其魅力。在这种社会土壤下，伊斯兰势力开始利用伊斯兰教传统的意识形态功能反击来自民族主义的挑战，原教旨主义的兴起就是对民族主义的一种历史反动。例如，原教旨主义所提出的真主主权论、先知权威论、代行主权论、政治协商论，[①] 其主旨就是否定世俗民族主义的国家学说，把实行政教分离、推行世俗化、背离伊斯兰政治传统的国家统统视为非法政权。正如原教旨主义思想家毛杜迪所言："伊斯兰与民族主义在精神和目标方面都是相互对立的"，"伊斯兰国家的特点之一，是它的创建和构成都没有一点民族主义的因素。假如说，伊斯兰除卡非尔（异教徒——作者注）和多神教徒外还有敌人的话，那么这个敌人就是种族和民族国家。""想继续成为穆斯林的穆斯林，必须摒信一切民族主义为荒谬，对一切地缘和血缘的关系不予任何估价，谁若想重视这些关系和纽带，我们应当明白，他的内心和灵魂里已无伊斯兰。"[②]

3. **回应社会主义的挑战**。社会主义思想从19世纪末开始渗透到中东，但传播范围和影响都十分有限。十月革命后，伊斯兰社会主义在南亚次大陆取得了一定的发展。中东地区社会主义思想与运动的发展主要是在20世纪40年代，由米歇尔·阿弗拉克领导的阿拉伯复兴党明确提出了"统一、自由和社会主义"的口号。中东地区社会主义的实践是在二战后，并出现了纳赛尔式的阿拉伯社会主义、阿拉伯复兴党的社会主义、突尼斯的宪政社会

---

① 参见吴云贵："伊斯兰教与民族主义"，载《世界经济与政治》，1995年第4期。

② 陈嘉厚主编：《现代伊斯兰主义》，北京：经济日报出版社1998年版，第191页。

主义、阿尔及利亚的自管社会主义、索马里的革命社会主义等形态，其特点是强调“阿拉伯特性”、“伊斯兰属性”，既反对资本主义也反对共产主义，在实践上主要采取土地改革、合作化和国有化等措施，实质上具有国家资本主义的色彩。[①]

尽管阿拉伯社会主义或伊斯兰社会主义都对社会主义赋予伊斯兰教的解释，但仍然使作为传统意识形态的伊斯兰教受到了冲击，降低甚至是取消了伊斯兰意识形态的主导地位。尤其是在埃及，伊斯兰教被用来作为证明纳赛尔社会主义的工具，引起了宗教界的不满。伊斯兰原教旨主义的思想先驱赛义德·库特布认为，任何借用外来概念解释和界定伊斯兰的思想都是“蒙昧主义”的表现，认为根本不存在“伊斯兰社会主义”这类不伦不类的概念，并从六个方面驳斥伊斯兰社会主义：伊斯兰教与社会主义属于全然不同的思想体系，二者之间没有任何可以调和的余地；伊斯兰社会主义作为一种“二元忠诚”违背了伊斯兰教的宗旨；伊斯兰社会主义是一种新的“蒙昧主义”；阿拉伯社会主义与资本主义一样，强调物质福利而忽视道德教育，因而势必导致误入歧途并导致腐败；阿拉伯社会主义是阿拉伯民族主义的翻版，不符合伊斯兰教的“穆斯林共同体”（乌玛，Umma）观念；伊斯兰社会主义在文化上缺乏自主精神。[②] 第三次中东战争后，阿拉伯社会主义的声誉降低，而在国内出现的政府机构臃肿、官僚主义严重、计划失误、经济冒进导致通货膨胀、国营企业效益低下，使得穆斯林民众对包括社会主义在内的外来意识形态感到怀疑和失望，伊斯兰的政治思想和宗教精神迅速复兴，社会主义在中东的影响一落千丈。

政治制度与体制层面的分析

在政治制度方面，伊斯兰社会形成了持续千余年的政教合一的政治体

---

① 肖宪：“从民族主义到伊斯兰复兴——现代阿拉伯政治思想的演变”，载《世界历史》1989 年第 1 期。

② 详尽论述参见吴云贵、周燮藩：《近现代伊斯兰教思潮与运动》，北京：社会科学文献出版社 2000 年版，第 297～298 页。

制，它发轫于穆罕默德创立的穆斯林社团“乌玛”。“‘乌玛’具有双重的特性，一方面它是一个政治机构，一种以穆罕默德为领袖、以穆斯林和其他人们为成员的新部落。另一方面，它有一个基本的宗教含义，所以它又是一个宗教的社会、一个神权政体。……这种双重性是伊斯兰社会的传统特点，穆罕默德所建立的‘乌玛’就是这种社会的胎形。”① 穆罕默德所缔造的政教合一的政治体制在四大哈里发时期得到进一步巩固和延续，在倭马亚王朝和阿拔斯王朝前期得到进一步完善，在阿拔斯王朝后期得到进一步调整，形成了哈里发和乌里玛结盟的新模式：哈里发在名义上至高无上，地方苏丹握有实权，而乌里玛充当沙里亚法的监护人。从1258年蒙古西进后，政教合一的政治体制发生危机，也正是在此背景下，出现了提出“回到《古兰经》去”的原教旨主义大师伊本·泰米叶。进入14世纪，奥斯曼帝国的建立使政教合一体制得到了进一步发展。进入近代后，政教合一的政治体制受欧洲殖民、帝国改革、现代主义和世俗主义不断传播等因素的影响而日趋衰落乃至崩溃。两次世界大战期间，世俗民族主义的盛行进一步使政教合一的政治体制土崩瓦解。二战后，中东政治民主化和现代化进程的启动，更使伊斯兰教在国家政治生活中的影响进一步下降。

按照伊斯兰的政治学说和政治实践，政教合一主要体现为逊尼派的哈里发学说和什叶派的伊玛目学说及其实践。逊尼派的哈里发学说认为，政教合一的哈里发制度是伊斯兰教所确立的唯一合法的政治制度，其核心宗旨是由哈里发继承或代行先知穆罕默德的职能，管理国务与教务，征收赋税、维护治安、任免官吏、赈济贫民、讨伐叛逆等，捍卫伊斯兰教的信仰，保障穆斯林社会的秩序。什叶派伊玛目学说认为，第四代哈里发阿里的后裔才有资格出任伊玛目，否认前三任哈理发的合法性。在什叶派看来，伊玛目是哈里发的代名词。“哈里发学说作为正统宗教思想和政治制度，一直延续到奥斯曼帝国，它以伊斯兰教正统信仰的名义和真主的权威维护了国家的统一和稳定。”②

---

① ［英］伯纳·路易：《历史上的阿拉伯人》，马肇椿、马贤译，北京：中国社会科学出版社1979年版，第42页。

② 东方晓主编：《伊斯兰与冷战后的世界》，北京：社会科学文献出版社1999年版，第113页。

从政治制度与政治体制的层面看，伊斯兰复兴运动的兴起反映了传统伊斯兰政教合一的政治体制与现代政治制度之间的矛盾。从二战后到20世纪70年代，中东基本上形成了现代政治制度。由于中东政治发展的不平衡性，决定了这些国家政权性质的不同。国外有学者认为，中东国家的政治制度可以划分为三种形式：传统主义模式国家（The Traditionalist），议会制国家（The Parliamentary），福利制国家（The Welfare）。[①] 另有学者认为，中东阿拉伯国家的政治制度主要有五种形态：教长体制国家，主要包括阿曼、革命前的北也门和利比亚；政教合一政体国家，主要是沙特阿拉伯；传统世俗政体国家，主要指科威特、卡塔尔、巴林、阿联酋、黎巴嫩、统一前的南也门；官僚军人寡头政体国家，主要指阿尔及利亚、革命（指1969年卡扎菲军官革命，引者注）后的利比亚、埃及等；殖民地衍生国家，主要指伊拉克、叙利亚和约旦等。[②] 我国学者一般认为，中东国家的政治制度基本上可以划分为共和制和君主制。共和制包括议会共和制、总统制、领袖制；君主制包括绝对君主制和君主立宪制。[③] 但是，中东伊斯兰国家都不同程度地借鉴了资本主义的行政管理体制和民主政治制度，并不断在政治制度方面进行改革和调整。在实行政教分离的共和制国家，资产阶级的“三权分立”政治原则得到了确立和实践，使传统的政教合一的伊斯兰政治体制趋于解体、涣散或减弱。在君主制国家，国家的政治制度也在君主制的范围内进行了改革和调整，一些国家还引入了分权原则，建立了议会和政党制度，使政治制度增加了民主的成分，伊斯兰教在多数国家政治生活中的地位均呈下降的趋势。

“从整体来看，中东社会目前正处在社会转变时期。即从传统的、落后的、不发达社会向先进的发达的现代社会过渡的转变时期。中东绝大多数国家政治发展也同样处在由传统的专制主义（或集权主义）向现代民主政治

---

① H. B Sharabi, *Governments and Politics of the Middle East in the Twentieth Century*, Greenwood Press, 1987, p. 282.

② Chassan Salame, ed., *The Foundation of the Arab State*, Croom Helm USA, 1987, p. 22.

③ 王京烈主编：《面向二十一世纪的中东》，北京：社会科学文献出版社1999年版，第28页。

体制过渡的转变时期。”① 这一时期无疑将是一个艰难曲折的漫长过程，交织着传统政治制度与现代政治制度的矛盾和斗争。一旦现代政治体制与制度的建构出现偏差，更不用说是重大的失误和失败，传统的政治制度都会以其深刻的历史惰性寻找死灰复燃的机会。

在中东国家从传统政治向现代政治制度演进的过程中，充斥着个人独裁、军人专权、政治腐败、社会动荡等弊端，许多伊斯兰国家在如何建构新的政治制度方面是十分失败的。西方学者曾经指出：“自从古老的社团崩溃以来，正是阿拉伯国家的极度虚弱，才使得没有一个社会机构能起到疏导、解释、表达和调动公共意志的作用。一言以蔽之，根本没有能起作用的社会民主机构。”② 从政治体制层面看，伊斯兰复兴运动是在现代政治制度出现偏差或挫折的情况下，由穆斯林民众发起的诉诸于重建传统政治体制的社会运动。从中东共和制和君主制两种类型的国家来看，共和制国家的伊斯兰政治反对派运动的强度和烈度甚于君主制国家，这也反映出政治发展越激进，民主化进程越快的国家，政治稳定的系数越小，伊斯兰势力崛起的土壤也越深厚。这诚如亨廷顿所言：“现代性孕育着稳定，而现代化过程却滋生着动乱。”③

政治民主化层面的分析

现代政治学对政治民主化有种种界定，西方学者几乎都认为以理性、“天赋人权”理论为基础，以选举制、议会制、政党制为内容的民主政治是民主化的终极取向。对此，马克思也指出：“市民社会力图转变为政治社会，或者市民社会力图使政治社会变为现实社会，这是表明市民社会力图尽可能

① 王京烈主编：《面向二十一世纪的中东》，北京：社会科学文献出版社 1999 年版，第7页。

② Walter Z. Laqueur, ed., *The Middle East in Transition*, New York: Praeger, 1958, p. 8.

③ ［美］塞缪尔·P·亨廷顿：《变化社会中的政治秩序》，王冠华译，北京：三联书店 1989 年版，第38页。

普遍地参与立法权。”[①]“由于有了无限制的选举权和被选举权，市民社会第一次真正上升到脱离自我的抽象，上升到作为自己的真正的、普遍的、本质的存在的政治存在。”[②]

从中东政治民主化的进程来看，其民主化的社会与文化根基是十分脆弱的。“无论人们怎样发掘中东传统政治文化中的民主因素，中东民主并不是从伊斯兰教文化中自然生长起来的，而是欧洲殖民者移植来的。”[③] 在两次世界大战期间的委任统治期间，英国和法国殖民者在中东建立了不同形式的议会机构和选举制度。但在殖民地时代和独立初期，民主最多是半民主，选民的基础是非常狭隘的。战后以来，中东的民主有所扩大，但有组织的政治行动依然有限，政治组织几乎仍然停留在原始水平。政党大部分只在选举时存在，并多以城市为基础，内部几乎没有系统的组织与民主生活。“贵族统治、选举舞弊、广大农村不识字的选民，是中东早期半民主的显著特征。它徒有民主的外表，实际上却在败坏着民主的声誉。”[④] 20 世纪 50～60 年代，以纳赛尔主义为代表的威权主义盛行于中东，一党制或军政府取代以议会和选举为基础的、“间歇的、断续的和凌乱的半民主”成为主导的政治模式。在所有国家，选举政治的范围被政府和军队严格地控制。据此，西方学者西蒙·布罗姆里将独立后的中东国家划分为三种政治模式，即以土耳其、伊朗、埃及、伊拉克、叙利亚为代表，在意识形态上奉行民族主义的、现代化的和权威主义的国家；以约旦、黎巴嫩为代表的几个小国，国家在政治动员和社会控制方面十分有限，有过半民主的经历，政治领域存在着较大程度的多元主义；纯粹的“食租国家”（Rentier States），即海湾的石油国家，集中了当代世界的传统君主制国家，政治的社会基础十分有限，根本没有独立的政治代表形式出现的空间。[⑤]

20 世纪 70—80 年代，席卷世界的民主化浪潮在中东也激起了不小的波

---

① 《马克思恩格斯全集》，第 1 卷，第 393 页。

② 《马克思恩格斯全集》，第 1 卷，第 396 页。

③ 丛日云：《当代世界的民主化浪潮》，天津：天津人民出版社 1999 年版，第 308 页。

④ 同上，第 310 页。

⑤ Simon Bromley, *Middle East Exceptionalism——Myth or Reality*? In David Potter, *Democratization*, Polity Press, p. 323.

澜。中东国家在普遍进行经济自由化改革的同时，也普遍进行了以解除党禁、保障言论自由、制定新宪法、举行自由选举为内容的政治自由化改革。但是，“伴随政治自由化和半民主化而来的，却是伊斯兰运动的复兴”。[①] 中东政治民主化进程的启动和政治参与的扩大带来的不是政治稳定，相反却是伊斯兰复兴运动的高涨及其政治冲突，其原因主要在于：

第一，中东伊斯兰社会专制主义和政教合一历史传统的持久性使得以民主政治为基础的现代政治参与缺乏深厚的社会历史与文化土壤。伊斯兰教政治性的表现之一即穆斯林对真主及其代理人即世俗统治者的无条件服从。由于伊斯兰教诞生于阿拉伯大漠的游牧部落，种族部落观念深刻地渗透于伊斯兰社会之中。伴随伊斯兰教在对外征服中传播扩散，更是深受周边文明的浸染，其政治理论更加强调对统治者的服从。受伊朗文化的影响，等级制度的原则进一步强化，东方的专制主义倾向不断加强，绝对的权力和无条件的服从否定了对权力进行分割、限制和制衡的可能性。因此，以政党制、议会制以及普选制为内容的西方民主在中东一直缺乏本土文化的支持，而受殖民统治以及战后效仿西方的现代化进程受挫的影响，中东国家存在传统的伊斯兰政治与西方民主政治之间的尖锐矛盾被不断激活。伊斯兰政治文化熏陶出的特定的宗教政治意识潜移默化地影响着穆斯林的政治参与，一切政治现象是否符合和具备伊斯兰属性已经成为穆斯林进行政治评价并决定自己爱憎好恶的价值尺度。

第二，伴随中东伊斯兰国家的政治民主化进程，现代政党制度在中东得到了不同程度的推行。在伊斯兰复兴运动中，宗教政治反对派开始以现代政党的形式，向中东伊斯兰国家的政权发起挑战，企图通过民主选举掌握政权，而中东各国当局又拒绝承认以政党形式出现的政治反对派的合法性，并多采取了遏制和清剿伊斯兰政治反对派的措施，从而导致政治秩序的混乱，并深刻影响了中东伊斯兰国家的政治稳定。伊朗的伊斯兰共和党推翻了巴列维王朝，在中东建立了第一个伊斯兰神权共和国，更对中东的伊斯兰政治反对派产生了巨大的示范效应。

在20世纪90年代，伊斯兰政治反对派纷纷以合法政党的方式崛起，尤

---

① 丛日云：《当代世界的民主化浪潮》，天津：天津人民出版社1999年版，第299页。

其引人注目的是阿尔及利亚伊斯兰拯救阵线在选举中的崛起，但由于军队的介入，伊斯兰拯救阵线与政权失之交臂，阿尔及利亚因此一度陷入严重的政治动乱。在中东国家，尽管多数国家的伊斯兰政治反对派都纷纷以合法的方式介入政治，但是由于现行的世俗化和君主制政府又不能容忍伊斯兰势力的崛起，由此便“出现了‘民主的悖论’：权威主义的松动释放出神权政治的‘魔鬼’，民主化改革指向非民主的前景”。“他们反对自由化运动所趋向的民主，未来政治体制应该建立在伊斯兰法的基础上。”① 在某种程度上，中东伊斯兰国家的政治民主化进程陷入了一个怪圈：民主化进程松动了权威主义的基础，同时也给伊斯兰复兴运动的发展提供了契机；而伊斯兰复兴运动的兴起又是导致政治民主化陷入困境的重要原因，由于伊斯兰政治反对派与政府对抗导致的社会动乱又给威权主义继续存在和军人干预政治提供了理由。

① 转引自丛日云：《当代世界的民主化浪潮》，天津：天津人民出版社 1999 年版，第 333 页。

专题5

伊斯兰复兴运动对中东伊斯兰国家间关系的影响*

【摘要】伊斯兰复兴运动的兴起不仅对中东伊斯兰国家的政治生活产生了重要影响，而且也对中东国际关系产生了重要影响。本文认为，伊斯兰复兴运动的兴起激活了中东伊斯兰国家间的宗教与世俗以及不同教派之间的矛盾与冲突，论文以伊朗与沙特、伊朗与伊拉克的关系为案例，分析了伊斯兰复兴运动对中东伊斯兰国家间矛盾与冲突的影响；另一方面，伊斯兰复兴运动也对中东伊斯兰国家间的关系产生了一定的整合作用，论文以伊斯兰会议组织和冷战后伊斯兰世界的国际合作为例，分析了伊斯兰复兴在中东伊斯兰国家国际合作中的作用。

伴随伊斯兰复兴运动的兴起和高涨，“不仅在伊斯兰世界，甚至在国际政治中发生的许多事情，只要它与伊斯兰教有一定的牵连，不考虑伊斯兰教的因素就无法理解、无法说明，从而就弄不清问题的症结所在”①。伊斯兰

---

* 该专题是两篇论文的结合，分别是：“伊斯兰复兴运动对中东伊斯兰国家间关系的影响”，原载《宁夏社会科学》2004年第5期；“伊斯兰教与当代伊斯兰世界的国际合作”，原载《世界经济与政治》1996年第11期。

① 金宜久：“试论伊斯兰教的政治活力”，载《西亚非洲》1990年第2期，第8页。

复兴运动的兴起不仅对中东伊斯兰国家的对外政策产生了深刻的影响，而且对中东地区国际关系的分化组合和中东政治格局的演变和重组发挥了重要作用，同时也对中东伊斯兰国家与外部世界尤其是与西方的关系产生了强劲的冲击，进而影响和渗透到整个国际政治当中。加之中东地区在全球地缘政治中的重要战略地位和该地区存在的复杂的民族矛盾、边界争端，伊斯兰复兴运动所产生的震荡性影响又进一步加剧了中东地区政治和国际关系的复杂性。由于伊斯兰复兴运动对中东国际关系的影响涉及的内容和领域极其广泛，因此，本文主要选择若干具有代表性的重大问题，分析伊斯兰复兴运动对中东伊斯兰国家间关系的影响，并以此作为透视伊斯兰复兴运动对国际政治影响的窗口。

伊斯兰复兴运动与中东伊斯兰国家的矛盾斗争与冲突

不容否认，中东地区的伊斯兰国家由于共同信仰伊斯兰教，而又多为阿拉伯国家，因此伊斯兰教一直是整合中东伊斯兰国家的重要文化根基。但是由于伊斯兰教教派的多样性和彼此间的复杂矛盾，以及民族和国家利益矛盾、历史积怨、边界争端等多种因素的共同作用，又使得中东伊斯兰国家间的关系充满了盘根错节的矛盾。对中东地区领导权的争夺一直是中东伊斯兰国家关系中的一个重要因素。在争夺中东领导权的斗争中伊斯兰教无疑构成了主要伊斯兰大国所倚重和利用的重要政治资源和政治语言，而伊斯兰复兴运动的兴起使得伊斯兰教在这种斗争中的政治功效进一步强化。下面选择若干具有代表性的个案加以说明。

1. 伊朗与沙特两强争夺中的伊斯兰因素。在1979年伊朗伊斯兰革命爆发前，虽然伊朗与沙特的关系并不融洽，但它们由于共同反共、反苏，并都与西方关系较为密切，同时又要共同面对伊拉克复兴党的威胁，因此双方的关系尚处于相安无事的状态。

但是，伊朗伊斯兰革命爆发后，沙特和伊朗分别成为传统伊斯兰势力和激进伊斯兰势力的代表，矛盾斗争开始凸现于两国的关系当中。沙特是中东传统伊斯兰势力的代表，并保持了政教合一的政治制度，沙特外交政策中的伊斯兰原则主要是以圣地的保护者和伊斯兰盟主而自居，其具体表现是：大力宣扬伊斯兰团结，通过伊斯兰教的国际组织推行泛伊斯兰主义；利用丰厚的石油收入对伊斯兰国家的经济和宗教事业进行援助；在涉及伊斯兰世界的重大国际问题上充当伊斯兰国家利益的代言人，强化自己在伊斯兰世界的领导地位。伊朗在伊斯兰革命后建立了现代伊斯兰神权政体，这似乎应该成为双方关系改善的契机。但事实恰恰相反，双方的矛盾和对立呈现出不断加剧的态势。从权力政治的角度看，双方关系的背后是利益和权力的争夺，但从伊斯兰复兴运动的角度看，双方在宗教意识形态上的矛盾，以及伊朗输出伊斯兰革命对沙特及其他海湾国家的威胁，无疑是双方矛盾激化的重要因素。

尽管沙特和伊朗都是政教合一的国家，但两国的政治体制是完全不同的，伊朗在伊斯兰革命后是实行议会选举制的共和制国家，而沙特是实行家族世袭制的君主制国家。根据伊斯兰革命精神领袖霍梅尼的理论，“伊斯兰政府不应是君主制，君主制是反伊斯兰的”。[①] 所以无论沙特王室政府的伊斯兰色彩如何浓厚，其家族世袭的君主政体本身就是伊斯兰革命的对象。霍梅尼把沙特王室的伊斯兰教称为“渎神”的宗教，不承认沙特具有圣地保护者的资格。同样，沙特也认为霍梅尼的伊斯兰教是“异端”，伊朗政府的所作所为都是违反伊斯兰精神的。因此，“伊朗的群众性的、革命的伊斯兰教与沙特的家族式的、保守的伊斯兰教之间的矛盾，就如同‘神权’与‘世俗’的矛盾一样，是水火不相容的”。[②]

伊朗伊斯兰革命后，伊朗把海湾诸国视为输出伊斯兰革命的对象，这不仅直接对沙特本身构成威胁，而且也对作为沙特势力范围的海湾阿拉伯各国产生了严重威胁。伊朗革命的榜样以及伊朗通过广播电视、书籍报刊宣传伊斯兰革命，对沙特的穆斯林民众产生了强劲的冲击。从1979年到20世纪80年代中期，沙特出现的几次麦加朝觐事件，都与伊朗输出伊斯兰革命有

---

① Imam Khomeini, *Islam and Revolution: Writings and Declarations of Imam Khomeini (1941 - 1980)*, Translated by Hamid Algar, Berkley: Mizan Press, 1981, pp. 47 - 48.

② 肖宪：“西南亚当代国际关系中的伊斯兰教”，载《西南亚研究》1987年第1期，第12页。

重要的关系。此外，伊朗伊斯兰革命后推行强烈的反西方政策，而沙特却是美国在海湾地区的重要盟友，双方经常因此发生唇枪舌战。伊朗谴责沙特是“美国利益的代理人”，沙特的伊斯兰就是“美国牌号的伊斯兰”，号召沙特的穆斯林推翻“非伊斯兰”的君主制度，而沙特则指责霍梅尼“在穆斯林中间制造不和”。①

伊朗与沙特的矛盾与分歧，导致了20世纪80年代整个波斯湾地区局势的紧张，两伊战争的爆发使海湾国家更加感到了来自伊朗输出伊斯兰革命的威胁。伊朗与沙特的关系几乎到了剑拔弩张的地步，1984年，沙特击落伊朗一架战斗机，伊朗则通过袭击沙特的油船进行报复。伊朗输出伊斯兰革命所引发的伊沙关系的恶化还导致了海湾诸国关系的重新组合，与沙特有领土争端的科威特、阿联酋等国开始向沙特靠拢，并捐弃前嫌，开始联合。为了防范伊朗输出伊斯兰革命和两伊战争的蔓延，沙特等海湾阿拉伯国家不仅在两伊战争中采取了支持伊拉克的态度，而且在1981年成立了海湾合作委员会，加强在政治、经济和军事上的合作，共同对付伊朗伊斯兰革命的威胁。沙特由于在人口、自然资源、经济军事实力等方面的优势，成为海湾合作委员会的盟主。因此，沙特和伊朗作为伊斯兰传统与激进势力的代表，它们之间尖锐的宗教对立和冲突，对海湾地区政治力量的分化组合产生了重要影响。“与伊朗—伊拉克之间神权和世俗的矛盾相比，伊朗—沙特阿拉伯之间这种伊斯兰教不同体系的斗争，在某种意义上说，其表现更为复杂，斗争更为激烈，影响更为深远，因而更不容易得到彻底的解决。”②

2. **伊斯兰复兴运动与两伊战争**。从伊斯兰复兴运动的角度来看，如果说伊朗与以沙特为代表的海湾国家的矛盾斗争反映了激进与传统伊斯兰势力的对立，而两伊战争则是激进伊斯兰神权势力与世俗的阿拉伯复兴党之间矛盾对立的产物。

持续八年之久的两伊战争是战后中东地区规模最大、持续时间较长、损失惨重的战争之一。从其性质而言，它并非纯粹的宗教战争，双方的历史积

---

① 参见吴云贵：“伊斯兰教与中东政治”，载《世界宗教研究》1997年第1期，第6页。

② 肖宪：“西南亚当代国际关系中的伊斯兰教”，载《西南亚研究》1987年第1期，第13页。

怨、边界争端以及对海湾地区领导权的争夺都是战争的重要原因。但双方输出和抵制伊斯兰革命的矛盾与教派矛盾交织在一起，无疑构成了诱发和影响两伊战争的重要因素之一。

伊朗和伊拉克均为伊斯兰国家会议组织成员国，伊朗穆斯林中有96%属于什叶派，逊尼派仅占4%。在伊拉克，穆斯林的60%为什叶派，40%为逊尼派。在历史上，由于人数众多的什叶派社团的存在，两国的宗教界之间有某种宗教情感亲和和密切交往。长期以来，伊朗的什叶派穆斯林一直对伊拉克境内的三大宗教圣地充满敬仰，而伊拉克的什叶派社团则经常寻求伊朗什叶派的支持。20世纪70年代伊拉克带有政治倾向的什叶派组织，如伊斯兰宣教党、法蒂玛党、伊斯兰革命党、圣战者组织大都有伊朗的背景。①

在伊拉克，人口上什叶派占多数却由逊尼派长期执政，并长期在意识形态上奉行世俗的阿拉伯民族主义，什叶派由于长期处于被压迫地位而对逊尼派复兴党政权十分不满，什叶派骚乱时有发生，但均遭到了复兴党政权的残酷镇压。伊朗伊斯兰革命后，伊拉克的什叶派运动再度高涨，什叶派教徒发动的数次暴动再次遭到镇压。伊拉克所推行的世俗民族主义的意识形态与伊朗的神权政治纲领背道而驰，早就引起了伊朗霍梅尼政权的强烈不满，萨达姆推行的镇压和压制什叶派的政策更令伊朗仇视，霍梅尼还对他在流亡期间在伊拉克遭到的冷遇耿耿于怀。从地缘的角度看，伊拉克也被伊朗视为输出伊斯兰革命的前沿阵地。霍梅尼认为，只有推翻逊尼派萨达姆政权并在伊拉克建立伊朗式的什叶派政权，才能消除继续向西部海湾地区输出伊斯兰革命战略的障碍。

由于受伊朗伊斯兰革命的吸引和伊朗宣传鼓动的影响，曾经在霍梅尼流亡伊拉克期间与其交往甚密、有“伊拉克的霍梅尼”之称的什叶派宗教领袖巴基尔·沙德尔不断煽动什叶派推翻政府，并在伊朗伊斯兰革命后举行游行示威，高呼反政府的口号，要求伊拉克变成名副其实的伊斯兰国家。此后，在伊朗影响和策动下，什叶派教徒不断揭竿而起，起义连续不断，其规模和强度都达到了前所未有的程度。萨达姆深深感到了伊朗输出伊斯兰革命的强大威胁和来自霍梅尼的咄咄逼人的政治挑战。伊拉克政府迫于政治压

① 吴云贵：“伊斯兰教与中东政治”，载《世界宗教研究》1997年第1期。

力，宣布伊拉克的宣教党为伊朗的“第五纵队”，逮捕了什叶派精神领袖巴基尔·沙德尔，并于1980年以“叛国罪”判处其死刑。此后，双方的攻击和谴责不断升级，双边关系急剧恶化。1980年9月22日，伊拉克萨达姆政权采取了先发制人的措施，发起了对伊朗的军事进攻，持续八年之久的两伊战争全面爆发。伊朗坚持向伊拉克输出伊斯兰革命，而萨达姆企图以战争对付伊朗输出伊斯兰革命，基于输出和抵制伊斯兰革命的矛盾构成了两伊战争的重要原因之一。

两伊战争爆发后，双方都充分利用伊斯兰资源的政治功效，把战争上升到“为真主而战”的高度。伊朗号召穆斯林通过圣战保卫伊斯兰教，极力煽动穆斯林教徒的宗教感情和宗教狂热，并组成了伊斯兰自卫队，在战场上发起残酷的自杀式的冲锋，以“完成真主的使命”。一向推行世俗民族主义的萨达姆也不断利用伊斯兰教鼓舞民族士气，萨达姆手捧《古兰经》的照片充斥各种传媒。在狂热宗教情感的支配下，两伊战争进行得异常残酷，并成为“中东近现代史上最激烈、最残酷的战争”。

两伊战争爆发后，联合国以及阿拉伯、伊斯兰世界的国际组织为调停战争提出了种种方案，但都无法阻止战争规模的不断扩大，因为“在宗教意识范围内的这些摩擦很容易采取往往通过上天的绝对价值的对抗形式，采取的不是由具体的人间的（因而可能消除）原因所引起的冲突形式，而是由‘善’与‘恶’、‘神’与‘魔鬼’的矛盾所引起的永世冲突的形式”。[①] 这种说法或许有言过其实之嫌，但它或许可以从一个侧面说明宗教狂热和宗教情感的深刻存在使得两伊战争很难通过政治途径解决的现实。

伊斯兰复兴运动对中东伊斯兰国家间关系的整合作用
——以伊斯兰国家首脑会议为例

伊斯兰复兴运动的兴起尤其是伊朗输出伊斯兰革命导致了中东国际关系

---

① ［苏联］米特罗欣：“宗教与民族”，载《世界宗教资料》1991年第2期，第29页。

的分化，并对中东伊斯兰国家的矛盾、斗争和冲突产生了消极的影响，但是由于伊斯兰复兴运动所强化的伊斯兰国家对伊斯兰教的共同信仰，尤其是泛伊斯兰主义的兴起，又使得伊斯兰教成为整合中东伊斯兰国家的重要文化机制。

从宗教社会学的角度看，宗教具有特殊的社会整合功能，能够“把不同肤色、不同民族、不同国家、不同地区、不同阶级、不同职位、不同思想风尚、不同政治态度、不同文化水平、不同年龄的人紧密地‘粘合’在一起，成为具有共同信仰、共同崇拜对象、共同组织形式、共同教义和教规、共同礼仪和活动方式的社会实体和力量”。① 对于共同信仰伊斯兰教的中东伊斯兰国家而言，它可以使处于不同国度的人们从相同的历史回忆和社会心理基础中找到合作的契合点，因为相同的宗教信仰能够“赋予民族团结和认同同一的宗教品格，使不同部落、地区、种族和宗教团体的人们在一种中心的统一文化体验中聚合在一起”。②

伊斯兰教作为扎根于中东社会并有着悠久历史的文化传统，作为伊斯兰民族宗教信仰、行为规范、法律制度、道德伦理的复合体，曾经以政教共生、族教混同之特征构建过统一的伊斯兰帝国。近代以来统一的伊斯兰帝国不复存在，取而代之的是若干个民族国家，由于世俗的民族主义的出现与崛起，尽管伊斯兰教在中东伊斯兰国家的民族解放运动中仍然发挥着一定的团结纽带作用，但其作用已不能与过去同日而语。但是，以伊斯兰教为文化根基的共同的历史、共同的信仰、共同的伦理规范与价值观念，仍是中东伊斯兰国家进行认同的重要精神基础之一。

战后以来的一段历史时期内，阿拉伯民族主义是中东阿拉伯国家进行团结合作，共同反对殖民主义、帝国主义和犹太复国主义的统一的意识形态和思想武器。在此阶段，伊斯兰教虽然作为一种政治文化已经让位于民族主义，但是对于与伊斯兰教有不解之缘的阿拉伯民族而言，伊斯兰教仍是阿拉伯民族主义的重要文化基础之一。

1967年第三次中东战争后，由于阿拉伯国家的惨败，盛极一时的阿拉

---

① 张铁南主编：《宗教知识小百科》，长春：长春出版社1991年版，第4页。

② ［美］格雷迪斯·B·麦克盖里：“国民宗教”，载《世界宗教资料》1991年第4期，第21页。

伯民族主义的政治魅力开始褪落，伊斯兰教再次跃居中东政治的前沿，并昭示出巨大的政治感召力。伊斯兰国家深感以伊斯兰精神、道德、社会价值观为基础进行合作的必要性，以克服阿拉伯民族主义的局限性。伴随伊斯兰复兴运动的兴起，无论是伊斯兰国家还是穆斯林民众，都主张以伊斯兰教为团结纽带，在国际事务中以团结一致的姿态对付帝国主义、霸权主义和犹太复国主义。1969年，沙特、摩洛哥、索马里、尼日尔、巴基斯坦和马来西亚等伊斯兰国家的数位首脑聚会拉巴特，成立了在当今中东政治和国际政治中仍有重要影响的伊斯兰国家首脑会议（该组织已于2008年更名为伊斯兰合作组织，作者注），把伊斯兰国家间的团结合作推向了一个新的高潮。该组织的宗旨是：促进各成员国之间的团结，加强它们在经济、社会、文化和科学方面的合作；努力消除种族隔离和种族歧视，反对一切形式的殖民主义；支持巴勒斯坦人民恢复其民族权利和重返家园的斗争；支持一切穆斯林人民保障其尊严、独立和民族权利的斗争。伊斯兰国家首脑会议自成立以来，在拉合尔、塔伊夫、麦加、卡萨布兰卡、科威特等地召开了数次伊斯兰国家首脑会议，对于维护伊斯兰国家的政治、经济和安全利益，促进伊斯兰国家间的团结合作，共同反对帝国主义、霸权主义和犹太复国主义，协调伊斯兰国家内部矛盾等方面发挥了重要作用。下文笔者以伊斯兰国家首脑会议组织在促进伊斯兰国家团结合作上所发挥的作用，来展示伊斯兰复兴对于伊斯兰国家间关系的整合作用。

第一，在政治上，伊斯兰国家首脑会议构成了伊斯兰国家反对犹太复国主义、帝国主义、霸权主义的政治舞台和协调伊斯兰世界内部矛盾的重要机构。

1969年9月，在摩洛哥拉巴特举行的第一次首脑会议上，集中讨论了阿克萨清真寺被毁事件、耶路撒冷地位、被占领土问题，各国坚信统一的伊斯兰教是伊斯兰国家彼此接近和团结的有利因素，主张恢复耶路撒冷在六·五战争前的地位，要求国际社会为使以色列撤出所占阿拉伯领土作进一步努力，并发表严正声明强烈谴责以色列纵火焚毁阿克萨清真寺的罪恶行径。

1974年2月，在巴基斯坦拉合尔召开的第二次首脑会议上，各伊斯兰国家与会代表重申“他们共同的宗教是各国人民之间割裂不断的纽带”，[①]并一致通过《拉合尔宣言》，谴责以色列为使耶路撒冷犹太化采取的各种措施，拒绝接受联合国安理会的决议；要求以色列立即撤出耶路撒冷，声明恢复阿拉伯人对耶路撒冷的主权，是阿拉伯国家任何解决方案的先决的、必要的条件；任何一项不恢复耶路撒冷先前状况的解决方案，伊斯兰国家都绝不接受，同时反对将耶路撒冷国际化的任何企图。

1981年1月，在沙特阿拉伯的麦加和塔伊夫举行的第三次首脑会议上，集中讨论了阿富汗问题、巴勒斯坦问题和两伊战争问题，强烈主张伊斯兰教是促进伊斯兰国家团结合作的强大精神力量，各国为“有《古兰经》、圣训而自豪，为有《古兰经》、圣训制定的完善生活准则而自豪”，[②]重申“全世界穆斯林是不偏向任何集团、任何信仰的一个集团，这个集团将为解放被占领的伊斯兰教领土而继续全方位的圣战”。[③]会议通过了《麦加宣言》和《耶路撒冷宣言》，强烈谴责苏联霸权主义在伊斯兰国家阿富汗的扩张，要求苏联立即从阿富汗撤军，并申明所有的伊斯兰国家都鼎力支持阿富汗人民的反苏斗争；号召利用一切可能的手段去解放被占领的巴勒斯坦领土；重申维护海湾稳定及其海上、陆上安全是海湾国家的责任；对于两个伊斯兰国家间的战争，各国都深感遗憾并力求通过伊斯兰国家首脑会议，呼吁两伊立即停止一切军事行动，通过和平手段解决冲突；要求立即停止黎巴嫩、巴勒斯坦难民营之战，消除对难民营的包围；决定阿拉伯国家特别是海湾国家对非洲伊斯兰国家提供经济援助，解决他们面临的困难。

1984年，伊斯兰国家还在科威特召开了小型首脑会议，再次就阿以冲突、两伊战争和阿富汗问题协调了伊斯兰国家的立场和主张。此外，该组织从成立到1990年，还召开过19次外长会议，为维护伊斯兰国家的共同利益，加强以伊斯兰信仰为纽带的团结合作进行了不懈的努力。

第二，在经济上，伊斯兰国家首脑会议是促进伊斯兰国家共同繁荣，加

---

① ［叙利亚］穆瓦法格·贝尼·穆尔加：《简明伊斯兰百科全书》，吉益意译，北京：旅游教育出版社1991年版，第65页。

② 同上，第77页。

③ 同上，第70页。

强伊斯兰国家经济合作与互助，反对大国经济掠夺和经济剥削的重要国家机构。

在1974年拉合尔第二次首脑会议上，在分析世界经济形势和伊斯兰国家现状的基础上，各国首脑认为必须消除伊斯兰国家的贫穷落后与愚昧；结束发达国家对发展中国家的经济剥削；就原材料、进口工业品和进行技术引进方面，制定发达国家与发展中国家之间的贸易往来条件；维护伊斯兰国家的主权及其对自然资源的完全控制；伊斯兰国家之间进行经济合作与联合；减轻发展中国家当前由于工业品价格上涨而面临的经济困难。此后，伊斯兰国家会议组织为加强伊斯兰国家之间的经济技术合作，在土耳其的安卡拉设立了伊斯兰国家社会统计研究与培训中心，在达卡设立了伊斯兰技术培训与研究中心，在卡萨布兰卡设立了伊斯兰贸易发展中心，在吉达设立了伊斯兰科学技术发展局，这些组织的成立对于促进伊斯兰国家在经济与技术上的互助与合作起到了重要的桥梁与纽带作用，在反对不合理的国际经济旧秩序，建立公正合理的国际经济新秩序的斗争中发挥了重要作用。

在伊斯兰世界经济合作中最为引人注目的是伊斯兰国家会议组织的分支机构——伊斯兰开发银行。伊斯兰开发银行经过1973年伊斯兰会议组织各国外长吉达会议的酝酿，于1974年正式成立于吉达，1975年正式开业，到1990年发展成为拥有43个成员国和强大经济实力的国际银行组织。该组织的宗旨是坚持伊斯兰教的原则，向其成员国对社会经济长期发展有重要意义的社会基础项目提供贷款和技术援助，密切伊斯兰国家间的经济合作与经济联系，促进伊斯兰国家的社会进步和经济发展，实现伊斯兰世界的共同繁荣。

伊斯兰银行拥有法定资本20亿第纳尔，银行发放贷款的原则是不允许发放高利贷和附息贷款，而以技术帮助、工农业项目的参股、租赁业务、分期付款为贷款方式。从银行成立到1990年，银行进行的对外技术援助、对外贸易、提供贷款和无偿援助等多达1200余项，投资总额达77.17亿第纳尔，约合90.79亿美元。[①] 1986～1987年，银行发放的5.873亿第纳尔的贷款，对于加快贝宁科托努港口重建工程和科摩罗的石油储藏工程、冈比亚和阿拉伯也门共和国的铁路建设、几内亚的乡村初等教育、马尔代夫和尼日尔

① 《海湾纵横》，世界知识出版社1990年版，第272页。

修建学校的工程、巴基斯坦的铁路改建工程、塞内加尔的稻谷生产以及土耳其的中东技术大学建设项目，加快伊斯兰国家社会经济发展步伐起到了重要作用。① 1990年，第14届伊斯兰开发银行董事会议在阿尔及利亚的阿尔及尔举行，会议在改进银行工作办法、协调各成员国之间的意见分歧以及制定银行发展规划等方面取得积极成果。

第三，在文化上，伊斯兰国家首脑会议对于促进伊斯兰文化的传播与发展，弘扬光大伊斯兰文化传统，加强伊斯兰文化交流产生了重要影响。

伊斯兰国家首脑会议设立的伊斯兰历史艺术文明研究中心、伊斯兰法学会、伊斯兰文明遗产国际保护委员会、伊斯兰教科文组织、伊斯兰国际通讯社、伊斯兰国家广播组织、伊斯兰国家首都城市组织等分支机构，对于促进伊斯兰文明的传播与光大，促进伊斯兰世界以伊斯兰信仰为基石的文化合作与交流产生了不可忽视的影响。

伊斯兰教在伊斯兰国家首脑会议中的作用在于：从伊斯兰国家首脑会议的基础看，基于共同宗教的历史文化、精神信仰、生活方式及价值观念构成了伊斯兰国家首脑会议建立的基石；从伊斯兰国家首脑会议的成员构成来看，它是一个广泛容纳和接收伊斯兰国家的国际组织，伊斯兰信仰构成了衡量一个国家是否有资格加入伊斯兰国家首脑会议的先决条件；从伊斯兰国家首脑会议的宗旨来看，它以维护伊斯兰国家的利益、促进伊斯兰国家的团结合作、协调伊斯兰国家间的矛盾、联合反对任何染指伊斯兰的敌对势力作为义不容辞的责任。由此可见，伊斯兰教作为富于历史认同感的文化传统和精神信仰，构成了伊斯兰国家首脑会议各成员国在国际社会进行团结合作的基石、桥梁和纽带。伊斯兰国家首脑会议的建立在某种程度上也正是伊斯兰复兴运动的产物，它作为一个最具影响力的泛伊斯兰国际组织，对于整合中东乃至整个伊斯兰国家间的关系发挥了重要的作用。此外，伊斯兰国家的其他泛伊斯兰主义组织诸如世界穆斯林大会、伊斯兰世界联盟、亚洲穆斯林组织等，都在伊斯兰复兴运动中扮演了重要的角色并推动了伊斯兰国家关系的整合。

① 《海湾纵横》，世界知识出版社1990年版，第273页。

冷战后伊斯兰世界国际合作的动向

冷战结束后，伴随苏联的解体，伊斯兰教作为一种意识形态重新崛起。伊斯兰复兴运动进一步发展，中亚五个伊斯兰国家的独立和世界经济区域集团化趋势的不断加深，为伊斯兰教扩展其活动空间提供了历史机遇，穆斯林国家不断从各个方面加强联系和合作，其动向引起了国际社会的广泛关注。

1. **以伊斯兰文化为根基，构建新的伊斯兰联盟或共同体。**冷战后，前苏联的中亚伊斯兰五国的独立，尤其是中亚伊斯兰教的复兴为新的伊斯兰共同体的出现提供了可能性，阿拉伯世界出现的囊括西亚、北非、中亚和高加索的“大中东”理论就是这种可能性在理论上的表现。伊朗、巴基斯坦、土耳其等伊斯兰国家都十分关注中亚伊斯兰国家的发展动向。伊朗利用它同中亚国家在语言、宗教和文化上的联系，一方面加强向中亚的文化渗透，帮助中亚国家振兴伊斯兰教；另一方面积极与其进行经济合作，以便施加对中亚国家的影响，并最终建立以伊朗为主导的“穆斯林共同市场”，宣布成立包括土库曼斯坦、阿塞拜疆和哈萨克斯坦在内的“里海合作区”，加强该地区国家在经贸、科技、文化和其他领域的合作。土耳其与中亚五国中的四个国家同属突厥语系，又都信奉伊斯兰教，因此也在以民族和文化上的联系施加对中亚五国的影响，西方认为土企图“重温奥斯曼帝国的迷梦”并重建“泛突厥联盟”。巴基斯坦认为它同中亚国家同属“伊斯兰文化区”，宣布发展同中亚国家的关系是巴基斯坦外交政策的基石，希望建立从里海到阿拉伯海的“伊斯兰新月区”。种种情况表明，由于苏联解体后中亚伊斯兰教的复兴和中东伊斯兰大国的积极渗透，中亚国家有可能与其毗邻的国家建立新的伊斯兰联盟或共同体，而伊斯兰文化无疑将成为其文化根基和联系纽带。

2. **伊斯兰原教旨主义积极构建国际合作机制。**冷战后，随着国际格局的裂变，伊斯兰原教旨主义作为伊斯兰复兴运动的重要组成部分，继续向纵深发展，并在积极构建其国际合作机制，尤其是伊朗和苏丹已发展成原教旨主义的国际中心。1991 年伊朗总统亲访苏丹，并以伊斯兰世界的领袖自居，允诺每年向苏丹提供 2000 万美元的援助，用以建立原教旨主义的活动基地。

伊朗还积极支持各国的伊斯兰激进势力参加以夺权为目的的各种活动，公开谴责镇压伊斯兰激进势力的国家。1991年，伊朗还召集各国的原教旨主义组织召开了“支持巴勒斯坦革命国际会议”，极力阻挠中东和平进程。苏丹与伊朗遥相呼应，“苏丹全国伊斯兰阵线”的领导人哈桑图拉比声称同伊朗共同承担输出革命的任务，并于1992年在喀土穆召开了由各国原教旨主义组织参加的“阿拉伯伊斯兰人民会议”，拟定了原教旨主义的发展战略。

3. **在政治上加强协调行动，力求在涉及穆斯林国家利益的新老热点地区发挥作用。**当前国际政治中的许多热点问题与穆斯林国家密切相关，伊斯兰国家为维护穆斯林的利益，采取了一致对外的协调行动。在阿富汗问题上，沙特、巴基斯坦、伊朗三国在1993年3月推动各派达成和平协议；在中东和平问题上，穆斯林国家反对以色列驱逐巴勒斯坦人，反对以色列对巴勒斯坦穆斯林的屠杀；在印度爆发印度教徒与穆斯林的教派冲突后，许多国家对印度政府予以谴责或中止与印度的外交关系；在波黑问题上，穆斯林国家表现出少有的一致，伊斯兰国家首脑会议多次要求联合国进行干预，保护波黑穆斯林，许多国家慷慨解囊提供援助，甚至有部分国家的穆斯林亲赴波黑战场与穆斯林共同战斗；在纳—卡冲突中，土耳其、伊朗都愿意充当调停人，土耳其甚至公开支持阿塞拜疆穆斯林。

4. **扩大内部经济合作，力图实现伊斯兰经济一体化。**为适应世界经济的区域集团化趋势，伊斯兰国家首脑会议于1991年明确提出了扩大内部经济合作，逐步走向经济一体化以及建立伊斯兰共同市场的发展方向。伊斯兰世界知名教授胡尔希德·艾哈迈德指出，伊斯兰世界要以伊斯兰国家首脑会议为中心推动伊斯兰经济一体化的发展，要增设跨国经济机构，兴办联合工程，开辟伊斯兰金融市场，实现伊斯兰第纳尔与美元、英镑脱钩等。1992年，土耳其、伊朗、巴基斯坦在德黑兰召开经济合作组织[①]会议，吸收中亚五国为成员国，宣布建立“里海经济合作区”。1993年，在巴基斯坦奎塔召开的经济合作组织首次外长会议上，制定了旨在加强经贸、科技和文化合作的“奎塔行动计划”，并积极付诸实施。

---

① “经济合作组织”的前身是1964年伊朗联合土耳其、巴基斯坦成立的“地区合作组织”；1979年伊朗伊斯兰革命后，该组织宣布解散；1984年该组织得以恢复并更名为“经济合作组织”，外界也称“中西亚经济合作组织”。

5. **沟通穆斯林国家在宗教、文化和历史方面的联系，加强认同意识和感情基础**。在传统的伊斯兰文化区域内，伊斯兰教构成了穆斯林间的联系纽带。中亚穆斯林国家独立后，西亚穆斯林国家通过各种方式召唤它们回到“穆斯林大家庭”。海湾国家主动出资帮助它们建造清真寺、礼拜点、伊斯兰学校、伊斯兰文化中心等设施，免费赠送《古兰经》，资助宗教学者赴海湾国家考察访问，无偿培训留学生等。伊朗、沙特、土耳其等中东大国都在积极向中亚进行文化渗透。

专题6

伊斯兰复兴运动与当代埃及*

【摘要】本文以埃及为典型个案进行研究，力图揭示当代伊斯兰复兴运动与中东现代化的互动关系。近代以来，伊斯兰社会思潮和运动由主张改革的伊斯兰现代主义向复归传统的伊斯兰原教旨主义的转变、埃及向现代社会转型过程中伊斯兰传统文化及其势力与现代化之间复杂关系，对埃及的政治与社会发展产生了深刻影响。论文最后指出，埃及的历史进程表明，只有通过传统文化与现代化的互相调适，中东现代化进程才能最终完成。

在广袤的伊斯兰世界和阿拉伯世界，埃及具有举足轻重的地位。在20世纪70年代以来波及伊斯兰世界的伊斯兰复兴运动中，埃及作为在伊斯兰世界世俗化、现代化和西方化程度较深的中东国家，同样受到了伊斯兰复兴运动的强劲冲击，萨达特总统遭伊斯兰激进组织刺杀身亡更是引起了世界的强烈震惊和广泛关注。事实上，早在20世纪上半叶，埃及就由于哈桑·班纳创立的穆斯林兄弟会（以下除引文外统一简称“兄弟会”）而成为现代伊斯兰复兴运动的发源地。伴随20世纪70年代以来伊斯兰复兴运动的高涨，伊斯兰作为影响埃及社会发展重要变数的作用再度凸现，这诚如美国著名伊斯兰和中东问题专家埃斯波西托所言，埃及“曾为以西方的和世俗的为主导方向的现代化提供了一张晴雨表”，但“今天埃及提供了一个关于伊斯兰

* 原载《西亚非洲》2000年第3期。

教对社会经济发展多种不同的复杂的冲击的突出例证。”① 因此，选择埃及作为透视伊斯兰复兴运动与中东社会历史发展的典型个案进行研究，尤其是揭示中东现代化进程与伊斯兰复兴运动的互动关系，无疑具有重要意义。

伊斯兰与近现代埃及的社会变革

埃及是自641年阿拉伯帝国占领后通过逐步伊斯兰化而成为伊斯兰国家的。阿拉伯人进入埃及后，先是接受了拜占庭帝国统治埃及时的全部政权形式和统治制度，随后才进行伊斯兰化改革，实现了统治思想、社会等级、税务制度和社会法律的伊斯兰化，基本上形成了一套伊斯兰的统治形式和制度，从而使伊斯兰的统治在埃及落地生根。② 在中世纪，埃及曾取代大马士革和巴格达成为伊斯兰世界的政治、宗教和文化中心，并一度充当抵御西方十字军东征的大本营。到奥斯曼帝国的阿里王朝时，埃及又成为伊斯兰国家学习西方先进思想和科学技术的典范。从641年阿拉伯人进入埃及到1798年拿破仑征服埃及，在长达11个半世纪的岁月中，埃及的封建王朝虽几经更迭，但伊斯兰教的统治地位一直没有动摇。因此，经验老道的拿破仑在远征埃及时，都把自己扮演成伊斯兰教的拯救者，并自称是穆斯林，甚至故作姿态地身着穆斯林的服装进入伊斯兰的最高学府爱资哈尔，③ 伊斯兰文化传统在埃及的根深蒂固由此可见一斑。

拿破仑入侵后，当时在名义上仍然属于奥斯曼帝国的埃及感受到了来自西方的沉重压力。在总督穆罕默德·阿里帕夏的领导下，埃及进行了一场声势浩大的改革运动，启动了在经济、军事和文化上效仿和学习西方的现代化

---

① ［美］埃斯波西托：《伊斯兰威胁：神话还是现实?》，东方晓等译，北京：社会科学文献出版社1999年版，第161页。

② 参见杨鲁平：“埃及伊斯兰政治势力与政权的关系”，载《西亚非洲》1990年第2期。

③ 参见韩小兴：“近现代埃及伊斯兰改革思潮的社会历史根源”，载《西亚非洲》1983年第5期。

进程，即历史上著名的“阿里改革”,[1] 阿里统治下的埃及也因此被马克思称为“当时奥斯曼帝国的唯一有生命的部分”。[2] “阿里改革”推动了埃及社会生产力的发展，促进了埃及科学文化的复兴，并播下了民族主义的种子，揭开了埃及由传统社会向现代社会转变的历史序幕，同时也首次触动了以伊斯兰为统治根基的传统社会结构。1841年，埃及由于在对奥斯曼帝国的战争中失利，被迫接受了1838年英国与奥斯曼帝国缔结的商务协定，导致欧洲资本大量涌入，严重伤害了埃及的民族经济。在此背景下，在埃及穆斯林民众乃至统治集团内部出现了敌视西方和反对效仿西方的情绪，保守势力逐渐抬头，传统与现代的矛盾第一次出现在积贫积弱、内忧外患的埃及社会。

19世纪后期，在殖民主义的直接干预下，埃及完成了政权世俗化的进程，伊斯兰统治就此告终。伴随西方殖民侵略和掠夺的加深，穆斯林世界的有为之士开始寻找伊斯兰社会的未来出路。伊斯兰传统主义者认为，穆斯林社会衰落的根本原因是信仰淡薄，异端泛滥，道德沦丧，而解决的方法则是坚持伊斯兰原旨教义，纯洁宗教、强化信仰，排除包括西方现代文明在内的各种异端，重建古老的伊斯兰制度。西化主义则强调改革失败的原因在于没有完全采用西方的模式，强调完全照搬西方，才能求得民族和国家的真正振兴。

在传统主义与西化主义进行思想交恶的同时，在埃及社会出现了具有折衷色彩的伊斯兰改革主义，并对当时的埃及社会变革产生了重要影响。当时流亡到埃及的著名伊斯兰思想家阿富汗尼及其弟子阿布杜就是伊斯兰改革主义的杰出代表。伊斯兰改革主义思想的核心是主张协调伊斯兰教与民主、科学合理性的关系，试图在不危及伊斯兰文化传统的基础上，通过对伊斯兰教进行改革，使之适应现代社会的需要，以增强伊斯兰教的活力；通过宗教改革迎接西方的威胁与挑战，促进业已启动而又历经磨难的伊斯兰国家现代化

---

① 关于阿里改革的具体内容可参见彭树智主编：《伊斯兰教与中东现代化进程》，西安：西北大学出版社1997年版。

② 《马克思恩格斯全集》，第9卷，第231页。

进程。[1] 伊斯兰改革主义对伊斯兰社会的影响也诚如美国学者埃斯波西托所言，“伊斯兰改革主义者的确为现代化改革提供了扎根于伊斯兰的理论基础”。[2]

但是，由于受各种国际和国内因素的制约，伊斯兰改革主义并没有使埃及实现对伊斯兰传统与现代化之间的顺利协调，现代与传统的深刻矛盾依然深刻困扰着埃及的社会历史发展进程。从某种程度上说，埃及作为北非地中海国家，所受到的来自西方的冲击和影响要强于中东腹地的其他伊斯兰国家，而伊斯兰文化传统又同样深厚，因此，传统与现代之间的矛盾碰撞也就更为剧烈，这或许是埃及成为现代伊斯兰复兴运动的先驱，并诞生了兄弟会的重要原因之一。

第一次世界大战后，英国的殖民占领、1919 年反英起义的失败，各政党为自身利益的相互倾轧，凯末尔革命后世俗民族主义的高涨，外国对埃及经济的控制，西化思想的不断高涨，西方传教士对基督教的传播，伊斯兰改革派面对世俗化和西方化的软弱无力，都唤醒了穆斯林民众的宗教意识和宗教热情，这一切都构成了兄弟会产生的社会历史背景。[3] 面对埃及社会的内忧外患，伊斯兰政治势力而将解救埃及的出路寄托于伊斯兰，兄弟会作为现代伊斯兰运动的先驱应运而生，并与 20 世纪埃及的政治、经济与社会变革结下了不解之缘。

1928 年，哈桑·班纳创立了兄弟会，宣告了现代伊斯兰运动的诞生，班纳本人也同库特布、毛杜迪等人一起成为伊斯兰复兴运动的理论奠基人。“当代伊斯兰行动主义尤其要归咎于兄弟会和伊斯兰促进会的思想和组织类型。”“他们的确是当代伊斯兰复兴思潮的先锋和缔造者：其思想和方法都被从苏丹到印尼的穆斯林们所研究和模仿”。[4] 在兄弟会成立之初，班纳尚

---

① 参见刘靖华：“伊斯兰改革主义的理论与实践”，载《世界历史》1990 年第 3 期。

② ［美］埃斯波西托：“伊斯兰教与现代化”，杜红译，载《世界宗教文化》1997 年春季号，第 17 页。

③ 参见陈嘉厚主编：《现代伊斯兰主义》，北京：经济日报出版社 1998 年版，第 236 ~ 242 页。

④ ［美］埃斯波西托：《伊斯兰威胁：神话还是现实》，东方晓等译，北京：社会科学文献出版社 1999 年版，第 155 页。

缺乏系统的思想。伴随兄弟会的发展尤其是从 1939 年开始参政，班纳的思想逐渐走向成熟。针对当时盛行于埃及的世俗思想，班纳提出了如下主张：强调伊斯兰教的包容性，反对西方文化和世俗教育特别是妇女解放；主张建立名副其实、政教合一的伊斯兰国家，全面实施伊斯兰教法；崇尚暴力，倡导圣战，强调圣战是兄弟会最神圣的事业，是每个穆斯林必须遵循的基本宗教功课之一；抨击民族主义和爱国主义，号召伊斯兰民族和伊斯兰祖国大团结，倡导伊斯兰世界的团结和统一。但班纳也同时强调了伊斯兰教的入世性，主张伊斯兰教应该随时代的变化不断调节，主要表现为：主张调和玄学和科学，在反对西方精神文化的同时主张吸取西方的物质文明；主张忠于国王，拥护宪制，但拒绝成文法，反对多党制；立足圣战，但不拒绝参加议会竞选，不拒绝和昔日的敌人结盟；反对埃及民族主义，支持阿拉伯民族主义，倡导伊斯兰民族主义。①

伴随兄弟会的发展，其对埃及社会政治生活的影响不断增强。1932 年兄弟会的总部迁往开罗；1933 年兄弟会召开了两次全国代表大会，组织机构日趋成熟；1935 年兄弟会召开了第三次代表大会，确定了组织原则和会员条件；1939 年兄弟会召开了第五次代表大会，并创办《警告》周刊。在法鲁克王朝时期，兄弟会得到了迅猛的发展，其成员在 1947 年达到 7.5 万人，并参加了 1948 年的巴勒斯坦战争。此后，兄弟会开始卷入埃及的政党斗争，并多次进行恐怖暗杀活动和爆炸事件。1948 年 12 月，埃及内阁总理诺克拉西宣布解散兄弟会；此后不久，诺克拉西被兄弟会暗杀。1949 年 2 月，班纳被埃及当局的情报机构暗杀，兄弟会的活动被迫转入地下。1949 年华夫脱党执政后，为稳定政局，释放了兄弟会的被捕者，归还被没收的财产，并允许其进行合法活动，但兄弟会已经分裂为三派：即以萨利哈·阿什马维为首的激进派，以班纳弟弟拉赫曼·班纳为首的保守派和以艾哈迈德·巴古尔为首的温和派。②

1952 年纳赛尔领导“自由军官革命”取得胜利，推翻了法鲁克王朝并

---

① 参见杨灏城：“从哈桑·班纳的思想和实践看伊斯兰原教旨主义与世俗主义”，载《世界历史》1997 年第 6 期。

② 参见钟山：“埃及穆斯林兄弟会的产生和发展”，载《西亚非洲》1982 年第 2 期。

在此后的几年间完成了收复苏伊士运河，赶走英国殖民主义者，实现国家独立的历史使命，开始了真正意义上的现代化进程。然而，“埃及在寻求现代化发展的道路上，始终面临着宗教与发展之间的矛盾和问题，其中最主要的是，如何协调同埃及穆斯林兄弟会以及更加激进的伊斯兰组织之间的关系。穆斯林兄弟会是埃及最有影响的宗教组织，从某种意义上讲，它的活动也是反映埃及世俗与宗教，传统与现代化之间矛盾斗争的晴雨表。”① 下文分别从纳赛尔、萨达特和穆巴拉克执政的三个时期，就伊斯兰复兴运动尤其是兄弟会对埃及现代化进程的影响进行分析和评述。

纳赛尔时期：世俗民族主义对伊斯兰的挤压和抑制

在纳赛尔领导“自由军官革命”前的1951年，伊斯梅尔·胡岱比当选为兄弟会的领导人。由于他在王室和华夫脱党之间走中间路线，使兄弟会和华夫脱党再次分道扬镳，并重新恢复了与法鲁克国王的关系，并在反对英国殖民主义问题上主张采取谈判、反对暴力的妥协立场，因此引起了兄弟会大部分成员与埃及民众的不满。于是，部分兄弟会的领导人主张同纳赛尔领导的“自由军官集团”合作，共同进行反对国王和英国的斗争，并支持“自由军官集团”准备发动的政变，其原因在于兄弟会认为这有利于它借此发动它所追求的“伊斯兰革命”。

但是，在“自由军官革命”胜利后，兄弟会与自由军官组织的思想分歧和权力斗争很快导致了双方的冲突。其根本原因在于：兄弟会的目标是恢复传统的伊斯兰社会，而纳赛尔在意识形态上奉行世俗的阿拉伯民族主义和社会主义，其目标是在推翻封建制度后建立一个民主、公正和富裕的现代社会。在纳赛尔执政后，埃及政府所采取的一系列现代化政策及其措施都遭到了兄弟会的反对：在纳赛尔进行的土地改革中，兄弟会坚决反对纳赛尔提出的“耕者有其田”的土改政策；在组织新政府时，纳赛尔一方面想控制兄

① 王铁铮：《中东国家的现代化及其发展前景》，载肖宪主编：《世纪之交看中东》，北京：时事出版社1998年版，第47页。

弟会，要它参加内阁，但又在名额上进行了严格的限制，导致兄弟会与自由军官组织公开决裂。

随着纳赛尔政权的不断巩固，双方的矛盾也不断扩大：首先，纳赛尔反对兄弟会向军队和警察部门的渗透，要求兄弟会解散秘密组织，但遭到拒绝。此后兄弟会策划了与纳吉布将军一起推翻纳赛尔政权的政变计划。在计划曝光并流产后，兄弟会已经成为与纳赛尔政权对抗的一支强大的威胁性力量，并促使纳赛尔产生了彻底消灭兄弟会的决心。其次，纳赛尔与英国签订的妥协性军事协议被兄弟会视为“卖国行径”，导致双方矛盾再度加深。最后，1954 年 10 月 26 日，兄弟会借纳赛尔在满西广场发表演讲之际，进行了刺杀纳赛尔的活动，但未能成功。此后，纳赛尔开始推行彻底铲除兄弟会的计划，并免去了作为兄弟会后台的纳吉布的一切职务，兄弟会在某种程度上陷于瓦解。

纳赛尔之所以能够抑制兄弟会，主要原因在于他所推行的一系列政策措施及其在埃及民族民主革命中形成的个人政治魅力。苏伊士运河的收回、经济国有化政策的推行、土改后生产力的提高和农民生活的改善、国际地位的提高，都使埃及赢得了前所未有的发展，纳赛尔也因此成为享誉阿拉伯世界的民族英雄。有学者评价指出：“1956～1967 年这一段时间，埃及如同它的过去一样，再度成为阿拉伯世界智力和意识形态的中心，其思想这时围绕着阿拉伯主义—纳赛尔主义转动”，这“主要是纳赛尔感人的超凡魅力，这个国家组织的较好的政府、内部的凝聚力和完整性的结果”。①

1962 年，包括现代伊斯兰主义思想家赛义德·库特布在内的兄弟会领袖纷纷获释，但出狱后他们继续进行传播伊斯兰复兴思想和反对政府的活动。1964 年，库特布等人再次被指控暗杀纳赛尔、谋求推翻政府而被捕入狱，并于次年被处死。兄弟会虽然遭到了打击并被解散，但“兄弟会的顽强精神和持久战斗力，远远超过纳赛尔的估计。在埃及这样一个伊斯兰国家，伊斯兰就是大多数人所崇奉的信仰，任何追求伊斯兰化的事业都比较容易获得他们的同情和支持。作为一种意识形态，绝不是镇压所能解

① ［美］凯马尔·H·卡尔帕特编：《当代中东的政治和社会思想》，陈和丰译，北京：中国社会科学出版社 1992 年版，第 52 页。

决的问题”。①

萨达特时期：现代化的挫折与伊斯兰复兴运动的崛起

由于埃及、叙利亚和约旦在1967年战争中遭受的惨败和领土的丧失，纳赛尔的阿拉伯民族主义和社会主义意识形态受到严重冲击。“左派激进主义和穆斯林原教旨主义这两种思想潮流作为取代纳赛尔牌号的民族主义和社会主义的竞争对手出现”。而“安瓦尔·萨达特在埃及实行自由经济政策引起的阶级分化的加剧，加速了阿拉伯世界在意识形态上包括伊斯兰教和非宗教主义围绕伊斯兰主义的两极分化”。②

1970年，萨达特在纳赛尔去世后就任埃及总统。为消除纳赛尔后期暴露出的社会问题和弊端，萨达特在内外政策上进行了大胆的改革和调整，虽取得了一些积极成果，但也带来了许多消极后果，引起了社会各阶层的普遍不满，造成了严重的政治、经济和社会危机，并为伊斯兰复兴主义的重新崛起创造了肥沃的社会土壤。

在经济领域，萨达特逐步放弃了纳赛尔的计划经济，实施经济开放政策，试图通过吸引外国投资和鼓励私有企业实现埃及经济的发展。但是，埃及政府没有做好经济外向化发展过程中的产业结构调整，导致进出口比例、工农业比例都严重失调，而且在社会上产生了一个利用经济开放贪污受贿的“肥猫阶层”，而民众的生活却因物价飞涨和失业率居高不下而日趋贫困，社会两极分化日趋严重。

在政治上，萨达特主张实行民主，倡导言论自由，取消了新闻检查；陆续释放了在押政治犯；取消一党制，代以形式上的多党制，但另一方面，他

---

① 陈嘉厚主编：《现代伊斯兰主义》，北京：经济日报出版社1998年版，第268页。

② ［美］凯马尔·H·卡尔帕特编：《当代中东的政治和社会思想》，陈和丰译，北京：中国社会科学出版社1992年版，第53、59页。

始终独断专行，排斥异己，特别是在执政后期加强了对反对派的控制和镇压。“萨达特的政治变革在很大程度上是一种‘求生’战略，面对统治集团内部的权力斗争和各种政治势力的压力，他激活了受到压制和排斥的社会和政治力量，并允许他们在一定的范围内展开活动，以图在这种互相矛盾的力量冲突中，确保对权力的控制。”① 但是，一旦他们的言论及其活动超出其允许的范围时，萨达特政府又要对其进行残酷的镇压。

在宗教政策上，萨达特为了填补因“非纳赛尔化”而造成的政治与思想真空并巩固政权，转而采取了依靠和利用伊斯兰教的政策，推行了一系列伊斯兰化的措施，强调国家的伊斯兰色彩。兄弟会等曾遭到的纳赛尔镇压的宗教组织，被允许公开活动，但当其不断批评和反对政府的经济与对外政策时，萨达特又对其进行了严厉的搜捕和镇压。萨达特在倡导民主自由，并在宗教上以“信徒总统”自居的同时，又对政治和宗教反对派大肆镇压，这种摇摆政策从两个方面激活了伊斯兰势力。一方面，萨达特的自由化政策和伊斯兰化措施开放了伊斯兰势力重新崛起的渠道；另一方面，萨达特的镇压政策又从反面激起了伊斯兰势力不满和仇恨，尤其是使许多伊斯兰组织走向更加激进。

伊斯兰势力在萨达特执政时期得以迅速恢复和发展的另一重要原因，是埃及政府的外交政策。萨达特政府与美国关系的改善，尤其是1977年访问耶路撒冷，1978年签订与以色列媾和的戴维营协议，直至1980年埃以建交，这一切都被国内反对派和阿拉伯伊斯兰世界视为对伊斯兰的背叛。埃及也因此在阿拉伯和伊斯兰世界陷于孤立，这一切无疑刺激了埃及伊斯兰激进势力的崛起。

萨达特的政治、经济、宗教和外交政策导致了埃及社会矛盾的不断恶化，并刺激了伊斯兰复兴运动的高涨。正如西方学者所言，“他的亲西方的方向和政策，他的经济改革、戴维营协议和对伊朗国王的支持，毁坏了他在许多埃及人中间的信誉，异化了伊斯兰团体”。② 在20世纪70~80年代，

---

① 东方晓主编：《伊斯兰与冷战后的世界》，北京：社会科学文献出版社1999年版，第244页。

② ［美］埃斯波西托：《伊斯兰威胁：神话还是现实》，东方晓等译，北京：社会科学文献出版社1999年版，第125页。

以兄弟会为主体的形形色色的宗教政治反对派组织风起云涌，反政府活动不断高涨。萨达特在重申“政治里没有宗教，宗教里没有政治”的口号后，开始了对反对派的镇压。面对政府的高压政策，“赎罪与迁徙”组织在1981年的国庆阅兵典礼上刺杀了萨达特，萨达特自己成了其现代化改革与伊斯兰复兴矛盾冲突的殉葬品，“它揭示出在一个奉行开放政策的阿拉伯共和国中社会经济转轨和政治演进中出现的严重问题，以及阿拉伯民族在处理阿以冲突中面临的艰难选择和民族与宗教情感错综交织的情况”，“是困顿的穆斯林对埃及社会的发展和现代化所带来的各种问题的一种非理性的激烈反应”①

穆巴拉克时期：迟缓的现代化与伊斯兰复兴高涨

穆巴拉克执政后，吸取了萨达特的经验教训，在政治上进行了调整，采取了保障言论自由，继续推行多党制，大赦政治犯等措施；在外交上，积极调整外交政策，接近阿拉伯国家，改变因戴维营协议造成的埃及在阿拉伯伊斯兰世界的不利地位；在经济上，穆巴拉克总结了埃及经济建设的经验教训，针对纳赛尔时代的“封闭型经济”和萨达特时期的“大开放型经济”的利弊，采取了综合治理、循序渐进的经济政策，其要点是：鼓励私人资本向生产部门的投资；调整出口政策，使进出口合理化；鼓励垦荒，提高农产品收购价；紧缩国家机关开支，消减物价补贴，打击非法投机商；反对铺张浪费和营私舞弊运动，惩治经济犯罪活动。通过采取上述措施，埃及的国际和国内环境都得到了一定程度的改善。

面对国内日趋高涨的伊斯兰复兴运动，穆巴拉克在内外政策上都持谨慎态度，特别是对宗教反对派，视不同情况，有区别地交替使用宽容与分化瓦解、安抚与镇压的斗争策略，以便逐步削弱伊斯兰复兴运动的影响。穆巴拉克不允许任何伊斯兰组织直接参加政治活动，但允许主张非暴力的伊斯兰

① 彭树智主编：《伊斯兰教与中东现代化进程》，西安：西北大学出版社1997年版，第298～291页。

“温和派”以间接的方式参加政治活动，目的在于使“温和派”和“激进派”保持一定的距离，从而有利于政府全力对付伊斯兰激进势力。但是穆巴拉克政府的现代化政策及其对伊斯兰力量的政策调整，都没有消除埃及社会发展与宗教势力的矛盾与冲突。进入20世纪90年代以来，埃及的宗教反对派势力又呈上升趋势，而且屡屡发生宗教极端分子绑架、袭击外国游客，制造爆炸等事件，致使作为埃及经济重要组成部分的旅游业受到了严重的破坏和干扰。以兄弟会为代表的伊斯兰温和势力对埃及政府所形成的威胁更是致命的，他们对当代社会问题的揭露与批判、建立更加公正伊斯兰社会的主张，引起了穆斯林民众的广泛共鸣；以清真寺和各种社会救助与慈善机构为主体所形成的遍及全国的基层网络，使其通过对社会问题的关注建立了深厚的社会基础；在大学校园、各种专业团体和知识分子中的渗透，使其具有了强大的政治动员能力；以现代民主尤其是参与议会和社会组织选举的方式参与社会政治活动，更具有现代政治的合法性。因此，如何在现代化过程中找到适合埃及国情的社会发展模式，将是埃及政府长期面临的重要课题。

一个值得深思的问题：埃及伊斯兰复兴运动的世俗化倾向

埃及社会发展中的现代化与伊斯兰复兴运动矛盾的核心在于宗教的神学诉求与世俗化之间的矛盾，这一矛盾也构成了许多国家由传统社会向现代社会演进所要经历的社会与文化阵痛，现代化的实现在很大程度上也正是这一矛盾化解和消融的过程。因此，从文化发生学的角度看，包括埃及在内的伊斯兰社会所出现的形态各异的宗教复兴并对现代化加以抗拒，都植根于这一矛盾。但是，正如西方著名学者布莱克所指出，现代性和传统性并不是相互对立和排斥的极端状态，相反，现代化过程是一个传统性不断削弱和现代性不断增强的过程，每个社会内部都有发展出现代性的可能性，因此现代化是传统制度和价值观念在功能上对现代性的要求不断适应的过程。[①] 随着时代的发展，在埃及以兄弟会为主体的伊斯兰复兴的思想和运动中，所包含的世俗的内容在不断增多，那么这是否意味着在埃及，其伊斯兰传统在与现代化和世俗化经过了长期痛苦的对立与冲突后而出现了协调与磨合的征兆呢？这确实是一个值得注意和深思的问题。

值得肯定的是，我国中东史学者杨灏城先生曾对伊斯兰原教旨主义与世俗主义的关系进行了较深入的研究，并以兄弟会创始人班纳的思想和兄弟会的变化为个案进行了较细致的研究与思考。他指出，从哈桑·班纳的思想来看，尽管他主张建立纯净的伊斯兰社会，但随着时代的发展，其思想也发生了一定的变化，并从各种世俗思想包括他所厌恶和憎恨的伊斯兰现代主义乃至西方世俗思潮中采撷有益的成份，并引经据典，通过“创制”和独立判断，加以伊斯兰化，以回答时代提出的新问题。例如，班纳认为西方的物质文明诸如应用科学、宣传手段、医疗设施、发展工业等都应加以学习，对学习外语也不反对；在政治体制上，他也并不反对议会制和埃及1923年实行的君主立宪制，甚至夸赞“宪政是世上最接近伊斯兰的制度”；对于议会斗争，班纳也并不反对，声称议会不是政治鼓动家的私产，而是民族论坛，主张通过议会斗争扩大影响，自己还于1942年和1944年两次参加竞选；等等。[②]

总的说来，在班纳时期，兄弟会的指导思想和活动没有脱离建立纯净伊斯兰社会的原教旨教义，但是自20世纪70年代以来，兄弟会发生了重大的变化，其重要表现在于：首先，主张放弃暴力，选择和平合法斗争道路的“温和派”成为兄弟会的主导。其次，兄弟会关于伊斯兰政治体制的诸多概念都发生了重大的变化。例如，对于民主自由，兄弟会改变了过去全盘否定的态度，强调民主的最高含义是让人的聪明才智得到充分发挥，其思想家加扎利甚至认为，“依我所见，伊斯兰民主思想在诸如英国这样的国家已经实

---

① ［美］西里尔·E·布莱克编：《比较现代化》，杨豫等译，上海：上海译文出版社1996年版，第18页。

② 参见杨灏城：“从埃及穆斯林兄弟会看伊斯兰原教旨主义与世俗主义的关系”，载《西亚非洲》1998年第5期；“从哈桑·班纳的思想和实践看伊斯兰原教旨主义与世俗主义”，载《世界历史》1997年第6期。

现。在那里，自由至臻完善，内容广泛。”① 此外，对于“主权在民”思想和现代政党制度，兄弟会都有了新的接近世俗化的认识。

埃及伊斯兰复兴运动的世俗化倾向与发端于西方的世俗化（强调教会与国家分离、教会与司法分离、教会与大众教育分离）还相去甚远，但是从埃及兄弟会所呈现出的日益适合社会发展需要，不断调整自身，并出现了具有伊斯兰特色的“世俗化”倾向来看，人类的现代化和世俗化是不可逆转的发展大势。由于发展中国家多是在西方的挑战和压力下开始其现代化进程的，现代化无疑将对本土文化产生强烈的压力与冲击，本土文化的抗争、适应、协调并完成具有自身文化特征的现代化创新是一个非常痛苦的过程。在此期间，现代化的挫折和失误都会导致具有文化民族主义特征的本土化运动。从本质而言，伊斯兰复兴运动就是在这一过程中产生的。可以说，包括埃及在内的伊斯兰复兴运动近年来所呈现出的世俗化倾向，应是这一运动发展到一定阶段的一个积极的信号，对于伊斯兰社会而言，在经过现代与传统矛盾的激烈碰撞后，必将找到自己的现代化模式。

① 转引自杨灏城：“从埃及穆斯林兄弟会看伊斯兰原教旨主义与世俗主义的关系”，载《西亚非洲》，1998年第5期第35页。

专题7

伊斯兰复兴运动与土耳其的社会历史发展*

【摘要】近代以来，土耳其的社会发展经历了由伊斯兰教占绝对统治地位到政教分离的世俗化、现代化，再到温和伊斯兰复兴的复杂过程。在整个过程中，始终贯穿着现代化与传统、西方化与民族化之间的矛盾对立与抗争，伊斯兰传统与现代化之间的矛盾仍将是影响土耳其未来社会发展的重要变量。

土耳其作为奥斯曼帝国的政治遗产，通过凯末尔革命建立了现代民族国家，并以其较为彻底的世俗化在穆斯林世界创造了非西方的现代化模式。但是，土耳其作为奥斯曼封建帝国的继承者和有着深厚伊斯兰文化传统的中东国家，其现代化进程始终难以摆脱伊斯兰的羁绊与困扰。伴随20世纪六七十年代以来伊斯兰复兴运动的风起云涌，曾经被西方视为西方文明在中东桥头堡的土耳其也受到了伊斯兰复兴运动的影响与冲击，尤其是奉行伊斯兰民族主义的土耳其繁荣党于1996年在议会选举中跃居为土耳其第一大政党，并与正确道路党组成联合内阁，其党首埃尔巴坎出任政府总理，不仅震动了土耳其政坛并在中东产生了巨大的影响，而且引起了国际社会的广泛关注。在世俗化和现代化最为彻底，并被西方世界称为“中东伊斯兰国家海洋中

---

* 原载《宁夏社会科学》2000年第3期。

一个非宗教的指路明灯”的土耳其，何以出现伊斯兰势力的强劲反弹，确实超乎人们的意料。笔者认为，对伊斯兰复兴运动与土耳其社会发展的关系进行梳理并进行理论分析，无疑将有助于对这一问题的认识。

凯末尔革命前的现代化改革与伊斯兰教的衰微

土耳其的伊斯兰化进程开始于 7 世纪阿拉伯帝国征服中亚突厥人之际，此后土耳其经历了塞尔柱王朝和奥斯曼帝国长达 8 个多世纪的伊斯兰神权主义的统治。奥斯曼帝国建立后，伊斯兰教在土耳其的地位已经根深蒂固。奥斯曼帝国具有苏丹国（君主国）和哈里发国（教长国）的双重性质，历代国王都集苏丹和哈里发于一身。1517 年，奥斯曼土耳其帝国占领埃及后，土耳其苏丹宣称自己是穆斯林世界的精神领袖。伊斯兰教法不仅从伦理方面，而且从政治和法律方面决定着国家和穆斯林的行为与生活，国家的立法、司法、监察、行政、教育以及军队均以伊斯兰的教法、教规和经典为行动准则，尤其是高级神职人员构成了帝国统治集团的重要组成部分。被称为乌里玛的高级神学专家不仅构成宗教上层，而且是帝国统治的精神支柱。[①]因此，对于奥斯曼帝国而言，“帝国的领土便是伊斯兰的领土，帝国的君主便是伊斯兰的巴底沙（Padishah，国王），帝国的军队便是伊斯兰的士兵，帝国的宗教首领便是伊斯兰的谢伊赫（教长），帝国的人民首先想到就是他自己是穆斯林”。[②] 在数个世纪中，“奥斯曼帝国，由奠定直到灭亡，始终是一个致力于促进和保卫伊斯兰教权力与信仰的国家”。[③]

进入 18 世纪后，由于兵败于西方，奥斯曼帝国蔑视欧洲文明的态度有所改变，并开始感到了改革的必要，但其改革仅仅限于军事领域。19 世纪

---

① 赵增泉：“土耳其的伊斯兰与政治斗争”，载刘竞主编：《伊斯兰复兴运动论集》（内部发行），中国社会科学院西亚非洲研究所 1989 年，第 237 页。

② ［英］伯纳德·路易斯：《现代土耳其的兴起》，范中廉译，北京：商务印书馆 1982 年版，第 21 页。

③ 同上第 21 页。

被拥立为苏丹的马哈穆德二世进行的改革开始超出军事领域。其内容主要包括：在军事上废除了近卫军，代之以欧洲训练方式和装备的新军；在税制上也采取了效仿欧洲的措施；在政治体制方面，效仿西方的文官制度和科层制度。① 马哈穆德改革加强了中央政权，削弱并冲击了宗教保守势力，促进了帝国向世俗化的迈进。

1839—1876 年，奥斯曼帝国进入了历史上的“坦齐马特”时代（tanzimat，为整顿改革之意，由于在此时期在行政、财政、司法和教育等领域均进行了改革整顿，故称“坦起马特”时代），以拉希德帕夏为代表的具有资产阶级思想的新兴知识分子，辅佐苏丹阿布杜勒·麦吉德进行改革，并于 1839 年颁布了《御园敕令》。虽然敕令指出帝国衰落的根源在于不遵循伊斯兰教的原则和法律，但同时指出现在不能回到旧法律中去，而应在真主的默许下创立新秩序。《御园敕令》的内容包括：保障全体臣民的生命、名誉、财产的不可侵犯；废除包税制，实行现代税收制度；帝国臣民不分宗教信仰，在法律面前一律平等；成立具有立法和司法职能的制宪会议，颁布新的民法和商法；在工业方面，根据欧洲国家的发展经验，帝国将工业化视为国家振兴的重要途径，并决定投资兴办工厂。② 帝国所进行的一系列改革尤其是法律改革，意味着“帝国可以有一个独立于乌莱玛之外的法律和司法系统，借以处理不在沙里亚法范围以内的各项事务”。③

“坦齐马特”改革是一场效仿西方的伊斯兰近代改革运动，具有强烈的世俗化倾向，进一步削弱了传统宗教的基础，因此一直遭到伊斯兰传统势力的抵制和反对，并于 1839 年爆发了乌里玛阶层煽动穆斯林群众在安纳托利亚等地暴乱的事件。1853 ~ 1856 年，由于奥斯曼帝国与俄罗斯爆发了克里米亚战争，英法开始以此为借口对奥斯曼帝国加以干涉和控制，并在战争后强迫奥斯曼政府颁布了新的更加西方化的改革宪章，使帝国的政治、经济、法律、教育等方面的改革进一步世俗化。“坦齐马特”改革

---

① 彭树智主编：《伊斯兰教与中东现代化进程》，西安：西北大学出版社 1997 年版，第 47 页。

② 参见刘云：“伊斯兰教与土耳其的政治现代化初探”，载《西亚非洲》1999 年第 2 期。

③ 彭树智主编：《伊斯兰教与中东现代化进程》，西安：西北大学出版社 1997 年版，第 56 页。

虽然使奥斯曼帝国的社会生活得到某种改善，但由于种种因素制约，尤其是改革后期受到英法的干预和控制，因此并没有使帝国获得真正的复兴，也不能挽救帝国继续衰落和解体的危局。由于一味模仿和照搬西方文明，伤害了广大穆斯林民众的自己感情，激起了穆斯林群众对改革的强烈不满情绪。

在 1876～1909 年哈米德苏丹统治时期，颁布了帝国历史上第一部宪法，确定了法律面前人人平等的原则，但它也并没有改变帝国的命运，相反青年土耳其党却以“护宪”为口号夺取了政权，并进行了近十年的立宪改革，虽未能挽救帝国的灭亡，却为土耳其走向现代化迈出了重要的一步，并为凯末尔革命准备了条件。

19 世纪至 20 世纪初，早期现代化改革导致了奥斯曼帝国政治、法律和教育领域的世俗化倾向，世俗化思想倾向与坚持传统的思想间的矛盾与斗争也由此全面展开，并在土耳其思想界产生了伊斯兰原教旨主义、现代主义和土耳其民族主义的分化。伊斯兰原教旨主义者主张按照伊斯兰的原初教义重建伊斯兰社会，认为只有在伊斯兰教中才能找到振兴帝国的方法。而激进的现代主义认为必须全盘接受西方文明，强调除西方文明外，“没有第二种文明，文明的意思就是欧洲文明，它只能连同它的玫瑰花和刺一道输入”。[①]土耳其民族主义主义的代表是齐亚·格卡尔普，他主张的土耳其民族主义包括土耳其化、伊斯兰化和现代化，主张保留民族文化的同时引进西方的文化和技术，主张政教分离，实现国家政治、法律、教育的世俗化和文化生活的土耳其化，同时主张泛土耳其主义。[②]

纵观 19～20 世纪初奥斯曼帝国的历史发展，伊斯兰教的社会地位较之中世纪已不可避免地受世俗化的影响而日趋衰微，但伊斯兰主义原教旨主义的出现，表明传统的伊斯兰势力并不甘愿退出历史的舞台。

---

① ［英］伯纳德·路易斯：《现代土耳其的兴起》，范中廉译，北京：商务印书馆 1982 年版，第 247 页。

② Stanford Shaw and Ezel Shaw, *History of Ottoman Empire and Modern Turkey*, Vol. 2, Cambridge University Press, 1977, pp. 302－304.

凯末尔革命：世俗化的实现与伊斯兰的权力旁落

第一次世界大战时期，协约国的占领及其煽动的非土耳其民族的民族分离主义运动，使土耳其面临着生死存亡的严重危机。1920 年，以凯末尔为代表的民族资产阶级掀起了反对外国殖民占领和苏丹统治的民族民主运动，建立了与伊斯坦布尔苏丹政权对抗的政府。经过三年的浴血奋战，赢得了土耳其的独立，凯末尔正式宣布土耳其成立共和国。1924 年，土耳其大国民议会通过了废除哈里发制的法律。“废除哈里发制是伊斯兰世界史上史无前例的创举，它是向封建神权势力发起的挑战，是对传统伊斯兰观念的沉重一击。它不仅在土耳其内部引起很大震惊，而且也引起整个穆斯林世界的巨大反响，土耳其国内反对共和的教权主义认为，废除哈里发制危及土耳其人民同自己的伊斯兰过去以及自己的帝国过去的联系，同时危及他们与长期以来一直以他们为首的那个更广大的穆斯林世界的联系。”①

在通过废除哈里发制度完成政体改革后，土耳其实现了从封建神权君主政体向资产阶级民主共和政体的脱胎换骨的转变。此后，凯末尔政权展开了对宗教、司法、社会、经济和文化等方面的全面世俗化改革。“在反对封建残余势力、取消宗教特权、推行世俗化的运动中，最重要的措施包括宗教与政治分离、宗教与教育分离和宗教与司法分离三项。”② 在宗教改革方面，凯末尔改革的原则是政教分离，力图彻底终止宗教及教界人士在政治、社会和文化生活中的特权，使其权力仅仅局限在信仰和宗教事务领域，严禁宗教干预政治，用凯末尔的话说，要“把伊斯兰信仰从数世纪以来惯于充任政治工具的地位中拯救出来，使其得到纯洁和提高”。③ 凯末尔政权对宗教体

① 彭树智：《伊斯兰教与中东现代化进程》，西安：西北大学出版社 1997 年版，第 86 页。

② 杨兆钧：《土耳其现代史》，昆明：云南大学出版社 1990 年版，第 60 页。

③ 转引自［英］伯纳德·路易斯：《现代土耳其的兴起》，范中廉译，北京：商务印书馆 1982 年版，第 276 页。

系进行了彻底的改组：取消了伊斯兰教最高法典说明官的职位，取消宗教事务部和宗教基金部，代之以宗教事务委员会和教产基金管理局；停办旧式的独立宗教学校，将学校交给教育部管辖；废除伊斯兰教法院，一切审判均交由世俗法庭审理。此外，凯末尔政权在法律、社会生活、经济发展等方面都采取了一系列有助于推动世俗化的配套改革。土耳其的政治、法律、宗教、社会、文化改革为经济改革与发展创造了条件，而经济发展又巩固了社会与文化领域的世俗化。

凯末尔的世俗化改革曾受到国内外伊斯兰传统主义和封建教权势力的强烈反对。例如，1925年2月，在土耳其东部地区发生了纳克什班迪教团的叛乱，他们提出了推翻“背弃宗教的共和国”、“恢复苏丹和哈里发制”、“放弃改革”的口号。凯末尔改革之所以招致伊斯兰传统势力的反对，其原因在于，世俗化虽然将伊斯兰教作为一种宗教保存下来，但取消苏丹和哈里发等政教分离的措施，是同传统的伊斯兰政治文化与政治价值格格不入的，进而遭到伊斯兰传统势力的反对；世俗化改革摧毁了伊斯兰教的传统政治体系，剥夺了伊斯兰传统势力在政治、经济、宗教、社会文化等领域的特权，而伊斯兰传统势力又不甘心退出历史的舞台；世俗化进程所导致的社会生活的一系列变化，尤其是西方文化潮水般的涌入，也深深刺激了穆斯林民众的宗教情感。

凯末尔革命以剧烈的方式剥夺了伊斯兰教在土耳其政治、经济、文化和社会中的特权地位，伊斯兰传统势力在改革中大权旁落，世俗化得以在土耳其社会基本确立，这在伊斯兰世界的历史上是前所未有的革命。但是，土耳其的改革虽然瓦解和摧毁了封建神权统治体系，但却难以斩断土耳其社会与伊斯兰教的千丝万缕的联系。后来历史的发展表明，只要具备合适的社会土壤，伊斯兰就会以形形色色的方式卷土重来。因为“凯末尔只是在制度层面解决了世俗化问题，伊斯兰价值观还控制着绝大多数土耳其人的心灵”。[①]

---

① 刘云：“伊斯兰教与土耳其的政治现代化初探”，载《西亚非洲》1999年第2期，第43页。

从二战结束到20世纪80年代：伊斯兰复兴在当代土耳其社会的起落沉浮

在第二次世界大战中，泛伊斯兰组织开始在土耳其进行广泛活动，但随着战争的结束，泛伊斯兰和泛突厥的梦想也归于破灭。战后，随着民族民主运动的发展，执政的共和人民党日趋右倾化，从一系列世俗主义原则后退，企图利用宗教保守势力对付反对派和进步民主运动以及共产主义运动。1946年，大国民议会通过“社团法”，政党数量剧增到20多个，各反对党无不将伊斯兰教作为进行政治宣传及政党斗争的手段。共和人民党为争取选票，也背离世俗主义，以争取宗教界的支持。1947年，共和人民党内部公开出现了反世俗主义派别，认为伊斯兰并不妨碍社会进步，忽视宗教会导致道德堕落并不利于反共。1948年，土耳其政府自共和国建立以来第一次允许穆斯林到麦加朝觐。1949年，土耳其政府在小学设立伊斯兰基础教育课，开办神职人员培训学校，并在安卡拉大学设立神学系。1950年，民主党利用宗教击败了共和人民党，使长期受到压制的伊斯兰教得到了进一步发展。

在1950~1960年间，民主党的曼德列斯政府实行对内独裁、对外依靠西方的内外政策，利用民众的宗教感情进行投机，“基于奥斯曼—伊斯兰文化传统的一套思想概念结合起来，被民主党用来抵制社会批评”。① 曼德列斯发表声明说，“我们拯救了伊斯兰”，“土耳其曾是穆斯林国家，它仍将是穆斯林国家”，“古兰经和圣训仍将被执行”。即使是1951年土耳其加入北约，也被解释成是“合乎真主意志的事，是从共产主义威胁下拯救土耳其”，“保卫伊斯兰”的行动。② 在曼德列斯政府的纵容下，伊斯兰势力大肆活动，曾被取缔的极端教派和神秘主义团体死灰复燃，并将斗争的矛头直接

① ［美］凯马尔·H·卡尔帕特编：《当代中东的政治和社会思想》，陈和丰译，北京：中国社会科学出版社1992年版，第465页。

② 赵增泉：《土耳其的伊斯兰与政治斗争》，载刘竞主编《伊斯兰复兴运动论集》（内部发行），北京：中国社会科学院西亚非洲研究所1989年，第242页。

指向作为土耳其立国基础的凯末尔主义。20世纪50年代末，由于经济的恶化，曼德列斯向宗教界求援，甚至以恢复哈里发制度作为承诺。1959年，民主党又在全国组织“祖国阵线”，积极吸收宗教界参加，强烈抨击凯末尔主义。

曼德列斯的内外政策引起了军方的强烈不满。1960年，古尔塞勒领导军人发动了推翻民主党的政变，1961年通过的新宪法规定，所有政党放弃将伊斯兰教用于政治目的的企图，在维护世俗主义原则方面起到了一定的作用，但伊斯兰组织在土耳其社会生活中的地位依然没有得到彻底动摇。在党禁解除后，各政党在政治斗争中仍然大打伊斯兰牌，正义党在1965和1969年的两次大选中的胜利，都得益于此。在正义党执政后，出现了许多带有浓郁伊斯兰色彩的政党，如主张泛伊斯兰主义、泛突厥主义的民族行动党，土耳其繁荣党的前身、以伊斯兰复兴为旗帜的民族秩序党。

1971年，土耳其军队再次干政，试图通过查禁民族秩序党等伊斯兰政党挽救日益加深的政治危机。但1972年民族秩序党又以救国党的名义改头换面地出现，以合法政党参加政治角逐。20世纪70年代末，土耳其各政党更加积极地以伊斯兰为旗帜进行活动，民族行动党和救国党都公开地推行伊斯兰化运动，正义党和民主党也起而效尤。各政党的激进派别还不断进行暴力恐怖活动，导致土耳其政局急剧动荡。与此同时，土耳其的社会与文化生活也日趋伊斯兰化，宗教学校和宗教出版物的数量急剧增加，例如，1955年在宗教学校注册的学生为2181人，1968年为3.34万人，1970年为4.4227万人，1980年达到6.8486万人。[①]

土耳其政局的动荡再次导致了1980年的军事政变，埃夫伦领导的军政权宣布：恢复凯末尔主义的世俗主义原则，不允许利用伊斯兰教达到政治目的，解散所有政党。1982年通过的新宪法规定：绝对禁止政党和社会组织利用伊斯兰；重申共和国的世俗性质；宗教事务管理局必须承担与世俗主义相符合的义务；信仰自由必须在国家的监督之下。进入20世纪80年代中期后，新老伊斯兰原教旨主义组织再度活跃于土耳其政坛，传统的梅夫莱维教

① J. Salt, “Nationalism and the Prise of Muslim Sentiment in Turkey”, *Middle East Study*, Jan. 1995, p. 19; Mehmet Y. Geyirdagi, *Political Parties in Turkey*, New York, 1984, p. 8.

团、纳克什本迪教团、努尔朱教团、苏菲派教团死灰复燃，“伊斯兰党”、“伊斯兰圣战”组织、“伊斯兰保卫者”等新的伊斯兰原教旨主义组织在伊朗伊斯兰革命的影响下异军突起，社会文化生活的伊斯兰化也再度加深。受此影响，政府也不得不利用伊斯兰教增强其合法性，1983 年祖国党取得大选胜利后，埃夫伦总统和厄扎尔总理都反复强调土耳其社会结构中伊斯兰价值的重要性，并在对外政策强调土耳其的伊斯兰属性。土耳其还多次参加伊斯兰国家首脑会议，加强与伊斯兰国家间的首脑互访，并签订了一系列双边和多边贸易和军事协定，同时获得了伊斯兰发展银行的经济援助。尽管政府的改革使经济获得了一定的发展，但外贸赤字的居高不下、失业人数剧增、社会贫富分化加剧都为伊斯兰原教旨主义的崛起提供了肥沃的社会土壤。20 世纪 80 年代以来，土耳其伊斯兰复兴运动发展的另一重要标志是作为民族秩序党和民族救国党继承者的土耳其繁荣党的迅猛发展，对此我们将在下一目中作专门探讨，故此不再赘述。

从二战结束到 20 世纪 80 年代，伊斯兰复兴与土耳其社会发展的关系具有三个方面的特点：首先，土耳其的伊斯兰复兴具有典型的现代政治斗争的特点，即伊斯兰教成为各政党政治斗争的重要工具，伊斯兰教构成各派政治势力争取群众支持，获得社会认同的重要政治语言。第二，数次军人政变遏制了伊斯兰复兴势力的发展，军方作为凯末尔世俗主义势力的代表与伊斯兰势力的斗争，构成了当代土耳其社会发展的重要内容，这也是伊斯兰复兴没有取得巨大成功的重要原因。第三，经济现代化的成败是影响伊斯兰运动的重要变数，经济现代化受挫并导致社会矛盾激化时，往往伴随伊斯兰复兴的高涨。

繁荣党的崛起：20 世纪 90 年代土耳其伊斯兰复兴运动的高潮

土耳其繁荣党成立于 1983 年 7 月，其前身是 1972 年成立的民族救国党，而民族救国党的前身则是 1970 年成立的民族秩序党。它们一直是当代土耳其伊斯兰复兴运动中的重要宗教政党组织，由于与土耳其政府的世俗主义相对抗，两党分别于1971年和1980年被取缔。1983年，民族救国党更名为土耳其繁荣党并再次跻身政坛，该党主席内吉梅丁·埃尔巴坎曾多次被捕。在1987年的土耳其大选中，繁荣党未能进入议会。但在1991年，繁荣党与劳工党、改革民主党组成联盟，获得16.8%的选票，其中繁荣党获得约13%的选票；1995年，在土耳其第20次大选中，繁荣党赢得21.38%的选票，获得550议会席位中的158个，跃居为土耳其第一大政党，并于1996年与正确道路党联合组阁，繁荣党主席埃尔巴坎出任政府总理。①

土耳其繁荣党在意识形态上奉行的是伊斯兰民族主义，其主旨思想是：主张复兴伊斯兰精神，认为土耳其现代化应该是具有伊斯兰特色的现代化模式，但同时又强调应在土耳其确立传统与现代相结合的伊斯兰生活方式；反对盲目崇拜西方的民族虚无主义，坚持反对全盘西化论、反对否定伊斯兰教、反对一概排斥民族传统；提出以“解放、民族意识、民族跃进”为三大口号的“民族幸福论”，强调实现真正的而不是形式上的民族解放；主张既不依赖资本主义、也不依靠社会主义的民族经济发展观，提出在推行工业化、现代教育、对外开放、学习西方先进科学技术的同时弘扬伊斯兰的科学精神；主张建立自由市场经济体制，保护私有制和自由竞争，但反对资本主义垄断；坚持“公正社会论”，反对腐化堕落、贪污受贿和贫富两极分化；坚持“民族外交论”，谴责前政府追随西方的外交政策，主张推行独立自主的外交政策，主张创立“伊斯兰联合国”、“伊斯兰北约组织”和“伊斯兰货币”，建立同阿拉伯和穆斯林世界更为密切的联系。②

繁荣党作为在野党时就以务实、谨慎和灵活著称，执政后其执政纲领更具温和色彩，从其所奉行的伊斯兰民族主义的内容来看，无疑是民族主义和伊斯兰主义的混合物。它一方面在认同伊斯兰文化属性、强调维护民族利益、反对西方控制等方面与伊斯兰原教旨主义有共性的一面外，另一方面又具有自己鲜明的特色：首先，伊斯兰原教旨主义主张在制度和文化层面实现社会的全面伊斯兰化，尤其是政治的伊斯兰化，而繁荣党的伊斯兰民族主义

① 陈德成：“土耳其繁荣党的伊斯兰民族主义初探”，载《西亚非洲》1996年第4期，第40页。

② 详尽内容参见陈德成：“土耳其繁荣党的伊斯兰民族主义初探”，载《西亚非洲》1996年第4期。

却主要强调伊斯兰精神、传统、伦理和生活方式等文化心理层面。其次，繁荣党具有浓厚的福利色彩（繁荣党本身又称福利党），特别关注救贫解困和消除两极分化等社会问题。再次，坚持走议会合法斗争的道路，并不主张暴力夺权和“输出革命”。最后，许多伊斯兰原教旨主义组织都以社会的全面伊斯兰化作为终极目标，而繁荣党则对伊斯兰采取实用主义态度，主要利用伊斯兰的合法性作为其政治斗争的工具化手段。土耳其繁荣党的胜利与20世纪80年代土耳其现代化受阻、国际伊斯兰复兴运动持续发展等多种因素有关，但它所呈现出的务实性、灵活性，无疑与凯末尔革命以来土耳其世俗化、现代化和民主化的程度较深有着密切的关系。

从现代化的角度看，土耳其繁荣党的成功引发了伊斯兰教与现代化关系问题的深层思考，繁荣党所奉行的伊斯兰民族主义无疑是对现代化模式的一种积极探索。繁荣党提倡在政教分离的前提下将现代化与伊斯兰传统相结合。它既不搞全盘西化，也不搞政教合一，同时又不抛弃伊斯兰文化传统。它力图解决的是数个世纪以来掣肘中东伊斯兰国家的传统与现代之间的复杂矛盾。倘使繁荣党通过一段时间的探索能够解决这一矛盾，无疑将有助于中东伊斯兰国家尽早打通传统与现代之间的关节，并找到具有民族特色的现代化道路。繁荣党伊斯兰民族主义的可贵之处在于，它力争从制度和精神伦理两个方面区别对待伊斯兰教，使伊斯兰教在现代社会的作用停留在伦理领域，在精神和价值层面发挥其社会整合作用。西方的现代化也正是在经过宗教改革和资产阶级革命后祛除了基督教的世俗干预功能，使其作用停留在精神信仰领域后而实现现代化的。当然，这种探索所面临的困难是可想而知的。在土耳其，凯末尔所开创的世俗主义仍然有深厚的根基，新老伊斯兰原教旨主义组织的实力也不可小觑，因此能够成功地完成宗教与世俗之间的折衷绝非易事。

纵观土耳其社会发展过程中伊斯兰教与现代化的关系，它经历了一个由伊斯兰教占绝对统治地位到政教分离的世俗化、现代化再到伊斯兰复兴这样一个复杂的过程，期间始终贯穿着现代与传统、西方化与民族化的矛盾对立与抗争，伊斯兰传统与现代化之间的矛盾仍将是影响未来土耳其社会发展的一个重要变数。

专题8

伊斯兰主义的“伊斯兰国家”思想*

【摘要】在现代伊斯兰主义理论中，“伊斯兰国家”有着严格的政治含义，其基本内涵是反对以国家主权为基础的现代民族国家，主张重建贯彻沙里亚法，体现“真主主权”的国家。本文对拉希德·里达、毛杜迪、哈桑·班纳、赛义德·库特布、霍梅尼、哈桑·图拉比的“伊斯兰国家”理论进行了考察，通过分析发现，“伊斯兰国家”理论的共性特征包括：在政治认同方面，它反对民族国家认同，倡导对信仰共同体——乌玛的认同；在国家权力的性质上，它反对世俗民族主义的国家主权理论，倡导重建“真主主权”；在政教关系上，它反对世俗化的政教分离，主张建立政教合一的伊斯兰国家；在民主问题上，它反对专制独裁和西方式的民主，主张建立以“协商”原则为基础的伊斯兰民主。

在我国的大众传媒乃至学术界，一般意义上的“伊斯兰国家”通常是指大部分居民以伊斯兰教为宗教信仰的国家，并非一种严谨的政治、法律概念，而只表示此类国家与伊斯兰教相关联的事实，其内容是：第一，居民的主体是穆斯林；第二，国家元首由穆斯林担任；第三，国家尊重信仰自由，保护和弘扬伊斯兰文化传统。此外，习惯上还有一个标准，伊斯兰会议组织的57个成员国，都是伊斯兰国家。

但是，在现代伊斯兰主义（学界也有人称伊斯兰原教旨主义）看来，

---

* 原载《西亚非洲》，2011年第4期。

"伊斯兰国家"则有着严格的政治含义，其基本内涵是反对以国家主权为基础的现代民族国家，主张重建政教合一、贯彻沙里亚法，体现"真主主权"的国家。伊斯兰主义的政治追求之一就是以伊斯兰教贬损和取代世俗民族主义，并建立政教合一的伊斯兰国家。"伊斯兰国家是国家统治必须与沙里亚法保持一致的国家"，是"行政和立法的功能和权威必须服从并辅助沙里亚法的国家"。[①] 伊斯兰主义的"伊斯兰国家"理论构成了伊斯兰政治反对派反对现行世俗政权的指导思想，进而对当代伊斯兰复兴运动产生了重要影响。因此，本文以伊斯兰主义主要思想家的理论为例，考察当代伊斯兰主义"伊斯兰国家"理论的历史发展脉络。

拉希德·里达的"伊斯兰国家"思想

穆罕默德·拉希德·里达（1865～1935年），是近代伊斯兰世界著名的思想家、政治家和社会活动家。作为伊斯兰改革主义的代表和阿拉伯民族主义的先驱，拉希德·里达的思想在很大程度上是民族主义与伊斯兰复兴思想的复合体。在阿拉伯民族主义方面，其思想的最大特点是运用宗教语言阐释了以下思想主张：首先，他认为伊斯兰社团"乌玛"（Umma）是由阿拉伯穆斯林组成的，而不包括土耳其穆斯林，土耳其穆斯林并不是乌玛的有机组成部分。他所阐释的乌玛的含义与现代民族的概念已经非常接近，也就是它已经从包括所有穆斯林民族的共同体变成了阿拉伯穆斯林的共同体。其次，里达提出了阿拉伯人在奥斯曼帝国内反对土耳其人的主张，阐释了阿拉伯人应该反对土耳其人的原因，并逐步提出了阿拉伯人从土耳其帝国分离出来的政治主张。第三，里达不断强调阿拉伯人在伊斯兰教中地位，指出只有阿拉伯人而不是土耳其人才能肩负起"穆斯林统一"

---

① Hugh Roberts, "Radical Islamism and the Dilemma of Algerian Nationalism: The Embattled Arians of Algiers", *Third World Quarterly*, Vol. 10, No. 2, April 1988, p. 557.

的历史使命。①

但必须看到，里达的阿拉伯民族主义思想尚未脱离以伊斯兰教作为框架的中东传统意识形态的巢窠，在他的心目中仍然无法割舍地保留着一个伊斯兰教的“宗教祖国”，这一思想集中体现在他的“伊斯兰国家”理论之中，也正是这一理论使其成为伊斯兰主义的思想先驱。这正如一学者所言，“当阿拉伯民族主义在中东蓬勃兴起以后，他是阿布杜弟子中唯一坚持其导师主张而拒绝同民族主义者合作的一个。”② 作为“伊斯兰国家理论的奠基人，其思想在后来伊斯兰原教旨主义的信条中得到了延续”。③

里达关于“伊斯兰国家”的思想是对凯末尔革命废除哈里发和苏丹制度的一种反应。因为哈里发和苏丹制度的废除给穆斯林世界造成了一系列的思想困惑：是坚持土耳其式的政教分离的世俗化道路，还是退回到中世纪政教合一的传统模式？是以民族主义、爱国主义作为民族与国家认同的基础，还是继续以对宗教、穆斯林共同体的忠诚来代替对民族国家的忠诚？是弘扬、发展具有民族特色的民族文化，还是继续坚持强调共性的泛伊斯兰文化？上述各种问题都成为摆在穆斯林各民族面前的思想困惑。对于阿拉伯民族来说，奥斯曼帝国哈里发制度的解体，为实现民族独立，建立现代民族国家提供了历史契机，但对哈里发体制的留恋又使阿拉伯民族无法摆脱传统政治文化的束缚。拉希德·里达的思想本身就体现了这种矛盾的心态，他在成为阿拉伯民族主义倡导者的同时，又由于提出“伊斯兰国家”理论而成为伊斯兰主义的代表。他的这种矛盾心态在某种程度上也是穆斯林民族共同心理困顿的写照。

里达的伊斯兰国家理论是在《哈里发制度或至高无上的伊玛目制度》一书中阐释的，该书的出版恰在土耳其革命胜利的前夜。他在书中主要探讨了哈里发在伊斯兰政治理论中的基础，分析了逊尼派穆斯林政治理论与实践

---

① 详尽论述参见刘中民：《挑战与回应：中东民族主义与伊斯兰教关系评析》，北京：世界知识出版社2005年版35～36页。

② 吴云贵、周燮藩：《近现代伊斯兰教思潮与运动》，北京：社会科学文献出版社2000年版，第252页。

③ Hamid Enayat, *Modern Islamic Political Thought, the Response of the Shi'i and Sunni to the Twentieth Century*, London and Basingstoke: The Macmillan Press Ltd, 1982, p. 69.

的裂痕，并提出了关于伊斯兰国家的理想模式。①

里达首先回顾了中世纪伊斯兰教历史上的哈里发制度，肯定这种传统的国家体制是以神圣的律法为基础的一种政治协商制度。但是他认为惟有“正统哈里法制度”（632～661）才是真正伊斯兰精神的体现，而后来形形色色的哈里发制度徒有虚名，不过是改头换面的封建制度。接着，他分析了在当代条件下恢复哈里发制度的种种困难，认为既找不到众望所归、符合哈里发素质要求的人选，也没有合适的地方作为哈里发国家的首府。他曾经设想过一种精神哈里发制度，但又觉得难以实现，也正是在这种困境中，他提出了“伊斯兰国家”这一替代形式。

里达在改造传统伊斯兰政治学说的基础上提出了“伊斯兰国家”的方案。他把理想的哈里发（Ideal Caliphate）与历史上实际的哈里发（Actual Caliphate）制度进行了比较，认为哈里发制度的必要性在于有助于克服混乱无序的无政府状态。但这种维护统一和稳定的功利主义的目的性，并不意味着对专制和暴政的认可。相反，哈里发制度还必须起到消除压迫和社会不公正的作用。他认为，这种神圣使命应该由那些德高望重、学识渊博、主持正义的教法学家即乌里玛阶层完成，他们不仅对社会负责，而且对君主负责，包括通过教法裁决纠正统治者的过错。但在“实际的哈里发制度”中，封建君主和因循守旧的乌里玛阶层扭曲了“理想的哈里发制度”，导致社会混乱和统治者的专制腐败。② 他提出创建理想的、名副其实的“伊斯兰国家”政治体制，正是为了扭转这种状况。对于这种政治体制，他使用了多种范畴，如“伊斯兰政府”（Islamic Government）、“伊斯兰哈里发制度”（Islamic Caliphate）、“哈里发政府”（Government of Caliphate）等范畴，③ 其基本框架是：④

---

① Hamid Enayat, *Modern Islamic Political Thought, the Response of the Shi'i and Sunni to the Twentieth Century*, London and Basingstoke: The Macmillan Press Ltd, 1982, pp. 69－70.

② Hamid Enayat, *Modern Islamic Political Thought, the Response of the Shi'i and Sunni to the Twentieth Century*, London and Basingstoke: The Macmillan Press Ltd, 1982, pp. 70－76.

③ Ibid. p. 77.

④ 参见吴云贵、周燮藩：《近现代伊斯兰教思潮与运动》，北京：社会科学文献出版社 2000 年版，第 254～255 页。

第一，国家通过一部宪法，实行伊斯兰教法，由穆斯林政治家根据《古兰经》、圣训和早年阿拉伯哈里发国家的历史经验来处理国家的政治、经济与社会事务。里达提出的这种国家显然不同于世俗的民族国家，其主要区别在于“不承认民众主权”，“否认人为的立法权”。[①] 他在这里所依据的显然是伊斯兰传统的“真主主权”观念。

第二，国家在政治生活中实行“协商”制度，即“伊斯兰民主制度”。由精通教法知识、德高望重、主持正义的人士推选产生国家元首，国家元首必须熟悉伊斯兰教法和经训知识，有独立判断是非的能力；必须尊重民意、为民作主、维护民众利益，通过与教法学家的协商来共同决定国家大事。其中关于“协商”原则的论述显然来源于伊斯兰教的“舒拉”原则和“公议”原则，而关于国家元首素质的论述，则体现了伊斯兰政治文化中关于哈里发制度的原则。

第三，国家以体现真主意志的伊斯兰教法为最高指导原则。根据此原则，教法学家在国家的政治生活中具有崇高的地位，但是他们在解释法律时必须坚持“独立判断”的原则，根据当代条件予以灵活变通的解释，增强法律的活力。从这里既可以看到他继承了阿富汗尼和阿布杜伊斯兰改革主义思想的理性成分，但是也可以看到他对伊斯兰教法恋恋不舍的原教旨主义思想的成分。例如，他虽然主张法律应该根据时代的发展进行变通，但是他又坚决反对借鉴外来法律。他指出：“如同一个民族的语言不能采用另一个民族的语法规则一样，一个国家也不能随意采纳另一个国家的法律。”[②]

里达的思想与现代伊斯兰主义思想尤其是霍梅尼的伊斯兰政府理论相比较，可以找到许多相似与相同之处。里达的伊斯兰改革主义思想对于阿拉伯民族主义产生了重要影响，但同时也为伊斯兰主义提供了丰富的理论素养，“他的理论构成了伊斯兰国家这一现代概念从早期精神特征（spiritual character）向现代的政治本质（political nature）变化的转折点。”[③]

① Hamid Enayat, *Modern Islamic Political Thought, the Response of the Shi'i and Sunni to the Twentieth Century*, London and Basingstoke: The Macmillan Press Ltd, 1982, p. 77.

② Ibid. p. 78.

③ Ibid. p. 70.

毛杜迪的"伊斯兰国家"思想

巴基斯坦的阿布·阿拉·毛杜迪（1903～1979 年）是现代伊斯兰原教旨主义思想家中的又一位大师级人物，他的思想涉及宗教、政治、经济、社会、文化、历史、法律、教育等各个方面。毛杜迪的伊斯兰思想林林总总，主要可概括为十个方面：（1）关于伊斯兰教理论与基础的论述；（2）关于"哈基米亚"（最高统治权）归安拉的论述；（3）关于伊斯兰法的论述；（4）关于建立伊斯兰国家与伊斯兰政府组织的论述；（5）关于西方文化的论述；（6）关于民主的论述；（7）关于民族主义的论述；（8）关于妇女的论述；（9）关于利息的论述；（10）关于伊斯兰复兴之路的论述。①

在"伊斯兰国家"问题上，毛杜迪的思想较之里达更为系统完整，他在理论上的创新尤其表现为提出了"哈基米亚（统治权）只归安拉"和"现代贾黑利亚（蒙昧状态）"的理论命题，并以此作为建立伊斯兰国家的理论依据，确立了真正伊斯兰国家必须遵循的四项原则：即真主主权原则、先知权威原则、国家代行主权原则、政治协商制原则。哈米德·埃纳亚特在《现代伊斯兰政治思想》一书中指出，毛杜迪伊斯兰国家思想的核心内容在于，"伊斯兰国家的意识形态的除了主权和所有权真正归真主所有外别无他物，真主的律法构成了人类行为的法则和政府统治的原则。"②

毛杜迪伊斯兰国家理论的主要依据是"现代贾黑利亚"理论。"贾黑利亚"又称"查希利亚"，是阿拉伯语的音译，其含义为"蒙昧状态"、"蒙昧主义"。③ 伊斯兰思想家和伊斯兰史学家把伊斯兰教诞生以前的时期称为"贾黑利亚"（蒙昧主义）时期。毛杜迪认为，伊斯兰教长期以来的衰落，

---

① 陈嘉厚主编：《现代伊斯兰主义》，北京：经济日报出版社 1998 年版，第 126～127 页。

② Hamid Enayat, *Modern Islamic Political Thought, the Response of the Shi'i and Sunni to the Twentieth Century*, p. 106.

③ 参见陈嘉厚主编：《现代伊斯兰主义》，北京：经济日报出版社 1998 年版，第 149 页。

既有内部的原因即内部的“贾黑利亚”，也有外部的原因即西方的现代“贾黑利亚”。内部根源在于，从倭马亚王朝起，所谓的伊斯兰国家、政府和社会就不再是真正的伊斯兰国家、政府和社会，而是成了“卡菲尔（叛道者）国家”、“卡菲尔政府”和“卡菲尔社会”；外部根源在于西方文化即现代蒙昧主义文化对伊斯兰世界的侵蚀，西方文化蒙昧性的主要特征在于它的世俗主义精神，在于宗教与国家、政府、社会、教育、科学的分离。毛杜迪认为，要复兴伊斯兰，就必须建立基于《古兰经》和“圣训”的真正的伊斯兰国家，国家必须根据伊斯兰的沙里亚法来治理；必须根除内部和外部的“贾黑利亚”，抛弃一切西方的以及非伊斯兰的影响，通过穆斯林的模范行为来恢复和维护伊斯兰价值，通过具体的实际行动来重建伊斯兰社会。

毛杜迪对民族主义和民族国家理论进行了深刻批判。他指出：“民族主义的各项原则与伊斯兰的各项原则是完全矛盾的……它本身就违背神的沙里亚法”，“是世上腐败、恐惧和邪恶之源”，是“魔鬼手中最锋利的武器”，“伊斯兰与民族主义在精神方面和目标方面都是相互对立的”。“伊斯兰国家的特点之一，是它的创建和构成都没有一点民族主义的因素。假如说，伊斯兰除卡菲尔和多神教徒外还有敌人的话，那么这个敌人就是种族和民族国家。”①

毛杜迪提出的“伊斯兰国家”的根本目标就是“按照伊斯兰教的政治原则来建立和治理国家”，“从现代民族国家转变为‘名副其实’的伊斯兰国家。”② 毛杜迪提出了“哈基米亚只归安拉”的观点，并在此基础上形成了以“真主主权论”、“先知权威论”、“代行主权论”和“政治协商论”为内容的“伊斯兰国家”理论，为伊斯兰原教旨主义对抗世俗民族主义提供了理论依据，同时也为伊斯兰政治反对派推翻世俗民族国家提供了合法性依据。

第一，真主主权论：即“哈基米亚只归安拉”的原则。“哈基米亚”是阿拉伯语的音译，是由“哈基姆”一词派生出来的，有统治者、治理者、

---

① 转引自陈嘉厚主编：《现代伊斯兰主义》，北京：经济日报出版社 1998 年版，第 191 页。

② 吴云贵、周燮藩：《近现代伊斯兰教思潮与运动》，北京：社会科学文献出版社 2000 年版，第 399 ~ 400 页。

判决者、评判者和裁决者的意思。在毛杜迪看来，“哈基米亚”表示“最高权力”和“绝对权力”，它只属于造物主安拉，“一切事物的主权都在他的掌握之中”，[①] 这一原则运用到伊斯兰国家理论上就是真主主权论。它认为，真主作为宇宙万物的唯一创造者、养育者、主宰者，是国家的真正的主权者；任何个人、集团、阶层、政党都无权制定和颁布法律，而只能遵守神圣的伊斯兰教法；国家只能在神圣律法许可的范围内行使权力。因此，真主主权论的实质就是用至高无上的真主主权来约束“有限的”世俗权力。

第二，先知权威论：这是从信安拉、信使者的原则推导出来的政治原则，它认为先知穆罕默德作为真主安拉在人世间的“使者”和“代理人”，有权代行真主的政治与法律主权；在伊斯兰国家的实践中，作为先知言行纪录的“圣训”是立法的主要渊源之一，具有仅次于《古兰经》的地位。

第三，代行主权论，在先知权威论的基础上，毛杜迪又提出了“人民的哈基米亚”的观点。“人民的哈基米亚”即真主意志在人间的体现，亦即安拉通过其代理人在人间进行统治。但安拉的代理人没有立法权，只有执行权，立法权归最高统治者安拉。

第四，政治协商论：政治协商论是代行主权论的延伸，它是伊斯兰“舒拉”（协商）原则的体现，即真主的代理权不能被个人、集团、阶级、部落所垄断或世袭传承，而是属于全体穆斯林，所有符合条件的穆斯林都有经推选被授予代理权的机会。毛杜迪把伊斯兰传统的协商制度称之为“伊斯兰民主制度”，认为可采取广泛的直接协商制或由选民推举代表参加的间接协商制，任免国家元首、决定国家大政方针等。

按照毛杜迪的构想，一个理想的伊斯兰国家应当既尊重真主主权，又充分尊重民意。统治者（哈里发、伊玛目）应该成为真主和穆斯林的双重代表，他作为国家最高元首拥有最高权力，但“他必须遵守真主的法律，他没有绝对的权力和权威，他既不是专制者，也不是独裁者。”[②] 这种理想的

① 《古兰经》，马坚译，北京：中国社会科学出版社1981年版，第342页。

② John L. Esposito, *Islam and Politics*, New York: Syracuse University Press, 1984, p. 147.

政治制度，毛杜迪称之为“神权民主政体”（Theo-democracy）。① 正如美国学者埃斯波西托所言，“对于毛杜迪而言，民族国家与伊斯兰国家的概念有着明显的区别。对于前者而言，公民权建立在民族、种族、血缘集团的基础之上；对于后者而言，公民权是由意识形态（信仰与非信仰）决定的。”②

哈桑·班纳和赛义德·库特布的“伊斯兰国家”思想

哈桑·班纳（1906～1949年）作为伊斯兰主义的思想奠基人和穆斯林兄弟会的创立者，主要从伊斯兰教的包容性和自足性出发，论证了重建伊斯兰国家与伊斯兰秩序的必要性。他认为，“伊斯兰是信仰与领导、宗教与国家、精神与行动、祈祷与圣战、顺从与统治、《古兰经》与宝剑的统一体。”③ 他所界定的穆斯林兄弟会的目标是：“我们穆斯林兄弟会的职责是为改变我们自身的心灵和灵魂而奋斗，使之融入至高至大的真主安拉之中；然后按照趋善除恶的需要组织我们的社会，最终使我们的共同体变成一个善的国家”，在这种国家中，“《古兰经》就是我们的宪法。”④

班纳认为，“穆斯林衰落的秘密是他们偏离了伊斯兰教”，穆斯林社会要摆脱落后，必须进行改革，而“改革的基础应当是重返伊斯兰的教规和裁判”。⑤ 要实现这一改革目标，必须建立名副其实的伊斯兰国家和伊斯兰

---

① John L. Esposito, ed., *Voice of Resurgent Islam*, New York: Oxford University Press, 1983, p. 117.

② John L. Esposito, *Islam and Politics*, New York: Syracuse University Press, 1984, p. 148.

③ 转引自钟山：“埃及穆斯林兄弟会的产生与发展”，载《西亚非洲》1982年第1期，第39页。

④ Sami Zubaida, *Islam*, *the People and the State*, *Essays on Political and Movements in the Middle East*, London and New York: St. Martin's Press, 1993, p. 48.

⑤ Anouar Abdel—Malek, *Contemporary Arab Political Thought*, London: Zed Books Ltd., 1983, p. 46.

秩序。其思想具体包括：

第一，反对任何形式的民族主义，强调超越民族和国家界限的伊斯兰统一。班纳认为，世界各地的穆斯林同属于一个民族即伊斯兰民族。他曾指出："伊斯兰是信仰和崇拜，是祖国和民族。所有的穆斯林是一个民族，伊斯兰祖国是一个国家。"① 他认为，正是爱国主义和民族主义，破坏和肢解了统一的伊斯兰乌玛和伊斯兰祖国，导致了伊斯兰文明的衰落和伊斯兰世界的分裂。在哈桑·班纳看来，伊斯兰的理想社会就是为第一代穆斯林所建立的乌玛（宗教社团），在这种组织形式中，《古兰经》的原则得到了真正的贯彻，而"目前伊斯兰社会与真正的伊斯兰道路的差距也正是穆斯林乌玛（共同体）［Muslim Umma（community）］衰落的产物"。② 他声称："穆斯林兄弟会不局限于在一个伊斯兰国家宣传号召"，"任何一寸土地上只要有一位兄弟信仰《古兰经》，这块土地就是伊斯兰的公共土地，那么伊斯兰教就要要求所有穆斯林去保护它并使它充满幸福。"③

第二，伊斯兰国家必须实行政教合一，而不是政教分离。他极力主张恢复哈里发制度，认为哈里发既是伊斯兰统一的象征和伊斯兰民族联系的纽带，也是实施伊斯兰教法的自然架构。1938 年，班纳在穆斯林兄弟会第五次大会上指出，"穆斯林兄弟会认为，哈里发是伊斯兰统一的象征，是伊斯兰各民族相互联系的标志。这是伊斯兰的礼仪，所有穆斯林都要尊重它。"④

第三，伊斯兰国家必须摒弃成文法，全面实施伊斯兰教法。班纳认为伊斯兰教法是真主意志的体现，它为人类在阴阳两世确立了最美好、公正、合理的生活秩序，因此主张在民事、刑事、商务和国际关系领域实施万能的伊斯兰教法。

赛义德·库特布（1906～1966 年）作为穆斯林兄弟会的第二代思想家，

---

① 转引自金宜久主编：《伊斯兰教与世界政治》，北京：社会科学文献出版社 1996 年版。第 209 页。

② Abd Al-Monein Said Aly, Manfred W. Wenner, "Modern Islamic Reform Movements: The Muslim Brotherhood in Contemporary Egypt", *The Middle East Journal*, Vol. 36, No. 3, 1982, p. 337.

③ 转引自王琐劳："埃及伊斯兰原教旨主义向世俗民族国家的挑战"，载北京大学亚非研究所编《亚非研究》（第七辑），北京大学出版社 1997 年版，第 262～263 页。

④ 转引自新华社编：《穆斯林世界》（内部发行），1984 年，第 117 页。

其“伊斯兰国家”思想的依据与毛杜迪有类似之处，他接受了毛杜迪提出的新“贾黑利亚”（蒙昧状态）的观念。库特布认为，当代世界包括所有的穆斯林国家，仍处于“蒙昧状态”之中；现在的社会处于同伊斯兰教兴起之前同样的、甚至是更黑暗的蒙昧状态之中。无论是共产主义、法西斯主义、资本主义以及当时流行于阿拉伯世界的民族主义、社会主义，都是“蒙昧状态”，因为它们都是出自于一部分人，都是让人服从于人，而不是服从真主。

库特布认为，“蒙昧状态”在政治上突出表现为真主在世间的权力遭到践踏，使得一部分人在制度、法律和道德观念上拥有特权，从而导致了一部分人对另一部分人的统治和压迫。种种“新贾黑利亚”均应予以推翻。他指出，欧洲历史就是由一系列“贾黑利亚”构成的，它们包括：古希腊、罗马帝国、中世纪、文艺复兴、启蒙运动、法国大革命。① 库特布认为，“贾黑利亚”的罪恶之一就在于否定了“真主主权”，这种蒙昧建立在攻击真主权威即真主主权的基础上，“这种蒙昧支持主权属于人类的看法，存在于思想、价值、风俗、法律、制度等各个背离真主之路的领域。”②

在库特布看来，要摆脱“贾黑利亚”，最有效的办法是采取行动，建立完全的真主主权和统治权。“宣告真主唯一无二的神性……就意味着起来反对任何形式、种类和方式的人的统治，意味着在地球上摧毁人的王国……将权力从人类篡夺者手中夺回，交给独一无二的真主，取消人的法律，建立唯一的、至高无上的神圣法律。”他提出，为了实现真主的统治，穆斯林要彻底脱离“蒙昧状态”，要完全摆脱民族主义、爱国主义等非伊斯兰意识形态的影响。他号召穆斯林要用行动与“蒙昧状态”进行战斗，为真主的事业进行圣战。他指出，要根除“蒙昧状态”，“仅靠说教和祈祷是不会实现的，因为那些把枷锁套在人民脖子上的人和篡夺了真主在地球上权威的人将不会因这样的解释和劝诫就让出他们的位置”。③

---

① Abdel Salam Sidahmed and Anoushiravan Ehteshami, eds., *Islamic Fundamentalism*, Westview Press, 1996, p. 23.

② 转引自王琐劳：“埃及伊斯兰原教旨主义向世俗民族国家的挑战”，载北京大学亚非研究所编《亚非研究》（第七辑），北京大学出版社1997年版，第269页。

③ 转引自金宜久主编：《伊斯兰教与世界政治》，北京：社会科学文献出版社1996年版。第212页。

库特布认为，穆斯林的首要任务是清除现存的非伊斯兰秩序，建立伊斯兰社会，但对于未来社会他却没有系统的理论论述。他认为只有清除了非伊斯兰社会秩序，才有可能考虑未来伊斯兰社会的具体法律和制度。同班纳和毛杜迪等人的思想相比，库特布的思想更为激进、更加强调暴力和圣战，从穆斯林兄弟会中分化出的“圣战组织”和“赎罪与迁徙”等组织都深受其思想影响，并采取了种种更加激进的行为。

霍梅尼的“伊斯兰政府”思想

当代伊斯兰复兴思想的集大成者霍梅尼（1902～1989年），不仅在理论上对传统的伊斯兰主义进行了发展和创新，而且奇迹般地成功领导了1979年的伊朗伊斯兰革命，缔造了当代世界上第一个现代伊斯兰神权政体。与其他伊斯兰主义思想家稍有区别的是，霍梅尼使用了“伊斯兰政府”的概念，其思想集中体现在《伊斯兰政府》、《伊斯兰教与革命》等著作中，其要点主要包括：

第一，建立伊斯兰政府是重建伊斯兰秩序的需要。霍梅尼对建立伊斯兰政府的必要性，进行了充分的论证，其理由主要包括：其一，它是建立执行机构的需要。伊斯兰是包容一切、至高无上的神圣法律，它“需要有执行机构和执行者”来管理社会。其二，它是继承先知传统的需要。“由于先知通过任命一位继承者传递神的命令，也就证明了建立政府的必要性”。其三，它是继续执行伊斯兰教法的需要。“执行法令的需要并不限于先知时期，以至当代，建立伊斯兰政府的必要性同样不言而喻。”其四，它是进行政治革命的需要。他指出，“伊斯兰教法和理智告诉我们，不能让一些政府以反伊斯兰和非伊斯兰的方式继续存在，我们对此别无选择，只有摧毁贪污腐败的政府，推翻奸诈、腐化、压迫和残暴的统治集团，才能把伊斯兰的政治革命进行到胜利。”其五，它是伊斯兰团结的需要。“为了使伊斯兰领土从殖民主义者及其傀儡政府的占领和迫害下解放出来，我们极有必要建立政府”。其六，它是拯救被压迫者和被剥削者的需要。他指出，“殖民主义者凭借他们的政治代理人实行不公正的经济制度，把人们分成压迫者和被压迫者。”“为了使亿万穆斯林过上幸福的生活，我们有义务推翻压迫者的政府，组成伊斯兰政府。”①

第二，伊斯兰政府是立宪政府，伊斯兰政府反对君主制。霍梅尼认为，伊斯兰政府同现存的任何形式的政府都有着本质的区别。它不是残暴、专制的政府，而是立宪的政府，其立宪的意义是统治者在统治和管理国家时要服从《古兰经》与圣训。“在伊斯兰政府中，没有一个构成三权分立的立法机构，而由一个议会根据伊斯兰法令制定各部的计划，经过计划，确定在全国各地执行公务的性质。”② 霍梅尼认为，伊斯兰教是根本反对君主制的。因为无论是在《古兰经》还是圣训中，都没有关于实行君主制的记载，相反却有指责君主制的圣言。在他看来，“君主政体和王位的继承是不祥的和无价值的政治制度”③，“君主制和世袭制是荒唐的、无效的，反对暴君是穆斯林的首要职责。”④

第三，通过输出伊斯兰革命建立伊斯兰世界秩序。霍梅尼认为，伊斯兰革命不仅要在伊朗建立一个伊斯兰政府，而且要在全世界寻求建立“伊斯兰世界秩序”。由于殖民强国在全球范围内建立霸权，弱肉强食，所以目前的世界体系是充满邪恶的世界体系。只有建立一个“真主的世界政府”，才能重建世界的正义和平等。要实现这一目标，最佳的办法是首先在伊朗建立伊斯兰政府，再通过“输出伊斯兰革命”将它输出到其他伊斯兰国家，最后将伊斯兰传播到全世界。霍梅尼多次强调：“这次人民的革命，这次伊斯兰的起义，这次神圣的行为不应该仅局限于这片土地上，而应该向世界各地输出革命”，“哪里有弱小的民族，哪里有霸权主义铁蹄下的弱小民族呼救，伊朗就要去援助它。”⑤ 他甚至给苏联领导人戈尔巴乔夫写信，奉劝苏联放

---

① Khomeini, *Islam and Revolution*, Hamid Algar, trans., Berkeley: Mizan Press, 1981, pp. 40 – 51.

② Ibid. pp. 55 – 56.

③ 转引自［美］凯马尔·H·卡尔帕特编：《当代中东的政治和社会思想》，陈和丰译，北京：中国社会科学出版社1992年版，第619页。

④ Khomeini, *Islam and Revolution*, Hamid Algar, trans., Berkeley: Mizan Press, 1981, p. 31.

⑤ 周春、晨风、陈友文主编：《当代东方政治思潮》，广州：广东人民出版社1993年版，第855页。

弃社会主义的意识形态而皈依伊斯兰教。他在信中写道："伊斯兰教是一个普世的、全面的宗教，即全人类的宗教，规范他们的现在和未来，因此全人类必须认识它，了解它，信仰它，遵循它的道路"。"它作为能够领导人类走向更美好生活、更完美的公正和更全面的和平的唯一体系，是值得一切国家的人民皈依的。"①

霍梅尼的伊斯兰政治思想对于伊朗伊斯兰革命和伊斯兰共和国的建立产生了重大的影响。他关于伊斯兰政府的性质、职能，关于教法学者的权力和作用，关于反对殖民主义、帝国主义和世俗化的理论，关于输出伊斯兰革命的思想，都作为伊朗伊斯兰共和国的指导思想付诸实施。不仅如此，霍梅尼的理论及其领导的伊斯兰革命，对于推动伊斯兰复兴运动在20世纪80年代不断掀起高潮，产生了重要的思想动员效应。"阿亚图拉霍梅尼的伊斯兰革命的召唤拨动了许多人的心弦，他们认定霍梅尼的信息就是反对帝国主义，是对失败的、不公正和压迫性政府的谴责，是建立一个道德公正社会的预见。"②

哈桑·图拉比的"伊斯兰国家"理论

自1989年艾哈迈德·巴希尔在苏丹执掌政权后，苏丹政府所采取的内外政策具有浓厚的伊斯兰色彩，而哈桑·图拉比的伊斯兰政治思想往往被人们视为苏丹全面伊斯兰化的理论基础。图拉比认为，在伊斯兰社会中，唯一合法的国家体制就是早期政教合一的哈里发制度；人类社会最理想的政体形式就是伊斯兰代议共和制。伊斯兰国家既不是资本主义的，也不是社会主义的，而是伊斯兰的神权民主政体。当代那些自称信仰伊斯兰教的多数民主制国家、独裁制国家和君主制国家，都是与伊斯兰教对立并应该予以推翻的国

① 陈嘉厚主编：《现代伊斯兰主义》，北京：经济日报出版社1998年版，第130～131页。

② ［美］J. L. 埃斯波西托：《伊斯兰威胁：神话还是现实?》，东方晓等译，北京：社会科学文献出版社1999年版，第21页。

家制度。[①]

哈桑·图拉比认为，在真正的“伊斯兰国家”中，必须贯彻执行伊斯兰教的“舒拉”原则。他指出，“舒拉”制是伊斯兰民主制的集中体现，它与西方民主有着本质的区别，即“舒拉”体现的是真主主权。他认为，第三世界国家民主政治失败的原因在于经济贫穷落后、政治上受控于西方、心理上缺乏政治意识。只有通过“舒拉”制在家庭、社会生活和宗教领域的普及，才能实现真正的民主。真主的旨意规定人们分享权力、知识和财富，这种分享就是民主。[②] 在《伊斯兰国家》一文中，哈桑·图拉比从否定的角度对“伊斯兰国家”的属性进行了界定，对伊斯兰主义的国家观进行了全面而又明确的解释：[③]

第一，伊斯兰国家不是世俗国家。“伊斯兰国家”以“认主独一”的伊斯兰信仰作为立国的思想基础，这意味着国民的全部公共生活都以宗教启示为依据，国家职能就是履行以“真主启示”为基础的伊斯兰教法所规定的各项义务。因此，伊斯兰国家在性质上不同于以政教分离为基础的、世俗性的民族国家。

第二，伊斯兰国家不是民族国家。穆斯林文化认同超越民族、种族、地域、语言的宗教忠诚，以血缘、地域、语言为归属的民族忠诚只能是一种“有限的忠诚”，而“终极的忠诚”属于真主，穆斯林社会共同体的基础在于信仰。因此，伊斯兰国家应该是面向信仰的开放的穆斯林共同体乌玛。

第三，伊斯兰国家不是绝对的主权实体。即国家必须服从真主的意志，真主是“绝对主权者”，而国家只是“代行”真主主权的工具。

第四，伊斯兰国家不是国家的原型。在穆斯林社会，国家的初始形态是乌玛。“伊斯兰国家”这一称谓本身就是一种“误解”。因为国家这一政治组织并不能涵盖宗教信仰制度的全部内容，其权威和职能都是有限的。因

---

① M. W. Daly and Ahmad Alawad Sikainga, *Civil War in the Sudan*, British Academic Press, 1993, pp. 107 – 109.

② Anmad S. Moussalli, “Husan al-Turabi’s Islamist Discourse on Democracy and Shura”, *Middle Eastern Studies*, Vol. 30, No. 1, 1994, pp. 57 – 61.

③ John L. Esposito ed. *Voice of Resurgent Islam*, New York: Oxford University Press, 1983, pp. 241 – 251.

此，作为政治组织的国家本身具有狭隘的功利主义的目的性，仅仅是为了维护信教民众的福利和利益而存在的一种社会组织。因此，国家的形态和性质都具有暂时性，并处在不断的兴衰交替之中，而先于国家产生的穆斯林共同体乌玛则具有永恒性。

通过上述分析可以发现，在政治认同方面，伊斯兰主义的国家理论对政治共同体的认同并非现代民族主义的民族国家认同，而是对超越种族、超越民族、超越地域的信仰共同体——乌玛的认同，它“所指向的是伊斯兰教的乌玛概念，……它存在的保障是以伊斯兰教法——沙里亚法为基础的伊斯兰政府”。[①] 在国家权力的性质上，伊斯兰主义的国家理论强烈反对世俗民族主义的国家主权理论和以此为基础的民族国家，要求建立以“真主主权”为基础的伊斯兰国家。在政教关系上，伊斯兰主义反对世俗化的政教分离，主张建立政教合一的伊斯兰国家，即“国家统治必须与沙里亚法保持一致”，“行政和立法的功能和权威必须服从并辅助沙里亚法的国家”。[②] 在民主问题上，伊斯兰主义既反对专制独裁，也反对西方式的民主，而是要建立以“协商”原则为基础的伊斯兰民主。

在强调宗教共同体认同，主张重建体现真主主权的“伊斯兰国家”这一目标上，伊斯兰主义理论家的思想具有一脉相承的共性特征。但具体到不同的伊斯兰主义思想家，其思想的侧重点又有所不同。例如，在具体的目标上，早期的拉希德·里达、哈桑·班纳等人的思想更多地着眼于近代以来伊斯兰世界面对殖民主义和帝国主义所遭遇的深刻民族危机，其伊斯兰主义思想更多地与实现民族解放相联系；而毛杜迪、霍梅尼、图拉比等当代伊斯兰主义思想家则更多地着眼于现代化、世俗化所导致的穆斯林国家的发展危机，其伊斯兰主义思想更多地与摆脱西方式的现代化，寻求具有伊斯兰特色的发展道路相联系。又如，在具体的手段与方式上，不同的思想家的主张也有不同的侧重，如赛义德·库特布特别强调暴力斗争的重要性，霍梅尼特别强调“伊斯兰革命”及其输出的重要性，而图拉比则强调温和的社会变革，

---

① Hugh Roberts, “Radical Islamism and the Dilemma of Algerian Nationalism: The Embattled Arians of Algiers”, *Third World Quarterly*, Vol. 10, No. 2, April 1988, p. 557.

② Ibid.

不主张剧烈的社会革命。在反对专制独裁的问题上，霍梅尼作为什叶派伊斯兰主义的思想家，其论述显然更为丰富和深刻。另外，在认同问题上，图拉比提出了关于“有限忠诚”（民族国家）与“终极忠诚”（伊斯兰教）的区分，无疑体现出随时代变迁，伊斯兰主义思想在认同问题上有所松动，力图协调民族认同与宗教认同关系的发展趋势。

专题9

伊斯兰教在当代中东伊斯兰国家的社会调控作用*

【摘要】伊斯兰教一直以特有的方式在当代中东伊斯兰国家发挥着重要的社会调控作用。在政治合法性方面，伊斯兰政治文化构成了伊斯兰国家取信于民的重要手段、国家政权合法性的神学基础、官方政策合理性的理论依据；在法律制度方面，伊斯兰教法依靠宗教法律的神圣性、包容性、适应性对伊斯兰社会发挥着重要调节作用；在经济与社会领域，伊斯兰经济伦理对调节社会经济关系，建立社会秩序，协调社会发展，促进社会整合等发挥了一定的进步作用；在教育领域，伊斯兰教育作为伊斯兰文明的重要载体，对弘扬与光大伊斯兰信仰，传承伊斯兰文化，整合伊斯兰社会发挥了重要作用。

伊斯兰教作为中东伊斯兰国家共同的历史文化传统、精神信仰体系、伦理道德规范、政治法律制度，“它是一个包括僧侣的、总体的、一元化的生活方式，它是一整套信念和崇拜方式，它是一个广泛而又相互联系的法律体系，它是一种文化和一种文明；它是一种经济制度和经营方法；它是特殊的社会和治家的方式。”“政治和宗教都是独一无二的伊斯兰的总体部分，在

* 原载《宁夏社会科学》1996年第2期。

主张伊斯兰秩序的国家里，政治是由伊斯兰精神派生出来的”①。因而，伊斯兰教一直以其特有的方式对中东伊斯兰国家产生着持续不断的深远的影响，并以其入世性、包容性的特质在当代中东伊斯兰国家发挥着重要的社会调控作用。本文旨在深入认识战后中东社会历史发展的特点和伊斯兰教在当代的发展走向，同时挖掘伊斯兰复兴运动的深刻社会土壤。

伊斯兰政治文化：政治合法性的根基

政治合法性作为国家赖以存在、发展、运作的根基，取决于该政府的存在是否适合于当时的社会政治经济条件，是否植根于本民族的政治文化传统，是否迎合于国民的心理素质和民族性格。政治文化作为一种深层次的复杂的思想系统，是国家统治者社会统治的重要依据和参照系统，并以文化亘古不断的延续性在该民族的历史长河中绵延。

伊斯兰教作为伊斯兰国家的政治文化传统，作为构筑伊斯兰民族性格、维系伊斯兰民族特征、主宰伊斯兰民族思维方式的一个重要因素，以其不可侵犯的神圣性、强烈的保守性、极强的适应性、涉及社会生活各领域的包容性，对伊斯兰社会生活产生了极其深远的影响，成为当代伊斯兰国家领导者进行社会统治、确定政治模式、施展政治抱负所无法置之度外的重要因素。“从政治文化视野看，伊斯兰教具有历史的权威性”，“它们内在地规约着穆斯林的政治文化意识。这种传统的心理定势一旦外化为政治要求或行动，便形成一种一以贯之的历史作用力。”② 因此，伊斯兰教是中东伊斯兰国家维系社会统治的重要思想源泉和精神支柱，任何有悖于伊斯兰秩序的意识形态都将导致该国政府政治上的失败乃至政治家个人的历史悲剧。“现代中东政治家需要找到一种手段把伊斯兰教过去永久保存的各种忠诚转移到民族文化

① ［英］G·H·詹森：《战斗的伊斯兰》，高晓译，北京：商务印书馆1983年版，第9~10页。

② 刘靖华：“马克思主义权威观与伊斯兰权威政治研究”，载《西亚非洲》1992年第1期，第49页。

上来，而不摧毁宗教文化建立起来的社会凝聚力和团结。”① 伊斯兰教作为政治合法性的根基主要体现在以下几个方面：

1. **国家领导人取信于民的重要手段**。战后中东国家的社会结构发生了天翻地覆的变化，但无论现代共和制国家，还是保守的君主制国家，无不把国家和政府打上伊斯兰教的深深印迹。伊斯兰教已构成积淀于穆斯林人民性格中的文化心理因素，在任何情况下都会顽强地表现出来。因此，各国政府及其统治者无不强调本政府的伊斯兰特性。巴基斯坦前总理布托曾经指出：“神圣的穆罕默德的一生及其教导已成为我国政府对外政策和我们的土地、劳动、法律、教育和其他无数改革的基石，已成为巴基斯坦人民党的指导原则。”② 伊朗伊斯兰革命的精神领袖霍梅尼声称：“伊斯兰教的教义要比国王的权势悠久得多”，“宗教、清真寺和毛拉是人们唯一的精神寄托”，“宗教和明智告诉我们，不能让一些政府以反伊斯兰和非伊斯兰方式继续存在。任何非伊斯兰体制都是多神教，我们有责任避免多神教，从各穆斯林社会和它们的生活中清除多神教的残余”③。他的最高原则是：国家不能凌驾于宗教之上，一切违反伊斯兰教的政府都是非法的。即使是奉行世俗民族主义的伊拉克前总统萨达姆也曾指出：“在无神论和信仰之间，我们决不中立，我们永远站在宗教的一边。”④ 在埃及推行世俗民族主义的纳塞尔也声称“对伊斯兰教怀有感情”⑤。丧身于伊斯兰原教旨主义组织枪下的改革派领袖萨达特也曾经指出：“伊斯兰教是我们的官方宗教”，“在迅速变革和技术发展的时代，一种牢固的文化和价值体系是必不可少的。”⑥

2. **国家政权合法性的神学基础**。伊斯兰教产生伊始，就成为伊斯兰国

---

① ［美］凯马尔·H. 卡尔马特：《当代中东的政治和社会思潮》，陈和丰译，北京：中国社会科学出版社 1992 年版，第 20 页。

② ［英］G·H·詹森：《战斗的伊斯兰》，高晓译，商务印书馆 1983 年版，第 10 页

③ 刘士箴：“神权政治理论基础—霍梅尼《伊斯兰政府》摘要”，载《西亚非洲》1982 年第 6 期，第 67 页。

④ 转引自东方晓：“中东国家政治生活中的伊斯兰教”，载《西亚非洲》1990 年第 1 期，第 56 页。

⑤ 刘靖华：“伊斯兰教、世俗共和政体与发展”，载《西亚非洲》1990 年第 6 期，第 54 页。

⑥ 刘靖华：“伊斯兰教、世俗共和政体与发展”，载《西亚非洲》1990 年第 6 期，第 54 页。

家政权合法性的神学理论基础。在当代，沙特是利用伊斯兰教取得政治合法性的最为典型的国家。阿卜杜勒·阿齐兹·沙特与瓦哈比教派结成宗教—政治联盟，实现了宗教与政治的合一，并利用宗教政治体制的合法性，建立了统一的沙特王国。此后，沙特家族不断“从宗教精神中获得了政治权力的合法性，进而开始了沙特阿拉伯的‘宗教政治合一体制’”①。20世纪70年代末，伊朗什叶派精神领袖霍梅尼“重视伊斯兰教作为民众潜层心理积淀所具有的社会功能”，据此提出了一整套完整的伊斯兰意识形态体系，“在政治上也有效地利用了伊斯兰教的合法性功能”②，发动了震撼世界的伊斯兰革命，缔造了当代世界上第一个纯粹的伊斯兰神权政体。此后，霍梅尼不断强调伊斯兰教的独一性、自主性、包容性是维系伊斯兰社会的根基，挽救穆斯林的重要道德价值和防范西方的精神武器，并认为“任何企图使伊斯兰历史遗产世俗化和民族化的政府都是非法的”③，从而通过伊斯兰教赋予伊朗政权以合法性和合理性。

“在其他中东国家中，利用伊斯兰教或者将统治者与先知家族联系起来作为政治合法性的来源可以说是一种普遍现象，只不过是程度不同而已。”④如摩洛哥、约旦等国国王都声称自己是先知的后裔。即使是推行现代化的国家，也力图依靠伊斯兰教取得政权的合法性。埃及的纳赛尔作为阿拉伯民族主义的代表，在对伊斯兰势力进行控制的同时，又巧妙地利用宗教上层人士，使政府获得宗教上的合法性。诚如美国学者亨利·穆尔所言：“埃及的正统乌里玛已被纳入统治势力之中，作为交换条件，他们必须为政权提供合法性。”⑤ 事实充分表明，中东社会尽管发生了深刻的变化，但政治权力的

---

① 刘靖华：“伊斯兰教、君主政体与政治发展的相关分析”，载《西亚非洲》1990年第2期，第41页。

② 刘靖华：“伊斯兰教、神权政体与发展”，载《西亚非洲》1990年第4期，第45页。

③ ［美］赛义德·阿米尔·阿尔霍德：《什叶派权威与政治文化》，纽约州立大学出版社1988年版，第202页。

④ 转引自东方晓：“中东国家政治生活中的伊斯兰教”，载《西亚非洲》1990年第1期，第55页。

⑤ ［美］亨利·穆尔：《发展的形象：埃及寻求工业发展中的公职人员》，剑桥大学出版社1980年版，第180页。

合法性仍深受伊斯兰教的制约和影响。

3. **官方政策合理性的理论依据。**沙特阿拉伯王国是依靠伊斯兰教赋予官方政策合理性的典型代表。20世纪60—70年代，沙特政府因雇佣美国技术人员开采石油而遭民众的指责，国王凭着对伊斯兰传统和先知生活的深刻了解，引用穆罕默德雇佣非穆斯林的实例据理力争："我随着先知的脚步，雇佣外国专家为我工作，难道我打破了沙里亚法吗？美国人和别的控制外国机器的外国人被我带到这里，为我工作以增加土地和资源，开采安拉放置在我们土地里的金属、石油和水源为我们所用，当我这样做的时候，难道违反了沙里亚法规吗？"① 在沙特，政府对新设备和新技术的引进、新政策的推行都是在通过乌里玛阶层对其进行合理宗教解释后才得以实施，广播电视的采用、汽车的引进、教育事业的兴办都是在找到合理的宗教依据后才得以推行的。1979年，极端分子以武力控制了麦加清真寺，国王为寻求在圣地使用武力清除叛乱的合理性，积极求助于乌里玛发布的法特瓦（法律意见）进行裁决，并引用《古兰经》证明平叛的必要性："你们不要在禁地附近和他们战斗，直到他们在那里进攻你们，如果他们进攻你们，你们应该杀戮他们，不信道者的报酬是这样的。"② 在获得宗教支持的基础上，沙特政府迅速采取行动，平息了麦加叛乱，遏制了事态的发展。

在埃及，政教合一的历史达千余年，历代统治者都凭借安拉的神圣权威建立伊斯兰政权，在政治制度、内外政策、法律制度等方面竭力显示安拉无所不在的精神统治，以提高统治者的神圣地位。战后，埃及在纳赛尔"自由军官革命"后步入了现代化的道路，但伊斯兰教作为植根于埃及社会的古老传统，仍是政府为推行自己政策进行辩护的有效工具。"纳赛尔几乎原封不动地保存了伊斯兰教机构并逐步地将它们纳入他的现代主义国家。"③ 他推行的土地改革政策和计划生育政策，都是在运用伊斯兰教进行解释，并且在伊斯兰宗教界的支持下才得以进行的。他所推行的伊斯兰社会主义更是

① ［美］艾利·H·德索基：《阿拉伯世界的伊斯兰教复兴》，纽约1982年版，第71页。

② 《古兰经》，马坚译，北京：中国社会科学出版社1981年版，第21页。

③ ［美］凯马尔·H·卡尔马特：《当代中东的政治和社会思潮》，陈和丰译，北京：中国社会科学出版社1992年版，第21页。

依托于伊斯兰教的传统力量。他指出："社会主义源于伊斯兰教"、"伊斯兰教不是一般的宗教，而是主持公平和平等、提供机会均等的宗教"①，从而利用伊斯兰教为现代意识形态的推行铺平了道路。萨达特执政后深刻意识到了以伊斯兰道理伦理和文化价值进行社会调控和整合的重要性，不断利用伊斯兰教传统价值为其政策的推行提供合法性依据。但他最终因1979年和以色列签订戴维营协议，忽视了国民的宗教情感而遭刺杀身亡。

伊斯兰教法：社会控制的重要手段

近代以来，随着西方列强纷至沓来，西方法律制度及其法理思想也渗入中东伊斯兰国家，各伊斯兰国家面对现代法律思想及制度的挑战，对传统的伊斯兰教法进行了一系列改革。但是，伊斯兰教法作为当今世界上最为独特的法律体系，依然依靠其宗教法律的神圣性、法律内容的包容性、法律制度的排他性、法理原则的适应性、教法派别的多样性对伊斯兰社会发挥着独特的作用。"因为沙里亚一旦取得完善的体现，便在原则上僵固不变了，它像脱离了肉体的灵魂，飘移于穆斯林社会之上，任凭时代变幻不定，沙里亚始终是亘古有效的社会理想象征。"② 因此，尽管中东伊斯兰国家已经发生了沧桑巨变，"现代主义在伊斯兰国家仍缺乏雄厚的社会基础"，"曾经在基本生活各个领域起调节作用的伊斯兰教法"、"教法的伦理规范和行为规则，一直享有比现代法律制度更为广泛而持久的效力，对社会的风尚习俗和日常生活起着法律不能取代的职能"③。

伊斯兰教法作为"一部以《古兰经》和圣训为基础的神圣律法"，具有

---

① ［黎巴嫩］艾哈迈德·哈穆鲁什：《寻求社会主义》，贝鲁特：1983年，第164页。

② ［英］诺·库尔森：《伊斯兰教法律史》，吴云贵译，北京：中国社会科学出版社1986年版，第2页。

③ 周燮藩："伊斯兰教法的近现代改革"，载《世界宗教研究》1992第1期，第28页。

“宗教、伦理、法律三位一体，交相呼应”① 的独特性，其最典型的特点就在于凭借宗教的神圣性执行着世俗法律的功能，体现出显著的神圣性和不可抗拒性：第一，伊斯兰教法关于认主独一、谨守拜功、坚持斋戒、完纳天课、朝觐圣地等宗教信仰和宗教礼仪的明确规定，张化了伊斯兰教的神圣性，使其成为社会生活中居于主导地位的社会意识形态。第二，伊斯兰教关于宗教道德的法律规范，构成了衡量人们行为的法定准则和调节社会关系的重要行为规范，法律的强制性和宗教的神圣性相结合，使阿拉伯社会获得了独特的伊斯兰伦理文化。第三，伊斯兰教法中关于坚守经济契约、力主公平交易，严禁借贷食利、主张扶困济贫等经济原则的规定，对于调整社会经济生活、治理和整合社会、缓和阶级对立、缩小贫富差别起着积极进步的作用，有助于社会的稳定和经济的有序发展。第四，伊斯兰教法关于家庭、婚姻、财产继承等方面的民事法律规范，以宗教的神圣力量对民事关系进行规范与调整，有助于形成稳定的社会秩序。第五，伊斯兰教法关于犯罪及其处罚的规定，以真主的名义制裁各种犯罪行为，并以死后灵魂进入地狱进行震慑，从肉体与灵魂的双重角度惩罚犯罪，有力地加强了阶级统治。

在沙特阿拉伯王国，伊斯兰教法构成了其全部立法的渊源。沙特王国以罕百里学派的教法学说为基础，《古兰经》被宣布为至高无上的宪法，沙里亚法是国家法律体系的主体，一切法律的制定均来自伊斯兰教法。伊斯兰教法控制着沙特阿拉伯社会生活的各个领域，国家现设的三个部中有两个部门与宗教有关，即朝觐事务与宗教基金部和主管教法实施的司法部。在沙特还设有“整顿世俗和发扬美德”委员会，其控制的警察机构每天派人进行巡查，以监督宗教道德和督促人们履行宗教义务，查封影院、夜总会、酒吧，勒令商店关闭，督促人们参加礼拜和监督斋戒都在其管辖之列，从而形成了监视人民严格执行伊斯兰教法的宗教警察体系。1977 年，沙特王国的公主因通奸被处以砍头的极刑，充分显示了伊斯兰教法的神圣性，在社会生活中起到了极强的震慑作用。

伊朗在伊斯兰革命后，成为当今伊斯兰世界以伊斯兰教治理国家、整饬社会秩序的典型国家。革命不久，霍梅尼就发表讲话，将“沙里亚法的权

---

① 吴云贵：《伊斯兰教法概略》，北京：中国社会科学出版社 1993 年版，第 6 页。

威性”视为“真正伊斯兰国家”的首要特征。他认为，“伊斯兰法律的特质和特性表明，制定这些法律就是为了对社会进行政治、经济和文化方面的管理。国家的行政事务，发布司法命令以及批准国家的计划工作应托付给宗教学者，他们是神权的托管者。”他的全部政治构想就是“伊斯兰政府是一个法律的政府。在这种政府形式中，主权只属于真主；法律就是真主的意志和命令。”①

在埃及，历史上就形成了以教法裁决案件的伊斯兰法庭，19 世纪下半叶又出现了以各教派的宗规、惯例为依据审理涉及宗教纠纷事宜的宗教法庭。战后以来，尽管纳赛尔革命在很大程度上削弱了伊斯兰教法的影响，但涉及穆斯林个人问题的案件，如离婚、结婚和财产继承权问题仍由伊斯兰法庭根据《古兰经》、圣训和教法公议原则进行审理。而宗教法庭则于 1956 年被正式纳入了国家法律体制。1971 年埃及宪法明确规定伊斯兰教为国教，伊斯兰教是立法的一个主要来源。同年利比亚的卡扎菲宣布推行伊斯兰教法，砍头、断足、鞭笞等伊斯兰教法中的传统酷刑都得以恢复。此外，1962 年的科威特宪法、1970 年的阿拉伯也门共和国宪法、1973 年的叙利亚宪法、1973 年的苏丹宪法、1974 年也门民主人民共和国宪法都宣布伊斯兰教是立法的基本渊源，在一定程度上在其法律体系中保留了伊斯兰教法的教法原则及传统制度，程度不同地影响了这些国家的社会生活。此外，埃及、叙利亚、伊拉克的民法典均明确规定，在缺乏可适用的法律规定时，法官应根据伊斯兰教法作出裁决，足见伊斯兰教法在某种程度上仍不失为调节社会关系的法律规范。

伊斯兰经济伦理：调整社会关系的重要手段

即使在整个伊斯兰世界几乎都沦为西方帝国主义殖民地的近代，以及实现政教分离和世俗化的当代伊斯兰社会，伊斯兰经济原则仍在许多国家的经

① 刘士箴：“神权政治理论基础—霍梅尼《伊斯兰政府》摘要”，载《西亚非洲》1982 年第 6 期，第 67 页。

济生活中发挥着重要的作用。[①] 其作用主要包括：

第一，在生产上，伊斯兰教鼓励人们通过诚实的劳动去争取财富，凡是以抢劫、偷盗、欺骗、赌博、放高利贷、投机、垄断、受贿等手段获取财富，均被视为违背真主的意志并最终遭到进入地狱的惩罚，依靠宗教信仰的神圣性和虔诚性，将一种以诚实劳动获取财富的经济伦理思想以神学的方式注入伊斯兰社会之中，有助于建立公平、平等的经济关系。

第二，在财富的分配上，伊斯兰教主张公平、平等和穆斯林兄弟情谊的社会伦理思想，强烈主张广泛而又公平地分配社会财富，并以缴纳"扎卡特"[②]、反对囤积财富、禁止放高利贷、提倡施舍为具体手段实现社会财富的公正分配，有助于缩小人们的收入差距、消除两极分化，有助于穆斯林之间形成荣辱与共、患难相助、贫富共享的兄弟友谊，促进社会的政治稳定和经济的有序发展。

第三，在消费上，伊斯兰教主张财富并非目的所在，而仅仅是实现真主事业的重要手段。因此，伊斯兰教主张有节制的、自我克制的消费，严禁放纵性的消费，抑制了穆斯林自私、贪婪、纵欲等欲望滋生和膨胀，有助于穆斯林在克己恭俭的生活中形成一种稳定、持久的精神追求。

在历经政治动乱、王朝更替、异族入侵的沧桑历史之后，以伊斯兰经济伦理思想及其原则为基础的单一的社会经济结构在内忧外患的冲击下已趋于瓦解，但它们作为一种宗教精神追求和价值判断仍潜移默化地在当代中东社会中发挥独特的作用。在近代以来穆斯林社会面临经济衰蔽、贫富两极分化、政治专制残暴、道德腐化堕落的社会历史条件下，在穆斯林社会渴望经济繁荣、社会公正的历史背景下，伊斯兰经济原则被重新起用，"扎卡特"制度的推行和伊斯兰金融运动的开展，对当代中东伊斯兰社会产生了重要的影响。许多伊斯兰国家以伊斯兰理论中缴纳"扎卡特"这一宗教义务为基础，纷纷重建或扩大"扎卡特"制度，重申"扎卡特"制度的合理性及其

---

① 杨曼苏、肖宪："伊斯兰经济理论及其实践"，载《西南亚研究》1987 年第 2 期，第 46 页。

② 也称"缴纳天课"，是伊斯兰教以真主安拉名义向教徒征收的宗教课税。"扎卡特"，阿拉伯语原意为"洁净"，引申的含义为通过缴纳宗教课税使自己的财产更加洁净。参见金宜久主编：《伊斯兰教概论》，西宁：青海人民出版社 1987 年版，第 101 页。

社会意义，并将它从消除分配不公和贫富分化、赈济贫穷的手段，发展成为以"扎卡特"税为中心的伊斯兰财政制度，依靠这一制度增加财政收入，以充盈国库和发展社会福利，在某种程度上有助于社会的稳定和发展。

以伊斯兰经济理论中，以禁止"厘巴"（利息）的金融原则为依据的国际伊斯兰金融运动，建立了若干个伊斯兰银行，构成了当代伊斯兰复兴运动的重要表现形式。1964年，在埃及出现了第一家无息银行——米特贾姆银行。1976年，伊斯兰银行运动大规模兴起，阿联酋的迪拜斯银行、沙特的伊斯兰发展银行、埃及和苏丹的费萨尔伊斯兰银行、科威特的金融商社相继建立。到20世纪80年代初，几乎所有的中东伊斯兰国家都建立了某种形式的伊斯兰金融机构。1985年，海湾地区阿拉伯国家伊斯兰银行存款额占该地区存款的5%，其中沙特的拉吉希家族的金融机构资产总额达1.8亿美元。[①]伊斯兰革命后，伊朗实施了彻底的金融伊斯兰化，不允许非伊斯兰银行的存在，以保证整个金融体系符合《古兰经》，并于1984年2月通过了伊斯兰金融法，从1985年开始实行全国金融机构的伊斯兰化。

当代伊斯兰经济理论及其实践，尽管由于它在当代社会的不适应性和浓重的乌托邦色彩使其在推行的过程中遇到了重重阻力，其发展前途也十分渺茫。但是，从中不难得出结论，伊斯兰教传统的经济伦理思想及价值判断，在宗教土壤深厚、宗教氛围浓重的伊斯兰社会，仍能在调节社会经济关系，建立公正合理的社会秩序，消除自私、贪婪、唯利是图、冷酷无情的人类惰性，协调社会发展，促进社会整合诸方面起着一定的进步作用。

伊斯兰教育：社会化的特殊渠道

伊斯兰教育作为区别于现代教育的独特的教育体系，它是强化伊斯兰信仰、抵制异质文化侵蚀、净化伊斯兰历史传统的重要机制。伊斯兰历史表明，正是宗教教育使伊斯兰宗教信仰、宗教意识、宗教礼仪、宗教制度植根

---

① 杨曼苏、肖宪："伊斯兰经济理论及其实践"，载《西南亚研究》1987年第2期。

于穆斯林社会的历史长河之中，正是独具特色的宗教教育使伊斯兰教的辉煌历史、灿烂文明、先知传统、经文法典在穆斯林社会中代代相传。因此，伊斯兰教育作为保存、承继和滋养伊斯兰文明的重要文化载体，对弘扬与光大伊斯兰信仰，维护统治阶级的统治秩序，促进伊斯兰社会的整合发挥了重要作用。

战后以来，伴随伊斯兰各国步入现代化的历史进程，“新政府面临的教育挑战，是复兴和改革传统制度，使其与现代化制度相结合，并使两者都获得发展，加强本国语言的使用，缩小和弥合文化裂痕。”[①] 因此，面对西方教育制度的强烈的冲击，各国政府为保持伊斯兰民族特色、重建伊斯兰文明，依然把维持、恢复、重建伊斯兰教育作为政府之重要责任。尤其是20世纪70年代伊斯兰复兴运动兴起以来，各国政府更加积极致力于普及伊斯兰教育，除在伊斯兰专门学院内进行专业性的宗教知识教育外，还尽力将宗教教育扩展到中小学和高等院校，尤其是进行教法、经训、伊斯兰教史的教育。各国还利用现代化手段及大众传播媒介，极力强化伊斯兰教育。

在沙特，各清真寺都设有宗教学校，在全国设有3所宗教高等院校，即麦加经学院、麦地那伊斯兰大学和穆斯林法学院，专门负责培养经师和神职人员，接收外国留学生，培养穆斯林法学家、法官和官吏等任务。此外，全国还设有为数众多的中、初级学校，负责向各清真寺输送教师。政府还非常重视在朝觐活动时，举办各种宗教活动，召开国际组织会议研究宗教事宜，并为便利朝觐修建公路，增建公寓。为贯彻伊斯兰教育，还成立了教育部，负责伊斯兰教育的推广。

伊斯兰教在埃及的文化教育中同样占有重要地位。全国有规模宏伟的清真寺1700多座，并构成了埃及文化的重要组成部分。创立于公元970年的爱资哈尔大学，素有国际伊斯兰高等学府之称，在埃及教育中占有特别重要的地位，为国内外培养了大批精通伊斯兰教的高级人才，为世界各地输送了大批的乌里玛。学校还辟有《伊斯兰论坛》和《爱资哈尔大学学报》等专门刊物，曾一度成为宣传泛伊斯兰主义的阵地。在小学教育中，对6~12岁的儿童实行强制性免费教育，传授《古兰经》等宗教课程。政府迫于民众

---

① ［英］G·H·詹森：《战斗的伊斯兰》，高晓译，北京：商务印书馆1983年版，第126页

伊斯兰的压力，在电台中又恢复了传统的宗教节目，在中小学设宗教课程。

在现代化较深的土耳其，政府仍十分重视宗教教育，力图培养出一批为政府服务的宗教人士。土耳其的宗教事务由宗教事务局管理，局长直接对政府总理负责，其职权范围包括管理宗教教育、宗教活动场所及其他宗教事务。此外全国还设有5所伊斯兰高等学院，用于培养宗教管理官员，全国有两个神学院隶属于安卡拉大学和凯末尔大学，全国设有3个培训中心，主要教授《古兰经》课程及教规及宗教伦理道德等。国家还通过出版局、电台和电视台的宗教专题节目开展教育。

专题10

伊斯兰教在当代中东伊斯兰国家的社会分化作用*

【摘要】宗教作为一种社会意识形态，尽管有促进社会整合的积极作用，但其落后与消极作用也无法回避。伊斯兰教在当代中东伊斯兰国家的社会分化作用主要包括：伊斯兰政治反对派及形形色色的伊斯兰原教旨主义组织构成了中东各国政府的强劲威胁；伊斯兰教的教派矛盾，构成了伊斯兰社会分裂和动荡的根源；伊斯兰教政教合一历史传统的深刻惰性构成了中东伊斯兰国家现代化进程的障碍机制。

伊斯兰教作为世界三大宗教中入世性、包容性最强的宗教，自产生之日起，就以其独特的政治文化和政教合一的历史传统对中东政治产生了深刻的影响。独特的伊斯兰政治文化、伊斯兰法律体系、伊斯兰经济伦理、伊斯兰教育，对于确立伊斯兰社会秩序、调整伊斯兰社会关系、分配社会财富和权力、规范国民的观念与行为发挥过独特的作用，对此笔者曾在《伊斯兰教在当代中东伊斯兰国家的社会调控作用》（《宁夏社会科学》1996年第2期）一文中予以论述。但是，宗教作为一种落后的社会意识形态，其落后与消极作用也是无法回避的：伊斯兰政治反对派及形形色色的伊斯兰原教旨主义组织构成了中东各国政府的强劲威胁；伊斯兰教的教派矛盾构成了伊斯

---

* 原载《宁夏社会科学》1997年第2期。

兰社会分裂和动荡的根源；伊斯兰教政教合一历史传统的深刻惰性构成了中东伊斯兰国家现代化进程的障碍机制。

伊斯兰政治反对派：中东国家政权的强劲威胁

伊斯兰政治反对派是穆罕默德创立伊斯兰教以来就存在于伊斯兰社会的政治现象。以伊斯兰教为武器号召民众推翻现政府，在伊斯兰社会长达一千多年的历史上时有发生。“作为意识形态的伊斯兰教并没有为官方所垄断。非官方、往往对现实社会政治制度持批判态度的世俗知识分子在重新解释伊斯兰教时，更重视从其中引出针对社会现实的批判或革命的理论”①。在政治斗争中，“伊斯兰教变成穆斯林国家政治反对派批判和反对现存政治体制的一个重要工具，使得政治冲突转化为宗教冲突”②。

从理论来源看，由伊斯兰思想家毛杜迪、哈桑·班纳、赛义德·库特布等人提出的“新贾黑利亚”观念、“新圣战观”、社会正义和平等观为当代伊斯兰政治反对派的存在提供了思想来源。从现实角度看，近现代以来西方殖民列强的入侵给伊斯兰民众带来的生存危机、合法性危机、精神信仰危机、文化认同危机；以色列犹太复国主义在阿以冲突中居于优势，而阿拉伯国家接连败北的耻辱感；阿拉伯民族主义、阿拉伯社会主义、西方自由主义等政治模式的失败导致的社会分化加剧、人民生活困苦、道德腐化堕落、民众渴望回归传统的社会现实，构成了滋生伊斯兰政治反对派的肥沃社会土壤。

战后尤其是 20 世纪 70 年代以来，伊斯兰政治反对派对伊斯兰国家和政府构成了严峻的威胁与挑战。“这些国家的伊斯兰宗教思想和宗教力量融合在一个反对国家现行体制的组织中，形成社会中的一支强大独立力量，其目

---

① 徐均尧：“伊斯兰教与政治反对派”，载《西亚非洲》1990 年第 2 期，第 10 页。

② 徐均尧：“当代穆斯林国家的宗教与政治”，载《世界宗教资料》1989 年第 4 期，第 8 页。

标是从统治当局手里夺取政权，建立真正的伊斯兰国家”[①]。

在埃及，伊斯兰政治反对派势力与政府之间的斗争几乎贯穿于近代以来的历史之中。20世纪初，在反帝、反封建斗争中产生了一系列从事宗教—政治活动的伊斯兰组织，如穆斯林青年会、伊斯兰圣洁会、劝戒团颂德会、逊尼复兴会和苏非教团等，多次掀起伊斯兰运动的浪潮。1928年，穆斯林兄弟会在埃及成立，其创始人哈桑·班纳认为圣战是每个穆斯林义不容辞的责任，“要求每一位兄弟会成员随时准备为圣战牺牲”，并把伊斯兰教视为建立伊斯兰政府的根基，从而形成了以《古兰经》为基础，恢复伊斯兰原始教义，建立伊斯兰国家，实行伊斯兰法的基本政治纲领。在反帝、反封建的斗争中，穆斯林兄弟会发挥过支持纳赛尔自由军官革命的积极作用。在埃及独立后，穆斯林兄弟会展开了与世俗政权的斗争，长期追求宗教复兴、建立神权政体的活动。到20世纪80年代前期，它已经发展成为一个容纳神职人员、工人、农民、商人、职员、军官等社会各阶层的宗教政治组织，拥有20多万会员和1500多个支部。1984年，穆斯林兄弟会与其他政党联合参加议会选举并进入议会。1988年穆斯林兄弟会申请为合法政党，以更强劲的态势冲击埃及政坛。

穆斯林兄弟会不仅以合法斗争为手段向埃及政府发起了严峻的挑战，而且采用非法的暴力手段与政府进行势不两立的斗争。它所发起的重要恐怖暴力活动包括：1945年2月暗杀萨阿德党党魁艾哈迈德·马希尔；1946年1月暗杀法鲁克王朝的财政部长阿明·欧斯曼；1948年2月暗杀内阁总理诺克拉西；1954年10月刺杀总统纳赛尔未遂；1974年袭击开罗军事学院，抢劫武器弹药；1977年暗杀宗教基金部长谢赫·札哈比；1981年其分支组织“赎罪与迁移”组织刺杀萨达特总统；1981年10月，50名极端分子袭击艾斯尤特省政府和警察局。这些暴力事件都对埃及政坛产生了强烈的冲击，成为导致战后埃及社会动荡不安的重要因素。埃及伊斯兰政治反对派的典型特征是“反对现代世俗政治、要求回归传统宗教政治”，“它们以伊斯兰政治

---

① 郭保华：“当代阿拉伯国家中的政治与宗教的关系”，载《中东》1987年第1期，第31页。

思想为基础，其政治目标是恢复伊斯兰政治，建立伊斯兰社会”[①]

1979年霍梅尼领导的伊朗伊斯兰革命提供了伊斯兰政治反对派推翻现政权的一个范例。巴列维王朝进行“白色革命”，极力效仿西方，削弱宗教组织和宗教人士的权力，推行土地改革政策，严重激化了政府与伊斯兰政治反对派之间的矛盾。霍梅尼认为，伊朗“社会落后的根源归根结底在于道德堕落，这种道德堕落普遍存在于政府的政治行为、对石油收入的分配和使用以及社会价值观念的变化”[②]。霍梅尼主张从内部整顿并重建伊斯兰价值信仰体系，并以“不要东方，也不要西方，只要伊斯兰”为口号，发动了震撼世界的伊朗伊斯兰革命，“在现代史上，伊斯兰力量第一次在政治上取得胜利，建立了神职人员占统治地位的伊朗伊斯兰共和国，把当代伊斯兰复兴运动推向了世界的前列”。[③] 伊朗伊斯兰革命的政治影响迅速波及中东各国，各国伊斯兰政治反对派发起大规模政治抗议活动，对各国现政权造成了严重威胁。

伊斯兰政治反对派的存在是中东伊斯兰各国政治生活中的一个普遍现象，其中穆斯林兄弟会分支机构在20世纪40年代就已经遍布摩洛哥、突尼斯、苏丹、叙利亚、伊拉克、伊朗等国家。20世纪70年代以来尤其是在伊朗伊斯兰革命后，穆斯林兄弟会势力再度在各国抬头，成为各国的强大反对派力量。其他宗教组织诸如土耳其的苏班底教团、苏莱曼教团，伊拉克的什叶派组织“呼声党”等老牌组织东山再起。新的宗教组织如埃及的“新圣战”组织，突尼斯的“伊斯兰解放党”、“伊斯兰复兴运动”组织，苏丹的“全国伊斯兰阵线，摩洛哥的“伊斯兰者运动”、“正义与慈善协会”、“前进”组织，阿尔及利亚的“伊斯兰拯救阵线”，黎巴嫩的“真主党”、“伊斯兰阿迈勒运动”，伊拉克的“伊斯兰最高委员会”，科威特的“穆罕默德先知力量”，沙特阿拉伯的“阿拉伯半岛伊斯兰革命”等组织如雨后春笋般地崛起于中东各国政治舞台。他们在思想上主张“罢黜异端学说，独尊伊

① 杨鲁平：“埃及伊斯兰政治势力与现政权的关系”，载《西亚非洲》1990年第2期，第51页。

② 殷浩强：“试析伊朗社会变化过程中宗教的作用”，载《西亚非洲》1990年第2期，第33页。

③ 张士智、赵慧杰：“当代政治与伊斯兰复兴运动的关系”，载《世界宗教资料》1989年第3期，第4页。

斯兰教”；在政治上主张建立神权高于一切的政教合一的政治体制；在文化领域反对一切非伊斯兰的东西方意识形态和价值观念；在活动方式上或以合法的方式公开活动，直接参加议会选举和总统选举、力图建立伊斯兰政权，或开展秘密的非法斗争，组织游行示威、煽动罢工和学潮、制造爆炸流血事件、大搞恐怖暗杀活动，威胁和破坏现政权。沙特阿拉伯 1979 年和 1987 年两次“麦加事件”、叙利亚 1982 年“哈马流血事件”、苏丹 1983 年“伊斯兰教法尝试事件”、埃及 1985 年的“金字塔暴乱”事件和 1986 年的“绿色进军事件”、阿尔及利亚 1988 年“十月骚乱”事件等都对中东各国国家政权造成了强烈冲击，令各国政府深感忧虑和不安。冷战结束后，以伊斯兰原教旨主义为表现形式的伊斯兰政治反对派迅速发展，并不断向北非和中亚蔓延。

宗教冲突与教派斗争：社会分裂动荡的根源

中东是三大一神宗教的发源地，在许多国家内部存在着伊斯兰教、基督教、犹太教三大宗教。因此，在历史上，中东地区的权力斗争始终与犹太教徒、基督教徒、伊斯兰教徒之间的矛盾、分歧、斗争和冲突相互交织、相互影响，并延续到当代中东社会。冷战结束后，部分“犹太教徒、穆斯林、基督教徒以其战斗性的宗教狂热煽动其追随者所导致的仇恨、少数民族反抗、暴力、战争使中东冲突的局势更加恶化”①。

从伊斯兰教内部看，伊斯兰政治文化自形成之日就是一个色彩斑斓的多元文化系统，并形成了宗教教派同源异流、同宗异派的复杂局面，宗教政治主张相异的教派林立丛生，宗教派系斗争始终贯穿于伊斯兰社会的始终。逊尼派、什叶派、哈瓦利吉派、苏菲派及其所属支派之间的矛盾错综复杂，使教派斗争成为伊斯兰政治活力的重要表现之一。“由于教派的分裂和对立，教派间的斗争除了采用必要的法学和其他的斗争形式外，有时也采取政治

① ［美］兰德鲁姆·R·伯灵：“当代中东冲突中的宗教与政治”，《中东季刊》1991 年第 1 期，第 126 页。

的、甚至是武装起义和骚乱的形式。从伊斯兰史中可以发现，起义和骚乱往往是处于无权和非法地位的教派反对当政者的一种暴力手段"，"教派间的斗争并不因起义和骚乱的失败而告终，一旦时机成熟，又会爆发新的斗争"①。

由于宗教冲突导致社会动荡的典型国家莫过于黎巴嫩，旷日持久的黎巴嫩内战既表现为基督教徒与穆斯林对国家权力的争夺，又与阿以冲突和巴勒斯坦问题紧密交织。教派主义在黎巴嫩有着深刻的历史渊源。历史上，远离统治中心而又地形复杂的黎巴嫩，成了受迫害宗教的避难所。7世纪以前受拜占廷官方基督教正教会迫害的基督教马龙派，11世纪受埃及法蒂玛王朝排挤的什叶派伊斯玛仪支派——德鲁兹派相继迁至黎巴嫩。此外，黎巴嫩还存在基督教的希腊天主教派、亚美尼亚天主教派、希腊正教派、亚美尼亚正教派、伊斯兰教的逊尼派。长期以来，黎巴嫩围绕不同宗教和教派形成了结构封闭、组织严密的宗教社区。近代以来，黎巴嫩陷入了法国的殖民统治，法国殖民者蓄意制造民族矛盾，一方面推动各教派社团的单独发展，一方面尽力扶持基督教马龙派在黎巴嫩的主导地位，造成了"各教派社团之间森严壁垒、教派意识隔阂、利益冲突导致社会的分裂"②。

殖民统治结束后，法国一手操纵达成各教派之间的《民族宪章》，埋下了教派冲突的根源。根据当时的人口构成，基督教马龙派占22.8%，逊尼派占22.4%，什叶派占19.6%。协议规定，总理由基督教马龙派担任，总统由伊斯兰教逊尼派担任，议长由伊斯兰教什叶派担任。议会中议员的构成按基督徒和穆斯林6比5的比例分配，这一协议满足了基督教马龙派官僚资本的利益，马龙派在国家政治、经济领域居于主导地位。但是，信仰相悖、主张各异的不同教派共同执掌政权，造成了权力基础的脆弱性和不稳定性，教派割据的社会结构和按教派分配国家权力的教派政治，构成了滋生教派冲突的肥沃社会土壤。20世纪70年代，穆斯林在人口激增并超过基督徒后，要求重新分配权力，各方矛盾不断激化，终于导致了旷日持久的黎巴嫩内

① ［美］兰德鲁姆·R·伯灵："当代中东冲突中的宗教与政治"，《中东季刊》1991年第1期，第126页。

② 赵增泉："黎巴嫩动乱的教派主义根源"，载《西亚非洲》1988年第6期，第17页。

战。各教派首领往往以教派领袖的面目出现，它使人们从教派的角度看待世界，把自己的教派利益置于民族和国家利益之上，盲目地卷入教派之间的冲突。长期以来，各派以宗教和教派组织为形式形成了难以胜数的武装力量。

1975年4月，以基督教长枪党和穆斯林之间的武装冲突为开端，素有“东方瑞士”之称的黎巴嫩陷入了长达十几年之久的内战。各教派之间、教派内部武装冲突此起彼伏、连年不断，给黎巴嫩人民带来了深重的灾难，经济建设遭到巨大破坏，人民生命财产损失惨重。据统计，从1975~1986年的十多年间，黎巴嫩共有15万人丧生，43万人受伤，近70万人无家可归，经济损失总额达200多亿美元，财政赤字达100亿黎镑。教派冲突使素有“民主之窗”之称的黎巴嫩社会长期动荡不安，武装冲突、抢劫绑架、暗杀爆炸等恶性事件时有发生。在1975~1984年期间，黎巴嫩全国发生爆炸事件573起，政治暗杀事件77起，1620人被炸死、7020人被炸伤。① 教派冲突把黎巴嫩变成了人人相互为敌、互相战斗的“世界上最动乱的小国”。

在中东漫长的历史岁月中，伊斯兰教形成了包括逊尼派、什叶派、哈瓦利吉派、苏菲派等众多的宗教派别，居于主流的逊尼派包括盖德里叶派、穆尔赖齐派、瓦哈比派，富于悲剧色彩的什叶派包括十二伊玛目派、栽德派、伊斯玛仪派、卡尔玛特派、德鲁兹派、阿萨辛派、穆斯塔尔里派、凯桑派、阿拉维派等教派，哈瓦利吉派包括阿兹拉克派、苏夫里派、易巴德派、纳吉德派，苏菲派包括卡迪里、毛拉维、巴达维、纳克什本迪、里法伊、哈尔瓦底、库布拉维等教团组织。因此，中东社会始终“摆脱不了逊尼派、什叶派、伊斯玛仪派之间的分歧，也摆脱不了卡特里派和梯恩加派之间的矛盾”②。因为教派“可以成为某些社会集团的代言人，表达这些集团不满足于自己在对抗性社会中的地位而发出的反抗呼声”③。教派的大量存在是伊斯兰文化多元性在神学领域的曲折反映。在伊斯兰宗教政治生活中，教派尖锐复杂的矛盾、难以妥协的分歧、由来已久的斗争、你死我活的冲突孕育了

① 赵国忠：《八十年代中东内幕》，杭州：浙江人民出版社1988年版，第125~126页。

② ［叙利亚］穆瓦法格·贝尼·穆尔加：《简明伊斯兰百科全书》，吉益意译，北京：旅游教育出版社1991年版，第125—126页。

③ ［苏联］伊·尼·亚布洛科夫：《宗教社会学》，王孝云、王学富译，成都：四川大学出版社1989年版，第115页。

多灾多难、动荡不安的中东社会，尤其是逊尼派和什叶派争夺伊斯兰正统地位的斗争几乎贯穿于伊斯兰社会历史变迁的始终。

教派斗争程度不同地存在于每一个中东伊斯兰国家。在萨达姆时期的伊拉克，什叶派与执政的逊尼派之间的斗争，一直是影响伊拉克政治的重要因素。伊拉克作为一个什叶派占人口多数的伊斯兰国家，逊尼派受阿拉伯文化影响较深，什叶派受波斯文化影响较深。在历史上，两大教派的宗教冲突就时有发生。战后以来，尤其是1968年主张世俗民族主义的阿拉伯复兴党夺取政权后，在人数上占多数而在社会地位上却居于劣势的什叶派，对复兴党的政策十分不满。复兴党政府镇压什叶派宗教人士、关闭宗教学校、允许在圣地出售烟酒、对宗教出版物严格检查的政策，激起了富于反抗精神的什叶派的强烈反对。什叶派教徒曾多次组织游行示威，均遭到了复兴党政府的镇压。但什叶派的活动并未中止，20世纪70年代，什叶派在圣地纳贾夫和卡尔巴拉多次进行暴动。

1979年，伊朗伊斯兰革命的爆发在伊拉克什叶派中引起了强烈反响，什叶派地区的游行、示威、罢工及暴动时有发生，什叶派策划的爆炸、暗杀、破坏和袭击复兴党地方政府机构的事件接连不断。此外，与什叶派密切相关的宗教政治组织——“号召党”、“革命伊斯兰民族力量阵线”、“伊拉克伊斯兰革命最高委员会”、“伊斯兰行动组织”、“乌里玛社团”等组织，都以推翻逊尼派政权为目的，进行各种反政府活动。总之，伊斯兰复兴运动的兴起，特别是伊朗伊斯兰革命的胜利，从外部鼓励和支持了伊拉克什叶派势力的活动，使宗教成为伊拉克国内政治生活中的一个突出问题。海湾战争后，美国又积极策动伊拉克北部的什叶派反政府活动，也直接构成了萨达姆政权的潜在威胁。总之，多年来由什叶派和逊尼派矛盾导致的什叶派暴乱，是战后伊拉克政治长期动荡不安的重要因素之一。

逊尼派和什叶派之间的矛盾在中东其他伊斯兰国家中也广泛存在。在科威特有20～30%的什叶派居民，多为伊朗人后裔，数年来深受逊尼派排挤。伊朗革命后，什叶派经常聚众闹事，1978年曾发生什叶派新兵拒服兵役的抗议活动。1980年，什叶派企图发动颠覆逊尼派政府的政变被镇压。在沙特阿拉伯，自瓦哈比运动以来，什叶派就作为异教徒惨遭迫害，占人口12%的60余万什叶派教徒对逊尼派的统治极为不满。在土耳其，1978年发生了什叶派支派阿拉维派与逊尼派冲突的骚乱事件，100余人在骚乱中丧生。在巴林，占人口1/3、与伊朗关系极为密切的什叶派教徒也经常聚众闹事、游行示威，反对逊尼派政府。在叙利亚，逊尼派对长期执政的什叶派支派阿拉维派也极为不满，双方矛盾的激化导致了1982年震撼伊斯兰世界的哈马流血事件。

政教合一的历史传统：政治现代化的障碍机制

现代化是一个包括经济模式、政治体制、生活方式、文化思想和价值观念从落后走向进步、从专制走向民主、从蒙昧走向科学、从野蛮走向文明、从封闭走向开放的系统工程。在此过程中，政治文化传统直接影响一个民族的现代化进程。伊斯兰政教合一的历史传统，无疑构成了中东伊斯兰国家政治现代化的障碍机制，它是近代以来伊斯兰世界落后于西方的潜在的、深层的原因，也是战后中东伊斯兰国家现代化进程屡遭挫折的重要原因之一。

第一，伊斯兰政治文化的强烈历史认同观念阻碍了伊斯兰政治体制的变通与更新。

植根于伊斯兰社会的宗教政治文化传统，“自其缘起就是政教合一、‘天人合一’，它所孕育的价值标准就是对自己历史沉积的强烈认同”①，而“文化积淀对民族性格的深刻影响作用，是一种深层力量，人们深深地受着文化模式的制约却不觉得有什么约束，文化势力是一种巨大的社会压力，人们却不觉得有什么压力”②。传统伊斯兰政治文化主宰着穆斯林的精神信仰和思想观念，决定着社会的政治体制和经济模式，制约着道德伦理与生活方式，它已经成为绵延于伊斯兰社会、扎根于穆斯林灵魂的深沉文化积淀，使伊斯兰民族对任何有悖于伊斯兰传统的制度、观念、行为都持排斥的态度。

现代化作为文艺复兴运动、宗教改革和资产阶级革命的产物，当它作为一种外在的异己文化力量出现于伊斯兰世界并向古老的伊斯兰文明发起强劲

---

① 刘靖华：“伊斯兰复兴的政治文化与意识形态研究”，载《西亚非洲》1988年第2期，第4页。

② 沙莲香《中国民族性》(2)，北京：中国人民大学出版社1990年版，第12页。

的冲击时，自然遭到了有着强烈历史认同观念的伊斯兰民族的反对和排斥。近代以来，伊斯兰世界虽然兴起了形形色色的伊斯兰改革主义思潮，受西方影响较深的进步资产阶级，也在保留本民族伊斯兰文化特色的基础上开始了现代化的探索，但这些努力均陷于失败或停顿。如何协调伊斯兰与科学、伊斯兰与理性、伊斯兰与民主的关系，成为伊斯兰社会面对的重大历史课题。现代化所带来的种种悖离于伊斯兰观念的社会现象，都会激起穆斯林民众的强烈不满和炽烈的怀旧情绪。20世纪六七十年代以来崛起的伊斯兰原教旨主义，其重要原因之一就在于穆斯林民众“对西方现代意识的冲击感到深深的幻灭，进而产生一种内在的心理迷惘与失落，遂激起一种强劲的‘回归传统’意识，并转化为社会抗拒运动”①。伊斯兰政治文化与现代化的矛盾冲突关系是一种隐含着“伊斯兰教与基督教互争短长的深层次冲突”②，如何克服这种植根于两种文化背景之下的深刻文化冲突，找到伊斯兰文化与现代化之间的最佳契合点，无疑是一个充满荆棘的艰难的探索过程。

第二，政教合一、族教混同的传统政治文化难以与三权分立的议会民主制度达成妥协。

政教合一、族教混同的伊斯兰政治文化是一种鲜明区别于现代西方民主政治思想的独特文化系统，它绵延于伊斯兰社会千余年的漫长历史中，以“承认安拉的绝对主权”、“承认先知的权威”、“承认国家的有限主权”③为特征，它无法在其现存的体制内容纳入政教分离和立法、行政与司法三权分立的西方民主政体。近代以来，尽管中东多数国家都启动了世俗化和现代化进程，但伊斯兰历史传统的影响仍作为一股强大的力量渗透于社会的政治、经济、法律和教育等领域。20世纪70年代兴起的伊斯兰原教旨主义的根本宗旨就是“反对西方、反对世俗化、返回伊斯兰教原初教旨，推翻现存的世俗政权，建立宗教领袖或教法学者统治的、以‘沙里亚法’为基础的伊

---

① 赵国忠、刘靖华“伊斯兰原教旨主义及其在中东的政治前途”，载《西亚非洲》1992年第2期，第24页。

② 同上，第22页。

③ 马进虎：“伊斯兰教与现代化关系诠释”，载《宁夏社会科学》1993年第1期，第20页。

斯兰国家和秩序”①。伊斯兰革命后，伊朗建立了现代伊斯兰神权政体，使伊斯兰原教旨主义力量从中受到了极大的鼓舞，中东各国的伊斯兰原教旨主义力量均把推翻现政权、建立政教合一的伊斯兰神权政体作为最终目标。

第三，频繁的宗教和教派冲突造成的社会动荡，使伊斯兰社会丧失了现代化进程必需的安定社会环境。

现代化建设作为一项复杂的系统工程，需要稳定和有序的社会环境。在中东的大部分伊斯兰国家，伊斯兰政治反对派发起的反政府活动此起彼伏，宗教冲突和教派斗争导致的恶性事件频繁发生，使中东伊斯兰社会陷于长期的政治动荡和混乱无序之中。在这种社会环境下，根本无法推行系统的现代化建设和改革方案，因为社会稳定是一个社会经济发展和政治进步不可或缺的必要前提。

---

① 吴云贵：“原教旨主义与伊斯兰国家体制”，载《西亚非洲》1990年第4期，第37页。

第二编

中东民族主义与伊斯兰教关系研究

专题 11

中东民族主义与伊斯兰教关系评析*

【摘要】中东现代化进程中现代与传统矛盾冲突的一个重要根源就在于民族主义和伊斯兰教两种意识形态的复杂关系。本文主要从中东民族主义对伊斯兰教的冲击、伊斯兰原教旨主义对民族主义挑战的回应、民族主义与伊斯兰教的矛盾对中东政治发展的影响及其前景等三个方面分析了二者的复杂关系。

中东的伊斯兰文化圈是一个包括阿拉伯民族、土耳其民族、波斯民族、库尔德民族和其他民族的多元复合文化板块，多元表现为民族的多样性和独特性，复合表现为以伊斯兰教作为共同的宗教信仰，中东穆斯林各民族的认同和忠诚具有双重性——对伊斯兰文化及其社会组织形式"乌玛"的认同和对本民族文化独特性的认同，这种双重认同实际上本身就蕴藏了宗教忠诚和民族忠诚的矛盾。但在民族主义在中东产生以前，这一地区一直以阿拉伯和奥斯曼土耳其的帝国体系作为其政治框架，集信仰、法律、政治、经济、道德以及价值观念为一体的伊斯兰教构成了维持帝国统治的意识形态核心，中东地区的政治认同主要体现为宗教认同，而不是作为现代民族国家政治合法性基础的民族认同。"在民族主义于 19 世纪末作为一种意识形态力量出现前，差不多不存在独立的阿拉伯政治思想学派。过去，中东的穆斯林知识分子不问其民族渊源，几乎无不试图按照伊斯兰教关于政府与权力机构的概

* 原载《阿拉伯世界研究》，2007 年第 3 期。

念来解释变化中的社会和政治形势。"① 因此，在19世纪末20世纪初之前中东政治演进的过程中，也谈不到伊斯兰教与民族主义的关系问题。

中东民族主义与伊斯兰教关系尤其是双方矛盾对立的展开是在20世纪，并对中东的政治发展产生了深刻的影响。从中东现代化的历史进程看，"它的曲折性是非西方社会传统与现代化关系的一个典型例证。按一般规律，历史与文化传统悠久、深厚和自成体系的程度，决定了现代化变革阻力和冲突的程度。"② 中东现代化进程中现代与传统矛盾冲突的一个重要根源就在于民族主义和伊斯兰教两种意识形态的复杂关系。从民族主义的角度看，中东民族主义虽然在完成民族独立使命方面政绩斐然，并对传统的伊斯兰教产生了强劲的冲击，但在民族国家建构和现代化建设方面却屡遭挫折，并构成了刺激传统伊斯兰教复兴的重要因素；从伊斯兰教的角度看，伊斯兰教作为一种文化传统，其社会政治干预能力还远没有得到消解，它与民族主义协调融合的任务也远没有完成。因此，二者的复杂关系构成了影响中东政治现代化进程的一个重要因素，对二者的关系进行研究无疑有助于认识中东的历史发展进程及其未来走向。③

中东民族主义对伊斯兰教的冲击

在中东政治思潮演进的过程中，伊斯兰教作为传统政治文化与现代民族

---

① Edited by Kamal Karpat, *Political and Social Thought in the Contemporary Middle East*, New York: Frederick A. Praeger, 1968, p. 21

② 彭树智主编：《伊斯兰教与中东现代化进程》，西安：西北大学出版社1997年版，第251页。

③ 关于中东民族主义与伊斯兰教关系的研究主要分散在中东民族主义研究和伊斯兰复兴研究两个主要领域。由于关于中东民族主义研究的主体对象是民族主义，而伊斯兰复兴研究的主体对象是伊斯兰复兴思潮与社会运动，两者所涉及的中东民族主义与伊斯兰教的关系都是从各自研究目的出发兼而论之，因而都存在着如下的缺陷或不足：在历史分期上，所采用的线索是中东民族主义和伊斯兰复兴各自的发展脉络，而不是从中东民族主义与伊斯兰教互动关系的角度进行分析，因此无法进行全方位的系统研究，基本上都存在着历史纵深不够的缺陷；从取得的研究成果来看，由于受各自研究目的限制，关于中东民族主义与伊斯兰教关系的研究没有取得系统完整的成果。

主义意识形态的关系，一直可以追溯到民族主义和伊斯兰政治思潮的共同源头——伊斯兰改革主义。从伊斯兰改革主义对民族主义和伊斯兰政治思潮的影响看，伊斯兰改革主义以其变革伊斯兰社会的理性主张，以及反对外来侵略的思想包含了丰富的民族主义思想成分；与此同时，由于伊斯兰改革主义对传统的重视和强调，它与现代世俗民族主义又有着难以避免的对立。从哲马鲁丁·阿富汗尼创立伊斯兰改革主义开始，它就与民族主义在宗教认同与民族认同的关系问题上出现了矛盾的端倪，而穆罕默德·阿布杜、拉希德·里达等人伊斯兰改革思想的保守化，直接构成了伊斯兰原教旨主义的思想渊源，形成了有别于世俗民族主义的政治理论，为后来伊斯兰原教旨主义的诞生提供了丰富的思想素养。[①]

民族主义在中东伊斯兰国家的萌芽肇始于奥斯曼帝国的衰落和西方殖民者入侵以后。美国著名伊斯兰问题学者埃斯波西托认为，中东伊斯兰世界民族主义的兴起主要是三种力量的结果：第一，一战后奥斯曼帝国的解体以及现代民族国家的出现；第二，摆脱西方帝国主义政治和宗教文化控制的独立斗争的加强；第三，阿富汗尼及其追随者穆罕默德·阿布杜、拉希德·里达发起的“赛莱菲耶”[②] 运动。[③] 的确如此，奥斯曼帝国的衰落直至解体的内部危机和西方在经济、政治、军事和文化上的多重外部压力，造成了伊斯兰世界深刻的生存危机、政治合法性危机和认同危机，而中东“民族主义是对西方帝国主义和欧洲殖民统治的回应。另一方面，在某种意义上它也是一个世纪以来西化改革的产物。许多民族独立运动的领导人都曾接受过西方现

---

① 关于此问题论述的中文文献可参考彭树智：“阿拉伯民族主义思潮的发展轨迹”，载《世界历史》，1992 年第 3 期；“从伊斯兰改革主义到阿拉伯民族主义”，载《世界历史》，1991 年第 3 期。英文文献可参考：John L. Esposito，*Islam and Politics*，New York，Syracuse University Press，1984；Sylvia G. Haim，ed. *Arab Nationalism*，*An Anthology*，University of California Press，Berkeley & Los Angeles，1964.

② 阿拉伯语音译，原意“坚持祖先的传统”，引申含义为“尊古派”，中文中也有学者根据音译直接翻译为萨拉菲派或赛莱菲派。赛莱菲耶发端于中世纪阿拉伯思想界掀起的复古思潮和复古运动，其创始者是 9 世纪阿拔斯王朝中期的著名伊斯兰教法学家伊本·罕百勒，其影响一直延续至今。18 世纪中叶席卷整个阿拉伯半岛的瓦哈比运动，以及 19 世纪末 20 世纪初兴起于伊斯兰各地区的伊斯兰运动都曾受到赛莱菲耶思潮的影响。

③ John L. Esposito. *Islam and Politics*，New York，Syracuse University Press，1984，p. 59.

代教育，并受到自由民族主义理念和法国大革命思想（自由、平等、博爱）的影响，特别是现代西方政治思想和价值观念的影响，诸如民主、立宪政府、议会政治、个人权利和民族主义。与依赖于对建立在共同信仰基础上的穆斯林共同体（乌玛）的政治忠诚和团结的传统的伊斯兰政治理想不同，现代民族主义所体现的民族国家的观念不是以宗教信仰为基础，而是立足于共同的语言、地域、种族和历史。”① 因此，蕴藏在中东历史中的宗教忠诚与民族忠诚的联系与矛盾开始以民族主义和伊斯兰教的复杂关系为表现形式出现于中东政治之中。

从中东民族主义产生发展的历史来看，较具代表性的是阿拉伯民族主义（Arab Nationalism）、地方阿拉伯民族主义（Regional Arab Nationalism）、土耳其民族主义（Turkish Nationalism）和伊朗民族主义（Iranian Nationalism），它们对待伊斯兰教的态度有一定的共性但又有各自的特性。阿拉伯民族主义和地方阿拉伯民族主义，是在阿富汗尼、穆罕默德·阿布杜、拉希德·里达等穆斯林思想家的伊斯兰改革主义影响下分化产生的，而伊斯兰改革主义分化产生的另一个分支则是以哈桑·班纳、赛义德·库特布等为代表的伊斯兰原教旨主义（Islamic Fundamentalism）。

在20世纪上半叶，阿拉伯民族主义虽然在本质上具有贬抑伊斯兰教的思想倾向，但力图通过强调阿拉伯民族在伊斯兰教中的作用，把伊斯兰教作为一种文化资源融入阿拉伯民族主义的思想体系之内，以协调伊斯兰教与民族主义之间的关系；以埃及民族主义、叙利亚民族主义为代表的地方阿拉伯民族主义则更加强调本民族文化，否定伊斯兰教，但是由于考虑到伊斯兰文化的重要性，也在一定程度上在民族主义中部分保留了伊斯兰思想的地位。② 而土耳其民族主义与伊斯兰东方文化的关系最为特殊，经过青年奥斯曼党人和青年土耳其党人的泛突厥主义和泛伊斯兰主义，经过民族

---

① ［美］J.L. 埃斯波西托：《伊斯兰威胁：神话还是现实》，东方晓等译，北京：社会科学文献出版社1999年版，第80页。

② 关于埃及和叙利亚地方阿拉伯民族主义与伊斯兰教关系的详尽论述可参见拙作“埃及的地方阿拉伯民族主义思想与伊斯兰教”，载《世界民族》2001年第1期；“安东·萨阿德的民族主义思想宗教观”，载《西亚非洲》2001年第2期。

主义思想家齐亚·格卡尔普（1876~1924）[①] 对土耳其民族主义与伊斯兰教关系的梳理，最终转变为凯末尔主义，成为一种最为彻底的世俗民族主义，完全否定伊斯兰教在土耳其国家政治生活中的地位，并最终缔造了伊斯兰世界第一个最为彻底的世俗化和现代化的民族国家——土耳其。对于伊朗民族主义与伊斯兰教的关系而言，近现代伊朗民族主义与伊斯兰教什叶派有着特殊的亲缘关系，而在巴列维王朝建立后，世俗民族主义与伊斯兰教的矛盾关系逐渐展开，并埋下了伊朗伊斯兰革命的历史伏笔。

进入当代以来，以埃及纳赛尔主义和叙利亚、伊拉克复兴社会党为代表的阿拉伯民族主义迅速崛起，并与阿拉伯社会主义结合在一起成为当代中东政治的主导意识形态。在土耳其和伊朗等中东北层伊斯兰国家中，土耳其的民族主义政权得以进一步巩固，伊朗的巴列维王朝也奉行世俗的民族主义，并且开始了以“白色革命”为形式的剧烈的现代化改革。在中东蓬勃发展的民族解放运动中，民族主义作为中东意识形态的主流，不仅构成了多数中东伊斯兰国家民族解放运动的指导思想，促进了中东现代民族国家体系的形成，并且作为新兴民族国家意识形态的指南，成为民族主义政权进行现代化探索的思想根基，严重冲击了伊斯兰教作为传统意识形态的根基，伊斯兰教作为传统政治文化在民族主义的挤压下而处于“政治边缘化”的地位：

首先，民族主义作为主流意识形态使得建立现代民族国家逐步成为完成民族独立运动的中东国家的共同选择，中东现代民族国家体系得以形成，并成为世界范围内的民族国家体系的重要组成部分。

其次，从政教关系上来看，伊斯兰教的式微和民族主义的兴起使中东国家的政教关系发生了深刻的变化，世俗化成为许多中东国家现代化进程的重要目标，宗教被置于从属于国家政治的次要地位。根据伊斯兰教在中东国家政治生活中的不同地位，中东国家的政教关系主要有三种类型，即政教分

---

① 齐亚·格卡尔普是现代土耳其历史上重要的民族主义思想家，并对对凯末尔的思想产生了重要的影响，但在国内外对其思想的研究却相当薄弱。在土耳其民族主义与伊斯兰教的关系问题上，他坚持以民族认同超越宗教认同的现代民族主义观，否定泛伊斯兰主义和奥斯曼主义的土耳其民族主义观，主张政教分离、反对宗教干预政治的世俗民族主义观。其作品可参考：Translated and edited with an Introduction by Niyazi Berkrs, *Turkish Nationalism and West Civilization*, *Selected Essays of Ziya Gokalp*, Columbia University Press, 1959.

离、政教合一以及介于两者之间的折衷类型的君主制国家，但无论在何种类型的国家，伊斯兰教在政治生活中的地位都遭到了不同程度的削弱。

第三，由于伊斯兰传统地位的削弱，中东伊斯兰国家的官方意识形态、国家政治体制、政党组织、议会制度等国家政治上层建筑的架构都是以世俗化为基本方向的，伊斯兰教的建设性作用主要体现在，它作为民族主义、社会主义、资本主义的一种补充，为国家政权的合法性提供传统的依据和神圣的象征。同时，国家的法律制度和教育体系也都发生了趋向世俗化的变革。

最后，从经济现代化的角度看，中东的伊斯兰国家也大都开始了建立独立的民族国家经济体系，实现民族经济现代化的探索、改革与尝试，其共性特征之一是国家在经济现代化进程中发挥着重要的作用，并以民族主义、社会主义、资本主义等作为其理论的依据和基础。经济现代化的改革使伊斯兰社会的经济结构、经济关系和生活方式等经济生活各领域都发生了深刻的变革，而传统的伊斯兰经济伦理和经济原则都遭到了强烈的冲击，中东社会的世俗化程度不断加深。

民族主义的崛起和伊斯兰教的式微不仅体现在中东国家的政治生活中，而且也体现在中东的国际关系层面，这一方面表现为多数民族国家更多地从民族国家利益的角度出发选择自己的对外政策，更突出地表现在阿拉伯伊斯兰国家关系以及阿以冲突之中，阿拉伯民族主义不仅构成了凝聚阿拉伯国家的主导意识形态，促进了阿拉伯统一运动的发展，并且成立了在当代世界政治中颇具影响的阿拉伯国家联盟，埃及作为阿拉伯民族主义的领导者甚至一度实现了埃及和叙利亚的统一。与此相对应，以沙特为代表的泛伊斯兰主义明显处于劣势。在作为中东问题核心的阿以冲突中，民族主义不仅构成巴勒斯坦地区阿拉伯民族主义对抗以色列犹太复国主义和西方帝国主义的思想武器，而且成为中东阿拉伯国家进行团结合作的主要思想动员机制。

伊斯兰原教旨主义：伊斯兰教对民族主义挑战的回应

从中东伊斯兰国家意识形态演进的角度来看，20 世纪上半叶是民族主义形成并逐步上升的时期，而50年代至60年代晚期即1967年第三次阿以战争结束之前，是民族主义居于主导地位的时期，这一时期也是伊斯兰教的“政治边缘化”时期，相对民族主义的蓬勃发展，作为中东伊斯兰国家传统意识形态的伊斯兰教的地位日渐沦落。但是，伊斯兰教的式微并不意味着它作为传统势力的销声匿迹。相反，处于深刻压力之下而陷于困境的伊斯兰并未偃旗息鼓，传统的伊斯兰势力不仅构成了影响中东民族解放运动的重要因素和社会力量之一，同时也在伊斯兰复兴的传统下营建自己的现代政治理念，并且对世俗民族主义作出了自己的反应。从伊斯兰教对民族主义的反应来看，以哈桑·班纳、赛义德·库特布等为代表的伊斯兰原教旨主义彻底否定和反对各种形式的民族主义，以伊斯兰传统的“乌玛”观对抗现代的民族国家观念，提出了以伊斯兰原旨教义重建伊斯兰社会的政治主张，并且缔造了伊斯兰原教旨主义的组织先驱穆斯林兄弟会。但是，由于民族主义处于上升时期并且在多数国家掌握了民族民主运动的领导权，因此基本上处于中东政治的意识形态边缘，但却为日后伊斯兰原教旨主义的崛起埋下了历史伏笔。

伊斯兰原教旨主义对民族主义的真正挑战开始于20世纪60年代末期，这种挑战来自理论和现实两个方面。从现实的角度看，1967年第三次阿以战争中阿拉伯国家惨败和现代化受挫，导致形形色色的伊斯兰政治反对派异军突起，奉行世俗民族主义的阿拉伯国家政权受到严重威胁和挑战，而国家的政治合法性和政治权威也面临着严重的危机。因此，从20世纪60年代末期开始，伊斯兰原教旨主义开始向民族主义发起了全面的挑战，“伊斯兰复兴作为一种政治思潮成功地成为民主主义、社会主义和民族主义的挑战者。”[①] 埃及作为阿拉伯民族主义的中心受到了来自穆斯林兄弟会的严峻挑战，并以1981年萨达特遇刺为标志达到高潮。伊朗的“伊斯兰革命”埋葬了礼萨汗通过世俗化改革建立的巴列维王朝，而“伊斯兰革命”的输出更在海湾国家产生了震动性的影响，复兴社会党多年来牢牢控制政权的叙利亚和伊拉克也都受到了伊斯兰原教旨主义的严峻挑战。即使在世俗化最成功、最彻底的土耳其，伊斯兰势力也出现日益复兴的势头，并通过介入政党政治

① Saad Eddin Ibrahim, “Egypt’s Islamic Activism in the 1980s,” *Third World Quarterly*, Vol. 10, No. 2, April 1988, p. 632.

进行政治参与。

冷战结束后，在西亚北非乃至中亚地区，再次出现了伊斯兰复兴运动的高涨，尤其以阿尔及利亚、苏丹、埃及、摩洛哥、突尼斯等国家为重，甚至在沙特等温和的伊斯兰国家和土耳其这样的世俗化国家也出现了伊斯兰势力的反弹。进入上世纪90年代中期以后，伊斯兰复兴运动的高潮已经基本过去，但仍然有着一定的社会基础，其发动社会运动的基础依然存在。在未来中东意识形态演进的过程中，作为现代意识形态的民族主义与作为传统政治文化的伊斯兰教之间的矛盾仍将继续存在，并构成掣肘中东现代化的重要因素。

在政治思想方面，伊斯兰原教旨主义对民族主义的挑战作出了全面的回应，充分体现了伊斯兰原教旨主义与民族主义的矛盾对立：[①]

（1）宗教认同与民族认同的矛盾：民族主义强调以语言、地域、民族文化为基础的民族认同，这种政治认同的逻辑延伸必然是建立以民族为基本主体的现代民族国家，以民族认同作为国家政治建构和社会整合的主要理念；而伊斯兰原教旨主义强调超越种族、民族、地理疆域的普世性的宗教认同，并把存在短暂的伊斯兰教初创时期的穆斯林社团作为政治组织形式的理想原型。

（2）真主主权与国家主权的矛盾：现代民族主义强调国家主权思想，国家主权具有至高无上性，其理论基础是近代启蒙运动和资产阶级革命的"人民主权"思想。伊斯兰原教旨主义的国家观可以概括为四点内容：第一，"万物非主，唯有真主"的真主主权论，即真主为唯一主权者，无视真主的"绝对主权"均为"非法主权"；第二，先知权威论，任何违背先知穆罕默德言行的国家均为"非法政权"；第三，代行主权论，国家及其统治者只能代行真主主权，按自己意志自行其是的国家为非法政权；第四，政治协商论，根据公议和协商原则产生民选协商机构并由其推选国家元首，充分实现"伊斯兰民主"。伊斯兰原教旨主义的政治追求之一就是以伊斯兰教贬损和取代作为舶来品并在中东发育不足的世俗民族主义，其最终趋向就是建立政教合一的伊斯兰国家。即"伊斯兰国家是国家统治必须与沙里亚法保持

① 关于此问题的详细论述可参见拙作"伊斯兰原教旨主义对民族主义的思想挑战"，载《世界民族》2001年第6期。

一致的国家”，是“行政和立法的功能和权威必须服从并辅助沙里亚法的国家。”[①] 总之，伊斯兰原教旨主义的目标是推翻中东世俗民族主义政权，重建体现真主主权的“伊斯兰国家”。

（3）伊斯兰化与世俗化的矛盾：民族主义坚持国家与宗教分离、法律与宗教分离、教育与宗教分离的世俗化道路；而伊斯兰原教旨主义坚持国家与宗教统一，即政治与宗教合一、法律与宗教合一、文化教育与宗教教育合一的伊斯兰化道路，全面推行伊斯兰化的社会发展观直接构成了伊斯兰原教旨主义的政治追求之一。在宗教与世俗的关系上，原教旨主义主张社会的全面伊斯兰化，坚持政教合一并以此建构国家的政治体制、法律体制和社会文化教育体系，而现代民族主义主张社会的世俗化，并以此来建立国家的政治与社会架构；在社会发展观上，原教旨主义不断抨击效法东西方世俗道路的发展模式，主张通过具有不谬真理性的伊斯兰，改变伊斯兰社会目前由于西方化和现代化导致的“蒙昧状态”，以伊斯兰教重新反思和认识现代化的得失，走独特的“不要东方，不要西方，只要伊斯兰”的道路或伊斯兰的“世界第三道路”。

从中东民族主义自身特点来看，伊斯兰原教旨主义之所以能够向民族主义发难，与中东民族主义本身有重要关系。从中东民族主义所推行的现代化的理论与实践来看，发展理论的贫乏，发展道路的迷失，现代化受挫所造成的个体身份认同危机、政治合法性危机、社会文化认同危机，富国强兵梦想的幻灭，社会迅速阶层化导致的贫富分化，都构成了刺激伊斯兰复兴运动反弹的社会基础。民族主义的失败也恰如埃斯波西托所言，“在政治上，现代世俗民族主义已被发现是无能的。无论自由民族主义还是阿拉伯民族主义都没有兑现他们的诺言。在构建政治合法性和创造民族团结的意识形态方面，穆斯林国家的政府似乎既无兴趣也不成功，他们更衷情于维持长久的专制统治。王朝统治、军人或准军人专权依然主导着穆斯林世界。”[②] 伊斯兰原教旨主义的崛起植根于本身固有的政治文化传统之中。伊斯兰文化的政治属性

---

① Saad Eddin Ibrahim, “Egypt’s Islamic Activism in the 1980s,” *Third World Quarterly*, Vol. 10, No. 2, April 1988, p. 557.

② ［美］J. L. 埃斯波西托：《伊斯兰威胁：神话还是现实》，东方晓等译，北京：社会科学文献出版社 1999 年版，第 16 页。

突出地表现为“万物非主，唯有真主”原则之下的先知政治权威论。真主为国家唯一的主权者，并确立了统治者“代行”真主主权的原则，形成了以伊斯兰教为政治权威的传统的宗教政治文化。“这种宗教政治文化体系成为历史传统和社会心理，赋予伊斯兰文化以独特的系统和恒久性质。”① 以净化信仰、返朴归真、清除腐败作为宗教政治追求，具有宗教政治化、政治宗教化特征的伊斯兰原教旨主义，正是挖掘和利用了蕴藏于伊斯兰文化中的丰厚的政治文化资源，提出了有别于民族主义的政治理念。②

民族主义与伊斯兰教的矛盾：中东政治发展的困境及其前景

从政治发展的视角来看，民族主义和伊斯兰教两种不同的意识形态共同影响了中东的政治现代化进程。在民族国家建构、政治合法性、政治制度与政治体制、政治民主化等领域，都反映了中东在从传统社会向现代社会转型过程中伊斯兰教与民族主义错综复杂的关系，而在未来中东政治发展进程的很长时期内，仍将交织着二者的矛盾，这也是需要进行深刻理论反思的重要问题。

在发展中国家的现代化进程中，都不同程度地交织着传统与现代的矛盾，协调传统与现代的矛盾成为发展中国家现代化的一个重要难题。对于有着深厚宗教政治文化传统的中东社会而言，其现代化进程的难度必然高于其他发展中国家和地区。对于刚刚依靠民族主义意识形态完成独立的中东伊斯兰国家而言，完成国家独立的历史功绩、政治精英在民族解放运动造就的个人魅力、实现民族和国家现代化使命的民众期待，都会给刚刚建立的民族国家及其政治精英留出一定的历史空间施展其现代化的抱负，甚至能够容忍依

① 彭树智主编：《伊斯兰教与中东现代化进程》，西安：西北大学出版社 1997 年版，第 3—4 页。

② 关于此问题的详尽论述可参见拙作“当代中东伊斯兰复兴运动的政治文化机理”，载《宁夏社会科学》2000 年第 5 期。

靠作为舶来品的世俗意识形态进行现代化的探索与尝试。在现代化的早期，处于巅峰状态的世俗政治精英往往能够依靠政治权力对传统宗教政治势力进行挤压和抑制，或者是分化和瓦解。在战后初期，传统的伊斯兰政治文化从历史上的主流政治文化沦为被政治精英加以利用和控制的工具，并没有它施加政治影响的活动空间。而伴随现代化陷于挫折和困境之中，穆斯林民族渴望民族复兴的理想几近幻灭，在民族主义的政治光环褪去后，传统与现代的矛盾的不断激化。在社会陷入重重危机的背景下，作为传统政治文化积淀的伊斯兰开始张扬其政治能量，并对世俗民族主义发起挑战。从中东国家的政治现代化进程来看，中东穆斯林国家的政治发展中一直交织着民族主义与伊斯兰教之间的复杂矛盾：①

从民族国家构建的角度看，这种矛盾突出地表现为民族认同与宗教认同的矛盾，这种矛盾既是伊斯兰文化统一性与民族多样性矛盾的表现，也是外来文化与本土文化矛盾的表现，即作为舶来品的民族主义意识形态与本土的伊斯兰政治文化的冲突。

从政治合法性的角度看，这种矛盾是现代合法性与传统合法性的矛盾，这在本质上既与中东地区民族发育不成熟，民族、种族、宗教、教派等多元认同并存密切关联，同时也与伊斯兰教深厚的政治文化传统有着难以割舍的联系，而中东民族主义本身发育不成熟也为伊斯兰教的反弹提供了意识形态空间。

从政治制度和政治体制的角度看，这种矛盾表现为传统与现代政治体制的矛盾，中东民族主义在政治体制上效仿西方政体的改革对伊斯兰教造成了强烈冲击，而在政治发展过程中出现的军人专制、家族独裁使其日益丧失合法性而受到原教旨主义的严峻挑战，并诉诸于重建传统伊斯兰政治体制。

从政治参与和政治民主化的角度看，中东民族主义威权政府曾经一度压抑了中东的民主化，而民主化进程的展开却为原教旨主义挑战现行民族主义政权提供了机会，形成了中东伊斯兰国家政治民主化进程与伊斯兰复兴相伴随的“怪圈”，并导致了社会的动荡与冲突。

从中东民族主义与伊斯兰教关系的未来走势来看，在阿拉伯国家，奉行

① 关于此问题的详尽论述可参见拙作“伊斯兰复兴运动与当代中东政治发展”，载《宁夏社会科学》2004 年第 1 期。

民族主义的阿拉伯国家政权仍将面对伊斯兰原教旨主义的严峻挑战，并突出表现为伊斯兰政治反对派对现行政权政治合法性和权力根基的冲击，现行阿拉伯国家政权在继续采取措施抑制激进伊斯兰原教旨主义力量的同时，也将发挥“官方伊斯兰”的作用，缓解当前所面临的压力。对于土耳其民族主义，尽管也面临着伊斯兰复兴的压力，但其形势明显好于许多阿拉伯国家，伊斯兰复兴运动作为挑战世俗民族主义的一个因素将继续存在，但不足以改变土耳其共和国世俗民族主义的性质，“‘世俗的国家，信教的民族’这对似乎对立的概念仍将在土耳其共和国身上得到统一，在相当长时期内仍将保持这个矛盾的统一体。”① 对于伊朗民族主义，由于伊朗在伊斯兰革命后全面的伊斯兰化，独立的世俗民族主义在伊朗已经不复存在，伊朗民族主义再次体现了近代以来形成的寄生和依附于伊斯兰教的特征。

总之，民族主义与伊斯兰教之间的矛盾加大了中东政治现代化的难度，同时也延缓了中东政治发展的历史进程。因此，缓解和消除中东民族主义与伊斯兰教之间的紧张关系，无疑仍将是中东穆斯林国家政治现代化所面临的一项长期课题。这一任务的完成，既取决于中东民族主义对伊斯兰教的整合能力，也取决于伊斯兰教如何发挥自我调节功能协调与民族主义的关系；既取决于中东国家能否消除滋生伊斯兰原教旨主义的社会危机，也取决于中东国际关系尤其是中东和平进程的客观态势。

---

① 杨灏城、朱克柔主编：《当代中东热点问题的历史探索——宗教与世俗》，北京：人民出版社2000年版，第231页。

专题 12

伊斯兰原教旨主义对民族主义的思想挑战*

【摘要】伊斯兰原教旨主义与世俗民族主义的矛盾主要表现为三个方面。(1) 在政治认同方面，民族主义强调以语言、地域、民族文化为基础的民族认同，以民族认同作为国家建构的主要政治理念；而伊斯兰原教旨主义强调超越种族、民族、地理和国家疆域的普世性宗教认同，并把伊斯兰教初创时期的穆斯林社团“乌玛”作为政治组织形式的理想原型。(2) 在国家主权方面，民族主义认为民族国家建构的合法性基石在于国家主权理论，而伊斯兰原教旨主义强烈反对国家主权和以此为基础的民族国家，要求建立以“真主主权”为基础的伊斯兰国家。(3) 在社会发展道路方面，民族主义坚持国家与宗教分离、法律与宗教分离、教育与宗教分离的世俗化道路，而伊斯兰原教旨主义坚持的是国家与宗教合一、法律与宗教合一、教育与宗教合一的伊斯兰化道路，全面推行伊斯兰化构成了伊斯兰原教旨主义社会发展观的核心。

伊斯兰原教旨主义是伊斯兰复兴运动的重要组成部分，对其如何进行定性一直存有分歧。从民族主义研究的角度看，这种分歧表现为伊斯兰原教旨主义是否是“民族主义”。在国内学术界，有人称伊斯兰原教旨主义为“宗

* 原载《世界民族》2001 年第 6 期。

教民族主义"[1] 或"伊斯兰民族主义"[2]。笔者认为，这种界定是否准确取决于对民族主义作何理解。伊斯兰原教旨主义确有摆脱异族统治尤其是西方控制的民族主义内涵，但是它的价值追求是建立伊斯兰秩序甚至是统一各穆斯林国家的"伊斯兰国家"，它在政教关系、国家体制、发展道路等方面的观点与现代世俗民族主义的价值追求格格不入，它所反对的主要对象之一就是现代世俗民族主义。伊斯兰原教旨主义之所以反对民族主义，并把推翻现行的民族主义政权作为最终目标，就在于伊斯兰原教旨主义在价值观念上与民族主义存在着尖锐的矛盾与对立。因此，把伊斯兰原教旨主义简单地冠以"民族主义"显然有不妥之处。本文的目的就在于揭示伊斯兰原教旨主义思想与世俗民族主义思想对立的一面，揭示伊斯兰原教旨主义产生的意识形态根源之一就在于回应世俗民族主义的挑战，并试图以此澄清当前学术界在伊斯兰原教旨主义与民族主义关系问题上存在的认识偏差。

"乌玛"认同挑战民族认同

伊斯兰原教旨主义和现代民族主义在政治认同方面存在着尖锐的对立。民族主义强调以语言、地域、民族文化为基础的民族认同，这种政治认同的逻辑延伸必然是建立以现代民族国家，以民族认同作为国家建构及其整合的主要理念；伊斯兰原教旨主义强调对超越种族、民族、地理和国家疆域的普世性的信仰共同体乌玛（Umma）的认同，并把存在短暂的伊斯兰教初创时期的穆斯林社团作为政治组织形式的理想原型。伊斯兰原教旨主义"所指向的正是伊斯兰教的乌玛概念，一个普世的、超越地方和地区差别、并否认民族存在的信仰共同体，其存在的保障是以伊斯兰教法——沙里亚法为基础

---

① 参见王逸舟：《当代国际政治析论》，上海：上海人民出版社 1995 年版，第 112 ~117 页。

② 黄民兴：《中东民族主义的源流和类型分析》，载肖宪主编：《世纪之交看中东》，北京：时事出版社 1998 年版。

的伊斯兰政府。”[1] 双方这种迥然不同的政治认同必然表现在国家建构上的矛盾，并影响中东伊斯兰国家政治现代化进程。

“民族”一词即英文中的 Nation，来源于拉丁语 Natio，其原始意义为“诞生物”，指诞生于同一地方的一群人，即具有同一血统和共同语言者所组成的社会集团，以后出现了该词基本的和派生的含义。[2] 尽管人们对民族有各种不同的理解，但是对于民族尤其是作为政治概念的民族国家而言，共同的语言、共同的地域、共同的经济生活、共同的文化确实构成了民族主义政治认同的基础所在。受近代以来西方自由民族主义的影响，在伊斯兰世界也出现了形形色色的民族主义，尽管它们在对待伊斯兰教的态度上有一定的差异，但是它们所体现出的一个共性特征就是以民族认同取代宗教认同，以民族国家取代传统的宗教帝国，土耳其凯末尔革命废除哈里发和苏丹制度所完成的也正是这一历史使命。

“乌玛”一词在阿拉伯语中的原意为“群体”，在《古兰经》中被赋予了特殊的内涵即“宗教社团”。“乌玛”作为早期伊斯兰教一个非常重要的概念，其基础是伊斯兰教的共同信仰，而没有语言、地域和种族的限定，凡是信仰伊斯兰教的人，就是乌玛的一员。“按伊斯兰教的教义，乌玛的存在是为了执行安拉的旨意，传播他的声音，以使全人类都成为穆斯林。因此，伊斯兰教认为，它自身是一种超民族、超地域和超国家的宗教，乌玛是整个穆斯林社团存在的唯一完美的形式，它不承认民族和国家的地域、边界，也不承认穆斯林中存在种族、语言的区别。”[3] 从穆罕默德创立乌玛即穆斯林公社之际，乌玛就体现了对部落血缘关系或民族关系的超越，是一种以共同信仰为基础的政治共同体，体现的是以伊斯兰教信仰和行为为基础的伊斯兰文化属性。

伊斯兰原教旨主义的政治认同鲜明地体现为否定民族认同，肯定宗教认同，其政治理想之一就在于重建先知穆罕默德建立的理想共同体——乌玛。

---

① Hugh Roberts, “Radical Islamism and the dilemma of Algerian Nationalism: The embattled Arians of Algiers,” *Third World Quarterly*, Vol. 10, No. 2, April 1988, p. 557.

② 余建华：《民族主义——历史遗产与时代风云的变幻》，上海：学林出版社 1999 年版，第 5 页。

③ 金宜久主编：《当代伊斯兰教》，北京：东方出版社 1995 年版，第 165 页。

伊斯兰原教旨主义乃至部分伊斯兰改革主义的思想家都否认“民族”这一现代概念，而把所有属于不同种族、民族，居住在不同地理区域内的穆斯林视为同一乌玛的成员。

哈桑·班纳作为穆斯林兄弟会的缔造者和当代伊斯兰原教旨主义的思想大师，其宗教政治思想一个主要方面就是否定民族主义。他认为，“伊斯兰是信仰和崇拜，是祖国和民族。所有的穆斯林是一个民族，伊斯兰祖国是一个国家”。[①] 他这里所使用的“民族”实质上就是伊斯兰教的“乌玛”。他断言，世界各地的穆斯林都属于乌玛——世界穆斯林共同的、幅员辽阔的祖国。他认为，正是爱国主义和民族主义，破坏和肢解了统一的伊斯兰乌玛和伊斯兰祖国，把它分裂为许多弱小的民族和国家，使得伊斯兰的敌人轻而易举地加以控制，并最终导致穆斯林成为一盘散沙，丧失了延续十三个世纪之久的哈里发。

在哈桑·班纳看来，伊斯兰的理想社会就是为第一代穆斯林所建立的乌玛，而“目前伊斯兰社会与真正的伊斯兰道路的差距也正是穆斯林乌玛（共同体）[Muslim Umma（community）] 衰落的产物。”[②] 因此，他反对任何形式的民族主义，提倡超越民族和国家界限的乌玛主义，他指出：“穆斯林兄弟会不信仰民族主义及其类似的东西，不谈论法老主义、阿拉伯主义、腓尼基主义、叙利亚主义以及其他被人们用以区别民族的头衔和名称”。“我们认为爱国主义是以信仰为界限的，而不是以土地特征和地理疆域为界限的。”也正是由于他信奉超越种族、民族、地域、国家界限的乌玛主义，他才认为穆斯林兄弟会的历史使命并不仅仅局限在埃及。他声称，“穆斯林兄弟会不局限于在一个伊斯兰国家宣传号召，而是希望把呐喊之声传到任何一个有人信奉伊斯兰教的国家首脑及领袖们的耳朵当中。”“任何一寸土地上只要有一位兄弟信仰《古兰经》，这块土地就是伊斯兰的公共土地，那么

---

① 转引自金宜久主编：《伊斯兰教与世界政治》，北京：社会科学文献出版社 1996 年版，第 209 页。

② Abd Al-Monein Said Aly, Manfred W. Wenner, Modern Islamic Reform Movements: The Muslim Brotherhood in Contemporary Egypt, *The Middle East Journal*, Vol. 36, No. 3, Summer 1982, p. 337.

伊斯兰教就要要求所有穆斯林去保护它并使它充满幸福。”[①] 他还对建立穆斯林乌玛充满了信心。他指出：“我相信所有的穆斯林在统一的伊斯兰信仰之下构成了一个单一的民族（a single nation）。”[②] 他曾经破例修正自己的观点支持阿拉伯民族主义，但是在他眼里阿拉伯民族主义所倡导的泛阿拉伯统一也仅仅是整个伊斯兰统一的步骤而已，仅仅是服务于伊斯兰统一的手段，而不是目的。

穆斯林兄弟会的第二代思想家赛义德·库特布同样否定现代民族概念，并把恢复和重建伊斯兰的乌玛视为全世界穆斯林的根本使命。在他看来，伊斯兰教的根本使命正是在大地上创建乌玛，即以真主启示为最高指导原则、以伊斯兰信仰为纽带的世界穆斯林共同体。他认为，正是由于外来的民族主义意识形态的泛滥淹没了乌玛的光辉，因此，穆斯林应该把乌玛的复兴作为自己的历史使命。在他的代表作《路标》中，他专门以一章的篇幅论述了“穆斯林的籍别与信仰”，告诫穆斯林必须从伊斯兰教信仰即人与真主关系的角度思考自己的“教籍”，而不应当从民族角度来思考自己的“族籍”和“国籍”。[③] 在他看来，“伊斯兰社会不过是一个信仰代表了族群的社会，在这个社会中，信仰被认为是同一个穆斯林共同体的公民身份。公民可以是黑种人、白种人、红种人、黄种人，也可以是阿拉伯人、罗马人、波斯人、埃塞俄比亚人等地球上的其余民族。”[④]

哈桑·图拉比作为当代苏丹伊斯兰运动的导师，同样对民族主义和民族认同充满了鄙视，而对重建伊斯兰共同体乌玛充满了希望。他指出：“无论是在阿拉伯世界还是在非洲或总的说来在第三世界，民族主义都将消失，对于这些地区的各国人民来说，届时只有一个‘方位坐标’：他们都将属于伊斯兰共同体。这些国家的人民对于那些曾想输出给他们的各种意识形态的人

---

① 转引自王琐劳：“埃及伊斯兰原教旨主义向世俗民族国家的挑战”，载《亚非研究》（第7辑），北京：北京大学出版社1997年版，第262～263页。

② Anouar Abdel—Malek, *Contemporary Arab Political Thought*, Zed Books Ltd, 1983, p. 46.

③ 参见吴云贵、周燮藩：《近现代伊斯兰教思潮与运动》，北京：社会科学文献出版社2000年版，第358页。

④ 转引自王琐劳：“埃及伊斯兰原教旨主义向世俗民族国家的挑战”，载《亚非研究》（第7辑），北京：北京大学出版社1997年版，第263页。

们已十分失望。自由主义、共产主义、民族主义，所有这些对他们自己来说都是完全陌生的东西。他们发现自己应当回到伊斯兰文化的怀抱。”① 图拉比在关于“伊斯兰国家”的政治思想中指出，人类的忠诚区分为“终极的忠诚”和“有限的忠诚”，“终极的忠诚”只能献给独一的真主，在此前提下可以承认对以领土、血缘、民族、共同语言为基础的民族国家的忠诚，即“有限的忠诚”。他认为人类最终将由“有限的忠诚”走向“终极的忠诚”——对全人类开放的由伊斯兰教信仰者组成的乌玛——世界穆斯林共同体。②

真主主权挑战国家主权

民族主义构成了民族国家作为政治共同体的合法性基础，其内在的根据就在于为民族主义所倡导的“主权”（Sovereignty）观念。在西方自由民族主义看来，主权是民族国家不受外来干涉地处理内外事务的权利，民族国家是主权实现的最佳载体和最佳形式。然而，伊斯兰原教旨主义却强烈反对国家主权和以此为基础的民族国家，要求建立以“真主主权”为基础的伊斯兰国家。在世界范围内得到广泛认同并成为现代国际关系准则的国家主权原则，在伊斯兰原教旨主义那里却遭到了彻底的否定，这与伊斯兰教政治文化的特点有着密切的联系，因为在传统的伊斯兰教中根本就不存在现代意义上的主权观念。

在强调“认主独一”的伊斯兰政治哲学中，一切权力、权威和权势都归真主安拉，世界和宇宙的统治权和主权全部在安拉的掌握之中，安拉是最高的主权拥有者，是至高无上的统治者、创造者和养育者。由于伊斯兰教确立了真主安拉对人类的绝对统治权和主宰权，因而在政治上排除了人统治人

---

① 转引自杨灏城、朱克柔主编：《当代中东热点问题的历史探索——宗教与世俗》，北京：人民出版社 2000 年版，第 335～336 页。

② 吴云贵、周燮藩：《近现代伊斯兰教思潮与运动》，北京：社会科学文献出版社 2000 年版，第 476～477 页。

的可能性。这种主权观念完全不同于民族主义的“国家主权”，而是否定国家主权的“真主主权论”。正如《古兰经》指出：“天地万物，都赞颂真主超绝万物，他确是万能的，确是至睿的。天地的国权，归他所有；他能使人生，能使人死；他对于万事，是万能的。”“天地的国权，归他所有；万事只归于真主。”“真主啊！国权的主啊！你要把国权赏赐给谁，就赏赐给谁；你要把国权从谁手中夺取，你就从谁手中夺去；你要使谁尊贵，就使谁尊贵；你要使谁卑贱，就使谁卑贱；福利只由你掌握；你对于万事，确是全能的。”① 按照穆斯林思想家的解释，“真主主权”具有如下特征：第一，绝对的和至高无上的；第二，唯一的和不可分割的，也是不可转移的；第三，超越时空限制的；第四，无限强大和无所不能的。②

伊斯兰教政治哲学的另一个重要观念即“先知权威论”和“代行主权论”。伊斯兰教认为，安拉作为宇宙和世界的主宰虽然拥有“终极主权”，但安拉并不直接干预人间的世俗事务，而是派真主的使者传达真主的命令，实施真主的法度。正如《古兰经》所言：“当时，你的主对众天神说：‘我必定在大地上设置一个代理人’。”③ 在伊斯兰教看来，穆罕默德是真主派往人间的“封印先知”，“伊斯兰教强调穆斯林的神圣使命在于实现真主的意志和真主委人以代治的权力。它对于政治和社会问题，倾向于视为宗教问题，而不单纯是政治问题。”④ “真主主权”和“代行主权”观念在政治制度和国家制度上的具体体现就是“哈里发”制度。在先知穆罕默德死后，先知的继承人哈里发成为代理权的行使者，哈里发制度也就成为伊斯兰教政教合一、圣俗一统的政治制度。

因此，伊斯兰文化的政治属性突出地表现为“万物非主，唯有真主”原则之下的先知政治权威论。“这种宗教政治文化体系成为历史传统和社会心理，赋予伊斯兰文化以独特的系统和恒久性质，以至于中东其它民族主

---

① 《古兰经》，马坚译，北京：中国社会科学出版社1981年版，第420、38页。

② 参见马明良：《伊斯兰文化新论》，银川：宁夏人民出版社1997年版，第176页。

③ 《古兰经》，马坚译，北京：中国社会科学出版社1981年版，第4页。

④ 吴云贵、周燮藩：《近现代伊斯兰教思潮与运动》，北京：社会科学文献出版社2000年版，第11页。

义、社会主义政治文化，在政治交往中也不能不求助于它。”[①] 当然，以净化信仰、返朴归真、清除腐败作为宗教政治追求，具有宗教政治化、政治宗教化特征的伊斯兰原教旨主义更是把这一原则作为其意识形态资源的根基。

在我国的大众传媒乃至学术界，一般意义上的“伊斯兰国家”通常是指大部分居民以伊斯兰教为宗教信仰的国家。但是在伊斯兰原教旨主义看来，“伊斯兰国家”则有着严格的政治含义，其基本内涵是反对以国家主权为基础的现代民族国家，主张重建政教合一、贯彻沙里亚法，体现“真主主权”的国家。事实上，建立“伊斯兰国家”的政治主张一直可以追溯到伊斯兰改革主义思想家拉希德·里达，而伊斯兰原教旨主义的思想家哈桑·班纳、毛杜迪、库特布、图拉比等人也都提出了重建伊斯兰国家的政治主张。

拉希德·里达作为“伊斯兰国家理论的奠基人”，其思想在后来伊斯兰原教旨主义的信条中得到了延续。[②] 一方面，里达是阿拉伯民族主义的倡导者，另一方面，他又因为提出“伊斯兰国家”理论而成为伊斯兰原教旨主义的代表。他的这种矛盾心态在某种程度上也是早期伊斯兰原教旨主义理论家共同心理困顿的写照。在改造传统伊斯兰政治学说的基础上，拉希德·里达提出了“伊斯兰国家”的方案。[③] 他提出要创建理想的、名副其实的“伊斯兰国家”政治体制，对于这种政治体制，他使用了多种范畴，如“伊斯兰政府”（Islamic Government）、“伊斯兰哈里发制度”（Islamic Caliphate）、“哈里发政府”（Government of Caliphate）等。[④]

里达提出的“伊斯兰国家”的基本框架是：[⑤] 第一，国家通过一部宪法，实行伊斯兰教法，由穆斯林政治家根据《古兰经》、圣训和早年阿拉伯哈里发国家的历史经验来处理国家的政治、经济与社会事务。拉希德·里达

---

① 彭树智主编：《伊斯兰教与中东现代化进程》，西安：西北大学出版社 1997 年版，第 3～4 页。

② Hamid Enayat, *Modern Islamic Political Thought, the Response of the Shi'i and Sunni to the Twentieth Century*, London and Basingstoke: The Macmillan Press Ltd, 1982, p. 69.

③ Ibid., pp. 70－76.

④ Ibid., p. 77.

⑤ 参见吴云贵、周燮藩：《近现代伊斯兰教思潮与运动》，北京：社会科学文献出版社 2000 年版，第 254～255 页。

提出的这种国家显然不同于世俗的民族国家，其主要区别在于不承认国家主权和人为的立法权。① 他在这里所依据的显然是伊斯兰传统的“真主主权”观念。第二，国家在政治生活中实行“协商”制度即“伊斯兰民主制度”。第三，国家以体现真主意志的伊斯兰教法为最高指导原则。拉希德·里达的思想为伊斯兰原教旨主义提供了丰富的素养，“他的理论构成了伊斯兰国家这一现代概念从早期精神特征（spiritual character）向现代的政治本质（political nature）变化的转折点。”②

在“伊斯兰国家”问题上，巴基斯坦的阿布·阿拉·毛杜迪确立了真正伊斯兰国家必须遵循的四项原则，即真主主权原则、先知权威原则、国家代行主权原则、政治协商制原则。毛杜迪伊斯兰国家思想的核心内容在于，“伊斯兰国家的意识形态除了主权和所有权真正归真主所有外别无他物，真主的律法构成了人类行为的法则和政府统治的原则。”③

对于民族主义，毛杜迪进行了深刻的批判，他指出：“民族主义的各项原则与伊斯兰的各项原则是完全矛盾的……它本身就违背神的沙里亚法”，“是世上腐败、恐惧和邪恶之源”，是“魔鬼手中最锋利的武器”，“当民族主义从这边进入穆斯林的脑子和心间，伊斯兰就从另一边出去了。”“想继续为穆斯林的穆斯林，必须虔信一切民族主义为荒谬，对一切地缘的和血缘的关系不予任何估价，谁若想重视这些关系的纽带，我们应当明白，他的内心和灵魂里已无伊斯兰，……或迟或早，他要离开伊斯兰，而伊斯兰也要离开他……伊斯兰与民族主义在精神方面和目标方面都是相互对立的。”“伊斯兰国家的特点之一，是它的创建和构成都没有一点民族主义的因素。假如说，伊斯兰除卡菲尔（战争领土——作者注）和多神教徒外还有敌人的话，那么这个敌人就是种族和民族国家。”④

哈桑·班纳主要从伊斯兰教的包容性和自足性出发，来论证回到伊斯兰教原旨教义、重建伊斯兰国家与伊斯兰秩序的必要性。他认为，伊斯兰国家

---

① Hamid Enayat, *Modern Islamic Political Thought, the Response of the Shi'i and Sunni to the Twentieth Century*, London and Basingstoke: The Macmillan Press Ltd, 1982, p. 77.

② Ibid., p. 70.

③ Ibid., p. 106.

④ 转引自陈嘉厚主编：《现代伊斯兰主义》，北京：经济日报出版社1998年版，第191页。

和伊斯兰秩序至少应具有两个特点：第一，必须实行政教合一，而不是政教分离。他极力主张恢复哈里发制度。他指出：“穆斯林兄弟会认为，哈里发是伊斯兰统一的象征，是伊斯兰各民族相互联系的标志。这是伊斯兰的礼仪，所有穆斯林都要尊重它。”① 第二，必须摒弃成文法，全面实施伊斯兰教法。班纳认为，伊斯兰教法是真主意志的体现，它为人类在阴阳两世确立了最美好、公正、合理的生活秩序，在民事、刑事、商务和国际关系领域，都应该实施万能的伊斯兰教法。

赛义德·库特布的“伊斯兰国家”思想接受了毛杜迪提出的新“贾黑利亚”（蒙昧状态）的观念。他指出，欧洲历史就是由一系列“贾黑利亚”构成的，包括古希腊、罗马帝国、中世纪、文艺复兴、启蒙运动、法国大革命。② 库特布认为，当代世界包括所有的伊斯兰国家，都处于“蒙昧状态”之中。阿拉伯民族主义不是把主权归于真主，而是归于阿拉伯民族，因而是非伊斯兰的。它们所造成的“蒙昧状态”在政治上表现为真主在世间的权力遭到践踏，使得部分人在制度、法律和道德观念上拥有特权，从而导致了一部分人对另一部分人的统治和压迫。因此，所有“新贾黑利亚”均应予以推翻。

库特布认为，“新贾黑利亚”的罪恶之一就在于否定了“真主主权”，“这种蒙昧建立在攻击真主在大地上的权威的基础上，建立在攻击最具特色的神权即真主主权的基础上，这种蒙昧支持主权属于人类的看法。”③ 要摆脱“贾黑利亚”，最有效的办法是采取行动，建立完全的真主主权和统治权。“宣告真主唯一无二的神性……就意味着起来反对任何形式、种类和方式的人的统治，意味着在地球上摧毁人的王国……将权力从人类篡夺者手中夺回，交给独一无二的真主，取消人的法律，建立唯一的、至高无上的神圣法律。”他提出，为了实现真主的统治，穆斯林要“希吉拉”（迁徙，引申为圣战——作者注），彻底脱离“蒙昧状态”，重建一个不受污染的伊斯兰方式和

① 转引自新华社编：《穆斯林世界》，北京：新华出版社 1984 年版，第 117 页。

② Abdel Salam Sidahmed, Anoushiravan Ehteshami, eds. *Islamic Fundamentalism*, Westview Press, 1996, p. 23.

③ 转引自王琐劳：《埃及伊斯兰原教旨主义向世俗民族国家的挑战》，载《亚非研究》（第 7 辑），北京：北京大学出版社 1997 年版，第 269 页。

伊斯兰标准，要完全摆脱民族主义、爱国主义这样一些非伊斯兰意识形态的影响。他号召为真主的事业进行圣战。他强调指出，要根除“蒙昧状态，”“仅靠说教和祈祷是不会实现的，因为那些把枷锁套在人民脖子上的人和篡夺了真主在地球上权威的人将不会因这样的解释和劝诫就让出他们的位置”。[①]

哈桑·图拉比在承继传统伊斯兰原教旨主义国家学说的基础上，阐述了“伊斯兰国家”思想。他指出，唯一合法的国家体制是早期政教合一的哈里发制度，哈里发应该由人民自由选举产生；真主具有绝对的排他性主权，国家仅仅是真主在世界的代理人，国家并没有立法权，它只是代行真主的主权并行使管理权，把真主和国家分离的世俗国家是荒谬的。他从否定的角度对“伊斯兰国家”的属性进行了界定：[②] 首先，伊斯兰国家不是世俗国家；其次，伊斯兰国家不是民族国家；第三，伊斯兰国家不是绝对的主权实体；第四，伊斯兰国家不是国家的原型。

总之，伊斯兰原教旨主义的国家观可以概括为真主主权论、先知权威论、代行主权论、政治协商论四个方面，其政治追求就是以伊斯兰教贬损和取代世俗民族主义，其最终趋向就是建立政教合一的伊斯兰国家。“伊斯兰国家是国家统治必须与沙里亚法保持一致的国家”，是“行政和立法的功能和权威必须服从并辅助沙里亚法的国家”，[③] 而这种价值理念也正是伊斯兰原教旨主义试图推翻中东民族主义政权，重建体现真主主权的伊斯兰国家的思想根源所在。

伊斯兰化挑战世俗化

对于“世俗化”，可以从思想观念和社会现实两个层面来界定。从思想

---

① 转引自金宜久主编：《伊斯兰教与世界政治》，北京：中国社会科学出版社 1996 年版，第 212 页。

② John L. Esposito, ed. *Voice of Resurgent Islam*, New York: Oxford University Press, 1983, pp. 241 – 251.

③ Hugh Roberts, “Radical Islamism and the dilemma of Algerian Nationalism: The embattled Arians of Algiers”, *Third World Quarterly*, Vol. 10, No. 2, April 1988, p. 557.

观念的层面看，“世俗化”是人类认知水平提高的产物，即人类对自然与社会的认识从“上帝的意志”转变为理性的、科学的认识；从社会现实的层面看，世俗化意味着人类社会的发展日益摆脱宗教神学的束缚，使社会各领域尤其是政治、法律、教育等领域日益脱离宗教而独立发展，而宗教则日益退缩到伦理与信仰领域的过程与趋势；是社会公共领域逐渐摆脱神学的控制而成为自主的部门，而宗教则成为“私人生活”一部分的过程与趋势。观念领域的世俗化与现实领域的世俗化有着密切的关系，观念领域的世俗化是现实领域世俗化的必要前提条件，而现实领域的世俗化是观念领域世俗化的必然结果，并将进一步推动观念领域的世俗化。

世俗主义与民族主义有着孪生姐妹的关系。从西方民族主义和民族国家发展的历史脉络来看，世俗民族国家诞生的重要标志之一就是王权战胜教权，并最终实现了国家与宗教的分离。在西方自由民族主义思想中，始终贯穿着政教分离的世俗主义主张，现代民族国家建构的基本理念之一就是以世俗的权威取代传统的宗教权威。洛克、卢梭、孟德斯鸠、狄德罗等启蒙思想家都从“自然状态”、“自然权利”、“自然法”和“社会契约”的角度解释国家权力的来源，反对君权神授，反对宗教蒙昧。在基督教与国家的关系上，他们都明确地主张政教分离。卢梭曾经在《社会契约论》中明确指出：“基督教的法律归根结底乃是有害于而不是有利于国家的坚强体制的”，“宗教既然与政治体制没有任何特殊的关系，就只好让法律依靠其自身所具有的力量，而不能再给它增加任何别的力量。”① 西方现代民族国家的建构完全遵循了世俗化的原则。德国学者特洛尔奇认为，“国家的世俗化”是“现代世界最重要的事实”，现代国家的正当性依据是“此岸原则”，即根据理性来建构国家的政治合法性，也正是由于世俗化的民族国家的建立，“现代国家以理性的、此岸的天命取代了非理性的、神意天命。”②

随着西方自由民族主义思想在伊斯兰世界的渗透，世俗主义对传统的伊斯兰社会产生了强烈的冲击，并被许多深受西方影响的知识精英视为解决伊斯兰社会危机的思想指南。早在奥斯曼帝国苏丹的百年改革和埃及的阿里改革中，就已经呈现出明显的世俗化倾向。世俗主义真正在伊斯兰国家找到其

---

① 《卢梭文集2》，北京：红旗出版社1997年版，第234、236页。

② 参见刘小枫：《现代性社会理论绪论》，上海：三联书店1998年版，第90页。

社会根基，并通过改革确立世俗化的政治制度是在两次世界大战前后。土耳其的国父凯末尔从政治、经济、文化教育等领域推行了彻底的甚至是强制性的世俗化改革，废黜了伊斯兰教政治干预功能，被西方视为同文艺复兴、宗教改革具有相同性质的社会变革。土耳其世俗化改革的目的正如凯末尔所言，要“把伊斯兰信仰从数世纪来充任政治工具的地位中拯救出来，使其信仰得到纯洁与提高。”①

二战后，世俗化构成了中东伊斯兰国家政治发展的一个重要方面，传统伊斯兰意识形态的政治地位一落千丈。当代伊斯兰原教旨主义的兴起也正是面对世俗化不断深化，传统伊斯兰意识形态衰微的困境和伊斯兰社会丛生的社会危机，提出了“唯有伊斯兰才能解决”的口号，强调“伊斯兰的全面性”，反对政治与宗教、法律与宗教、教育与宗教的二元分离，以回应世俗主义对传统伊斯兰的冲击和挑战。班纳、库特布、毛杜迪、霍梅尼、图拉比等人都强烈反对来自西方的世俗化，并在理论上对推行伊斯兰化的必要性进行了系统的论证。

首先，原教旨主义思想家认为，伊斯兰教具有的包容性、自足性特征，它构成了挽救伊斯兰社会危机的唯一办法。

哈桑·班纳指出：“我们深信伊斯兰教的原则和思想是综合的，那些相信伊斯兰教思想仅仅局限在精神领域的人是荒谬的。伊斯兰是思想和荣誉、家庭和民族、宗教和国家、精神和工作、《古兰经》和剑的统一。”② 他强调，伊斯兰教是人类生活的终极之道，能有序地组织现世和来世的一切事务。伊斯兰的教义具有无限性，无条件地适用于全人类各个时间和地点，因为伊斯兰是“国家和祖国，政府和民族；是创造和力量，仁慈和公正；是文化和法律，科学和天命；是物质和财富，赢利和富裕；是圣战和宣教；也是忠诚的信仰和正确的崇拜。”其本质是“圣战和行动，是宗教和国家”。③

① ［英］伯纳德·路易斯：《现代土耳其的兴起》，范中廉译，北京：商务印书馆1982年版，第276页。

② Abd al-Motein Said Aly and Manfred W. Wenner, “Modern Islamic Reform Movements: the Muslim Brotherhood in Contemporary Egypt,” *The Middle East Journal*, Vol. 36, No. 3, 1982, p. 340.

③ 转引自杨灏城：“从哈桑·班纳的思想和实践看伊斯兰原教旨主义与世俗主义”，载《世界历史》1997年第6期，第3页。

班纳强调，伊斯兰教的许多教义经历代统治者和教法学家之手被弄得面目全非，因此必须回到经、训时代的原旨教义中去。在班纳看来，伊斯兰教从来就不存在宗教与国家、宗教与政治、宗教与社会的两分模式，而世俗化恰恰偏离了伊斯兰教的原初教义，这也正是伊斯兰社会走向衰落的原因所在。其他原教旨主义思想家尤其是穆斯林兄弟会的思想家也同样认为，“伊斯兰教是真主的纲领，是人类全面的生活制度，没有历史的局限性，适用于各个时间和地点，其教义是医治政治腐败、财政破产、道德沦丧和信仰不纯的唯一良方。穆斯林只有回到伊斯兰教中去，方能振兴。”①

其次，伊斯兰原教旨主义认为，源于西方的世俗化导致伊斯兰社会产生了种种弊端，必须加以摒弃和排斥。② 总体的原因包括：

第一，世俗化不符合伊斯兰文化传统。西方的现代化以世俗化为前提，而世俗化必然要把一种外来的西方社会伦理强加给东方的穆斯林社会，从而导致国家政治制度、经济制度、社会制度的异化。

第二，世俗化必然导致伊斯兰社会的殖民化。接受西方世俗化的现代化模式，在本质上就是接受西方的“殖民文化”，并势必导致伊斯兰国家丧失政治独立，成为西方的附庸，按照世俗化模式调整传统的社会结构，实际上是变相地使伊斯兰国家殖民地化。

第三，世俗化必然导致传统教育迷失方向。世俗化必然导致教育体系的混乱：一方面是源于西方、推崇科学和理性的现代世俗教育，另一方面是立足于本土文化传统，重视人文精神和宗教文化的伊斯兰教育。而世俗教育的推行必然导致伊斯兰传统伦理道德的丧失和社会文化的异化。

第四，世俗化导致了伊斯兰社会的政治危机。世俗化必然导致国家政治结构的调整，并导致亲西方的政治精英掌握国家政权，但他们却严重脱离了本土的伊斯兰政治文化传统和民众的政治认同，从而导致政治合法性的危机。

总之，民族主义坚持国家与宗教分离、法律与宗教分离、教育与宗教分

---

① 杨灏城、朱克柔主编：《当代中东热点问题的历史探索——宗教与世俗》，北京：人民出版社2000年版，第368页。

② 参见吴云贵：“伊斯兰教对国际政治影响评估”，载《西亚非洲》1996年第4期，第8页。

离的世俗化道路；而伊斯兰原教旨主义则坚持国家与宗教、法律与宗教、教育与宗教合一的伊斯兰化道路。伊朗学者纳贾维认为，民族主义与伊斯兰教对立的原因就在于民族主义内含了世俗主义，“民族主义与世俗主义紧密相连，强调政府与宗教分离、政治与信仰分离的必要性。民族主义的一个基本原则是拒绝与宗教联姻和接受世俗主义的原则。”① 这种观点也基本上反映了伊斯兰原教旨主义对待民族主义的思想看法。

① Ali Muhammad Naqavi, *Islam and Nationalism*, Tehran: Islamic Propagation Organization, 1984, p. 45.

专题 13

阿拉伯民族的三大特点及其对阿拉伯政治思潮的影响*

——以民族与宗教关系为视角的考察

【摘要】宗教性、整体性、地方性构成了阿拉伯民族的三大特点，并对近代以来的阿拉伯政治思潮产生了重要影响。阿拉伯民族的宗教性在伊斯兰复兴的三种典型思潮——伊斯兰改革主义、伊斯兰原教旨主义和泛伊斯兰主义中都得到了体现，导致了阿拉伯民族围绕民族认同与宗教认同关系的长期困惑。阿拉伯民族的整体性是泛阿拉伯民族主义的历史基础，强调民族认同高于宗教认同，对伊斯兰教既排斥限制又加以利用，构成了泛阿拉伯民族主义对待伊斯兰教的典型特征。阿拉伯民族的地方性特征是地方民族主义产生的历史基础，地方阿拉伯民族主义主张以地方认同和国家认同为基础，建构自身的民族认同，排斥和贬低泛宗教认同，并奉行反对政教合一的世俗主义主张。

从民族与国家关系的角度来看，“一族多国”构成了阿拉伯民族的典型特征。从中东与国际体系的关系看，其重要的外部原因在于，“帝国主义强

---

* 原载《国际观察》，2010 年第 3 期。

加给中东地区的国家边界导致了领土与认同之间突出的不一致性，并且导致了国家认同、次国家认同和超国家认同之间的激烈竞争。”① 在阿拉伯国家，超国家的泛阿拉伯民族认同、泛伊斯兰宗教认同一直对阿拉伯国家认同构成了严重困扰，国家主权规范（sovereignty norm）与超国家规范（suprastate norm）之间的矛盾，导致阿拉伯国家外交政策的制定始终体现了全球性的国家主权规范与地区的超国家规范的两面性。一方面，阿拉伯国家坚持捍卫他们各自的国家主权及其合法性，另一方面，阿拉伯国家又从阿拉伯—伊斯兰规范寻求其对外政策的合法性。② 造成这种局面的原因非常复杂，除殖民主义和帝国主义等外部因素的重要影响外，其内部原因之一即在于阿拉伯民族本身的复杂性以及受此影响产生的多元化政治思潮及其复杂关系的影响。

阿拉伯民族的复杂性直接导致了对阿拉伯民族的不同认识，并突出表现为围绕阿拉伯人是否是一个民族一直存在争议。根据相关学者的总结，在阿拉伯世界大致有四种观点：第一，认为世界上没有阿拉伯民族，只有伊斯兰民族。例如，里德旺·赛义德认为，“阿拉伯人由部落主义过渡到伊斯兰主义，没有经历过作为与众不同的人民或民族阶段。”第二，阿拉伯人不是一个民族，而是一个文化实体。例如，米里特·布特鲁斯·加利指出，“阿拉伯共同体是一个包括所有讲阿拉伯语诸民族的国际文化实体。……泛阿拉伯主义不能抹去这些民族中的每一个民族的特征和特点……”第三，阿拉伯人在历史上曾经是一个民族，但现在已经不是一个民族。例如，沙米尔·阿明认为，“阿拉伯世界只是在短暂的历史时期组成了一个民族。”“当阿拉伯世界的部分地区而不是所有地区被阿拉伯化时（如埃及），已构成若干民族，而其他地区尚未达到民族阶段，仍然是种族集团成员的混合物。”第四，多数阿拉伯学者认为，阿拉伯人是一个民族，但他们在阿拉伯民族形成的时间上认识不一。有人认为阿拉伯民族在伊斯兰教产生前的蒙昧时期就已经形成；有人认为阿拉伯民族形成于伊斯兰教诞生后的一个世纪内；有人认

---

① Raymond Hinnebusch, *The international politics of the Middle East*, Manchester and New York: Manchester University Press, 2003, p. 5.

② Korany, Bahgat, “The Dialectics of inter-Arab relations, 1967 – 1987,” in Abdullah Battah and Yehuda Lukas, eds, *The Arab-Israeli Conflict*: *Two Decades of Change*, Boulder: Westview Press, 1988, p. 165.

为阿拉伯民族的形成时期是倭马亚王朝。[①] 在笔者看来，以上分歧至少反映了如下几个问题：

第一，如何看待民族共同体与宗教共同体的关系。上述第一类观点只承认伊斯兰民族而否认阿拉伯民族的存在，其背后反映的是泛伊斯兰主义和伊斯兰原教旨主义以宗教认同否定民族认同、以宗教共同体否定民族共同体的思想倾向，同时也反映了阿拉伯民族在民族认同与宗教认同两种认同之间进行选择的思想困惑。

第二，如何看待阿拉伯民族的整体性、聚合性与地方性、差异性的关系。上述第二类观点否认阿拉伯人是一个民族，认为阿拉伯人仅仅是语言文化共同体，而不是民族共同体，同时特别强调“阿拉伯语诸民族”的地方特征；第三类观点虽承认阿拉伯民族曾在历史上存在，但同时特别强调了埃及等民族在阿拉伯化以前已经作为独立的民族而存在。这两种观点在本质上都强调阿拉伯人构成的地域性与差异性，事实上反映了地方阿拉伯民族主义的政治诉求。

第三，如何看待伊斯兰教在阿拉伯民族形成发展中的作用。上述第四类观点虽承认阿拉伯民族的存在，但又体现为多种不同的观点，其核心分歧在于围绕伊斯兰教在阿拉伯民族形成过程中的作用存在分歧。强调阿拉伯民族形成于伊斯兰教产生之前的观点，在很大程度上与阿拉伯民族主义具有一致性；强调阿拉伯民族形成于伊斯兰教产生之后的观点，或者反映的是阿拉伯民族主义以阿拉伯民族作为伊斯兰教创立者为荣的历史观，以及试图协调民族主义与伊斯兰教关系政治诉求；或者反映的是伊斯兰主义者坚持以伊斯兰教产生为标志划分“蒙昧时代”与“文明时代”的历史观，同时也是伊斯兰原教旨主义反对西方化、世俗化所造成的“新蒙昧主义”的历史依据。也就是说，即使是都承认阿拉伯民族形成于伊斯兰教产生之后的观点，在其历史观以及政治诉求上，依然可能表现为阿拉伯民族主义与伊斯兰主义两种不同的意识形态取向。

在阿拉伯民族存在与否及其与伊斯兰教的关系问题上，形成了充满争议的种种观点，在笔者看来，其原因主要在于其侧重点有所不同。在民族属性

---

① 杨灏城、朱克柔主编：《民族冲突与宗教争端——当代中东热点问题的历史探索》，北京：人民出版社1996年版，第2页。

上，有的观点侧重阿拉伯民族的整体性，有的观点侧重阿拉伯民族的地方性；在阿拉伯民族与伊斯兰教的关系问题上，有的强调民族认同与宗教认同的统一，有的强调民族认同高于宗教认同，有的强调宗教认同高于民族认同。上述观点在很大程度上都强调了阿拉伯民族某一方面的特征，并以此为出发点认识阿拉伯民族与伊斯兰教的关系。这种争议在近代以来的阿拉伯政治思潮中得到了具体的体现，并突出体现为阿拉伯政治思潮围绕民族与宗教关系的多元化观点。因此，笔者认为只有全面认识阿拉伯民族的特点，才能找到阿拉伯政治思潮多元化的历史基础。

本文认为，宗教性、整体性、地方性构成了阿拉伯民族的三大特点，从意识形态的角度看，它们在近代以来的阿拉伯政治思潮中分别对应着伊斯兰主义（包括泛伊斯兰主义与伊斯兰原教旨主义）、泛阿拉伯民族主义、地方阿拉伯民族主义三种典型政治思潮。这些思潮在其初期很难划分其界限，在其发展过程中不仅相互交叉、相互渗透，而且在各自内部又有多样化的表现形态。它们留给当代阿拉伯国家的沉重政治遗产之一，就是在阿拉伯民族国家建构过程中，始终存在着宗教、民族、国家三种群体认同的巨大张力，并表现在政治合法性、国家体制、意识形态、发展道路等领域的竞争态势。受篇幅所限，本文主要分析阿拉伯政治思潮围绕民族与宗教关系的内容进行分析。

阿拉伯民族的宗教性及其对阿拉伯政治思潮的影响

在伊斯兰教产生之前的“蒙昧时期”，阿拉伯社会最普遍的社会组织形式是以血缘关系为纽带的民族部落和部落联盟，“阿拉伯人尚未从部落发展成民族。”[①] 穆罕默德面对阿拉伯半岛阶级矛盾激化、社会道德堕落、部落战争频繁、外部威胁严重的社会现状，创立了伊斯兰教，并创立了穆斯林公

---

① 杨灏城、朱克柔主编：《民族冲突与宗教争端》，北京：人民出版社 1996 年版，第 5 页。

社——乌玛，结束了阿拉伯半岛混乱不堪和民族分裂的局面。在此过程中，“伊斯兰教是阿拉伯人期望结束半岛政治和经济危机的急切愿望在意识形态上的集中反映，对阿拉伯民族的形成和崛起起了重要作用。”[①] 在社会组织方面，“乌玛”构成了以宗教社团为表现形式的民族组织乃至国家的雏形，它“既是汇聚的人群，又是国家”；[②] 在民族意识和民族文化方面，“阿拉伯民族的政治、经济、信仰、意识、语言都深深打上了伊斯兰教的烙印，以致使对伊斯兰教的信仰成了阿拉伯民族的一个重要特征”。[③]

由此可见，阿拉伯民族与伊斯兰教的产生几乎是一个合二为一的过程。一方面，伊斯兰教把“向来散漫的阿拉比亚团结起来，使他们成为一个坚强的民族”；[④] 另一方面，通过阿拉伯民族的帝国扩张和传教活动，伊斯兰教逐步演变成世界宗教，并使许多民族因皈依伊斯兰教而阿拉伯化，成为阿拉伯民族的一部分。在此过程中，伊斯兰教通过对民族狭隘性的扬弃，突破部落、种族、语言、地域等障碍的限制，发展成为世界宗教。但世界宗教的普世性并不能完全祛除不同地区宗教信众及其文化的民族性，因此在世界宗教与民族的关系上，必然存在普世性与民族性的复杂关系。在伊斯兰教转变为世界宗教的过程中，有的民族虽皈依伊斯兰教，但仍保持了其民族特征，从而形成了包括阿拉伯、波斯、突厥、印巴、马来、黑非洲、中国西部地区等伊斯兰文化板块的伊斯兰文化圈。阿拉伯民族由此成为伊斯兰文化圈的核心组成部分，但已远非伊斯兰文化圈的全部。

在中世纪的普世帝国时期，宗教认同成为帝国的核心认同，民族认同与宗教认同并无矛盾。在包括阿拉伯民族在内的穆斯林的群体认同中，“宗教忠诚与民族认同意识相结合，形成‘双重忠诚’观念：首先要忠于真主及穆斯林共同体（乌玛，Umma），其次才是忠于民族和国家。”[⑤] 对真主的绝

① 杨灏城、朱克柔主编：《民族冲突与宗教争端》，北京：人民出版社 1996 年版，第 8 页。

② ［英］弗朗西斯·鲁滨逊主编：《剑桥插图伊斯兰世界史》，安维华、钱雪梅译，北京：世界知识出版社 2005 年版，第 8 页。

③ 王素色：“阿拉伯民族的形成”，载《社会科学探索》1995 年第 12 期，第 69 页。

④ ［美］希提：《阿拉伯通史》，马坚译，北京：商务印书馆 1979 年版，第 141 页。

⑤ 吴云贵：“伊斯兰教与民族主义”，载《世界经济与政治》1995 年第 4 期，第 3 页。

对信仰和对乌玛的忠诚，曾经是凝聚阿拉伯民族，继而团结所有穆斯林的认同纽带，并使民族认同与宗教认同在中世纪的阿拉伯帝国、奥斯曼帝国框架内得以统一。但是，当伊斯兰世界在近代因西方殖民统治而四分五裂，并最终因1923年凯末尔革命而使徒具象征意义的“乌玛”——奥斯曼帝国寿终正寝后，穆斯林世界因此陷入了深刻的认同危机。由于阿拉伯民族在伊斯兰世界的核心地位，这种危机无疑更加深刻。在奥斯曼帝国瓦解后，通过宗教复兴实现民族复兴构成了阿拉伯民族觉醒的典型特征。这在很大程度上根源于阿拉伯民族的宗教性，并突出表现为伊斯兰复兴的三种典型思潮——伊斯兰改革主义、伊斯兰原教旨主义和泛伊斯兰主义，它们对民族与宗教关系的认识显然都深受传统宗教认同的深刻影响，并不同于阿拉伯民族主义。

1. **伊斯兰改革主义（现代主义）**。在整个19世纪到20世纪初，以阿富汗尼、穆罕默德·阿布杜、穆罕默德·拉希德·里达等穆斯林思想家为代表的伊斯兰改革主义，在民族与宗教关系的认识上具有典型的混合性特征，它对民族认同与宗教认同尚未进行明确的区分与剥离，其典型特点“是企盼通过复兴信仰来达到民族的复兴。”① 例如，阿富汗尼从最初反对民族主义到承认民族主义有利于阿拉伯民族复兴的转变；② 主张“民族团结”与“伊斯兰团结”同样重要，并倡导泛伊斯兰主义③。又如，里达一方面强调伊斯兰社团是由阿拉伯穆斯林组成的“乌玛”（不包括土耳其穆斯林），只有阿拉伯人才能肩负起“穆斯林统一”；④ 但另一方面，在阿拉伯复兴的最终归宿即建立政治组织方面，他又转向了实行伊斯兰教法的“伊斯兰国家”。⑤由此可见，伊斯兰改革主义在群体认同方面具有典型的混合性，“阿拉伯主

---

① 吴云贵：《近代伊斯兰运动》，北京：中国社会科学出版社1994年版，第2页。

② 陈嘉厚主编：《现代伊斯兰主义》，北京：经济日报出版社1998年版，第101页。

③ Sylvia G. Haim, ed., *Arab Nationalism, An Anthology*, Berkeley & Los Angeles: University of California Press, 1964, pp. 14 - 15.

④ Ibid., pp. 22 - 23.

⑤ 吴云贵、周燮藩：《近现代伊斯兰教思潮与运动》，北京：社会科学文献出版社，2000年版，第254—255页。

义是用伊斯兰的语言加以阐释的，而且与伊斯兰复兴有着不可分割的联系。”①

伊斯兰改革主义在很大程度上构成了近代以来中东地区两大政治思潮——阿拉伯民族主义、伊斯兰复兴主义的共同的思想之源。一方面，它包含了具有宗教色彩的民族主义思想的萌芽，“这种改革主义的遗产与阿拉伯东方、阿拉伯西方（北非）、印度次大陆的民族主义运动有着直接的联系。”② 另一方面，它又强调伊斯兰传统的一面，进而为伊斯兰复兴主义提供了思想来源，如阿富汗尼的泛伊斯兰主义思想，对于后来泛伊斯兰主义的发展产生了不可低估的影响；穆罕默德·阿布杜强调捍卫伊斯兰教的正统性和纯洁性，拉希德·里达主张建立“伊斯兰国家”，都对伊斯兰原教旨主义产生了深刻影响。

2. **伊斯兰原教旨主义**。埃及穆斯林兄弟会的两位重要领导人哈桑·班纳、赛义德·库特布，作为伊斯兰原教旨主义的重要理论家，在如何看待民族主义与伊斯兰教的关系上提出了一系列政治主张，对世俗阿拉伯民族主义进行了批判，以回应民族主义的冲击与挑战，并突出表现在以宗教认同否定民族认同、以真主主权抗拒国家主权、以伊斯兰化取代世俗化三个方面。③

3. **泛伊斯兰主义**。泛伊斯兰主义的思想根基在于对超越种族、民族和地域的宗教共同体乌玛的信仰。从这种广泛意义上讲，泛伊斯兰主义始于伊斯兰教的产生，④ 其最根本的主张是所有的穆斯林都属于一个“穆斯林民族。”原教旨主义在乌玛认同以及重建乌玛的努力方面与泛伊斯兰主义有密切联系，但二者并不能简单地等同。因为进入当代以后，泛伊斯兰主义更多地成为沙特等伊斯兰国家对外政策的重要工具，成为官方伊斯兰的重要形式；而伊斯兰原教旨主义尤其是穆斯林兄弟会及其在各国的分支机构，主要表现为以重建伊斯兰国家为目的政治反对派，成为民众伊斯兰的重要形式。

---

① Basheer Nafi，Nationalism vs Islam，http：//english. aljazeera. net/focus/arabunity/2008/02/200852519420197834. html

② John L. Esposito，*Islam and Politics*，New York，Syracuse University Press，1984，p. 57.

③ 详细论述刘中民：“伊斯兰原教旨主义对民族主义的思想挑战”，载《世界民族》2001 年第 6 期。

④ 吴云贵、周燮藩：《近现代伊斯兰教思潮与运动》，北京：社会科学文献出版社 2000 年版，第 307 页。

如果从民族与宗教的关系来看，在不同的历史时期，泛伊斯兰主义有不同的表现形态，它同阿拉伯民族主义的关系也各不相同。

第一，早期的泛伊斯兰主义。它是伊斯兰改革主义的重要组成部分，如阿富汗尼主张穆斯林“必须团结在一起组成一个强大的统一的反欧阵线”，强调伊斯兰教是“穆斯林之间联系的唯一纽带”和“忠诚的核心”，它有助于“产生和保持一个强大稳定的国家。”因此，早期的泛伊斯兰主义与阿拉伯民族主义在目标上具有一致性，“企望以共同的宗教感情为纽带加强全世界穆斯林的团结互助，结成广泛的反殖民主义统一战线。”①

第二，奥斯曼帝国解体到二战结束前的泛伊斯兰主义。奥斯曼帝国晚期力图利用泛伊斯兰主义维系帝国的统治，② 其后的青年土耳其党人也利用泛伊斯兰主义，推行泛奥斯曼主义和泛突厥主义。此后，土耳其凯末尔革命的成功宣告了泛伊斯兰主义的破产。在此过程中，部分保守的思想家对奥斯曼帝国作为穆斯林政治组织的崩溃感到失望和惋惜，如里达主张阿拉伯人应肩负起重建乌玛，实现“穆斯林统一”的历史使命；而更多的思想家虽强调阿拉伯民族与伊斯兰教的密切联系，但对泛伊斯兰主义进行了强烈批判，主张“以泛阿拉伯团结来代替泛伊斯兰团结作为联系民众的纽带，以现代民族认同来代替传统的宗教认同”③ 从而极大地削弱了泛伊斯兰主义的政治影响。

第三，战后的泛伊斯兰主义。由于伊斯兰世界民族国家体系的形成和民族主义的高涨，战后的伊斯兰主义已经不同于历史上以重建哈里发制度为目标的泛伊斯兰主义，而主要体现为主张加强伊斯兰国家间团结、互助与合作的泛伊斯兰主义。④ 在此过程中，沙特等传统的伊斯兰国家以泛伊斯兰主义为手段抗衡纳赛尔的泛阿拉伯民族主义，并通过 1926 年成立的世界穆斯林

---

① Sylvia G. Haim, ed., *Arab Nationalism, An Anthology*, Berkeley & Los Angeles: University of California Press, 1964, p. 9.

② Jacob M. Landau, *The Politics of Pan Islam, Ideology and Organization*, Oxford: Clarendon Press, 1990. p. 37.

③ 吴云贵、周燮藩：《近现代伊斯兰教思潮与运动》，北京：社会科学文献出版社 2000 年版，第 307 页

④ 吴云贵、周燮藩：《近现代伊斯兰教思潮与运动》，北京：社会科学文献出版社 2000 年版，第 320 ~ 321 页。

大会、1962 年成立的伊斯兰世界联盟、1971 年成立的伊斯兰国家首脑会议广泛施加对伊斯兰世界的影响。① 从战后泛伊斯兰主义与民族主义的关系看，有两点值得注意：首先，在民族认同与宗教认同方面，泛伊斯兰主义仍然非常重视强调“穆斯林民族”的统一性，伊斯兰统一的思想也从未消失，但是它主要以维护伊斯兰世界的团结、协作为主要形式，而不再直接谋求政治统一。其次，1967 年第三次中东战争导致阿拉伯民族主义衰落，泛伊斯兰主义作为伊斯兰复兴的重要形式，在阿拉伯乃至整个伊斯兰世界的地位不断上升。

阿拉伯民族的整体性及其对阿拉伯政治思潮的影响

尽管在阿拉伯世界内外都有人对阿拉伯人是否是一个民族存有疑问，但是，阿拉伯民族在语言、历史、文化、宗教等方面的广泛一致性，在群体认同方面的强烈的民族意识与民族自豪感都是不容否认的现实。历史表明，阿拉伯民族整体性的形成是伴随伊斯兰教的传播和帝国扩张，通过西亚北非诸民族群体的阿拉伯化和伊斯兰化而完成的。根据学者的详尽历史考察，自伊斯兰教产生后，阿拉伯人经过两个时期逐步发展为一个民族。第一，从穆罕默德创教到倭马亚王朝，是阿拉伯民族初步形成时期；第二，阿拉伯民族同化和融合其他民族，并使阿拉伯民族扩大的时期。这一时期是指在阿拉伯民族形成后的二三百年间或者更长的时期内，从波斯湾到大西洋的诸多民族，大多通过自然同化或强制同化，逐渐和阿拉伯民族融合，进而“形成一个以阿拉伯语为母语，具有共同心理素质的新的阿拉伯民族。”② 因此，有学者指出，“同一性”构成了阿拉伯民族特征的一个重要方面，并体现为共同

---

① 金宜久主编：《伊斯兰教与世界政治》，北京：社会科学文献出版社 1996 年版，第 166 ~ 199 页。

② 杨灏城：“阿拉伯民族的特性与阿拉伯国家与人民的合与分”，载《世界历史》1994 年第 5 期，第 20 页。

的历史、语言、宗教、文化等。[①] 因此，完全否认阿拉伯民族的整体性显然不符合历史现实。

如本文的开始所述，有观点认为，即使阿拉伯民族是一个民族，它也是在历史上曾经存在，但随后却随着阿拔斯王朝建立不久后开始的帝国分裂而不复存在。事实上，帝国的分裂并不意味着阿拉伯民族的消亡。因为“伊斯兰化、阿拉伯化和民族融合并未因阿拉伯帝国的分裂而中断。相反，它仍以强劲的势头在进行。”[②] 历史事实表明，在阿拔斯王朝下分立的 20 多个独立、半独立的王朝中，许多地方王朝的中心都是弘扬阿拉伯—伊斯兰文化的重要中心。正是由于光辉灿烂的阿拉伯文化这一维系阿拉伯人心理认同的纽带，使阿拉伯民族能够承受住 900 余年分裂状况而得以延续。[③] 在奥斯曼帝国统治时期，阿拉伯民族依然保留了语言、文化、宗教等民族特性，从而为近代阿拉伯民族主义的产生和发展奠定了历史基础。

事实上，阿拉伯民族所具有的共同语言、宗教、历史、文化和共同地域等共性特征，恰恰是 19 世纪下半叶泛阿拉伯民族主义产生的历史与社会土壤。早期的阿拉伯民族主义主要表现为文化民族主义，以主张推广使用阿拉伯语，复兴阿拉伯传统文化等为主要特征。从 20 世纪初到二战结束前，泛阿拉伯民族主义发展成为以建立统一阿拉伯国家为目标的政治运动，并产生了阿布德·拉赫曼·卡瓦克比、康士坦丁·祖莱克、阿布德·拉赫曼·巴扎兹、萨堤·胡斯里、米歇尔·阿弗拉克等一批阿拉伯民族主义思想家。二战结束的当年，阿拉伯国家联盟年宣告成立，成为战后阿拉伯世界的第一个泛阿拉伯组织。

在 20 世纪 50 ~ 60 年代，埃及总统纳赛尔和叙利亚阿拉伯复兴社会党积极推动泛阿拉伯联合，产生了形形色色的阿拉伯联合的形式，并对阿拉伯国家的关系产生了重要影响。当然，不容否认的是，由于某些国家及其领导人以泛阿拉伯民族主义为名，争夺阿拉伯世界的领导权，干涉其他国家的内政，不仅未能有效促进阿拉伯国家的团结，而且加剧了阿拉伯世界的分裂，

---

① 王京烈：“论阿拉伯国家的合与分”，载《西亚非洲》1992 年第 4 期。

② 杨灏城：“阿拉伯民族的特性与阿拉伯国家与人民的合与分”，载《世界历史》1994 年第 5 期，第 21 页。

③ 王京烈：“论阿拉伯国家的合与分”，载《西亚非洲》1992 年第 4 期。

导致许多阿拉伯国家的政治联合昙花一现便惨遭失败。但是，许多阿拉伯世界国际组织的建立和发展还是取得了不少的成就，尤其是阿拉伯国家联盟、阿拉伯石油输出国组织和海湾合作委员会，在世界政治经济中对维护阿拉伯国家的利益，促进阿拉伯国家的团结发挥了重要的作用，这些组织的重要根基无疑来自于阿拉伯民族这一重要的联系纽带。

如何处理与伊斯兰教的关系，一直是阿拉伯民族主义思想与实践所面临的一个重要问题，对伊斯兰教既排斥限制，又加以整合与利用，构成了泛阿拉伯民族主义对待伊斯兰教的典型特征。在民族与宗教的关系问题上，阿拉伯民族主义试图解决的问题主要包括：

第一，在群体认同方面试图明确区分民族认同与宗教认同，并将民族认同作为阿拉伯民族统一的认同基础。例如，拉巴斯认为阿拉伯人的历史并非是伊斯兰教的历史，伊斯兰教实际上是阿拉伯人的民族宗教；[①] 阿拉伊利把语言、利益、地理环境、血缘关系、历史和风俗作为民族构成的六个要素，而把宗教排除在民族的构成要素之外；[②] 胡斯里认为民族最强有力、最有效的纽带是共同的语言和共同的历史，而血缘、经济生活、地域、宗教等并不是民族构成的主要因素；[③] 都表达了以民族认同取代宗教认同的思想努力。

第二，在宗教与世俗的关系上，提出了宗教与政治分离的政治主张。例如，阿佐利主张建立独立的阿拉伯民族国家，确立宗教与世俗二元分离的统治体制；[④] 阿拉伊利主张宗教的社会功能应局限在精神和道德领域，并不应与民族主义相抵触。[⑤]

第三，协调与伊斯兰教的关系，并使伊斯兰教能够服务于阿拉伯民族主义。例如，祖莱克、巴扎兹、阿弗拉克等阿拉伯民族主义思想家，都强调阿拉伯民族主义与伊斯兰教之间并没有矛盾，伊斯兰教作为阿拉伯民族的信仰

---

① Sylvia G. Haim, ed., *Arab Nationalism, An Anthology*, Berkeley & Los Angeles: University of California Press, 1964, p. 103.

② Ibid., pp. 120 – 121.

③ 彭树智："论萨提·胡斯里的泛阿拉伯民族主义"，载《西亚非洲》1992 年第 2 期，第 31 页。

④ Sylvia G. Haim, ed., *Arab Nationalism, An Anthology*, Berkeley & Los Angeles: University of California Press, 1964, pp. 81 – 82.

⑤ 彭树智：《东方民族主义思潮》，西安：西北大学出版社 1992 年版，第 353 页。

应该成为阿拉伯民族主义的基础。[①]

第四，反对泛伊斯兰主义的“穆斯林统一”，倡导阿拉伯民族主义的“阿拉伯统一”。对泛伊斯兰主义和泛阿拉伯民族主义关系作出最为系统论述的当数胡斯里。他提出了民族共同体优于和高于宗教共同体（乌玛）、阿拉伯统一优于和高于穆斯林统一等主张，并倡导以阿拉伯统一取代穆斯林统一。[②]

阿拉伯民族的地方性及其对阿拉伯政治思潮的影响

在历史上，中东是一个帝国丛生、文明交汇、具有地缘政治破碎性的地区，任何帝国都很难实现其统治的高度统一。在中东的历史舞台上，“出现了一个接一个的帝国，每个帝国都把越来越多的地方置于自己控制之下。但由于地方分裂主义和交通的迟滞，总是不断感到保持统一的困难。”[③] 伊斯兰教的创立和阿拉伯帝国的建立，尽管促进了阿拉伯民族的形成，并在一定时期内维持了帝国的统一，但是远没有将阿拉伯世界的广大地区融合成为一个统一的政治实体。在阿拉伯帝国中后期以及奥斯曼帝国体制下，阿拉伯民族各地缘文化板块形成了严重的地方分权和群雄割据的局面。进入近代后，西方殖民列强对阿拉伯世界的入侵和瓜分，进一步加剧了阿拉伯世界的分裂，使阿拉伯世界分化成阿拉伯半岛、“新月地带”（地中海东部地区）、马格里布地区等地缘文化板块。[④]

---

① Sylvia G. Haim, ed., *Arab Nationalism*, *An Anthology*, Berkeley & Los Angeles: University of California Press, 1964, p. 167, p. 72, pp. 242 – 243.

② 刘中民：“萨提·胡斯里的阿拉伯民族主义与伊斯兰教”，载《阿拉伯世界研究》2007年第1期。

③ ［美］乔治·E·柯克：《中东简史》（上册），武汉大学翻译组译，武汉：湖北人民出版社1975年版，第7页。

④ 张明举：“中东—阿拉伯世界政治格局形成的历史根源”，载《西亚非洲》1986年第2期，第52～53页。

从伊斯兰教与阿拉伯民族的相互影响来看，阿拉伯民族的部落主义传统以及地方性特点与伊斯兰教的教派斗争交互影响，加剧了阿拉伯民族的内部分裂，进而使地方性、差异性构成了阿拉伯民族的一个重要特征。在阿拉伯史专家希提看来，崇尚个人主义和宗派主义构成了阿拉伯传统社会的典型特征。“伊斯兰教兴起后，随着阿拉伯人性格的发展，个人主义和宗派主义这两个非社会的特征，没有消灭，反而暴露出来，终于成为伊斯兰教各国分裂和灭亡的决定性因素之一。”①

首先，阿拉伯社会的部落特征一直贯穿于阿拉伯伊斯兰社会的历史中，构成了导致阿拉伯帝国和伊斯兰教内部分裂的重要因素。在四大哈里发时期，围绕哈里发职位的斗争与南北阿拉伯人的斗争有着密切的关系；在倭马亚王朝时期，南北阿拉伯人围绕帝国领导权的斗争以及分裂活动此起彼伏；在阿巴斯王朝时期，阿拉伯民族与帝国的分裂以地方割据的形式表现得更加突出。据史料记载，阿拔斯王朝虽然延续了500年的时间，但是，还在这个帝国建立之初，便“在哈里发帝国的中心及其周围，兴起了雨后春笋般无数的王朝和准王朝”。② 以战乱四起的马格里布地区为例，在8～16世纪涌现出的地方王朝就多达13个之多。③ 纵观阿拉伯世界约1400年的历史，其统一的时间很短，约100年，而分裂的时间则长达近1300年。④ 造成这种局面的原因是复杂多样的，但阿拉伯部落特征的积弊无疑构成了导致阿拉伯伊斯兰帝国分裂的重要因素。

其次，伊斯兰教教派矛盾作为阿拉伯民族内部分裂在意识形态上的反映，进一步加剧了阿拉伯民族的分裂。尽管《古兰经》不断以“统一”（21：92）、“不要自己分裂”（3：103）、“不要为正教而分别门户”（42：43）等教导其追随者，但伊斯兰教的分裂从穆罕默德逝世时便已经开始。历史表明，伊斯兰教教派的产生和统一的穆斯林公社的分裂，以及各教派的长期斗争，对阿拉伯民族的分裂产生了重要影响。“伊斯兰教的分裂和不同

---

① ［美］希提：《阿拉伯通史》，马坚译，北京：商务印书馆1979年版，第29页。

② 同上，第579～580页。

③ 杨灏城：“阿拉伯民族的特性与阿拉伯国家与人民的合与分”，载《世界历史》1994年第5期，第21页。

④ 杨灏城、朱克柔主编：《民族冲突与宗教争端》，北京：人民出版社1996年版，第40页。

教派的长期对立显然加剧了阿拉伯世界的分裂，扩大了中东—阿拉伯社会结构的异质程度，阻碍了这一地区的人们向一个统一民族发展的进程。”①

阿拉伯民族的地方性特征与近代以来西方殖民统治的人为分割交互作用，造成了阿拉伯世界的进一步分裂，使得阿拉伯民族解放运动及民族国家的建立具有典型的区域性特征，并且在此过程中形成了与泛阿拉伯民族主义相对应的地方阿拉伯民族主义。在殖民统治时期，英国、法国、意大利各自控制了部分阿拉伯国家和地区，阿拉伯国家的独立基本上是在两次世界大战的前后，通过反对各自地区的殖民统治得以完成的。随着阿拉伯民族国家体系的形成，历史上的地方阿拉伯民族主义在很大程度上被各个民族国家的民族主义所取代，在民族国家建构的过程中，如何处理国家认同与泛民族认同、泛宗教认同的关系成为阿拉伯国家独立后面临的迫切政治任务。

阿拉伯民族的地方性特征和非殖民化进程中形成的“一族多国”的现实，是地方民族主义和“国家民族主义”② 产生的历史基础。这类民族主义在战前和战后初期主要表现为地方阿拉伯民族主义，其着眼点主要在于实现以某一国家为主导的地区统一，如埃及致力于实现与苏丹的统一，叙利亚致力于建立包括黎巴嫩的大叙利亚国家。在战后尤其 20 世纪 60 年代末，伴随阿拉伯国家民族独立的相继实现和第三次中东战争后泛阿拉伯民族主义的衰落，强调国家认同与国家利益的国家民族主义开始上升。埃及从泛阿拉伯民族主义转向国家民族主义，并与以色列单独媾和是这一变化的重要标志。无论是地方阿拉伯民族主义，还是独立后阿拉伯各国的民族主义，在民族与宗教关系的问题上都具有如下特点：

第一，以地方认同和国家认同为基础，建构自身的民族认同。如埃及的民族主义思想家利法阿·塔赫塔维提出了埃及人为一个民族的论断；③ 艾哈

---

① 张明举：“中东—阿拉伯世界政治格局形成的历史根源”，载《西亚非洲》1986 年第 2 期，第 55 页。

② “国家民族主义”是以民族国家作为其力量和组织载体，在国际关系领域确认、捍卫和维护民族国家利益和主权独立，乃至扩张自己国家利益的民族主义思想。参见刘中民等：《民族主义与当代国际政治》，北京：世界知识出版社 2006 年版，第 71 页。

③ Sylvia G. Haim, ed., *Arab Nationalism, An Anthology*, Berkeley & Los Angeles: University of California Press, 1964, p. 68.

迈德·卢特非·赛义德明确提出“埃及是埃及人的埃及”，埃及人民包括埃及穆斯林以及信奉基督教的科普特人；[①] 陶菲格·哈基姆甚至否认埃及民族的阿拉伯属性。[②] 叙利亚民族主义者安东·萨阿德指出，叙利亚是一个独立的民族和无法分割的社会，叙利亚属于叙利亚人，叙利亚民族的使命是建立一个主权独立的民族国家。[③] 阿拉伯国家在取得民族独立后，在国家认同方面，也力图实现“基于共同认同的民族文化和‘公民神话’的发展”，各国高度重视发掘包括前伊斯兰时期在内的民族文化，重视历史研究和考古发掘，以及博物馆建设，如埃及、伊拉克十分重视对古代史的研究，并将大量古代符号（埃及的法老文明和伊拉克的巴比伦文明）运用于现实之中，旨在培养共同的民族认同。[④]

第二，排斥和贬低泛宗教认同。如埃及的塔赫塔维明确区分了宗教与民族作为社会组织形式的区别，主张民族优先于宗教；[⑤] 卢特非强调埃及民族应以其对祖国埃及的热爱和忠诚为基础，“把对宗教的、伊斯兰的忠诚转化为对祖国、国家和民族的忠诚”，[⑥] 并对泛伊斯兰主义进行了无情的批判；陶菲格·哈基姆认为，“埃及的民族存在独立于阿拉伯人、穆斯林、基督徒和整个世界”。[⑦] 叙利亚的安东·萨阿德坚决主张民族主义必须和泛宗教认同决裂，“民族主义和民族国家都不能以宗教为基础”。[⑧]

---

① Albert Hourani, *Arab Thought in the Liberal Age*, London, 1962, p. 69.

② Israel Gershoni and James P. Jankowski, *Egypt*, *Islam*, *and the Arabs*, *The Search for Egyptian Nationhood*, *1900 – 1930*, Oxford University Press, 1986, p. 99.

③ Bassam Tibi, *Arab Nationalism*, *A Critical Enquiry*, edited and translated by Marion Farouk-Sluglett and Peter Sluglett, The Macmillan Press LTD, 1981, p. 168.

④ 黄民兴：“论20世纪中东国家的民族构建问题”，载《西亚非洲》2006年第9期，第16页。

⑤ Sylvia G. Haim, ed., *Arab Nationalism*, *An Anthology*, Berkeley & Los Angeles: University of California Press, 1964, p. 61.

⑥ John L. Esposito, *Islam and Politics*, New York: Syracuse University Press, 1984, pp. 64 – 65.

⑦ Israel Gershoni and James P. Jankowski, *Egypt*, *Islam*, *and the Arabs*, *the Search for Egyptian Nationhood*, *1900 – 1930*, Oxford University Press, 1986, p. 99.

⑧ Kamal H. Karpat, *Political and Social Thought in the Contemporary Middle East*, New York: Frederick A. Praeger, 1968, pp. 89 – 90.

第三，强调世俗主义，反对政教合一。如埃及民族主义思想家塔哈·侯赛因明确主张宗教和政治分离，主张根据民族主义思想建立一个非宗教的政府，埃及的出路在于“民主的、世俗的改革方案”。① 叙利亚民族主义思想家萨阿德更加明确地主张政教分离，严禁教士干预政治。②

通过上述分析不难发现，阿拉伯民族的宗教性决定了近代以来阿拉伯世界的政治思潮均无法回避如何处理各自与伊斯兰教的关系这一历史性课题，形形色色的伊斯兰思潮均不同程度地倡导宗教复兴，并排斥民族主义；阿拉伯民族的整体性和地方性分别构成了泛阿拉伯民族主义和地方阿拉伯民族主义的历史基础，各种民族主义思潮虽强调与伊斯兰教的联系，但更侧重民族认同并排斥宗教认同。因此，阿拉伯世界的政治思潮在群体认同、国家建构、社会发展道路方面围绕如何处理宗教与民族的关系，形成了两大发展方向，一个方向是包括伊斯兰原教旨主义和泛伊斯兰主义等形式的伊斯兰复兴思想，另一个方向是包括泛阿拉伯民族主义和地方阿拉伯民族主义的民族主义思想。它们之间既存在相互联系、相互融合的一面，也存在相互排斥、矛盾斗争的一面，并对阿拉伯国家的政治发展与国际关系产生了深刻的影响。从政治发展的层面看，突出表现为阿拉伯国家在政治合法性、意识形态、政治制度等方面始终交织着民族主义与伊斯兰主义的矛盾斗争；从国际关系层面看，突出表现为地方（国家）民族主义、泛阿拉伯主义、泛伊斯兰主义之间的复杂矛盾斗争。

---

① John L. Esposito, *Islam and Politics*, New York: Syracuse University Press, 1984, p. 6.

② Sylvia G. Haim, ed., *Arab Nationalism, An Anthology*, Berkeley & Los Angeles: University of California Press, 1964, p. 170.

专题14

阿富汗尼伊斯兰改革主义的双重历史遗产*

——民族主义与伊斯兰复兴主义

【摘要】阿拉伯民族主义和伊斯兰复兴主义构成了阿富汗尼伊斯兰改革主义留给后世的双重历史遗产。阿富汗尼的民族主义思想主要体现为反对专制的自由民族主义思想；以伊斯兰教为团结纽带反对西方殖民侵略的思想；强调保持民族文化和实现民族团结的思想。伊斯兰复兴主义思想主要体现为强调净化信仰对于伊斯兰复兴的重要性；提倡理性，强调重启伊斯兰教的"创制"大门；以泛伊斯兰主义拯救伊斯兰世界。由于伊斯兰改革主义具有传统主义与现代主义兼有的二元特征，其思想中的现代主义和传统主义分别构成了阿拉伯民族主义和伊斯兰复兴主义的思想源泉。

哲马路丁·阿富汗尼（Jamal a1-Din al-Afghani，1838～1897）是19世纪穆斯林世界最负盛名的思想家、哲学家和改革家，泛伊斯兰主义理论的创始人，其"活动与思想对于激发东方穆斯林的革命热情和以全新的态度对

* 原载《宁夏社会科学》2009年第5期。

待政治产生了深刻的影响。"[1] 阿富汗尼生存的年代正值伊斯兰世界走向衰落的19世纪中后期，他一生的活动极其广泛，足迹遍布阿富汗、埃及、法国、俄罗斯，终生致力于宣传和推行伊斯兰改革主义和泛伊斯兰主义。阿富汗尼的政治思想具有鲜明的混合性特征，对此，美国学者埃斯波西托（John L. Esposito）指出："反对帝国主义、主张阿拉伯统一、泛伊斯兰主义和立宪主义是它留传后世的精神财富的主要部分。"[2] 阿富汗尼的伊斯兰改革主义在很大程度上构成了近代以来中东地区两大政治思潮——阿拉伯民族主义、伊斯兰复兴主义的共同思想之源，阿拉伯民族主义和伊斯兰复兴主义构成了阿富汗尼伊斯兰改革主义留给后世的双重历史遗产。

阿富汗尼的生平概况

关于阿富汗尼的出生地有不同的说法。如有的文献认为阿富汗尼出生于阿富汗喀布尔附近的名门之家；[3] 有的文献认为阿富汗尼出生于伊朗西北部哈马丹市附近的艾斯达巴兹村一个德高望重的家庭。[4] 因此，至今仍没有关于其出生地统一的说法。尽管阿富汗尼本人并非阿拉伯人，关于其究竟是伊朗人还是阿富汗人也有争论，有人"甚至说他绝不是阿拉伯民族主义者"，但是这并不影响我们探讨其思想对于阿拉伯民族主义的影响，因为"许多阿拉伯民族主义者都承认自己受过他的理论熏陶。"[5]

阿富汗尼自幼学习阿拉伯文和《古兰经》，后求学于德黑兰及伊拉克什

---

① Sylvia G. Haim, ed., *Arab Nationalism, An Anthology*, Berkeley & Los Angeles: University of California Press, 1964, Introduction, p.7.

② ［美］J. L. 埃斯波西托：《伊斯兰威胁：神话还是现实》，东方晓等译，北京：社会科学文献出版社1999年版，第72页。

③ 彭树智主编：《伊斯兰教与中东现代化进程》，西安：西北大学出版社1997年版，第73页。

④ 张秉民主编：《近代伊斯兰思潮》，银川：宁夏人民出版社1998年版，第78页。

⑤ 彭树智："从伊斯兰改革主义到阿拉伯民族主义"，载《世界历史》1991年第3期，第165页。

叶派圣地纳贾夫等地，学习阿拉伯文的各种知识、语法、修辞，通读历史书籍，了解掌握伊斯兰教法、伊斯兰教义、苏菲思想、逻辑学、政治学、神学，广泛涉足数学、工程学、医学及解剖学等领域。除阿拉伯语外，阿富汗尼还通晓阿富汗语、土耳其语、波斯语、法语和英语5种语言。

1858～1865年，阿富汗尼旅居印度，因目睹英国殖民者对印度的侵略暴行，萌生了通过加强伊斯兰民族团结，实现民族复兴的泛伊斯兰主义的初步构想。在印度期间，他还了解到西方近代科学的发展，并且认识到西方的强盛在于科学技术的发达。他逐步认识到，穆斯林民族恢复昔日荣耀的出路在于学习科学知识。此后，阿富汗尼曾到沙特的希贾兹地区朝觐，并到麦加等地游历，在穆斯林虔诚宗教信仰的感召下，泛伊斯兰主义的思想进一步加强。

1866～1868年间，阿富汗尼移居阿富汗，一度担任首席大臣职位，并且创办《喀布尔报》宣传反英思想，同时实践其改革思想。在阿富汗阿扎姆汗（1867～1868年在位）政权被推翻后，阿富汗尼于1869年取道印度去埃及，随后转赴奥斯曼帝国首都伊斯坦布尔，时逢奥斯曼帝国推行现代改良主义运动，阿富汗尼的改革主张受到王室中"现代改良派"的欢迎。但后来被保守势力以"诋毁"伊斯兰教正宗信仰的罪名驱逐出境，于1871年赴埃及。

在埃及的8年（1871～1879）间，"他直接参加了阿拉伯国家的民族运动，并给这个运动以深远的思想政治影响。"① 在埃及期间，他任教于爱资哈尔大学，对于埃及知识界民族意识的觉醒发挥了重要的作用，唤起了一批富有爱国心的有识之士，如穆罕默德·阿布杜（Muhammad Abduh，1849～1905）、赛阿德·扎格鲁勒（Sad Zaghul，1860～1927）等埃及民主主义政治家、思想家。② 他通过创办报纸，反映埃及人民的苦难，讴歌自由平等；他同情和支持阿拉比（1841～1911年）领导的民族起义，并且成为埃及"民族党"的领袖。1879年，阿富汗尼遭埃及政府驱逐，被迫离开埃及，转赴孟买。在印度期间，阿富汗尼埋头著述，撰写了《驳自然主义者》、

① 彭树智："从伊斯兰改革主义到阿拉伯民族主义"，载《世界历史》1991年第3期，第166页。

② 张秉民主编：《近代伊斯兰思潮》，银川：宁夏人民出版社1998年版，第80页。

《哲学的益处》、《人类幸福与痛苦的真正根源》、《答无神论者》等著名论文。①

埃及阿拉比起义爆发后，阿富汗尼迁往加尔各答，后经伦敦旅居巴黎，同其学生阿布杜共同创办了《团结报》，宣传泛伊斯兰主义，号召全世界穆斯林联合起来，共同反对欧洲殖民主义者。在此期间，他还游历了许多国家，到过伊朗的伊斯法罕和德黑兰，两次访问俄罗斯，积极宣传其改革主张。后因在伊朗召开秘密会议，筹划建立共和制政府，被伊朗国王遣送到什叶派圣城库姆，不久又被押到边境地区，度过了一段流放生活。1892 年，阿富汗尼到达伦敦，后来应土耳其苏丹阿布杜·哈米德（Abduh Hamid）二世的邀请到伊斯坦布尔访问。由于他倡导的泛伊斯兰主义与苏丹哈米德二世利用泛伊斯兰主义加强自身专制统治的目的截然不同，因而与土耳其王室发生矛盾。因受宫廷中保守势力迫害，阿富汗尼从此失去政治和人身自由，直至 1897 年逝世于伊斯坦布尔。

阿富汗尼思想中的民族主义成分及其评价

阿富汗尼对待民族主义与伊斯兰教关系的态度经历了一个变化的过程。最初，他并不接受民族主义的观念，认为“穆斯林的宗教就是他们的国籍”，“他们不需要民族主义，并且应从自己的心目中把它抹掉。统治权仅属于崇高伟大的安拉。”② 后来，他在反对殖民主义和国王专制统治的政治实践中，逐渐认识到民族主义的存在及其作用，但仍坚持“宗教信仰的联系高于民族和语言的联系”。后来，阿富汗尼的思想再次发生变化，他开始承认泛伊斯兰主义和民族主义二者都具有制服敌人的威力，“民族主义也是

① 张秉民主编：《近代伊斯兰思潮》，银川：宁夏人民出版社 1998 年版，第 80～81 页。

② 穆罕默德·阿马拉：《贾麦勒丁·阿富汗尼——东方唤醒者和伊斯兰哲学家》，开罗：东升出版社 1988 年版，第 130、138 页。转引自陈嘉厚主编：《现代伊斯兰主义》，北京：经济日报出版社 1998 年版，第 101 页。

安拉赋予人类的一种天性"，并"热情支持阿拉伯民族主义的斗争"。[1] 由此可见，阿富汗尼作为近代穆斯林世界最伟大的思想家之一，其思想仍然不可避免地受到民族认同与宗教认同、民族主义与泛伊斯兰主义矛盾的困扰。毫无疑问，阿富汗尼思想的核心是伊斯兰改革主义和泛伊斯兰主义，但其中都包含了救亡图存、挽救伊斯兰社会危机、寻求民族独立，探索伊斯兰社会现代化道路的丰富的民族主义思想。

1. **反对专制的自由民族主义思想的萌芽。**阿富汗尼深受西方自由民族主义思想的影响，他深刻批判了伊斯兰社会的封建专制主义，提出了推翻君主专制，实行共和宪政的政治主张。他认为君主专制是导致穆斯林国家落后的重要原因之一，主张采用西方的现代共和宪政制度。在他看来，"共和制和宪政制是政府的最好形式，它是开明的政府，它能促进经济生活、商业、科学、教育、人权、合理税收、平衡预算等，是由有知识的专家辅政。"[2] 他还指出，民主宪政制度与伊斯兰教的"协商原则"（舒拉）并无矛盾。他主张治国的不应该是苏丹和埃米尔，而应该是人民群众推选的代表，提倡人民参与国家管理，并积极支持埃及、伊朗以及奥斯曼帝国的立宪运动。他认为，"世界上的伊斯兰人民正处在一个关键时刻，应该为他们提供保护和福祉的国家虚弱不堪、专权腐败，对欧洲摇尾乞怜，为了恢复国家的事务，穆斯林只有自己动手，他们必须强迫或胁迫他们的统治者改善统治。"[3] 阿富汗尼的宪政思想在很大程度上出于抵抗殖民侵略和反对专制统治的需要，即"加强民族团结以抵制欧洲殖民侵略的需要，伊斯兰世界人民广泛团结和制定宪法以限制统治者权力的需要"[4]。此外，在妇女问题、人民主权等问题上，阿富汗尼在很大程度上接受了欧洲启蒙思想的观点。他提出尊重妇女权利，主张在穆斯林妇女中发展教育、传播文化知识的观点，在妇女地位极其

---

① 陈嘉厚主编：《现代伊斯兰主义》，北京：经济日报出版社 1998 年版，第 101 页。

② 转引自彭树智主编：《伊斯兰教与中东现代化进程》，西安：西北大学出版社 1997 年版，第 76 页。

③ Sylvia G. Haim, *Arab Nationalism, An Anthology*, Berkeley & Los Angeles: University of California Press, 1964, Introduction, p. 9.

④ Albert Hourani, *Arab Thought in the Liberal Age*, London: Oxford University Press, 1962, p. 109.

低下的伊斯兰世界具有重要的进步意义。[①]

阿富汗尼还积极将反对专制统治的政治思想付诸实践。在埃及期间，他经常参加集会，发表演讲，抨击埃及统治者的昏庸腐败，号召埃及人民行动起来，振奋民族精神，推翻反动的专制统治。他还号召埃及民族主义者建立"祖国党"，保卫祖国的利益、民族的荣誉，建立议会民主制度。在《东方的圣贤》一文中，他号召埃及民族主义者积极支持共和制度。他满怀信心地指出："荣誉只存在于本民族之中，力量共存于本社团之中，光荣属于祖国。"[②]

2. **以伊斯兰教为团结纽带反对西方殖民侵略的民族主义思想**。阿富汗尼在主张借鉴西方文明及其文化与科学技术拯救伊斯兰世界的同时，提出了坚决反对西方殖民侵略和奴役的民族主义思想，并且把伊斯兰教视为穆斯林各民族政治认同的精神纽带。他认为，穆斯林"必须团结在一起组成一个强大的统一的反欧阵线。在这一事业中，伊斯兰是最关键的因素，它是穆斯林之间联系的唯一纽带，如果这一纽带得以加强，如果它能够成为穆斯林忠诚的核心，就有可能产生和保持一个强大稳定的国家。"[③] 由此可见，阿富汗尼认为伊斯兰教作为一种意识形态、一种哲学和一种文化传统，具有使穆斯林民族团结起来抵御欧洲殖民主义的力量。在阿富汗尼的思想中，"伊斯兰教变成了唤醒反欧政治行动的反殖民主义的意识形态"。[④] 他提出，应当迫使伊斯兰国家统治者进行有效的改革，并通过穆斯林民族团结一致，组成强有力的联合阵线，共同对抗欧洲。为此，他曾经先后提出以埃及和土耳其为核心，建立伊斯兰教国家联盟，对抗欧洲的挑战。因此，"尽管他没有提出阿拉伯民族主义的信条，但是他特别强调印度、苏丹、北非等国家的穆斯林从外国统治下解放出来并获取自由的重要性，同时呼吁青年人要用科学思

---

① 参见彭树智：《东方民族主义思潮》，西安：西北大学出版社1992年版，第299页。

② 张秉民主编：《近代伊斯兰思潮》，银川：宁夏人民出版社1998年版，第85页。

③ Sylvia G. Haim, *Arab Nationalism*, *An Anthology*, Berkeley & Los Angeles: University of California Press, 1964, Introduction, p. 9.

④ Bassam Tibi, *Arab Nationalism*, *A Critical Enquiry*, London: The Macmillan Press, 1981, p. 64.

想的光辉赋予伊斯兰教活力，并使其通过创新跻身世界权力的中心。”①

必须指出的是，阿富汗尼与奥斯曼土耳其苏丹哈米德二世的泛伊斯兰主义有重要的区别。哈米德的泛伊斯兰主义在于维系土耳其的帝国统治，而阿富汗尼的泛伊斯兰主义在于反对殖民主义和复兴伊斯兰教，他的泛伊斯兰主义“从未失去其中心目标，即召唤伊斯兰民众抵抗和反对欧洲”，而“苏丹哈米德则是利用这一强大的思想提高自己作为伊斯兰统一象征的地位”。因此，“阿富汗尼拒绝了苏丹哈米德二世的奥斯曼主义和泛伊斯兰主义”，而“把泛伊斯兰主义视为穆斯林反对殖民主义的共同意识和团结纽带。”② 按照著名阿拉伯民族主义思想家萨提·胡斯里的解释，阿富汗尼非常厌恶苏丹哈米德滥用他的泛伊斯兰主义，并最终与之决裂，也不再坚持所有穆斯林只应该有一个统治者的观点。尽管“他赋予宗教纽带以优先权”，肯定“伊斯兰教在文化上比民族更富完整性和自足性”，强调“宗教纽带的作用超过种族和民族纽带的作用”，但是他也开始承认土耳其、伊朗、阿富汗、印度穆斯林的民族属性。他已经“承认了这些民族的存在，尽管他在不同的作品中强调的程度有所不同”。③ 因此，阿富汗尼的泛伊斯兰主义与那种有着政治野心的泛伊斯兰主义相比较，更侧重于通过伊斯兰教的纽带作用建立反对欧洲殖民主义的联盟，因而也更富有追求民族解放和独立的进步民族主义的色彩。

3. **强调保持民族文化和实现民族团结的重要性。**尽管阿富汗尼强调通过泛伊斯兰主义加强伊斯兰世界的团结，甚至也奢望建立统一的伊斯兰反欧阵线乃至统一的伊斯兰国家，但是他已经明确意识到保持民族文化和实现民族团结的重要性。阿富汗尼的这一思想是从关于宗教与哲学关系的认识中引申出来的。他曾经指出：“宗教与哲学并无明显的界限，宗教之中有哲学，相反如果哲学被作为王权的工具时，哲学便不成其为明智的科学，而变为一

---

① Bayard Dodge, “The Significance of Religion in Arab Nationalism”, in Edited by J. Harris Procter, *Islam and International Relations*, New York, London: Praeger, 1965, pp. 102 – 103.

② Bassam Tibi, *Arab Nationalism, A Critical Enquiry*, London: The Macmillan Press, 1981, pp. 65 – 66.

③ Ibid., p. 139.

种新的宗教。"① 他认为，"世界上有两种哲学，一种是主张世界没有属于我们的东西，教导人们满足于有饭吃、有衣穿的哲学；另一种是主张世界属于我们，教导人们不要安于现状的哲学"。②

阿富汗尼认为，一个民族要维持自己的生存发展，必须要有"不安于现状的哲学"，而这种哲学深深地植根于本民族文化和历史之中。他认为，"丧失了统一和自己文化的人民是没有自己语言的民族，没有历史的民族是没有自豪感和荣誉感的民族。如果统治当局不唤醒人民对其历史的回忆，他们将为历史所淘汰。所以他们必须发展教育，所有这一切都依赖于民族教育 [National (watani) education]，这种教育的起点是关于'祖国'[Homeland (watan)] 的教育，其终点仍然是关于'祖国'的教育。"③ 由此可见，阿富汗尼的思想中已经具有了"民族"、"祖国"等民族主义思想概念的轮廓。

此外，阿富汗尼还提出了一个与民族主义密切相关的概念——"团结"。他首先阐述了"伊斯兰团结"对于阿拉伯民族的重要性。他认为，一个人类群体与其他人类群体在生存、安全和财富方面存在着必然的冲突，这些冲突促使不同的集团以王权为纽带形成民族，诸如印度、英格兰、俄罗斯。他指出，民族团结是权力产生和存续的必要条件。在阿拉伯民族的历史上，"是伊斯兰教使四分五裂的阿拉伯部落具有了强有力的向心力，并使他们控制并保持一个强大的帝国达八百年之久。""对于穆斯林而言，神启的宗教缔造了超越不同民族团结的更高的团结，并放弃了民族团结。"而伊斯兰国家衰落的根源也正在于"内部的纷争"，"他们在公共利益方面缺乏应有的关怀"，而统治者勾心斗角、贪图安逸、营私舞弊导致臣民遭受外敌的入侵。振兴伊斯兰国家的希望也在于以伊斯兰为纽带的团结，因为"团结是人类社会最基本的需要，而宗教则是缔造团结最有力的武器"，④ 穆斯林民族团结的动力就在于伊斯兰教，因为伊斯兰教对于穆斯林民族具有巨大的

---

① 转引自彭树智："从伊斯兰改革主义到阿拉伯民族主义"，载《世界历史》1991年第3期，第172页。

② Sylvia G. Haim, *Arab Nationalism*, *An Anthology*, Berkeley & Los Angeles: University of California Press, Introduction, 1964, p. 11.

③ Ibid., p. 14.

④ Sylvia G. Haim, *Arab Nationalism*, *An Anthology*, Berkeley & Los Angeles: University of California Press, Introduction, 1964, pp. 13 – 15.

感召力，是“团结阿拉伯人、土耳其人、波斯人、印度人、埃及人和摩洛哥人最强大的精神纽带”。①

在这里，尽管阿富汗尼在“民族团结”与“伊斯兰团结”之间还没有严格的区分，但他确实已经较明确地意识到了民族团结的重要性，这也正如研究阿拉伯民族主义的专家塞拉维亚·哈伊姆（Sylvia G. Haim）的评价：“在他的思想里，民族团结与伊斯兰团结是相互支持的。”他甚至“试图将民族团结与宗教团结等同起来，并且倾向于民族团结比宗教团结更为有效”。他指出：“民族统一以共同的语言为基础，因而比以共同宗教为基础的统一更为强大和持久。人们可以容易地改变他的宗教，但却不容易改变他的语言。”②

阿富汗尼还提出，宗教信仰与民族团结之间并无矛盾。宗教的联系并不排除不同信仰的人们之间的民族联系，像在埃及和印度这些国家中，穆斯林应该和其他人合作，并且在具有同样民族利益的同胞之间，在拥有不同宗教信仰的邻居之间，都应该建立和睦的关系。从其切身体验中，他已经认识，将伊斯兰与民族思想相结合是自然的、顺乎大众利益和穆斯林愿望的选择。例如，埃及提出的“埃及是埃及人的埃及”的口号，同样是反对外国统治的口号和旗帜。因此，阿富汗尼强调，每一个民族坚持其民族主义与伊斯兰精神并不相悖。他指出，人类的生活范围主要包括三个层次：一是所属的民族圈；二是所皈依的宗教圈；三是个体所从属的群体阶层圈。民族包括五个要素：语言、伦理、风俗、气候和宗教。③

阿富汗尼的上述思想确实标志着他对于宗教共同体与民族共同体的关系已经了有比较清晰的认识，而且对于后来阿拉伯民族主义思想的形成产生了重要的影响。对此，有学者评价说：“阿富汗尼的学说对后世产生了更为广泛和深刻的影响，……他的学生带着老师的学说，在中东历史的洪流中，朝着两个不同的方向奔去，形成两股社会潮流：以扎格卢勒为代表的世俗民族

---

① Tareq Y. Ismael and Jacqueline S. Ismael, *Government and Politics in Islam*, New York: Palgrave Macmillan, 1985, p. 35.

② Sylvia G. Haim, *Arab Nationalism*, *An Anthology*, Berkeley & Los Angeles: University of California Press, Introduction, pp. 14 ~ 15.

③ 张秉民主编：《近代伊斯兰思潮》，银川：宁夏人民出版社 1998 年版，第 105、108 页。

主义和以阿布杜为代表的宗教改革派——人们通常称他们为伊斯兰现代主义。”“世俗民族主义思潮，以扎格卢勒为代表，主要是继承和发扬阿富汗尼关于反殖民主义和反封建君主专制统治的政治学说，并发展为强大的群众政治运动或群众性武装斗争，以实现民族解放，推翻封建王朝的统治，建立世俗民族主义政权，建设民族经济与文化。”①

阿富汗尼思想中的伊斯兰复兴思想及其评价

1. **强调伊斯兰教传统信仰对于伊斯兰复兴的重要性。**阿富汗尼的伊斯兰复兴思想建立在其哲学思想基础之上，在《答无神论者》一文中，阿富汗尼重点阐述了两个方面的基本思想：一是拒绝外来理论进入伊斯兰社会并加以传播；二是反复强调伊斯兰是适宜任何时代和任何地方的信仰。他认为，现代伊斯兰社会面临着许多外来新思想的严峻挑战，诸如达尔文的进化论、伏尔泰和罗素的思想等等，这些思想都对伊斯兰世界构成了威胁。② 因此，他认为穆斯林国家的积贫积弱就在于作为穆斯林精神支柱和行为规范的伊斯兰教中渗入了“异端邪说”。他曾经指出：“在埃及和波斯，西方唯物主义向穆斯林世界播下了怀疑的种子，它使穆斯林不再履行宗教和道德上的义务从而损害了穆斯林信仰的基础。正是由于穆斯林丧失了道德上的持久力，他们才变得十分脆弱以至于几个欧洲人一来就能在他们的身旁建立一个稳固的基地，并延续 200 年之久。”③ 在阿富汗尼看来，西方的意图是用达尔文的进化论蛊惑穆斯林，动摇他们的宗教信仰，分裂穆斯林的力量，以达到他们推行殖民主义的目的。

此外，阿富汗尼对伊斯兰世界尤其是印度的赛义德·阿哈默德汗

---

① 陈嘉厚主编：《现代伊斯兰主义》，北京：经济日报出版社 1998 年版，第 114 页。

② 张秉民主编：《近代伊斯兰思潮》，银川：宁夏人民出版社 1998 年版，第 88 页。

③ Majed Fakhry, *A History of Islamic Philosophy*, Columbia University Press, 1983, p. 336.

(Saeed Ahmadhan，1817～1898）等人的自然主义哲学以及盲目效仿西方的思想进行了批判。在《驳自然主义者》一文中，他对赛义德·艾哈迈德汗为首的伊斯兰教现代改良派和所有怀疑宗教信仰的人进行了抨击。阿富汗尼认为，无神论者或自然神论者是怀有阴谋的人，他们要把无神论渗透到伊斯兰教中；他们不信神是对文明的诋毁，因为宗教是人类文明的基础。阿富汗尼一再强调宗教信仰的价值，认为它是民族存在与社会构成的基础。[①] 因此，在宗教改革方面，他首先主张坚持“认主独一”的教义，确立真主的绝对权威，反对任何形式的多神崇拜行为；坚持《古兰经》是真主的启示，适用于一切时代，穆斯林都要遵守。在这方面，阿富汗尼的思想无疑体现了伊斯兰政治文化的复古主义传统。

2. **提倡理性，强调重启伊斯兰教的“创制”（独立判断）大门。**阿富汗尼认为，伊斯兰教作为理性主义的信仰体系，是建立在正确论证和有效论据之上的体系，能够协调与哲学、科学和理性之间的关系。他在《哲学的益处》一文中曾就哲学与科学、宗教的关系发表过系统的见解。他认为，哲学是人类知识活动的第一动因，也是产生知识、创造科学以及发展工业发明最重要的动因。关于哲学和科学的关系，阿富汗尼明确指出，人类知识皆因科学而产生，凡先进的民族皆因科学发达而著名；但哲学更为重要，因为哲学具有永恒的普遍性主题。在理性、科学与阿拉伯民族、伊斯兰教的关系上，阿富汗尼认为，伊斯兰教传播发展的历程表明，理智的科学曾经在阿拉伯世界高度繁荣，它们才是真正的伊斯兰教和阿拉伯科学。在宗教与哲学的关系上，阿富汗尼认为宗教和哲学并无明确界限，宗教中有哲学成分。在实践方面，针对埃及、印度等地的穆斯林民众愚昧落后、厌恶哲学，一味排斥西方科学的偏向，阿富汗尼在各种场合一再呼吁解放思想、重视哲学与科学，强调宗教信仰追求真理的本质与哲学、科学的精神具有一致性；哲学、科学没有国界，穆斯林不应以坚持信仰为名，拒绝外来的科学知识。与此同时，阿富汗尼又对印度现代改良派代表人物阿赫默德汗的自然主义和盲目崇拜西方的倾向进行了批判。因此，阿富汗尼主张宗教改革应与时代精神相结合，如果伊斯兰各族人民、国家的领袖人物和宗教学者，都能改变因循守旧

---

① 张秉民主编：《近代伊斯兰思潮》，银川：宁夏人民出版社 1998 年版，第 92～94 页。

思想，发扬伊斯兰教的进取精神，精诚团结，通力合作，依靠科学和哲学，伊斯兰就会变得强大无比，并最终摆脱外强奴役。[①]

阿富汗尼坚持伊斯兰传统信仰的正统性，但他同时又反对盲目服从传统的宗教权威，倡导打开“创制”（独立判断）的大门，对《古兰经》进行新的解释，依据《古兰经》和确凿可信的“圣训”对教律问题进行推理演绎，剔除有悖于宗教教义的异端、迷信及其不合时宜的陈习陋俗，使伊斯兰教与穆斯林社会的发展需要相适应。他主张，运用《古兰经》的信条重新解释当今时代的问题是一项义务，也是一项权利。对于阿富汗尼的伊斯兰改革思想，美国学者埃斯波西托评价说：“他批评乌里玛及其对伊斯兰教的扭曲解释，倡导复兴和改革。从其明确表达的回应欧洲挑战和关于现代化的标准问题的阐述上，听起来非常像‘伊斯兰式的新教’。”[②] 阿富汗尼认为，伊斯兰教如同基督教一样，需要马丁·路德式的人物和改革。[③] 因此，阿富汗尼的宗教改革思想“既包容了伊斯兰复古主义的基本原理，又表达了现代主义的革新主张”。[④]

3. **以泛伊斯兰主义拯救伊斯兰世界**。阿富汗尼思想对伊斯兰复兴运动产生影响的另一方面是他的泛伊斯兰主义思想。他号召各国穆斯林不论是阿拉伯人、波斯人、印度人、埃及人、摩洛哥人，都应不分学派和教派，团结在伊斯兰的旗帜下；希望各国的穆斯林能联合起来，携手建立一个统一的伊斯兰国家。在很大程度上，阿富汗尼的泛伊斯兰主义思想是其伊斯兰复兴和改革思想的延续和发展。阿富汗尼在坚持宗教改革与复兴的同时，目睹了伊斯兰国家在西方列强冲击下分崩离析的现状，因此不得不首先考虑世界穆斯林各族人民的政治解放，然后再转向泛伊斯兰主义。[⑤] 他在《人类幸福和痛

---

① 关于阿富汗尼哲学思想的论述参考总结了张秉民主编的《近代伊斯兰思潮》（银川：宁夏人民出版社1998年版）第88～92页的内容。

② ［美］J. L. 埃斯波西托：《伊斯兰威胁：神话还是现实》，东方晓等译，北京：社会科学文献出版社1999年版，第72页。

③ Albert Hourani, *Arab Thought in the Liberal Age*, London: Oxford University Press, 1962, p. 122.

④ 彭树智主编：《伊斯兰教与中东现代化进程》，西安：西北大学出版社1997年版，第74页。

⑤ 张秉民主编：《近代伊斯兰思潮》，银川：宁夏人民出版社1998年版，第99页。

苦的真正根源》一文中指出，对穆斯林大众来说，保卫祖国和民族的愿望，同保卫宗教的愿望是一致的，这便是民族热情、爱国主义热情和宗教热情，它们给人以积极向上的力量。他在晚年于伊斯坦布尔发表的讲演中指出："今天伊斯兰教好比一条船，船长是穆罕默德，全体穆斯林是这只圣船的乘客。不幸的是，这只圣船在海上突遇风暴，就要沉没，所以大家都有义务拯救它。"①

由于坚持泛伊斯兰主义，阿富汗尼的早期思想是完全反对民族主义的，在后来逐步认识到民族主义的作用后，虽然也承认民族主义的重要性，但仍然反对把民族主义置于宗教之上。他指出："对于穆斯林，没有任何一种自然团结或爱国主义可以代替伊斯兰教所创立的纽带关系。在一个穆斯林民族中，真正的团结，就得依靠共同的宗教信仰。否则的话，社会就会解体。"②正如一位学者对他的评价："他已完全超越了狭隘的地区主义、民族主义偏见，是一个完完全全的世界主义者，他的信念是'只有伊斯兰才是我的祖国'。"③ 阿富汗尼的思想构成了泛伊斯兰主义的理论奠基，对于后来泛伊斯兰主义的发展产生了不可低估的影响，而泛伊斯兰主义恰恰构成了伊斯兰复兴运动的一种重要表现形式。

通过对阿富汗尼伊斯兰改革主义思想的考察可以发现，在伊斯兰教传统深厚的中东阿拉伯社会，任何现代政治思想和意识形态在形成的早期都不可能完全脱离中东阿拉伯社会浓重的宗教文化氛围。阿富汗尼的伊斯兰改革思想是对西方政治、经济、军事和文化压力的一种反应，旨在通过宗教改革促进内外交困的伊斯兰社会走上现代化的发展道路，其基本思想主张是"坚持和改革伊斯兰教，反对殖民主义、提倡理性、崇尚科学"，其思想基础在于如下认识：伊斯兰教在穆斯林国家社会生活中具有重要的作用，但宗教思想的僵化将导致社会的停滞、落后和衰落，其出路在于恢复伊斯兰教的纯洁性，重新开启"创制"之门，寻求伊斯兰教与现代社会的适应性；强大的西方国家通过殖民侵略对伊斯兰社会造成了深刻压力，只有彻底清除殖民主

---

① 张秉民主编：《近代伊斯兰思潮》，银川：宁夏人民出版社1998年版，第99页。

② 同上书，第104页。

③ 转引自刘靖华："伊斯兰改革主义的理论与实践"，载《世界历史》，1990年第3期，第62页。

义，穆斯林民族才能获得解放；西方的强大在于富有时代精神的科学文化、民主制度和理性，伊斯兰社会必须协调宗教与科学、理性以及民主的关系，才能摆脱落后停滞。阿富汗尼的伊斯兰改革主义思想表明，“在 19 世纪晚期民族主义已经具备了雏形，并不可避免地与宗教联系在一起；同时阿拉伯人已经产生了社会正义与政治自由的要求，他们同时也为维护其宗教信仰的至高无上而不断奋斗”。①

客观而言，伊斯兰改革主义思想无疑植根于伊斯兰的传统之中，但是它并非要回到伊斯兰早期的社会模式去，而是具有“托古改制”的浓厚色彩，并且在其思想框架内已经涉及到了宗教与世俗、传统与现代化等各种关系，为伊斯兰社会接纳现代化进行了有益的思考。伊斯兰改革主义不仅对于阿拉伯民族主义的产生发挥了思想启蒙的作用，而且本身就具有许多民族主义思想。“阿拉伯民族主义作为一种地区政治文化，在思想渊源上同伊斯兰改革主义交融而生，在政治背景上同阿拉伯统一运动应运而发，在经济基础上同民族经济的成长而成长，在文化上随着现代化与传统的矛盾的发展而发展。在这中间，伊斯兰改革主义的先驱者传给它而它便由此出发的特定思想材料，成为它产生的前提。……近代伊斯兰改革主义就成了阿拉伯民族主义重要的源头和出发点。”② 但是，由于伊斯兰改革主义所具有的传统主义与现代主义兼有的二元色彩，其思想中传统主义的一面则成为伊斯兰复兴主义的思想源泉。

---

① Bayard Dodge，“The Significance of Religion in Arab Nationalism”，in Edited by J. Harris Procter，*Islam and International Relations*，New York，London：Prager，1965，p. 103.

② 彭树智：“从伊斯兰改革主义到阿拉伯民族主义”，载《世界历史》1991 年第 3 期，第 176 页。

专题 15

萨提·胡斯里的阿拉伯民族主义思想与伊斯兰教*

【摘要】本文首先对萨提·胡斯里的生平进行了简单介绍，在此基础上，论文重点分析了萨提·胡斯里阿拉伯民族主义思想与伊斯兰教的关系：在民族、民族主义与宗教的关系问题上，萨提·胡斯里把语言和历史作为民族和民族主义的基础和构成要素，反对把宗教作为民族和民族主义的基础。在泛阿拉伯民族主义与泛伊斯兰主义的关系问题上，胡斯里提出了反对泛伊斯兰主义的“穆斯林统一”，倡导“阿拉伯统一”的政治主张，实际上也就是以泛阿拉伯主义取代泛伊斯兰主义。

在20世纪阿拉伯世界政治意识形态演变的过程中，一直交织着现代民族主义与传统意识形态伊斯兰教的矛盾。当代伊斯兰复兴运动兴起的意识形态根源之一就在于回应民族主义的挑战。因此，考察阿拉伯民族主义对伊斯兰教的态度，对于深刻认识伊斯兰复兴运动兴起的根源无疑具有重要意义。考察阿拉伯世界民族主义与伊斯兰教的关系，既需要研究阿拉伯民族主义与伊斯兰教的关系，也要分析地方阿拉伯民族主义与伊斯兰教的关系，还要分析伊斯兰教对民族主义所做出的反应。对此，笔者曾经专文探讨过埃及和叙

---

* 原载《阿拉伯世界研究》2007 年第 1 期。

利亚的地方阿拉伯民族主义与伊斯兰教的关系,[①] 也曾专文研究过伊斯兰原教旨主义对民族主义的思想挑战。[②] 而本文的目的则是通过研究著名阿拉伯民族主义思想家萨提·胡斯里的思想，从一个侧面揭示阿拉伯民族主义思想与伊斯兰教的关系，同时这也是笔者近年来所从事的“中东民族主义与伊斯兰教关系研究”的一个阶段性成果。

萨提·胡斯里的生平[③]

萨提·胡斯里（Sati al-Husri，1882～1968）出生于也门的一个叙利亚人的家庭，是著名的阿拉伯民族主义思想家，人称“阿拉伯民族主义精神之父”。他终生致力于阿拉伯民族主义思想的传播和阿拉伯统一的政治实践。他早年曾在法国、瑞士、比利时学习，并与青年土耳其党人建立联系，受到了西方民族主义思想的熏陶。“卢梭、勒南[④]以及赫尔德[⑤]的文化语言和历史观，对他产生了很大影响。赫尔德和费希特还对他的民族主义理论，起

① 参见拙作“埃及的地方阿拉伯民族主义与伊斯兰教”，载《世界民族》2001年第1期；《安东·萨阿德的民族主义思想宗教观》，载《西亚非洲》2001年第2期。

② 参见拙作“伊斯兰原教旨主义对民族主义的思想挑战”，载《世界民族》2001年第6期。

③ 关于萨提·胡斯里的生平及其阿拉伯民族主义思想可参考以下文献：

Bassam Tibi，*Arab Nationalism，A Critical Enquiry*，Edited and Translated by Marion Farouk-Sluglett and Peter Sluglett，The Macmillan Press LTD，1981.

Hazem Zaki Nuseibeh，*The Ideas of Arab Nationalism*，Cornell University Press，1956

Sylvia G. Haim，ed.，*Arab Nationalism*，*An Anthology*，University of California Press，Berkeley & Los Angeles，1964.

Khalidi，Lisa Anderson，Muhammad Muslih，and Reeva S. Simon，eds.，*The Origins of Arab Nationalism*，Columbia University Press，1991.

④ 勒南（Ernest Renan，1823～1892），法国历史学家、民族主义思想家，主要著作有《基督教起源史》、《闪米特族语言比较史》和《以色列人民史》等。

⑤ 赫尔德（Johann Gottfried von Herder，1744～1803），德国哲学家、神学家和诗人，近代文化民族主义的代表人物，其代表作为《论语言的起源》。

了直接的作用。”[①]

一战期间，萨提·胡斯里曾供职于奥斯曼帝国的教育部。1921 年，胡斯里追随伊拉克国王费萨尔，从事阿拉伯民族主义的思想研究与实践活动，其思想主要集中在大量的演讲之中。在二战期间的 1941 年，伊拉克发生政变，胡斯里被驱逐出伊拉克。1947 年，胡斯里在埃及参加了阿拉伯联盟的工作，并担任阿拉伯联盟的文化部长。1953 年他领导创立了阿拉伯联盟的“阿拉伯进步研究所”，因出版大量著作而被人们尊称为“阿拉伯民族主义的哲学家”、“阿拉伯的费希特”。1966 年，他离开埃及回到伊拉克，1968 年病逝。

萨提·胡斯里一生著作甚丰，主要包括：《爱国主义和民族主义的评论集》（1944 年开罗版）；《新作集》（1948 年贝鲁特版）；《阿拉伯民族主义的评论与演讲集》（1951 年开罗版）；《论民族主义的起源》（1951 年开罗版）；《阿拉伯主义第一》（1955 年贝鲁特版）；《保卫阿拉伯主义》（1956 年贝鲁特版）；《阿拉伯主义及其主角与对手之间》（1957 年贝鲁特版）；《何谓民族主义?》（1959 年贝鲁特版）。[②]

萨提·胡斯里的民族观和民族主义观

在民族观方面，萨提·胡斯里认为，每一个独立的人类共同体和社会集团都需要有不同的社会契约机制，而作为一个民族，“最强有力、最有效的纽带是由共同语言和共同历史形态所推导的民族纽带”。[③]

在萨提·胡斯里看来，共同语言和共同历史是一个民族的构成要素。他强调，“共同语言存则民族存，共同语言亡则民族亡”，语言是“民族的灵

① 彭树智：《东方民族主义思潮》，西安：西北大学出版社 1992 年版，第 370 ~ 371 页。

② 彭树智：“论萨提·胡斯里的阿拉伯民族主义”，载《西亚非洲》1992 年第 2 期。

③ 转引彭树智：“论萨提·胡斯里的泛阿拉伯民族主义”，载《西亚非洲》1992 年第 2 期，第 30 页。

魂和最重要的因素。它甚至是社会集团各成员之间最重要的非物质的链条……因为它是交往的工具，民族之间主要的区别在于他们不讲共同的语言，它们之间分离的基础也在于此。”①

萨提·胡斯里认为，历史传统对于民族而言同样重要。“忘记历史传统和忘记民族语言，对于各民族都是可悲的。历史传统和语言的复兴，是一个被压迫民族复兴的开始。历史传统和语言的共同点就是一个民族的‘共同记忆’……语言是一个民族的灵魂，历史是一个民族的意识。”“一个只保持自己语言而忘记了自己历史的民族，就如同生活在一个无意识的国家之中”。②

总之，胡斯里认为历史和语言是民族文化的重要内容，征服者千方百计地消灭被征服民族历史传统和语言的动机也正在于此。在胡斯里的民族观中，共同语言和共同历史是民族的主要构成因素和民族主义的基础。他认为，“语言是民族的灵魂和生命，而历史是民族的意识和记忆；民族之所以成为民族，在于它有共同的语言和历史；共同历史和语言的作用在于保证一个民族潜在觉悟的复苏；历史和语言的结合，导致了民族在感情、目的、痛苦、希望和文化方面的融汇。”③

胡斯里认为，血缘、经济生活、地域、宗教等并不是构成民族的主要因素。他曾经指出：“无论如何，共同的血统不应当成为任何关于民族定义的一个组成部分，以共同的历史来替代更为合适。共同的历史在形成这种精神关系和创造广泛流传、有关共同血缘的神话过程中是最为重要的。”④

在民族主义观方面，胡斯里把民族主义理解为个人对民族国家怀有高度忠诚的心理状态。他认为，在世界历史上，19 世纪是民族主义的时代，是多民族帝国奥地利、沙皇俄国、奥斯曼帝国解体和民族国家开始出现的时

① 转引彭树智：“论萨提·胡斯里的泛阿拉伯民族主义”，载《西亚非洲》1992 年第 2 期，第 31 页。

② 彭树智：《东方民族主义思潮》，西安：西北大学出版社 1992 年版，第 380 ~ 381 页。

③ 彭树智：“论萨提·胡斯里的泛阿拉伯民族主义”，载《西亚非洲》1992 年第 2 期，第 31 页。

④ Edited by Kamal H. Karpat, *Political and Social Thought in the Contemporary Middle East*, New York, Frederick A. Praeger, 1968, p. 86.

代。19世纪对世界历史产生深远影响的事件是德国和意大利的民族统一运动，并导致了德国、意大利和一系列东南欧国家的出现。他在一系列演讲中都详尽阐述了中欧和东南欧国家出现的历史意义。

胡斯里把19世纪看作民族主义的时代，而不把16、17世纪西欧民族国家的建立考虑在内，是有失偏颇的。但是胡斯里之所以重视意大利和德国的民族统一运动，更重要的目的在于借鉴它们统一的经验，促进阿拉伯民族的统一运动。他指出，19世纪与以前历史的区别在于“民族思想是19世纪以来民族国家最重要的因素”，“19世纪以前的爱国主义意味着爱国王和王国……当另一个时期一个地区被另一个王国吞并了……该地区的人民就改变了他们的爱国主义……他们之所以这样做，是因为他们相信国王是以上帝的名义进行统治的，而他们的可变性完全是上帝的愿望。19世纪以来，这个信仰消失了，一个新的局势被创造出来。民族思想现在在民族国家的建立中起着非常重要的作用。”他的结论是：“19世纪是民族主义的世纪，但这种民族主义仅限于欧洲。因此，20世纪将是全世界人民的民族主义的世纪。”①

上述思想表明，胡斯里已经比较敏感、正确地意识到民族国家体系的形成是20世纪世界历史的发展趋势，同时也比较清醒地看到了民族国家忠诚正日益取代宗教忠诚和王朝忠诚而成为国家政治认同形式的历史走向。这种观点与西方历史学家波拉德（Pollard）观点有相似之处。波拉德就曾经指出：“古代的历史在本质上是城邦国家的历史，中世纪的历史是普世性世界帝国的历史，而现代历史是民族国家的历史。”②

在民族、民族主义与宗教的关系问题上，萨提·胡斯里把语言和历史作为民族和民族主义的基础和构成要素，反对把宗教作为民族和民族主义的基础。研究阿拉伯民族主义的学者巴塞姆·梯比（Bassam Tibi）指出，胡斯里认为只有语言和历史才是社会群体的基础，拒绝把宗教视为社会群体的基础。在胡斯里看来，宗教实践通常是由一种语言完成的，因此宗教与语言进而与民族之间的密切关系只能承认一种可能性，即“民族宗教”。从这个角

① 转引自彭树智：《东方民族主义思潮》，西安：西北大学出版社1992年版，第378~379页。

② A. F. Pollard, *Factors in Modern History*, London: Beacon Press, 1960, p. 3.

度来看，只有犹太教对于维系四处漂泊的犹太民族存在是成功的，而伊斯兰教和基督教这些世界性的宗教都是失败的。[①] 胡斯里的观点所蕴藏的一个逻辑是，一旦一种宗教超越了民族的界限而从民族宗教变成世界宗教，宗教作为民族纽带的功能也便随之丧失，而伊斯兰教早已从阿拉伯民族的宗教变成一种超国家、超民族的世界宗教，因此也便无法充当阿拉伯民族联系的纽带。他的结论是："共同的语言和共同的历史是民族和民族主义形成的基础。二者的统一产生共同的情感、目标、痛苦、希望和文化。……无论如何，宗教、国家、共同的经济生活或者共同的地域都不是民族的基本要素……简言之，语言是一个民族生活的灵魂，而历史则是民族共同意识的纪录。"[②] 胡斯里关于民族构成要素的理论是值得推敲的，甚至存在着许多偏差，但他否定将伊斯兰教作为阿拉伯民族构成要素的思想意向却是显而易见的。

萨提·胡斯里的泛阿拉伯民族主义思想

胡斯里不仅提出了关于民族和民族主义的思想主张，而且系统提出了泛阿拉伯民族主义的政治主张，并论证了阿拉伯统一与伊斯兰统一的关系。他坚决反对泛伊斯兰主义和地方民族主义，同时坚决主张阿拉伯民族主义。在强调阿拉伯民族存在客观性的基础上，他提出了阿拉伯统一的政治主张，并且反对埃及和叙利亚的地方民族主义，主张埃及属于阿拉伯民族，并且理应成为阿拉伯民族复兴的领袖。萨提·胡斯里的阿拉伯民族主义主要体现在以下几个方面：

第一，阿拉伯民族是客观存在的，阿拉伯民族的分裂是帝国主义占领和人为划分的产物。

胡斯里认为，"构成民族的基本要素是共同的语言、共同的历史，以及

---

① Bassam Tibi, *Arab Nationalism, A Critical Enquiry*, Edited and Translated by Marion Farouk-Sluglett and Peter Sluglett, The Macmillan Press LTD, 1981, p. 121.

② Ibid., p. 123.

由此产生的共同的情感与性格、共同的希望与哀乐。毫无疑问所有讲阿拉伯语的人，所有阿拉伯地区的人，他们都具有这些基本要素。因此构成一个民族。”“我们每个人都应该坚信，阿拉伯祖国从大西洋延伸到阿拉伯湾和托罗斯山脉，包括所有讲阿拉伯语的地区。”他认为，阿拉伯民族之所以四分五裂，并不是由于阿拉伯人的分歧和利害冲突，而是根据“暴虐的占领者的意愿”和帝国主义的协议造成的，“该地区现有大小国家都是帝国主义国家在其统治期间争夺、妥协、瓜分的产物。隔开这些现有政治单位的边界无非是帝国主义国家确定势力范围、瓜分战利品时划定的界线。”① 据此，他提出了反对西方殖民主义的思想：“我们反对英国和法国，我们反抗那些控制并试图征服我们祖国的人。”②

第二，阿拉伯民族应该而且也能够建立统一的国家。

萨提·胡斯里强调，“为了造就一个现代化的强大的民族，恢复其失去的光荣，跻身先进民族的行列，我们应该努力使阿拉伯地区统一起来。”“我坚决认为，为了捍卫阿拉伯人民的生存，阿拉伯统一是必要的。我也认为，对于有漫长历史的阿拉伯民族的生命而言，它的统一是自然的。”他指出：“阿拉伯统一思想已经历幻想阶段、渴望阶段，进入了实施阶段。”在此过程中，阿拉伯民族经历了漫长的历程，克服了重重障碍，尤其是许多阿拉伯国家摆脱了殖民统治，赶走了外国军队，阿拉伯民族主义思想也日益深入人心，这一切都为实现阿拉伯统一准备了条件。他对完成和实现阿拉伯统一充满了信心。他指出：“我坚决相信，真正的泛阿拉伯主义精神必将冲垮一切障碍，在各个领域取得最后的、决定性的胜利。”③

第三，胡斯里主张反对地方民族主义，特别强调埃及是阿拉伯民族的重要组成部分，并应该充当阿拉伯民族复兴的领袖。

反对地方民族主义，主张泛阿拉伯民族主义是胡斯里思想的重要组成部分。在埃及，民族主义的代表人物阿赫马德·阿拉比、穆罕默德·法里德、

---

① 转引自王彤：“从阿拉伯民族主义的统一理论与实践看阿拉伯国家的合与分”，载杨灏城、朱克柔主编：《民族冲突与宗教争端》，北京：人民出版社 1996 年版，第 44 页。

② Bassam Tibi, *Arab Nationalism, A Critical Enquiry*, Edited and Translated by Marion Farouk-Sluglett and Peter Sluglett, The Macmillan Press LTD, 1981, pp. 137 – 138.

③ 转引自王彤：《从阿拉伯民族主义的统一理论与实践看阿拉伯国家的合与分》，载杨灏城、朱克柔主编：《民族冲突与宗教争端》，北京：人民出版社 1996 年版，第 45 页。

塔哈·侯赛因等人，或者坚持泛伊斯兰主义，或者主张西方的自由民族主义，但他们都强调埃及自身的民族特色以及法老文化，因此都是胡斯里反对的对象。

胡斯里撰写了许多文章，发表了许多演讲，对埃及民族主义进行批判。他认为，埃及自由民族主义者相信能够创造独立的埃及民族，完全是一种虚幻意识。因为“埃及与其它阿拉伯国家有 1200 多年共同的历史，只有最近一个世纪左右才囿于现有的边界内。”“埃及与其它阿拉伯国家语言相同，文化相同，又有如此长的共同历史，更不用说有共同的利害关系，直接的地理联系……，故埃及人民像伊拉克人民、叙利亚人民、希贾兹人民、突尼斯人民一样，是阿拉伯人民。”① “埃及无可怀疑地属于阿拉伯世界的一部分，无论历史与文化都是如此。”②

胡斯里认为，尽管埃及与非洲、地中海、法老文明、伊斯兰文明等地理环境和文化有特殊的联系，但是都不能否定埃及的阿拉伯属性。他认为，非洲仅仅是一种地理归属而不是政治归属；地中海是法国霸权主义的神话；法老文化是古代文化，而近代的埃及文化显然是阿拉伯文化；埃及也不是纯粹的伊斯兰国家，因为埃及有数百万基督徒。因此，只有阿拉伯属性才是埃及的民族与文化特征。既然埃及属于阿拉伯国家，而且在政治上最强大、在文化上最发达、在经济上最富裕，地处亚非两大洲的交汇之处，因此埃及理应承担起阿拉伯民族复兴的历史使命。萨提·胡斯里的泛阿拉伯民族主义思想对于战后纳赛尔的阿拉伯民族主义思想产生了重要影响。

萨提·胡斯里论阿拉伯民族主义与泛伊斯兰主义的关系

在阿拉伯民族主义与泛伊斯兰主义的关系问题上，胡斯里思想的核心是

① 转引自王彤：“从阿拉伯民族主义的统一理论与实践看阿拉伯国家的合与分”，载杨灏城、朱克柔主编：《民族冲突与宗教争端》，北京：人民出版社 1996 年版，第 45 页。

② 转引自彭树智：《东方民族主义思潮》，西安：西北大学出版社 1992 年版，第 392 页。

以泛阿拉伯主义取代泛伊斯兰主义。

泛伊斯兰主义是近代以来伊斯兰世界面对西方殖民侵略产生的一种社会思潮，其代表人物当首推伊斯兰改革主义的著名思想家阿富汗尼，其宗旨和目标是建立一个伊斯兰的“联合政府”，包括什叶派的伊朗在内，团结在伊斯兰哈里发的周围，通过伊斯兰联盟抵制欧洲对伊斯兰世界的侵略和干涉。阿富汗尼将泛伊斯兰主义的宗旨确定为：以《古兰经》为伊斯兰民族的指南和向导，沿着先知穆罕默德的足迹，继承四大哈里发的传统，在统一的伊斯兰民族之间建立公正、安全和自由，并在此基础上建立一个伊斯兰政府，作为所有伊斯兰人民的领导核心，广泛实施伊斯兰教化，追踪先人哈里发的足迹，恢复伊斯兰昔日的荣耀，让伊斯兰的旗帜飘扬在整个伊斯兰世界的领土上。[①] 泛伊斯兰主义在近代的阿拉伯和伊斯兰世界曾经一度产生重要的影响，但当泛伊斯兰主义沦为奥斯曼帝国推行专制统治和泛突厥主义的工具时，引起了阿拉伯民族对泛伊斯兰主义的反感，并遭到了日益崛起的阿拉伯民族主义的批判。

对泛伊斯兰主义和泛阿拉伯民族主义关系作出最为系统论述的当数萨提·胡斯里，“如何处理阿拉伯统一和伊斯兰统一，如何解决泛阿拉伯主义和泛伊斯兰主义的关系，一直是胡斯里着力解决的问题。他在同塔哈·侯赛因[②]的争论中，已经把伊斯兰现代主义者反对泛阿拉伯民族主义的问题放在相当重要的地位，并且竭力证明泛阿拉伯民族主义和泛伊斯兰主义并不矛盾”。[③]

胡斯里关于泛阿拉伯主义与泛伊斯兰主义关系的理论，是在分析和批判阿富汗尼思想的基础上形成的，因为“阿富汗尼创立的泛伊斯兰主义作为对殖民主义的政治和宗教反应，构成了伊斯兰现代主义的意识形态武器”。胡斯里之所以与泛伊斯兰主义进行争论，在于“他意识到了泛伊斯兰主义

---

① 参见蔡德贵、仲跻昆主编：《阿拉伯近现代哲学》，济南：山东人民出版社 1996 年版，第 49 页。

② 塔哈·侯赛因，埃及近代民族主义的代表人物，他主张埃及民族主义，反对泛阿拉伯主义。

③ 彭树智：《东方民族主义思潮》，西安：西北大学出版社 1992 年版，第 396 页。

对泛阿拉伯民族主义的挑战”。[1] 在如何区分和处理阿拉伯民族主义与泛伊斯兰主义关系的问题上，胡斯里做出了巨大的贡献。

第一，胡斯里反对阿富汗尼关于宗教共同体优于民族共同体的观点，对“乌玛”进行了现代的民族化的理解，为阿拉伯民族主义超越泛伊斯兰主义作了重要的理论准备。

按照阿富汗尼的观点，人类由不同的共同体构成，每一个共同体都“像一个生物有机体，有其特有的架构和独有的灵魂。因此，每一个共同体就像每一个人一样，它的生活的每一个层面，它的命运、幸运与不幸都不同于其他的共同体”。阿富汗尼区分了以宗教为纽带联系和以民族为纽带联系的两种社会组织形式，并指出宗教纽带优于民族纽带。对于穆斯林而言，伊斯兰教构成了比任何民族联系都更为不可分割的文化基础。从伊斯兰教产生以来，穆斯林的历史表明，穆斯林对宗教纽带的认同超过了对任何种族关系和民族集团的认同，这也正是土耳其人和伊朗人并不反对阿拉伯人统治的原因所在。尽管阿富汗尼也承认民族的存在，但是他通常都强调，对于穆斯林而言只有伊斯兰教才能构成民族的根基，因为历史已经证明伊斯兰教优于其他任何纽带的联系方式。因为在伊斯兰史前时期阿拉伯人不能产生高级的文化运动，也不能以共同的阿拉伯认同为基础完成统一，只有伊斯兰教“能够在短时间内将阿拉伯民族从残暴、野蛮的原始种族提升到智慧和文明的高级水平”。[2]

如前文所述，胡斯里坚持以语言和历史作为民族联系纽带和构成要素，主张民族主义和爱国主义高于一切，他所着眼的是阿拉伯民族的统一，而不是伊斯兰世界的穆斯林统一。胡斯里在理论上反对阿富汗尼关于“乌玛”的观点：阿富汗尼提出的“乌玛”是宗教共同体，而胡斯里则认为“乌玛”是一个民族文化共同体；阿富汗尼认为“乌玛”来源于神的意志，而胡斯里则认为“乌玛”是一个自主的实体。从中不难看出，胡斯里对传统伊斯兰政治文化中的“乌玛”概念进行了现代的理解，他所理解的“乌玛”不再是传统意义上的以信仰为基础的宗教共同体，而是现代意义上的民族共同

---

① Bassam Tibi, *Arab Nationalism, A Critical Enquiry*, Edited and Translated by Marion Farouk-Sluglett and Peter Sluglett, The Macmillan Press LTD, 1981, p. 138.

② Ibid., p. 139.

体。“它是一个起源于欧洲思想的现代术语，尽管它仍然与伊斯兰教乌玛概念的界定具有一定的亲和性……它的运用对于阿拉伯世界做出了巨大的贡献。”①

胡斯里对“乌玛”所作的民族化的理解已经完全超越了传统伊斯兰教和现代泛伊斯兰主义、伊斯兰原教旨主义所作的“宗教共同体”的理解。这在胡斯里的阿拉伯民族主义思想中得到了鲜明的体现，突出表现为他开始明确主张以现代的民族认同超越传统的宗教认同。他指出：“‘阿拉伯家园’（The land of the Arabs）并不仅仅限于阿拉伯半岛……每个将阿拉伯语言作为居民语言形式的阿拉伯国家都是这个家园的一部分。”“所有与阿拉伯国家相联系并且操阿拉伯语言的人，无论他作为公民的国家的官方名称如何，宗教信仰如何、祖先与家族历史如何……都是一个阿拉伯人”。“阿拉伯人是一个单一的乌玛（a single Umma）：埃及人、伊拉克人、马格里布人都是这个单一乌玛——阿拉伯乌玛的人民和分支。”“阿拉伯主义……不仅是令人惊叹的过去的繁荣，而且是即将为‘阿拉伯国家联邦’（United Arab State）产生所证明的光辉未来的起点，同时也是复兴的‘阿拉伯乌玛’（Arab Umma）通向伟大的科学与文明巅峰的开始”。②

第二，胡斯里从历史与现实的角度批判了作为奥斯曼帝国统治工具的泛伊斯兰主义及其向泛突厥主义的蜕变。

胡斯里的泛阿拉伯民族主义的观点并不仅仅局限在理论方面的论述，而是从奥斯曼帝国的历史和现状进行分析。他认为，由于奥斯曼帝国统治者的扭曲和滥用，泛伊斯兰主义已经沦为帝国专制统治的工具，逐渐蜕变为泛突厥主义，进而丧失了伊斯兰教的内容，并且引起了阿拉伯人对青年土耳其党人的怀疑和不满，这也恰恰构成了阿拉伯民族主义产生的原因之一。在胡斯里看来，“1909 年泛都兰主义（即泛突厥主义，引者注）的兴起是一个历史分界线，从此开始，奥斯曼帝国的统治失去了它的伊斯兰教内容，而走向了

---

① Bassam Tibi, *Arab Nationalism, A Critical Enquiry*, Edited and Translated by Marion Farouk-Sluglett and Peter Sluglett, The Macmillan Press LTD, 1981, pp. 143 - 144.

② Sati Al-Husri, "The Primacy of Arabism", Anouar Abdel-Malek, translated by Michael Pallis, *Contemporary Arab Political Thought*, London: Zed Books Ltd, 1983, pp. 139 - 140.

对阿拉伯人‘土耳其化’的转变，这就是中东新月地带和阿拉伯半岛兴起的阿拉伯民族运动新高潮的根本原因。”① 胡斯里的分析的确不无道理，因为20世纪初期阿拉伯民族主义发展的直接原因正是以下三个因素：青年土耳其党人的民族沙文主义政策；奥斯曼帝国的残暴政策；协约国对阿拉伯人脱离奥斯曼帝国的支持和鼓励政策。

胡斯里试图说明，奥斯曼帝国作为伊斯兰国家的政府，其残暴的专制统治引起了帝国内各民族的反对，而青年土耳其人的“土耳其化”的政策使奥斯曼帝国失去了伊斯兰教的内容；泛伊斯兰主义不仅已经沦为奥斯曼帝国的统治工具，而且由于帝国内各民族的独立与自治运动失去了存在的现实可能性。因此，胡斯里对奥斯曼帝国利用泛伊斯兰主义作为统治工具的意图坚决反对，而对1916年的阿拉伯民族起义以及1918年起义后建立的大叙利亚阿拉伯国家做出了高度的评价。他认为，1916年的阿拉伯民族起义标志着阿拉伯民族的觉醒和政治觉悟水平的提高，叙利亚独立的重要意义在于建立了第一个阿拉伯民族国家。

萨提·胡斯里论阿拉伯统一与穆斯林统一的关系

胡斯里在反对泛伊斯兰主义、主张阿拉伯民族主义的同时，还对阿拉伯统一与穆斯林统一的关系进行了详尽的论述，并且得出了阿拉伯统一优于和高于穆斯林统一的观点。当时，阿拉伯世界的社会舆论非常关心穆斯林统一和阿拉伯统一的关系。关于二者的关系，胡斯里以设问的形式，列举了主张穆斯林统一的人们所提出诸多问题：“为什么你对阿拉伯统一感兴趣？为什么你忽视了穆斯林统一？难道你看不到穆斯林统一远远高于阿拉伯统一的目标，穆斯林统一的力量远远大于阿拉伯统一的力量？难道你不同意在东方宗教感情远远高于民族情感吗？为什么你希望我们把精力耗费在虚弱的民族情感之上而忽视强大的宗教感情呢？你相信语言的多样化能够阻碍穆斯林统一吗？难道你没有发现共产主义、社会主义、共济会和其他制度把不同语言、

① 彭树智：《东方民族主义思潮》，西安：西北大学出版社1992年版，第397页。

种族、国家和气候中的人们统一在一起吗？难道你没有发现上述差别中的任何一个都不能阻碍产生相互接近、为共同计划和信念而协商的共识吗？难道你不知道埃及、叙利亚、伊拉克的每一个穆斯林都相信印度、日本和欧洲的穆斯林都是和他们并肩生活的兄弟吗？”①

上述问题的核心是如何看待穆斯林统一和阿拉伯统一的关系，以及穆斯林统一和阿拉伯统一孰优孰劣。针对这些问题，胡斯里主要从以下几个方面论证了阿拉伯统一优于穆斯林统一的原因。

第一，阿拉伯统一的实现更具有现实可能性，实现的难度小于穆斯林统一，而且阿拉伯统一是实现穆斯林统一的基础。

面对人们的诘难，胡斯里首先也进行了反问。他指出：“穆斯林统一和阿拉伯统一可以进行如下比较：穆斯林统一是一个可以付诸实施的理想愿望，还是一个无法实现的乌托邦呢？假如选择前者，穆斯林统一的实现比阿拉伯统一的实现是容易还是更为困难呢？（阿拉伯统一和穆斯林统一）这两个方案中的其中一个一定排斥另一个吗？有办法在不实现阿拉伯统一的情况下实现穆斯林统一吗？如果我们对这些问题加以思考和分析，我们就会清楚地界定穆斯林统一和阿拉伯统一的含义，并且澄清对这两个术语理解的模糊性。”②

胡斯里进一步分析指出，毫无疑问，阿拉伯统一的实现需要一个所有阿拉伯国家政治联盟的出现，而穆斯林统一的实现需要一个所有穆斯林国家政治联盟的出现。众所周知，穆斯林世界包括阿拉伯国家、土耳其、伊朗、阿富汗、印度、中亚，还没有考虑到欧洲和亚洲的分散的穆斯林，例如阿尔巴尼亚、南斯拉夫、波兰、日本、中国。“任何了解这些事实并且洞察穆斯林世界地图的人，任何注意到阿拉伯世界在穆斯林世界位置的人都将得出结论：阿拉伯统一的实现远比穆斯林统一的实现容易，而后者则不可能实现，假定能够实现，也除非先实现阿拉伯统一。”“任何理智清醒的人都不可能相信把土耳其人、阿拉伯人、马来西亚人、黑人统一在一起而又否认阿拉伯统一的可能性”。“穆斯林统一理想固然比阿拉伯统一更加包容、广泛，但

① Sati' al-Husri, "Muslim Unity and Arab Unity", in Sylvia G. Haim, *Arab Nationalism, An Anthology*, University of California Press, Berkeley & Los Angeles, 1964, p. 147.

② Ibid., p. 148.

是不推动阿拉伯统一就不可能推动穆斯林统一。因此，我们有理由相信，任何反对阿拉伯统一的人同时也在反对穆斯林统一。”① 因此，胡斯里的结论是：阿拉伯统一不仅比穆斯林统一更具有现实可能性，而且是穆斯林统一的前提条件，这在逻辑上是合理的。

第二，通过历史回顾可以发现，利用宗教所完成政治统一的成功例证十分有限，随着时代的推移和条件的变化，宗教已经难以完成政治统一的任务。

胡斯里指出，“回顾历史并总结宗教对政治统一的影响，我们发现，除了中世纪以外，宗教并不能把操不同语言的人们统一在一起。即使在中世纪，通过宗教实现政治统一的时间和地域也都非常有限。”在穆斯林世界，政治统一仅仅在伊斯兰教初期存在过，因为环境的变化，伊斯兰统一无法长久地支撑。他指出，在阿拔斯王朝，尽管哈里发在权力和荣誉上都达到了顶峰，但是仍然不能将所有穆斯林统一在自己的政治控制之下。哈里发统治的土地也不能长久而有效地保持政治统一。在不久之后，哈里发对部分地方行省的控制就变得徒具象征意义，并且无法阻止一系列地方行省转变成独立的政治实体。在哈里发失去了“有效的统一”和“真正的权力”后，伊斯兰教的传播采取了独立于政治权威之外的传播方式，主要是由商人和圣徒完成的。“总之，在穆斯林世界，由于种种条件的限制，从未在任何时候形成一个政治统一体。因此，在社会生活十分单纯、政治关系非常原始、宗教习俗控制着人们行为和思想的过去数个世纪里尚无法实现政治统一，那么，在社会生活复杂化、政治问题变得更加棘手，科学技术已经将人们从传统宗教信仰中解放出来的本世纪，更没有实现政治统一的可能。”②

第三，那些习惯于按照宗教方式思考问题的穆斯林，要善于区分穆斯林兄弟情谊的道德意义与伊斯兰统一的政治意义的不同。

胡斯里坚决反对那些以穆斯林团结为借口反对阿拉伯民族主义的人。他声称，“那些以穆斯林团结为借口反对阿拉伯统一的人”是“分裂主义者”，

---

① Sati' al-Husri, "Muslim Unity and Arab Unity", in Sylvia G. Haim, *Arab Nationalism, An Anthology*, University of California Press, Berkeley & Los Angeles, 1964, pp. 148–149.

② Ibid., pp. 150–151.

“他们憎恨阿拉伯民族的觉醒并且试图通过挑拨宗教情感来反对阿拉伯统一的思想”。他劝诫阿拉伯穆斯林不要“被分裂主义分子的神话所欺骗。”①

面对人们以英国支持阿拉伯民族主义为借口，对阿拉伯民族主义进行攻击的情况，胡斯里指出：英国极力支持阿拉伯民族主义是为自己的利益服务，但把阿拉伯民族主义说成是英国的阴谋则完全是一种谎言。因为“阿拉伯统一的理念是自然的理念，而不是人为的结果。它是一种本质上源于阿拉伯语言、阿拉伯民族历史和阿拉伯国家密切联系的社会力量。”“阿拉伯统一的理念是一个来源于社会深层的自然概念，而不是来源于国家或个人杜撰的观点。像许多自然与社会力量一样，它已经潜伏了数个世纪，它是许多在这里无法分析的历史因素的结果。”胡斯里坚信，“阿拉伯统一运动已经公开化，而且作为一个巨大的力量显示了自身的价值。无疑，它将席卷整个阿拉伯国家，使他们回忆起古代的荣誉与早期的繁荣，并且必将在这些国家里重建最丰富、最强大、最高尚的特质。”②

① Sati' al-Husri，“Muslim Unity and Arab Unity”，in Sylvia G. Haim，*Arab Nationalism*，*An Anthology*，University of California Press，Berkeley & Los Angeles，1964，p. 151.

② Ibid.，pp. 152 – 153.

专题16

埃及的地方阿拉伯民族主义思想与伊斯兰教*

【摘要】埃及的地方阿拉伯民族主义本质上是世俗民族主义，对伊斯兰教采取的是排斥宗教干预政治的世俗主义的态度。从埃及民族主义演进来看，由于伊斯兰教在埃及社会文化中的传统地位，早期埃及民族主义思想家的理论主张中不可避免地留下了深刻的伊斯兰印记，并成为伊斯兰现代主义与民族主义的混合体；中期则渗透着民族主义和泛伊斯兰主义的争夺；而后期则表现为与伊斯兰教决裂的较为彻底的世俗化立场，并使贬抑和排斥伊斯兰教的自由民族主义思想占据了上风。

在近代以来中东阿拉伯世界意识形态的演变过程中，一直交织着民族主义与伊斯兰教的矛盾，而当代伊斯兰复兴运动兴起的意识形态根源之一就是回应民族主义的挑战。因此，考察民族主义对待伊斯兰教的态度，对于深化认识伊斯兰复兴运动的根源无疑有着重要的意义。要考察阿拉伯世界的民族主义与伊斯兰教的关系，除了需要分析阿拉伯民族主义即泛阿拉伯民族主义与伊斯兰教的关系，还需要分析地方阿拉伯民族主义（Regional Nationalism）与伊斯兰教的关系。因为与阿拉伯民族主义相比，地方阿拉伯民族主义更为强调阿拉伯地方的文化特性和民族特性，甚至有的地方阿拉伯民族主

* 原载《世界民族》2001年第3期。

义如埃及民族主义还否认自己民族的阿拉伯特性，因此它们对伊斯兰教的否定态度较之阿拉伯民族主义也更为坚决。本文试图以20世纪上半叶的埃及地方民族主义为个案，考察地方民族主义与伊斯兰教的关系。

在漫长的历史演进中，在地缘和文化上具有多元性特征的阿拉伯民族，形成了若干个具有地域文化独特性的板块，尤其是伴随近代以来西方的人为分割，阿拉伯世界形成了数十个国家和地区，并在民族解放运动中成为特定的政治实体，产生了具有地域特色的文化认同和利益追求，进而具备了产生地方民族主义的社会历史基础。因此，地方或地区的阿拉伯民族主义作为强调地域文化特征和民族属性乃至特定利益要求的民族主义思潮，从本质而言是一种以民族国家为依托的"国家民族主义"的雏形。由于地方民族主义更为强调地方的文化认同与民族属性，从而使其与具有普世性文化特征、追求穆斯林共同体的伊斯兰教在价值认同上存在着更为深刻的矛盾，对于伊斯兰教的否定也更加激进，其世俗化的政治追求也更加强烈。

地处北非地中海沿岸的埃及有着悠久的历史和灿烂的文化，曾经创造过举世瞩目的埃及文明和法老文化，在广袤的阿拉伯世界中有着浓郁的地方文化特征。埃及自641年阿拉伯帝国占领后逐步实现了伊斯兰化，并在中世纪一度充当伊斯兰世界抵御西方十字军东征的大本营。但是，在伊斯兰历史的大部分时间里，"埃及保持了其独立意识和地区身份（regional identity)"。在哈里发和后来的奥斯曼帝国统治期间，埃及统治者尽管忠诚于哈里发，但是，"埃及基本上作为一个远离帝国中心及其权威的半自治的国家（semi-autonomous state）而发挥作用。这种强烈的地区身份意识在埃及民族主义的发展中得到了反映，埃及民族主义运动的发展集中体现为地方和地区的埃及爱国主义（Egyptian patriotism)，它深受西方民主的、世俗的民族主义影响，并且植根于独特的历史认同意识和民族情感之中。"①

埃及民族主义作为地方阿拉伯民族主义的代表，其产生一方面深受近代以来伊斯兰现代主义（Islamic modernism）的影响，另一方面受近代以来又深受生于法国大革命的启蒙思想和民族主义思想的影响。"尽管许多埃及民

① John L. Esposito, *Islam and Politics*, New York: Syracuse University Press, 1984, p. 64.

族主义都是阿富汗尼和阿布杜的学生和追随者，但是伊斯兰现代主义逐步让位于世俗的民族主义。伊斯兰教与国家的关系被解释为应将宗教限定在个人生活而不是公共生活领域”。① 因此，埃及民族主义在本质上是世俗民族主义，对伊斯兰就采取的是排斥宗教干预政治的世俗主义的态度。但是，埃及民族主义思想在早期和中期仍然留有伊斯兰的印记，在埃及民族主义思想家的理论主张中始终存在围绕伊斯兰教的争论，而在晚期贬抑和排斥伊斯兰教的自由民族主义思想逐渐占据了上风。下文结合埃及民族主义的演变及其主要代表人物的思想说明埃及民族主义对待伊斯兰教的态度。

塔赫塔维：伊斯兰现代主义与埃及民族主义的混合体

对埃及与其他阿拉伯国家的历史发展进程进行比较，为此发现埃及确实有其发展的历史特性。在历史上，早在阿拉伯伊斯兰文化产生的数个世纪以前，尼罗河就曾经孕育了辉煌灿烂的古代埃及文明。随着阿拉伯伊斯兰帝国的建立及其对埃及的征服，长期处在帝国控制下的埃及在伊斯兰教的同化下而具有了阿拉伯伊斯兰属性，古老的埃及属性受到了压抑与控制而处于潜伏的状态。但是埃及属性的潜在因素一直存在，处在帝国统治下的埃及一直保持着较为独立的特点，“法老观念一直深刻地植根于那些对遥远的过去充满自豪感和荣誉感的知识分子的心灵深处”。②

在压抑之下长期处于潜伏状态的埃及民族意识在穆罕默德·阿里改革时期就已经出现了复苏的迹象。较早认同法老文明的埃及近代启蒙思想家利法阿·塔赫塔维（1801－1873）就是在穆罕默德·阿里改革期间被派往法国的埃及学者，也正是他把自己在欧洲学习的世俗课程如地理学和历史学介绍

① John L. Esposito, *Islam and Politics*, New York: Syracuse University Press, 1984, pp. 64－65.

② Anwar G. Cbejne, “Egyptian Attitudes toward Pan-Arabism,” *The Middle East Journal*, Vol. 11, No. 3, 1957, pp. 254－253.

到埃及的爱资哈尔大学。他于1826年来到法国巴黎后，系统学习了欧洲思想的各个方面。在1826～1831年期间，他勤奋研读了孟德斯鸠、卢梭、伏尔泰等欧洲著名思想家的作品。①

作为近代埃及较早引进和介绍西方思想的阿拉伯思想家，塔赫塔维组织翻译了一大批欧洲启蒙思想家的著作，同时力图协调伊斯兰教与西方文明及其先进科学文化的关系。他指出："我对它们（指西方文明和科学）只能很自然地加以赞扬，它们与我们的沙里亚法并没有矛盾"。他"试图揭示沙里亚法与现代欧洲理性主义的自然法在结构上具有相似性"。此外他还积极宣传西方的民主思想、女权主义和现代教育思想，强调"穆斯林不再是被统治者而是公民"，"每一个公民都应该参与政府的事务。"② 尽管塔赫塔维无法彻底地与传统的伊斯兰教决裂，但他的上述思想明显带有法国自由民族主义的思想痕迹。

塔赫塔维作为深受西方思想影响的阿拉伯穆斯林学者，还明确区分了宗教与民族作为社会组织形式的区别，主张民族优先于宗教，他还是第一个在世俗意义上使用"民族"这一词汇的阿拉伯人，③ 并且强调埃及人构成了一个民族。④ 塔赫塔维在翻译欧洲的作品时，使用了阿拉伯语中的"瓦坦"（Watan）来翻译法语中的"*patrie*"，用来指代有共同起源和共同生活的国家，同时强调热爱国家是一种文明的首要品质。因此，研究阿拉伯民族主义的专家巴塞姆·梯比认为，塔赫塔维"是第一个阿拉伯民族思想家。源于欧洲资产阶级思想的爱国主义构成了他思想的主旋律。塔赫塔维是新的阿拉伯文化、爱国文学的开创者……爱国主义、平等、正义等自由民主意识构成了塔赫塔维作品的中心主题。"⑤

---

① Albert Hourani, *Arab Thought in the Liberal Age*, London, 1962, p. 69.

② Bassam Tibi, *Arab Nationalism*, *A Critical Enquiry*, edited and translated by Marion Farouk-Sluglett and Peter Sluglett, London and Basingstoke: The Macmillan Press LTD, 1981, p. 61.

③ Ibid.

④ Albert Hourani, *Arab Thought in the Liberal Age*, London, 1962, p68.

⑤ Bassam Tibi, *Arab Nationalism*, *A Critical Enquiry*, edited and translated by Marion Farouk-Sluglett and Peter Sluglett, London and Basingstoke: The Macmillan Press LTD, 1981, p. 61.

塔赫塔维实际上既是伊斯兰现代主义的思想先驱，同时也为埃及民族主义提供了思想源泉。因为他一方面向埃及人民介绍西方的社会观念、教育思想、历史哲学，倡导伊斯兰文明与现代文明相融合，主张应在坚持伊斯兰教基本教义的基础上进行改革，“由此为伊斯兰现代主义开了先河”；而另一方面，“他也专门论述埃及的历史、社会以及古代文明，认为世界性伊斯兰社团包括许多民族社团，各民族社团应该有自己的祖国和爱国主义。这样，他又为埃及民族主义提供了理论基础。”①

应该指出的是，塔赫塔维对埃及民族文化的认同具有鲜明的矛盾色彩，他像近代埃及的伊斯兰现代主义思想家一样，“都有将埃及作为祖国的特殊情感，但都与对伊斯兰教的忠诚纠缠不清”。② 也就是说，作为早期民族主义和伊斯兰改革主义的双重代表，作为一个自幼接受伊斯兰教育，而后来又深受欧洲尤其是法国启蒙思想影响的穆斯林思想家，埃及“民族认同”和伊斯兰“宗教认同”的矛盾无法避免地困扰着他的思想。诚如巴塞姆·梯比所言，在“他（塔赫塔维）发起的文化复兴运动中包含了伊斯兰现代主义和民族主义的双重因素”。③ 而阿尔伯特·胡拉尼也认为，“他（塔赫塔维）关于国家与社会的思想既不是传统观点的简单重申，也不是他在巴黎接受思想的简单反映。从总体而言他的思想表达方式是传统的：他的每一个观点都试图从先知及其追随者那里找到范例，而且他提出的政治权威的概念也没有脱离伊斯兰思想传统的框架。但是他又给它们以新的、有意义的发展”。④ 尽管在塔赫塔维的思想中存在着因宗教认同和民族认同相交织而产生的难以挣脱的思想困顿，但是他的思想都为埃及民族意识的复苏和埃及民族主义的产生提供了思想素材。

---

① 吴云贵：《近现代伊斯兰教思潮与运动》，北京：社会科学文献出版社 2000 年版，第 116 页。

② 同上，第 117 页。

③ Bassam Tibi, *Arab Nationalism, A Critical Enquiry*, edited and translated by Marion Farouk-Sluglett and Peter Sluglett, London and Basingstoke: The Macmillan Press LTD 1981, p. 62.

④ Ibid., p. 60.

卢特非和卡米勒：埃及民族主义与泛伊斯兰主义之争

塔赫塔维的思想交织着埃及民族主义与伊斯兰现代主义的矛盾，在艾哈迈德·卢特非·赛义德（1872～1963）和穆斯塔法·卡米勒（1874—1908）这两位埃及民族主义思想家的思想斗争中仍然交织着这种矛盾，卢特非的埃及民族主义思想具有西方自由民族主义和世俗主义的强烈色彩，而卡米勒的埃及民族主义思想则体现了伊斯兰传统对埃及民族主义的影响。

卢特非早年接受了传统的宗教教育，后来在埃及接受了现代教育，曾经与阿富汗尼和阿布杜有过较为密切的接触，"尽管卢特非象阿布杜的许多其他门徒一样深受阿布杜思想的影响，但是他却更多地支持自由和世俗的主张。他强调民族认同、宗教与政治分离以及有选择地吸收和利用欧洲的政治与社会思想。"① 卢特非对待民族主义与伊斯兰教关系的态度是坚决的世俗主义的态度，因为他曾经明确指出："在目前的形势下，传统的伊斯兰方案既不适合伊斯兰国家的事务，也无助于实现他们的政治理想，唯一取代传统伊斯兰方案的选择是每一个东方民族都应该拥有一种界定准确的祖国意识的信条，这种信条就是民族主义。"② 这种观点突出体现在他主张"埃及是埃及人的埃及"和反对泛伊斯兰主义等思想中。

相反，卡米勒作为"祖国党"的创始人虽然也积极地宣传埃及民族主义和爱国主义，但是由于深受阿布杜保守思想的影响，他在坚持埃及民族主义立场的同时，仍然持有强烈的泛伊斯兰主义和亲土耳其的立场。一方面，他指出民族团结必须以爱国主义、民族情感和共同的责任心为基础，祖国的

---

① John L. Esposito, *Islam and Politics*, New York: Syracuse University Press, 1984, p. 65.

② John Donohue and John Esposito, *Islam and Transition*: *Muslim Perspectives*, Oxford University Press, 1982, p. 71.

联系只受国度而不受语言、民族、宗教或身份的限制；[①] 强调埃及人民包括所有生活在同一国度的人，包括埃及穆斯林以及信奉基督教的科普特人；宗教信仰与国民生活分属不同的领域，二者没有冲突。另一方面，他仍然从伊斯兰教中寻求对民族主义的传统支持。他认为"真正的伊斯兰精神是爱国主义和伸张正义，是积极进取和联盟，自由平等和相互宽容，其力量源泉来自科学和崇高的思想。"[②] 他反对英国殖民占领的立场也与对奥斯曼帝国的忠诚联系在一起，认为埃及人民应当忠诚奥斯曼苏丹，因此他的思想仍然有着泛伊斯兰主义的思想痕迹。也正是由于卡米勒的民族主义思想仍然没有彻底超越伊斯兰教的影响，他的泛伊斯兰主义和亲土耳其的立场遭到了卢特非的批判。

卡米勒曾经指出："尽管埃及人知道只有一个祖国，那就是埃及，但埃及人仍然应该支持哈里发国家，作为对它拒绝为英国人提供方便的感谢。"[③] "我们埃及人比其他人更关心奥斯曼帝国的完整，因为帝国领土的完整是我们反对英国占领之合法权利所依赖的基础。我们不应该忘记，……凡是能够得到土耳其的支持，都将被我们视为埃及反对英国人的部分理由。"[④] 正是面对卡米勒对奥斯曼帝国的忠诚，卢特非主张"现代穆斯林世界既不是泛伊斯兰的共同体，也不是泛阿拉伯国家，而是地方和地区的民族主义，每一个民族都必须寻求保持自己的身份和存在，并赢得独立。埃及民族以对一个有特定领土的祖国　　埃及的热爱和忠诚为基础"，强调"要把对宗教的、伊斯兰的忠诚转化为对祖国、国家和民族的忠诚"。[⑤]

卡米勒曾经从民族主义的角度对埃及人进行明确界定，他指出："土耳其人、阿拉伯人和叙利亚人，既然选择了埃及作为祖国，热爱它，分享它的

---

① Albert Hourani, *Arab Thought in the Liberal Age*, London, 1962, p. 69.

② 吴云贵：《近现代伊斯兰教思潮与运动》，北京：社会科学文献出版社 2000 年版，第 200 页。

③ Nadav Safran, *Egypt in Search of Political Community*, Harvard University Press, 1961, p. 88.

④ Israel Gershoni and James P. Jankowski, *Egypt, Islam, and the Arabs, The Search for Egyptian Nationhood, 1900 – 1930*, Oxford University Press, 1986, p. 7.

⑤ John L. Esposito, *Islam and Politics*, New York: Syracuse University Press, 1984, pp. 64 – 65.

悲伤和希望，因而他们已经在事实上成为了埃及人。”在这里，卡米勒显然是从民族主义的角度出发，超越种族界限，把居住在埃及国土上的国民统称为埃及人，但是，他同时也指出：“埃及是埃及人的埃及，这是爱国主义，也是伊斯兰联盟；埃及是埃及人的埃及同埃及是哈里发的埃及并不矛盾。”① 从卡米勒关于埃及人的界定中仍然可以看到宗教认同与民族认同矛盾的困扰。

卢特非则对埃及人的含义进行了更为彻底的民族主义的界定，并且提出了“埃及属性”（Egyptianity② or Egyptianness③）的观点，对“埃及人”进行了超越种族与宗教信仰的界定。他指出：“我一直坚定地主张埃及人应有埃及特性（Egyptian character），他们中有些人称他们是阿拉伯人，另一些人则称他们是亚洲的土耳其人……我们埃及人必须紧紧抓住我们的埃及特性不放，不能属于埃及以外的起他们民族，不管是汉志的、叙利亚的、亚洲的或是其他祖籍。我们必须保持我们的民族属性，为我们自己、为我们的祖国增光，埃及不属于任何其他民族……”④ “我一直赞成‘埃及是埃及人的埃及’的口号，所谓埃及人就是除了埃及而别无祖国的人，任何定居在埃及的人，如果声称拥有两个祖国，……那他就不是真正意义上的埃及人。”⑤

对于许多埃及人怀有的阿拉伯人和土耳其人情结，卢特非进行了毫不留情的批判。他指出：“一个声称属于阿拉伯或土耳其的埃及人，不是证明了他瞧不起自己的祖国和人民吗？谁鄙视自己的祖国和人民，谁就一定鄙视他自己。”⑥ 此外，卢特非还强烈反对按照宗教信仰不同把埃及人划分为穆斯林和信仰基督教的科普特人，因为他们是同一个民族不可分割的组成部分。

---

① ［埃］路易斯·伊沃德：《埃及近现代思想史》，第2卷，第281页。转引自北京大学王锁劳博士论文“埃及民族主义研究”，第16页。

② Mirrit Boutros Ghali, “The Egyptian National Consciousness,” *Middle East Journal*, Vol. 32, No. 1, 1978, p. 62.

③ Tawfic E. Farsh, ed., *Pan-Arabism and Arab Nationalism, the Continuing Debate*, Westview Press, Boulder, p. 173.

④ Kamal Karpat, ed., *Political and Social Thought in the Contemporary Middle East*, New York: Frederick A. Praeger, 1968, p. 84.

⑤ Charles Wendell, *The Evolution of Egyptian National Image, From its Origins to Ahmad Lutfi al-Sayyid*, University of California Press, 1972, p. 249.

⑥ Ibid., p. 260.

他指出："那些通过演讲或发表文章唤起科普特人和穆斯林宗教情感的人，无论其初衷多么令人钦佩，无论其目标多么值得憧憬，他们都将因此而尝到苦果。因为他们破坏全民族的团结并疏远两个兄弟之间的距离。穆斯林和科普特人是同一个民族的躯体，……我们为什么热衷于夸大他们之间的这种有害的差别，并增添其破坏我们民族联盟的鸿沟?"① 在这里，卢特非对于"埃及人"的界定显然超越了种族与宗教信仰的差异，已经非常接近西方民族主义的"国民"和"公民"等现代政治范畴。这也正如美国学者卡尔帕特所言："赛义德拒不接受泛伊斯兰主义以及剥夺埃及人民特性的企图。"②

在 1898 年出版的《东方问题》一书中，卡米勒有这样一段充满泛伊斯兰主义的语言："面对英国对奥斯曼帝国的敌意，奥斯曼人和穆斯林的义务只有两种选择，要么不否认这种义务，要么充当叛徒、逃兵和掮客。奥斯曼人的义务应该是全体聚集在逊尼派苏丹国的旗帜下，竭力捍卫他们的政权……穆斯林的义务应该是全部集中在神圣的哈里发旗帜下，用金钱和精神巩固这面旗帜。保护这面旗帜就是保护穆斯林的尊严和荣誉，保存这面旗帜的光荣就是保存穆斯林和伊斯兰信仰的崇高地位。"③ 在法国人开办的开罗法律学校中，卢特非与卡密勒曾经是交往密切的朋友。但是，由于卡米勒坚持泛伊斯兰主义思想，最终导致了二者的分道扬镳。

针对卡米勒的泛伊斯兰主义，卢特非批判地指出，种族和宗教纽带都不能把人们联系在一起，只有共同的利益才能成为人们之间联系的最有利的纽带，"历史和人类本性都告诉我们，除了利益以外没有什么能把人们联合起来。假如两个部落的利益发生冲突，仅仅靠种族亲近和宗教一致是不可能把他们聚集在一起的。"④ 卢特非还否认伊斯兰教联盟的存在，他指出，"倘若有事实表明这种联盟的存在，那不过是一种字面上的存在。真正存在的是

---

① Charles Wendell, *The Evolution of Egyptian National Image, From its Origins to Ahmad Lutfi al-Sayyid*, University of California Press, 1972, pp. 239 – 240.

② Kamal Karpat, ed., *Political and Social Thought in the Contemporary Middle East*, New York: Frederick A. Praeger, 1968, p. 83.

③ 穆罕默德·穆罕默德·侯赛因：《当代文学中的爱国主义倾向》，第 1 卷，转引自北京大学王锁劳博士论文"埃及民族主义研究"，第 13 页。

④ 同上，第 13 ~ 14 页。

'伊斯兰分裂'，而不是'伊斯兰联盟'，我这样说一点也不夸张。"① 他甚至认为泛伊斯兰主义也是一种"殖民主义原则"，他曾经说："有些前辈曾说伊斯兰领土是所有穆斯林的祖国。这是一种殖民主义原则，鼓吹它只会有利于任何一个渴望从别国谋求财富和对邻国施加影响的殖民主义民族。"②

在某种程度上，卢特非对泛伊斯兰主义的批判确实准确洞察到了奥斯曼帝国利用伊斯兰教维系帝国统治的实质。在对泛伊斯兰主义进行批判的基础上，他强调泛伊斯兰主义已经过时并应该为民族主义所取代，"泛伊斯兰原则已经无权继续存在，因为它已经落后于伊斯兰各民族目前事态的发展，不适应他们的愿望。……该原则必将被唯一能够满足东方各民族拥有特定祖国之愿望的原则所代替。这个原则就是爱国主义的原则。"③ 作为一个穆斯林思想家，卢特非对伊斯兰教以及泛伊斯兰主义能够进行如此深刻尖锐的批判，这在近代伊斯兰世界的历史上是非常少见的，从中也足见他彻底的世俗民族主义立场。

从海卡尔到塔哈·侯赛因：法老主义、西化主义与伊斯兰教

继卡米勒和卢特非之后，埃及又出现了一批主张世俗民族主义的代表人物，如穆罕默德·侯赛因·海卡尔（1888～1956）、塞拉迈·穆萨（1887～1958）、塔哈·侯赛因（1889～1973）、陶菲格·哈基姆（1898～1987）等人，他们明确提出了"法老主义"、"埃及属于西方"等鲜明的埃及民族主义思想，强调埃及民族认同的法老文化属性和西方文化属性，在对待伊斯兰教的态度上存在着贬抑埃及伊斯兰属性，主张政教分离和全盘西化的显著特点。

---

① Charles Wendell, *The Evolution of Egyptian National Image*, *From its Origins to Ahmad Lutfi al-Sayyid*, University of California Press, 1972, p. 249.

② Ibid., p. 228.

③ Ibid., p. 232.

1. **崇尚法老主义、贬抑埃及的阿拉伯与伊斯兰属性。**在挖掘埃及历史文化独特性，倡导“法老主义”方面，信仰基督教的科普特人比信仰伊斯兰教的穆斯林表现得更加突出。例如，塞拉迈·穆萨一直坚持反对法老文明中断或消失的说法，他曾经指出：“我们当中有人认为研究法老将证明毫无用处，因为在我们和他们之间的语言、宗教、政治、社会、文化和艺术的纽带已经中断。这是一个错误的信念，因为就种族构成而言，我们从未结束我们首先是埃及人的状况。奔腾在我们血管中的血液，就是五千年前奔流在我们祖先血管中的血液。”① 舒赫迪·阿提叶·沙菲仪也指出，“在现代埃及人和她古代法老姐妹的精神生活之间，存在着完全的相似性和连续性。因为大自然在埃及从未改变：灿烂的太阳，川流不息的尼罗河，晴朗的天空，荒凉的沙海，肥沃的土地，所有激活过法老宗教信仰和文明的要素，今天存在依旧。”②

1926 年，曾经留学法国的穆罕默德·侯赛因·海卡尔博士撰写了题为《现代埃及与古代埃及》的文章，从生存环境的角度论证了现代埃及人与古代法老文明的亲缘关系。他告诫埃及人：“假如你记得尼罗河流域的自然环境数千年不曾改变；假如你记得这同样的自然环境陶冶出的语言、信仰和精神；假如你知晓那些入侵和定居埃及并服从于自然环境以致丧失其民族特征而变成埃及人，就好像其祖辈、父辈自法老时代就生活和居住在埃及；假如你联想起所有这一切，你必将确信无疑地坚信：在现代埃及和古代埃及之间存在着一种牢固的心理联系。”③ 他进一步认为，在古代埃及人和现代埃及人之间存在着一种无法割断的持久永恒的联系，并号召埃及人说：“不管你愿意不愿意，你都不得不服从先人留给你的遗产的摆布。假如有一天你透视你的胸腔，审视你的行为，体察你的性情，分析你的精力，以便得知你的真正禀赋，你将发现祖先的本质特征早已遗传给你。”④ 他深切地期待现代埃及能够复兴埃及文明，坚信“既然我的祖辈已经达到了如此高的文明顶点，

① Israel Gershoni and James P. Jankowski, *Egypt*, *Islam*, *and the Arabs*, *The Search for Egyptian Nationhood*, *1900 – 1930*, Oxford University Press, 1986, p. 165.

② Ibid., p. 135.

③ Ibid., p. 133.

④ Ibid., p. 167.

为什么我们不能达到这样的高度?"[1]

埃及民族主义思想家渴望埃及文明复兴的主张也点燃了政治家的热情。1928年，埃及政府为雕塑家马哈穆德·穆赫塔尔的雕塑作品"埃及复兴"在开罗举行揭幕仪式，作为内阁首相的华夫脱党主席穆斯塔法·纳哈斯庄严地指出，"自古以来埃及一直是文明的摇篮和人类智慧的源泉，……文明和智慧从埃及传播到希腊、罗马以及周围的阿拉伯世界和欧洲，……假如有一个民族，她古老的过去预示着目前的复兴，这个民族就是埃及。"[2]

在挖掘埃及法老文明以及埃及民族特性的同时，埃及民族主义思想家对埃及的阿拉伯和伊斯兰属性则加以排斥和贬低。对于创造了伊斯兰教的阿拉伯人，陶菲格·哈基姆曾经充满鄙视地说："阿拉伯人是一个生长在其他民族难以想象的贫穷环境中的民族：到处是不毛之地和干旱缺水的沙漠，导致流血冲突和无休止的生存斗争。"他认为，特定的环境造就了阿拉伯人的劣根性，阿拉伯人"没有土地，没有过去，没有农耕和定居文明。……没有土地，就没有恒心；没有恒心，就不会沉思；没有沉思，就没有神话，就没有丰富的想象能力，就没有深刻的思想或创造的观念"，阿拉伯人所拥有的"只是一个享受生活和满足欲望的梦想"，"阿拉伯人的全部思想和艺术都是围绕感官和肉体的纵欲而展开的。"[3] 陶菲格·哈基姆对阿拉伯人的批判几乎到了体无完肤的地步，其思想固然不乏偏颇，但却充分体现了其彻底的埃及民族主义立场。

哈桑·哈里夫也断然否定埃及人属于阿拉伯人，强调埃及独立于穆斯林世界之外的独特性。他指出："无论埃及人是否在过去与阿拉伯人混合，现在的埃及人民从每一个方面看来都根本不同于阿拉伯人。埃及人不具备阿拉伯人的外表、心理和道德价值以及对社会生活的看法，也不具备阿拉伯人的性情和习惯。埃及民族拥有自我克制的个性，它源于埃及的自然环境和漫长历史，埃及历史比阿拉伯历史早数千年。埃及民族的存在独立于阿拉伯人、

---

① Israel Gershoni and James P. Jankowski, *Egypt*, *Islam*, *and the Arabs*, *The Search for Egyptian Nationhood*, *1900 - 1930*, Oxford University Press, 1986, p. 169.

② Ibid., p. 187.

③ Ibid., pp. 105 - 106.

穆斯林、基督徒和整个世界。”①

2. **强调埃及的欧洲属性，倡导理性主义，强化民族认同，主张政教分离。**埃及民族主义寻求自身民族认同的另一表现是强调埃及的欧洲属性，崇尚欧洲的理性主义，主张走全盘西化的道路。早在19世纪中叶，穆罕默德·阿里的孙子伊斯梅尔在留学巴黎后就十分崇尚法国的政治制度、思想文化及其生活方式，并在担任埃及总督期间致力于建立宪政制度和西式学校的改革。他曾经指出：“我的国家不再是非洲的一部分，而是变成了欧洲的一部分。”②

真正对埃及的西方属性和欧洲属性进行文化探讨的主要是塞拉迈·穆萨和塔哈·侯赛因。塞拉迈·穆萨认为，自亚历山大大帝以来，希腊文化一直是埃及文化的主流，并在罗马帝国统治期间得到进一步发展。在阿拉伯入侵埃及以后，阿拉伯文化也未能消除希腊文化，他甚至认为阿拉伯—伊斯兰文化本身“在事实上就是罗马文化”。③ 而塔哈·侯赛因更是明确提出了“埃及属于东方还是属于西方?”这一问题，并在对此问题的回答上主张埃及属于西方的“地中海主义”。

在埃及民族主义思想中倡导理性主义，强调民族认同，主张政教分离的代表当属塔哈·侯赛因，他被西方学者称为“向传统伊斯兰教义挑战或质疑的代表”，④“塔哈·侯赛因是以理性主义和自由民族主义态度对待宗教的。”⑤ 塔哈·侯赛因从小接受伊斯兰教的传统教育，并曾经对伊斯兰教怀有深刻的感情，并对伊斯兰教的先知、圣贤以及英雄人物充满了崇敬，后又到爱资哈尔大学学习了十年，然后进入开罗大学学习，随后到法国留学四

① Israel Gershoni and James P. Jankowski, *Egypt, Islam, and the Arabs, The Search for Egyptian Nationhood, 1900－1930*, Oxford University Press, 1986, p. 99.

② ［埃］爱敏·赛耳德.《埃及政治史：从1798年法国入侵到1952年君主制的瓦解》，转引自北京大学王锁劳博士学位论文“埃及民族主义研究”，第30页。

③ Ibrahim A. Ibrahim, “Salama Musa, an Essay on Cultural Alienation,” *Middle Eastern Studies*, Vol. 15, No. 3, 1979, p. 349.

④ Akbar S. Ahmad and Hastings Donnan, eds., *Islam, Globalization and Post-modernity*, London and New York, 1994, p. 117.

⑤ Iar M. Lapidus, *A History of Islamic Societies*, Cambridge University Press, 1988, p. 623.

年（1915~1919），并成为埃及民族主义思想家卢特非·赛义德的朋友。

在法国留学期间，塔哈·侯赛因的思想发生了较大的变化。尽管塔哈·侯赛因对于伊斯兰教对人类文明的贡献给予了充分的肯定，但是，由于深受法国启蒙思想和理性主义的熏陶，加之对传统宗教教育制度的弊端有着亲身的体察，使得他对于宗教的负面作用有着深刻的认识，并形成了反对迷信、盲从，崇尚理性的现代思想。因此，塔哈·侯赛因的思想直接“反映了埃及民族主义的欧洲方向。这尤其体现在他试图确立埃及认同的文化根源及其未来属于西方，既不是阿拉伯也不是伊斯兰。”①

塔哈·侯赛因充分运用理性主义的态度对待包括宗教在内的传统文化，提倡以怀疑和实证分析的精神对待历史、文化和宗教。在《论蒙昧时代的诗歌》一文中，他主张对一切历史典籍都应该采取分析批判的态度，并被宗教保守派指责为“离经叛道”。1938 年，塔哈·侯赛因出版了《埃及文化的未来》一书。在该书中，尽管他对伊斯兰教的历史及其作用进行了充分的肯定，承认伊斯兰教在中世纪对人类文明传承发挥的重要作用，但同时他又明确指出，宗教尽管是社会发展进程中的重要因素，但并不能充当社会和政治的基础。伴随社会的发展，宗教已经无法指导现代政治，也不能充当判断人们行为的标准。宗教的作用仅仅是给人们的心灵带来安慰，无论这种作用多么重要，“宗教都不能指导现实社会的政治生活，也不是民族政治的试金石”。②

在宗教与政治的关系上，塔哈·侯赛因明确主张宗教和政治分离，认为只有根据民族主义思想建立一个非宗教的政府，才能给国家带来政治的、经济的效益。塔哈·侯赛因认为，埃及的出路“不在于复归伊斯兰的过去，也不在于伊斯兰现代主义的改革，而在于一个向西方靠拢的、民主的、世俗的改革方案”，也就是“以西方政治、社会和法律制度为蓝本的现代化”。③

---

① John L. Esposito, *Islam and Politics*, New York: Syracuse University Press, 1984, p. 66.

② Albert Hourani, *Arab Thought in the Liberal Age*, London, 1962, p334.

③ John L. Esposito, *Islam and Politics*, New York: Syracuse University Press, 1984, p. 66.

在宗教与民族的关系问题上，塔哈·侯赛因同意卢特非的思想，认为宗教不是民族的唯一构成要素，一个民族的构成是多方面的，语言、地理环境、共同的历史渊源等都是构成民族的重要有机成份。他明确指出，在现代社会，民族忠诚和国家忠诚是社会团结的关键。他特别强调埃及人民的民族特性，并坚决主张民族和国家的利益高于宗教利益，宗教不能凌驾在国家利益之上，也不能完全支配国家政治生活的发展。① 因此，塔哈·侯赛因的思想与伊斯兰现代主义和阿拉伯民族主义形成了鲜明对照，尽管他承认埃及的伊斯兰过去和阿拉伯语，但他否认埃及阿拉伯/伊斯兰过去的唯一性，并认为在早期伊斯兰教和国家就是分离的。② 他还指出，政教分离的原则正在日益取得穆斯林世界各民族的认同，“穆斯林现在已经认识到一个为人们普遍承认的原则，即政治制度与宗教是不同的事物——这是国家和宪法赖以存在的基石。”③

在埃及的民族属性上，侯赛因从“地中海主义”的角度强调埃及的欧洲属性，反对埃及的东方属性。他认为，“埃及人和东方阿拉伯人是以相互否定和背离的方式遭遇的，二者的文化和知识命运迥然不同，也就是说：自远古以来，假如埃及人的头脑受到过什么影响，一定是受到了地中海的影响；假如埃及人交换各种利益，一定是与地中海人民来交换。”④ 他还指出，“实际上在思想和文化的不同分支领域，埃及一直是欧洲人的一部分”。⑤

塞拉迈·穆萨、塔哈·侯赛因等人在强调埃及欧洲属性的基础上，都主张反对伊斯兰教界人士组织和支持的“东方联盟”，倡导埃及走全盘西化的道路。“东方联盟”在埃及的具体表现形式是成立于 1922 年的“东方联盟协会”，该组织主张“无论东方各民族多么不同，无论各民族的觉醒有多大

---

① 参见冯怀信：“塔哈·侯赛因宗教思想初探”，载《阿拉伯世界》1998 年第 4 期，第 27 页。

② John L. Esposito, *Islam and Politics*, New York: Syracuse University Press, 1984, p. 66.

③ John Donohue and John Esposito, *Islam and Transition: Muslim Perspectives*, Oxford University Press, 1982, p. 74.

④ 穆罕默德·穆罕默德·侯赛因：《当代文学中的爱国主义倾向》，第 2 卷，转引自北京大学王锁劳博士学位论文“埃及民族主义研究”，第 31 页。

⑤ 同上，第 32 页。

差异，东方各民族仍然具有共同的原则和统一的目标。"① 强调通过伊斯兰教加强东方各民族的联系，构成了东方联盟思想主张的一个重要方面，该组织的领导人也都是虔诚的伊斯兰教宗教人士。在埃及，"东方联盟协会"的会长是苏菲派长老阿布杜·马吉德·巴卡里，第二副会长是《灯塔》杂志主编、叙利亚著名伊斯兰学者穆罕默德·拉希德·里达。

塞拉迈·穆萨坚决反对"东方联盟"的主张。他指出："东方联盟是荒谬的……我们与东方联盟有什么联系？……我们能从他们那里得到什么？……我们需要成立像埃及协会这样的西方联盟，其成员来自瑞士人、英国人、挪威人等等。我们与他们坐在一起，他们为我们解释在他们国家实行的一项革新法案，或出现的一种新哲学，或发明的一种新机器。……像这些机警和聪明的人，我们可以与之结盟。"他对于埃及属于东方的观点深恶痛绝，坚决主张埃及应该脱离亚洲和"东方联盟"。他指出："我们应该脱离亚洲，加入欧洲。每当我对东方的了解增加时，我对它的厌恶也随之增加，我的感情告诉我，东方是外来的东西；每当我对欧洲的了解增加时，我对它的爱慕和依恋也随之增加，我的感情告诉我，欧洲是我的一部分，我是欧洲的一部分。这是我一生中公开和秘密为之奋斗的信条。我不相信东方，我坚信西方。"②

在倡导埃及欧洲属性，反对"东方联盟"的同时，埃及民族主义思想家还主张埃及走全盘西化的道路。塞拉迈·穆萨明确指出："我们要养成欧洲人的习惯，戴他们的礼帽，吃味美的食物，采纳他们在政府、家庭、社会、工业、农业等领域的模式。"③ 土耳其的凯末尔革命使塞拉迈·穆萨深受鼓舞，他坚决反对伊斯兰教对政治的干预，主张彻底解决埃及政治存在的世俗化与伊斯兰教之间的矛盾。他指出："我们是那些发现自己正在东方和西方之间犹豫不决的人。我们拥有按欧洲模式组织起来的政府，但在政府中保留了宗教基金部、伊斯兰法庭等阻碍国家进步的东方躯体；我们拥有传播世界文化的先进大学，但爱资哈尔大学却在同时宣传中世纪的文化；我们拥

① 穆罕默德·穆罕默德·侯赛因：《当代文学中的爱国主义倾向》，第2卷，转引自北京大学王锁劳博士学位论文"埃及民族主义研究"，第32页。

② 同上，第33页。

③ 同上。

有已经欧化的先生，他们住在干净的房屋内，朗读有益的书籍，但同时阿訇们仍旧穿着长袍……”他认为，解决世俗化与伊斯兰教矛盾的出路在于走全盘西化的道路，在政治领域，建立“欧洲那样的议会制民主政府”；在文化上，使埃及的“文化成为欧洲文化，以便我们在心灵深处种下热爱自由和大胆思想的种子”；在教育领域，使“教育成为欧洲式教育，没有宗教的权威，也没有宗教的干预”；在文学领域，使“文学变成百分之九十九的欧洲文学”；在妇女问题上，倡导“欧洲人理解的妇女自由，希望有一天看到女法官、女医生、女飞行员、女教师、女经理、女部长、女工人……”；在婚姻问题上，要“加强我们与欧洲的联系，我们要与欧洲的小伙子和姑娘结婚，从中吸取欧洲的发明和创造……”[①] 由此可见，塞拉迈·穆萨倡导的全盘西化思想，主张从政治、经济、文化以及生活方式上全面地效仿西方，其排斥伊斯兰教干预政治和社会生活的世俗化倾向甚至超过了土耳其凯末尔的世俗民族主义思想。

塔哈·侯赛因作为“埃及民族主义的先驱”，更是认为西方构成了“科学、文明和文化的代表，建议埃及应该追随西方”，他“试图证明埃及与伊斯兰世界没有联系，相反与欧洲有着密切的联系”。[②] 他认为，埃及未来的方向就在于走欧洲道路。他指出：“我们对欧洲承诺相信他们的政治观念，遵守他们的行政规则，奉行他们的立法方式……假如我们现在打算回到老路，复兴有关的古老制度，那么我们必将遭到不可避免的惩罚。”[③] 他强调，埃及的行政、司法、立法和经济都应该采用欧洲的方式，而且这一切已经从穆罕默德·阿里改革期间就已经开始，并使得“欧洲理想变成了我们的理想”。他同时指出，担心因走欧洲化道路而使埃及民族特性泯灭完全是杞人忧天，因为阿里的欧洲化改革不仅没有使埃及丧失自己的民族特性，反而促进了埃及民族意识的觉醒。他的结论是：“我们时代最强有力和不可否认的

① 穆罕默德·穆罕默德·侯赛因：《当代文学中的爱国主义倾向》，第 2 卷，转引自北京大学王锁劳博士学位论文埃及民族主义研究，第 34 页。

② Ali Muhammad Naqavi, translated by Alaedin Pazargadi, *Islam and Nationalism*, Tehran: Islamic Propagation Organization, 1984, pp. 31 – 32.

③ 穆罕默德·穆罕默德·侯赛因：《当代文学中的爱国主义倾向》，第 2 卷，转引自北京大学王锁劳博士学位论文“埃及民族主义研究”，第 35 页。

事实是我们正在一天天接近欧洲，并一点一滴、彻头彻尾地变成它的组成部分。”①

从20世纪上半叶埃及民族主义发展的思想轨迹来看，在西方自由民族主义思想的影响下，强调增强埃及民族意识、促进统一、争取独立、建立民族国家、维护民族利益、保护民族文化的地方民族主义，构成了埃及民族主义思想的主流。尽管其中部分人的思想仍然带有伊斯兰教的历史痕迹，难以彻底超越伊斯兰教的影响，但是主流埃及民族主义思想对待伊斯兰教的坚决的世俗化态度，以及全盘西化的政治思想，都对伊斯兰教产生了强劲的冲击，并在政治、经济、文化等各方面动摇和侵蚀着伊斯兰教的传统政治根基。受其影响，埃及民族解放运动的主导权也逐步转移到奉行世俗民族主义的民族资产阶级手中。世俗民族主义的冲击也引起了伊斯兰思想界的强烈反应，这突出地表现为以哈桑·班纳为代表的伊斯兰原教旨主义思想的产生，并且提出了反对世俗民族主义，重建伊斯兰社会的政治主张。直到纳赛尔1952年军官革命后，由于纳赛尔推行阿拉伯民族主义，埃及民族主义与伊斯兰教的关系才发生了变化。纳赛尔一方面排挤和压制穆斯林兄弟会对政治的干预，另一方面又利用伊斯兰教的政治合法性功能服务于自己的内外政策。对于这一问题作者将另文进行专门探讨。

---

① Nadav Safran, *Egypt in Search of Political Community*, Harvard University Press, 1961, pp. 176 - 177.

专题 17

纳赛尔的阿拉伯民族主义与伊斯兰教*

【摘要】纳赛尔主义作为当代阿拉伯民族主义的典型代表，尽管也试图协调与伊斯兰教的关系，但作为一种世俗的意识形态，对伊斯兰教的否定和排斥构成了纳赛尔主义对待伊斯兰教的基本态度，而埃及作为伊斯兰复兴运动的发源地和中心，其意识形态根源之一就在于回应纳赛尔主义的挑战。本文从埃及内政与外交两个层面揭示了纳赛尔主义与伊斯兰教的关系，进而从一个侧面认识伊斯兰复兴运动的根源。

从二战结束到 20 世纪 60 年代末，是阿拉伯民族主义最为辉煌的时期。伴随众多的阿拉伯国家在民族解放运动中完成民族独立，民族主义作为现代政治意识形态的魅力得到了最集中的体现。作为当代阿拉伯民族主义代表的纳赛尔主义和阿拉伯复兴社会党的阿拉伯民族主义在此时期得到了迅速的发展，它们不仅取得了在埃及、叙利亚、伊拉克三个主要阿拉伯国家的执政权，并对其他阿拉伯国家民族民主革命产生了重要的影响，而且在埃及的领导下一度实现了埃及和叙利亚的合并，建立了包括埃及、叙利亚和伊拉克在内的阿拉伯联合共和国，同时还确立了以埃及为代表的阿拉伯民族主义在中东事务中的领导权，尤其是在阿拉伯国家联盟以及阿以冲突问题上的领导权。因此，在“战后最初的 1/4 世纪里，伊斯兰教在伊斯兰世界，在阿拉伯民众的意识形态领域里并不居于首要或主导的地位，这时起作用的是民族

* 原载《宁夏社会科学》2006 年第 2 期。

主义。这就是说，‘阿拉伯统一’的思想基础在当时不可能是宗教，只能是民族主义。”①

以纳赛尔主义为代表的阿拉伯民族主义，无论在内政与外交问题上，都不可避免地要触及民族主义与伊斯兰教的关系问题。由于纳赛尔主义在本质上是以世俗主义为核心的意识形态，它不可避免地要在国家的政治生活中排斥伊斯兰教。但是，纳赛尔同样深知，“现代中东政治家需要找到一种手段把伊斯兰教过去永久保存的各种忠诚转到民族文化上来，而不摧毁宗教文化建立起来的社会凝聚力和团结。”② 考虑到伊斯兰教在中东阿拉伯社会的传统地位，阿拉伯民族主义在建构现代国家的过程中又不能不利用伊斯兰教的政治合法性功能，这在纳赛尔主义中体现得尤为明显。但是必须清楚地看到，阿拉伯民族主义在本质上是不允许宗教干预政治的，伊斯兰教对于民族主义仅仅是一种政治合法性的工具化手段，“阿拉伯主义倚重伊斯兰教，把它作为阿拉伯人的一种感情上的联系，但不把它用作政治组织的一种原则。”③ 考虑到纳赛尔主义与伊斯兰教关系的典型性与代表性，本文将以纳赛尔主义为例对当代阿拉伯民族主义与伊斯兰教的关系进行分析。

纳赛尔（1918~1970）作为在当代阿拉伯世界颇具个性与魅力的政治家，常常被人们视为“克里斯玛”（Charisma）式的人格魅力型领袖人物，在阿拉伯世界享有难以匹敌的盛誉。纳赛尔主义对于阿拉伯世界产生了难以估价的影响。我国学者彭树智认为，纳赛尔主义的形成与发展主要经过了三个发展层次，即埃及民族主义、阿拉伯民族主义和阿拉伯社会主义。“纳赛尔主义的三个层次是一个递进的发展过程。第一个层次的埃及民族主义是纳赛尔主义的原型和基础。第二个层次的阿拉伯民族主义是纳赛尔主义的扩大和延伸。第三个层次的阿拉伯社会主义是纳赛尔主义的深化和完成。”④ 笔者认为，在纳赛尔主义三个层次中，阿拉伯民族主义是核心层次。因为伴随

---

① 金宜久主编：《伊斯兰教与世界政治》，北京：社会科学文献出版社 1996 年版，第 74 页。

② Kamal Karpat, ed., *Political and Social Thought in the Contemporary Middle East*, New York: Frederick A. Praeger, 1968, p. 12.

③ Ibid., p. 29

④ 参见彭树智：《东方民族主义思潮》，西安：西北大学出版社 1992 年版，第 430~431 页。

埃及民族解放事业的完成，纳赛尔主义已经从早年的埃及民族主义升华到阿拉伯民族主义，其目标是“阿拉伯统一”，而后来的阿拉伯社会主义则是实现阿拉伯民族主义目标的方式和手段。

纳赛尔在国内政治中对伊斯兰教的排斥与压制

从 19 世纪穆罕默德·阿里和伊斯麦尔的现代化改革开始，“埃及在政治、经济、军事以及社会发展方面追求的是一条西方化世俗道路”。在纳赛尔领导 1952 年“自由军官革命”取得胜利后，“埃及继续延续了世俗化的道路，并尽可能地将伊斯兰教视为孤立于国家之外的宗教。”① 从总体而言，纳赛尔在埃及民族国家建构的过程中采取的是反对宗教干预政治，对伊斯兰教进行排挤和压制的政策。这突出地表现在：纳赛尔不断削弱伊斯兰教在埃及国家政治生活中的地位，强化埃及的阿拉伯属性；坚决反对穆斯林兄弟会建立伊斯兰社会的要求和活动，并对其进行了严厉的镇压。

纳赛尔主义对伊斯兰教的排斥首先表现在削弱伊斯兰教在国家政治生活中的地位，并强化阿拉伯民族认同在埃及国家属性中的地位。纳赛尔所确立的革命纲领是：“在所有方面根除帝国主义；消灭封建主义；消除资本主义控制对政府制度的影响；建立强大的民族军队；建立社会正义；建立一个民主社会。”② 因此，“在早期纳赛尔主义目标中，没有一处提及伊斯兰教”；在他的《革命哲学》一书中，“伊斯兰教仅仅意味着埃及的伊斯兰遗产，仅仅是他提出的阿拉伯、非洲、伊斯兰三个地缘历史圈（geographic historical circles）中的一个组成部分。”③

在完成苏伊士运河国有化，清除英法殖民势力后，纳赛尔主义已经完全

---

① John L. Esposito, *Islam and Politics*, New York, Syracuse University Press, 1984, p. 126.

② Quoted in Fayez Sayegh, “The Theoretical Structure of Nasser's Arab Socialism,” *Middle Eastern Affairs*, No. 4, 1965, p13.

③ John L. Esposito, *Islam and Politics*, New York, Syracuse University Press, 1984, p. 126.

实现了从“埃及地方民族主义”向“阿拉伯民族主义”的转换，纳赛尔已经将他的政治目光转向了更为广泛的阿拉伯世界，对埃及阿拉伯民族属性的认同在埃及的国家建构中得到了具体的体现，同时也预示着阿拉伯民族主义主流意识形态地位的确立。1956 年埃及宪法明确指出：埃及是“一个主权独立的阿拉伯国家”，“是阿拉伯民族的一个组成部分”，① 这一声明得到了著名阿拉伯民族主义思想家萨提·胡斯里的高度评价：“1956 年 1 月 16 日在阿拉伯民族主义思想发展的历史上具有特殊的地位，因为埃及革命领导人以埃及人民的名义，在这一天发布了新宪法，正式宣布了埃及的阿拉伯属性。”②

此后，纳赛尔还多次强调埃及的阿拉伯民族属性，并且与他在阿拉伯世界推行的民族革命和阿拉伯统一事业联系起来。1956 年 7 月，纳赛尔在面对西方压力而对苏伊士运河实行国有化时指出：“帝国主义企图用一切方法来动摇我们的民族主义，削弱我们的阿拉伯属性并且在我们的队伍里进行挑拨离间。”“我们感觉到这个危险，因此将保卫我们的民族主义，我们都来保卫阿拉伯属性，我们都将继续努力，直到阿拉伯祖国的领土从大西洋延伸到波斯湾为止”。③

在 1961 年阿拉伯联合共和国由于叙利亚发生政变瓦解后，纳赛尔在对全国发表的讲话中指出：“今天我们面临阿拉伯祖国和阿拉伯民族历史上的关键时刻，我想让埃及这里的阿拉伯人民懂得，现在比任何时候更需要我们保持我们的阿拉伯属性”，“我们决不忘记我们的阿拉伯属性”。④ 1962 年，面对埃及民族主义的抬头，纳赛尔在一次演讲中强调：“我们不仅现在是阿拉伯人，而且埃及将永远属于阿拉伯人，因为这是它的天性”。⑤

---

① John L. Esposito, *Islam and Politics*, New York, Syracuse University Press, 1984, p. 127.

② 福阿德·纳斯尔·哈塔尔：《关于埃及的阿拉伯思想：当代埃及政治思想史研究》，第 153 页，转引自北京大学王锁劳博士学位论文“埃及民族主义研究”，第 70 页。

③ 《苏伊士运河问题文件选辑》，北京：世界知识出版社 1956 年版，第 14、16 页。

④ 阿拉伯统一研究中心编辑：《埃及、阿拉伯属性和七月革命》，转引自北京大学王锁劳博士学位论文“埃及民族主义研究”，第 71 页。

⑤ Nissim Rejwan, *Nasserist Ideology, Its Exponents and Critics*, Jerusalem: Israel University Press, 1974, p. 56.

伴随纳赛尔军人政权的巩固，他主张宗教与政治脱钩的世俗化倾向日趋明显，他还动员埃及的宗教学者进行论证以弱化伊斯兰的政治属性。受其影响，当时著名的宗教学者哈利德·穆赫亚在《宗教与社会主义》一书中指出："伊斯兰不是一种政治信条和政治秩序，而仅仅是一种宗教"，"在穆斯林社会，权威应当是民众的，而不是宗教的。"①

纳赛尔主义对伊斯兰教的排挤与压制更突出地表现在对待穆斯林兄弟会的政策。在纳赛尔领导"自由军官组织"发动"七·二三革命"期间，他曾经一度与哈桑·班纳创立的穆斯林兄弟会进行合作。但是在革命胜利后，纳赛尔不可避免地与穆斯林兄弟会分道扬镳，"其根本原因在于兄弟会的目标是恢复传统的伊斯兰社会，而纳赛尔在意识形态上奉行世俗的阿拉伯民族主义和社会主义，其目标是在推翻封建制度后建立一个民主、公止和富裕的现代社会，世俗的政治观念与神权的政治观念必然发生冲突"。② 因为纳赛尔"作为现代伊斯兰世界民族主义领导人的榜样，在本质上是一个务实的社会主义者、世俗民族主义者和意识形态上的折衷主义者。"③

纳赛尔执政后，埃及政府所采取的一系列政策都遭到了兄弟会的反对。在土地改革中，兄弟会坚决反对纳赛尔提出的"耕者有其田"的土改政策。在组织新政府时，纳赛尔一方面允许兄弟会参加内阁，但又在名额上进行严格限制，导致兄弟会与自由军官组织公开决裂。

随着纳赛尔政权的不断巩固，双方的矛盾也不断扩大：首先，纳赛尔反对兄弟会向军队和警察部门的渗透，要求兄弟会解散秘密组织，但遭到拒绝。此后兄弟会与纳吉布将军一起策划了推翻纳赛尔政权的政变计划，兄弟会已经成为与纳赛尔政权对抗的一支强大的威胁性力量。在计划曝光并流产后，纳赛尔坚定了彻底消灭兄弟会的决心。其次，纳赛尔与英国签订的妥协

---

① 转引自刘靖华："伊斯兰教、世俗共和政体与发展——埃及共和国宗教与政治发展的多角分析"，载《西亚非洲》1990年第6期，第56页。

② 参见拙作"伊斯兰复兴运动与当代埃及"，载《西亚非洲》2000年第3期，第25页。

③ Raphael Israeli, "Islam in Egypt under Nasir and Sadat: Some Comparative Notes," in Metin Heper and Raphael Israeli (eds), *Islam and Politics in the Modern Middle East*, Croom Helm Ltd, London & Sydney, 1983, p. 65.

性军事协议被兄弟会视为“卖国行径”，导致双方的矛盾再度加深。第三，1954年10月26日，兄弟会策划刺杀纳赛尔未果，纳赛尔借此开始了彻底铲除兄弟会的行动，穆斯林兄弟会在某种程度上陷于瓦解。

纳赛尔之所以能够抑制穆斯林兄弟会，主要原因在于苏伊士运河的收回、经济国有化政策的推行、土改后生产力的提高和农民生活的改善、国际地位的提高，使埃及赢得了前所未有的发展，纳赛尔也因此成为享誉阿拉伯世界的民族英雄。“1956～1967年这一段时间，埃及如同它的过去一样，再度成为阿拉伯世界智力和意识形态的中心，其思想这时围绕着阿拉伯主义——纳赛尔主义转动”，这“主要是纳赛尔感人的超凡魅力、这个国家组织的较好的政府、内部的凝聚力和完整性的结果”。①

1962年，包括赛义德·库特布在内的兄弟会领袖纷纷获释，但出狱后他们继续进行反对政府的活动。1964年，库特布等人再次被指控暗杀纳赛尔并推翻政府而被捕入狱，并于次年被处死。兄弟会虽然遭到了打击并被解散，但“穆斯林兄弟会的顽强精神和持久战斗力，远远超过纳赛尔的估计。在埃及这样一个伊斯兰国家，伊斯兰就是大多数人所崇奉的信仰，任何追求伊斯兰化的事业都比较容易获得他们的同情和支持。作为一种意识形态，绝不是镇压所能解决的问题。”②“纳赛尔能够以吸引社会大众的革命的意识形态压制穆斯林兄弟会的反抗，并不意味着伊斯兰教的虚弱和衰落，因为穆斯林的宗教情感仍然深刻地植根于社会大众之中。”③纳赛尔与穆斯林兄弟会之间的矛盾斗争，作为埃及社会发展的一个沉重负担留给了他的继任者萨达特。但是，在纳赛尔执政期间，纳赛尔基本上依靠铁腕政治手段抑制了穆斯林兄弟会，使得传统的伊斯兰势力游离和孤立于埃及政治的主流框架之外。

---

① Kamal Karpat, ed., *Political and Social Thought in the Contemporary Middle East*, New York: Frederick A. Praeger, 1968, p. 30.

② 陈嘉厚主编：《现代伊斯兰主义》，北京：经济日报出版社1998年版，第268页。

③ Raphael Israeli, "Islam in Egypt under Nasir and Sadat: Some Comparative Notes," in Metin Heper and Raphael Israeli, eds., *Islam and Politics in the Modern Middle East*, London & Sydney: Croom Helm Ltd, 1983, p. 66.

“官方伊斯兰”：纳赛尔政权政治合法性的工具

纳赛尔在推行世俗化政策，排斥伊斯兰原教旨主义组织干预政治的同时，同样意识到了伊斯兰教在埃及民族文化认同中的重要地位，并利用伊斯兰教的政治合法性功能为自己的政策提供道统的支持，这突出地表现在他依靠政府控制的“官方伊斯兰”，为阿拉伯民族主义和社会主义，以及世俗化、现代化的政策提供符合伊斯兰教的合法解释，以至于西方学者评价说：“纳赛尔几乎原封不动地保存了埃及的伊斯兰教机构，并逐步地将它们纳入他的现代主义国家”。①

纳赛尔之所以利用伊斯兰教作为政治合法性的工具，一方面在于他深知伊斯兰教在埃及穆斯林社会及其民众心目中的地位，更重要的是，“尽管纳赛尔主义在早期阶段在本质上是一种世俗运动，但是内部和外部的政治现实使得纳赛尔有选择地利用伊斯兰教，赋予他的阿拉伯社会主义以合法性并以此赢得国内外民众的支持。”所谓内部的压力主要来自穆斯林兄弟会等政治反对派的抵抗，而外部的现实则是来自沙特泛伊斯兰主义的挑战，“纳赛尔需要回击穆斯林兄弟会对其合法性的伊斯兰抗议与挑战，在国内外推进他的阿拉伯社会主义革命影响的需要，促使他转向利用伊斯兰来实现他的政治目标”，② 力图以此证明纳赛尔领导的国家“体制更多地保持了与伊斯兰教最为广泛而有效的一致性，尽管这一体制的所有努力都是为了促进民族主义、爱国主义、世俗主义和社会主义。”③

阿拉伯社会主义是纳赛尔主义的最高层次和实现阿拉伯统一的手段。1957 年埃及执政党“民族联盟”的纲领、1962 年的《全国行动宪章》等文

---

① Kamal Karpat, ed., *Political and Social Thought in the Contemporary Middle East*, New York: Frederick A. Praeger, 1968, p. 13.

② John L. Esposito, *Islam and Politics*, New York: Syracuse University Press, 1984, p. 127.

③ Morroe Berger, *Islam in Egypt: Social and Political Aspects of Popular Religion*, Cambridge University Press, 1970, p. 47.

件以及纳赛尔的一系列讲演，构成了阿拉伯社会主义的思想纲领。① 为了论证阿拉伯社会主义与伊斯兰教的一致性，纳赛尔主要通过对伊斯兰高等学府爱资哈尔大学进行控制，通过权威伊斯兰学者的解释，说明社会主义源于伊斯兰教，以反对伊斯兰原教旨主义关于社会主义有悖于伊斯兰教的攻击。其结果是，纳赛尔利用爱资哈尔大学的宗教学者，对社会主义、土地改革和公共政策进行解释，进而使爱资哈尔大学“失去了学术政治独立”。② 例如，爱资哈尔大学的宗教学者马赫穆德·沙尔图特（1892～1962）指出，伊斯兰教与社会主义是完全一致的，伊斯兰教不仅是一种精神宗教，而且能够“以增进社会福利为目的来协调人类关系和公共事务”。他根据《古兰经》加以解释说：“如果世界财产属于真主，……那么尽管财富可以私人占有，但是它应当属于真主的所有仆人，应当泽被和保护所有人类，全人类都应该从中受益”。他因此得出结论：“伊斯兰教信条是人类能够发现的最完美、最全面、最有用和最深刻的社会主义。”③ 此外，纳赛尔政府还通过“从宗教权威那里获得法特瓦（法律命令）来支持计划生育和土地改革等政策”，④ 从而使自己的现代化改革政策获得伊斯兰教的合法支持。

“阿拉伯”高于“伊斯兰”的外交理论与实践

纳赛尔主义对伊斯兰教既排斥又利用的“折衷主义”，也同样体现在纳

---

① 国内关于纳赛尔社会主义思想的系统论述可参见：彭树智《东方民族主义思潮》，第十章“纳赛尔与阿拉伯世界”，西安：西北大学出版社 1992 年版；周清、晨风、陈有文主编：《当代东方政治思潮》，第 23 章“纳赛尔主义”，广州：广东人民出版社 1993 年版。

② John L. Esposito, *Islam and Politics*, New York: Syracuse University Press, 1984, p. 128.

③ Mahmud Shaltut, “Socialism and Islam,” in John Donohue and John Esposito, eds., *Islam in Transition: Muslim Perspectives*, New York: Oxford University Press, 1982, p. 99, 101, 102.

④ John L. Esposito, *Islam and Politics*, New York: Syracuse University Press, 1984, p. 128.

赛尔的对外政策之中。纳赛尔一方面积极推行泛阿拉伯民族主义，推进阿拉伯统一事业，实现埃及与叙利亚的联合，并以此和沙特的泛伊斯兰主义争夺阿拉伯世界的领导权；另一方面纳赛尔面对沙特作为伊斯兰世界精神领袖对阿拉伯社会主义的攻击，又积极地利用伊斯兰教为自己的社会主义提供意识形态的合法性，并回击沙特的攻击。

纳赛尔主义的外交政策从本质上而言是阿拉伯民族主义的，尽管其中一直交织着谋求埃及在阿拉伯世界领导权的政治诉求，并在实际中存在着种种干预其他阿拉伯国家内政的种种劣迹。但是，相对于近代以来埃及民族主义对埃及阿拉伯民族属性的否定，以及泛伊斯兰主义对埃及伊斯兰属性的强调，纳赛尔主义的核心是强调埃及阿拉伯民族属性、倡导阿拉伯统一的阿拉伯民族主义，并在埃及的对外政策中得到鲜明体现。纳赛尔主义对外政策的理论与实践，鲜明地体现了阿拉伯民族主义的意识形态。尽管他也强调伊斯兰的重要性，但伊斯兰的重要性显然低于阿拉伯的重要性。作为世俗民族主义，纳赛尔主义不仅要在国内政治中压抑和控制伊斯兰，在外交上同样不允许伊斯兰大行其道，但考虑到政治合法性和现实斗争的需要，他又无法不给伊斯兰留有一定的空间。

在纳赛尔“三个圈子”理论中，代表阿拉伯民族主义的“阿拉伯圈子”构成了“三个圈子”中最重要的一环，其重要性远远高于“伊斯兰圈子”。纳赛尔在《革命哲学》中系统论述了“三个圈子”理论，即“阿拉伯圈子”、“非洲圈子”和“伊斯兰圈子”，从这种排列顺序中也可以发现，纳赛尔把“阿拉伯圈子”排在了第一位，而把“伊斯兰圈子”放在了最后一位。关于阿拉伯圈子，他指出：“难道我们能假装不知道我们周围有一个阿拉伯圈子吗？这个圈子是我们的一部分，而我们也是其中的一部分；我们的历史和这个圈子的历史已经打成一片，我们的利益和这个圈子的利益紧密地结合在一起，这是事实，不是空话。”①

纳赛尔对“三个圈子”的重要性有明显的轻重之分，“阿拉伯圈子”构成了三个圈子中最重要的一环。这正如他自己所言：“阿拉伯圈了是这些圈子中最重要、也是与我们联系最密切的。因为阿拉伯各国人民和我们的历史

---

① ［埃及］加麦尔·阿卜杜勒·纳赛尔：《革命哲学》，张一民译，北京：世界知识出版社 1956 年版，第 43 页。

交织在一起。我们和他们遭遇了同样的苦难和同样的危机；当我们遭受侵略者铁蹄践踏的时候，他们也和我们遭受了同样的践踏。”①

针对“伊斯兰圈子”，纳赛尔指出：“难道我们能假装不知道那里有一个伊斯兰世界，那个世界不仅跟我们有着宗教信仰的密切联系，而且历史事实也加强了彼此的联系。”② 从中不难发现，纳赛尔在阐述和“阿拉伯圈子”的关系时，使用的是“我们的利益和这个圈子的利益紧密地结合在一起”，而阐述和“伊斯兰圈子”的关系时，使用的是“跟我们有着宗教信仰的密切关系”，这种不同表述不应该仅仅是一种措辞上的差别。在纳赛尔看来，埃及与阿拉伯世界的关系是利益攸关的关系，埃及与伊斯兰世界的关系是宗教文化关系。因此，在阿拉伯团结与伊斯兰团结的关系问题上，纳赛尔与萨提·胡斯里主张以阿拉伯团结超越伊斯兰团结的观点有相通之处。

因此，在作为纳赛尔对外战略基石的“三个圈子”理论中，“阿拉伯圈子”的重要性远在“伊斯兰圈子”之上，而且在纳赛尔的对外政策实践中也得到了鲜明的体现。无论是对阿拉伯革命的支持，对阿拉伯统一事业的推进，还是在阿以冲突中，纳赛尔对外政策的基石都是阿拉伯民族主义，而不是泛伊斯兰主义。“纳赛尔对于其他阿拉伯国家的外交政策可以被认为是反对人为地把阿拉伯土地分裂为数国和反对这些国家落后的经济、社会和政治制度的产物，这些政治制度包含有君主国……这一看法的最终目标是最后将导致一个阿拉伯国家形式的统一和一体化的泛阿拉伯主义。民族主义和社会主义在很大程度上成为实现这种统一的手段……实际上，可以把阿拉伯世界称作纳赛尔主义的势力范围。”“民族主义还被纳赛尔说成是阿拉伯人之间的友爱和团结，是进行政治、社会和经济动员的一种运动和哲学，是争取阿拉伯团结、自由、完整和尊严的一场斗争。阿拉伯民族主义的基础是语言、文化和愿望的一致以及战略上的需要。”③ 在对外政策领域，纳赛尔主义对伊斯兰教的排挤主要体现在以下两个方面：

---

① ［埃及］加麦尔·阿卜杜勒·纳赛尔：《革命哲学》，张一民译，北京：世界知识出版社 1956 年版，第 45 页。

② 同上，第 43 页。

③ Edited by Kamal Karpat, *Political and Social Thought in the Contemporary Middle East*, New York, Frederick A. Praeger, 1968, pp. 199 – 200.

1. 积极支持和推进阿拉伯革命事业，瓦解中东的君主制和政教合一国家。纳赛尔认为，“世界上的每个民族都经历两种革命：一种是政治革命，就是从一个强加在他们头上的暴君的统治下或者从违反人民愿望而驻扎在祖国领土上的外国军队手中，恢复自己管理自己的权利。另一种是社会革命，在这种革命中，各个阶级之间进行斗争；当正义在一个国家的公民之间占优势的时候，情况才会安定。”① 纳赛尔的“两种革命”理论构成了其“革命哲学”的主要内容。在埃及革命胜利后，伴随纳赛尔阿拉伯民族主义的日益成熟，纳赛尔进一步提出了“阿拉伯革命”理论，这一理论包括两个层次的含义，一是指阿拉伯各国反对殖民主义、帝国主义和封建主义的斗争，纳赛尔领导的埃及“七·二三革命”为这种革命树立了榜样；二是指阿拉伯民族革命，通过阿拉伯各国的革命最终完成民族革命，即阿拉伯民族的统一。

纳赛尔积极支持阿拉伯革命的根本动力在于以此推动阿拉伯民族的统一事业，同时在某种程度上也是为了抗衡西方国家建立的“中东体系”。纳赛尔认为，在战后的中东正在形成一个为西方帝国主义操纵的地区体系，以色列的建立和巴格达条约组织的建立都是西方建立中东地区安全体系的产物，其实质是继续保持西方在中东的殖民势力，而纳赛尔也正是要通过阿拉伯民族革命建立与西方“中东体系”抗衡的“阿拉伯体系”，实现阿拉伯民族的独立和统一。②

在“阿拉伯革命”思想的指导下，纳赛尔不遗余力地在中东阿拉伯世界支持阿拉伯革命，其目标显然是首先通过革命建立阿拉伯民族国家体系，然后再实现和完成阿拉伯统一的宏大目标。纳赛尔支持阿拉伯革命的最终目的，是要在阿拉伯各国独立的基础上最终完成阿拉伯民族的统一，而不是伊斯兰主义和泛伊斯兰主义主张的“伊斯兰国家”和“穆斯林共同体”，这也是纳赛尔利用泛阿拉伯民族主义与沙特领导的泛伊斯兰主义抗衡的重要原因所在。在纳赛尔的支持和干涉下，1958 年的伊拉克革命和 1962 年的也门革

① ［埃及］加麦尔·阿卜杜勒·纳赛尔：《革命哲学》，张一民译，北京：世界知识出版社 1956 年版，第 17～18 页。

② Mohammed Hassanein Heikal, “Egyptian Foreign Policy,” *Foreign Affairs*, Vol. 56, No. 4, July 1978, pp. 719－720.

命都是典型的纳赛尔式的革命，而也门革命所推翻的正是一个政教合一的传统伊斯兰教国家，纳赛尔对也门革命的干预也遭到了传统伊斯兰国家沙特阿拉伯的强烈反对。

2. **领导阿拉伯统一事业，与沙特的泛伊斯兰主义抗衡。**1956 年苏伊士运河战争后，"纳赛尔几乎言必称阿拉伯民族主义和阿拉伯统一"，他认为，殖民主义统治的结果造成了阿拉伯世界的四分五裂，阿拉伯民族成为"被分裂"和"被分割"的民族，倡导阿拉伯民族主义和阿拉伯统一正是为了使阿拉伯民族恢复"全面的统一"。[①] 阿拉伯统一事业的首次尝试是 1945 年阿拉伯国家联盟的成立，但是纳赛尔认为不能指望依靠阿拉伯国家联盟完成阿拉伯统一，"阿拉伯联盟是值得全力支持的，但在任何情况下都不能幻想让它承担超过它的实际能力的任务，这种能力是它成立的条件和它本身的性质所规定的。"[②]

因此，纳赛尔主张埃及应当充当阿拉伯斗争的"先锋"和阿拉伯统一的"核心"，他把埃及和其他阿拉伯国家的关系比喻成"头颅和躯体"、"先锋和群众"、"领导和基层"的关系，[③] 同时提出了一系列阿拉伯统一理论，并以此为指导实现了 1958 ~ 1961 年埃及和叙利亚的联合即"埃叙统一"，成为迄今为止层次最高的阿拉伯统一。在"埃叙统一"失败后，埃及、叙利亚和伊拉克于 1963 年建立"阿拉伯联合共和国"，一度在中东阿拉伯世界产生了巨大的影响。

纳赛尔推行的阿拉伯民族主义和阿拉伯统一事业以及阿拉伯民族革命，招致了以沙特为首的中东保守的伊斯兰教君主制国家的反对和指责，这也从一个侧面折射出了世俗的阿拉伯民族主义对伊斯兰教的强劲冲击。在埃及的影响下，阿拉伯世界发生了若干起旨在推翻君主制和伊斯兰保守政权的未遂政变，纳赛尔主义者和阿拉伯民族主义者都坚信，谋求阿拉伯国家的团结需

---

① 杨灏城、江淳：《纳赛尔和萨达特时代的埃及》，北京：商务印书馆 1997 年版，第 71 页。

② "阿拉伯联合共和国'全国行动宪章'草案"，沈昌纯等译，载《亚非译丛》1963 年第 2 期，第 24 页。

③ 杨灏城、江淳：《纳赛尔和萨达特时代的埃及》，北京：商务印书馆 1997 年版，第 72 页。

要首先推翻阿拉伯的君主制和保守政权。[①] 1962 年，在沙特国王费萨尔（Faisal bin Abdelaziz al-Saud，1906～1975）的倡导下，在圣城麦加召开了国际性的伊斯兰会议，专门讨论对付民族主义和世俗主义的策略。会议宣称，“那些不承认伊斯兰教，并在民族主义的幌子下歪曲伊斯兰教义的人是那些将自己的光荣同伊斯兰教联系在一起的阿拉伯人的最凶恶的敌人。”[②] 为回击纳赛尔的阿拉伯民族主义，在这次会议结束之际成立了一个国际性的泛伊斯兰教组织——世界穆斯林联盟，沙特开始在对外政策中奉行泛伊斯兰主义，并直接与埃及发生矛盾。

针对沙特的泛伊斯兰主义，纳赛尔也反唇相讥，斥责费萨尔是阿拉伯事业的叛徒，抨击泛伊斯兰联盟是英美等西方国家的阴谋，是西方的工具，其目的在于分裂阿拉伯世界，破坏阿拉伯团结。“纳赛尔尖锐地谴责沙特等保守的阿拉伯国家与西方帝国主义合作，他们诉诸伊斯兰教完全是为了使封建制度永恒化。”[③]

纳赛尔在外交政策中对伊斯兰教的利用

尽管纳赛尔主义在外交上奉行阿拉伯民族主义，并与沙特的泛伊斯兰主义进行斗争和角逐，但是考虑到伊斯兰教在阿拉伯文化和穆斯林信仰中的地位，他仍然不得不表现出其“折衷主义”的另一面，即在排斥伊斯兰教的同时利用伊斯兰教，并在总体上服务于阿拉伯民族主义的对外政策。

纳赛尔曾经在《革命哲学》中这样表述他对于伊斯兰教和伊斯兰世界的看法，他“坚信加强伊斯兰教的联系就有可能团结所有的穆斯林。”他指出：“我站在克尔白面前的时候，好像我看到了全世界所有伊斯兰教达到的

---

① 王铁铮主编：《沙特阿拉伯的国家与政治》，西安：三秦出版社 1997 年版，第 201～202 页。

② 威拉德·A·贝林编：“费萨尔和沙特阿拉伯的现代化”，第 186 页，转引自王铁铮主编：《沙特阿拉伯的国家与政治》，西安：三秦出版社 1997 年版，第 202 页。

③ John L. Esposito, *Islam and Politics*, New York, Syracuse University Press, 1984, p. 106.

地方。”“朝觐应该变成一种伟大的力量。……不把它当作一些传统和仪式……而应该把它作为一个定期举行的政治会议看待……”[①] 但是，他认为宗教纽带的联系无法取代穆斯林对民族国家的忠诚。他还指出：“当我想到被同一的信仰所联合着的这几亿人口时，我感觉到可以由这些穆斯林的合作来实现的那些巨大的可能性。这种合作自然是不超出他们对于本国的天然忠诚的，然而它会给他们自己和他们的同教兄弟保证无限的力量。”[②]

如何理解纳赛尔上述关于伊斯兰教和伊斯兰世界合作的表述呢？笔者认为，只有将它们与纳赛尔的“三个圈子”理论结合在一起加以考察，才能发现伊斯兰在纳赛尔外交思想中的真实地位。在纳赛尔“三个圈子”理论中，“伊斯兰圈子”是以“阿拉伯圈子”为核心的同心圆的最外围的一层。纳赛尔的三个圈子包括了阿拉伯圈子、非洲大陆圈子和伊斯兰圈子，伊斯兰圈子也被他称为“同教兄弟的圈子”，这三个圈子代表着他的泛阿拉伯民族主义、泛非主义和泛伊斯兰主义，但是，“‘同教兄弟的圈子’或他的泛伊斯兰的圈子显然是以‘阿拉伯圈子’为内圈的”，其首要目的是为阿拉伯民族主义服务，“在民族主义和泛伊斯兰的关系问题上，纳赛尔作为一个政治家和国家当政者，不能不首先对自己的国家和民族负责，尽管人们无需怀疑他的信仰的虔诚，但他考虑问题的角度仍然是阿拉伯民族主义重于泛伊斯兰思想”。[③]

纳赛尔对于伊斯兰教的利用在外交上突出表现在与沙特费萨尔王储的泛伊斯兰主义进行斗争，“埃及和沙特阿拉伯在意识形态上互相进行激烈的攻击，但又都求助于伊斯兰教”。[④] 沙特的费萨尔国王面对纳赛尔阿拉伯民族主义和社会主义的挑战，采取了以下几种方式进行回击：[⑤] 首先，通过参加1962年世界穆斯林联盟（Muslim World League）成立大会的乌里玛阶层，

---

① ［埃及］加麦尔·阿卜杜勒·纳赛尔：《革命哲学》，张一民译，北京：世界知识出版社1956年版，第59～61页。

② 同上，第61页。

③ 金宜久主编：《伊斯兰教与世界政治》，北京：社会科学文献出版社1996年版，第173～174页。

④ John L. Esposito, *Islam and Politics*, New York: Syracuse University Press, 1984, p. 107.

⑤ John L. Esposito, *Islam and Politics*, New York: Syracuse University Press, 1984, pp. 107－108.

谴责民族主义和社会主义，强调普世的伊斯兰共同体和伊斯兰统一高于任何形式的民族主义；强调“伊斯兰世界根据统一的伊斯兰信仰形成一个共同体……为了将这一共同体变成现实，对伊斯兰信仰和穆斯林共同体——乌玛利益的忠诚是必要的，在总体上这种忠诚高于对民族主义以及其他任何主义的忠诚。”① 其次，费萨尔国王与伊朗巴列维国王于 1965 年在麦加举行会谈，商讨签署反对泛阿拉伯民族主义的“伊斯兰盟约”（Islamic Pact）。第三，作为费萨尔国王泛伊斯兰主义政策的最主要部分，沙特提出了解放圣城耶路撒冷的要求。在 1967 年的第三次阿以战争中，阿拉伯国家失去了伊斯兰教的第三圣城耶路撒冷，“为费萨尔有效地削弱纳赛尔的传统领导地位和提高沙特在伊斯兰世界的地位提供了机遇”。②

面对沙特以泛伊斯兰主义挑战阿拉伯民族主义和阿拉伯社会主义，纳赛尔也开始利用自己控制的“官方伊斯兰”，为推行阿拉伯民族主义的意识形态和外交政策提供合法性支持，因为“费萨尔利用伊斯兰教谴责阿拉伯社会主义，利用泛伊斯兰主义反击泛阿拉伯主义”，使得纳赛尔也不得不以伊斯兰的方式加以回击。“当费萨尔从乌里玛那里获得法令谴责社会主义的时候，纳赛尔则从埃及的乌里玛尤其是爱资哈尔大学的宗教学者那里获得法令，赋予自己的意识形态及其政策以合法性”。③ 在埃及泛阿拉伯主义与沙特泛伊斯兰主义的争夺中，“同样是伊斯兰，在中东国际政治中却扮演了两种不同的角色，其政治功能也截然不同”。④ 埃及通过伊斯兰教赋予民族主义这一现代意识形态以合法性，并建立和维护自己在阿拉伯世界的领导地位；而沙特则力图依靠泛伊斯兰主义，维护在伊斯兰世界的盟主地位，更为重要的是回击埃及阿拉伯民族主义的挑战。

总体而言，在 20 世纪 50～60 年代埃及和沙特的意识形态以及外交争夺

---

① Yvonne Y. Haddad, “The Arab-Israeli Wars, Nasserism and Islamic Identity,” in John L. Esposito, ed., *Islam and Development*, New York: Syracuse University Press, 1980, p. 239.

② John L. Esposito, *Islam and Politics*, New York: Syracuse University Press, 1984, p. 108.

③ Ibid., pp. 127－128.

④ 吴云贵：“伊斯兰教与中东政治”，载《世界宗教研究》1997 年第 1 期，第 5 页。

中，奉行世俗阿拉伯民族主义的埃及在60年代末期以前基本上居于主导地位。受其影响，不仅一系列阿拉伯国家发生了纳赛尔式的民族革命，建立了民族主义政权，奉行民族主义的内外政策，而且阿拉伯统一运动也取得了重大的发展。阿拉伯民族主义还控制了阿拉伯国家在阿以冲突中的主导权，民族主义一度成为风行一时、独具魅力的主导意识形态。但是，伴随1967年阿拉伯国家在第三次阿以战争中的惨败，以及纳赛尔在1970年的溘然长逝，阿拉伯民族主义的声誉迅速下降，并为伊斯兰教重返中东政治舞台提供了历史机遇。此后，作为伊斯兰复兴主要表现形式的伊斯兰主义在中东政治中的影响日益回升，并对世俗的民族主义及其政权提出了严峻的挑战。

总之，纳赛尔主义作为当代阿拉伯民族主义的代表，对伊斯兰教的态度体现出了强烈的“折衷主义”色彩。一方面他不断强调阿拉伯民族属性在埃及国家建构中的地位，强化埃及的现代民族认同，并将现代伊斯兰主义的先驱穆斯林兄弟会作为“反动的伊斯兰”加以反对和镇压，反对穆斯林兄弟会对埃及政治的干预，推行反对宗教干预政治的世俗化政策；另一方面他又深刻地认识到了伊斯兰教对于阿拉伯以及埃及民族认同的重要性，声称“对伊斯兰信仰怀有感情”，并且将“官方的伊斯兰”称为“进步的伊斯兰”,[①] 利用官方控制的爱资哈尔大学的宗教学者对自己的政策进行符合伊斯兰教的解释，赋予阿拉伯民族主义和社会主义以伊斯兰的合法性。纳赛尔对待伊斯兰教的折衷主义正如一学者所言，纳赛尔“是在拒不接受原教旨主义的前提下有效地利用了伊斯兰”。[②]

---

① Raphael Israeli, “Islam in Egypt under Nasir and Sadat: Some Comparative Notes,” in Metin Heper and Raphael Israeli, eds., *Islam and Politics in the Modern Middle East*, London and Sydney: Croom Helm Ltd, 1984, pp. 65 – 67.

② 转引自刘靖华：“伊斯兰教、世俗共和政体与发展——埃及共和国宗教与政治发展的多角分析”，载《西亚非洲》1990年第6期，第54页。

专题18

安东·萨阿德的叙利亚民族主义思想与伊斯兰教*

【摘要】安东·萨阿德的叙利亚民族主义思想，构成了地方阿拉伯民族主义的典型的代表之一，他对待伊斯兰教的彻底的世俗民族主义立场在阿拉伯世界是十分罕见的。因此，本文以安东·萨阿德的叙利亚民族主义思想为个案，分析地方民族主义思想对待伊斯兰教的态度。本文认为，安东·萨阿德的叙利亚民族主义思想是彻底的世俗民族主义，并对伊斯兰教干预政治采取较为彻底的否定和排斥态度，具体主要体现在三个方面：坚持民族认同，反对宗教认同；坚持政教分离，反对教士干预政治；坚持民族团结，反对教派争端。文章最后对安东·萨阿德的叙利亚民族主义思想失败的原因进行了简要分析。

安东·萨阿德的叙利亚民族主义思想构成了地方阿拉伯民族主义的典型代表之一，他对待伊斯兰教的彻底的世俗民族主义立场在阿拉伯世界是罕见的。本文以安东·萨阿德的叙利亚民族主义思想为个案，分析地方民族主义思想对待伊斯兰教的态度，进而从一个侧面揭示伊斯兰复兴运动的意识形态根源之一就在于回应民族主义的挑战。安东·萨阿德的叙利亚民

---

* 原载《西亚非洲》2001年第2期，发表时题为“安东·萨阿德的民族主义思想宗教观”。

族主义思想是彻底的世俗民族主义，对伊斯兰教采取的是排斥宗教干预政治的世俗主义态度。具体表现为：坚持民族认同，反对宗教认同；坚持政教分离，反对教士干预政治；坚持民族团结，反对教派争端。但是，由于受到各种主客观因素的制约，安东·萨阿德的叙利亚民族主义思想并未成功。

安东·萨阿德的生平

在中东阿拉伯国家中，叙利亚是受基督教文化影响较深的国家。早在19世纪，叙利亚地区（包括今天的叙利亚、黎巴嫩、巴勒斯坦）就出现了世俗民族主义的萌芽。在20世纪30年代叙利亚成立独立的民族国家之前，世俗民族主义思潮在信仰基督教的阿拉伯知识阶层中有着广泛的影响，并同泛阿拉伯民族主义思潮相抗衡。[①] 这一思潮突出地表现为“大叙利亚主义”，即主张建立包括现今叙利亚和黎巴嫩在内的大叙利亚国家。安东·萨阿德（Antun Sa'ad，1904～1949）及其领导的叙利亚民族社会党（Syrian Social Nationalist Party，简称为SSNP）构成了叙利亚民族主义的代表。

安东·萨阿德[②] 1904年出生在黎巴嫩一个乡村的希腊正教（Greek Orthodox）派家庭。1920年安东·萨阿德随父亲移居巴西，开始学习德语，并和父亲一起主办一份阿拉伯语文学杂志。早在巴西学习德语期间，安东·萨阿德就对德国及其民族主义充满了崇敬。因此有人指出，“尽管安东·萨阿德否定他的泛叙利亚民族主义曾受西方思想的影响，但是很显然他的思想是

---

① 吴云贵、周燮藩：《近现代伊斯兰教思潮与运动》，北京：社会科学文献出版社2000年版，第212页。

② 本文关于安东·萨阿德生平叙述的资料来源为：Bassam Tibi, ed., *Arab Nationalism, A Critical Enquiry*, London: The Macmillan Press, 1981, pp. 165 - 167; Kamal Karpat, *Political and Social Thought in the Contemporary Middle East*, New York, Frederick A. Praeger, 1968, p. 95; L. Z. Yamak, *The Syrian Social Nationalist Party*, Cambridge University Press, 1969, p. 56.

不同的西方理论的混合体。"①

1929 年，安东·萨阿德返回黎巴嫩后，曾经在贝鲁特美国大学（America University of Beirut）教授德语。1932 年，他在贝鲁特美国大学建立了第一个叙利亚民族党社会团体，作为一个秘密组织，其公开的名称是"叙利亚贸易公司"（Syrian Trading Company），这一名称一直使用到 1935 年叙利亚民族社会党被法国当局查封和萨阿德被捕入狱之前。萨阿德在监狱里度过了一年多的生涯，1936 年被释放。1938 年萨阿德获释后迁居美国，1947 年又返回黎巴嫩投身政治活动。1949 年在策划政变失败后逃往叙利亚，起初曾经得到叙利亚当局的盛情款待，但后来不知由于何故又被叙利亚转交给黎巴嫩，并在 1949 年 7 月被处死，其罪名是"阴谋武装破坏黎巴嫩的统一和建立一个大叙利亚国家"。②

萨阿德的生命虽然非常短暂，但是却为叙利亚民族社会党制订了非常激进的世俗民族主义纲领，并一度在叙利亚和黎巴嫩的阿拉伯知识界产生了重要影响。美国学者凯马尔·H·卡尔帕特（Kamal Karpat）在《当代中东的政治与社会思想》一书中将萨阿德的叙利亚民族主义思想概括为："叙利亚民族不同于阿拉伯民族，它是由阿拉伯人、腓尼基人和其他居住在叙利亚、黎巴嫩、伊拉克、约旦和部分巴勒斯坦的群体这样一种独特的历史综合体所组成。他们必须在一个大叙利亚的旗帜下统一起来，这个民族将建立一个同族的社会，在这个社会中，传统的群体忠诚、封建的土地关系和资本主义将被废除，并将实现政治和宗教的分离。"③ 萨阿德的叙利亚民族主义思想主要体现在《叙利亚社会民族主义学说：叙利亚民族社会党的原则及目标》等著作以及他为叙利亚民族社会党制订的纲领中，并且体现出了主张政教分离的彻底的世俗民族主义的色彩。

---

① Bassam Tibi, *Arab Nationalism, A Critical Enquiry*, London: The Macmillan Press, 1981, p. 166.

② Ibid.

③ Kamal Karpat, ed., *Political and Social Thought in the Contemporary Middle East*, New York, Frederick A. Praeger, 1968, p. 87.

强调民族认同，反对宗教认同

萨阿德认为，叙利亚民族象征着具有可追溯到史前时期悠久历史的叙利亚人民的团结。他反对从纯血统的角度来界定一个民族，认为每个民族都是由不同种族构成的。叙利亚人“构成了一个悠久历史的最终结果，它包括在这些国家安居并已混合的各民族，从迦勒底人和迦南人之前的石器时代晚期到阿摩尔人、阿拉米人、亚述人、赫梯人和阿卡底人。他们最终已成为一个民族。因此，我们领会到叙利亚的民族性并不是基于共同的血统，而是基于混合的血统（即不同的血统）之社会和自然的统一。”“叙利亚民族是迦南人、阿拉米人、亚述人、迦勒底人、赫梯人和阿卡底人的混合体。”① 萨阿德认为，叙利亚民族是由不同血统的种族构成的共同体，其政治指向无疑是以此服务于叙利亚的统一和大叙利亚的建立。在他看来，“唯有此原则能够照顾到叙利亚人民的利益，统一他们的目标和崇高理想，捍卫民族理想免遭血腥和野蛮的冲突和民族分裂。”②

为了宣扬叙利亚民族统一的思想，萨阿德坚决反对每一个民族都有自己的“纯血统”和“共同的血缘”的说法。他认为，持这种观点的人都是“那些对社会学和他们民族历史一无所知的人”，“纯民族或血统的说法，是一种在文明国家中不会有任何结果的神话，即使在原始时代也是罕见的。”③ 他指出，叙利亚人尽管是一个血统的混合体，但是，“叙利亚人相对其他民族在天赋和智力上的优越性是一个不言自明的真理。是他们开化了希腊人，为后来希腊加入地中海文明奠定了基础。”④ 在界定叙利亚民族构成及其优越性的基础上，萨阿德提出了叙利亚民族社会党关于叙利亚民族和国家问题

---

① Kamal Karpat, ed., *Political and Social Thought in the Contemporary Middle East*, New York, Frederick A. Praeger, 1968, pp. 95－96.

② Ibid., p. 96.

③ Ibid., pp. 95－96.

④ Ibid., p. 96.

的八项基本原则[1]：

(1) 叙利亚属于叙利亚人；

(2) 叙利亚问题是一个独立的民族问题，其解决不能参照其他民族问题；

(3) 叙利亚问题是叙利亚民族和叙利亚国家的问题；

(4) 叙利亚问题是从史前时期就已经存在的叙利亚人民的统一；

(5) 叙利亚祖国（Syrian Fatherland）是叙利亚民族形成的物质环境，它包括大叙利亚（Greater Syria）、美索不达米亚和西奈，简言之即肥沃的新月地带（Fertile Crescent）以及塞浦路斯。

(6) 叙利亚民族是一个无法分割的社会；

(7) 叙利亚民族和社会复兴的能量在于叙利亚民族的天赋及其政治和文化的历史；

(8) 叙利亚的利益高于种族利益。

萨阿德认为，叙利亚民族社会党的使命就是实现叙利亚民族与社会的复兴，建立一个主权独立的民族国家。他指出：

> 叙利亚民族社会党的目标是实现一个能够达到其理想、恢复叙利亚国民活力和力量的叙利亚民族社会复兴。党旨在组织一场运动，促使叙利亚民族的完全独立，巩固其主权，建立一种新的制度来捍卫其利益、提高其生活水准以及建立一个阿拉伯阵线。……民族的复兴包括确立民族观念、保护叙利亚民族的生活以及取得其进步的途径，赋予它团结和恰当的民族合作以力量，建立一个新的民族社会制度。[2]

由此可见，实现叙利亚民族和社会复兴，建立一个世俗民族国家，构

---

① Bassam Tibi, *Arab Nationalism, A Critical Enquiry*, London: The Macmillan Press, 1981, p. 168.

② Kamal Karpat, *Political and Social Thought in the Contemporary Middle East*, New York, Frederick A. Praeger, 1968, p. 96.

成了萨阿德梦寐以求的理想。在他看来，“叙利亚民族主义是实现叙利亚的新生，从而参与阿拉伯事务的唯一切实可行的方法和基本的先决条件。”①

在萨阿德的叙利亚民族主义思想中，主张以民族认同取代宗教认同的主张比其他任何阿拉伯民族主义者都表现得更为强烈。他指出，由于“宗教不承认国家，不承认国家利益”，“关心的只是由一个宗教中心机构所统治的信仰的群体”，因此，“泛宗教的政治团体概念总是同民族主义、特别是同叙利亚社会民族主义相对立”。②

对于叙利亚基督徒的“泛基督教政治运动”（Pan-Christian political movement）和穆斯林的“泛伊斯兰运动”（Pan-Islamic movement），萨阿德都坚决地持反对态度，并认为它们有损于叙利亚的民族认同和民族利益。“泛宗教运动（Pan-religious movement）只能导致民族团结的崩溃和争取民族生存斗争的失败。”他认为，泛宗教的政治认同在进行民族和社会整合方面都是非常失败的，并已经为奥斯曼帝国瓦解的历史事实所证明。因此，他坚决主张民族主义必须和泛宗教认同决裂，“民族主义和民族国家都不能以宗教为基础”，“民族统一不能通过使民族国家成为宗教国家来取得。因为在这样的国家里，权利和利益就是宗教的权利和利益，并由占统治地位的宗教界所垄断。在一个权利和利益为宗教团体所垄断的国家里，不会实现一个国家人民共同享有的民族权利和利益。而没有利益和权利的统一，就不会有民族义务和民族意志的统一。”③

由此可见，萨阿德对泛宗教认同进行了体无完肤的彻底批判，并体现出了坚持民族认同，坚决与宗教认同彻底决裂的立场。萨阿德的这种反宗教的坚决态度和彻底立场使泛阿拉伯民族主义思想家萨提·胡斯里都深感震惊。在萨阿德被处死前的1948年，萨提·胡斯里与萨阿德曾经在贝鲁特会面，并试图以泛阿拉伯民族主义思想劝说萨阿德，但是却在萨阿德面前遭到了失败，以至于胡斯里后来这样写到：“在阿拉伯世界没有任何一个政党在纲

---

① Kamal Karpat, *Political and Social Thought in the Contemporary Middle East*, New York, Frederick A. Praeger, 1968, p. 98.

② Ibid., p. 89.

③ Ibid., pp. 89 – 90.

领、影响以及情感和组织力量方面达到叙利亚民族社会党的水平。”①

坚持政教分离，严禁教士干预政治

在国家的政教关系上，萨阿德主张政教分离，严禁教士干预政治。他提出了关于叙利亚国家与社会改革的五项原则，即：（1）政教分离；（2）严禁教士干预国家的政治和司法事务；（3）消除不同宗教及其派别之间的障碍；（4）废除封建主义，在生产基础上组织民族经济，保障劳动权益，维护民族和国家利益；（5）建立一支在保卫国家、决定民族命运中发挥有效作用的强大军队。② 在上述五项原则中，主张政教分离、严禁教士干预政治处于萨阿德国家与社会改革原则的首要地位，从中足见萨阿德世俗民族主义思想的彻底性。萨阿德曾明确指出：

> 我们国家统一和民族福祉的最大障碍是宗教机构和世俗权力机关的结合……这种神权原则是一种危险的原则，它把许多人奴役到了精疲力竭的地步。这一原则不仅被宗教机构所利用，而且被神圣王族所利用，后者自称不是从人民而是根据真主意志和宗教机构的批准获得权力的。……神权政治或宗教国家是同国家原则相悖的，因为它同罗马教皇世系和哈里发一样主张宗教机构对全体信徒进行控制。③

萨阿德指出，在人类处于原始状态的时候，宗教与世俗政治的合一是合适的，但是当人类进入现代文明时期以后，宗教对世俗政治的控制便构成了国家与社会发展的巨大障碍。他声称，叙利亚民族社会党并不主张取消宗教

---

① Bassam Tibi, *Arab Nationalism, A Critical Enquiry*, London: The Macmillan Press, 1981, p. 170.

② Ibid., p. 169.

③ Kamal Karpat, *Political and Social Thought in the Contemporary Middle East*, New York: Frederick A. Praeger, 1968, p. 89.

的精神信仰，“不是反对宗教和神学思想以及探讨灵魂与不朽、造物主和超自然现象的神秘事物的哲学”，① 而是反对宗教对世俗政治的干预，主张宗教的社会功能应该局限在精神信仰和伦理道德领域，这与近代西方许多启蒙思想家的宗教观是非常一致的。

萨阿德认为，政教分离原则必须贯彻到国家制度和法律体系之中，因为“即使在政教分离在原则上已被认可的情况下，宗教机构仍然采取一些不可告人的手段获得或保存世俗权力”，因此，他重申“严禁教士干预国家的政治与司法事务”，“目的是要制止宗教机构使世俗和政治事务按照有利于他们的方向发展而进行间接干预”。坚持政教分离原则的“改革不应该仅仅局限在政治领域，也必须扩展到法律和司法方面”。②

消除教派争端，实现民族团结

萨阿德指出，“党的目标是引导叙利亚民族的生活走向进步和尽善尽美。党渴望调动民族力量的各种因素的积极性，破除旧习惯，使国民从惰性和墨守成规中解放出来，坚决反对危害几百万叙利亚人民利益和主权的外来掠夺，最终确立我们对生活的新态度和我们民族社会原则的新传统。”③“它包括社会的所有问题——社会、经济、政治、思想和道德的问题——以及生活的最终目标。它涉及国民思想，要求独立和建设一个名副其实的全民社会。而这意味着创立一种新的道德思想和建立一种新的伦理观基础。”④

萨阿德认为，宗教与教派争端构成了实现民族团结的重要阻碍。他指出，“这些不和谐的传统起源于我们的宗教和派别机构的组织。它们在削弱人民在社会和经济上的团结和延误我们国家的复兴方面有着巨大的影响。只

---

① Kamal Karpat, *Political and Social Thought in the Contemporary Middle East*, New York: Frederick A. Praeger, 1968, p. 89.

② Ibid., p. 90.

③ Ibid., pp. 95 - 96.

④ Ibid., p. 94.

要这些传统的障碍依然存在，我们对自由和独立的呼吁就只能是痛苦的呻吟和无力的叹息。”“当国家的每个宗教团体都在单独的社会圈子内过着一种离群索居的生活，从中形成一种独立于其他团体的思想从而导致宗旨和目标的分歧时，一种坚强的精神团结就不会产生。”①

萨阿德认为，要实现叙利亚民族和国家的团结，就必须根除根深蒂固的教派矛盾及其冲突。他明确指出：“我们叙利亚社会民族主义者不是像江湖骗子那样一面呼吁联合，一面又漠视联合的真正纽带；一面高喊团结，一面又别有用心。”“每一个想要自由和独立生活，并在这种生活中实现自己理想的国家必须是一个具有坚强精神团结的国家。”“民族的团结只有在消除所有分歧的根源后才能实现。同一国家内派别和宗派之间的社会—法律障碍阻挠着实现民族在物质和精神上的统一。……作为一个国家，我们必须团结一致，而不是在精神和思想上存在分歧的单独的团体和不同的派别。我们不同派别中间目前存在的社会和法律上的障碍说明了在国家机体中生长着不可救药的教派毒瘤。为了使社会的统一成为一种深深扎根的事实和建立能带来国家兴旺和力量的社会民族主义制度，我们必须拆除这些障碍。”②

萨阿德民族主义思想失败的原因

萨阿德在宗教问题上的彻底立场既与叙利亚地区民族主义发育较早、较成熟密不可分，也与他多年旅居海外，深受西方自由民族主义影响有着密切的联系。但是，他的叙利亚社会民族主义并没有取得成功，相反他自己也因为其激进的大叙利亚民族主义立场和政治活动而被处死。考察其失败的原因，也许不外乎以下几个方面：

首先，萨阿德主张彻底割断宗教与阿拉伯民族的关系超越了历史现实，没有看到伊斯兰教与阿拉伯民族难以割舍的亲缘关系，因此他的这种彻底的

① Kamal Karpat, *Political and Social Thought in the Contemporary Middle East*, New York: Frederick A. Praeger, 1968, p. 91.

② Ibid.

毫不妥协的反宗教立场除了在知识界能够得到认同和支持外，难以得到广大穆斯林民众的支持，无法形成坚实的群众基础。

其次，与取得成功的土耳其凯末尔世俗民族主义相比较，叙利亚民族社会党既没有凯末尔领导土耳其摆脱殖民控制，取得民族独立的赫赫成绩，也没有取得执政党的地位，因此其宏大的世俗化政治改革方案不可避免地成为无法实现的空中楼阁。

再次，萨阿德的大叙利亚的政治理想企图把其所在的国家黎巴嫩纳入叙利亚的政治版图，这是为黎巴嫩统治当局所无法容忍的，这也构成了萨阿德被黎巴嫩当局处死的最直接的原因。

最后，在叙利亚和黎巴嫩地区，宗教与政治的关系由于基督教、伊斯兰教的教派多样性及其盘根错节的关系而更加复杂，企图一举根除宗教与政治之间的复杂联系，消除不同宗教与教派之间的矛盾，实现彻底的民族团结，这种愿望是良好的，但是这无疑又是一个难以在短期内一蹴而就的政治乌托邦，从今天仍然困扰和折磨黎巴嫩的教派冲突中足见这种矛盾的复杂性、持久性和长期性。

在萨阿德被处死后，叙利亚民族社会党建立大叙利亚的企图遭到沉重打击，但仍有部分追随者在叙利亚和黎巴嫩宣传其政治主张。但是，由于该党反对纳赛尔和阿拉伯复兴社会党的阿拉伯民族统一运动，发动策划推翻黎巴嫩政府的政变而多次遭到镇压，从而使该党的发展多次受挫。1969 年叙利亚民族社会党在黎巴嫩的马拉卡特召开代表大会，批判和纠正过去搞政变、暗杀和不支持阿拉伯统一事业的错误路线，并制定了以进行民族革命和支持巴勒斯坦民族解放事业为重点的政策。1970 年叙利亚民族社会党取得合法地位并公开活动，但是随之而来的是党内分歧的发生。① 此后，党内多次发生分化组合和内部分裂，使得叙利亚民族社会党一直处在风雨飘摇之中而没有取得突破性的发展，当然更无法实现萨阿德当年提出的雄心勃勃的政治抱负。

---

① 参见中共中央对外联络部编：《各国民族民主政党手册》，北京：人民出版社 1995 年版，第 194 页。

专题 19

从“烟草抗议”到“宪政革命”*

——伊斯兰教与19世纪末20世纪初的伊朗民族主义

【摘要】早期伊朗民族主义是在伊斯兰什叶派文化基础上产生的一种独特的宗教—民族主义，具有自身的鲜明特色。由于伊朗与伊斯兰教什叶派的特殊亲缘关系，伊朗反封建、反殖民的民族主义一直与伊斯兰教什叶派自成一体，有着鲜明的宗教色彩。从近代以来伊朗民族主义思潮与运动发端之际，伊斯兰教什叶派就构成了影响伊朗社会发展的重要因素。伊朗民族主义在发端年代与伊斯兰教什叶派所形成的这种特殊联系，决定了伊朗的民族主义运动始终难以摆脱伊斯兰教的束缚与羁绊，这正是伊斯兰革命在当代伊朗取得成功的历史积淀所在。

在东方的穆斯林国家，民族主义的形态往往与伊斯兰教有着千丝万缕的联系，但是由于具体的社会历史环境不同、受伊斯兰教影响程度不同以及接受伊斯兰教教派的不同，而又具有自己的特色。就早期民族主义与伊斯兰教的关系而言，“伊朗民族主义就不仅有别于世俗的、分离的土耳其民族主义，也有别于‘合成的’阿拉伯民族主义。它是在什叶派伊斯兰文化基础

---

* 原载《西亚非洲》2008年第12期。

上产生的一种独特的宗教—民族主义，具有自身的特色”。[①] 在伊朗历史上，什叶派依靠宗教权威反对君主的独裁统治构成了伊朗社会发展的一个典型特征。

在近代，由于伊朗与伊斯兰教什叶派的特殊亲缘关系，伊朗反封建、反殖民的民族主义一直与伊斯兰教什叶派自成一体，有着鲜明的宗教色彩。伊斯兰教与伊朗民族主义的交恶是随着巴列维王朝剧烈的现代化和世俗化进程而全面展开的。自20世纪20年代以来，巴列维王朝自诩奉行“积极的民族主义”，一方面推行全盘效仿西方的“白色革命”，一方面继续推行残暴的独裁专制统治，因此全面恶化了伊朗民族主义与伊斯兰教的关系，并最终导致1979年的伊斯兰革命，最终埋葬了巴列维王朝，建立了现代伊斯兰神权政体。因此，梳理近代至伊斯兰革命之前伊朗民族主义与伊斯兰教的关系，无疑是全面认识中东民族主义与伊斯兰教关系的重要内容，同时也是正确解读伊朗伊斯兰革命的基础所在。

按照美国著名伊斯兰问题学者埃斯波西托的说法，伊朗民族主义运动是在19世纪末20世纪初（1870～1914）开始形成的。[②] 伊朗民族主义运动在发端的年代就体现出区别于阿拉伯民族主义和土耳其民族主义的特征。就民族主义与伊斯兰教的关系而言，土耳其民族主义表现出了摆脱伊斯兰教的彻底世俗化趋向；早期的阿拉伯民族主义思潮和运动，尽管深受伊斯兰改革主义和泛伊斯兰主义的影响，但阿拉伯民族主义运动仍然是由各国民族主义者领导的、朝着世俗化方向前进的运动。而早期伊朗民族主义运动与此相反，它是在宗教领袖的领导下，以什叶派宗教文化为依托，朝着回归宗教传统方向前进的运动。

因此，在伊朗巴列维王朝建立以前，由于伊朗的民族性深受伊斯兰教什叶派传统的影响，使得早期伊朗民族主义与伊斯兰教有着千丝万缕的联系，并具有浓郁的宗教色彩。本文主要就19世纪末20世纪初即巴列维王朝建立以前伊朗民族主义与伊斯兰教的亲缘关系进行论述，以认识伊朗伊斯兰革命

---

① 吴云贵、周燮藩：《近现代伊斯兰教思潮与运动》，北京：社会科学文献出版社，2000年版，第239页。

② John L. Esposito, *Islam and Politics*, New York: Syracuse University Press, 1984, p. 80.

的深刻历史根源，而巴列维王朝时期伊朗民族主义与伊斯兰教的关系则另文专门探讨。

什叶派与伊朗民族意识的亲缘关系

美国学者理查德·考特塔姆在《民族主义在伊朗》一书中曾经指出：“伊朗为研究宗教和民族价值观互动关系（the interaction of religious and national values）提供了一个有意义的个案。”① 其原因就在于伊朗是穆斯林国家中唯一以什叶派为国教的国家。在伊朗，除库尔德人、土库曼人以及部分阿拉伯人和俾路支人（约为总人口的1/6）外，都是什叶派教徒。什叶派教义认为，第十二伊玛目穆罕默德·马赫迪从世界隐遁后，由于他是社会独一无二的首脑，因此不能被人合法地取代，世俗统治者取代马赫迪只是暂时的。什叶派相信，“他将在将来以马赫迪和救世主的形式复归。他最终将复活并结束腐败和专制，确立一个正义和公正的体制。”② 在伊玛目复活之前，宗教领袖负有责任和义务指导社会，担任这种指导职责的宗教领袖穆智台希德（阿拉伯文愿意为“勤奋者”，泛指伊斯兰教公认的权威学者）一旦被信徒们选中，就将具有崇高的地位。伊玛目的权威具有不能被世俗权威替代的神圣性。穆智台希德能够利用其权力指挥什叶派信徒反对国家或君主，其逻辑延伸即君主必须服从宗教学者穆智台希德的权威。

在伊朗，由于深受伊玛目侯赛因③死于反对暴政的起义的影响，什叶派

---

① Richard W. Cottam, *Nationalism in Iran*, University of Pittsburgh Press, 1979, p. 9.

② John L. Esposito, *Islam and Politics*, New York: Syracuse University Press, 1984, pp. 80 – 81.

③ 侯赛因（约626 - 680），伊斯兰教什叶派第三代伊玛目，为第四任哈里发阿里和穆罕默德女儿法蒂玛的次子。在穆阿维叶创立倭马亚王朝后，他跟随兄长哈桑退居麦地那。哈桑死后，侯赛因成为阿里家族族长。680年，叶齐德继承哈里发职位，他拒绝宣誓效忠，避居麦加；后应库法人邀请前往，途中遇倭马亚军队围困。在10月10日（教历元月10日，阿术拉日），侯赛因战死于卡尔巴拉，头颅被送往大马士革。他的殉难成为什叶派真正发展的起点，阿术拉日成为什叶派哀悼侯赛因殉道的重要节日。

教义具有抵制暴政的一贯传统，注重以牺牲和殉教的悲剧方式伸张社会正义，并成为社会大众反对专制、腐败和暴政的手段，从而使什叶派充满了善于反抗暴政的悲剧色彩。什叶派的这一特色不仅深刻地影响了伊朗社会的发展，而且使伊朗的民族主义具有区别于其他伊斯兰国家的鲜明特色。

在伊朗，“什叶派信仰的重要性在于历史性地增强了伊朗的特殊性，伊朗与在伊斯兰教中并不占主导地位的什叶派结合在一起强化了伊朗的独特意识”，伊朗的民族意识与什叶派的宗教意识紧密地结合在一起。“在20世纪以前，没有人相信对伊朗国家的忠诚（loyalty to the state of Iran）和对什叶派教派的忠诚（loyalty to the Shi'ite sect）是两种不同的忠诚”，“也正是由于宗教与民族主义的特殊关系，使得伊朗民族主义的功能更多地表现为不规则性（anomalous）”。① “当奥斯曼帝国和埃及的乌里玛权力伴随政府的现代化而丧失之际，伊朗的乌里玛并没有丧失权力的相同体验。在伊朗国王纳绥尔定（1848~1896）的长期统治下，伊朗有效的现代改革微乎其微，同地方割据和部族独立相伴随的是乌里玛在享受人民尊敬的同时也享受着权力。”② 这一切都决定了处在萌芽时期的早期伊朗民族主义必然与伊斯兰教有难以割舍的亲缘关系。

伊斯兰教及其什叶派乌里玛阶层在伊朗的特殊地位与萨法维王朝（Safavid Dynasty）（1501~1742）的建立有着密切的关系。在萨法维王朝以前，在伊朗占据主导地位的是伊斯兰教逊尼派，什叶派十二伊玛目派在萨法维王朝开始确立其主导地位，并成为这个伊斯兰帝国的官方宗教。萨法维人属于伊朗西北部讲突厥语的一个部落，是在苏非神秘主义教团的基础上组成的政教合一的社会群体，教团首领同时也是部族首领。在15世纪末16世纪初，萨法维人以传播伊玛目教义为名扩大了在附近的土库曼人中间的影响，并最终在推翻黑羊王朝（1380~1468）和白羊王朝（1378~1508）后建立了萨法维王朝。③ 伊朗国王伊斯玛仪为了清除逊尼派的影响并与毗邻的强大

① Richard W. Cottam, *Nationalism in Iran*, University of Pittsburgh Press, 1979, pp. 134 – 135.

② Ibid.

③ 吴云贵、周燮藩：《近现代伊斯兰教思潮与运动》，北京：社会科学文献出版社2000年版，第240页。

的奥斯曼帝国争雄，在政治体制上采取了政教合一的原则。国王伊斯玛仪宣布以什叶派十二伊玛目派为国教，并自称为第七代伊玛目的后裔，为隐遁的伊玛目的代理人，即"真主在世间的影子"（Shadow of God on Earth），具有半神半人的崇高地位。

萨法维王朝王权与教权的结合形成了伊朗特殊的政教关系。一方面，以教法学家为主体的宗教学者乌里玛阶层的地位得以提高，他们被尊为隐遁的伊玛目的代理人和一般信徒的宗教导师，享有半官方学者的特殊地位，同时与封建王权形成了既互相支持又互相约束的特殊关系。因为"什叶派不同于逊尼派的政治思想，它从来没有发展到为世俗统治者的宗教合法性（religious legitimacy）提供神学和法律的支持的地步。尽管宗教学者受国家指派，但是什叶派政治理论继续申明伊玛目是唯一合法的统治者，并且对国家及其统治者保持了模糊的态度。世俗统治者作为公共秩序的权威只有在伊玛目再世之前可以被接受，但是什叶派对世俗统治者的终极权威仍然持否定态度"。① 另一方面，大多数宗教学者在法理和道义上否定王权合法性的同时，又不得不屈服于王权，并且随着萨法维王朝世俗化倾向的日益明显而要求抬高自己的地位。与此同时，王权的加强也受到了诸多因素的限制：王权远没有建立起强大的统一的中央集权制度，各行省仍然处于半独立的封建割据状态，地方部族依然拥有自己的领地和军队，而宗教上层则依靠寺院经济和独立的军队保持着与国王的距离。

因此，直到19世纪末20世纪初，伊朗的民族意识仍然非常淡薄，处在萌芽中的民族认同和什叶派的宗教认同混杂在一起而没有形成鲜明的分化。正如我国伊斯兰教专家吴云贵先生所言："萨法维王朝是伊朗历史上极为重要的一个时期。期间什叶派教义得到广泛传播，成为国家统一、民族团结、社会安定的文化基础。如果说当时确有一种可称为'民族主义'的意识形态，那么民族认同的基础既是民族共性，也是宗教共性"。②

在萨法维王朝时期，王权与什叶派教权之间一方面相互妥协、互为依

---

① John L. Esposito, *Islam and Politics*, New York: Syracuse University Press, 1984, p. 81.

② 吴云贵、周燮藩："近现代伊斯兰教思潮与运动"，北京：社会科学文献出版社2000年版，第240页。

托，但是彼此又构成了对方的威胁。什叶派由于在历史上长期受到压制，形成了严密的宗教组织，并且具有强烈的反抗精神，加之宗教领袖的威望在群众中具有极强的号召力，使什叶派成为群众反对暴政以及外来侵略的思想武器和组织手段，而什叶派的这一特性也恰恰深刻影响了早期伊朗的民族主义思想与运动。进入恺加王朝（Qajar Dynasty）后，乌里玛阶层的独立性进一步加强，并且与早期的民族主义运动相结合构成了王权的严重威胁。“什叶派乌里玛所获得的行政管理及司法方面的半自治地位对于他们追求社会领导权来说，相当有利。因为对社会现状不满的集团和个人一般都要求助于宗教力量；而什叶派乌里玛则可以通过平息或利用社会不满情绪向政府显示其威力，来达到与政府讨价还价的目的。”① 由于伊斯兰教什叶派在伊朗社会中的特殊地位与作用，在19世纪末20世纪初，伊朗民族主义思想和运动不可避免地要受到什叶派的影响，并使早期伊朗民族主义充满了宗教色彩。

什叶派与“烟草抗议”时期的伊朗民族主义

19世纪末20世纪初，伴随英国和沙俄在西亚、中亚的争夺，拥有丰富资源和重要地缘政治地位的伊朗已经成为英国和沙俄的势力范围。英俄两国分别控制了伊朗全境，英国的势力范围在南部和中部，而沙俄则控制了伊朗的北部，其他地区则沦为两国争夺的缓冲地带。② 由于伊朗沦为英国和沙俄的势力范围，而恺加王朝又不断卖国求荣，并在英国和沙俄之间寻求平衡，因此刺激了伊朗民众反帝反封建的民族意识的觉醒，要求实行改革、倡导新政的呼声日益高涨，并且构成了伊朗民族意识觉醒的重要标志。

19世纪80年代，受过西方教育的伊朗封建贵族马尔库姆汗（1833～1908），在德黑兰创建了一个秘密组织，宣传君主立宪思想，试图通过议会

① 殷浩强：《试析伊朗社会变化过程中宗教的作用》，载《西亚非洲》1990年第2期，第34页。

② Richard W. Cottam, *Nationalism in Iran*, University of Pittsburgh Press, 1979, p. 13.

制度对君主专制进行限制。为了寻求广泛的社会支持，同时也是考虑到宗教知识阶层的地位，他力图与宗教乌里玛阶层进行合作，但是由于事情败露，被迫转向海外，并创办了《法言报》，继续抨击封建专制腐败，宣传民主改革思想，倡导在伊朗实行宪政制度。[①] 与此同时，带有东方穆斯林民族主义色彩的泛伊斯兰主义在伊朗下层民众中也有广泛的影响。在此期间，泛伊斯兰主义思想的创始人阿富汗尼曾经两次访问伊朗，并作为伊朗国王纳绥尔丁的顾问，劝说国王实行政治改革，采用宪政制度，但均遭到了伊朗国王的拒绝，阿富汗尼也因此被驱逐出境而前往奥斯曼帝国。尽管如此，但受其思想影响的伊朗民众则不断进行游行示威，号召推翻封建专制制度和欧洲的殖民统治。[②]

1890年，伊朗国王纳绥尔丁给予英国公司烟草销售和出口的垄断权，激起了社会民众的强烈反对，一场由宗教学者和商人领导的全国范围内的抗议和游行示威活动爆发，并且得到了泛伊斯兰主义思想家阿富汗尼的支持。宗教学者阿亚图拉·阿什拉兹发布了禁止吸烟的法特瓦（宗教法令），并且成为这场史称“烟草抗议”（The Tobacco Protest）运动的重要领导人。[③] 1891年，大不里士、伊斯法罕、设拉子等地都爆发了抗议国王授予英国烟草专买权的群众示威游行活动。在“烟草抗议”这场持续一年多的维护民族权益的斗争中，一批颇有威望的“宗教贤哲”即穆智台希德发挥了重要的作用。他们以宗教教法权威解释者的名义发布命令，号召各地教民在废除烟草协议前发现禁烟运动，所有的烟草商店纷纷响应并停止营业。迫于巨大的民众压力，国王被迫于1891年底废除了烟草专利协议，伊朗的民族主义情绪空前高涨。“烟草抗议”活动也因此被人们称为“伊朗历史的转折点”。[④] 什叶派宗教学者在这场早期民族主义运动中发挥了重要作用，也传

① 吴云贵、周燮藩：《近现代伊斯兰教思潮与运动》，北京：社会科学文献出版社2000年版，第242页。

② Mehrdad Kia, “Pan-Islamism in Late Nineteenth-Century Iran”, *Middle Eastern Studies*, Vol. 32, No. 1, January 1996.

③ John L. Esposito, *Islam and Politics*, New York: Syracuse University Press, 1984, p. 82.

④ Richard W. Cottam, *Nationalism in Iran*, University of Pittsburgh Press, 1979, p. 12.

递了一个非常重要的信号，即什叶派及其宗教领袖开始崭露头角并发挥了重要的组织和领导作用。

宪政革命时期的伊斯兰教与伊朗民族主义

19世纪下半叶，宪政主义开始在伊朗传播，并且构成了伊朗民族主义的重要内容。宪政主义产生的原因主要在于西方列强的入侵和王朝政治的腐败无能，不少人认识到要防止西方列强的侵略和实现伊朗的民族复兴，必须限制国王的权力。19世纪60年代，一位高级宗教人士在游历欧洲后指出："我观察到法国和英国的进步要比俄国先进一千倍……如此不可思议的成就背后是什么原因？其诀窍只有一个词：法律。"而另外一位伊朗商人也指出："治国有两种办法，一是伊朗的办法，即君主知道国家利益之所在；二是西方的方法，即人民知道国家利益之所在；前者让国家衰落，后者让国家富强。日本和伊朗一样是专制的国家，但自从立宪后便迅速赶上西方。""因此，只有当民族的意见付诸实施，民族与国家的事务才能走上正轨。"①

19世纪末20世纪初，伊斯兰世界许多先进的思想家都主张实行君主立宪制，以挽救走向衰落的伊斯兰社会。在伊朗，主张宪政改革的大多是受伊斯兰传统文化影响的人们，包括宗教领袖、集市商人、部落首领、中小地主等。1891～1892年的"烟草抗议"斗争使他们深信，只有建立一个反映民意的"开明政府"，才能真正维护伊朗民众的利益，才能取得反对欧洲列强斗争的胜利。由于持宪政主义主张的思想家们深受伊斯兰传统文化的影响，在伊朗并没有出现独立的、世俗的民族主义政党，民族主义也没有成为独立于伊斯兰教之外的意识形态，宗教领袖构成了伊朗民族主义的领导阶层，而遍布伊朗各地的成千上万的清真寺则成为民众政治活动的重要场所。

1896年，一个阿富汗尼的追随者刺杀了伊朗国王纳绥尔丁。此后，要

---

① Azar Tababi, "The Role of the Clergy in Modern Iranian Politics", in Niki R. Keddi ed. *Religion and Politics in Iran*, Yale University Press, 1983, pp. 53－54.

求进行政治改革的呼声日益高涨。[①] 伊朗全国各地出现了许多秘密会社，其成员主要来自伊斯兰学者阶层和受到宗教思想影响的对现实不满者。他们用宣教传道的传统方式，用穆斯林熟悉的宗教语言表达政治抗议。许多伊玛目把恺加王朝比喻为伊斯兰历史上血腥镇压什叶派的倭马亚王朝，而把他们自己组建的秘密会社比喻为什叶派第一任伊玛目阿里时代的“伊斯兰革命党”，号召人们发扬殉教的精神，进行反对不义的统治者的斗争。参加抗议活动的伊朗商业阶层从自己的经济利益出发，要求撤销外国在伊朗的海关官员，建立司法部，以保障司法平等。[②]

1905 年，俄国爆发资产阶级民主革命，对伊朗产生了重要影响。伊朗宗教学者和商业阶层掀起了更大规模的斗争，要求罢免首相，实行民主改革。宗教学者们在德黑兰举行示威游行，在遭到军警镇压后有千余名宗教学者逃往什叶派圣城库姆避难，而一批商人则聚集在英国大使馆寻求保护。1906 年元月，伊朗国王穆扎法尔丁被迫实行改革，召集各界人士组成“国民协商会议”（National Consultative Assembly）以制定宪法，但迟迟不履行诺言。同年 7 月 30 日，国王穆扎法尔丁在重压之下罢免首相，宣布实行宪政。10 月，在德黑兰召开第一届国民议会，通过伊朗历史上第一部宪法。[③] 这就是伊朗历史上的的宪政革命。

宪政革命在伊朗历史上意义重大，标志着伊朗开始向现代社会迈进，其最大的成果是通过了伊朗历史上第一部宪法。宪法规定：伊朗实行三权分立的君主立宪制，议会设立上下两院，下院以选举为基础，上院则一半选举、一半由国王任命。国王拥有行政权，有任命首相和内阁大臣的权利。国王可以解散议会，但不可以不召集议会。宪法还宣布成立独立于宗教法庭之外的世俗法庭，规定在法律面前人人平等。这一切都体现了现代西方的宪政精神。

但是，伊朗的宪法并没有得到真正的执行，专制制度仍然在伊朗延续。

---

① John L. Esposito, *Islam and Politics*, New York: Syracuse University Press 1984, p. 83.

② 吴云贵、周燮藩：《近现代伊斯兰教思潮与运动》，北京：社会科学文献出版社 2000 年版，第 244 页。

③ John L. Esposito, *Islam and Politics*, New York: Syracuse University Press, pp. 83 –84.

1908 年，伊朗国王在俄国的支持下发动政变并废黜宪法。1909 年，反对国王的力量继续打着立宪的旗帜，在英国的支持下占领德黑兰，废黜了老国王，另立了新国王，立宪政府重新建立。1911 年，逃往俄国的伊朗前国王企图复辟，但遭到失败。不久，沙俄和英国对伊朗进行武装干涉，保皇派趁机在德黑兰发动政变，占领了议会大厦，强行取缔议会。伊朗宪政革命最终以失败告终，伊朗重陷黑暗专制统治之下。从 1905 ~ 1911 年伊朗宪政革命看民族主义与伊斯兰教的关系，有两个现象值得特别注意：

第一，僧侣阶层即宗教学者在宪政革命中发挥了重要作用，使伊朗的宪政主义打上了强烈的宗教烙印。①

在宪政革命前夕，当王朝政府企图逮捕激烈批评国王的人士时，正是宗教学者避入清真寺，正式发表要求立宪的宣言，从而引发了伊朗宪政革命。在作为宪政革命成果的宪法中规定：由高级宗教人士组成一个专门委员会负责对立法进行审查，不符合伊斯兰教教义的内容不得成为法律。因此，这实际上等于赋予宗教学者以宪法裁判权，他们可以随时宣布不符合自己意愿的法律无效。此外，伊斯兰教宗教界人士还把斗争的胜利看作恢复伊斯兰教法的良机，“宗教学者一个最基本的目的是把恢复加强与《古兰经》的联系作为一种社会模式（model for society），当然包括接受沙里亚法作为国家的基本法律，同时强调任何人为法律（man-made law）的通过都必须经过乌里玛确认与沙里亚法保持一致，并经过解释后才能得以通过。”②

伊朗宗教领袖的表白则更加露骨地反对宪政制度：“伊朗这个伊斯兰国家不可能实行宪政制度，除非废除了伊斯兰教。”③ 另一位宗教领袖侯赛因·纳伊尼在 1919 年发表论著，他尽管承认宪政主义，但是主张宪政主义必须以伊斯兰教什叶派信仰为基础。他指出，鉴于隐遁的伊玛目尚未莅临人间，无法全面实行伊斯兰教法，可以采取必要的措施限制世俗统治者的权力，以反对专制独裁，他认为“这种制度可以称之为正义的、有限的、公

---

① 钱乘旦：“论伊朗现代化的失误及其原因”，载《世界历史》1998 年第 3 期，第 28 页。

② Richard W. Cottam, *Nationalism in Iran*, University of Pittsburgh Press, 1979, p. 140.

③ Shaykh Fazl Allah Nuli, “Refutation of the Idea of Constitutionalism”, translated by Abdul Hairi, *Middle Eastern Studies*, Vol. 13, No. 3, October 1977, p. 329.

正的、有条件的、负责的和权威的政府”，其基础是“为维护公共利益而履行职责”;[①] 建立宪政制度应该根据两个原则，即宪法和“国民协商会议”。宪法的作用在于规定人民的权力和政府的权限；而“国民协商会议”作为议会的职责在于监督立法、保障立法原则符合伊斯兰教教义。

侯赛因·纳伊尼的思想与当代伊朗伊斯兰革命精神领袖霍梅尼的思想非常相似，其思想渊源都是什叶派伊玛目学说。在宪政革命中，宗教学者对于宪政的立场是十分矛盾的，在希望通过立宪来限制君主权力的同时，他们又对来源于西方的宪政制度充满了怀疑，并认为只有把宪政制度置于伊斯兰教什叶派伊玛目学说的框架内才是可行的。这就决定了他们对于宪政主义不可能采取彻底支持的立场，真正意义上的宪政制度也不可能一蹴而就地在伊朗确立。

第二，纯粹的世俗民族主义力量开始日益与宗教传统派分化而成为独立的力量。

在宪政革命中，“宗教传统主义者（religious traditionalists）与现代主义者（modernists）在立场观点上的分歧开始扩大并表现为一种日益增长的张力。”[②] 世俗民族主义力量的基础是受到西方影响的城市中产阶级，他们希望伊朗实现民族复兴，希望通过学习西方，通过接受西方的科学技术和政府形式，实现伊朗的现代化，“他们的民族主义出自与僧侣恰恰相反的立场：后者要恢复伊朗的过去，前者要创造伊朗的未来。双方在宪政革命中的合作本身就是一种同床异梦，在后来伊朗的现代化历程中，双方的关系十分微妙”。[③]

日益独立的世俗的伊朗民族主义的出现表明，在未来伊朗的现代化进程中世俗民族主义与传统伊斯兰势力之间的矛盾将尖锐化。历史证明，在巴列维王朝的现代化改革中一直交织着这种矛盾，巴列维父子作为伊朗世俗民族主义的代表，其激进的世俗化改革尤其是小巴列维完全效仿西方的“白色

---

① John L. Donohue and John L. Esposito, eds., *Islam in Transition: Muslim Perspectives*, New York: Oxford University Press, 1982, p. 289, p. 288.

② John L. Esposito, *Islam and Politics*, New York: Syracuse University Press, 1984, p. 84.

③ 钱乘旦：“论伊朗现代化的失误及其原因”，载《世界历史》1998年第3期，第29页。

革命”，激化了世俗民族主义政府与伊斯兰教之间的矛盾，这种矛盾不断发展的最终结果即霍梅尼以伊斯兰教为武器发动伊斯兰革命，并埋葬了推行全盘西化的巴列维王朝。

通过以上分析可以发现，在近代伊朗民族主义思潮与运动的发端之际，伊斯兰教什叶派就构成了影响伊朗社会发展的重要因素。“什叶派的意识形态、象征、领导作用在这场具有民族主义和伊斯兰教双重意义的运动中发挥了重要的作用”,[①]“伊朗的复兴运动从一开始就受到传统主义的控制，这显然是一个不祥之兆”。[②] 这也许正是伊斯兰革命这一当代伊斯兰复兴运动的标志性事件得以在伊朗取得成功的历史根源所在。伊朗民族主义在发端年代与伊斯兰教什叶派所形成的这种特殊联系，决定了伊朗的民族主义运动难以摆脱伊斯兰教的束缚与羁绊，霍梅尼领导的 1979 年伊朗伊斯兰革命成功的重要原因之一也许正在于此。真正意义上的自由的、世俗的民族主义在伊朗还远没有形成，这也正是笔者揭示伊朗近代民族主义与伊斯兰教关系的意义所在。

① John L. Esposito, *Islam and Politics*, New York, Syracuse University Press, p. 83.

② 钱乘旦：“论伊朗现代化的失误及其原因”，载《世界历史》1998 年第 3 期，第 28 页。

专题20

巴列维王朝时期的伊朗民族主义与伊斯兰教*

——从民族主义与伊斯兰教的关系看伊朗伊斯兰革命的深层原因

【摘要】在近代，由于伊朗与伊斯兰教什叶派的特殊亲缘关系，伊朗反封建、反殖民的民族主义一直与伊斯兰教什叶派合而为一。而伊斯兰教与伊朗民族主义的交恶是随着巴列维王朝剧烈的现代化和世俗化改革全面展开的。自20世纪20年代以来，巴列维王朝自诩奉行“积极的民族主义”，一方面推行全盘效仿西方的“白色革命”，一方面继续推行残暴的独裁专制统治，全面恶化了伊朗民族主义与伊斯兰教的关系，并最终导致1979年的伊斯兰革命，最终埋葬了巴列维王朝，建立了现代伊斯兰神权政体。

在近代，由于伊朗与伊斯兰教什叶派的特殊亲缘关系，伊朗反封建、反殖民的民族主义一直与伊斯兰教什叶派自成一体，有着鲜明的宗教色彩。伊斯兰教与伊朗民族主义的交恶是随着巴列维王朝剧烈的现代化和世俗化进程而全面展开的，巴列维王朝时期是伊朗民族主义与伊斯兰教矛盾从日趋紧张

---

* 原载《宁夏社会科学》，2008年第3期。

到全面展开的时期。研究巴列维王朝时期伊朗民族主义与伊斯兰教关系，无疑有助于认识伊朗伊斯兰革命的深层原因。

宪政革命后的伊朗伊斯兰教

从1905~1911年伊朗宪政革命到1925年巴列维王朝建立之前，由于一战的爆发，在德国和奥斯曼帝国泛突厥主义和泛伊斯兰主义的唆使下，伊朗被捆绑在同盟国对协约国作战的战车上，伊朗的领土成为俄、德、英三国厮杀的战场，伊朗的民族危机和社会危机达到了空前的程度，成为一个徒具形式上独立、而实际上为英俄殖民地的国家。从这一时期伊斯兰教与伊朗社会演变的关系来看，其作用主要体现在以下两个方面：

第一，僧侣阶层更加反动，并成为大封建主和买办资产阶级的帮凶，代表其利益的最大的政治宗教组织是1918年成立的“菲尔盖耶·扎法利”（什叶派六世教长扎法尔的拥护者），成为在官僚政府和英国殖民势力之间获利的“食利者”阶层，这也正如当时一家伊朗报纸的评论：“它忽而周旋在波斯王的麾下，参加屠杀第一次革命的受难者；忽而在得到了政府的施舍以后，又变成了1919年8月9日英伊协议的布道者。”①

第二，社会民众以伊斯兰教为武器进行反帝反封的民族民主斗争。当伊斯兰教的上层僧侣沦为封建主和买办资产阶级的同盟而退化为社会反动势力之际，社会民众则积极地利用伊斯兰教作为反帝反封建的民族民主斗争的思想武器。

礼萨·汗就是在这样一种宗教—政治背景下建立巴列维王朝的。礼萨·汗建立巴列维王朝的成功得益于在深重的危机中伊朗民族意识的觉醒。按照小巴列维的说法，当时的伊朗需要一个“能人”“改变国家的命运，扭转历

---

① 转引自彭树智：《现代民族主义运动史》，西安：西北大学出版社1987年版，第173页。

史的潮流”,[①] 这个“能人”就是礼萨·汗。他依靠一支仅有 2000 余人的“哥萨克旅”于 1921 年发动政变，推翻了没落的恺加王朝，取得了对伊朗政治的实际控制权，在 1925 年加冕为国王，并以古代波斯一个强盛王朝的名字命名了自己的国家，即巴列维王朝，他自己的名号也因此改为礼萨·沙·巴列维。[②]

礼萨·汗时期的伊朗民族主义与伊斯兰教

对老巴列维国王礼萨·汗的民族主义，美国学者理查德·考特塔姆是这样评价的：“礼萨·汗是一个激进的民族主义者，尽管他的民族主义价值观很少受到早期民族主义者自由主义思想的影响，……他的民族主义在很多方面是与阿塔图尔克（即土耳其的凯末尔——引者注）民族主义一致的，在许多方面礼萨·汗体制与阿塔图尔克体制是平行的。他对土耳其的领导者充满了敬佩，并且把他在土耳其的改革作为自己的效仿的榜样。”但是，“他低估了对土耳其世俗共和国模式充满恐惧的伊朗宗教阶层作为一个集团的力量”，“他推进伊朗西方化的速度如此之快，以至超过了伊朗国家现状和国民心理承受的限度”。[③]

礼萨·汗作为巴列维王朝的缔造者，他进行改革的理论基础之一就是世俗的民族主义，因而不可避免地与作为传统文化和政治势力的伊斯兰教发生抵触和冲突，并导致伊朗民族主义和伊斯兰教之间的冲突不断加剧。毫无疑问，礼萨·汗改革促进了伊朗的世俗化进程，但是他在伊朗所确立的专制统治使得伊朗仍然缺乏作为一个现代民族国家的社会根基。在对待伊斯兰教的态度上，他一方面通过世俗化改革削弱伊斯兰教的传统根基，因此激化了与

① ［伊朗］穆罕默德·礼萨·巴列维：《我对祖国的职责》，元文琪译，北京：商务印书馆 1977 年版，第 40 页。

② 彭树智：《现代民族主义运动史》，西安：西北大学出版社 1987 年版，第 202 页。

③ Richard W. Cottam, *Nationalism in Iran*, University of Pittsburgh Press, 1979, p. 20.

宗教势力的矛盾；另一方面他又不得不为稳固权力根基与宗教势力之间寻求某种妥协，并为伊斯兰势力的存续乃至东山再起留下了一定的空间。而他的儿子小巴列维的“白色革命”作为一种畸形的现代化则更加激化了现代化与伊斯兰教之间的矛盾，现代化的失败、专制统治的延续和强化则进一步为有着反抗传统的什叶派作为政治势力崛起提供了机会，并成为伊朗伊斯兰革命的深刻历史基因。

1. **从国体之争看礼萨·汗民族主义的不彻底性及其对伊斯兰教的妥协性。**礼萨·汗在伊朗的成功确实有其特殊性，一位学者通过比较伊朗与亚洲其他民族解放运动指出：“他没有一个‘运动’（如印度），没有一个‘政党’（如中国），没有在久经考验的民族斗争中确立起来的个人威望（如土耳其的凯末尔），甚至没有军队（他带领的2500人的哥萨克旅是沙俄帮助建立的一支小小的部队）。”① 对于礼萨·汗面临的困境，小巴列维有这样的描述：“我父亲出任首相的前一年，土耳其老朽不堪的哈里发政权被废除。不久，在凯末尔·阿塔图尔克的英明领导下，建立了共和国政权。在土耳其这一事件的影响下，伊朗各界人士也酝酿在我国建立民主共和国。可以肯定，我父亲在一定时间里也是倾向于此的。但是与这种意见针锋相对的公众舆论，却强烈拥护有几千年传统的伊朗君主政体。”② 而代表这种“针锋相对的公众舆论”的势力无疑包括宗教阶层。

面对来自宗教界反对建立共和制的呼声，礼萨·汗政权政治合法性的脆弱性使其根本无法做出凯末尔那样的革命性决断——废除君主制。他不得不寻求与宗教僧侣阶层的妥协，亲赴什叶派圣地库姆与宗教领袖协商，并表白“为了伊斯兰教的光荣”，“停止为促进共和政体所作的努力”。他在以首相名义发表的宣言中声称，他从来就致力于保障伊斯兰教的昌盛光大，同时也完全保障僧侣的地位，期望人民“放弃对共和国的念头，转而对国家改革和前进道路上的障碍予以关注与竭尽全力，并且支持实现巩固教规、国家独

① 钱乘旦：“论伊朗现代化的失误及其原因”，载《世界历史》1998年第3期，第29页。

② ［伊朗］穆罕默德·礼萨·巴列维：《我对祖国的职责》，元文琪译，北京：商务印书馆1977年版，第41页。

立和民族政权等神圣的目标。"① 在登基典礼上，他再次向宗教界表示："我一直并仍将特别注意维护宗教的原则，加强它的基础，因为我把强化宗教看成是实现民族团结和增强伊朗社会精神的最有效的方法之一。"②

由于世俗民族主义思想在伊朗缺乏深厚的社会根基，礼萨·汗又没有凯末尔的政治魅力，他在对梦想中的共和国的追求化为泡影后不得不转向古老的君主制传统，当然他的统治也就自然回到了伊朗专制传统的怀抱。考虑到伊朗宗教界曾经在宪政革命中显示出巨大的威力，老巴列维所能做的只有"恢复和保留旧宪法，从而为王权涂上一层浅淡的民主色彩"。③ 这部宪法在政教关系方面规定：第一，什叶派十二伊玛目派为伊朗国教，只有该派信徒有资格担任国王、大臣和法官；第二，国王有义务弘扬什叶派十二伊玛目派教义，并在精神方面寻求宗教学者的帮助，以致力于伊朗的进步；第三，国家在不违背伊斯兰教法的基本原则下实行自由教育。尽管礼萨·汗在实际中不断限制和削弱教权，但是宪法赋予伊斯兰教的权利使得宗教势力对扩张教权看到了希望，并寻找适当的机会向王权发难，在这种法律体系下进行的世俗化改革也根本无法像凯末尔革命那样彻底清除伊斯兰教的社会根基。

2. **从礼萨·汗的世俗化改革看民族主义与伊斯兰教之间矛盾冲突**。在国体问题上，尽管礼萨·汗从维护权力根基的角度出发与宗教势力进行了妥协，并放弃了效仿土耳其实行共和制的想法，但是他还是在专制王权的体制下进行了一系列世俗化改革，力求通过改革削弱并控制宗教势力，因而仍然不可避免地激化了与宗教势力的矛盾。他对待伊斯兰教的态度诚如美国学者埃斯波西托所言："礼萨·汗作为现代土耳其穆斯塔法·凯末尔的崇拜者，加速了伊朗国家与社会的现代化进程。但是与阿塔图尔克不同，他没有实现整个社会的世俗化，而是与埃及相似，他试图实现伊朗政治、军事、经济、

---

① 转引自彭树智：《现代民族主义运动史》，西安：西北大学出版社 1987 年版，第 201 ~ 202 页。

② Said Amir Arjomand, *The Turban for the Crown, The Islamic Revolution in Iran*, Oxford University Press, 1988, p. 81.

③ 吴云贵、周燮藩：《近现代伊斯兰教思潮与运动》，北京：社会科学文献出版社 2000 年版，第 410 页。

社会的现代化，但他并没有根除传统的制度，而是试图对其进行限制和控制。”[①]

美国学者理查德·考特塔姆认为，礼萨·汗并没有系统的政治理论，“他没有重建伊朗的详尽计划和处理世俗—教派困境（secular-sectarian dilemma）的方案，礼萨·汗有两个彼此联系甚至是合而为一的主导目标，即重建伊朗的辉煌，而对于他自身而言，就是要在伊朗民族重建的过程中建立自己的绝对权力。他对于上述目标的追求是坚定的、残酷无情的，对于成功道路上的任何阻碍力量，他都要予以无情攻击并在可能的情况下予以摧毁，分裂的部族，地主力量、恺加王室、自由民主思想——所有这些都是他攻击的目标。当然，僧侣力量也是他不可避免要加以削弱的力量”。[②]

礼萨·汗的巴列维王朝是依靠独裁专制下的改革为伊朗的现代化开辟道路的。为此他进行了一系列改革，包括加强中央集权国家的行政改革、农业和土地制度改革、法制改革、金融和工业改革、社会生活习俗的改革以及文化教育领域的改革。[③] 上述各领域的改革都不同程度地冲击了伊斯兰宗教传统，削弱了宗教上层人士的权力，并激化了宗教势力与王权之间的矛盾。具体体现在：

第一，通过法制改革削弱伊斯兰教法对国家政治、经济与社会生活的干预。礼萨·汗法制改革的意义在于把欧洲法律体系引进到有着浓厚伊斯兰传统的伊朗社会，开始了伊朗法制史的新时期，与此同时也限制和剥夺了伊斯兰教僧侣阶层所掌握的司法权，并使伊朗法制改革沿着宗教和司法分离的方向发展。但是法制改革的许多措施都是依靠专制独裁来实施的，因而在钳制社会民众自由权利的同时，也势必激化宗教界与王权之间的矛盾。通过一系列法律改革，“乌里玛阶层作为法官、法学专家、公证人以及行为裁定者的权力和财产都处于政府的控制之下，并日益为现代法官、律师、民法工作者

---

① John L. Esposito, *Islam and Politics*, New York: Syracuse University Press, 1984, p. 120.

② Richard W. Cottam, *Nationalism in Iran*, University of Pittsburgh Press, 1979, p. 146.

③ 详尽内容参见彭树智：《现代民族主义运动史》，西北大学出版社 1987 年版，第 202～208 页。

所取代。”①

第二，在社会习俗改革中，效仿土耳其的凯末尔改革，倡导现代生活方式。此外，礼萨·汗还采取了改善妇女地位的措施，包括男女可以同校，妇女可以在高等学校和国家机关工作，在公共场所不得歧视妇女等措施。②

第三，实施教育改革，以现代世俗教育取代传统的宗教教育。为了打击教育领域的宗教势力，许多过去由伊斯兰教管理的学校都统一由教育部管理。礼萨·汗在 20 世纪 20 ~ 30 年代设立了世俗学校、女子学校和其他各类学校。通过教育改革，“乌里玛的权力在教育领域被削弱，在教育体系中占绝大多数比例的现代世俗学校体系得以扩张，而宗教教育体系也从乌里玛的控制之下转为国家控制”。③

第四，积极推进文化改革，促进伊朗文化的民族化，弱化伊斯兰教对民族意识的影响。礼萨·汗对弘扬伊朗古代文化十分重视，并积极推行文字波斯化的改革，主要是取消波斯文字中的土耳其、阿拉伯和欧洲文字，以推进民族语言文化的统一。

第五，削弱宗教界人士的政治地位。在礼萨·汗进行的加强中央集权制度的政治改革以及土地改革、工业和金融改革等经济改革中，宗教界的权益都受到了不同程度的伤害和削弱。

总之，礼萨·汗进行所有改革的基础都是世俗民族主义，在政治、经济、社会、文化、教育等各领域都对伊斯兰教构成了不同程度的挤压，导致世俗民族主义与伊斯兰教之间的矛盾不断扩大，使得巴列维王朝的政教关系渐趋紧张，激起了伊斯兰传统势力的反抗，这突出地表现为 1935 年马什哈德地区什叶派的宗教暴动，标志着什叶派神职人员与礼萨·汗的彻底决裂。对于什叶派的宗教暴动，礼萨·汗采取高压政策予以无情镇压，并最终将什叶派神职人员推向了政治边缘化的处境。但是这并不意味着什叶派神职人员甘心退出伊朗政治的舞台，“在礼萨国王统治的整个时期，什叶派宗教界人

---

① John L. Esposito, *Islam and Politics*, New York: Syracuse University Press, 1984, p. 120.

② 彭树智主编：《伊斯兰教与中东现代化进程》，西北大学出版社 1997 年版，第 100 页。

③ John L. Esposito, *Islam and Politics*, New York: Syracuse University Press, 1984, p. 120.

士虽然沉默不语，但一直是他的敌人”，[①] 处于蛰伏状态的伊斯兰教什叶派一直在积蓄力量并寻找向世俗王权发难的机会。这些都构成了他“留给他的儿子——1941 年时 22 岁的穆罕默德·礼萨·沙的遗产的一部分”。[②]

凯末尔在土耳其的世俗化改革取得了成功，并且缔造了现代伊斯兰世界第一个世俗化的现代化模式，而礼萨·汗改革却给伊朗留下了一个沉重的包袱——政教关系的张力，同时成为制约伊朗现代化在深度和广度上向更高层次发展的重要因素。伊朗现代化失败的原因是深刻复杂的，但从礼萨·汗改革与凯末尔改革的比较来看，共和政体与君主政体的区别，政治家个人魅力的不同，自由民族主义与专制的东方民族主义的差异，现代民主政治思想传播、发育程度的不同，也许都是导致两场改革不同结局的原因所在，但是上述各方面原因都与伊斯兰教在两国改革中所处地位不同密切关联。

第一，在凯末尔革命中，土耳其彻底挣脱了伊斯兰教的羁绊，并且通过废除哈里发制度和君主制，以及相关的社会改革彻底涤荡了伊斯兰教的残余。而礼萨·汗改革的目标尽管也试图削弱伊斯兰教，但是由于在君主制宪法中伊斯兰教仍然具有很高的地位，使得礼萨·汗改革不得不在紧张的政教关系中寻找平衡。此外，由于政治合法性基础比较薄弱，他甚至不得不从传统的伊斯兰因素中寻求道义支持。他所面临的问题“主要是一个异常困难的平衡问题。因为他试图改革社会习俗和宗教与政治、教育的关系，而这些要改革的东西，恰恰是支撑他的、使他有权的一些传统”。[③]

第二，与凯末尔相比，礼萨·汗没有建立起与资产阶级民族主义改革相配套的理论体系，其固有的帝王思想也使他无法做到这一点，因此其改革缺乏足够的现代政治意识形态的支持。即使在伊斯兰教的影响和神职人员的势力被削弱之后，他也拿不出一种新的意识形态去填充人们的头脑。对于宗教反对派势力，他只能采取君王惯用的高压手段加以镇压，并以此推行各项改革政策，因而常常引起宗教人士以及具有深厚宗教感情的穆斯林民众的反

① ［苏联］E. A. 多罗申科：“伊朗的穆斯林什叶派传统与当代现实”，载《西亚非洲》1982 年第 1 期，第 26 页。

② John L. Esposito, *Islam and Politics*, New York: Syracuse University Press, 1984, p. 21.

③ 彭树智：《现代民族主义运动史》，西安：西北大学出版社 1987 年版，第 213 页。

抗。礼萨·汗改革受挫的另外一个特殊原因是伊斯兰教什叶派在长期历史中与伊朗社会发展形成的特殊关系，这也是迫使他在改革中不得不给伊斯兰教留有一定余地的原因所在。

礼萨·巴列维时期的伊朗民族主义与伊斯兰教

穆罕默德·礼萨·巴列维即人们通常所说的小巴列维，作为礼萨·汗的继承人，他是在二战的风云变幻中登上伊朗政治舞台的。由于礼萨·汗在二战中奉行亲德的所谓的“第三国主义”的“中立”政策，招致了英国和苏联的不满，英苏于 1941 年出兵伊朗，迫使礼萨·汗退位并流亡国外。① 也正是在伊朗国内危机重重，在国际上又面临巨大压力的背景下，自幼受父亲帝王思想浸染的穆罕默德·礼萨提前登基，成为伊朗新的国王。在礼萨·巴列维时期，伊朗王权与教权的关系主要分为两个阶段，在 20 世纪 50 年代中期以前是王权与教权妥协合作的时期，从 20 世纪 50 年代末期到 1979 年伊斯兰革命，是王权与教权矛盾激化的时期。下文从这两个阶段考察小巴列维时期的伊朗民族主义与伊斯兰教的关系。

1. **王权与教权妥协合作时期：小巴列维利用宗教势力挫败民族资产阶级。**礼萨·巴列维即位之际，正值民族资产阶级在伊朗崛起。他们对伊朗石油资源长期为英国垄断强烈不满，把实现石油国有化和民族经济独立作为拯救伊朗的方案。1951 年，面对来自社会各界的强烈呼声，巴列维国王被迫成立以摩萨台为首相的伊朗民族政府。民族资产阶级的崛起无疑构成了巴列维王朝的最大威胁，这种威胁在摩萨台发起的石油国有化运动中达到了高潮。因此，对于小巴列维而言，如何挫败以摩萨台为代表的民族资产阶级，维护巴列维王朝的权力根基无疑是最迫切的任务。

在摩萨台发起的石油国有化运动中，伊斯兰教什叶派宗教人士再度显示出了巨大的能量。以什叶派阿亚图拉·卡沙尼为代表的宗教势力出于反对西

---

① L. P. Elwell-Sutton, “Nationalism and Neutralism in Iran”, *The Middle East Journal*, Vol. 12, No. 2, Winter, 1958.

方殖民主义的立场，对摩萨台发起的石油国有化斗争予以支持。但是，当摩萨台在上台后推行世俗化改革措施，拒绝让宗教人士进入内阁时，宗教界人士不可避免地和摩萨台分道扬镳。[①] 此外穆斯林兄弟会组织“伊朗分会”领导人赛义德·纳瓦布·萨法维[②]也曾经与摩萨台谈判，要求吸收穆斯林兄弟会“伊朗分会”成员进入议会，并且提出了一系列条件，包括给予穆斯林兄弟会“伊朗分会”三个部长职位；禁止男女合校；禁止买卖烈性酒；妇女必须戴面纱等，但都遭到了摩萨台的拒绝。摩萨台“这位年老的民族主义领导人炫耀伊朗政治生活的非宗教性质以及他反对伊斯兰化的作法是：把所有毛拉都送回清真寺。从此以后，阿亚图拉·卡沙尼和‘伊朗分会’都从事打击民族主义政府的活动”。[③]

摩萨台的世俗民族主义立场最终导致了民族资产阶级与宗教势力的决裂，小巴列维也从中看到了宗教势力的能量和可资利用的价值。小巴列维“在意识到自己的虚弱地位以及宗教和传统阶层在伊朗的社会地位时，他意识到了与僧侣阶层进行合作的必要性”。[④] 因此，穆罕默德·礼萨为了打击以摩萨台为代表的民族资产阶级，在国际上依靠美国的支持，而在国内则利用宗教势力和民族资产阶级的决裂，将宗教势力拉到自己的王室阵营之中。1953年，作为议长的阿亚图拉·卡沙尼拒绝召集会议通过限制国王权力的报告，另一位宗教领袖阿亚图拉·贝赫巴尼也开始转向采取支持王室的立场。[⑤] 当然，小巴列维也要给宗教界以“回报”，包括在国家的出版物和媒体上可以公开讨论伊斯兰问题，为清真寺和宗教学校提供更多的资金，并且

---

① 张振国主编：《未成功的现代化——关于巴列维“白色革命”研究》，北京：北京大学出版社1993年版，第16页。

② 赛义德·纳瓦布·萨法维是20世纪50年代伊朗重要的原教旨主义理论家和实践家，其思想对霍梅尼产生了重要影响。关于他的原教旨主义思想可参见冀开运：“伊朗伊斯兰革命的原教旨主义理论家——纳瓦布·萨法维”，载《西亚非洲》1999年第4期。

③ 艾哈迈德·法鲁兹：“中东的世俗政权与神权政治”，载《西亚非洲》1981年第1期，第10页。

④ John L. Esposito, *Islam and Politics*, New York: Syracuse University Press, 1984, p. 122.

⑤ Richard W. Cottam, *Nationalism in Iran*, University of Pittsburgh Press, 1979, p. 154 – 155.

对1955年由宗教学者阿亚图拉们发起的声讨巴哈伊教[1]的运动也给予支持等等。[2]

此外，巴列维还把自己打扮成伊斯兰教的拯救者，随同王后一起访问库姆、马什哈德、卡尔巴拉等地的圣墓，并且参加到麦加的朝觐。[3] 事实上，小巴列维作为一个政客早就与有影响的阿亚图拉（宗教领袖）保持着密切的联系，早年他曾追随一位名叫贾扎耶利的毛拉，还在他的举荐下结识了宗教学者穆罕默德·侯赛因·博鲁杰尔迪，并在继承王位后把博鲁杰尔迪奉为什叶派的最高权威。当然，巴列维也得到了博鲁杰尔迪的回报，在摩萨台的石油国有化运动中，博鲁杰尔迪作为宗教学者最早指出石油国有化违背伊斯兰教法。为了表示对博鲁杰尔迪的尊敬和感激，巴列维多次拜访博鲁杰尔迪。[4] 也正是由于在国内得到了宗教界人士的支持，在国际上得到了美国中央情报局的纵容和支持，巴列维于1953年推翻了摩萨台政府，宗教领袖博鲁杰尔迪、贝赫巴尼等都予以支持，贝赫巴尼还动员德黑兰的穆斯林民众进行游行示威表示对国王的支持。[5]

2. 王权与教权的对立："白色革命"对伊斯兰教的挤压与伊斯兰势力的反应。在1941年至1960年的20年间，巴列维国王认为威胁王权统治的主要是共产主义和资产阶级民族主义，而神职人员并不构成自己的威胁，相反

---

① 巴哈伊教（旧译大同教），创始人为伊朗人米尔扎·侯赛因·阿里·努里（Mirza Husayn Ali Nuri，1817～1892年），被称为"巴哈欧拉"，意为"上帝之荣耀"，由此产生巴哈伊教的教名。巴哈伊教的最高宗旨是创建一种新的世界文明，真正实现人类大同。其基本教义可概括为"上帝唯一"、"宗教同源"和"人类一体"。根据巴哈伊教的教义，宗教的历史是神派遣先知对人类进行教化的进化过程。"巴哈伊"是指接受巴哈伊信仰并按其准则生活的人，他们在提升和完善自身的同时，也竭尽所能地促进他人及社会的福祉。巴哈伊信仰在世界各大宗教中最为年轻，在新兴宗教里发展很快。http：//baike.baidu.com/view/110280.htm

② John L. Esposito，*Islam and Politics*，New York，Syracuse University Press，1984，pp. 122－123.

③ 陈嘉厚主编：《现代伊斯兰主义》，北京：经济日报出版社1998年版，第306页。

④ 张振国主编：《未成功的现代化——关于巴列维"白色革命"研究》，北京：北京大学出版社1993年版，第193～195页。

⑤ 吴云贵、周燮藩：《近现代伊斯兰教思潮与运动》，北京：社会科学文献出版社2000年版，第413页。

是可以用来反对和瓦解民族资产阶级的力量。但是，随着巴列维推行“白色革命”，进行一系列激进世俗改革，从老巴列维时期遗留下来的隐藏在伊朗社会中的王权与教权的矛盾开始激化，小巴列维与宗教势力的联盟也就走到了历史的尽头，“这种艰难的战术上的联盟（tactical alliance）在 1959 年由于妇女解放和土地改革这两个问题而走向了破裂”。①

世俗民族主义与伊斯兰教之间的矛盾，构成了巴列维与宗教界分道扬镳的重要根源之一。尽管作为专制君主的巴列维与民族资产阶级的民族主义之间有着难以调和的矛盾，但是他仍然是一个带有东方专制色彩的世俗民族主义者，并自诩其民族主义为“积极的民族主义”，甚至将伊朗民族主义一直追溯到古老的居鲁士大帝。他指出：“民族主义虽然很时兴，在当今世界上形成一支雄厚的力量，但它也算不上新颖的思想。早在居鲁士大帝时期，伊朗人民的民族主义精神就十分强烈。”② 他同时又指出：“我父亲之所以能完成光辉的业绩，也是因为他在伊朗人民心中唤起了真正的民族主义情感。”③

巴列维把自己的民族主义称之为“积极的民族主义”，主要是为了与所谓的摩萨台的“消极的民族主义”区别开来。他指出：“假如摩萨台的做法被称之为民族主义的话，那么就必须给民族主义选择一个新的术语。毋庸置疑，摩萨台的政策是彻头彻尾的消极政策，它与积极的民族主义是风马牛不相及的。因此我认为，为了将摩萨台的消极政策和真正的爱国者的民族主义加以区别，使用积极的民族主义这个术语是非常恰当的。”④

尽管巴列维的“积极的民族主义”与民族资产阶级的民族主义有着深刻的矛盾，尽管他是一个与西方自由民族主义无法相提并论的专制独裁者，但是并不能否认巴列维政治思想中的民族主义成份。作为一个专制的君主，他的确是一个民族主义者，并且把伊朗民族复兴和强大作为自己的政治抱负。巴列维伊朗民族主义的内容是“在维护巴列维王朝最高利益的前提下，

---

① John L. Esposito, *Islam and Politics*, New York: Syracuse University Press, 1984, p. 123.

② ［伊朗］穆罕默德·礼萨·巴列维：《我对祖国的职责》，元文琪译，北京：商务印书馆 1977 年版，第 158 页。

③ 同上。

④ ［伊朗］穆罕默德·礼萨·巴列维：《我对祖国的职责》，元文琪译，北京：商务印书馆 1977 年版，第 159 页。

争取民族独立、民族统一和民族振兴”。[1] 他曾经明确指出：“积极的独立的民族政策是最大限度地保障我国政治和经济的独立。”[2]

在进行“白色革命”前发表的宣言中，巴列维指出：“我们一直把民族和国家的最高利益置于其他一切之上。因而，为了人民的舒适和幸福，为了建立社会正义，为了社会各个成员向现代世界的生活标准看齐的进步发展，我们发布命令，规定采取一些必要措施。”[3] 当然，巴列维在外交上对美国的追随和依赖证明其民族主义有着极大的局限性，但是他在伊朗推行的世俗化、西方化、现代化“白色革命”的意识形态基础之一就是世俗民族主义，而这也势必导致他作为一个专制的民族主义君主与宗教之间的矛盾。

巴列维在铲除民族资产阶级的威胁后，开始着手推行以土地改革为核心内容的“白色革命”，王权与宗教界的矛盾也由此全面展开。由于土地改革损害了什叶派乌里玛阶层的利益，导致双方的矛盾日益加剧。1959 年，伊朗国民议会通过土地改革法案，博鲁杰尔迪便以土改违反宪法和伊斯兰教法为由表示反对，担心土改会伤害宗教界的经济利益。也许是由于巴列维与博鲁杰尔迪的特殊关系，同时也是为了争取宗教界人士对土改的支持，国王被迫做出让步，并在 1960 年 5 月颁布的土改方案中规定，对以宗教公产名义占有的土地不实行土改。但是绝大多数的毛拉仍然认为任何分配土地的计划都是对毛拉经济根基的削弱，并持强烈的反对态度。

1961 年，博鲁杰尔迪去世后，宗教界与巴列维之间围绕土地改革的矛盾迅速激化。宗教界人士开始分化为三派，即保守派、中庸派和激进派。保守派主张走博鲁杰尔迪路线，反对介入政治，但也认为土改侵害了伊斯兰教法保护的私有财产；中庸派力量有限，主张在文教和社会生活方面发挥作用；激进派强烈抨击国王的改革政策违反宪法，号召解散议会，举行大选，其代表人物就是已经在伊朗政治舞台上崭露头脚的霍梅尼。霍梅尼开始全面批判“国王的腐败专制、社会不公正和不平等、外国占领、妇女解放、家

---

① 张振国主编：《未成功的现代化——关于巴列维“白色革命”研究》，北京：北京大学出版社 1993 年版，第 36 页。

② 同上。

③ Kamal Karpat, ed., *Political and Social Thought in the Contemporary Middle East*, New York: Frederick A. Praeger, 1968, p. 380.

庭保护法以及政府的土地改革政策”,[①] 并且谴责巴列维控制下的“伊朗与被他指责为伊斯兰世界的敌人和以色列帮凶的美国有密切联系”。[②] 也正是在此过程中，霍梅尼的伊斯兰政治思想逐步形成。

土地改革招致宗教界强烈反对的重要原因之一在于改革削弱了宗教界的经济利益。有关资料表明：1960 年伊朗宗教地产占全国可耕地的 20%，到土地改革第一阶段结束的 1965 年，官方登记的宗教地产为 4 万公顷，仅占全国可耕地的 0.02%。[③] 在改革前，由于什叶派与逊尼派宗教机构在收入来源上的差别，乌里玛、清真寺和各级宗教学校的经济来源主要包括三项收入：沙里亚法庭的法律事务费用；瓦克夫，即用于宗教或慈善事业的实产或资金；信徒以宗教税形式自愿捐增的财物。[④] 因此，巴列维的世俗化改革不仅使前两项收入锐减，而且主要来自大土地所有者捐增的第三项收入也大大减少。在宗教界的利益受到侵害的同时，伊朗王室、政府官员、大资本家等特权阶层则成为财富的垄断者，而社会民众的生活则困苦不堪，从而为伊斯兰教宗教界与民众相结合发起反对国王的社会运动准备了条件。

在土地改革招致宗教界批判和抵制的同时，妇女解放政策的推行，现代西方法律体系的引进、西方化世俗生活方式的蔓延、在外交上对美国的追随都招致了宗教界的强烈谴责和批判。由于巴列维的世俗化改革遭到宗教界的强烈反对，而且把在改革中倍受损失的商业阶层也推向了自己的对立面，“巴扎利（商人）像乌里玛（伊斯兰宗教学者）一样，发现伊朗滑向和依附于西方是对他们的地位、经济利益和宗教文化价值的一种威胁”。[⑤]

---

① Sharough Akhavi, “Shii Social Thought and Praxis in Recent Iran History”, in edited by Cyriac K. Pullapilly, *Islam in the Contemporary World*, Notre Dame: Cross Roads Books, 1980, p. 183.

② John L. Esposito, *Islam and Politics*, New York, Syracuse University Press, 1984, p. 124.

③ ［美］莫·米兰尼：《伊朗伊斯兰革命的形成：从君主制到伊斯兰共和国》，科罗拉多：1988 年版，第 86 页。转引自张振国主编：《未成功的现代化——关于巴列维“白色革命”研究》，第 114 页。

④ 杜红：“乌里玛在伊斯兰国家现代化进程中的地位和作用”，载《西亚非洲》1996 年第 2 期，第 34 页。

⑤ ［美］J. L. 埃斯波西托：《伊斯兰威胁：神话还是现实》，东方晓等译，北京：社会科学文献出版社 1999 年版，第 132 ~ 133 页。

由于巴列维的世俗化改革招致了宗教界的强烈不满，而改革所造成的社会危机又使得宗教界反对国王的呼声得到了社会民众的支持和响应。1963年1月，国王公布“白色革命”纲领后，在库姆、德黑兰、设拉子、马什哈德、大不里士等地都出现了反对国王的示威游行，霍梅尼由于抨击国王而被捕。尽管这场反对国王的运动以失败而告终，但是却揭开了伊朗伊斯兰势力向王权发难的序幕，“正如1891～1892年的烟草抗议是1905—1909年宪法革命的彩排一样，1963年6月的动乱也是1977～1979年伊斯兰革命的彩排”。① 总之，巴列维王朝的世俗化改革对伊斯兰教的冲击及其造成的深重的社会危机，正在生成一种有助于什叶派发起社会革命的土壤，伊朗正处在伊斯兰革命的前夜，伊斯兰势力正在悄然崛起并开始向世俗民族主义政权发起挑战。

纵观近代以来的伊朗历史，从19世纪末的“烟草抗议”到20世纪初的宪政革命，早期伊朗民族主义思想和运动都与伊斯兰教有着重要的亲缘关系。但是伴随宪政革命的失败和伊朗民族危机的加深，以及土耳其世俗民族主义对伊朗的影响，世俗民族主义与伊斯兰教尤其是与什叶派僧侣阶层的矛盾开始全面展开，世俗与神学、传统与现代的矛盾开始凸现于伊朗的社会发展之中。巴列维王朝也正是在这种背景下建立的，并开始了伊朗畸形的、激进的现代化进程。巴列维父子面对伊斯兰教什叶派僧侣阶层的挑战，一方面在国家体制的选择上做出了妥协让步，放弃了共和制而选择了君主制，并且在宪法中为伊斯兰教的地位留下了一定的余地；另一方面又依靠君主制王权的独裁专制，推行全盘西化的世俗化改革，从而使王权与教权的关系始终处于紧张的状态，世俗民族主义与伊斯兰教之间的矛盾不断激化，并在“白色革命”时期达到了空前的程度，最终导致了1979年的霍梅尼伊斯兰革命。

---

① 转引自陈嘉厚主编：《现代伊斯兰主义》，北京：经济日报出版社1998年版，第308页。

专题21

从原始共同体到民族共同体*

——齐亚·格卡尔普的土耳其民族主义思想研究（上）

【摘要】在关于土耳其民族主义的长期研究中，存在的重要缺陷之一在于对土耳其民族主义思想家齐亚·格卡尔普的忽视。在青年土耳其党人的泛奥斯曼主义向凯末尔世俗民族主义转化的过程中，格卡尔普的思想发挥了极其重要的作用。本文重点阐述了以下内容：(1) 在人类共同体方面，格卡尔普认为人类共同体可以划分为两大谱系，即“原始共同体”和“民族”，并对民族共同体与宗教共同体进行了详细的区分；(2) 在政治共同体方面，格卡尔普认为，从宗教共同体走向民族国家已经成为历史发展的必然；(3) 在世俗民族主义思想方面，格卡尔普明确提出了宗教与政治分离，反对宗教干预政治的政治主张。以上思想均对凯末尔主义的思想和实践产生了深远影响。

在伊斯兰世界，土耳其世俗化的彻底性应当归功于土耳其世俗民族主义对待伊斯兰教态度的彻底性。政教分离的世俗化模式在土耳其的最终确立经历了一个漫长曲折的痛苦过程。在漫长的中世纪，现代土耳其的前身奥斯曼帝国曾经一度充当伊斯兰教的保护者，并实行政教合一的哈里发制度。伴随

* 原载《西亚非洲》2008年第8期。

奥斯曼帝国衰落和帝国内部效仿欧洲的数次改革，土耳其民族主义开始萌芽孕育。但是，作为现代土耳其民族主义前身的泛奥斯曼主义与伊斯兰教有难以割舍的联系，而真正使土耳其民族主义摆脱伊斯兰教束缚和羁绊的是凯末尔的世俗民族主义，并使民族认同最终超越宗教认同成为现代土耳其政治认同的基础，同时比较彻底地摒弃了伊斯兰政治传统，缔造了伊斯兰世界第一个成功的世俗化、现代化模式。

在学术界，对于土耳其民族主义与伊斯兰教关系的研究，人们多把研究的焦点集中于对凯末尔主义的研究，似乎是凯末尔主义一蹴而就地完成了对伊斯兰教的否定和超越。但在事实上，奥斯曼帝国晚期各种政治思潮的争论都与伊斯兰教有一定的联系，并且成为土耳其民族主义尤其是凯末尔主义形成的社会文化背景。在关于土耳其民族主义与伊斯兰教关系的长期研究中，存在的一个重要缺陷是对土耳其民族主义思想家齐亚·格卡尔普（Ziya Gŏkalp，1876～1924）思想的忽视。据笔者所知，在西方学术界，研究格卡尔普思想的作品也仅有尼亚兹·伯克斯（Niyazi Berkes）编辑并翻译的《土耳其民族主义与西方文明：齐亚·格卡尔普文选》①，我国对格卡尔普思想的研究则更为薄弱。事实上，格卡尔普是近代以来土耳其思想界著述甚丰的学者，在青年土耳其党人的泛奥斯曼主义向凯末尔的土耳其民族主义转化的过程中，格卡尔普的思想发挥了极其重要的作用。因此，对这位土耳其民族主义思想家进行研究与分析，对于认识土耳其世俗民族主义的社会思想基础，以及土耳其民族主义与伊斯兰教关系的历史嬗变，有着重要的历史意义。

齐亚·格卡尔普所处的时代背景及生平

从历史的角度来看，在奥斯曼帝国解体前，奥斯曼土耳其人并没有现代

① Niyazi Berkrs, trans. and ed., *Turkish Nationalism and West Civilization*, *Selected Essays of Ziya Gŏkalp*, Columbia University Press, 1959. 该书为收录齐亚·古卡尔普的作品的文集，本文对齐亚·古卡尔普思想的研究主要借鉴了这部著作。

的民族认同，土耳其民族认同的确立是在经历了奥斯曼帝国晚期百余年的缓慢变化后，最终通过凯末尔革命完成的，并实现了土耳其世俗民族主义对伊斯兰教的否定。对此，有学者评价指出："土耳其民族国家的建立有悖于伊斯兰教和奥斯曼传统的普世主义的信条，伊斯兰教和奥斯曼传统都拒不接受民族国家的思想"。经过凯末尔革命后，"民族主义成为新的土耳其共和国的意识形态。……民族主义的目标是建立一个一体化的土耳其民族国家或是一种现代政治制度，取代一切宗教、地方和集团的个性和忠诚。""伊斯兰教在政治中被'剔除'，宗教分歧的重要性也缩小了。现代的民族概念事实上超越了宗教忠诚，并建立了对民族国家的新的忠诚。"①

从土耳其政治现代化的角度看，对凯末尔的世俗民族主义思想进行任何高度评价都是毫不过分的。因此，学术界在论及现代土耳其民族主义思想的时候，无不从凯末尔主义入手。这与凯末尔作为土耳其共和国缔造者的身份有着重要的关系。但是，人们往往忽略齐亚·格卡尔普的现代民族主义思想。客观而言，格卡尔普对凯末尔的思想产生了重要的影响，"尽管他在阿塔图尔克（即凯末尔，阿塔图尔克在土耳其语中的原意为"土耳其之父"，是土耳其人对凯末尔的尊称。——引者注）激进改革的早期就已经告别人世，但是人们可以从这些改革主流趋势的背后发现格卡尔普的思想"，"他的许多思想都随着阿塔图尔克民族主义体制在安纳托利亚的建立变成了现实"。② 因此，分析土耳其民族主义与伊斯兰教的关系，仅仅研究凯末尔主义是不够的，还必须研究格卡尔普的土耳其民族主义思想。

齐亚·格卡尔普，1876 年出生在奥斯曼帝国安纳托利亚南部迪亚巴基尔（Diyarbakir）的一个乡村小镇，从小就怀有爱国热情。他没有多数伊斯坦布尔学者到欧洲学习的阅历。当他 1896 年离开家乡来到伊斯坦布尔时，社会上围绕奥斯曼主义、泛伊斯兰主义、泛土耳其主义的争论充斥着伊斯坦布尔思想界，这种状况使得泛伊斯兰主义、苏菲神秘主义、西方人文主义都对他产生了一定的影响，并形成了他后来学术研究的几个重要领域，即土耳

① Kamal H. Karpat, ed., *Political and Social Thought in the Contemporary Middle East*, New York, Frederick A. Praeger, 1968, pp. 297 - 298.

② Niyazi Berkrs, trans. and ed., *Turkish Nationalism and West Civilization*, *Selected Essays of Ziya Gökalp*, Columbia University Press, 1959, introduction, p. 1.

其文化、伊斯兰教、现代西方文明，他的土耳其民族主义思想也主要围绕这几个方面的论述而形成。

在 1908 年青年土耳其革命之前，尽管格卡尔普的思想还相当模糊，但是在宪政革命的年代，他很快就成为知识圈和思想界的知名人物，后来成为伊斯坦布尔大学著名的社会学教授，在当时的报刊上发表了一系列文章，形成了自己的思想体系。[①] 格卡尔普的作品涉及文学、历史、政治、文化、社会等各个领域，其“作品的主题是土耳其如何适应西方文明的问题，以及土耳其在适应西方文明的努力中如何与土耳其的两种历史传统即土耳其和伊斯兰传统进行协调，即土耳其人作为一个民族，伊斯兰教作为他们的宗教，在现代文明的条件下应该如何对待。”[②] 由此可见，如何认识土耳其民族主义与伊斯兰教的关系构成了格卡尔普思想的一个重要方面。

由于格卡尔普的思想都以论文和散论的形式发表在当时的报刊上，其社会影响是可想而知的，他的思想无疑为后来的凯末尔民族主义思想提供了丰富的思想素材，同时也构成了现代土耳其政治现代化的重要思想积淀，从他的思想中人们或许可以找到土耳其能够在伊斯兰世界率先实现现代化和世俗化历史基因。

从原始共同体到民族：格卡尔普的人类共同体思想

作为伊斯坦布尔大学的社会学教授，格卡尔普从人类学和社会学的角度对人类共同体进行了系统的研究，并且根据人类社会发展不同阶段对人类共同体进行了划分，其最终的结论是：伴随着人类社会的进化和发展，民族作为人类生存的共同体成为现代社会和现代文明的组织形式，并在此过程中对民族共同体和宗教共同体“乌玛”（Umma）进行了系统的区分。诚如尼亚

① Niyazi Berkrs, trans. and ed., *Turkish Nationalism and West Civilization*, *Selected Essays of Ziya Gŏkalp*, Columbia University Press, 1959, introduction, pp. 20 – 21.

② Ibid., p. 1.

兹·伯克斯所言，格卡尔普主张“现代社会的最终现实是民族，民族理想是指导个体行为最根本的力量。因此土耳其人最迫切的任务在于土耳其作为一个民族的觉醒。”①

为了对民族进行系统的研究和界定，并对民族共同体与宗教共同体加以区分，格卡尔普首先对人类共同体进行了宏观研究。他指出，人类共同体是人们所珍爱并通过深刻的情感与之相联系的社会群体。生物学和心理学往往从生理和心理的角度研究和界定共同体，但是人类共同体完全不同于生物学和心理学的共同体概念，共同体概念属于社会的范畴，是社会学的研究的内容。他指出：“当我们接受共同体是一个独立的社会现实（social reality）时，我们只能从社会因素中寻找这一现象产生的原因。”② 他认为，既然共同体是一种独立的社会现象，就应该对其进行区别于生理学和心理学的独立研究。在此基础上，他提出了“社会群体”（social group）的概念，强调社会群体是个体凭借特定的团结（special solidarity）形式密切联系总体，诸如家庭、村落共同体、种族、阶层、种性、教会（乌玛）、国家或民族，社会机构是思想与行为的特定模式，诸如宗教信仰与仪式、道德和法律规范、语言与审美规则、经济模式以及科学技术，并以自愿或强制的接受方式作用于其成员，因此完全不同于植物和动物物种的划分。③

格卡尔普认为，人类共同体可以划分为两大谱系（genera），即“原始共同体”（primitive communities）和“民族”（nation）。原始共同体是人类的早期社会类型，其基本特征是氏族（clan），氏族是由成百上千的人通过宗教亲缘关系（religious kinship）构成的家族群体。在原始人群中，人们相信有共同的祖先并共同承担氏族的义务，但是却丝毫没有公共权威（public authority）和个人权利（personal rights）而言。氏族的权威具有宗教的特征，氏族的头人同时发挥宗教职能（religious function）。④

---

① Niyazi Berkrs, trans. and ed., *Turkish Nationalism and West Civilization*, *Selected Essays of Ziya Gŏkalp*, Columbia University Press, 1959, introduction, p. 22.

② Ziya Gŏkalp, *The Scientific Study of Communities*, in Niyazi Berkrs, trans. & ed., *Turkish Nationalism and West Civilization*, *Selected Essays of Ziya Gŏkalp*, Columbia University Press, 1959, p. 116.

③ Ibid., p. 117.

④ Ibid.

格卡尔普认为，“原始共同体”可以划分为四种类型[①]：

（1）以氏族为基础的无差别的共同体（Undifferentiated Communities with a clan basis），即共同体由若干个无等级差别，而只有自己图腾的氏族构成，它构成了原始共同体最简单的组织（如澳大利亚的土著社会）。

（2）以氏族为基础的有差别的共同体（Differentiated Communities with a clan basis），信仰图腾崇拜的氏族依然存在，但是它们已经处于分裂状态，在氏族的基础上，特定的社会组织诸如阶层、武士阶层、宗教派别开始从氏族中产生（如北美印第安人）。

（3）图腾组织全面退化的种族共同体（Tribal Communities in which Totemic Institution is Entirely Lacking），在这种共同体中，图腾信仰开始退化并且向真正的人类社会转变，父系世袭日益取代母系世袭，氏族逐步失去其团结的力量，共同体开始认识到区别于其他共同体的独特同质性（distinctive homogeneity），种族团结的重要性开始突显（如非洲的部族）。

（4）衰退的原始共同体（Degenerate Primitive communities），即氏族已经全面四分五裂，但是民族组织尚未产生，小的家庭开始从父系氏族中分离出来。

格卡尔普认为，伴随氏族的衰落乃至消失，民族感情开始上升，具有重要意义的是公共权威与公共法律机构在民族中开始出现。随着民族文学和历史学的发展，共同体的情感日益把民族融为一体。与此同时，劳动分工、专业化和不同社会职能部门也随之出现。民族可以划分为四个亚种类（Subspecies）：[②]

（1）神学的民族（Theocratic nation）。统一的民族意识已经产生，并且表现为对神的共同崇拜和公共权威的出现，民族和种族组织已经消失并让位于宗教的公共法律，“宗教公共权威体现在以神的授权作为合法性（legitimacy）基础的统治者身上”，[③] 以封建土地所有制为基础的村落共同体开始

---

① Ziya Gŏkalp, *The Scientific Study of Communities*, in Niyazi Berkrs, trans. & ed., *Turkish Nationalism and West Civilization*, *Selected Essays of Ziya Gŏkalp*, Columbia University Press, 1959, pp. 118 – 119.

② Ibid., pp. 119 – 123.

③ Ibid., p. 119.

出现，如古代的东方、中世纪的欧洲和阿拔斯王朝。他又把这种民族称之为以村落为基础的民族（Nations with a village basis）。

（2）法定的民族（Legislative nation）。在这种民族中，城市摆脱了封建地主的权威，并通过多样化的组织管理自己的事务，同时发起对封建权威的挑战；城市文明开始独立于农业文明，个人所有制和民主逐步奠定了其基础，城市的行政管理以公共意见为基础。更为重要的是，"政治的公共舆论开始与宗教的公共舆论分离。民族统治者的权威来源于立法，世俗的法律开始产生。政府不再以神圣的律法而是以人民的主权即公共政治权威为基础。在神学的民族中，民族的权力体现在宗教当局手中，但是在法定的民族中，民族的权力体现为法定的政治权力。"① 法国和意大利属于这种类型，他又把这种民族称之为以城市为基础的民族（Nations with a city basis）。

（3）文化的民族（Culture-nations）。格卡尔普认为，原始的、神学的、法定的民族尽管拥有各自的语言和习俗，但它们还没有自己独立的民族文明（independent national civilization），往往是几个民族共同参与和分享一个普世的文明（international civilization），"当一个民族在普世文明机构上打上自己民族语言和民族气质的烙印时，它就变成了一个有着独立民族文明的民族即文化民族"。独立的民族文化"系统由宗教、道德、法律、美学、语言、经济、技术等方面构成"，"存在于民族内部各个公共领域的同质性构成了社会结构的基础"。文化民族与法定民族的相同点在于"独立的政治权威与宗教权威平行存在，同时在文化民族中还有一个独立于宗教和政治权威之外的文化权威"，并具体体现在道德、经济、艺术、文学、科学等各个领域，"在文化民族中，人民构成了其文化的代表，因为文化构成了民族意识的具体表现。"②

格卡尔普认为，在一个共同体从低级阶段向高级阶段演进的过程中，不可能完全放弃先前的组织形式。因此，在文化民族阶段，原始人群的血缘组织、神学民族的宗教组织、法定民族的法律组织仍然以"家庭"、"教会"、

---

① Ziya Gŏkalp, *The Scientific Study of Communities*, in Niyazi Berkrs, trans. & ed., *Turkish Nationalism and West Civilization*, *Selected Essays of Ziya Gŏkalp*, Columbia University Press, 1959, p. 120.

② Ibid., p. 120.

“国家”的形式各自维持其存在。但是，由于法定机构的建立最终以执政者的专制为终结，因此文化权威的出现将根除法定权力的腐败。“因此只有在文化民族阶段，独立于行政和法定权力之外的司法制度才能得到确立。最先进的民族正在朝着这个方向进化，但是目前没有一个民族已经进入这一阶段。”①

格卡尔普关于文化民族及其特征的界定难免让人感到困惑，尤其是“文化民族”可以根除专制腐败的观点让人颇感费解，因为文化权威难以具有如此巨大的能量。但“文化民族”确实构成了格卡尔普充满乌托邦色彩的理想民族。格卡尔普认为，民族只有具有了充分的文化独立性才能成为一个民族。他对“文化民族”情有独钟在某种程度上深受 19 世纪德意志浪漫文化民族主义的影响。“格卡尔普从 18 世纪受欧洲启蒙思想家鼓舞的坦齐马特理性主义（Tanzimat rationalism）转向了 19 世纪德国哲学传统中的浪漫思想（romantic thought）。”②

（4）曾经独立但又在后来失去了独立的民族（Nations which have lost their independence after once having been independent）。也许是含义的显而易见，所以格卡尔普没有对这种民族进行详细的说明，只是举例指出当时的波兰属于这种民族类型。

从普世共同体走向民族国家：格卡尔普的政治共同体思想

在对“原始共同体”和“民族共同体”的类型和演化进行系统研究后，格卡尔普提出了关于共同体类型的观点，并对历史学和哲学的观点进行了修

① Ziya Gŏkalp, *The Scientific Study of Communities*, in Niyazi Berkrs, trans. & ed., *Turkish Nationalism and West Civilization*, *Selected Essays of Ziya Gŏkalp*, Columbia University Press, 1959, p. 122.

② Ayse Kadioglu, “The Paradox of Turkish Nationalism and the Construction of Official Identity”, *Middle Eastern Studies*, Vol. 32, No. 2, April, 1996, p. 183.

正。他认为，“对于历史学家而言，每个种族和民族都具有其独特性。对于他们而言，没有社会类型的划分，只有社会个体。每一个社会自身就是一个无法进行类分的个体”。而“对于哲学家而言，国家、民族、文明和种族都是人类社会在不同时间和地域的具体表现。对于他们而言，只有一种社会类型即人类社会。”① 格卡尔普认为，历史学家的观点过于强调社会发展的特殊性，而哲学家则过于强调社会发展的抽象性和普遍性，都是不可取的。比较可取的是社会学的观点，即把社会化分为“原始共同体”和“民族”两大谱系。他指出，一个社会就是一个由道德团结（moral solidarity）结合在一起的人们的群体。社会基本上可以划分为两种类型：基于共同感情和信仰的社会和基于社会劳动分工的社会，前者即“原始共同体”，后者即“民族”，他又把这两种社会团结形式称之为“机械的团结”（mechanical solidarity）和“有机的团结”（organic solidarity）。②

格卡尔普将社会团结划分为两种形式，主要意图在于说明宗教共同体属于“机械的团结”，即落后的社会组织形式；“民族共同体”属于“有机的团结”，即先进的社会组织形式。他认为，在正确揭示民族概念的内涵之前必须清楚种族共同体（race community）、族裔共同体（ethnic community）、宗教共同体（Ummet）、人民（people）、国家（states）等概念的含义。他指出，种族在本质上是动物学和生物学的概念，即人种的划分，如白色人种、棕色人种、黑色人种、黄色人种的区别。族群是一个最容易与种族混淆的概念，在过去经常交互使用。他指出，法国学者对这两个概念进行了区分，族群与种族的区别在于族群使用共同的语言。宗教共同体“乌玛”是基于共同宗教信仰的社会群体，如穆斯林、基督徒和犹太教徒，它可以由不同的种族和族群构成。人民是指构成一个国家的公民，在一定的场合也可以特指民族。国家是拥有政府、领土和人口的群体，国家根据其演进可以划分为族裔国家（Ethnic States）、帝国（Imperial states）、民族国家（Nation

---

① Ziya Gŏkalp, *Classification of Social Species*, in Niyazi Berkrs, trans. & ed., *Turkish Nationalism and West Civilization*, *Selected Essays of Ziya Gŏkalp*, Columbia University Press, 1959, p. 123.

② Ibid., p. 124.

states）等形式。[①]

格卡尔普指出，历史演进所呈现出的发展趋势是新兴的民族国家正在取代传统的帝国，并在帝国解体的基础上建立了民族国家。“民族作为与帝国共存了很长时间的族群（ethnic group）开始为重新获得自己的身份认同而斗争。”[②] 而这一过程也正是民族国家取代普世性国家（universal states）即帝国的过程。中世纪普世性帝国存在的基础就在于普世性宗教（universal religions）和普世性文明（universal civilizations），它们把不同的族群统一在一个帝国之内。在帝国时期，“族群共同体由于变成了一个更大的宗教政治共同体或一个更大的文明的一部分而丧失了他们的身份，”甚至“一些族群共同体在融入了一个更大的机体后便失去了自我而永远无法再生，……它们的语言和民族性也永远无法得到重建。但是，许多族群共同体在失去了它们的语言和特征后又赢得了再生。在它们再生的过程中，其复兴首当其冲地表现为民族语言的复兴”，同时也是“民族语言开始与帝国及其宗教分离”的过程。[③] 在对民族国家取代帝国历史进程进行说明的过程中，他以欧洲尤其东欧的民族复兴为例进行了详细论述。

格卡尔普进一步指出，民族意识复兴和民族国家的出现是一种历史进步潮流，“民族必然通过中央集权化（centralization）、同质性（homogeneity）和劳动分工而成为一个民主社会。这一目标必将通过全民族的共同参与而实现。因此，乌玛、帝国和普世文明都是向民族崛起演化的阶段。当民族开始有机地组织自身时，它们将不再与帝国的政治组织、乌玛的宗教组织和普世的文明同流合污。它们的政治组织将趋向于宪政；它们的法律将趋向于独立于宗教之外，它们的社会将趋向于民主。宗教的现代化（modernization of religion）也将成为必然，因为如果宗教不被翻译成民族语言，不融入民族的生活，将意味着乌玛依然继续存在。同样，如果民族文化不能从普世文明中独立出来，将意味着民族生活尚没有开始。”他还指出，在普世性的帝国

① Ziya Gŏkalp, *Classification of Social Species*, in Niyazi Berkrs, trans. & ed., *Turkish Nationalism and West Civilization*, *Selected Essays of Ziya Gŏkalp*, Columbia University Press, 1959, pp. 126 – 128.

② Ibid., p. 128.

③ Ibid., pp. 131 – 132.

内，宗教具有包容一切的垄断性，把某种单一的宗教作为普遍的信仰强加在各民族身上，而不允许民族认同的存在，这与现代文明格格不入，“现代文明不应该为宗教所垄断，以科学为基础的现代文明应该包容信仰其他宗教的民族。民族不再是乌玛的组成部分，但可以成为现代文明的单位。在过去，若干个帝国可以成为一个乌玛共同体的单元；但是民族和现代国家不可能是乌玛的构成单元。”①

总之，在格卡尔普看来，宗教认同是与帝国相联系的落后心理认同，乌玛是与帝国相联系的落后的社会组织形式；民族认同是与民族国家相联系的先进认同，民族国家是与现代文明相联系的先进社会组织形式。民族认同取代宗教认同，民族国家取代帝国，是现代社会发展的必然趋势，同时也是结束专制腐败、走向民主的必由之路。他还特别提出了“宗教现代化”的概念，其内涵包括普世宗教转变为民族宗教，以及法律与宗教分离，这在近现代土耳其的政治思想中无疑具有极其重要的思想启蒙意义。此外，尽管格卡尔普的民族理论存在许多不尽准确、科学的内容，但是对宗教认同与民族认同进行详尽系统的理论分析，并对种族、族群、人民、国家等概念进行详细的区分与界定，这不仅在土耳其的历史上，即使是在整个伊斯兰世界的历史上都是非常少见的。

宗教与政治的分离：格卡尔普的世俗民族主义思想

格卡尔普的土耳其民族主义思想不仅体现在强调民族认同，反对宗教认同；主张土耳其民族主义，反对泛伊斯兰主义和泛奥斯曼主义（笔者将另文探讨这一问题）等方面，而且最终体现为主张政教分离、反对宗教干预政治的世俗民族主义思想。格卡尔普认为，宗教与政治的分离取决于宗教的

① Ziya Gŏkalp, *The Rise of the Nations*, in Niyazi Berkrs, trans. & ed., *Turkish Nationalism and West Civilization*, *Selected Essays of Ziya Gŏkalp*, Columbia University Press, 1959, pp. 120 – 122.

社会功能。在阐述这种观点时，他并没有进行空洞的说教，他所依赖的思想武器仍然是他所擅长的社会学，即从社会进化的角度说明现代社会宗教与政治分离的必要性。

格卡尔普认为，宗教的社会功能决定于社会的演化，宗教在不同的时期承担不同的社会功能。据此，他把人类社会划分为两种类型或者说是两个阶段，即"原始社会"（primitive societies）和"有机的社会"（organic societies）。"在原始社会，只有一种权威即宗教权威，因为政治和文化权威还没有得到独立的发展。""宗教机构发挥着文化和政治机构的职能，因为社会还没有政治和文化机体。也就是说，乌玛的职能就是国家和民族的职能。"在这种情况下，统一的共同体就是以宗教习俗为基础形成的宗教权威即乌玛。但是，"在有机的社会，在宗教权威之外，政治和文化权威已经存在"，"以政治传统为基础形成的政治权威就是国家，而根据文化权威产生的统一的共同体就是民族。"①

有机社会与原始社会最重要的差别就在于政治权威和文化权威在宗教权威之外得到了独立发展，并承担相应的社会功能。在宗教权威占据主导地位的原始社会，具有超自然特征的宗教权威构成了政治权威的来源，并产生了一种"魅力型权力"（charismatic power），因而精神权威与世俗权威具有合而为一的特点。"在有机的社会，尽管宗教习俗依然存在，但是它只能涵盖神圣精神领域的思想与情感，而不能延伸到已经具有世俗特征的机构。世俗机构以政治和文化权威作为权力来源，并不断根据对生活的探索而进化。政治传统在得到法律制度的认定后而日益法律化。"与此同时，由于独立于宗教权威之外的文化权威的确立，人类的道德、审美、语言、经济、科技都日益成为独立的领域，并确立独立的价值判断。总之，在有机的社会，由于社会分工的出现，社会各领域的价值标准都得到独立的发展，"社会的每一个分支都在自己的领域内独立发挥自己的作用。因此我们应该对有机社会的宗教社会功能进行探索，并使其在自己的领域内发挥作用。"格卡尔普认为，"在有机社会里，宗教的最大任务是赋予其他机构在特定领域内的自由"，

① Ziya Gŏkalp, *Social Functions of Religions*, in Niyazi Berkrs, trans. & ed., *Turkish Nationalism and West Civilization*, *Selected Essays of Ziya Gŏkalp*, Columbia University Press, 1959, p. 185.

而宗教的社会职能就是通过善恶说教及其宗教义务履行道德职能，而社会的政治职能自然应该属于独立于宗教之外的世俗政治机构。①

总之，格卡尔普通过区分民族认同与宗教认同、民族共同体与宗教共同体、世俗与宗教等各个方面，阐述了土耳其民族主义思想，其思想对于确立土耳其的民族认同和民族属性，指导土耳其脱离帝国思想和宗教乌玛思想的束缚而走上现代民族国家的道路具有不可估量的价值。格卡尔普思想的理性色彩和哲学思辨色彩在穆斯林思想家中也是独具特点的，反映出他对欧洲18、19世纪英法启蒙思想和德国文化民族主义的深刻体察。格卡尔普思想体系的博大精深不仅体现在以土耳其民族主义对伊斯兰主义和奥斯曼主义进行否定，还体现在对文明与文化、东方文明与西方文明、土耳其文明与西方文明关系的独到见解。“由于他把民族和人民视为最根本的文化、政治和经济单位，他为土耳其成为一个民族、一个民族国家并最终通向民主开辟了道路；由于他把土耳其与神学乌玛概念区别开来，为土耳其宗教、文化和文明的世俗方向准备了条件；他通过强调土耳其文化融入西方文明的可能性，为土耳其的发展提供了动力”，进而为土耳其“从一种文明转向另一种文明和成功完成这种转型提供了新的目标。”②

当然，由于深受德意志浪漫文化民族主义的影响，格卡尔普不可避免地存在着泛突厥主义的思想倾向。他在1911年发表的《突兰》一诗中写到：“土耳其人的国家，不是土耳其，也不是土耳其斯坦；他们的国家是一个广大而无垠的地方——突兰。”格卡尔普是将泛突厥主义思想系统化的思想家，并提出了分三步最终建立大土耳其国家的目标：第一步实现土耳其的统一；第二步是实现包括阿塞拜疆、伊朗、花剌子模在内的乌古斯坦的统一；第三步是实现包括中亚和鞑靼人在内的整个突兰地区的统一。③ 因此，在研

① Ziya Gŏkalp, *Social Functions of Religions*, in Niyazi Berkrs, trans. & ed., *Turkish Nationalism and West Civilization*, *Selected Essays of Ziya Gŏkalp*, Columbia University Press, 1959, p. 193.

② Niyazi Berkrs, trans. & ed., *Turkish Nationalism and West Civilization*, *Selected Essays of Ziya Gŏkalp*, Columbia University Press, 1959, introduction, pp. 30-31.

③ 转引自杨增耀：“论土耳其的泛突厥主义的发展轨迹和社会基础”，载《西北大学学报》1997年第4期，第14~15页。

究格卡尔普的民族主义思想时，对其泛突厥主义思想必须加以甄别。

格卡尔普的土耳其民族主义思想对于指导土耳其的政治现代化进程发挥了重要的思想启蒙作用，并被后来的凯末尔革命付诸实践。凯末尔作为现代土耳其的缔造者，是土耳其世俗化和现代化进程的实践者，其意识形态基础即凯末尔主义，其内容包括共和主义、民族主义、世俗主义、平民主义、国家主义和革命主义“六大主义”，而民族主义无疑是凯末尔主义的核心内容之一。从历史的角度看，格卡尔普的民族主义思想为凯末尔主义提供了丰富的思想来源。凯末尔主义作为现代土耳其的官方意识形态，构成了土耳其政治现代化的指导原则和理论基石。从政教关系的角度看，凯末尔主义“从根本上改变了国家的性质和发展方向。从此，土耳其从政教合一的伊斯兰国家转变为世俗性的现代民族国家，从传统的伊斯兰文化转向现代欧洲文明。这些巨大的变化深深地影响着伊斯兰教在国家和社会生活中的地位和作用，为宗教和民族主义确定了新的关系，产生了深广的影响。”①

① 吴云贵、周燮藩著：《近现代伊斯兰教思潮与运动》，社会科学文献出版社2000年版，第231页。

专题 22

从普世主义与帝国传统走向民族主义*

——齐亚·格卡尔普的土耳其民族主义思想研究（下）

【摘要】奥斯曼帝国晚期的意识形态非常混乱，并困扰着孕育中的土耳其民族主义，这构成了格卡尔普民族主义思想产生的重要历史背景。格卡尔普把当时土耳其的各种民族主义思潮划分为种族主义的土耳其主义者、族群主义的土耳其主义者、地缘的土耳其主义者、奥斯曼主义者、泛伊斯兰主义者、个体主义者六种类型，并分别予以剖析和批判。在此基础上，他重点批判了奥斯曼主义的帝国传统和泛伊斯兰主义的宗教传统，倡导并支持以民族认同为基础的土耳其民族主义。格卡尔普认为，土耳其民族主义的最高理想就是通过政治、经济、法律、道德、语言、文学、艺术、宗教和哲学的民族化，摆脱外国侵略，获得民族独立，最终建立世俗的现代民族国家，实现土耳其民族复兴和现代化。

19 世纪至 20 世纪初奥斯曼帝国晚期的现代化改革，导致了政治、法律

* 原载《西亚非洲》2008 年第 9 期。

和教育领域的世俗化，世俗化思想与伊斯兰传统政治思想之间的矛盾与斗争也由此全面展开，并在奥斯曼帝国的思想领域出现了泛伊斯兰主义、现代主义和土耳其主义的分化。泛伊斯兰主义主张依靠伊斯兰教实现帝国的振兴，并成为苏丹哈米德二世加强帝国统治的重要工具；现代主义主张按照西方文明和欧洲模式改造土耳其；土耳其主义主张在保留民族文化的同时引进西方的文化和技术，主张政治的世俗化和文化生活的土耳其化，同时主张泛土耳其主义。[①] 泛伊斯兰主义与泛奥斯曼主义和泛土耳其主义结合在一起，构成了影响奥斯曼帝国解体前社会政治思潮的一个重要因素。如何摒弃各种泛民族主义思潮中的宗教普世主义和帝国政治传统，是土耳其民族主义必须解决的一个重要问题。当然，这一问题的最终解决是由凯末尔主义来完成的，但格卡尔普在倡导民族认同、否定宗教认同和帝国认同的基础上提出的土耳其民族主义的思想，显然对后来的凯末尔主义有重要的启示价值。本文探讨格卡尔普批判普世主义和帝国政治传统，倡导土耳其民族主义的政治思想。

奥斯曼帝国晚期的政治思潮与意识形态

19 世纪 80 年代，在效仿西方的伊斯兰近代改革运动——“坦齐马特”（Tanzimat，为整顿改革之意，故称“坦齐马特”时代）改革和新奥斯曼党人的立宪活动失败后，奥斯曼帝国进入哈米德苏丹二世统治时期。当时的奥斯曼帝国在意识形态上非常混乱，并且存在着奥斯曼主义（Ottomanism）、伊斯兰主义（Islamism）和泛土耳其主义（Pan-Turkism）的争论。[②] 但占据帝国意识形态主导地位的是奥斯曼主义，“所谓奥斯曼主义，简而言之，就是只承认统一的奥斯曼大民族，而奥斯曼帝国的其余各民族都必须‘奥斯

---

① Stanford Shaw and Ezel Shaw, *History of Ottoman Empire and Modern Turkey*, Cambridge University Press, 1977, Vol. 2, pp. 302 – 304.

② Jacob M. Landau, *The Politics of Pan-Islam: Ideology and Organization*, Oxford: Clarendon Press, 1990, p. 8.

曼土耳其化'。也就是说，国家只容许一个主义，即奥斯曼民族主义；一个政治实体，即享有主权与领土完整的奥斯曼帝国；一种忠诚，即忠于统一祖国的爱国主义信念"①。

泛伊斯兰主义的影响虽然无法与奥斯曼主义相比，但是，受当时阿富汗尼的泛伊斯兰主义思想的影响，以及哈米德二世的人为利用，泛伊斯兰主义在当时的奥斯曼帝国仍然有着重要的影响，并且成为当时知识界和舆论界广泛讨论的内容："官方主办的一系列报纸都支持泛伊斯兰主义，其主要目的是保证非土耳其穆斯林（阿拉伯人、阿尔巴尼亚人以及其他人）对帝国的忠诚；并且吸引上述各地以及印度等其他地方的穆斯林对帝国的政治和财政支持，第一步是将他们团结在奥斯曼帝国内，而下一步是在将来或者近期完成类似德国和意大利式的统一。"② 但是，正如当时一个基督教徒在题为《伊斯兰统一》的小册子中所言，泛伊斯兰主义已经无法挽救帝国的衰亡，当然更无法实现对穆斯林的统一。他认为，泛伊斯兰主义"作为一种政治思想是非常有害的，它不仅不能挽救帝国，相反会毁灭帝国。从宗教的标准来看，它不能统一分裂的集团和宗派；从政治的标准看，苏丹哈里发将自己的统治强加给所有穆斯林必将引起国际性的反对特别是被统治的穆斯林人口的反对"③。

为推翻苏丹哈米德二世的专制统治，1889 年"同盟与进步委员会"（Committee of Union and Progress）成立，其指导思想深受新奥斯曼党人纳米克·凯末尔（1840 ~ 1888）思想的影响，被统称为"青年土耳其党人"（The Young Turks）。从青年土耳其党人的意识形态来看，仍然存在着哈米德二世时期的混乱特征。青年土耳其党人奉行的是一种泛民族主义，其内容是泛奥斯曼主义、泛突厥主义和泛伊斯兰主义的混合体，而内部不同政治派别的思想倾向各异，这是奥斯曼帝国即将瓦解并向现代民族国家演进过程中思想极为混乱的一种反映。

---

① 吴云贵、周燮藩：《近现代伊斯兰教思潮与运动》，北京：社科文献出版社 2000 年版，第 228 页。

② Jacob M. Landau, *The Politics of Pan-Islam*: *Ideology and Organization*, Oxford: Clarendon Press, 1990, pp. 23 – 24.

③ Ibid., p. 23.

泛奥斯曼主义是青年土耳其党人继承哈米德衣钵的产物，它在1911年党的决议中正式通过，并成为党和国家的指导思想。其内容包括：奥斯曼帝国境内的非突厥民族必须使用被确定为国语的突厥语，只有通晓突厥语的人才有资格当选国会议员，少数民族只有保持自己宗教信仰的权利。泛奥斯曼主义是赤裸裸的民族沙文主义，在出笼后立即遭到了巴尔干各民族和阿拉伯人的抵制和反抗。泛突厥主义又称泛突兰主义，它与泛奥斯曼主义密切相连，是泛奥斯曼主义在对外政策上的反映，即梦想建立一个泛突厥语族的联邦，把西亚、中亚、奥斯曼帝国境内外所有讲突厥语的民族、部族联合成一个政治实体。但二者具有的一个共同特征是都把伊斯兰教作为一种工具加以利用，并且在关于国家政治建构的思想方面无法割断与伊斯兰教之间的复杂联系。纳米克·凯末尔作为青年土耳其党人的重要理论家，其民族主义思想是“政治自由主义与宗教保守主义相结合的产物”。①

伊斯兰教对于青年土耳其党人时期奥斯曼帝国政治思想的影响不仅渗透在泛奥斯曼主义思想之中，而且还体现在泛伊斯兰主义仍然是一种有着广泛影响的社会思潮，并服务于泛奥斯曼主义。正如一位学者所言：“一些出版物仍然围绕泛伊斯兰教及其作为实现世界范围内的穆斯林共同体的手段进行讨论，以加强挽救奥斯曼帝国的力量”。② 当时，迈赫默德·阿基夫（Mehmed Akif，1873～1936）、阿赫默德·海尔米（Ahmed Hılmı，1865～1914）、瑟拉尔·奴里（Celal Nuri，1877～1939）等人都是泛伊斯兰主义的代表人物。他们都把奥斯曼帝国视为穆斯林的根基所在，把穆斯林统一作为维持帝国生存的唯一希望。

总之，奥斯曼帝国晚期的政治思想存在着严重的混乱，意识形态呈现出多元化、复杂化的特点，具体表现为泛奥斯曼主义、泛伊斯兰主义、泛突厥主义等政治思潮的交互渗透，并同传统与现代、东方与西方的矛盾与斗争相交织，这一切都表明在行将崩溃的奥斯曼帝国内部正在进行着一场剧烈的思

① E. I. J. Rosenthal, *Islam in the Modern States*, Cambridge University Press, 1965, p. 28.

② Jacob M. Landau, *The Politics of Pan-Islam: Ideology and Organization*, Oxford: Clarendon Press, 1990, p. 73.

想斗争，同时也正酝酿着奥斯曼帝国从传统帝国形态向现代民族国家转变的社会政治变革。从奥斯曼帝国晚期政治思潮与伊斯兰教的关系来看，各种民族主义思潮尚无法摆脱伊斯兰教的影响，伊斯兰教不仅以泛伊斯兰主义的形式渗透在泛奥斯曼主义、泛突厥主义之中，而且泛伊斯兰主义本身作为一种政治与社会思潮也仍然有着广泛的影响。这一切构成了格卡尔普民族主义思想产生的重要思想背景。

格卡尔普对各种民族主义思潮的甄别和批判

奥斯曼帝国晚期各种政治思潮的泛滥及其所造成的意识形态混乱，构成了格卡尔普民族主义思想产生的重要历史背景。如何对当时在土耳其较有影响的各种民族主义思潮进行评判，构成了格卡尔普民族主义思想的一个重要方面。格卡尔普将较有影响的各种民族主义划分为以下几类，并一一进行了分析：①

（1）种族主义的土耳其主义者（Racist Turkists）。他们认为，民族和种族意味着同一和相同的事物。格卡尔普则认为，这种观点混淆了生物学意义上的种族概念与社会学意义上的民族概念的含义。社会学的研究结果表明，种族特征与民族性（Nationality）毫无联系。②

（2）族群主义的土耳其主义者（Ethnicist Turkists）。他们认为，民族性与祖先遗传下来的血缘关系密切相连。针对这种观点，格卡尔普指出，即使在史前阶段人类也没有血缘的纯正性，战争中对妇女的掳掠、移民和同化使得任何群体都难以保障其血缘的纯正性。民族意识作为一种“社会意识并不是先天形成的。语言、宗教、审美意识以及政治、法律和经济制度都不是与生俱来的，这一切都是通过教育从社会获得的。社会特征不可能通过生物

---

① Ziya Gokalp, “What is a Nation”, Niyazi Berkrs, trans. & ed., *Turkish Nationalism and West Civilization*, *Selected Essays of Ziya Gŏkalp*, Columbia University Press, 1959, pp. 134 – 137.

② Ibid., p. 134.

遗传获得，而只有通过教育才能形成。因此，血缘的纯正性在民族形成的过程中不起任何重要的作用。”①

（3）地缘的土耳其主义者（Geographical Turkists）。他们认为，地理因素在民族形成过程中居于主导地位，民族是生活在特定地理区域内的人们的总和。格卡尔普认为，这种观点同样有着致命的缺陷，因为有着社会和文化意义的民族与特定的地理区域并不总是吻合的。他举例说明在伊朗的地理区域内居住着波斯人、库尔德人和土耳其人，但是“他们在语言和文化上都彼此各不相同，因此很难讲这些群体可以称之为一个民族。”他指出，民族并不总是与特定的地理区域相对应，“有时在相同的地理区域内居住着若干个民族，当然也有一个特定的民族居住在不同的地理区域内的情况”②。格卡尔普在这里对民族与地理区域关系的探讨是非常辩证的，也比较接近世界各民族地理分布的实际状况。

（4）奥斯曼主义者（Ottomanists）。他们相信所有生活在奥斯曼帝国内的人们构成一个民族。格卡尔普认为，这种观点的“严重错误在于片面地认为一个帝国内的所有的人们构成一个单一的民族，因为在帝国这一人类共同体内存在着若干个文化上独立的民族”③。

（5）泛伊斯兰主义者（Pan-Islamists）。他们认为所有穆斯林构成一个单一的民族。格卡尔普指出，这种观点的错误在于混淆了乌玛与民族的含义。“事实上，属于相同宗教信仰的人们我们称之为乌玛。因此所有穆斯林构成一个乌玛，但是民族只是一个语言和文化的共同体，而在其他方面则是可以不同的”④。

（6）个体主义者（Individualists）。他们认为，民族就是个体相信自己属于其中的社会组织，民族是个体根据自己的价值判断所自愿选择的群体。格卡尔普指出，“事实上，人们并没有这种自由与独立性，……每一个体可以通过其价值判断认定自己属于一个民族，但是他的社会情感则都是通过教

---

① Ziya Gokalp, “What is a Nation”, Niyazi Berkrs, trans. & ed., *Turkish Nationalism and West Civilization*, *Selected Essays of Ziya Gŏkalp*, Columbia University Press, 1959, p. 135.

② Ibid. p. 136.

③ Ibid.

④ Ibid.

育而获得的，并因此而与他的民族变得密不可分。……民族对于个体而言是一种外在的客观存在。……民族不是一个象政党一样可以根据个体意志选择加入的自愿性组织。”①

格卡尔普对上述观点的批驳充分显示了一个思想家的博学与思辨能力，在此基础上，格卡尔普得出了自己关于民族的定义：“民族不是种族的、族群的、地理的、政治的或者自愿结成的群体。民族是由接受共同教育，在语言、宗教、道德、审美等方面接受相同的知识财富的群体。民族并不是只希望与那些在血管里流淌着相同血液的人生活在一起的人们，而是希望与那些分享共同语言与信仰的人生活在一起的人们。我们的人类个性不在于生理机体而在于我们的思想和灵魂。……将血缘作为民族的基础是荒谬的。只有共同分享的教育和理想对于我们的民族性（nationality）才是本质的。”②

反对普世主义和帝国传统，倡导土耳其民族主义

格卡尔普认为，当时在奥斯曼帝国内存在着几种主要的政治思想，奥斯曼主义（Ottomanism）、伊斯兰主义（Islamism）和土耳其主义（Turkism）之间的争论造成了土耳其政治思想的混乱。他认为，只有土耳其民族主义才是现代土耳其意识形态的正确选择。

1. **反对奥斯曼主义**。格卡尔普认为，奥斯曼主义是伴随帝国晚期现代化改革运动产生的一种力图维系帝国统治的政治思想，它是落后的，也是有害的。“当现代化运动开始后，‘坦齐马特’改革的支持者们相信在由若干个民族和宗教群体组成的现有‘民族’的基础上创造一个民族是可能的。因此，他们试图给予民族一种不含任何民族性色彩的新的

---

① Ziya Gokalp, “What is a Nation”, Niyazi Berkrs, trans. & ed. , *Turkish Nationalism and West Civilization*, *Selected Essays of Ziya Gŏkalp*, Columbia University Press, 1959, p. 136.

② Ibid.

含义，并使用了有着特定历史含义的古老术语‘奥斯曼’。……发明这一新概念不仅是无效的，而且是有害的，因为它对国家和民族尤其是土耳其人自身造成了极其有害的后果”①。格卡尔普认为，奥斯曼主义者的错误在于简单和盲目地效仿西方，认为只要按照欧洲的国家体制进行改革就可以挽救奥斯曼帝国，并且错误地相信奥斯曼帝国内的人民可以构成一个民族。

格卡尔普认为，奥斯曼主义已经落后于时代潮流，因为“今天的西方和东方都明确无误地证明我们的时代是‘民族的时代’（Age of Nations）。最能够影响这个时代的思想就是民族主义思想，国家必须以民族意识作为其统治的基础，忽视了这一重要社会因素的国家将注定失败。……在民族主义情感影响下的人民只能接受民族主义者的统治”②。但是，奥斯曼主义者无视帝国内各民族民族意识的觉醒，幻想把拥有民族特性的各民族捏合成一个“奥斯曼民族”，并维系一个行将崩溃的普世性帝国，这也正是造成土耳其国家在政治和经济上落后于世界尤其是西方的根本原因所在。

格卡尔普进一步指出，如果土耳其人继续无视民族主义的世界潮流，对自身和其他民族都是非常有害的：“土耳其人对民族主义思想的回避不仅对于国家是有害的，并将激起各民族的愤怒，而且对于土耳其人自身的伤害更是致命的。”③ 格卡尔普认为，只有具有强烈的民族意识，建立民族政府，才能实现民族经济的强大，才能实现民族和国家的振兴。他明确指出，“政府效率低下的主要原因在于土耳其人没有形成一个经济（商业的和工业的）阶层”，“由于土耳其人民族主义思想的或缺导致土耳其人民族经济的匮乏，同时也构成了土耳其民族语言发展和民族艺术模式形成的最大障碍。”④ 格卡尔普把对奥斯曼主义的批判和对民族主义的呼唤与土耳其民族经济、民族文化的发展联系在一起加以考虑，在某种程度上发现了民族主义通过民族国

① Ziya Gökalp, “There Currents of Thoughts”, in Niyazi Berkrs, trans. & ed., *Turkish Nationalism and West Civilization*, *Selected Essays of Ziya Gökalp*, Columbia University Press, 1959, p. 72.

② Ibid.

③ Ibid.

④ Ibid. p. 73.

家建构实现民族现代化的巨大作用，以及民族主义在国家现代化进程中蕴藏的巨大能量。

2. **反对伊斯兰主义**。格卡尔普对伊斯兰主义的批判是从区分文明的普世性和民族性开始入手的。他并不否认宗教在人类文明发展进程中的作用，并指出，“道德、法律、文学、科学和哲学作为独立的分支都是从宗教中发展而来的”，“文明的规则、原则及其规律的知识和科学基础也都发源于宗教”①。宗教共同体曾经作为人类的群体组织而存在，其典型的特征是普世主义。但是宗教只能作为人类文明的单位，而不能作为人类社会的单位，人类社会的单位只能是民族。尼亚兹·伯克斯对其思想进行了如下总结：“对于格卡尔普而言，社会进程只能从民族的历史发展即从原始社会向现代西方文明演进的过程中发现，在这种社会进化过程中，每个社会都形成了特定的文化。……社会只能由不同的种类构成的。相似种类文明的相互依存、相互联系导致了‘文明圈’（Civilization circles）的产生。但是对于格卡尔普而言，这些只是‘共同体’而不是社会。……它们只是虚弱而松散的形式，因为它们缺乏共同的文化价值纽带。”②

格卡尔普还指出，普世主义共同体存在的时间和地域都是非常有限的：“普世主义情感在人类早期阶段就占据主导地位的说法是不真实的。普世主义真正占据主导地位的时期是欧洲的中世纪时代。但是如果我们分析一下，我们会发现中世纪时期的普世之爱和团结仅仅局限在欧洲的基督教群体。”③

格卡尔普认为，伊斯兰教构成了一种文明单位，但并不是一种社会单位，在伊斯兰文明内仍然存在着拥有各自文化特征的民族，如阿拉伯人、土耳其人、库尔德人等。他仔细分析了土耳其人与伊斯兰文明的关系：“当土

① Ziya Gŏkalp, “There Currents of Thoughts”, in Niyazi Berkrs, trans. & ed., *Turkish Nationalism and West Civilization*, *Selected Essays of Ziya Gŏkalp*, Columbia University Press, 1959, p. 74.

② Niyazi Berkrs, trans. & ed., *Turkish Nationalism and West Civilization*, *Selected Essays of Ziya Gŏkalp*, Columbia University Press, 1959, introduction, p. 25.

③ Ziya Gŏkalp, “There Currents of Thoughts”, in Niyazi Berkrs, trans. & ed., *Turkish Nationalism and West Civilization*, *Selected Essays of Ziya Gŏkalp*, Columbia University Press, 1959, pp. 74 – 75.

耳其人作为一个民族群体融入了伊斯兰文明，土耳其语言及其文化随着阿拉伯语拼写和术语的引进而具有了伊斯兰的特征。”对于二者的关系，他指出，土耳其代表的是民族性（nationality），而伊斯兰教代表的是普世性（internationality）。① 从宗教文明的角度来看，土耳其人属于伊斯兰教的乌玛，但是土耳其人首先应该是“土耳其民族”：“我们是土耳其人，我们应该更多地用土耳其语言表述的价值观及其术语说明我们的起源与个性，表达我们的道德、法律乃至宗教和哲学。”②

格卡尔普认为，作为一种普世的共同体，伊斯兰教的宗教共同体“乌玛”已经落后于现代民族主义的潮流。“伊斯兰主义者的错误在于没有看到民族鲜明区别于神学乌玛的现实，他们固执地坚持恢复沙里亚法。”“但是，土耳其人作为一个民族必须使他们自己与现代的、世俗的西方文明相适应，因为他们过去的文明既不能与世俗化相适应，也不能与现代民族相适应。”“土耳其的动荡也恰恰在于它正处在从神学文明（乌玛）向一个过去一无所知的以现代民族为基础的文明转变的过程中。”③

3. **倡导土耳其民族主义**。格卡尔普对奥斯曼主义和伊斯兰主义进行批判的最终目的在于倡导土耳其民族主义。尼亚兹·伯克斯对此给予了高度的评价：“格卡尔普的全部思想都围绕对‘民族’的理解而展开，而这也正构成了他对土耳其思想的主要贡献。”“格卡尔普给予土耳其人以新的界定，而且成功地超越了他的前人和同时代的人。他倾其所能地清除和涤荡民族概念的神学含义。他满怀使命感地证明蒙昧的土耳其人在那个时代习惯于把自己的身份界定为奥斯曼民族或穆斯林成员，并且将民族与其他两个社会共同体相混淆，一个是作为普世性宗教共同体的乌玛，一个是由若干个民族和宗

---

① Ziya Gŏkalp, "There Currents of Thoughts", in Niyazi Berkrs, trans. & ed., *Turkish Nationalism and West Civilization*, *Selected Essays of Ziya Gŏkalp*, Columbia University Press, p. 75.

② Ziya Gŏkalp, "Historical Materialism and Sociological Idealism", in Niyazi Berkrs, trans. & ed., *Turkish Nationalism and West Civilization*, *Selected Essays of Ziya Gŏkalp*, Columbia University Press, 1959, p. 63.

③ Niyazi Berkrs, trans. & ed., *Turkish Nationalism and West Civilization*, *Selected Essays of Ziya Gŏkalp*, Columbia University Press, 1959, introduction, pp. 26 – 27.

教团体组成的政治组织。"①

在格卡尔普看来，现代民族作为一种新型的社会组织形式，其形成既不取决于种族和部族统一，也不是在政治、宗教和文明方面徒具象征性的组织。现代民族是有一整套文化价值观的独特共同体，是一个以有机团结（organic solidarity）、劳动分工（division of labour）和职能分化（functional differentiation）为基础的社会，同时也是一个向世俗化（secularization）和民主化（democratization）发展的过程。② 格卡尔普把经济发展、世俗化、民主化等现代化内容纳入民族的内涵之中，体现了西方自由民族主义和启蒙思想的影响。格卡尔普还特别强调文化对于现代民族的重要性。他认为，"只有文化才是充满活力的，并且能够为民族生活提供凝聚力和指导方向"，③体现了德意志浪漫文化民族主义的思想痕迹。

格卡尔普认为，奥斯曼主义和伊斯兰主义最根本的错误在于它们背离了土耳其的社会现实及其发展趋势。伊斯兰主义的"乌玛"是指信仰同一宗教的人们，它可以包含若干个民族，乌玛与民族的关系是整体与部分的关系，因此乌玛不能等同于民族。奥斯曼主义把"民族"概念与奥斯曼帝国的国民等同起来，并不是真正意义上的民族。它们都背离了土耳其人目前的现实，"我们必须使我们的概念与现实相适应，而不是要求事实与概念相适应"④。

格卡尔普具体区分了乌玛、奥斯曼和土耳其民族的关系，并且提出了两个祖国的概念即"乌玛的祖国"（homeland of Ummet）和"民族的祖国"（homeland of nation），而奥斯曼在范围上处于这两个祖国之间。"事实上，伊斯兰祖国是所有穆斯林钟爱的土地。另一个祖国是民族的家园，对于土耳其人而言，我们称之为'突兰'（Turan）。奥斯曼国家是依然保持独立的伊斯兰王国的一部分，其中一部分是土耳其人的家园即突兰，其他部分是阿拉

---

① Niyazi Berkrs, trans. & ed., *Turkish Nationalism and West Civilization*, *Selected Essays of Ziya Gǒkalp*, Columbia University Press, 1959, introduction, p. 24.

② Ibid. p. 25.

③ Ibid.

④ Ziya Gǒkalp, "Nation and Fatherland", in Niyazi Berkrs, trans. & ed., *Turkish Nationalism and West Civilization*, *Selected Essays of Ziya Gǒkalp*, Columbia University Press, 1959, p. 77.

伯国家，它们同时也是一个更大的阿拉伯祖国的一部分。事实上，土耳其人对他们的家园突兰有着特别的爱。"① 由此可见，格卡尔普对于伊斯兰、奥斯曼、土耳其民族三者关系的区分是非常准确的，同时也为他提出土耳其民族主义奠定了学理基础。

格卡尔普指出，土耳其人在政治思想上面临着选择，而唯一正确的选择就是土耳其民族主义。"一种思想在本质上是对业已存在的社会团体的现实反映。太阳的光线如果不集中于一个焦点就无法燃烧。与此相似，一个群体如果不达到社会燃烧（social combustion）的程度，就无法产生其成员为之献身的精神。"② 但是，奥斯曼主义和伊斯兰主义作为一种政治认同都已经无法聚合土耳其人的身份意识，而在土耳其依然存在的家族与村落意识则更为狭隘。他认为，在当时的土耳其，"团结、爱国主义、英雄主义的概念都是在家族、村落和城镇范围内的界定。乌玛思想过于宽泛，而家族思想又过于狭隘，土耳其人的心灵对于以牺牲精神和利他主义为基础的集体道德感仍然陌生。在经济、宗教和政治机构上随处可见的分散是我们国家体制的必然结果"③。

格卡尔普认为，要形成土耳其社会的凝聚力，必须确立一种新的政治认同，伊斯兰主义和奥斯曼主义都无法完成这一历史使命，而"语言群体即民族群体最有能力承担这一功能"。他从三个方面论证了民族认同的优越性：首先，使用共同语言的民族有助于形成共同的民族市场；其次，语言相通的民族有助于形成共同的意识、共同的希望、同质性的情感和智力水平；第三，同一民族有助于建立共同的军事设施和人民主权（sovereignty of the people）。他的上述思想进一步延伸就是以民族为基础建立现代国家。他认

① Ziya Gŏkalp, "Nation and Fatherland", in Niyazi Berkrs, trans. & ed., *Turkish Nationalism and West Civilization*, *Selected Essays of Ziya Gŏkalp*, Columbia University Press, 1959, pp. 78 – 79.

② Ziya Gŏkalp, "The Ideal of Nationalism", in Niyazi Berkrs, trans. & ed., *Turkish Nationalism and West Civilization*, *Selected Essays of Ziya Gŏkalp*, Columbia University Press, 1959, p. 79.

③ Ziya Gŏkalp, "Nation and Fatherland", in Niyazi Berkrs, trans. & ed., *Turkish Nationalism and West Civilization*, *Selected Essays of Ziya Gŏkalp*, Columbia University Press, 1959, pp. 77 – 78.

为，各民族最理想的家园应该是自己的祖国，“一个民族的祖国并不是一个人人都仅仅依靠其生存的公共厨房（public kitchen）”，而应该是全民族珍爱效忠的对象，“一个国家和祖国的制度只有以民族理想为基础才能确保其持久性”①。

格卡尔普认为，土耳其主义作为一种民族意识已经蕴藏在土耳其人民的历史和生活之中，但是尚处在一种“无意识”状态，其原因就在于传统的“宗教文化”（religious culture）和“西方主义的坦齐马特文化”（the westernist Tanzimat culture）之间存在着难以协调的矛盾，造成了土耳其人思想混乱和民族意识薄弱。因为伊斯兰文化是一种传统的普世主义的东方文化，而坦齐马特文化是一种全盘的欧化主义和西化主义，它们都无法作为土耳其民族文化的根基。因此，“土耳其主义将作为民族文化取代乌玛文化和坦齐马特文化。土耳其主义是土耳其人的正确意识和正确思想。正确的意识意味着避免我们在价值判断上的错误；正确的思想则意味着我们对现实判断的准确性”②。

在格卡尔普看来，奥斯曼主义和伊斯兰主义必将失败，因为无论是奥斯曼帝国，还是伊斯兰乌玛，它们作为一种共同体都无法保持其持久性，因此也无法形成一个完整的社会。从奥斯曼主义的命运来看，“被统治的民族在帝国共同体的统治下只能暂时忘记他们的民族认同（national identity）。他们注定要从被奴役的沉睡中苏醒并要求文化独立和政治主权。这一进程在五世纪以前已经在欧洲开始。尚未进入这一进程的奥地利帝国、俄罗斯帝国和奥斯曼帝国都将象已经解体的帝国一样走向瓦解”③。伊斯兰文化尽管可以继续维持其存在，但是必须作为民族文化的一部分而存在。在这里，格卡尔普确实比较准确地洞察到了帝国纷纷解体，民族国家日益兴起的历史潮流，同时这也正是他主张土耳其人应该选择土耳其民族主义的原因之一。而对于

---

① Ziya Gŏkalp, "The Ideal of Nationalism", in Niyazi Berkrs, trans. & ed., *Turkish Nationalism and West Civilization*, *Selected Essays of Ziya Gŏkalp*, Columbia University Press, 1959, pp. 80 - 81.

② Ziya Gŏkalp, "What is Turkism? -A Recapitulation", in Niyazi Berkrs, trans. & ed., *Turkish Nationalism and West Civilization*, *Selected Essays of Ziya Gŏkalp*, Columbia University Press, 1959, p. 287.

③ Ibid., p. 289.

伊斯兰教应该成为民族文化一部分的看法，则体现了格卡尔主张宗教认同服从民族认同的思想，这与后来土耳其政治家凯末尔的民族主义思想不谋而合。

在主张把土耳其主义作为土耳其民族意识形态选择的同时，格卡尔普还系统地提出了建构土耳其主义的具体方案，并从语言、文学、音乐、宗教、道德、法律、政治、经济等各个方面进行了系统的论证，① 其思想宗旨是实现社会各领域的民族化与现代化。在他所设计的政治方案中，他明确指出，土耳其主义将不与僧侣主义（clericalism）和神权政治作任何妥协，宣称土耳其民族主义运动是一场彻底的世俗主义运动，其目标就是建立现代的世俗民族国家。

格卡尔普明确表达了对土耳其民族运动领导人凯末尔的支持态度，认为凯末尔领导的人民党（People's Party）“已经实现了人民主权，即代表我们的人民——土耳其民族的土耳其国家”，并将“把我们的国家从外国入侵中拯救出来”，他们构成了“民众主义”（populism）的代表，“在未来，民众主义将与土耳其主义携手前进并最终实现我们的民族理想”。②

由此可见，格卡尔普土耳其民族主义的最高理想就是通过土耳其政治、经济、法律、道德、语言、文学、艺术、宗教和哲学的民族化，摆脱外国侵略，获得民族独立，最终建立世俗的现代民族国家，实现土耳其的伟大民族复兴和现代化。

---

① Ziya Gŏkalp, “The Turkist Programme”, in Niyazi Berkrs, trans. and ed., *Turkish Nationalism and West Civilization*, *Selected Essays of Ziya Gŏkalp*, Columbia University Press, 1959, pp. 290 – 313.

② Ibid. pp. 305 – 306.

专题23

从阿拉伯民族主义到巴勒斯坦民族主义*

——20世纪上半叶巴勒斯坦地区民族主义[①]的发展与转型

【摘要】实现从阿拉伯民族主义向巴勒斯坦民族主义的缓慢转型是20世纪上半叶巴勒斯坦地区民族主义发展的典型特征。这一转型分为三个阶段：19世纪末至20世纪20年代，巴勒斯坦民族主义体现为泛阿拉伯民族主义与叙利亚民族主义的复合体；20世纪20年代是巴勒斯坦民族主义萌芽的时期，它逐步放弃了与叙利亚统一的目标，并召开了四次巴勒斯坦大会；20世纪30年代至二战结束，巴勒斯坦民族主义最终形成，其突出标志是1936~1939年的反英民族大起义。巴勒斯坦民族主义的形成对于巴勒斯坦确立民族认同、进行社会动员、追求民族解放发挥了重要作用，但是巴民族主义的内部矛盾、民众基础薄弱、缺乏足够独立性等历史局限性也对巴勒斯

* 原载《西亚非洲》2011年第7期。

① 本文中的“巴勒斯坦地区民族主义”指巴勒斯坦阿拉伯人的民族主义，不包括犹太复国主义。之所以使用这一术语，原因在于巴勒斯坦地区阿拉伯人的民族主义十分复杂，在形态上包括泛阿拉伯民族主义、大叙利亚民族主义、巴勒斯坦民族主义三种形式。

坦民族独立运动产生了十分消极的影响。

巴勒斯坦问题作为中东问题的核心，从本质上讲是巴勒斯坦阿拉伯民族和犹太民族争夺生存空间的冲突。在此过程中，民族主义构成了双方追求民族独立，建立民族国家的意识形态支撑。但是，犹太复国主义在巴勒斯坦建立犹太国家的目标相对较为明确，并早于巴勒斯坦阿拉伯人实现了建国目标。而二战前巴勒斯坦阿拉伯人的民族主义则十分复杂，其民族主义突出表现为三种形态，一种是泛阿拉伯民族主义，其主要特点是将巴勒斯坦问题与阿拉伯统一相联系，视巴勒斯坦为统一的阿拉伯民族领土的一部分；另一种是巴勒斯坦民族主义，其目标是建立独立的巴勒斯坦民族国家；介于中间的另一种形式是地区阿拉伯民族主义，突出表现为“大叙利亚主义”，它将巴勒斯坦视为“大叙利亚”（包括现今叙利亚、黎巴嫩、约旦、巴勒斯坦）的一部分，追求巴勒斯坦与叙利亚的政治统一。

从19世纪末至二战结束，从阿拉伯民族主义转向巴勒斯坦民族主义，是巴勒斯坦地区民族主义发生的重要转型，这种转型为巴勒斯坦确立民族认同、地域认同和独立建国的政治目标发挥了重要作用。但是，这种转型并不彻底，受巴民族主义自身历史局限性，以及战后泛阿拉伯民族主义迅猛发展等因素的影响，巴勒斯坦地区的民族主义再度转向泛阿拉伯民族主义，使得巴勒斯坦问题的泛阿拉伯性质再度强化，直至阿拉法特领导建立“巴勒斯坦民族解放组织”，巴民族主义才日趋走向成熟，并确立了独立建国的政治目标。受篇幅所限，本文主要探讨战前巴勒斯坦地区民族主义从阿拉伯民族主义向巴勒斯坦民族主义转型过程，并分析其历史局限性，以增强对巴勒斯坦问题复杂性的认识。

早期巴勒斯坦地区的民族主义（19世纪末—1920年）

自637年阿拉伯帝国征服巴勒斯坦后，无论是在阿拉伯帝国，还是在奥斯曼帝国统治期间，它一直没有取得独立的行政区划地位，而是隶属于由现今叙利亚、黎巴嫩、约旦、巴勒斯坦组成的大叙利亚地区。这一时期巴社会组织主要为两大部落的家族统治，直至19世纪中期还曾发生过大规模的部落冲突。① 直到20世纪初，阿拉伯人一直是巴勒斯坦的主体民族，他们占人口总数的90%以上。不过，这时的巴勒斯坦人一直作为阿拉伯民族的一部分而存在，还没有确立巴勒斯坦的地域认同。②

从19世纪末到一战结束前，巴勒斯坦地区的民族主义一直以阿拉伯民族主义为主，但是已经出现了巴勒斯坦民族主义的萌芽与发育。早期阿拉伯民族主义的产生与奥斯曼帝国晚期的"青年土耳其党"有密切关系。该组织的纲领是反对奥斯曼苏丹的专制统治，建立君主立宪政府。③ 1908年7月，青年土耳其党人发动起义并发表声明，宣布恢复1876年宪法，奥斯曼苏丹被迫宣布恢复宪法和议会选举。许多早期的阿拉伯民族主义者都参加了"青年土耳其党"的政治斗争，期望在分权体制下获得阿拉伯人和土耳其人平等的地位。巴勒斯坦地区也有一批阿拉伯民族主义者加入了青年土耳其党，并在巴勒斯坦地区建立了分支机构。④

1908年9月，青年土耳其党中的阿拉伯人成立了"奥斯曼阿拉伯友好协会"，该组织从泛伊斯兰主义和泛奥斯曼主义出发，承认阿拉伯人为奥斯曼民族的一部分，期待通过与青年土耳其党的合作改善阿拉伯人的地位，但尚未涉及自治权和自治问题。⑤ 由此可见，当时的阿拉伯民族主义尚未形成明确的民族认同，也缺乏通过民族自决建立统一的阿拉伯民族国家的政治目标。

青年土耳其党人的意识形态是一种泛民族主义，即泛奥斯曼主义、泛突厥主义和泛伊斯兰主义的混合体，并在实践上继续推行对包括阿拉伯民族在内的非土耳其民族的歧视与压迫政策，最终导致了"阿拉伯人对青年土耳

---

① Pamala Ann Smith, *Palestine and Palestinians, 1876 - 1983*, Croom Helm: St. Martin's Press, 1984, p. 8.

② 杨辉："试论巴勒斯坦民族构建问题——本土与流亡民族主义的磨合与分歧"，《西亚非洲》2006年第9期，第20页。

③ 彭树智主编：《阿拉伯国家史》，北京：高等教育出版社2002年版，第262页。

④ Muhammad Y. Muslih, *The Origins of Palestinian Nationalism*, New York: Columbia University Press, 1988, p. 2.

⑤ 同上，第264页。

其党人希望的破灭”，[①] 包括巴民族主义者在内的阿拉伯民族主义者开始在思想上和组织上同青年土耳其党人决裂，并建立了一系列团体组织，主要包括“阿拉伯祖国联盟”（1904）、“阿拉伯联盟”（1909）、“文学俱乐部”（1909）、“盖哈唐协会”（1909，其名称源于阿拉伯祖先“盖哈唐”）、“青年阿拉伯协会”（1911）、“奥斯曼分权党”（1912）[②]，开始倡导阿拉伯民族主义，并确立了建立统一的阿拉伯民族国家的目标。在青年阿拉伯协会的创建过程中，来自巴勒斯坦的阿瓦尼·阿布杜·哈迪和拉菲克·塔米米发挥了重要的作用。1916年，巴勒斯坦阿拉伯民族主义者穆罕默德·伊扎特·达尔瓦扎参加了青年阿拉伯协会，并在1919~1920年任总书记。1913年7月，阿拉伯人大会在巴黎召开，巴勒斯坦著名的律师、青年阿拉伯协会的创建人阿瓦尼·阿布杜·哈迪参加此次大会，成为巴勒斯坦人参与早期阿拉伯民族主义运动的先驱。[③]

伴随阿拉伯民族主义与青年土耳其党的分道扬镳，尤其是一战前后犹太复国主义的迅速发展，巴勒斯坦地区也出现了许多阿拉伯民族主义组织，主要包括穆斯林—基督教徒协会、阿拉伯俱乐部、巴勒斯坦协会、巴勒斯坦青年协会、绿旗社、奥斯曼分权社、阿拉伯议会团体等组织。[④] 从民族认同和政治主张的角度看，当时巴勒斯坦地区的民族主义尚未形成独立的巴勒斯坦认同，也未形成建立巴勒斯坦国家的政治目标，其思想内容既有泛阿拉伯民族主义的成分，也有叙利亚民族主义（地方阿拉伯民族主义）。它一方面主张泛阿拉伯民族主义，强调阿拉伯民族主义的要素是阿拉伯语言、阿拉伯祖国、共同的阿拉伯历史和共同的阿拉伯利益；另一方面又声称：“巴勒斯坦是阿拉伯叙利亚的一部分”“巴勒斯坦与叙利亚在

---

① ［英］理查德·艾伦：《阿拉伯—以色列冲突的背景——帝国主义和民族主义在肥沃的新月地带》，义玮生等译，北京：商务印书馆1981年版，第151页。

② 详见彭树智主编：《阿拉伯国家史》，北京：高等教育出版社2002年版，第265~266页。

③ Muhammad Y. Muslih, *The Origins of Palestinian Nationalism*, New York: Columbia University Press, 1988, p. 148.

④ 杨辉：“试论巴勒斯坦民族构建问题——本土与流亡民族主义的磨合与分歧”，《西亚非洲》2006年第9期，第20页。

民族、宗教、语言、精神、经济和地理上存在着不可分割的联系。"① 由此可见，早期的巴勒斯坦民族主义在思想上是阿拉伯民族主义与叙利亚民族主义的混合体。

第一次世界大战爆发后，为拉拢阿拉伯加入同盟国抗击奥斯曼土耳其帝国，英国驻埃及高级专员亨利·麦克马洪在1915年7月~1916年1月期间与麦加谢里夫侯赛因·伊本·阿里亲王秘密交换了10封信件，即著名的"麦克马洪信件"，假意许诺战后在"奥斯曼帝国亚洲阿拉伯属地"建立"一个或数个阿拉伯国家。"1916年10月，侯赛因宣布建立独立的阿拉伯王国，巴勒斯坦地区被包括在内。但是，麦克马洪以黎巴嫩和叙利亚西部地区并非"纯粹的阿拉伯地区"为由，拒绝将巴勒斯坦划归阿拉伯领土。② 1916年3月，英、法、俄三国秘密达成了《塞克斯—皮科协定》，将巴勒斯坦地区划为国际共管区域；1917年11月，英国发表《贝尔福宣言》支持犹太复国运动，并迅速攻占耶路撒冷，巴勒斯坦地区开始处于英国的军事统治之下；1922年国际联盟宣布将巴勒斯坦交由英国实施委任统治。

在此过程中，早期巴勒斯坦地区的民族主义者在实践上主要参与了麦加谢里夫侯赛因·伊本·阿里家族的政治活动，尤其是支持侯赛因之子费萨尔统一叙利亚的政治活动。1918年9月，费萨尔率军占领大马士革，建立隶属于英国远征军最高司令部的军政府。对此，巴勒斯坦地区的民族主义组织均予以支持。

巴民族主义组织"文学俱乐部"积极从事反对英国和犹太复国主义的活动，提出了"我们为阿拉伯而生，也为阿拉伯而死"的口号，要求巴勒斯坦与叙利亚统一。在1919~1920年间，它积极在巴勒斯坦宣传阿拉伯统一的思想，并在穆斯林和基督徒中发起反犹太复国主义运动，大大提高了费

---

① Yehoshua Porath, *The Emergence of the Palestinian Arab National Movement*: *1918-1929*, London: Frank Cass: 1974, pp. 181-182.

② 殷罡主编:《阿以冲突——问题与出路》，北京：国际文化出版公司2002年版，第174~175页；徐向群、宫少朋主编：《中东和谈史：1913~1995》，北京：中国社会科学出版社1998年版，第8页。

萨尔在巴勒斯坦的支持率。[①] 成立于1918年、由哈吉·阿明·侯赛尼任主席的阿拉伯俱乐部，也主张叙巴统一，反对犹太复国主义，但该组织具有明显亲英的色彩。文学俱乐部和阿拉伯俱乐部于1919年元月在耶路撒冷举行了第一届巴勒斯坦阿拉伯人大会，通过了赞成叙利亚和巴勒斯坦统一的决议。半年后，第一届叙利亚大会在大马士革举行，大会决议要求包括巴勒斯坦在内的地理意义上的叙利亚完全独立，建立君主立宪政府；反对《塞克斯—皮克协议》和《贝尔福宣言》；反对托管体制等。[②]

1918年成立的"穆斯林与基督徒协会"的情况相对较为复杂。它虽然也反对犹太复国主义和英国军政府的亲犹政策，但在斗争策略上相对比较温和，并尽量避免与英国军事当局发生公开的冲突。值得注意的是，该协会是较早主张巴勒斯坦独立的组织，但迫于1919~1920年要求叙巴统一思潮的强大压力，开始向阿拉伯民族主义者靠拢，并公开承认巴勒斯坦为阿拉伯叙利亚的一部分。[③] 1919年3月，穆斯林与基督徒协会甚至授权费萨尔在巴黎和会上代表巴勒斯坦，并保卫巴勒斯坦的利益。[④]

在1919年"金—克兰委员会"[⑤] 在巴勒斯坦调查期间，上述组织均表达了赞成叙巴统一的政治意愿，并发起了一系列活动。例如，文学俱乐部和阿拉伯俱乐部组织了支持统一的请愿活动和反对犹太复国主义的示威游

---

① Muhammad Y. Muslih, *The Origins of Palestinian Nationalism*, New York: Columbia University Press, 1988, p. 162.

② Muhammad Y. Muslih, *The Origins of Palestinian Nationalism*, New York: Columbia University Press, 1988, p. 128.

③ Yehoshua Porath, *The Emergence of the Palestinian Arab National Movement: 1918–1929*, London: Frank Cass: 1974, p. 90.

④ 马学清：《巴勒斯坦民族主义运动的形成及巴勒斯坦民族认同的演变》，西安：西北大学2001年硕士学位论文，第16页。

⑤ 美国总统威尔逊在1919年巴黎和会上提出了建立包括阿拉伯人和犹太人的"独立的巴勒斯坦国家"的建议，同时主张应当派一个协约国联合委员会到叙利亚和巴勒斯坦进行调查。最高委员会采纳了威尔逊总统的建议，但遭到了英法两国的抵制，只派出了由美国人亨利·C·金和查尔斯·R·克兰到中东进行调查，因此该委员会被称为"金—克兰委员会"。

行。[1] 穆斯林与基督徒协会向“金一克兰委员会”呈交了请愿书，其核心思想是主张巴勒斯坦与叙利亚的统一，但享有一定的自治权。[2] 其具体主张包括：第一，巴勒斯坦是叙利亚的一部分，其托管权的问题应由叙利亚大会决定；第二，巴勒斯坦阿拉伯人反对犹太移民和把巴勒斯坦变成犹太民族家园的企图；第三，巴勒斯坦阿拉伯人坚持完全独立。[3]

巴勒斯坦各民族主义组织还试图通过联合斗争支持叙利亚统一。1919年11月，巴民族主义组织的全国大会在海法举行，试图建立联合阵线，但由于耶路撒冷和雅法的穆斯林和基督徒协会的缺席而未果。但会议建立了“巴勒斯坦协会最高委员会”，它作为主张大叙利亚统一的组织协调机构，积极支持费萨尔的叙利亚统一活动。[4] 在费萨尔政府和军队中，有不少巴勒斯坦人担任政治和军事要职。[5]

1920年3月，叙利亚大会选举费萨尔为叙利亚国王，巴民族主义组织和民众对此予以积极支持，并在巴勒斯坦各城市举行游行示威活动。游行队伍高喊“巴勒斯坦是我们的土地，犹太人是我们的狗”[6]，并与犹太人发生了暴力冲突。[7] 在此前后，巴勒斯坦知识界还创立了《南叙利亚》等报纸，

---

① 马学清：《巴勒斯坦民族主义运动的形成及巴勒斯坦民族认同的演变》，西安：西北大学2001年硕士学位论文，第15页。

② 请愿书要求：(1) 北从陶鲁斯山脉，东至幼发拉底河、西临地中海、南达红海在内的叙利亚实现完全独立；(2) 巴勒斯坦包括在上述的范围中，但是享有内部事务的自主权，而且统治者将从本地居民中选举产生，并拥有独立的立法权；(3) 坚决反对犹太民族之家和犹太复国主义移民，但是承认本地犹太人在各项事务上拥有平等的权利。Yehoshua Porath, *The Emergence of the Palestinian Arab National Movement: 1918 – 1929*, London: Frank Cass: 1974, p. 90.

③ Muhammad Y. Muslih, *The Origins of Palestinian Nationalism*, New York: Columbia University Press, 1988, p. 195.

④ Yehoshua Porath, *The Emergence of the Palestinian Arab National Movement: 1918 – 1929*, London: Frank Cass: 1974, p. 94.

⑤ Muhammad Y. Muslih, *The Origins of Palestinian Nationalism*, New York: Columbia University Press, 1988, p. 119.

⑥ Yehoshua Porath, *The Emergence of the Palestinian Arab National Movement: 1918 – 1929*, London: Frank Cass: 1974, p. 97.

⑦ 李平民：《英国的分而治之与阿以冲突的根源》，上海：上海社会科学院出版社2000年版，第15页。

在舆论上支持巴勒斯坦与叙利亚的统一。有人在《南叙利亚》报撰文指出："我们是南叙利亚的居民，我们不希望分开，我们希望有一个独立的叙利亚，我们反对犹太复国主义移民。"①

但是，随着英法对中东的瓜分，巴勒斯坦与叙利亚统一的梦想很快便被粉碎。1920 年 4 月，协约国召开了圣雷莫（San Remo）会议，签订了《圣雷莫协定》，决定将叙利亚和黎巴嫩交给法国托管，把巴勒斯坦和伊拉克交给英国托管。② 上述规定在 1920 年协约国与战败国签订的《色佛尔条约》中得到进一步确认，由此确定了英法在中东的委任统治。法国旋即占领大马士革，费萨尔逃亡伊拉克，并建立了受英国控制的傀儡政权。

巴勒斯坦与叙利亚统一的政治理想的破灭，不仅与英法殖民主义"分而治之"的政策密切相关，而且与侯赛因家族为代表的阿拉伯民族主义的软弱性密切相关。例如，早在 1919 年 3 月，在费萨尔与犹太复国主义领导人哈伊姆·魏兹曼在伦敦签署的协议中，就同意在巴黎和会后"划定未来阿拉伯国和巴勒斯坦的明确边界"，同意"采取一切必要的措施鼓励犹太人大规模移居巴勒斯坦"。③"这一协议实际上是准备建立一个以大马士革为中心的大阿拉伯王国的费萨尔，在完全忽视巴勒斯坦当地阿拉伯人愿望的情况下，单方面代表阿拉伯世界对《贝尔福宣言》即犹太人在巴勒斯坦主导地位的赞同。"④

从民族认同的角度看，巴勒斯坦阿拉伯人群体认同的混合性，尤其是泛阿拉伯认同、叙利亚认同的相互交织⑤，是其不切实际地将自身解放的理想寄望于阿拉伯统一或叙利亚统一的根源所在，同时也暴露了早期巴勒斯坦民

---

① James Jankowski and Israel Gershoni, eds., *Rethinking Nationalism in the Arab Middle East*, New York: Columbia University Press, 1997, p. 184.

② 王三义：《英国在中东的委任统治研究》，北京：世界知识出版社 2008 年版，第 45 页。

③ Ruth Lapidoth and Moshe Hirsch, *The Arab-Israel Conflict and its Resolution: Selected Documents*, Netherlands: Martinus Nojhoff Publishers, 1992, p. 21.

④ 殷罡主编：《阿以冲突——问题与出路》，北京：国际文化出版公司 2002 年版，第 176 页。

⑤ James Jankowski and Israel Gershori, eds., *Rethinking Nationalism in the Arab Middle East*, New York: Columbia University Press, 1997, p. 184.

族主义的不成熟性。

巴勒斯坦民族主义的萌芽（20世纪20年代）

叙利亚费萨尔政权的瓦解和英法委任统治的确立，直接导致巴勒斯坦与叙利亚建立统一的大叙利亚政治理想的破灭。法国的“分而治之”政策使叙利亚地区进一步分裂为叙利亚和黎巴嫩两个独立的政治实体；英国在伊拉克建立以费萨尔为国王的傀儡政权，在外约旦建立了以阿布杜拉为国王的哈希姆王国，而巴勒斯坦则处在英国的委任统治之下。英法分治“新月地带”的格局，确立了该地区日后形成叙利亚、黎巴嫩、约旦、伊拉克等民族国家的历史基础，而巴勒斯坦则被永久地与叙利亚分离。在英国的委任统治下，伴随犹太移民与复国运动的迅速发展，犹太人与阿拉伯人争夺巴勒斯坦的民族冲突愈演愈烈，最终酿成了旷日持久的巴以冲突。在20世纪20年代，伴随费萨尔政权瓦解，“巴勒斯坦民族主义逐渐从阿拉伯民族主义中分离出来，把主要精力集中在巴勒斯坦问题上，地域性的色彩更加浓厚，从而完成了从阿拉伯民族主义到巴勒斯坦民族主义的转变”①。

法国占领叙利亚后，活跃于大马士革的巴民族主义者被迫将活动中心转移至巴勒斯坦。巴民族主义组织——文学俱乐部、阿拉伯俱乐部及穆斯林和基督徒协会于1920年7月~9月连续在耶路撒冷举行了三次联席会议，形成了巴民族运动必须与叙利亚分离，把所有精力集中于巴勒斯坦，以对付犹太复国主义运动的共识。② 这标志着以巴勒斯坦阿拉伯人为群体认同、以巴勒斯坦领土为政治诉求的巴民族主义已初步形成。至此，“巴勒斯坦民族主义贵族不再有理由继续为费萨尔奋斗”。因为“费萨尔在统治大马士革之初

---

① 杨辉：《中东国家通史——巴勒斯坦卷》，北京：商务印书馆2002年版，第121~122页。

② Yehoshua Porath，*The Emergence of the Palestinian Arab National Movement：1918－1929*，London：Frank Cass：1974，p. 105.

就急于寻求帮助，甚至不惜牺牲巴勒斯坦人事业”[①]。

1920年11月，由穆斯林与基督徒协会召集的第三次巴勒斯坦阿拉伯人大会在海法召开，巴民族主义组织纷纷与会。此次会议的主题为：建立民族政府；反对犹太民族之家；组织巴勒斯坦阿拉伯民族主义运动。[②] 会议的决议明确提出了“在巴勒斯坦建立一个向代议机构负责的民族政府”的政治目标，同时坚决反对《贝尔福宣言》和犹太复国主义。[③] 大会最后成立了“巴勒斯坦阿拉伯人大会执行委员会”，由大会主席穆萨·卡齐姆·侯赛尼担任主席，阿里夫·帕夏·达贾尼任副主席，执行委员会成为巴勒斯坦民族主义运动最重要的常设组织机构。

阿拉伯人大会的决议表明，巴民族主义建立民族国家的政治目标已经日趋明确，并且将伊拉克和外约旦的独立作为其效仿的模式。但是，应该指出的是，当时的巴民族主义虽然反对犹太复国主义，但并不反对英国的委任统治，相反，“他们天真地希望英国政治文化所代表的正义与公平将最终在巴勒斯坦得以确立”[④]。这在很大程度上反映了巴民族主义的软弱性与局限性。与此同时，尽管巴民族主义确立了建立巴勒斯坦国家的目标，但是它并未因此割断与阿拉伯民族主义的联系，它仍把巴勒斯坦视为一个更大的阿拉伯民族的一部分。担任巴勒斯坦穆斯林最高委员会主席和耶路撒冷大穆夫提的哈吉·阿明·侯赛尼，作为民族主义的重要领导人就曾明确指出，在巴获得独立后，“巴勒斯坦人将承认与其他阿拉伯国家统一的理想”。[⑤] 巴民族主义与阿拉伯民族主义的复杂联系由此可见一斑。

从1921年到1928年间，巴民族主义组织共召开了四次巴勒斯坦人大会。1921年5月，第四次巴勒斯坦人大会于耶路撒冷召开，大会决定派遣

---

① ［以色列］艾兰·佩普：《现代巴勒斯坦史》（第二版），王建等译，上海：上海人民出版社2010年版，第7页。

② Muhammad Y. Muslih, *The Origins of Palestinian Nationalism*, New York: Columbia University Press, 1988, p. 207.

③ Yehoshua Porath, *The Emergence of the Palestinian Arab National Movement: 1918－1929*, London: Frank Cass: 1974, p. 109.

④ Muhammad Y. Muslih, *The Origins of Palestinian Nationalism*, New York: Columbia University Press, 1988, p. 208.

⑤ Ibid., p. 209.

代表团赴伦敦与英国政府谈判。会后，由穆萨·卡齐姆·侯赛尼率领的代表团前往伦敦，向英国提出了如下要求：废除《贝尔福宣言》，成立阿拉伯民族政府；反对犹太移民大量进入巴勒斯坦，反对承认希伯来语为官方语言。巴代表团在伦敦一直滞留至1922年。1922年7月，英国发表了关于巴勒斯坦政策的《丘吉尔白皮书》，要求阿拉伯人必须承认《贝尔福宣言》，并重申麦克马洪信件中许诺的阿拉伯独立地区并不包括巴勒斯坦。① 在此期间，在英国驻巴勒斯坦高级专员赫伯特·塞缪尔的安排下，巴代表团与魏兹曼率领的犹太复国主义代表团进行了谈判，但未取得任何成果。②

1922年7月，国联正式批准英国对巴实施委任统治。在此背景下，第五次巴勒斯坦人大会于1922年8月在纳布卢斯召开。会议在倡议谋求其他阿拉伯国家支持，加强阿拉伯民族团结的同时，宣称“作为巴勒斯坦阿拉伯人民的代表，要利用一切合法的手段为实现国家的独立和阿拉伯人民的团结而继续努力，坚决反对犹太民族家国和犹太移民”。③ 大会确定的一个重要的任务是抵制英国当局颁布巴勒斯坦宪法及立法会议选举。通过努力，巴勒斯坦人成功地抵制了立法会议选举，导致了立法会议选举的失败。④

1923年6月，英国与控制汉志地区⑤的阿拉伯国王侯赛因签订了条约，其主要内容是侯赛因承认英国在巴勒斯坦的托管统治，英国支持建立侯赛因

---

① 马学清：《巴勒斯坦民族主义运动的形成及巴勒斯坦民族认同的演变》，西安：西北大学2001年硕士学位论文，第29页。

② 徐向群、宫少朋主编：《中东和谈史：1913～1995》，北京：中国社会科学出版社1998年版，第15～16页。

③ Yehoshua Porath, *The Emergence of the Palestinian Arab National Movement: 1918－1929*, London: Frank Cass: 1974, p. 111.

④ 马学清：《巴勒斯坦民族主义运动的形成及巴勒斯坦民族认同的演变》，西安：西北大学2001年硕士学位论文，第29页。

⑤ 汉志，又称希贾兹（Hejaz），今沙特阿拉伯西部，北至约旦边境，南至亚西尔地区的沿海地带。汉志地区是伊斯兰教的发祥地，境内有麦加和麦地那两座伊斯兰教圣城。1916年阿拉伯大起义后，哈希姆家族的谢里夫侯赛因建立汉志王国，自称“阿拉伯国王”。英国为争取阿拉伯人反对奥斯曼土耳其帝国的斗争，承认侯赛因为汉志国王。1924年土耳其凯末尔革命后，谢里夫宣布自己是所有穆斯林的哈里发；1924年内志（纳季德，阿拉伯半岛中部）统治者伊本·沙特家族统一了内志和汉志地区，并将侯赛因驱逐出麦加；1932年沙特阿拉伯王国成立，内志地区被正式被并入沙特阿拉伯。

家族建立包括汉志、伊拉克和外约旦在内的阿拉伯联邦。为反对该条约，第六次巴勒斯坦大会于雅法召开，会议的中心议题是迫使侯赛因国王废除该条约。侯赛因家族对巴勒斯坦利益的出卖，导致巴勒斯坦人对泛阿拉伯主义的失望情绪不断增强，进一步推动了巴勒斯坦民族主义的形成。

1928 年 6 月，第七次巴勒斯坦人大会在耶路撒冷召开，大会通过决议要求在巴勒斯坦建立一个代议机构，但对《贝尔福宣言》和托管政府未表示明确反对，也没有明确要求巴勒斯坦独立。[①] 由此可见，巴民族主义者仍然对英国委任统治当局寄予希望，尚未形成明确的建立独立民族国家的政治目标。

巴勒斯坦民族主义的形成（20 世纪 30 年代—二战结束）

自英国对巴勒斯坦实行委任统治，尤其是进入 20 世纪 30 年代后，犹太移民的数量急剧增长。其中 1920 ~ 1929 年有 10 万犹太人移居巴勒斯坦，而整个 30 年代犹太移民总数达 25 万，至 1939 年犹太移民总数已达 44.5 万余人。[②] 伴随犹太移民数量的急剧增加，犹太复国主义建立犹太国家的政治目标日趋明朗，导致阿拉伯人和犹太人的民族冲突加剧。1929 年 8 月，阿拉伯人和犹太人在耶路撒冷发生大规模武装冲突，并蔓延到希伯伦、雅法、海法、萨法德等地，导致双方各有 100 多人死亡，3 名巴勒斯坦领导者被英国委任统治当局判处死刑。[③] 此次冲突直接促进了巴民族主义的进一步发展，并主要表现为民族主义政党的建立和 1936 ~ 1939 年巴勒斯坦大起义。

---

① Yehoshua Porath, *The Emergence of the Palestinian Arab National Movement: 1918 - 1929*, London: Frank Cass: 1974, p. 252.

② Howard M. Sachar, *A History of Israel*, *From the Rise of Zionism to Our Time*, New York: Alfred A. Knopf, 1989, p. 167.

③ Yehoshua Porath, *The Palestinian Arab National Movement: From Riots to Rebellion, 1929 - 1939*, London: Frank Cass: 1977, p. 5.

进入20世纪30年代后，巴勒斯坦新出现了一批民族主义政治组织。主要包括：1931年实现重建的阿拉伯独立党（其前身为1919～1925年间的阿拉伯民族独立运动）；1932年由巴勒斯坦穆斯林成立的青年大会；1934年由拉吉布·纳沙西比领导在雅法成立的民族保卫党；1935年由耶路撒冷市长侯赛因·哈立德领导成立的改革党；1935年由贾马尔·侯塞尼领导成立的巴勒斯坦阿拉伯人党；1935年由阿布杜·拉蒂夫·萨拉赫领导成立的民族集团等政党。[①] 这些组织在反对犹太复国主义运动，要求建立民族政府方面具有共同的目标，但是它们多具有浓厚的家族色彩和派系斗争的特征，部分党派还带有泛阿拉伯色彩，[②] 这种局限性导致巴民族主义政党之间分歧与矛盾严重，尤其表现为“家族联盟以及泛阿拉伯主义与地方民族主义两者之间的意识形态冲突”。[③]

20世纪30年代巴民族主义最重要的实践成果是1936～1939年的阿拉伯起义。1935年12月，巴各党派联合向英国委任统治当局提出了三点政治要求：（1）立即停止犹太移民；（2）禁止把阿拉伯人的土地转移到犹太人手中；（3）在巴勒斯坦建立民族政府。[④] 1936年4月，巴各党派联合成立了巴民族运动的领导机构——“阿拉伯高级委员会”，并宣布举行全国大罢工，直至委任统治当局满足上述要求为止。罢工很快演变阿拉伯人与犹太人的武装冲突，并使整个巴勒斯坦陷入混乱，直至当年10月在沙特国王和伊拉克国王的调解下才告结束。

1936年11月，英国政府派罗伯特·皮尔为首的皇家调查委员会调查起义原因。1937年7月公布的调查报告指出，“阿拉伯人争取民族独立以及他们憎恨和担心犹太民族家园的建立”是阿拉伯人起义的根本原因，而出路

---

① 关于这些政党的简要介绍详见杨辉：《中东国家通史——巴勒斯坦卷》，北京：商务印书馆2002年版，第123～125页。

② Yehoshua Porath, *The Palestinian Arab National Movement: From Riots to Rebellion, 1929－1939*, London: Frank Cass: 1977, p. 77.

③ ［以色列］艾兰·佩普：《现代巴勒斯坦史》（第二版），王建等译，上海：上海人民出版社2010年版，第89页。

④ Yehoshua Porath, *The Palestinian Arab National Movement: From Riots to Rebellion, 1929－1939*, London: Frank Cass: 1977, p. 143.

只能是阿犹分治。[①] 报告建议把巴勒斯坦分成一个犹太人的国家和一个阿拉伯人的国家；耶路撒冷继续实行委任统治；禁止把阿拉伯人的土地转让给犹太人，并把犹太移民数量在今后五年中控制在每年1.2万人以内。[②] 尽管报告未能满足阿拉伯人的要求，但是英国第一次公开承认巴勒斯坦的建国权利，并开始限制犹太移民，这无疑是巴民族主义斗争取得的重要成果。

巴民族主义者坚决反对皮尔委员会提出的分治计划，并再次发动起义。1938年，巴勒斯坦人民掀起了大规模的武装斗争，其游击队一度控制包括耶路撒冷在内的部分地区，并初步建立了自治政府和独立的司法体系，[③] 使英国的委任统治当局一度陷入瘫痪。此后，英国委任统治当局开始动用军队镇压起义，阿拉伯高级委员会被解散，许多巴民族领袖或被捕、或出逃。

1939年5月，英国政府发表了关于巴勒斯坦政策的白皮书，计划十年内在巴勒斯坦建立一个与英国有条约关系的独立的双民族国家；对犹太移民进行限制，规定今后五年内再移入7.5万名犹太人，五年以后犹太移民的进入，须经阿拉伯人的同意；白皮书还部分禁止了犹太人的土地买卖。[④] 该计划的"实质是将犹太人主导巴勒斯坦前途的角色置换为阿拉伯人"[⑤]，标志着英国巴勒斯坦政策从"扶犹压阿"到"限犹拉阿"的重大转变。尽管这一转变与英国实力衰落和国际局势变化有重要关系，但它无疑也是巴民族主义斗争的结果。1936~1939年起义是巴民族主义运动史上第一场全国性的大规模政治运动，表明巴民族主义组织已具备了较大的政治动员能力，奠定了当今已为国际社会所接受的巴勒斯坦"两国方案"的历史基础。

1939年巴民族大起义遭镇压后，正值第二次世界大战爆发之际，国际

---

① 国际关系研究所编：《巴勒斯坦问题参考资料》，北京：世界知识出版社1960年版，第14页。

② 徐向群、宫少朋：《中东和谈史1913—1995》，北京：中国社会科学出版社1998年，第336—337页。

③ Deborah. J. Gerner：*One Land, Two Peoples—the Conflict over Palestine*, Westview Press, 1991, p. 28.

④ 国际关系研究所编：《巴勒斯坦问题参考资料》，北京：世界知识出版社1960年版，第14~22页。［英］理查德·艾伦：《阿拉伯—以色列冲突的背景——帝国主义和民族主义在肥沃的新月地带》，艾玮生等译，北京：商务印书馆1981年版，第320页。

⑤ 殷罡主编：《阿以冲突——问题与出路》，北京：国际文化出版公司2002年版，第186页。

局势和地区形势的变化导致二战期间巴民族主义进入了相对沉寂的时期。由于英国当局“实际上禁止了巴勒斯坦阿拉伯方面的一切形式的政治活动，拒绝允许巴勒斯坦民族主义运动领导人结束流亡，返回国内。因此在战争开始前几年，巴勒斯坦的阿拉伯政党活动基本上销声匿迹”。[①] 直至二战结束前夕，巴民族主义政党才重新开始活动，但其内部矛盾依然严重。20 世纪 40 年代初，阿拉伯独立党领导人返回巴勒斯坦，并于 1943 年创立了阿拉伯民族基金会以阻止向犹太人出售土地。1943 年，阿拉伯独立党呼吁召开民族会议，以建立统一的民族领导机构，并选派代表参加即将在埃及亚历山大召开的阿拉伯统一会议，由于该组织已威胁到侯赛尼家族的权力，因此遭到侯赛尼家族及其控制的改革党和阿拉伯青年会议等组织的联合抵制，侯赛尼家族及其支持者巴勒斯坦阿拉伯党则于 1944 在耶路撒冷召开代表大会。[②]

值得注意的是，伴随二战结束前后阿拉伯民族国家的相继建立和泛阿拉伯民族主义的发展，泛阿拉伯主义对巴勒斯坦问题的影响再度出现。1941 年，英国外交大臣为争取阿拉伯国家战时对英国的支持，声称全力支持阿拉伯统一。受此影响，当时控制外约旦和伊拉克的哈希姆家族再度萌生阿拉伯统一的梦想。1942 年伊拉克向英国提出的“肥沃的新月”计划、1943 年外约旦向英国提出的“大叙利亚”计划，都将巴勒斯坦包括在它们希望建立的“大叙利亚”和“阿拉伯联盟”的版图之内。[③] 上述计划反映了哈希姆家族谋求阿拉伯世界霸权的意图，不仅遭到叙利亚、黎巴嫩的反对，也遭到埃及和沙特的坚决抵制。1944 年 7 ~ 9 月，几个形式上独立的阿拉伯国家召

---

① 杨辉：《中东国家通史——巴勒斯坦卷》，北京：商务印书馆 2002 年版，第 138 ~139 页。

② 杨辉：《中东国家通史——巴勒斯坦卷》，北京：商务印书馆 2002 年版，第 140 ~141 页。

③ “大叙利亚”计划的目标是建立包括外约旦、北叙利亚、黎巴嫩、巴勒斯坦在内的联邦国家；“肥沃的新月”计划包括两个步骤，首先建立包括外约旦、叙利亚、黎巴嫩、巴勒斯坦在内的联邦国家——“大叙利亚”，然后再与伊拉克联合建立“阿拉伯联盟”。详见彭树智主编：《阿拉伯国家史》，北京：高等教育出版社 2002 年版，第 400 页。

开亚历山大会议，决定成立阿拉伯国家联盟，并邀请巴勒斯坦代表参加。[①]在亚历山大会议上，巴勒斯坦问题成为会议讨论的重要议题。1945 年 3 月，阿拉伯国家联盟正式成立，会议发表的《关于巴勒斯坦的附件》强调巴勒斯坦与其他阿拉伯国家享有同样的独立地位。这预示着伴随战后泛阿拉伯民族主义的发展和阿拉伯统一运动的兴起，泛阿拉伯民族主义将对巴勒斯坦问题产生日益重要的影响。

另一值得注意的现象是从 20 世纪 30 年代后，埃及穆斯林兄弟会开始向巴勒斯坦地区进行渗透。1935 年，兄弟会领导人哈桑·班纳派人前往叙利亚、黎巴嫩和巴勒斯坦地区访问，宣扬伊斯兰主义思想，并建立穆斯林兄弟会的分支机构。1945 年，穆斯林兄弟会在耶路撒冷建立了第一个支部。到 1947 年，兄弟会在巴勒斯坦建立了 25 个支部，其成员很快发展到 1 万余人。[②] 尽管巴勒斯坦的伊斯兰组织在当时影响有限，但穆斯林兄弟会分治机构在巴勒斯坦的建立及其迅速发展，为当代“巴勒斯坦伊斯兰抵抗运动”（哈马斯）的崛起埋下了历史伏笔。

对巴勒斯坦民族主义的若干评价

通过考察 20 世纪上半叶的巴勒斯坦民族主义，可以发现其最大的特点是完成了从阿拉伯民族主义向巴勒斯坦民族主义的缓慢转变。在此过程中，巴勒斯坦民族主义对推动巴民族解放运动的发展具有重要的作用，但其自身存在的历史局限性及其消极影响也不容低估。受篇幅所限，下文仅作简要分析。

巴民族主义的积极作用主要体现在三个层面：第一，从民族认同的角度

① 由于家族矛盾和党派分歧，巴勒斯坦在与会代表的人选问题上争论不休。出席亚历山大会议的阿拉伯国家曾派代表加以协调，但未能成功。直至会议第三阶段，巴方才派代表参会。

② 王联：“试析穆斯林兄弟会与哈马斯的成立”，载《江南社会学院学报》2008 年第 3 期，第 56 页；Ziad Abu-Amr，“Hamas：A Historical and Political Background”，*Journal of Palestine Studies*，Vol. 22，No. 4，1993，p. 6.

看，巴勒斯坦地区民族主义从阿拉伯民族主义向巴勒斯坦民族主义的缓慢转变，促进了巴勒斯坦阿拉伯人群体认同从泛阿拉伯认同向巴勒斯坦认同的转变，为巴最终走向追求民族独立奠定了社会心理基础。第二，从意识形态的角度看，巴民族主义的逐步形成，尤其是反对英国殖民统治、反对犹太复国主义的思想主张，对巴民族解放斗争发挥了重要的社会动员作用。最后，从社会实践的角度看，巴民族主义组织的建立和发展，尤其是它所领导的1936～1939年的反英民族大起义，为当代巴民族解放运动的发展提供了重要的组织基础与实践基础。

巴民族主义的历史局限性及其消极影响也主要体现在三个层面：

第一，巴民族主义上层精英的家族矛盾严重削弱了巴民族团结。从19世纪末至二战结束，巴民族主义组织主要掌握在家族手中，并围绕纳沙西比和侯赛尼两大家族形成了抗衡和对峙。1936～1939年巴民族起义失败的原因之一就在于两大家族的矛盾。[①] 二战期间巴民族政党的矛盾主要仍在家族之间展开，严重削弱了其领导能力和民众基础。

第二，巴民族主义的民众基础薄弱。由于贵族阶层掌握巴民族主义的主导权，其影响力主要限于城市地区，从而使其缺乏社会下层尤其是农村民众的认同和支持，导致巴民族主义无法与犹太复国主义组织抗衡。巴勒斯坦“民族主义贵族与其他民众缺乏认同感”，低下的管理能力导致其“无法从经济上领导整个社会”。相反，犹太复国主义组织则通过建立福利机构、基布兹（农村公社）、集体合作社、大型企业而具备了强大社会管理能力，“这种不平衡是1948年5月严重冲突中锡安主义（即犹太复国主义——引者注）获胜”的重要原因。[②] 从历史纵深的角度看，巴民族主义组织缺乏社会底层认同的历史局限性，恰恰埋下了日后伊斯兰激进组织哈马斯崛起，并向巴民族权力机构发起挑战的历史伏笔，因为哈马斯的社会基础恰恰在于未能为巴民族主义组织掌握的底层民众。

第三，巴民族主义缺乏足够的独立性。巴民族主义一直未能彻底摆脱泛

---

① 王联：“试析穆斯林兄弟会与哈马斯的成立”，载《江南社会学院学报》2008年第3期，第128～129页。

② ［以色列］艾兰·佩普：《现代巴勒斯坦史》（第二版），王建等译，上海：上海人民出版社2010年版，第81、87～88页。

阿拉伯民族主义和地方阿拉伯民族主义的制约，一直寄望于通过泛阿拉伯团结或“大叙利亚统一”来解决巴勒斯坦问题，导致在关键时刻巴勒斯坦民族利益多次被出卖。这种局面一直延续到战后，20世纪50～60年代，巴民族主义再度从战前尚未成熟的巴勒斯坦民族主义转向泛阿拉伯民族主义，在历经多次失败和挫折后才在阿拉法特领导下成立“巴勒斯坦民族解放组织”，并重新转向巴勒斯坦民族主义。此外，巴民族主义对英国委任统治当局乃至犹太复国主义力量的妥协也对巴民族运动产生了十分消极的影响。

专题 24

巴勒斯坦内部伊斯兰主义与世俗民族主义的矛盾纷争*

——以哈马斯和巴勒斯坦解放组织的关系为例

【摘要】本文以哈马斯组织和巴解组织的关系为线索，分析了巴勒斯坦伊斯兰主义与世俗民族主义在巴勒斯坦建国问题上的矛盾分歧，以进一步认识巴勒斯坦建国问题的复杂性。从历史的角度看，巴勒斯坦伊斯兰主义与世俗民族主义的矛盾经历了从不突出到日益凸显的变化。1987 年的巴勒斯坦大起义和 1988 年哈马斯的建立，构成了双方关系演变的重要分水岭，导致哈马斯与巴解组织走向公开对立，双方围绕巴勒斯坦建国方案、以色列的合法性、巴以和平进程发生严重对抗。巴内部世俗与宗教两大阵营的对抗，构成了影响巴政治进程的核心矛盾，同时也对巴以和平进程产生了十分消极的影响。

20 世纪 60 年代末期以前，巴勒斯坦的反以斗争主要是在巴解组织的领导下进行的。尽管阿拉法特领导的巴解组织也利用伊斯兰教来进行动员，但总的说来，巴解组织是一个世俗的民族主义组织。但是，伴随第三次中东战

* 原载《西亚非洲》2013 年第 2 期。

争中阿拉伯国家的惨败和20世纪70年代中期后巴解组织屡遭挫折，尤其是伊斯兰复兴运动的不断发展和巴勒斯坦地区宗教意识的不断复苏，部分巴勒斯坦穆斯林开始对巴解组织感到失望，转而寻求加入伊斯兰组织进行反以斗争。在此背景下，以“哈马斯”（伊斯兰抵抗运动）为代表的伊斯兰主义组织迅速崛起。围绕巴勒斯坦建国方案、对以色列政策、中东和平进程等问题，“哈马斯”与巴解组织存在着难以调和的分歧，并导致巴内部形成以世俗民族主义力量和伊斯兰主义力量为两大阵营的严重分裂，进而对巴以关系和中东和平进程都产生了重要的影响。

2011年9月，巴勒斯坦正式提出加入联合国的申请，试图以此推动巴勒斯坦独立建国的历史进程，并于当年成功加入联合国教科文组织；2012年11月，经联合国大会投票表决，巴勒斯坦成为联合国“观察员国”，巴建国进程取得重大进展，但同时也成为引发巴以矛盾再度激化的重要因素。客观而言，巴以之间存在的诸多悬而未决的问题，美国和以色列的阻挠都构成了巴勒斯坦建国面临的巨大外部障碍，但巴内部矛盾尤其是哈马斯和巴民族权力机构之间的严重分歧则构成了巴勒斯坦建国的内部障碍。因此，本文以哈马斯组织和巴解组织的关系为例，分析巴勒斯坦伊斯兰主义与世俗民族主义在巴勒斯坦建国问题上的矛盾分歧，以便进一步认识巴勒斯坦建国问题的复杂性。

哈马斯的历史发展及其与巴解组织的关系

哈马斯组织的前身可追溯至20世纪40年代成立的巴勒斯坦穆斯林兄弟会（以下简称“巴勒斯坦穆兄会”）。1935年，埃及穆兄会开始在巴勒斯坦地区宣扬伊斯兰主义思想；1945年，巴勒斯坦穆兄会在耶路撒冷建立了第一个支部；至1947年，巴勒斯坦穆兄会在巴勒斯坦建立了25个支部，其成员很快发展到1万余人。[①] 当时，巴伊斯兰组织与民族主义组织的矛盾并不

① 王联：“试析穆斯林兄弟会与哈马斯的成立”，载《江南社会学院学报》2008年第3期，第56页。

严重，甚至可以说二者在最初是统一在一起的，尚未发生明显的分化。当时，巴勒斯坦穆兄会的领导人就是由民族主义的领导人哈吉·阿明·侯赛尼来担任的。[①] 在1948年第一次中东战争中，巴勒斯坦穆兄会的影响力日渐扩大。战争结束后，埃及和约旦分别控制了加沙和约旦河西岸。由于纳赛尔政权与埃及穆兄会反目成仇，巴勒斯坦穆兄会在加沙的活动遭到禁止。与此相反，约旦王室由于担心国内民族主义势力上升，对伊斯兰主义组织的活动采取了纵容、支持的立场，以抗衡世俗民族主义势力。[②]

巴勒斯坦穆兄会的独立机构和巴解组织均成立于20世纪60年代初。1962年夏，巴勒斯坦穆兄会组织在加沙秘密成立，并向埃及穆兄会执行局派驻代表。1964年5月，巴解组织在耶路撒冷正式成立，其核心是阿拉法特于1959年在科威特领导成立的“巴勒斯坦全国解放运动”（法塔赫）。巴解组织创立后，巴勒斯坦穆兄会宣布与巴解组织主流派法塔赫脱离关系。此后，加沙穆兄会遭到纳赛尔政权的打压，主要成员纷纷流亡阿拉伯各国，在加沙坚守的著名人物只剩下艾哈迈德·亚辛等人。

1967年第三次中东战争后，巴勒斯坦穆兄会派遣数百名青年在1969~1977年期间前往埃及各大学学习，并与埃及穆兄会建立了密切联系，同时也为日后的崛起储备了力量。20世纪70年代末至80年代初，他们陆续返回被占领土，成为巴勒斯坦穆兄会的中坚力量。在此期间，由于巴解组织掌握了巴民族解放斗争的主导权，巴勒斯坦穆兄会组织开始与巴解组织划清界限，并主要以建立宗教学校、慈善团体、社会俱乐部等方式积蓄力量。[③]

在以色列占领的加沙和约旦河西岸，以色列虽取缔了巴勒斯坦穆兄会，但仍允许非政治性的伊斯兰组织“在不危害以色列安全”的前提下存在和活动，其目的是利用宗教势力阻止巴解组织向巴境内渗透。[④] 1973年，经以

---

① Ziad Abu-Amr, “Hamas: A Historical and Political Background”, *Journal of Palestine Studies*, Vol. 22, No. 4, 1993, p. 6.

② 涂龙德、周华：《伊斯兰激进组织》，北京：时事出版社2010年版，第142~143页。

③ 详细情况可参见：Matthew Levitt, *Hamas: Politics, Charity, and Terrorism in the Service of Jihad*, Yale University Press, 2006.

④ 涂龙德、周华：《伊斯兰激进组织》，北京：时事出版社2010年版，第143~144页。

色列占领当局批准，亚辛在加沙以非营利和宗教的名义成立了“穆加玛”(伊斯兰中心)。穆加玛以加沙为基地开办各类学校、清真寺、慈善组织、医院、图书馆、俱乐部等，积极宣传伊斯兰主义思想，并逐步向政治领域进行拓展，进而奠定了日后在巴勒斯坦崛起的社会基础。

20世纪80年代初，约旦河西岸和加沙地带的伊斯兰势力日趋活跃，并出现了“伊斯兰圣战”、“伊斯兰解放党”等一批具有伊斯兰色彩的政治和军事组织。在此期间，“穆加玛”的活动逐步由宗教宣传转变为与以色列当局的公开对抗。1987年12月，加沙发生以色列卡车与载有巴勒斯坦工人的车辆相撞事件，造成多名巴勒斯坦工人死亡，由此引发巴勒斯坦大起义(巴勒斯坦人称“因提法达”，阿拉伯语的原意为“震动、发抖、颤抖”[①])。在此次大起义中，巴勒斯坦穆兄会发挥了重要领导和组织作用。

1988年8月，“伊斯兰抵抗运动”（哈马斯）正式成立，并公开发表《哈马斯宪章》，其思想纲领包括：第一，宣称哈马斯的指导原则是伊斯兰教，它是穆斯林兄弟会在巴勒斯坦地区的分支组织，同时也是世界伊斯兰运动的一个组成部分。第二，哈马斯的斗争目标是在从地中海到约旦河西岸的巴勒斯坦土地上建立一个伊斯兰共和国。第三，致力于消灭犹太复国主义，号召全世界穆斯林参加解放巴勒斯坦的“圣战”，并要求所有伊斯兰国家予以支持。第四，反对任何一项和平解决巴勒斯坦问题的提议、方案和国际会议。第五，坚决反对巴解组织把巴勒斯坦建设成世俗国家的计划，要求巴解组织完全接受伊斯兰教，放弃世俗的意识形态。[②] 此后，哈马斯运动开始走上武装反以斗争的道路。

1990年，耶路撒冷发生21名巴勒斯坦人被以色列军警打死的“圣殿山惨案”后，哈马斯声称，“我们的斗争已成了伊斯兰教与犹太教的战斗”。[③]

---

① 有学者进一步将“因提法达”引申为“摆脱”（shaking off），即摆脱以色列的统治和占领。参见：William B. Quandt, *Peace Process: American Diplomacy and the Arab-Israeli Conflict since 1967*, The Brookings Institution Press and The University of California Press, 1993, p. 364.

② Jeroen Gunning, *Hamas in Politics: Democracy, Religion, Violence*, New York: Columbia University Press 2008, p. 18.

③ 肖宪：“巴勒斯坦的伊斯兰原教旨主义组织——哈马斯”，载《西亚非洲》1993年第2期，第53页。

与此同时，哈马斯与巴解组织的矛盾分歧也进一步加剧。1991 年，哈马斯派代表参加了巴勒斯坦全国委员会举行的德黑兰大会，阿拉法特拒绝给予哈马斯相应的地位，① 表明二者之间的矛盾分歧已经公开化。

进入上世纪 90 年代后，随着巴以和谈的启动，哈马斯因从事暴力活动，反对巴以和谈进一步被巴解组织边缘化。1994 年，巴勒斯坦加沙地带和约旦河西岸部分城市实现自治，法塔赫成为自治政府的执政党。当时，阿拉法特曾在自治政府中为哈马斯及其他反对派留有席位，但遭到哈马斯的拒绝。②

1994 年 2 月，犹太极端分子残杀巴勒斯坦人的“希伯伦惨案”发生后，哈马斯向以色列全面宣战，并把打击目标扩大到所有以色列人。此后，巴以双方的暴力冲突特别是哈马斯策划实施的自杀性袭击事件，严重破坏了巴以和平协议的顺利实施，同时也导致哈马斯与巴解组织矛盾的进一步激化。在此背景下，法塔赫安全部队对哈马斯实施了严厉打击，许多活跃分子被关进巴勒斯坦的监狱，哈马斯领导人亚辛也因此被软禁。亚辛在 1998 年 6 月曾声称，他愿意参加巴勒斯坦自治政府，但条件是阿拉法特拒绝接受奥斯陆和平协议，并与哈马斯一道同以色列进行战斗，这一要求显然无法被巴解组织接受。

2000 年 9 月，以色列利库德集团领导人沙龙强行进入阿克萨清真寺，引发了持续近四年之久的巴勒斯坦第二次起义。据统计，仅 2000～2003 年，由哈马斯等巴激进组织策划制造的自杀性袭击事件多达 100 多起。与此同时，以方也加大了对巴激进派别的打击力度，频繁实施“定点清除”行动。哈马斯领导人亚辛及其继任者兰提西于 2004 年相继在加沙地带被以军“定点清除”。在起义期间，哈马斯与巴解组织的关系已走向对抗状态。迫于美国的强大压力，阿拉法特采取了宣布哈马斯军事组织为非法组织、关闭哈马斯所有办事机构、命令法塔赫安全部队两次软禁亚辛等措施。但是，考虑到哈马斯的巨大民意基础，阿拉法特一直没有坚决使用武力镇压哈马斯。③

---

① 李朱平：“简析哈马斯与法塔赫关系的演变”，载《石家庄学院学报》2008 年第 4 期，第 98 页。

② 安维华：“哈马斯现象的宗教—政治解读”，载《西亚非洲》2006 年第 4 期，第 8 页。

③ 李朱平：“简析哈马斯与法塔赫关系的演变”，载《石家庄学院学报》2008 年第 4 期，第 99 页。

2004 年 11 月 11 日，巴解组织的核心领导人阿拉法特逝世。此后，巴解组织与哈马斯的关系变得更为复杂。基于哈马斯的巨大影响和广泛的民意基础，巴解组织决定吸收哈马斯参与巴政治进程。哈马斯也改变策略，决定通过参加巴地方议会和巴立法委的选举，以积极的姿态融入巴政治进程，谋求现实的政治存在和利益。2006 年 1 月，哈马斯赢得巴第二届立法会选举胜利，引发巴政坛地震。2006 年 3 月，哈马斯单独组建自治政府；6 月，哈马斯宣布不再执行巴以停火协议，以色列借机发动“夏雨”、“秋云”两次大规模军事行动，造成数百名巴勒斯坦人丧生。

从 2006 年 5 月到 2007 年 2 月，法塔赫与哈马斯围绕组建联合政府进行了艰苦的谈判。在沙特国王的调解下，终于达成“麦加协议”，其主要内容是关于民族联合政府的安排，但并未涉及是否承认以色列的内容。2007 年 3 月，巴民族联合政府成立，但是两派之间的分歧并未得到解决，双方的暴力冲突反而愈演愈烈。2007 年 6 月，哈马斯从法塔赫手中武力夺取了对加沙的控制权。巴民族权力机构主席阿巴斯宣布解散哈马斯领导的联合政府，同时组建新的联合政府，巴勒斯坦陷入了约旦河西岸由法塔赫控制，加沙由哈马斯控制的严重分裂。

2008 年 6 月，在埃及的调解下，以色列与哈马斯达成了为期半年的停火协议，但双方均未严格执行。12 月 20 日，哈马斯宣布不再延长到期的停火协议，并向以色列发动袭击，以色列旋即对加沙发动“铸铅行动”，直至 2009 年 1 月 18 日才告结束。2009 年 2 月以来，法塔赫与哈马斯进行了多次谈判，但始终未能取得任何实质进展，双方难以调和的矛盾仍是巴勒斯坦未来所面临的严峻挑战。

围绕巴勒斯坦建国方案的矛盾

在建国问题上，哈马斯承认它与巴解组织有共同的目标，但它反对巴解的世俗化建国方案，宣称“只有当巴勒斯坦解放组织有朝一日接受了伊斯兰道路，我们才会成为它的战士。”① 因此，从本质上说，双方围绕巴勒斯坦建国方案的矛盾分歧，是世俗民族主义与伊斯兰主义意识形态矛盾的反映。巴解组织的指导思想是民族主义，其目标是建立世俗的巴勒斯坦民族国家；而哈马斯组织意识形态的基础是伊斯兰主义，其目标是建立政教合一的伊斯兰国家。

巴解组织的意识形态核心是世俗民族主义，这在1988年巴解组织发表的《独立宣言》中得到了鲜明的体现。在群体认同方面，《独立宣言》特别强调巴勒斯坦阿拉伯人的民族认同，以及巴勒斯坦人的阿拉伯属性。它指出：“在巴勒斯坦土地上，通过人民、土地和历史不可分割的有机联系，阿拉伯巴勒斯坦人民诞生、成长、发展，并确立了自己作为人和民族的存在。……巴勒斯坦人民以史诗般的坚毅塑造了自己的民族特性，……巴勒斯坦人民同这块土地的联系确定了这块土地的属性，在巴勒斯坦人民中间散播了祖国的概念。”“巴勒斯坦解放组织领导了它的伟大人民的战斗，……作为当代最突出的民族解放运动之一，巴勒斯坦抵抗运动的斗争反映了阿拉伯的觉醒和世界的觉醒。”“巴勒斯坦国是一个阿拉伯国家，是阿拉伯民族不可分割的一部分，同阿拉伯民族拥有共同的遗产，以及实现解放、发展、民主与团结的目标的共同理想。”②

在未来国家模式设计上，巴解组织致力于建立世俗、民主和文化多元的现代国家。《独立宣言》规定：“巴勒斯坦国属于无论在何处的巴勒斯坦人。在那里，在一种建立在言论自由，组织政党自由，多数人照顾少数人的权利，少数人尊重多数人的决定，社会公正，平等，不分种族、宗教、肤色或男女普遍享有权利的基础上的民主的议会制度下，按照一部保证法律至上、司法独立的宪法，本着全盘继承巴勒斯坦许多世纪以来形成的各种宗教相互容忍和宽容相处的精神和文化遗产的原则，巴勒斯坦人发展自己的民族和文化特性，享受完全平等的权利；在那里，他们的宗教和政治信仰以及人的尊

① Yonah Alexander, *The Annual on Terrorism, 1988 – 1989*, Springer Publishing, 1990, p. 102.

② 尹崇敬主编：《中东问题100年》，北京：新华出版社1999年版，第122～125页。

严得到保护。”①

哈马斯组织作为典型的伊斯兰主义组织，在意识形态上完全接受了穆兄会思想家哈桑·班纳和赛义德·库特布的思想主张，认为巴勒斯坦反以斗争失败的主要原因在于穆斯林深受世俗民族主义、共产主义等外部思想影响，偏离了真主的道路。因此，他们要求穆斯林“返回伊斯兰”，并通过“圣战”最终战胜犹太复国主义，解放整个巴勒斯坦，即“伊斯兰是唯一的解决办法”。② 早在1988年，亚辛便指出：“当人们面前所有的门都被关上时，他会发现真主之门对他是敞开的。伊斯兰是所有巴勒斯坦人民的庇护所，1967年战败之后，人民尤其感到需要真主。”③

《哈马斯宪章》主张反对世俗的阿拉伯民族主义、共产主义和资本主义。它声称：“真主是它的最终目的，先知是它的榜样，《古兰经》是它的宪法，圣战是它的道路，为真主而献身是它最崇高的理想。”④ 在建国问题上，哈马斯与巴解组织的矛盾主要体现在两个方面：

其一，哈马斯的斗争目标是在从地中海到约旦河西岸的巴勒斯坦土地上建立政教合一的伊斯兰政权，反对只在巴勒斯坦部分地区建国，其最终目标是“在巴勒斯坦的每一寸土地上升起真主的旗帜。”⑤《哈马斯宪章》指出：“伊斯兰抵抗运动认为，巴勒斯坦的土地是世代相传直到审判日的伊斯兰教产，没有人可以割裂它的任何部分，也没有人可以抛弃它的任何部分。”⑥ 哈马斯发言人马哈茂德·扎哈尔曾强调，巴勒斯坦“这片土地只能由穆斯林控制，这是1400年的既定事实”。哈马斯的另一领导人也指出：“哈马斯要征服从约旦河到地中海之间的所有巴勒斯坦领土，包括以色列、约旦河西

① 尹崇敬主编：《中东问题100年》，北京：新华出版社1999年版，第125页。

② Helga Baumgarten, “The Three Faces/Phases of Palestinian Nationalism”, *Journal of Palestine Studies*, Vol. 34, No. 4, 2005, p. 37.

③ Sa'id al-Ghazal, “Islamic Movement versus National Liberation”, *Journal of Palestine Studies*, Vol. 17, No. 2, Winter 1988, p. 179.

④ 肖宪：“巴勒斯坦的伊斯兰原教旨主义组织——哈马斯”，载《西亚非洲》1993年第2期，第52页。

⑤ Helga Baumgarten, “The Three Faces/Phases of Palestinian Nationalism”, *Journal of Palestine Studies*, Vol. 34, No. 4, 2005, p. 40.

⑥ 马晓霖：“前景堪忧的巴勒斯坦内部和解”，载《阿拉伯世界研究》2009年第3期，第12页。

岸和加沙地带。”①

其二，主张建立政教合一的伊斯兰国家，反对在巴勒斯坦建立世俗国家。亚辛明确指出：“我们反对巴勒斯坦民族宪章，因为如果我们接受了建立一个世俗国家的主张，那就亵渎了伊斯兰。”② 1992 年，马哈茂德·扎哈尔强调，“我们试过每一样东西，纳赛尔主义和社会主义，也试过西方化，但是都失败了。现在我们认为，唯一能使我们人民得到尊严的就是伊斯兰。”③ 对此，美国学者埃里·雷克斯（Elie Rekhess）曾评价指出：哈马斯“用宗教取代了巴解组织提出的民族身份的概念。总之，这是一个穆斯林感情同一个特定的地理区域的结合。”④

围绕是否承认以色列的矛盾

巴解组织对以色列的态度和政策，经历了从拒不承认到承认其客观存在的巨大变化。在20世纪50~70年代，在阿以冲突的框架下，巴解组织与埃及等阿拉伯前线国家一样，采取拒不承认以色列合法存在的政策，其目标是消灭以色列，在整个巴勒斯坦建立以阿拉伯人为主导的独立国家。1969 年 7 月，阿拉法特在同法国《费加罗报》记者的谈话中指出，巴解组织的最终目标是“解放我们的被占领土，从而建立一个阿拉伯人、穆斯林、基督教徒及犹太人将过着平等、友爱、公正与和平生活的民主的巴勒斯坦国家”⑤。1969 年9 月，巴勒斯坦全国委员会第 6 次会议的声明指出，巴勒斯坦革命

---

① 许利平主编：《亚洲极端势力》，北京：社会科学文献出版社 2007 年版，第 351 页。

② Ziyad Abu Amr, *Islamic Fundamentalism in the West Bank and Gaza: Muslim Brotherhood and Islamic Jihad*, Bloomington: Indiana University Press, 1994, p. 71.

③ 许利平主编：《亚洲极端势力》，北京：社会科学文献出版社 2007 年版，第 350 页。

④ ［美］埃里·雷克斯：“巴勒斯坦社会中的政治伊斯兰”，载《中西文化交流学报》(2010 年北京大学以色列研讨会论文集主题专刊)，第 171 页。

⑤ 钟冬编：《中东问题八十年》，北京：新华出版社 1984 年版，第 76 页。

的目标是“完全彻底地解放整个巴勒斯坦”；“直到建立一个消除了所有宗教和种族歧视痕迹的民主的巴勒斯坦国”。①

进入20世纪70年代后，基于形势的严峻变化，巴解组织的建国目标转向了更加现实的分阶段建国的目标，即先在一部分巴勒斯坦土地上建立民族权力机构或者国家，然后逐渐扩大到整个巴勒斯坦。1974年2月，法塔赫等组织在巴解组织内联合提出了分阶段实现建国目标的方针，主张首先在约旦河西岸和加沙地带建立民族权力机构，同时强调对整个巴勒斯坦拥有主权。此后，巴解组织内部曾围绕建国目标和斗争方式问题发生分歧，尤其以“人阵”和“法塔赫”的矛盾分歧最为严重。进入上世纪80年代后，伴随地区与国际形势的变化，巴解组织的建国目标更加趋于现实，开始主张在以色列撤出的约旦河西岸和加沙地带建国，对以色列的态度逐步从有条件地承认发展到完全承认以色列的合法存在。从此，巴解组织实际上已提出了两个国家共存的解决方案。②

1988年10月，《巴解组织关于建立独立国家的文件》首次承认了以色列的合法存在。它指出：“新巴勒斯坦国的性质强调，它不是一个侵略国家，巴勒斯坦人民不追求取消‘以色列’，而是追求与它在睦邻关系范围内的和平共处。”在巴解组织的《独立宣言》中，虽然没有关于承认以色列的明确表述，但是它承认1947年联大第181号决议为“阿拉伯巴勒斯坦人民的主权和民族独立权利的国际合法性奠定了基础”，事实上已经承认了以色列存在的合法性。1988年12月，阿拉法特明确表示，巴解组织“接受以色列作为一个国家在中东的存在”③。

巴解组织对以色列的承认，奠定了巴以双方围绕“两国方案”进行和平谈判的历史性基础。1991年马德里中东和会后，巴解组织对以色列的立场发生重大转变。1993年，巴以签署《奥斯陆协议》，双方实现互相承认，中东和平进程取得了突破性的进展。

---

① A. Y. Yadfat and Y. Arnon Ohanna, *PLO Strategy and Tactics*, Croom Helm Ltd., 1981, p. 56.

② 杨辉、马学清：“巴勒斯坦战略目标的演变”，载《西亚非洲》，2002年第6期，第10页。

③ 尹崇敬：《中东问题100年》，北京：新华出版社1999年版，第128~129、123、130页。

但是，哈马斯等伊斯兰主义组织迄今为止仍拒不承认以色列存在的合法性。哈马斯坚持认为，巴勒斯坦是统一的和不可分割的，他们拒绝接受以色列作为国家在本地区的存在。《哈马斯宪章》宣称："伊斯兰抵抗运动认为，巴勒斯坦的土地是世代相传直到审判日的伊斯兰教产，没有人可以割裂它的任何部分，也没有人可以抛弃它的任何部分。"[①] 哈马斯至今仍拒不承认以色列存在的合法性，其根本原因之一在于它一直坚持从伊斯兰教的"瓦克夫"（Waqf）传统理念出发，看待巴勒斯坦的领土归属问题。

"瓦克夫"在阿拉伯语中的原意为出于慈善目的而捐献出来的宗教基金或财产。"瓦克夫"制度主要包含以下三点内容：第一，瓦克夫土地不能被剥夺，也不能出售、抵押、遗赠或变为他用；第二，瓦克夫土地和财产属于永久捐赠，一般用于清真寺、孤儿院等慈善目的和公益事业；第三，瓦克夫捐赠不能撤销，捐赠者和其后代不得反悔。[②]

在哈马斯看来，巴勒斯坦土地是被用来捐献给将来的穆斯林的瓦克夫，因而是无法分割、无法让渡的。《哈马斯宪章》指出："巴勒斯坦之地是伊斯兰的瓦克夫，被用来献给将来的穆斯林直至审判日。它的全部或任何部分，都不应该被放弃。不论是一个阿拉伯国家或者是所有阿拉伯国家，也不论是任何国王或者总统，或者是所有国王和总统，更不论是任何组织或所有组织，巴勒斯坦人或阿拉伯人都无权这样做。……这片瓦克夫伴随着天地一直保留，任何违背伊斯兰教法的程序，只要涉及巴勒斯坦，都是无效的。"[③] 由此可见，哈马斯从伊斯兰教的瓦克夫传统出发来理解巴勒斯坦的土地归属，进而将巴勒斯坦全部归属阿拉伯人这一目标上升到无法妥协的神圣高度。

---

① 马晓霖："前景堪忧的巴勒斯坦内部和解"，载《阿拉伯世界研究》2009年第3期，第12页。

② Michael Dumper, *Islam and Israel*, *Muslim Religious Endowment and the Jewish State*, Washington DC: Institute for Palestine Studies, 1994, p. 8.

③ A. Ayse Kadayifci-Orellan, *Standing on an Isthmus*, *Islamic Narratives on War and Peace in Palestinian Territories*, Lanham: Lexington Books, 2007, pp. 282 - 283.

围绕巴以和平进程的矛盾

独立建国是巴解组织的根本目标。为实现这一目标，巴解组织不断根据形势变化对斗争方针进行调整，其发展演变大致经历了三个阶段：20世纪60～70年代中期，是武装斗争占绝对主导地位的阶段；70年代中期至80年代中期，是武装斗争与外交斗争并举的时期；80年代末期以后，是以和平谈判为主要斗争方式的阶段。[①] 总之，巴勒斯坦斗争方式演变的主流趋势是从武装斗争逐步地转变到政治与外交斗争，这一重要变化构成了冷战后中东和平进程启动的重要基础之一。

1988年10月，《巴解组织关于建立独立国家的文件》明确表示，其斗争方式"从以石块作武器的阶段过渡到政治主动行动阶段"。1988年11月，巴《独立宣言》明确表示接受联合国安理会第242号和第338号决议，主张通过和平途径解决巴勒斯坦问题，标志着巴解组织战略目标和斗争方式的重大变化。它指出，巴解组织"相信应根据联合国宪章和决议，通过和平途径解决国际和地区问题，它拒绝以武力、暴力或恐怖或者使用武力、暴力或恐怖来威胁它的领土完整和政治独立、以及任何其他国家的领土完整，同时，不损害它保卫自己领土与独立的正当权利"[②]。

巴解组织承认以色列的合法存在，并选择和平谈判作为解决巴勒斯坦问题的主要方式，为上世纪90年代中东进程的启动提供了重要的前提性条件。1991年10月，中东和会在马德里召开，阿以和巴以和平谈判全面启动；1993年9月，巴以双方在华盛顿签署《奥斯陆协议》。同年9月9日，阿拉法特在致以色列总理拉宾的信函中保证："巴解组织摈弃恐怖主义及其他暴力行为，并将对巴解组织的所有组织和人员承担起责任，保证他们遵守纪

---

① 杨辉、马学清："巴勒斯坦斗争方式的演变"，《西亚非洲》2004年第4期，第25～29页。

② 尹崇敬：《中东问题100年》，北京：新华出版社1999年版，第128页、第125～126页。

律，防止出现违反纪律的人员和事件。”①

从1994年至2000年，巴以之间进行了多轮会谈，但由于双方在耶路撒冷归属、犹太定居点、巴难民回归、巴以边界划定等棘手问题上分歧太大，始终未能达成永久性和平协议。2000年9月，以强硬派领导人沙龙强行进入阿克萨清真寺，引发大规模流血冲突并使巴以和谈陷入停滞。2007年11月，中东问题国际会议在美国安纳波利斯举行，巴以领导人宣布重启中断多年的和平谈判。随后，巴以双方领导人举行了多轮直接谈判，但由于双方在关键问题上分歧严重，和谈始终未能取得实质性进展。

从2000年巴以关系重新陷入对抗与冲突以来，巴以和谈屡屡受挫固然与巴勒斯坦问题本身的复杂性、以色列的强硬立场、美国对以色列的偏袒等诸多复杂因素密切相关。但是，从巴勒斯坦方面看，巴内部的分裂尤其是哈马斯组织继续坚持暴力反以的强硬立场，构成了巴以双方实现和解的严重障碍之一。哈马斯之所以反对巴以和谈，其根本原因在于它在巴勒斯坦问题上坚持的伊斯兰主义立场。

首先，哈马斯主张通过“圣战”方式解决巴勒斯坦问题。哈马斯一直将“消灭犹太复国主义和以色列敌人，解放巴勒斯坦的圣战”作为斗争的纲领，号召全世界的穆斯林参加解放巴勒斯坦的“圣战”，并要求所有伊斯兰国家对解放巴勒斯坦的“圣战”给予支持。《哈马斯宪章》第15条规定：“当我们的敌人篡夺伊斯兰的土地，圣战便成为对所有穆斯林具有约束力的责任。面对犹太人对巴勒斯坦土地的篡夺，穆斯林不能逃避圣战。”②

其次，反对任何一项和平解决巴勒斯坦问题的提议、方案和国际会议。哈马斯认为，巴勒斯坦的主权属于真主，是不可谈判、也是不可出让的。由于坚持主张通过“圣战”方式解决巴勒斯坦问题，哈马斯组织攻击巴解组织是出卖巴勒斯坦和伊斯兰教利益的“异教徒”。

长期以来，哈马斯在巴以和谈问题上的不断反复，虽然与巴民族权力机构的腐败僵化、以色列的强硬政策以及美国巴以政策的失误有重要关系，但

① ［巴勒斯坦］马哈茂德·阿巴斯：《奥斯陆之路——巴以和谈内幕》，李成文等译，北京：世界知识出版社1997年版，第255页。

② ［美］埃里·雷克斯（Elie Rekhess）：“巴勒斯坦社会中的政治伊斯兰”，载《中西文化交流学报》（2010年北京大学以色列研讨会论文集主题专刊），第173页。

从哈马斯自身的角度看，其重要原因之一在于它坚持以“圣战”方式武力解决巴勒斯坦问题，反对巴以和谈的基本政治立场。针对哈马斯组织对于中东和平进程的破坏，《约旦人民报》曾作此评价：“哈马斯不想同以色列达成任何一种和平解决办法，只想消灭它。每当中东和平进程有了进展，以色列在中东的地位进一步加强，哈马斯对以色列的袭击就会升级。而每次暴力事件发生后，以色列政府又会采取相应的措施进行报复：关闭加沙和约旦河西岸，驱逐巴勒斯坦人；扩大犹太定居点，停止与巴方的一切接触；等等。”①

几点基本结论

前文以巴解组织与哈马斯的关系为例，对巴勒斯坦伊斯兰主义与世俗民族主义关系的发展演变和矛盾纷争进行了梳理和分析，综合起来可以得出以下几点结论。

第一，巴勒斯坦伊斯兰主义与世俗民族主义的矛盾经历了从不突出到日益凸显的变化。在20世纪80年代以前，尽管伊斯兰主义组织与巴世俗民族主义力量之间就已经产生矛盾分歧，但由于伊斯兰主义组织的影响主要局限于社会文化领域，因此二者之间的矛盾并不十分突出。1987年的巴勒斯坦大起义和1988年哈马斯的建立构成了哈马斯与巴解组织关系演变的一个重要分水岭，而此后巴解组织斗争方式的变化尤其是从武装斗争为主转向追求和平建国，并在美国的斡旋下启动中东和平进程，导致哈马斯与巴解组织围绕巴勒斯坦建国方案、对以政策、中东和平进程等问题产生了严重对立，二者的矛盾分歧已经走向公开化。2006年哈马斯赢得巴选举胜利并独立组建政府，2007年巴组建联合政府失败后哈马斯控制加沙，导致巴勒斯坦出现两个权力中心，哈马斯与巴解组织的分裂已成既定事实。时至今日，二者仍然存在难以协调的矛盾分歧，巴内部以民族主义和伊斯兰主义为代表的两大

① 《约旦人民报》，1994年10月27日。转引自陈嘉厚主编：《现代伊斯兰主义》，北京：经济日报出版社1998年版，第481页。

阵营的对抗，构成了影响巴政治进程的核心矛盾，同时也对巴以和平进程产生了十分消极的影响。

第二，巴勒斯坦伊斯兰主义与世俗民族主义围绕巴勒斯坦建国方案存在着严重的矛盾分歧。哈马斯与巴解组织在独立建国的目标上具有某种程度的一致性，但二者在群体认同、国家属性、国家地域等方面的认识和主张却存在尖锐的分歧。在群体身份认同方面，巴解组织更为强调巴勒斯坦阿拉伯人的民族身份；哈马斯更为强调巴民族身份的宗教属性，即“穆斯林感情同一个特定的地理区域的结合”。在国家的地域范围上，巴解组织的《独立宣言》尽管没有明确巴勒斯坦的地域范围，但是由于接受了联合国第242号和338号决议，事实上已经承认了以色列的合法存在，已经放弃了在整个巴勒斯坦地区建国的政治目标；而哈马斯则从伊斯兰教“瓦克夫”（神圣遗产）的角度出发，拒绝放弃巴勒斯坦的任何领土。在巴勒斯坦的国家属性上，巴解的目标是建立世俗、民主和文化多元的现代国家；而哈马斯的目标是建立政教合一的伊斯兰国家。

第三，伊斯兰主义与世俗民族主义围绕是否承认以色列的合法性存在严重的矛盾分歧。围绕是否承认以色列的根本分歧，导致巴解组织代表的世俗民族主义与哈马斯代表的伊斯兰主义在巴勒斯坦国家地域范围和国家性质问题上产生了难以调和的矛盾。巴解组织采取了承认以色列的务实态度，主张在以色列撤出1967年被占领土的基础上，在加沙和约旦河西岸建立世俗的巴勒斯坦国家；而哈马斯则拒不承认以色列，主张通过武装斗争消灭以色列，并在整个巴勒斯坦建立政教合一的伊斯兰国家。哈马斯在巴勒斯坦土地归属问题上坚持的难以妥协的宗教立场表明，“宗教善于把极平常的人间冲突的根源提高成宇宙范畴的亘古永存的冲突，赋予他们以概括的、很难作任何妥协的绝对冲突的形式”①。

第四，伊斯兰主义与世俗民族主义围绕巴以和平进程存在严重的矛盾分歧。“巴勒斯坦的民族主义者是灵活变通的务实主义者，他们从长期、艰难而无最终结果的武装斗争中悟出一个道理：只有通过和平谈判、和平进程才能最终实现巴勒斯坦人的民族权利，建立一个独立自主的巴勒斯坦国。而以

① ［苏联］米特罗欣：“宗教与民族”，载《世界宗教资料》1991年第2期，第26页。

哈马斯为首的伊斯兰主义者则是只认一条死理，他们坚信真主赐予的巴勒斯坦‘应许地’不容谈判，只有“圣战”才能最终恢复家园，赢得独立自由。”① 从政治理念的角度看，哈马斯之所以强烈反对巴解组织的巴以和谈政策，其根本原因在于它坚持从伊斯兰主义的极端立场出发，号召对以色列发动“圣战”，坚持以武装斗争方式解决巴勒斯坦问题，反对任何一项和平解决巴勒斯坦问题的提议、方案和国际会议。

当前，在中东大变局的影响下，巴以冲突呈现出进一步复杂化的态势。为避免巴以和平进程和巴勒斯坦建国问题被进一步边缘化，巴勒斯坦民族权力机构于2011年9月正式提出了加入联合国的申请，并于2012年11月成为联合国观察员国。但是，可以预见，如何解决巴解组织与哈马斯的内部矛盾与分歧仍将是困扰巴勒斯坦建国的重要课题之一。

① 希文：“哈马斯与巴以和平进程”，载《世界宗教文化》2000年第1期，第40~41页。

专题 25

从族群与国家认同的矛盾看阿拉伯国家的国内冲突*

【摘要】在阿拉伯世界，族群、国家、民族、宗教、教派等多元认同的存在，决定了阿拉伯国家的国家认同深受多元认同的困扰。阿拉伯国家由于族裔认同、民族认同、宗教认同的交互影响下，其国家身份的建构受到了多重压力与困扰。本文主要探讨了种族、语言、宗教、教派等族群认同对阿拉伯国家认同的挑战，分析了阿拉伯国家族群冲突的四种主要形态：(1) 权力分割族裔化而引发的国内冲突；(2) 权力垄断族裔化而引发的国内冲突；(3) 主体民族与少数民族族裔群体的冲突；(4) 跨界族群寻求自治与独立引发的冲突。阿拉伯国家的内部族群冲突在某种程度上反映了阿拉伯民族国家建构存在的问题和遭遇的挫折。

在阿拉伯世界，族群、国家、民族、宗教多元认同的存在决定了阿拉伯国家的国家认同深受多元认同的困扰。本文主要探讨种族、语言、宗教、教派等族群认同对阿拉伯国家认同的挑战，并以此为基础分析阿拉伯国家族群冲突的四种主要形态，即权力分割族裔化引发的国内冲突；权力垄断族裔化引发的国内冲突；主体民族与少数民族族裔群体的冲突；跨界族群寻求自治与独立引发的冲突。阿拉伯国家的族群冲突反映了阿拉伯民族国家建构存在

---

* 原载《阿拉伯世界研究》2008 年第 3 期。

的问题和遭遇的挫折。

认同的概念与阿拉伯“国家认同”所处的困境

认同是与身份密切相关的概念，这两个概念在英文中同为“identity”一词。但在中文语境下，身份往往意味着个体与他者相区别的个性，是一种静态的存在，同时也表现为法律对个体存在的认可，如“身份证”；而认同更强调动态的选择与建构，是“行为主体在看待其他行为主体时赋予自身的一组含义，行为主体在一定的社会环境中或者在理解和预期的社会角色结构中，确定自己的身份或者为自己定位”①。

从社会学的角度看，认同与社会群体密不可分，因为从个体与群体关系的角度看，认同作为一种社会建构过程是在个体与群体关系中展开的，即个体认知到自身属于并忠诚于某一群体，同时也意味着与其他群体的边界意识或排斥意识。而某一群体对其群体特性的认同即群体认同。群体认同“建立在选择性的记忆过程上，特定集团通过共同的记忆来认识自我。……民族、国家、宗教、文化、阶级，乃至性别、语言，均是已经形成的集体认同，同时也可以被重新建构出来，集体认同是自我和他者建立的积极的认同关系，在认知上把他者看作是自我的延伸。”②

认同与政治的关联性来源于群体间的关系，本文要探讨的族裔认同、国家认同、民族认同、宗教认同都是政治表达的主要维度。曼纽尔·卡斯特（Manuel Castells）指出：“认同是人们意义与经验的来源。”人们“为了神、民族、族群、家庭、地域而营造抵抗的战壕，而这些基本范畴已存在了千年，现在却出于技术—经济力量与转化性的社会运动这两者相结合却又相矛盾所带来的攻击威胁之下。”“我们在这个世纪（指 20 世纪——引者注）最后的四分之一已经经历了集体认同强烈表现的漫天烽火。这些集体认同为了

---

① 何佩群、俞沂暄主编：《国际关系与认同政治》，北京：时事出版社 2006 年版，第 2 页。

② 同上，第 2—3 页。

捍卫文化的特殊性，以人民对生活与环境的控制权对全球化与世界主义提出挑战。”①

从认同的角度看，中东地区的认同是由复杂的多元认同编织起来的认同网络。瑞士学者伊夫·贝松在《从民族认同危机看中东冲突》一文中指出，“中东地区是一幅由不同社区组成的镶嵌图案，是由简单或复合群体交织而成的错综复杂的网，它们忠于哪一方往往是由真正的或推定的宗族关系决定的。这些群体认为，这些关系直接或间接地影响着他们个人或社区在一个国家、在该区域、甚至更大实体内的政治和经济地位。这些关系表现为各种各样的形式：宗教的、民族的、语言的、文化的，有时还有社会经济的，而且常常重叠交错。”② 这一论述充分反映了阿拉伯世界多元文化认同相交织的复杂现实。

就民族国家存在的基础而言，不仅有赖于国际法所赋予的主权，即对内的最高管辖权与对外独立权，以及维护国家主权的政权机构与国家力量，更离不开国民对国家政权合法性的文化与心理认同即国家认同。在西方经典民族主义的民族国家理论中，在民族国家构建的“一族一国”模式下，国民认同与民族认同具有内在的统一性。“民族”一词的原始意义为“诞生物”，指诞生于同一地方的一群人，即具有同一血统和共同语言者所组成的社会集团。③ 17世纪以后，西方用“民族”指称主权国家的人民，即“民族国家”(nation-state)。从法国大革命到第一次世界大战时期，欧洲大陆的政治家和外交家们经常使用民族指代享有主权的民族国家，也正是在欧洲资产阶级革命后，伴随民族国家体系在欧洲的形成，“民族”成为一个现代政治概念开始在世界范围内传播。“近代以来在欧洲形成的民族（nation），……就是以本族为主体建立现代国家的民族。因此，民族的概念直接与国家的概念或者

① ［美］曼纽尔·卡斯特：《认同的力量》，夏铸久等译，北京：社会科学文献出版社2003年版，第2页。

② ［瑞士］伊夫·贝松：“从民族认同危机看中东冲突”，《国际社会科学杂志》(中文版) 1992年第1期，第140页。

③ 余建华：《民族主义——历史遗产与时代风云的变幻》，上海：学林出版社1999年版，第5页。

至少是一定程度的自治相关联。”①

对于西方民族国家而言，民族认同（national identity）与国家认同（identity of state）具有内在的同构性。在西方，nation 最基本的含义是指生活在一国领土之内、统一于一个政府和一种制度之下的全体人民，即“国民”意义上的“国家”（nation）或政体意义上的国家（state），或指他们的领土，即地理意义上的国家（country）。美国著名国际关系学家卡尔·多伊奇的定义简单明了：“一个民族（Nation）就是一个拥有国家的人民（People）。”② 英国政治学家约翰·基恩认为，“所谓‘民族’指在某一给定的领土上，在共同的法律和政治制度下生活的居民。关于‘民族’的这一政治概念界定了并包含着‘市民社会’，即有权参与政治，分享着主权行使的公民们，它对国家的建设过程有着极其重大的意义”③。英国学者 A. D. 史密斯对民族的定义是：“民族是一个在横向和纵向联系上一体化的、拥有固定领土的群体，它是以共同的公民权利和具有一种（或更多）共同的集体情感为特征的。”④ 这也正如西方著名学者马克斯·韦伯所言：“在明显的、模棱两可的‘民族’（nation）一词的背后，都有一个共同的目标，它明显地植根于政治领域。”“人们可以通过下列途径界定‘民族’（nation）这一概念，即民族是一个可以用于它自己的方式显示它自己感情的共同体；而且一个民族它确实趋向于产生他自己的国家的共同体。”⑤ 因此，从以上学者的观点来看，对于西方的民族国家而言，民族认同即民族成员对民族国家的政治忠诚。

但是，在阿拉伯世界，民族认同与国家认同的关系却远非西方经典民族主义理论所能概括。因为阿拉伯世界存在着族群认同（identity of ethnic

---

① 宁骚：《民族与国家：民族关系与民族政策的国际比较》，北京：北京大学出版社 1995 年版，第 12 页。

② Peter Alter, *Nationalism*, London, 1994, p. 6.

③ ［英］约翰·基恩：《民族、民族主义和公民在欧洲》，《国际社会科学杂志》（中文版）1995 年第 2 期，第 25 页。

④ 转引自宁骚：《民族与国家：民族关系与民族政策的国际比较》，北京：北京大学出版社 1995 年版，第 13 页。

⑤ Max Weber, “The Nation”, in *From Max Weber: Essays in Sociology in Nationalism*, translated and edited by H. H. Gerth and C. Wright-Mills, London, Routledge & Kegan Paul, 1948, p. 179.

group）、国家认同（identity of nation-state）、民族认同（identity of nation）、宗教认同（identity of religion）等多元认同。当今世界的阿拉伯民族建立了22个阿拉伯国家，这种民族与国家的关系上在世界上都是独一无二的。在阿拉伯世界，族群、国家、民族、宗教多元认同的存在决定了阿拉伯国家的国家认同处在多元认同交织漩涡的中心。

第一，阿拉伯国家多是以阿拉伯民族为主体的多民族国家，在国家内部往往都存在着以血缘、部族、语言、宗教、教派差异为基础的多元族裔群体，进而在国家的下位产生了族裔认同对国家认同的挑战，使得现存的阿拉伯国家面临族裔群体谋求自治乃至独立的压力与挑战。

第二，阿拉伯民族是一个超国家概念，阿拉伯民族认同也是一种超国家的民族认同。在阿拉伯国家，国家认同与民族认同不是一种同构性的认同，这突出表现为阿拉伯民族主义追求统一的政治思潮及其实践与阿拉伯国家之间的复杂关系，以及对阿拉伯国家政治以及阿拉伯世界国际关系的深刻影响，其内在的紧张和压力突出表现为如何平衡各自国家利益与阿拉伯世界整体利益的关系。阿拉伯民族认同相对国家认同而言，是一种国家上位的超国家认同。

第三，宗教认同与其他认同的关系更为复杂。在阿拉伯国家内部层面，国家不仅面临在意识形态和政治合法性构建中如何协调宗教与世俗之间关系的挑战，同时也面临不同宗教与教派矛盾分化并侵蚀统一国家认同的挑战。在阿拉伯世界和伊斯兰世界，长期存在泛阿拉伯主义追求“阿拉伯统一”与泛伊斯兰主义、伊斯兰原教旨主义追求“伊斯兰统一”的矛盾与冲突。

从认同政治的角度看，阿拉伯国家由于处在族裔认同、民族认同、宗教认同的交互影响下，其国家身份的建构受到了多重压力与困扰，不仅对内影响其国家政治现代化和民族国家的建构，而且对外影响阿拉伯国家与阿拉伯世界、伊斯兰世界的复杂关系，认同的冲突构成了阿拉伯国家、阿拉伯世界、伊斯兰世界冲突的社会文化根源。当然，在更广泛的国家层面则涉及阿拉伯国家、阿拉伯世界、伊斯兰世界与西方世界的深刻矛盾冲突。就阿拉伯国家面临的上述问题而言，从国家认同的角度看，主要是对内面临如何协调族裔认同与国家认同的矛盾，塑造出有利于国家统一与完整的国民认同，以维护和巩固国家政治合法性的社会文化基础；对外则面临如何准确界定阿拉伯国家自身在阿拉伯世界和伊斯兰世界的身份定位、国家利益定位以及对外政策的选择。这不仅是阿拉伯国家政治稳定的根基之所在，也是阿拉伯世界和伊斯兰世界走向团结、和谐与繁荣面临的历史性课题。鉴于文章的篇幅所限，本文主要探讨族群认同对阿拉伯国家认同的挑战。

族群认同困扰下的阿拉伯“国家认同”

在前文论及的民族认同即国家认同的观点之外，还存在另外一种关于民族认同的观点。它把民族认同理解为民族成员对民族国家的政治忠诚和文化体认。安东尼·史密斯指出，现代民族往往既是公民的，又是族裔的（ethnic）。在 1991 年出版的《民族认同》一书中，他比较集中地讨论了民族（nation）与族群（ethnic community）的含义及其特征。他指出，民族这个概念基于西方国家的经验而产生，或者可以称之为“市民的民族模式”（a civic model of the nation），主要有四层含义：首先，它是一个空间的或领土的概念，一个民族（nation）必须有明确的地理边界，并与其传统居住的土地之间有着密切的联系；其次，民族是“具有单一的政治意愿的法律与制度的共同体”（a community of laws and of institutions with a single political will）；再次，民族共同体成员在法律上具有平等的权利与义务即“公民权”；最后，民族具有共同的文化（价值观和传统）和公民的意识形态（civic ideology）。[①] 因此，在史密斯教授看来，历史形成的领土、法律和政治制度、平等的公民权利、共同的文化和意识形态构成了西方模式的民族的构成要素。

史密斯教授认为上述模式并不适用于整个世界，从世界范围内来看，“民族”（nation）在概念上包括了两组特征，一组是“公民的”（civic）和领土的（territorial），在公民形态中民族是政治和法律的共同体；另一组是“族群的”（ethnic）和血缘家系的（genealogical）的，在这种情况下民族是血统和文化的共同体。在实际社会中，两组内容以不同的比例混合在一起，

---

① Anthony D. Smith, *National Identity*, London: University of Nevada Press, 1991, p. 11.

有的第一组比重大，有的第二组比重大。西欧与东欧、亚洲民族的区别就在于民族两组特征的比例不同。[①]

史密斯指出，族群是一个具有名称的、有着共同祖先和传说、共有的记忆和文化因素的人群；一种与历史的领土或家园有关的联系；一个团结的度量。[②] 西欧国家的民族模式为“市民的民族模式”，而亚洲和东欧地区则是“‘族群’的民族模式”（an ethnic model of nation），它强调的是人们出生的共同体和本土文化，在这种模式中，对血统和谱系的重视超过领土；在情感上具有强大的感召力和动员效果；对本土文化（语言、价值观、习俗和传统）的重视超过法律。[③] 因此，在史密斯看来，“‘民族’（nation）这个范畴可以涵盖‘族群’（ethnicty）。各地的‘族群’由于都比较侧重于它们的文化传统和血缘联系，所以在‘族群’定义的内容和词语翻译方面比较容易相通。”[④]

笔者比较认同安东尼·史密斯的观点，即国民和公民认同一方面表现为对国家的忠诚；一方面表现为对族群的忠诚。安东尼·史密斯观点的合理性在于看到了族裔认同与国家认同关系的复杂性。在民族构成单一或相对比较单一的国家，二者固然具有一致性；但在国民由多个族裔群体构成的国家，由族群认同引发的政治问题突出表现为族群认同与国家认同的关系问题，即族群认同与国家认同是否存在矛盾乃至分离倾向，国家内部不同的族群之间关系是和睦还是紧张，是否存在族群冲突的可能和现实。

根据美国学者威廉·彼德森的解释，ethnic 是从希腊文 *ethnikos* 经过拉丁语转化而来的，是 *ethnos* 的形容词形式，*ethnos* 指民族（nation）或种族（race）。ethnic 最初用于英语时表示的含义是“非基督徒或犹太人、无宗教信仰的人、异教徒。”[⑤] 因而这个概念多少含有西方中心主义和殖民主义的

---

① Anthony D. Smith, *National Identity*, London: University of Nevada Press, 1991, p. 15.

② Anthony D. Smith, *The Ethnic Sources of Nationalism*, *Ethnic Conflict and International Security*, Princeton University Press, 1993, p. 28.

③ Anthony D. Smith, *National Identity*, London: University of Nevada Press, 1991, p. 11.

④ 马戎：《民族与社会发展》，北京：民族出版社 2001 年版，第 151 页。

⑤ [美] 威廉·彼德森：“民族性的概念”（上），林宗锦译，载《民族译丛》1988 年第 5 期，第 10 页。

色彩。国内有学者强调指出，在西方的近代民族学研究中，族群包含歧视性含义，因此反对使用族群的概念①；有学者则强调要慎重使用，因为在西方发达国家，ethnic group 等术语早期包含宗教异类、非白人种族、非英裔移民等歧视性含义，到20世纪60年代后则泛指基于种族、民族、宗教、语言和文化背景的群体。②

需要说明的是，本文使用"族群"概念，并没有任何文化与政治的偏见，主要原因在于国内学术界使用的"民族"概念包含了太多的含义与层次，对应了西语中太多的名词术语。因此，本文选择"族群"这一概念来指代民族国家内部具有语言、宗教等文化独立性的民族群体。在概念界定上，笔者比较认同巴斯（F. Barth）的观点。他认为，作为社会组织的族群是"涉及社会文化差异的组织"；"'族群'的身份是在社会互动的中通过'自认'（self-ascription）和'他认'（ascription by others）获得"；"最重要的文化特征和边界有关：成员身份的特点和当事人自己用来评判本族成员行为的文化规范，暗示着他们把自己看作是'玩同一场游戏'的人。"③

如果根据种族、语言、宗教、教派等因素考察阿拉伯国家的族群构成，主要阿拉伯国家内都存在着若干族群，并在种族、语言、宗教、教派四个方面存在族群差异，尤其以苏丹、黎巴嫩、伊拉克、叙利亚等国家最为突出。正是由于阿拉伯国家在族裔、语言、教派等族群构成上的多样性，有学者以阿拉伯、穆斯林、穆斯林教派等几个因素为标准，把阿拉伯国家的少数民族分为四种类型：第一类，属于阿拉伯人但宗教信仰不属于逊尼派的穆斯林；第二类，不信仰伊斯兰教的阿拉伯人；第三类，不属于阿拉伯人的穆斯林；第四类，既不是阿拉伯人，也不是穆斯林。④ 当然，这种划分方法更多地着眼于阿拉伯世界，对每一个阿拉伯国家并不一定具有完全的适用性，如在伊拉克，属于阿拉伯人但不属于逊尼派的什叶派就不是少数民族。但从中足见阿拉伯国家族裔构成的复杂性。在《阿拉伯世界的民族冲突与建国》一文

① 朱伦："论'民族—国家'与'多民族国家'"，载《世界民族》1997年第3期。

② 郝时远："Ethos（民族）和 ethnic group（族群）的早期含义与应用"，载《世界民族》2002年第4期。

③ Barth, F., *Ethnic Groups and Boundaries*, Illinois: Waveland Press, Inc., 1998, p. 6.

④ Michael C. Hudson, *Arab Politics: the Search for Legitimacy*, Yale University Press, 1977, p. 59.

中，埃及学者萨阿德·埃丁·易卜拉欣从种族、宗教、教派、语言四个方面，对阿拉伯国家的族裔群体差异进行了概括，为我们认识阿拉伯国家族群差异的复杂性提供了一份可资参考的清单。

表1　20世纪90年代初阿拉伯世界的主要少数派与阿拉伯多数派的对比情况

类型	人口（百万）	百分比	聚居国
多数人（讲阿拉伯语，穆斯林，逊尼派）	190.0	80.0	除黎巴嫩、伊拉克和巴林以外的所有阿拉伯国家
语言/文化上的少数派（非阿拉伯）	32.3	13.7	摩洛哥/苏丹/阿尔及利亚/伊拉克
宗教上的少数派（非穆斯林）	17.9	7.6	苏丹/埃及/叙利亚/黎巴嫩
伊斯兰教中的少数派（非逊尼派）	20.8	8.8	伊拉克/黎巴嫩/叙利亚/海湾国家
少数民族（非闪含语族/非高加索人种）	8.7	3.7	苏丹

表2　阿拉伯世界中讲少数民族语言人口的分布情况

少数民族	在阿拉伯世界中的总人数	多数人信仰的宗教	民族起源	发祥地	聚居国
库尔德人	5 000 000	穆斯林	含语族/闪语族	库尔德斯坦	伊拉克/叙利亚
亚美尼亚人	1 000 000	基督徒	含语族/闪语族	亚美尼亚（土耳其及前苏联）	黎巴嫩/叙利亚/伊拉克/埃及
阿拉米人	125 000	穆斯林	含语族/闪语族	叙利亚/伊拉克/黎巴嫩	叙利亚/伊拉克/黎巴嫩
土库曼人	125 000	穆斯林	含语族/闪语族	前苏联南部/土耳其	约旦/叙利亚
讲突厥语的人	125 000	穆斯林	含语族/闪语族	土耳其	叙利亚/伊拉克
讲伊朗语的人	350 000	穆斯林	含语族/闪语族	伊朗	伊拉克/海湾国家
犹太人	3 500 000	犹太教	含语族/闪语族	欧洲+南北美洲	巴勒斯坦/以色列
非洲部落民	5 500 000	多神教	非洲	南苏丹/南摩洛哥	南苏丹/南摩洛哥
努比亚人	500 000	穆斯林	含语族/闪语族	南埃及/北苏丹	南埃及/北苏丹
柏柏尔人	15 000 000	穆斯林	含语族/闪语族	摩洛哥/阿尔及利亚/突尼斯/利比亚	摩洛哥/阿尔及利亚/突尼斯/利比亚

表 3　阿拉伯世界逊尼派以外的其他伊斯兰教派分布情况

阿拉伯世界中的非逊尼派伊斯兰教派	总人数	聚居的主要国家
十二伊玛目派	10，000，000	伊拉克/黎巴嫩/海湾国家
裁德派	3，500，000	也门/阿拉伯半岛
伊斯玛代派	300，000	叙利亚/黎巴嫩/巴勒斯坦/海湾国家
德鲁兹派	1，350，000	叙利亚/黎巴嫩/巴勒斯坦
阿拉维派	3，000，000	叙利亚/黎巴嫩
哈瓦利吉派	1，500，000	叙利亚/黎巴嫩
总计	19，650，000	

注：以上三表转引自［埃及］萨阿德·埃丁·易卜拉欣："阿拉伯世界的民族冲突与建国"，《国际社会科学杂志》1992 年第 2 期，第 75 ~ 77 页。

民族主义作为一种以民族认同为价值取向，以维护本民族利益和建立民族国家为终极目标的心理情感、思想体系和社会实践运动，对世界现代化进程产生了重要的影响。"对于民族国家而言，民族主义是有效的社会动员手段，即社会动员的政治、经济和文化工具。"① 根据西方学者的观点，民族主义通过民族国家的建立完成了三大社会变革：第一，在全国范围内建立了有效的行政管理系统；第二，通过发展市场经济促进国内经济一体化，从而将市场经济从最初少数几个国家推广到整个西欧、北美，最终乃至整个世界；第三，推广包括科学和人文学术在内的世俗教育和世俗文化，加强社会成员对国家的认同。② 从意识形态的角度来看，在民族国家建构的过程中，民族主义具有三方面的功能：第一，加强对民族起源和民族家园的历史认同；第二，表达民族的集体身份并以此为基础证明国家政权的合法性；第三，为本民族提供维系民族价值体系的文化符号体系。

阿拉伯民族国家体系形成于第一次世界大战前后。在取得民族独立后，在国家认同方面，阿拉伯国家也力图实现"基于共同认同的民族文化和'公民神话'的发展"，各国高度重视发展民族语言（阿拉伯语），包括前伊

① 徐迅：《民族主义》，北京：中国社会科学出版社 1998 年版，第 42 页。

② E. Hobsbawm and T. Ranger, eds., *The Invention of Tradition*, Cambridge University Press, 1983.

斯兰时期在内的历史研究和考古发掘，以及博物馆建设，如埃及、伊拉克都十分重视对古代史的研究，并将大量古代符号运用于现实之中。伊斯兰教也适当地得到强调，在君主时代的伊拉克、约旦、沙特和科威特等国家，王室都宣称自己为先知的后裔，以培育共同的民族认同。[①]

但是，在阿拉伯世界，泛民族主义的盛行导致少数族群被边缘化的现象十分严重，如阿拉伯民族主义排斥非阿拉伯族群，泛伊斯兰主义排斥非穆斯林族群，导致了族群隔阂的产生。埃及社会学家萨阿德·埃丁·易卜拉欣认为“伊斯兰主义者很自然地将文化、社会和国家的政治纽带建立在宗教基础之上”，而在“纯粹的阿拉伯民族主义者看来，文化和语言是国家、社会和公民资格的政治认同的支柱。从这个意义来说，阿拉伯民族主义是一种世俗的意识形态。”“阿拉伯世界中两种不同的认同范式各自对政治共同体的定义，排斥那些恰恰为另一种认同范式所包容的民族群体。”[②] 这种认同矛盾所引起的族裔政治在多数阿拉伯国家政治中均有不同程度的体现。例如，在1958～1968年间，在什叶派占多数的伊拉克，在部长层级以上的统治精英中，逊尼派的比例超过君主时代，达54%，什叶派和库尔德人分别下降到30%和11%。[③] 在叙利亚、萨达姆时期的伊拉克和巴林，长期执政的是人口居少数的集团（阿拉维派和逊尼派）。在许多阿拉伯国家，族群问题不仅仅是宗教或教派问题，还往往与城乡差别、地区差别和部落问题等相互交织。[④] 此外，一些中东国家采取无情的镇压手段对付少数族群，使矛盾更加激化，如萨达姆时期的伊拉克当局对库尔德人的残酷镇压。所有这些矛盾与冲突均反映出多元族裔认同对国家政治现代化的掣肘作用。

在中东的政治发展进程中，尽管民族国家体系已经形成，国家认同与公民文化也得到了一定的发展。但中东阿拉伯国家的民族国家建构无疑存在着诸多的问题，在部分国家甚至遭遇了深刻的挫折乃至失败。相对于脆弱的国

---

① 黄民兴：“论20世纪中东国家的民族构建问题”，载《西亚非洲》2006年第9期，第16页。

② ［埃及］萨阿德·埃丁·易卜拉欣：“阿拉伯世界的民族冲突与建国”，载《国际社会科学杂志》1992年第2期，第77～79页。

③ Phebe Marr, *The Modern History of Iraq*, Westview Press, 1985, p. 282.

④ 黄民兴：“论20世纪中东国家的民族构建问题”，载《西亚非洲》2006年第9期，第17页。

家认同，人们更为熟悉和认同的是宗教、语言、部族、家族等传统身份。中东民族国家作为外部强加的、新的社会政治组织体系，仍然无法与传统的亲缘性和庇护性的政治制度获得同等程度的支持、忠诚和合法性。① 受传统与现代意识形态的交互影响，阿拉伯国家的国民普遍深受各种政治认同的制约。美国一学者对美国西北大学阿拉伯裔学生所作的关于认同问题的调查（参见表4）足以反映这一点。

表4 阿拉伯学生政治/文化认同的变化（%）

认同类型	过去的政治/文化认同	当前的政治/文化认同
作为国家的国民	29.0	24.0
作为宗教共同体的成员	11.2	14.8
作为阿拉伯民族主义者	52.5	53.6
作为族裔、家族或部族的成员	2.6	2.5
作为地区整合的支持者	4.6	5.0
总计	99.9	99.9

表5 阿拉伯不同国别学生在政治共同体上的选择（%）

政治团体	国别				
	黎巴嫩	叙利业	以色列巴勒斯坦人	其它阿拉伯国家的巴勒斯坦人	埃及
阿拉伯民族主义	54.6	62.0	57.0	70.6	27.8
宗教共同体	5.1	9.9	34.0	0.0	33.3
国家民族主义	28.0	17.9	0.0	29.4	38.9
族裔、家族、部族	1.2	9.9	8.8	0.0	0.0
地区一体化	11.3	0.0	0.0	0.0	0.0
总计	100.2	99.7	99.8	100.0	100.0

资料来源：以上两表出自：Stewart Reiser，“Pan-Arabism Revisited”，*The Middle East Journal*，Vol. 37，No. 2，Spring 1983，p. 218. 转引自田文林：“国家民族主义与阿拉伯国家的文化整合”，《现代国际关系》，2003年第12期，第27页。

---

① Laure King-Irani，“Kinship，Class and Ethnicity”，Edited by Deborah J. Gerner，*Understanding the Contemporary Middle East*，Lynne Riener Publishers，2000，p. 268.

阿拉伯国家族群冲突的主要类型

从1945年至20世纪90年代初，中东阿拉伯地区的武装冲突占世界武装冲突的25%。[①] 其形式主要有三种：一种为中东国家间的冲突，如阿以冲突、两伊战争、伊拉克入侵科威特等；第二种冲突为大国对中东问题进行干涉的武装冲突，如美国发动的海湾战争、阿富汗战争和伊拉克战争；第三种形态即中东国家的内部冲突，最为典型的有黎巴嫩内战、索马里内战、苏丹内战等。而第三种形态的冲突则多为族群冲突，即发生在某一国家内部，或者表现为某一族群与政府之间的武装冲突，或者表现为不同族群之间的武装冲突。部分中东阿拉伯国家都一直存在着某种族群关系紧张的情况。在苏丹、伊拉克、黎巴嫩及也门，族群关系紧张引发长期的武装冲突，使国家的统一和领土完整受到严重威胁。[②] 阿拉伯国家内部的族群冲突不仅使部分国家的政治稳定以及国家统一受到威胁，更直接造成了大量的人员伤亡、经济损失和难民危机，成为威胁地区稳定的重要因素。（参见表6）

表6　中东和北非国家国内冲突

国家	时期	伤亡人数	代价估计单位10亿美元；1991年币值	无家可归人口
苏丹	1956—1991	900 000	30.00	4 500 000
伊拉克	1960—1991	400 000	30.00	1 200 000
黎巴嫩	1958—1990	180 000	50.00	1 000 000
也门	1962—1972	100 000	5.00	500 000
叙利亚	1975—1985	30 000	0.50	150 000

① ［埃及］萨阿德·埃丁·易卜拉欣："阿拉伯世界的民族冲突与建国"，载《国际社会科学杂志》1992年第2期，第74页。

② Saad Eddin Ibrahim, *Sects, Ethnicity, and Minority Groups in the Arab World*, Cairo: Ibn Khaldoun Center, 1994, pp. 225 – 290.

续表

国家	时期	伤亡人数	代价估计单位 10 亿美元；1991 年币值	无家可归人口
摩洛哥	1976—1991	20 000	3.00	100 000
南也门	1986—1987	10 000	0.20	50 000
索马里	1989—1991	20 000	0.30	200 000
其他国内冲突	1945—1991	30 000	1.00	300 000
总计		1 690 000	120.00	8 000 000

资料来源：［埃及］萨阿德·埃丁·易卜拉欣："阿拉伯世界的民族冲突与建国"，《国际社会科学杂志》1992 年第 2 期，第 74 页。

由于族群问题引发的阿伯国家国内冲突可谓形形色色，复杂多样，但从认同政治的角度看，一个很重要的原因在于族裔认同与国家认同之间存在着尖锐矛盾，进而由于族群矛盾引发国内冲突。从族裔认同与民族国家认同之间的关系审视阿拉伯国家的国内冲突，其典型的冲突类型可以概括为以下几种：

（1）权力分割族裔化引发的国内冲突。国家以主要族群为架构分割国家权力，进而使国家机构及其制度安排建立在族裔结构的基础上，国家的政治稳定依赖于权力在各族群之间的平衡，进而使国家权威具有先天的脆弱性和不稳定性，一旦失衡便会引发大规模的族群冲突乃至内战。这种冲突模式既与国家族群构成多元性及其矛盾本身有密切联系，也与殖民主义"分而治之"政策的遗产有关。黎巴嫩基督教、伊斯兰教逊尼派、什叶派对国家权力争夺引发的持久内战，可以说是这种冲突的典型代表。当前伊拉克重建过程逊尼派、什叶派与库尔德人之间难以平衡的权力矛盾，以及在后萨达姆时代日趋血腥的教派仇杀，也属于这种类型。

（2）权力垄断族裔化而引发的国内冲突。国家权力为某一族群所垄断，且在政治文化等领域推行强制性的国家构建，引发族群关系的紧张，进而使某些族群与掌握现政权的族群之间的关系紧张乃至发生冲突。萨达姆时代伊拉克的族群关系就具有这种特征，国家政权被逊尼派所垄断，进一步说是被萨达姆的姻亲及其家乡提克里特家族集团所垄断。在伊拉克的民族国家建构过程中，萨达姆政权采取了种种强制性的文化整合与政治高压政策，其目标包括：第一，使组成伊拉克政治实体的形态各异的族裔共同体，变成一个国民统一体；第二，通过展现伊拉克丰富而独特的历史传统，增强伊拉克人在世界各国和阿拉伯世界中独一无二的意识；第三，依靠文化和族裔纽带把现代伊拉克人与远古先辈有机联系起来。① 在萨达姆以高压政策为主的国家建构中（最极端的莫过于对库尔德人动用化学武器），什叶派和库尔德人长期处于权力结构的边缘，并以暴动和骚乱的方式回应萨达姆的独裁政权，进而不断因族群关系紧张引发国内冲突，而这也正是今天伊拉克族裔仇杀的根源之一。

（3）主体民族与少数民族族裔群体的冲突。此类问题在中东突出表现为国家推行以主体民族为主导的政治、经济及文化政策，引发少数族裔群体的不满，进而导致少数族裔群体与主体民族和现政府之间的矛盾乃至冲突。例如，阿尔及利亚与摩洛哥的柏柏尔人问题，主要原因之一就在于两国政府推行阿拉伯化政策引发柏柏尔人的反抗；原苏丹南部的黑人问题，主要原因也在于掌权的北方阿拉伯人推行阿拉伯伊斯兰化政策，引发南部黑人基督徒的反抗；埃及信仰基督教的科普特人与穆斯林之间自20世纪70年代以来不断发生摩擦与冲突，也有类似的原因。

（4）跨界族群寻求自治与独立引发的冲突。跨界族群，简单就是跨国界而居的族群，这里主要是指传统聚居地被现代政治疆界分隔而居住在毗邻国家的族群。在中东，长期困扰伊拉克、叙利亚、土耳其、伊朗四国的库尔德人问题，就属于典型的跨界族群问题。为寻求自治与独立，库尔德人多次与伊拉克、土耳其、伊朗、叙利亚政府发生冲突。此外，库尔德人本身也派别林立，内部经常发生冲突与残杀。由于他们经常以邻国的库尔德地区作为活动基地，又由此引发邻国间的不睦和矛盾。库尔德人问题已经成为影响土耳其、伊朗、伊拉克叙利亚四国关系的重要因素之一。非洲的索马里问题和苏丹问题也都有跨界族群的因素。

阿拉伯国家族裔认同与国家认同的矛盾及其与此相关的国内冲突，其意识形态根源在于族裔民族主义的滋生与泛滥。族裔民族主义是一国内部的族裔群体所奉行的民族主义，其典型特征是从文化上谋求自身的文化认同，突

---

① Amatiz Baram, *Culture, History and Ideology in the Formation of Ba'thist Iraq*, 1968 – 1989, St. Martin's Press, New York, 1991, p. 34.

出表现为从地域、语言、宗教、历史、文化传统等方面寻求和确认自身的特性；在政治上或谋求对国家政治权力的掌控，或争取某种程度的自治，或者脱离现存的国家而另起炉灶，或者要求并入母体民族的国家等等。“族裔民族主义与一国社会内部的种族、部族、民族关系及其涉及的语言、宗教、文化和政治分裂密切关联。它的向往和要求，无论是某个族裔群体争取全国政治支配权和语言、宗教、文化上的特权性优势，还是争取半独立性质的国内高度自治地位，或者干脆分离出原属的多族裔政治共同体，建立起本族裔的独立国家，或者并入同族裔的另一个国家”，它所体现的价值取向都“在于族裔性的局部认同，政治、文化甚或经济的分离或对立，连同对于民族国家的至高无上的希求。”① 也有学者提出了“地方民族主义”的范畴。“地方民族主义是指在一个国家范围内占据（或曾经占据过）某一特定地理疆域的族体，为维护和促进本族体的自身利益和提高本族体的权力中心的地位而表达出来的一种心理情感、思想意识和实践运动。”②

综上所述，在阿拉伯世界，种族、语言、宗教、教派等族群认同的存在决定了阿拉伯国家的国家认同深受族群认同的困扰，其国家身份的建构受到了多重压力与困扰，使得现存的阿拉伯国家不同程度面临族裔群体寻求自治乃至独立的压力与挑战。族群认同与国家认同的冲突使阿拉伯国家的民族国家建构遭遇了深刻的挫折乃至失败，并成为影响阿拉伯国家内部冲突的主要社会文化因素。从族裔认同与民族国家认同之间的关系审视阿拉伯国家的国内冲突，其典型的冲突类型主要包括：权力分割族裔化而引发的国内冲突、权力垄断族裔化而引发的国内冲突、主体民族与少数民族族裔群体的冲突、跨界族群寻求自治与独立引发的冲突。因此，如何协调族裔认同与国家认同的矛盾，塑造出有利于国家统一与完整的国民认同，以维护和巩固国家政治合法性的社会文化基础，依然是阿拉伯国家面临的一大政治课题。

① 时殷红：“论族裔民族主义在当今世界的涌动和局部泛滥”，载《社会科学论坛》2002年第1期，第17页。

② 李安山：《非洲民族主义研究》，北京：中国国际广播出版社2004年版，第4页。

专题 26

中东民族国家建设中的民族主义与伊斯兰教*

【摘要】从政治现代化的角度来看，民族主义作为“现代性”概念和意识形态，构成了建构中东民族国家，并启动其政治现代化进程的重要意识形态因素，并强烈地冲击了伊斯兰政治传统；而有着深厚传统根基的伊斯兰教，则在中东政治现代化进程陷入挫折之际，以伊斯兰原教旨主义的方式回应了对中东民族主义的严峻挑战。在中东民族国家建构过程中，民族主义与伊斯兰教的矛盾既有深层的历史文化原因，也有诸多复杂的现实因素。

从中东政治意识形态的演变来看，当代伊斯兰复兴运动兴起的意识形态根源之一就在于回应民族主义的挑战。因此，考察民族主义与伊斯兰教的关系，对于深化认识伊斯兰复兴运动的根源无疑有着重要的意义。对此，笔者曾从宏观角度探讨过中东民族主义与伊斯兰教的关系；[①] 曾经专文探讨过埃及和叙利亚的地方阿拉伯民族主义与伊斯兰教的关系；[②] 曾撰文分析过萨

---

* 原载《国际观察》2008 年第 5 期。

① 参见拙作“中东民族主义与伊斯兰教关系评析”，载《阿拉伯世界研究》2007 年第 3 期。

② 参见拙作“埃及的地方阿拉伯民族主义与伊斯兰教”，载《世界民族》2001 年第 1 期；“安东·萨阿德的民族主义思想宗教观”，载《西亚非洲》2001 年第 2 期。

提·胡斯里以及纳赛尔的阿拉伯民族主义与伊斯兰教的关系;[①] 也曾专文研究过伊斯兰原教旨主义对民族主义的思想挑战,[②] 并从宏观层面研究过伊斯兰复兴运动的政治文化机理及其对中东政治发展的影响。[③] 而本文则试图从民族国家建构层面分析民族主义与伊斯兰教关系对中东伊斯兰国家政治发展的影响。

民族主义与中东民族国家体系的形成

在国内外的政治现代化理论中,几乎都把民族国家的建构作为政治现代化的重要内容之一,而民族国家建构的意识形态基础之一就是民族主义。美国学者卢西恩·派伊曾经指出:“发展和现代化方面的问题,都渊源于能否建立起更有效、更灵活、更复杂和更合理的组织……鉴别发展的最终试金石在于一个民族是否有能力建立和维系庞大、复杂、灵活的组织形式。”[④] 他所说的“庞大、复杂、灵活的组织形式”就是民族国家。塞缪尔·P·亨廷顿则将权威的合理化作为政治现代化的重要标准,权威的合理化意味着“以单一的、世俗的、全国性的政治权威来取代传统的、宗教的、家庭的和种族的等五花八门的政治权威”,他进一步指出,“政治现代化的含义还包括,民族国家享有的对外主权不受他国干扰,中央政府享有的对内主权不被地方或区域性权力所左右。它意味着国家的完整,并将国家的权力集中或积

① 参见拙作“萨提·胡斯里的阿拉伯民族主义思想与伊斯兰教”,载《阿拉伯世界研究》2007年第3期;“纳赛尔的阿拉伯民族主义与伊斯兰教”,载《宁夏社会科学》2006年第2期。

② 参见拙作“伊斯兰原教旨主义对民族主义的思想挑战”,载《世界民族》2001年第6期。

③ 参见拙作“伊斯兰复兴运动与当代中东政治发展”,载《宁夏社会科学》2004年第1期;“当代中东伊斯兰复兴运动的政治文化机理”,载《宁夏社会科学》2001年第5期。

④ [美] 塞缪尔·P·亨廷顿:《变化社会中的政治秩序》,王冠华等译,北京:三联书店1989年版,第29页。

聚在举国公认的全国性立法机关手里。”①

我国学者罗荣渠认为，中央集权、法治精神、官僚制度、民族主义的普及和民族国家的建立、福利国家、政治结构的分化、政治文化的世俗化、人民对公共事务的广泛参与八项指标构成了政治现代化的主要内容。② 我国另一学者也指出：“一个社会的工业化和现代化的冲动，要求国家具备有效的社会资源和动员能力，并要求现代国家在结构和功能上包括科层制组织，贤能政治的意识形态，文化的一致性，以及居民的政治认同。民族主义历史性地承担了这样的社会政治动员。”③

民族主义作为一种以民族认同为价值取向，以维护本民族利益和建立民族国家为终极目标的心理情感、思想体系和社会实践运动，对于世界现代化进程产生了重要影响。有西方学者指出，民族主义通过民族国家的建立完成了三大社会变革：第一，在全国范围内建立了有效的行政管理系统；第二，通过发展市场经济促进国内经济一体化；第三，推广世俗教育和世俗文化，加强社会成员对新的国家的认同。从意识形态的角度来看，在民族国家建构的过程中，民族主义具有三方面的功能：第一，加强对民族起源和民族家园的历史认同；第二，表达民族的集体身份并以此为基础证明国家政权的合法性；第三，为本民族提供维系民族价值体系的文化符号体系。④

中东民族国家的构建同其他发展中国家有着历史相似性，即中东民族国家体系的形成是通过民族解放运动，摆脱外来殖民统治而得以完成的。中东民族主义主要包括阿拉伯民族主义、土耳其民族主义、伊朗民族主义，它们对于唤醒中东各民族的民族意识，确立民族认同，发挥了重要的历史进步作用；对中东完成非殖民化进程，建构现代民族国家，有着不可磨灭的历史功绩。中东国家以民族主义为意识形态进行的世俗化和现代化改革促进了这些国家从传统社会向现代社会的历史变革。因此，对于民族主义在中东现代民

① ［美］塞缪尔·P·亨廷顿：《变化社会中的政治秩序》，王冠华等译，北京：三联书店1989年版，第29页。

② 罗荣渠、牛大勇：《中国现代化历程的探索》，北京：北京大学出版社1992年版，第72～73页。

③ 徐迅：《民族主义》，北京：中国社会科学出版社1998年版，第42页。

④ E. Hobsbawn and T. Ranger，eds.，*The Invention of Tradition*，Cambridge University Press，1983.

族国家建构中所发挥的积极作用，是应当予以充分肯定的，因为 20 世纪整个中东历史进步的画卷与民族主义的兴起有着重要的联系。因此，有学者把现代中东民族独立国家体系的形成划分为三个阶段，即“中东的觉醒”、“中东的抗争”和“中东的巨变”。[①]

首先，民族主义促进了“中东的觉醒”，揭开了中东民族解放运动的序幕。在 19 世纪末 20 世纪初，“中东地区反帝反封建的民族民主自觉意识，在上世纪（指 19 世纪，作者注）启蒙运动和立宪运动的基础上逐渐产生的民族主义和民主主义思想，在 20 世纪新的历史条件下，形成新的政治文化思潮。”[②] 在 20 世纪初，1908 ~ 1909 年的青年土耳其党革命，1905 ~ 1911 年的伊朗立宪革命，阿拉伯民族主义在思想和组织上的成熟，都构成了中东觉醒的重要标志。其历史意义在于它“结束了中东社会自列强入侵以来一国又一国轮为殖民地半殖民地的历史，揭开了一国又一国起来革命，为建立独立的民族国家而斗争的历史”[③]。

第二，两次世界大战期间，中东地区出现了两次民族民主运动的高潮，一系列民族国家相继诞生。第一次高潮由土耳其的凯末尔革命（1919 ~ 1922）、阿富汗的反英斗争（1919 ~ 1921）、伊朗的反英民族运动（1919 ~ 1921）、埃及的反英独立运动（1919 ~ 1924），以及阿拉伯地区的伊拉克、叙利亚、黎巴嫩、巴勒斯坦爆发的反对英法殖民统治的民族解放运动构成，促进了中东民族解放运动的深化和一批民族独立国家的出现。第二次高潮突出地体现为土耳其凯末尔改革、阿富汗的阿马努拉改革和伊朗的礼萨·汗改革，现代化和世俗化构成了主体内容。

第三，从二战结束到 20 世纪 60 年代末，民族民主运动的深入发展最终形成了中东民族国家体系。1952 年埃及的“七月革命”、1954 年叙利亚的“三月革命”、1958 年伊拉克的“七月革命”、1962 年也门的“九月革命”标志着阿拉伯民族主义在这些国家取得了政权。在北非地区，利比亚

① 王铁铮：“试论现代中东民族独立国家体系的形成”，载《西亚非洲》1991 年第 6 期。

② 同上，第 41 页。

③ 彭树智：“巨变的世纪和变革的中东”，载《西亚非洲》1990 年第 4 期，第 2 页。

(1951)、摩洛哥（1956）、突尼斯（1956）、苏丹（1956）先后取得独立。约旦和黎巴嫩在1956年迫使英美撤军，海湾国家也相继走向独立，到20世纪70年代初，除巴勒斯坦外，中东穆斯林各国均获得民族独立，民族国家体系初步形成。

中东民族主义对伊斯兰教的冲击

伊斯兰教作为一种传统文化和精神信仰，广泛参与了中东的民族解放运动。但是同近代的民族解放运动相比，伊斯兰教的作用呈明显下降的趋势。按照伊斯兰教在民族解放运动中的作用，有学者将阿拉伯国家的民族解放运动划分为三种类型：伊斯兰力量领导的民族解放运动；由伊斯兰向世俗主义过渡的民族运动；世俗主义主导的民族运动。[①]

民族主义在中东的萌芽肇始于奥斯曼帝国的衰落和西方殖民入侵以后。[②] 中东“民族主义是对西方帝国主义和欧洲殖民统治的回应。……与依赖于对建立在共同信仰基础上的穆斯林共同体（乌玛）的政治忠诚和团结的传统伊斯兰政治理想不同，现代民族主义所体现的民族国家的观念不是以宗教信仰为基础，而是立足于共同的语言、地域、种族和历史。”[③] 因此，蕴藏在中东历史中的宗教忠诚与民族忠诚的联系与矛盾，开始以民族主义和伊斯兰教的复杂关系为表现形式凸显于中东政治之中。

阿拉伯民族主义、地方阿拉伯民族主义、土耳其民族主义和伊朗民族主义构成了中东民族主义的主要类型。它们对待伊斯兰教的态度有一定的共性，但又有各自的特性。阿拉伯民族主义，是在哲马尔丁·阿富汗尼、穆罕默德·阿布杜、拉希德·里达等人的伊斯兰改革主义影响下分化产生的，而

---

① 黄民兴：“论伊斯兰教在阿拉伯现代民族国家形成中的作用”，载《西亚非洲》1996年第3期。

② John L. Esposito, *Islam and Politics*, New York, Syracuse University Press, 1984, p. 59.

③ ［美］J. L. 埃斯波西托《伊斯兰威胁：神话还是现实?》，张晓东等译，北京：社科文献出版社1999年版，第80页。

伊斯兰改革主义分化产生的另一个分支则是以哈桑·班纳、赛义德·库特布等为代表的伊斯兰原教旨主义。在20世纪上半叶，阿拉伯民族主义虽然在本质上具有贬抑伊斯兰教的思想倾向，但它力图通过强调阿拉伯民族在伊斯兰教中的作用，把伊斯兰教作为一种文化资源融入阿拉伯民族主义的思想体系之内，以协调伊斯兰教与民族主义之间的关系。以埃及民族主义、叙利亚民族主义为代表的地方阿拉伯民族主义，则更加强调本民族文化、排斥伊斯兰教，但其民族主义思想仍留下了伊斯兰思想的深刻印记。而土耳其民族主义，经过青年奥斯曼党人和青年土耳其党人的泛突厥主义和泛伊斯兰主义的思想争论，经过民族主义思想家齐亚·格卡尔普对民族主义与伊斯兰教关系的梳理，[①] 最终转变为凯末尔的世俗民族主义，并最终缔造了伊斯兰世界第一个最为彻底的世俗化和现代化的民族国家。近代伊朗民族主义与伊斯兰教什叶派有着特殊的亲缘关系，[②] 而在巴列维王朝建立后，世俗民族主义与伊斯兰教的矛盾关系逐渐展开，并埋下了伊朗伊斯兰革命的历史伏笔。[③]

进入当代以来，以埃及纳赛尔主义和叙利亚、伊拉克复兴社会党为代表的阿拉伯民族主义迅速崛起，并与阿拉伯社会主义结合在一起成为当代中东政治的主导意识形态。土耳其的世俗民族主义政权得以进一步巩固，而伊朗巴列维王朝也奉行世俗民族主义，开始了以“白色革命”为形式的剧烈现代化改革。在民族主义的推动下，中东现代民族国家体系的形成及其现代化探索，严重冲击了伊斯兰教作为传统意识形态的根基，伊斯兰传统政治文化在民族主义的挤压下而处于“政治边缘化”的地位。

首先，民族主义作为主流意识形态促进了中东现代民族国家体系的形成，并成为世界民族国家体系的组成部分。

其次，中东国家的政教关系发生了深刻的变化，世俗化成为许多中东国

---

① 详见拙作“从原始共同体到民族共同体——齐亚·格卡尔普的土耳其民族主义思想研究（上）”，载《西亚非洲》2008年第8期；“从普世主义与帝国传统走向民族主义——齐亚·格卡尔普的土耳其民族主义思想研究（下）”，载《西亚非洲》2008年第9期。

② 详见拙作“从“烟草抗议”到“宪政革命”——伊斯兰教与19世纪末20世纪初的伊朗民族主义”，载《西亚非洲》2008年第12期。

③ 详见拙作“巴列维王朝时期的伊朗民族主义与伊斯兰教”，载《宁夏社会科学》2008年第3期。

家现代化进程的重要目标，宗教被置于从属于国家政治的次要地位，伊斯兰教在政治生活中的地位遭到了不同程度的削弱。

第三，中东伊斯兰国家的官方意识形态、国家政治体制、政党组织、议会制度等国家政治上层建筑的架构都是以世俗化为基本方向的，伊斯兰教的建设性作用主要体现在它作为民族主义、社会主义、资本主义的一种补充，为国家政权的合法性提供传统的依据和神圣的象征。同时，国家的法律制度和教育体系也都发生了趋向世俗化的变革。

最后，中东的伊斯兰国家大都开始了建立独立民族国家经济体系，实现民族经济现代化的探索、改革与尝试，经济现代化改革使伊斯兰社会的经济结构、经济关系和生活方式等经济各领域都发生了深刻的变革，而传统的伊斯兰经济伦理和经济原则都遭到了强烈的冲击，中东社会的世俗化程度不断加深。

原教旨主义重建“伊斯兰国家”[①] 的政治主张

重建伊斯兰国家的思想在近代的伊斯兰改革主义思想中开始萌生。伊斯兰改革主义包含了主张变革和反对外来侵略的民族主义思想成分，但它又由于对传统的重视和强调而具有复古主义的色彩。从阿富汗尼开始，宗教认同与民族认同的矛盾就已初露端倪。例如，阿富汗尼虽然承认穆斯林世界各民族的存在，以及民族主义在反对欧洲殖民主义方面的作用，但其“政治方

① 在我国的大众传媒乃至学术界，一般意义上的“伊斯兰国家”通常是指大部分居民以伊斯兰教为宗教信仰的国家，并非一种严谨的政治、法律概念，而只表示一种同历史、现实相关联的事实，其内容是：第一，居民的主体是穆斯林；第二，国家元首由穆斯林担任；第三，国家尊重、保护和弘扬伊斯兰文化传统。此外，习惯上还有一个标准，凡是伊斯兰会议组织的成员国，都是伊斯兰国家。这里的伊斯兰国家有特定的含义，专门指原教旨主义所主张的奉行政教合一、贯彻沙里亚法，体现“真主主权”的国家。

案的核心是泛伊斯兰主义或者说是穆斯林国家的统一。"① 阿布杜把伊斯兰复兴的希望寄托在乌玛的重建，强调乌玛的重建是伊斯兰世界复兴的必要的前提条件。而拉希德·里达则"拒绝同民族主义者合作"，② 并成为"伊斯兰国家理论的奠基人"③。

在中东民族解放运动时期，由于伊斯兰教与民族主义在反对殖民侵略、实现民族独立方面具有目标的一致性，即使是在世俗主义主导的民族解放运动中，二者也能够进行合作。但这并不意味着二者在价值理念方面的矛盾已经得以弥合，而是追求民族解放的共同使命使二者的矛盾暂时处于潜伏状态，这在穆斯林兄弟会与埃及民族解放运动的关系中得到了最生动的体现。伊斯兰原教旨主义与世俗民族主义的政治理念有着天壤之别，这也正是哈桑·班纳、赛义德·库特布等原教旨主义思想家，最终与纳赛尔的阿拉伯民族主义走向彻底决裂的根源所在。

在伊斯兰原教旨主义看来，"伊斯兰国家"有着严格的政治含义，其基本内涵是反对以国家主权为基础的现代民族国家，主张重建政教合一、贯彻沙里亚法，体现"真主主权"的国家。原教旨主义对世俗民族主义的挑战可以概括为以下几个方面：

（1）宗教认同挑战民族认同：民族主义强调以语言、地域、民族文化为基础的民族认同，其逻辑延伸必然是建立体现民族认同，以民族为基本主体的现代民族国家；而伊斯兰原教旨主义强调对超越种族、民族、地理疆域的普世性信仰共同体——乌玛的认同，并把存在短暂的伊斯兰教初创时期的穆斯林社团作为政治组织形式的理想原型。

（2）真主主权挑战国家主权：现代民族主义强调国家主权具有至高无上性，其理论基础是近代启蒙运动和资产阶级革命的"人民主权"思想。原教旨主义的国家观可以概括为四点内容：第一，"万物非主，唯有真主"的真主主权论，即真主为唯一主权者，无视真主的"绝对主权"均为"非

① Sylvia G. Haim, *Arab Nationalism*, *An Anthology*, Berkeley & Los Angeles, University of California Press, 1964, Introduction, p. 9.

② 吴云贵、周燮藩：《近现代伊斯兰教思潮与运动》，北京：社会科学文献出版社1999年版，第252页。

③ Hamid Enayat, *Modern Islamic Political Thought*, *The Response of the Shi'i and Sunni to the Twentieth Century*, p. 69.

法主权”；第二，先知权威论，任何违背先知穆罕默德言行的国家均为“非法政权”；第三，代行主权论，国家及其统治者只能代行真主主权，按自己意志自行其是的国家为非法政权机关；第四，政治协商论，根据公议和协商原则产生民选协商机构并由其推选国家元首，充分实现“伊斯兰民主”。[①]

（3）伊斯兰化挑战世俗化：世俗民族主义坚持走国家与宗教分离、法律与宗教分离、教育与宗教分离的世俗化道路；而原教旨主义坚持走国家与宗教统一，即政治与宗教、法律与宗教、文化教育与宗教相结合的伊斯兰化道路，全面推行伊斯兰化的社会发展观直接构成了原教旨主义的政治追求之一。在宗教与世俗的关系上，原教旨主义主张社会的全面伊斯兰化，坚持政教合一并以此建构国家的政治体制、法律体制和社会文化教育体系，而民族主义主张社会的世俗化，并以此来建立国家的政治与社会架构；在社会发展观上，原教旨主义反对世俗发展模式，主张通过伊斯兰教改变西方化和现代化导致的“蒙昧状态”，以伊斯兰教重新反思和认识现代化的得失，走独特的“不要东方，不要西方，只要伊斯兰”的道路，或伊斯兰的“世界第三道路”。

由此可见，伊斯兰原教旨主义的政治追求之一就是以伊斯兰教贬损和取代世俗民族主义，并最终建立政教合一的伊斯兰国家。即“伊斯兰国家是国家统治必须与沙里亚法保持一致的国家”，是“行政和立法的功能和权威必须服从并辅助沙里亚法的国家”[②]。

民族主义与伊斯兰教复杂矛盾的根源分析

瑞士学者伊夫·贝松在《从民族认同危机看中东冲突》一文中指出，“中东地区是一幅由不同社区组成的镶嵌图案，是由简单或复合群体交织而成的错综复杂的网，它们忠于哪一方往往是由真正的或推定的宗族关系决定

① Hugh Roberts, *Radical Islamism and the dilemma of Algerian Nationalism: The embattled Arians of Algiers*, Third World Quarterly, Vol. 10, No. 2, April 1988, p. 557.

② Ibid.

的。这些群体认为，这些关系直接或间接地影响着他们个人或社区在一个国家、在该区域、甚至更大实体内的政治和经济地位。这些关系表现为各种各样的形式：宗教的、民族的、语言的、文化的，有时还有社会经济的，而且常常重叠交错。"① 的确如此，在中东地区穆斯林民族国家的建构过程中，始终面临着由于民族认同与宗教认同的复杂关系所产生的历史难题。

埃及学者萨阿德·埃丁·易卜拉欣认为，民族认同与宗教认同的矛盾一直是困扰阿拉伯民族国家建构的主要因素，"伊斯兰主义者很自然地将文化、社会和国家的政治纽带建立在宗教基础之上"，而在"纯粹的阿拉伯民族主义者看来，文化和语言是国家、社会和公民资格的政治认同的支柱。从这个意义来说，阿拉伯民族主义是一种世俗的意识形态。""阿拉伯世界中两种不同的认同范式各自对政治共同体的定义，排斥那些恰恰为另一种认同范式所包容的民族群体。"② 中东国家在民族国家建构过程中所面临的宗教认同和民族认同的困扰，在表层上取决于两种不同的政治认同的矛盾，但是这种矛盾的形成有着深刻的历史与现实根源。

第一，伊斯兰政治文化对早期宗教政治共同体"乌玛"深刻历史认同，构成了伊斯兰原教旨主义以宗教认同挑战民族认同的深层原因。

"乌玛"作为早期伊斯兰教一个非常重要的概念，其基础是伊斯兰教的共同信仰，而没有语言、地域和种族的限定，凡是信仰伊斯兰教的人，就是乌玛的一员。乌玛概念在伊斯兰的历史上具有非常重要的意义，"伊斯兰教教历元年选定在公元622年，即穆罕默德率麦加穆斯林迁移到麦地那并创建乌玛那一年，而非定在610年，即穆罕默德首次接受安拉启示之年，从中亦可窥见乌玛在伊斯兰教历史上的重要性。"③ 按照伊斯兰教的教义，"乌玛的存在是为了执行安拉的旨意，传播他的声音，以使全人类都成为穆斯林。因此，伊斯兰教认为，它自身是一种超民族、超地域和超国家的宗教，乌玛是整个穆斯林社团存在的唯一完美的形式；它不承认民族和国家的地域、边

---

① ［瑞士］伊夫·贝松："从民族认同危机看中东冲突"，载《国际社会科学杂志》（中文版），1992年第1期，第140页。

② ［埃及］萨阿德·埃丁·易卜拉欣："阿拉伯世界的民族冲突与建国"，载《国际社会科学杂志》（中文版）1992年第2期，第77—79页。

③ John Esposito, *Islam and Politics*, New York: Syracuse University Press, 1984, p. 4.

界，也不承认穆斯林中存在种族、语言的区别。”①

穆罕默德主张建立的“乌玛”是超民族、超地域、超国家的信仰共同体，即统一的、公正的、虔诚顺从安拉的宗教社团。穆罕默德和四大哈里发时代的穆斯林社团，是乌玛理想的原型，并成为当代原教旨主义所追求的理想社会的参照物。因此，从穆罕默德创立乌玛即穆斯林公社之际，乌玛就是对部落血缘关系或民族关系的一种超越，是一种以共同信仰为基础的政治共同体。而民族主义强调建立在语言、文化和地域之上的民族性，强调各民族的独立性。因此，当民族主义在伊斯兰世界传播时，就不可避免地在价值理念上与伊斯兰传统发生冲突。

第二，中东地区民族发育欠成熟，群体认同复杂多样，交错重叠，制约了作为民族主义合法性基础的民族认同的形成和发育。

伊斯兰文化在中东主要表现为阿拉伯伊斯兰文化、突厥伊斯兰文化、波斯伊斯兰文化，它对于阿拉伯、土耳其、波斯民族的民族性格和民族心理产生了重要的塑造作用，但它并无法改变民族本身的独立性以及不同民族之间的差异性。而民族主义所认同的恰恰是民族的独立性和差异性，并以此作为政治认同的基础。因此，伴随民族主义的兴起和传播，“泛民族主义与民族主义、泛宗教认同与民族特性认同成为两种相互对立和排拒的政治理念。”②

在历史上，中东的政治版图在帝国争夺中多次变更而处于变动不居之中，因而其民族发育存在着欠成熟的缺陷，而民族、教派的多样性都造成了中东群体认同的多样性，这使得中东地区的民族认同时至今日仍然具有非常脆弱而又多元复杂的特征，这不可避免地影响了中东民族主义的发育。对于中东许多民族祖先的闪族人，美国阿拉伯史专家希提曾经指出，他们在存有艰苦耐劳美德的同时，“个人主义，是他的另一种明显特性，这种特性是根深蒂固的，因此，贝杜因人不能把自己提高到一个国际型的社会成员的地位，他只关心本部族的福利，要它关心各部族的共同的福利，那是很困难的。纪律、秩序、权威都不是沙漠生活的崇拜对象。”即使后来穆罕默德依靠伊斯兰教完成了对阿拉伯半岛的统一，个人主义和宗派主义也并没有随之

① 金宜久主编：《当代伊斯兰教》，北京：东方出版社1995年版，第165页。

② 曲红：《当代中东政治伊斯兰：观察与思考》，北京：中国社会科学出版社2001年版，第19页。

而消失，宗派主义仍然构成了伊斯兰教教派分裂的重要历史基因，“伊斯兰教兴起后，随着阿拉伯人性格的发展，个人主义和宗派主义这两个非社会的特征，没有消灭，反而暴露出来，终于成为伊斯兰教各国分裂和灭亡的决定性因素之一。”①

国外有学者认为，阿拉伯民族一直没有发育成一个稳定的民族，它“仍然是种族（enthnic）的混合物。”国内也有学者认为，阿拉伯民族至今仍然是一个没有完全发育成熟的、定型的民族，方言林立、一些古老民族的特征犹存、民族自我意识的不稳定性都是其具体体现。② 在伊朗和土耳其，地方主义和部族主义也十分严重，并一直构成了统一的民族认同和民族意识形成的障碍性因素。③ 在现今中东各国的民族构成中，民族少数派和宗教少数派的产生存在是非常普遍的现象，这也势必造成复杂多样乃至相互矛盾的群体认同，并对中东国家民族国家构建过程中统一民族认同和政治认同的形成产生十分消极的影响。

第三，中东民族国家建构政治合法性的失败，为伊斯兰原教旨主义的崛起提供了历史空间。

根据专家学者的划分，中东国家的政治合法性大致有以下几种类型：④（1）以现代法律体系为最高权威的国家；（2）以“克里斯玛式（Charisma）领袖”为最高权威代表的国家；（3）以君主、国王等世袭权威为合法性来源的国家。但是，无论哪种类型的国家政治合法性的建构都是不成功的。“在建构政治合法性和创造民族团结的意识形态方面，穆斯林国家的政府似乎既没有兴趣也不成功，他们更衷情于维持长久的专制统治。王朝统治、军人或准军人政权依然主导着穆斯林世界。”尤其是部分国家盲目效仿和不加鉴别的西方化和世俗化，使“殖民主义遗产得以延续和长存”，“导致了危

---

① ［美］希提：《阿拉伯通史》，马坚译，北京：商务印书馆 1979 年版，第 26、30 页。

② 参见杨灏城：“阿拉伯人的团结和分裂”，载杨灏城、朱克柔主编：《民族冲突与宗教争端》，北京：人民出版社 1996 年版，第 2 页。

③ 参见林颂叶、王铁铮：“库尔德问题与中东政治探析”，载《西北大学学报》1996 年第 4 期。

④ 参见王京烈主编：《面向二十一世纪的中东》，北京：社会科学文献出版社 1999 年版，第 15—17 页。

及穆斯林认同的文化依赖”，患上了“西方毒化症”（disease of westoxification）。[①]

中东国家建构政治合法性的失败直接导致了政治合法性的危机，并突出表现为穆斯林民众个体身份认同的危机。“复归伊斯兰运动显然是对伊斯兰国家政治精英在政治共同体内建立合法的公共秩序失败的一种反应。”“伊斯兰国家合法性危机植根于政治和知识精英用世俗化的意识形态的合法性及其社会动员取代传统伊斯兰合法性的失败。”这种世俗化的意识形态突出地表现为民族主义和社会主义。造成中东国家政治合法性危机的根源在于统治领袖的暴政与专制、社会不公正导致的阶级冲突的加剧、阿拉伯民族主义在阿以冲突中的屡战屡败、现代化与世俗化造成的文化危机等一系列原因。[②]

从中东伊斯兰国家传统的政治合法性来看，伊斯兰政治传统构成了政治合法性来源的中枢神经，政治制度的建构、国家领导人即哈里发或伊玛目（什叶派的称谓）的产生、权力的更迭、政治价值的体认无不以伊斯兰教作为框架。近代以来，在外部压力下走上后发型现代化道路探索的伊斯兰国家，不管它们在政治合法性的确立和建构方面作何选择，伊斯兰政治传统的主导地位都受到了不同程度的冲击，外来的意识形态和政治制度都使伊斯兰传统政治合法性的主导地位遭到严重冲击。而政治发展的挫折尤其是广泛存在于伊斯兰国家的专制暴政、军人政变、家族统治不但没有建立起新的立足于“理性基础”政治合法性，反而引起了传统伊斯兰合法性的幻灭，“传统的价值观也丧失殆尽，被抛入异化和边缘化的汪洋之中的民众把宗教当成了安全港”。[③]

在政治合法性陷于困顿的背景下，当代伊斯兰复兴运动将“宗教政治化，政治宗教化”作为重建传统政治合法性的路径。从某种程度上说，在

---

① ［美］J. L. 埃斯波西托：《伊斯兰威胁：神话还是现实?》，张晓东等译，北京：社科文献出版社 1999 年版，第 16—17 页。

② R. Hrair Dekmejian，“The Anatomy of Islamic Revival：Legitimacy Crisis，Ethnic Conflict and the Search for Islamic Alternatives”，*The Middle East Journal*，Vol. 34，No. 1，Winter 1980，pp. 3 – 4.

③ ［美］J. L. 埃斯波西托：《伊斯兰威胁：神话还是现实?》，张晓东等译，北京：社科文献出版社 1999 年版，第 18 页。

传统政治权威失落越深重的国家，在政治发展挫折越深刻的国家，现行统治者所面临的政治合法性危机越深重，伊斯兰复兴运动的浪潮越高涨，未来的政治发展也将越艰难。

第四，从中东民族主义本身的发育和演变来看，伊斯兰原教旨主义之所以能够向民族主义发难，与中东民族主义本身的发育不良有重要关系。

首先，中东民族主义具有先天不足的劣根性。中东民族主义的主要内涵是在民族解放运动中从西方“舶来”的“政治民族主义”，而作为本民族文化认同的“文化民族主义”未能得到充分发展，尤其是没有与作为中东主体文化框架的伊斯兰进行足够的价值整合。因此，民族主义在国家建构的过程中并没有通过文化整合消弭伊斯兰教与民族主义的内在矛盾，无论是凯末尔式的“割断”，还是纳赛尔式的“融合”，都未能实现民族主义对伊斯兰教的包容和取代。[①] 而伊朗巴列维王朝的世俗民族主义则充斥着独裁与专制特征，在需要时对伊斯兰力量加以利用，在不需要时则对伊斯兰力量进行打击迫害，并最终导致了伊斯兰教与伊朗巴列维民族主义政权的势不两立。因此，伊斯兰教作为具有深刻社会与政治根基的价值选择和意识形态，必定在合适的气候条件下向世俗民族主义发起挑战。

其次，中东民族主义具有典型的功利性。中东民族主义的功利性既表现为实现民族独立的功利性，也表现为许多民族国家在伊斯兰世界对自我利益的考虑，甚至还体现为政治领袖塑造自己政治魅力的私欲，源于西方的古典的自由民族主义远没有在中东找到其社会文化和精神机制。

最后，中东民族主义因缺乏足够的传统支持和赫赫执政业绩的佐证而具有脆弱性的特点。中东民族主义的文化依托不仅因民族本身的发育落后而缺乏足够的民族文化根基，同时中东民族主义进行的现代化也缺乏成功模式的印证，没有实现穆斯林民众对现代化的心理预期。从中东民族主义所推行的现代化的理论与实践来看，民族主义本身的发育欠成熟为伊斯兰原教旨主义的崛起提供了一定的政治空间。

综前文所述，民族主义与伊斯兰教之间的矛盾导致了中东民族国家建构

---

① 本文关于中东民族主义劣根性的有关论述吸收了我国伊斯兰教专家吴云贵先生的有关论点。参见吴云贵：“伊斯兰教对国际政治影响评估”，载《西亚非洲》1996年第4期。

的严重挫折，同时也迟滞和延缓了中东政治发展的历史进程。因此，缓解和消除中东民族主义与伊斯兰教之间的紧张关系，无疑仍将是中东穆斯林国家政治现代化所面临的一项长期课题。

第 三 编

中东国际关系与热点问题研究

专题27

伊斯兰与西方——兼评伊斯兰威胁论*

【摘要】从历史的角度看，从中世纪阿拉伯帝国西征到基督教的十字军东征，从近代西方列强入侵伊斯兰世界到战后双方不断对抗交恶，冲突固然构成了伊斯兰世界与西方关系的主线，并具有浓郁的文化色彩。但同时亦应看到，伊斯兰与西方文明的交流与融通从未中断。冷战结束后，“伊斯兰威胁论”在西方甚嚣尘上，它片面强调伊斯兰对西方的巨大威胁，并从“文明冲突”的视角加以解读，对西方与伊斯兰世界的关系产生了十分消极的影响。

在漫长的历史长河中，伊斯兰世界与基督教文明代表的西方一直处于严重的冲突和对抗中，双方的冲突遍及政治军事、文化思想、生活方式、精神信仰、伦理观念诸领域。从穆罕默德及四大哈里发西征到中世纪十字军东征，从近代西方列强入侵和殖民伊斯兰世界到战后双方不断摩擦交恶，双方的冲突构成了最为持久的国际冲突之一。

冷战结束后，随着国际格局的变化，以“不要西方，不要东方，只要伊斯兰”为口号的伊斯兰原教旨主义在国际政治舞台上异军突起。许多西方传媒、政界要人乃至资深学者不断渲染伊斯兰教已成为冷战后唯一能够与

---

* 原载《欧洲》1997年第3期，收入本书时对部分内容进行了修改和增删。

西方对抗的意识形态。美国政治学教授塞缪尔·亨廷顿则提出了“文明冲突论”，断言“文明的冲突”将成为冷战后国际冲突的主战场，并将伊斯兰文明和儒教文明视为西方最强劲的威胁，把兴起于伊朗伊斯兰革命后的“伊斯兰威胁论”推向了高潮。在实践中，西方联盟不断构建旨在防范和对抗伊斯兰原教旨主义的战略计划，似乎西方来自伊斯兰世界的威胁及由此导致的双方更为激烈的冲突迫在眉睫。在此背景下，有必要对伊斯兰世界与西方的关系进行历史回顾、现状分析和理论透视，并以此为基础评述“伊斯兰威胁论”。

伊斯兰世界与西方关系的历史回顾

用历史的眼光审视伊斯兰世界与西方的关系，置身于伊斯兰文明和西方基督教文明文化背景下的冲突确实构成了双方关系的主线。穆罕默德于公元7世纪创立伊斯兰教之时，走向成熟的基督教已经在欧洲经营了600年，并在公元4世纪作为罗马帝国的官方宗教雄踞于欧洲政治舞台的中心。力主以“圣战”进行扩张并建立伊斯兰世界秩序的伊斯兰教，在四大哈里发时期以令人震惊的规模与速度沿“新月地带”向外扩张，引起了基督教西方社会的强烈震惊和极端仇视。伴随伊斯兰教的继续扩张，基督教西方与伊斯兰世界之间长达1000多年的对立与冲突全面展开。

在历史上的数次冲突中，伊斯兰教在早期是居于上风的。穆斯林军队攻陷了犹太教、基督教的圣地耶路撒冷，使其成为继麦加和麦地那之后的第三座圣城，基督教罗马帝国控制的许多疆域纳入了阿拉伯帝国的版图。北非和西班牙也先后被征服。中世纪，基督教西方发起了长达200多年的“十字架反对弯月”的十字军东征。穆斯林在努尔丁和萨拉丁的领导下，彻底击败了西方的十字军东证。

奥斯曼帝国兴起后，它继续以伊斯兰教为旗帜不断西进，并取得了攻陷君士坦丁堡、消灭东罗马帝国的辉煌成就，伊斯兰还以摧枯拉朽之势迅速征服了东南欧。12～16世纪，在奥斯曼帝国的统治下，伊斯兰世界达到了空前的繁荣和统一。在这场冲突中，伊斯兰教的优势地位诚如英国著名历史学家汤因比所言，基督教和伊斯兰教的“第一次遭遇发生在西方社会尚处在幼年之时，那时，伊斯兰教已是阿拉伯人所处的辉煌时代的一种特殊的宗教了。阿拉伯人刚好征服并重新统一了中东古文明的领土，他们打算把这一帝国扩张为世界国家。在那一次冲突中，穆斯林几乎占领了西方原有领土的一半，只差没有使自己成为全世界的主人。”①

在中世纪伊斯兰与西方的冲突中，领地沦陷、圣地被毁、东征失败都在西方基督教徒心灵深处留下了难以磨灭的创伤。伊斯兰教徒的“残暴行为”和对圣地的“侮辱”造成了基督教对穆斯林的极端仇视，他们不断寻找机会战胜伊斯兰教，去“解放主的坟墓”。

但是，从中世纪晚期以来，在伊斯兰与西方的关系中，伊斯兰的优势地位开始遭遇西方的严峻挑战。英国学者 G·H·詹森曾经指出：“伊斯兰教从发端年代开始，便一直处于西方的宗教的、政治的和文化的挑战之下，而从 16 世纪开始，这种压力达到了极其紧张、完全无法逃避的程度。”② 16 世纪的文艺复兴运动和宗教改革运动唤醒了在经院哲学中沉睡的西方基督教社会，古老的基督教开始放弃政教合一的中世纪神学政治传统和价值取向，以其提倡平等、自由、博爱的基督教新教伦理精神迈出了现代化的步伐。17、18 世纪改变世界历史进程的资产阶级革命发生后，西方先进的政治制度、工业革命创造的辉煌物质文明、大量原始资本的血腥积累唤起了基督教社会的优越感，作为历史宿敌的伊斯兰世界再度成为其征服的对象。“这时穆斯林世界面对的，不再是十字军时代好战的基督教，而是传教士、教育家和商人，是大炮和舰队，是科学技术，穆斯林便在拥有新文化、新生活秩序的西方手下，遭到了失败和耻辱。”③ 18 世纪以来，“占优势的欧洲自信心”使西方的传教士“相信自己这一次能够向伊斯兰纵深挺进”，决心彻底“同伊

---

① ［英］汤因比：《文明经受着考验》，沈辉等译，杭州：浙江人民出版社 1986 年版，第 157 页。

② ［英］G·H·詹森：《战斗的伊斯兰》，高晓译，北京：商务印书馆 1983 年版，第 49、57 页。

③ 马进虎：“伊斯兰教与现代化关系的诠释”，载《宁夏社会科学》1993 年第 1 期，第 71 页。

斯兰对峙，决一雌雄”，“伊斯兰教徒与基督教之间鏖战不息”① 的时代到来，西方与伊斯兰之间征服与反征服、传教与反传教的对抗和冲突全面展开。

第二次世界大战以后，中东伊斯兰国家在民族解放运动的推动下纷纷走向独立，阿拉伯民族主义崛起于中东政治舞台，并成为中东伊斯兰国家反对西方帝国主义、实现民族独立的思想武器，民族主义因素构成了伊斯兰国家与西方对抗的主旋律。中东伊斯兰国家虽然力图吸收现代西方先进的政治经济制度和人文主义思想，实现伊斯兰国家的现代化进程，但是其现代化进程却屡遭挫折，现代化、西方化所导致的社会危机和西方对犹太复国主义的支持，再次激起穆斯林民众对西方的强烈反感，进而把伊斯兰衰落的根源归结为西方文化的侵蚀，并把阿拉伯民族在阿以冲突中失败的原因归结为基督教西方和以色列犹太教徒的联合，更根本的原因在于伊斯兰传统的丧失。因此，20 世纪 70 年代以来波及伊斯兰世界的伊斯兰复兴运动，迅速崛起的伊斯兰原教旨主义组织均把反对西方和净化伊斯兰作为首要目标之一，两种文化的冲突再度展开。

1979 年伊朗伊斯兰革命摧毁了在美国支持下推行“白色革命”的巴列维王朝，霍梅尼把反西方作为伊朗对外政策的首要目标之一，令西方世界深感震惊。伊朗伊斯兰革命不仅改变了波斯湾地区的地缘政治结构，更重要的是动摇了美国的中东霸权，这令美国深感不安与恐慌。

20 世纪 90 年代的海湾战争，表面上是西方与伊拉克之间的单独较量，但美国在中东地区战略存在的加强引起了多数伊斯兰国家的不安，反西方情绪不断高涨。随后，美国不断指责伊朗、利比亚等国支持伊斯兰极端组织，制造反西方的暗杀和爆炸事件，并于 1996 年 7 月通过了旨在制裁伊朗、利比亚的达马托法案，引起了伊斯兰世界的普遍反对。西方对伊朗、利比亚、伊拉克等激进的伊斯兰国家进行的军事打击和经济制裁，使穆斯林民众对西方的仇恨不断加深。双方之间的矛盾、冲突和对抗有可能再度升温。

冲突固然构成了伊斯兰世界与西方关系的主线并具有浓郁的文化色彩，但同时亦应看到冲突背后两种文化体系的交流与融通。阿拉伯伊斯兰文化本

① ［英］G·H·詹森：《战斗的伊斯兰》，高晓译，北京：商务印书馆 1983 年版，第 49、57 页。

身就是在吸收古希腊文化部分成分的基础上形成的，伊斯兰教更是吸纳了犹太文化和基督教文化。在西方处于神学控制下的中世纪，阿拉伯文化充当了西方文化的存续者和传承人，西方学术大师亚里士多德的著作经阿拉伯文转译成拉丁文回传欧洲便是鲜明的例证。东方文化尤其是中国的四大发明也是由阿拉伯帝国作为中转站传入西方的。因此，阿拉伯伊斯兰文化曾经发挥过媒介东西的重要历史作用。阿拉伯伊斯兰世界的数学、天文学、化学、医学、地理学、历史学、哲学及文学艺术，均为近代西方文化的生成提供了丰富的养份。进入近代后，在世界历史中充当显学的西方文化又对伊斯兰世界产生了深刻的影响，从主张效仿学习西方的伊斯兰改革主义和现代主义等社会思潮，以及近代以来部分伊斯兰国家进行的现代化尝试中，都可以看到西方现代科学技术、政治体制及法理思想的影响。

在当代国际关系中，西方也并非与所有的伊斯兰国家都水火不融，西方国家与沙特、土耳其、科威特、巴基斯坦乃至革命前的伊朗等伊斯兰国家间的战略联盟关系表明，西方与伊斯兰世界在冲突的同时亦存在着不同程度的合作。因此，无论是从文化层面还是政治层面，对伊斯兰世界与西方的关系用“冲突”一言以蔽之都是有失偏颇的。

伊斯兰与西方冲突的文化层面

国际冲突作为民族国家或国家集团以敌视、对抗和冲突为表现形式的国际关系的恶性状态，其根本原因在于权力和利益的冲突。但在对西方与伊斯兰世界冲突进行理论诠释时，对文化因素的强调和突出构成了西方学者的典型特点，国内亦有学者认为，伊斯兰与西方“真正的冲突表现在文化和文明的层面上，是两种异质文化的冲突”①。完全从文化冲突的视角解释伊斯兰世界与西方的冲突，忽略权力和利益等本质动因是非历史唯物主义的，但离开对文化因素的考察也难以准确认识伊斯兰世界与西方

① 刘靖华：“伊斯兰传统价值的复兴与超越”，载《西亚非洲》1989年第4期，第55页。

关系的复杂历史。伊斯兰与西方冲突的文化因素主要体现为以下几个方面。

第一，从冲突的表层看，伊斯兰教和基督教存在着严重的歧异与矛盾。

从伊斯兰教产生之日起，伊斯兰教就宣称穆罕默德是继承历代诸先知使命的最后一位圣人，《古兰经》是包括了《圣经》内容的最后一部天启经典。伊斯兰教虽然承认基督也是一位天启的先知，但认为他歪曲了神降喻的真理。“伊斯兰教认为它已经战胜了基督教，吸收了基督教的真理成分，克服了基督教的错误，并且由于最后一位先知穆罕默德的存在使基督教成为一个过时的宗教。”① 基督教也同样认为伊斯兰教篡改了上帝的真理启示，视伊斯兰民族为野蛮、蒙昧和残暴的落后民族，双方基于宗教信仰而产生的相互仇视，构成了伊斯兰世界和基督教西方对抗和冲突的重要因素。

第二，伊斯兰文明和西方文明的差异，构成了双方冲突的文化根源。

西方文明一方面来源于希伯来宗教伦理精神，另一方面来源于古希腊和古罗马的民主理性和法理精神。经过16世纪的文艺复兴与宗教改革，基督教开始适应资本主义生产关系，摒弃了中世纪神学的保守性和落后性，放弃了神学干预政治的历史传统，变革了宗教教义，简化了宗教礼仪，从而产生了基督教新教伦理精神，孕育了辉煌的精神文明和物质文明，从而使西方文明成为领先于其他文明的先进文明。伊斯兰教作为产生于阿拉伯游牧社会，集宗教信仰、社会制度和生活方式为一体的社会意识形态，具有“政教合一、族教混同的思想特征”，具有“迥异于佛教、基督教的不同特点，其中最突出的是它积极干预社会生活的态势”。② 伊斯兰教政教合一的历史传统与世俗性的近代西方文明的巨大差异，构成了伊斯兰与西方文化冲突的重要因素，因为“西方的世俗的意识形态被许多穆斯林国家作为异教徒的统治工具加以拒绝”③。

---

① ［联邦德国］赫伯特·格特沙尔特：《震撼世界的伊斯兰教》，西安：陕西人民出版社1987年版，第242页。

② 吴云贵：“战后伊斯兰教四议”，载《世界宗教研究》1988年第3期，第12页。

③ Mitchell Kourtis，ed.，*Religion and Politics in the Middle East*，Westview Press 1981，p. 2.

第三，近代以来，面对西方以传播“基督福音”为名进行的殖民侵略和文化扩张，伊斯兰国家诉诸于传统的伊斯兰教进行文化抗争，使伊斯兰教成为伊斯兰世界抵御西方国家殖民扩张的强大思想武器和组织手段。

近代以来，西方国家以物质文明、精神文明和遍及全球的殖民扩张成为谱写世界历史的主体。它们蔑视、贬低其他一切人类文明，并以强悍的扩张到处“播撒基督教文明的光辉”，以“传播福音权利”说为依据进行殖民侵略。西方殖民列强在政治、经济、军事、思想和文化领域对伊斯兰世界的多重侵略与渗透，引起了穆斯林的强烈反感和极端仇视，并诱发了广大穆斯林对西方强权政治的强烈反抗。在这种历史背景下，能够把穆斯林团结起来进行抗争的思想意识形态只有伊斯兰，伊斯兰教因此成为穆斯林世界反侵略斗争的思想武器。

战后以来，阿拉伯民族主义曾盛极一时，并成为阿拉伯国家反对西方殖民主义和犹太复国主义的强大思想武器。但自1967年第三次中东战争后，民族主义的失败使得阿拉伯国家重新打起伊斯兰文化的旗帜，而内部的现代化挫折也刺激了伊斯兰原教旨主义兴起。

伊斯兰原教旨主义作为西方学术界首先采用的概念和术语，本身颇有贬意，特指具有强烈政治倾向的宗教意识形态。其基本特征宗教政治化和政治宗教化，它的政治诉求是正本清源、净化信仰，重建传统的伊斯兰国家。在对外关系层面，反西方构成了伊斯兰原教旨主义的典型特征：在意识形态层面，排拒西方的政治制度，反对在价值观上源于西方的民族主义；在传统文化层面，排拒西方的价值观念及生活方式，主张现代化不等于西方化和世俗化，主张在弘扬伊斯兰文化传统的基础上实现现代化；在精神文化层面，反对推崇西方文化，认为伊斯兰社会的经济贫穷、政治腐败和道德堕落都源于西方文化的侵蚀；在社会群体层面，表现为组织政治反对派，建立以《古兰经》和沙里亚法为基础的纯净的伊斯兰社会。伊斯兰原教旨主义排拒西方、回归传统的价值取向，在本质上是对现代化挫折和传统价值失落的一种回应。面对来自西方愈益沉重的压力，原教旨主义作为对西方压力的一种回应和对传统的回归，其思想源泉和动力机制在于伊斯兰文化传统。

"伊斯兰威胁论"的兴起与发展

自20世纪60、70年代伊斯兰复兴运动兴起，尤其是1979年伊朗霍梅尼伊斯兰革命以来，西方传媒对伊斯兰教发生了超乎寻常的兴趣，关于伊斯兰复兴运动和伊斯兰原教旨主义的报道铺天盖地而来，并不断渲染西方正面临着伊斯兰势力的严重威胁。

"伊斯兰威胁论"的缘起当首推80年代的"连锁反应论"，该理论兴盛于伊朗伊斯兰革命后，其著述多触发于伊朗革命，诸如《伊斯兰复兴之呐喊》①、《伊斯兰教与政治》②、《过渡中的伊斯兰》③ 等著作均属于这一理论的代表。他们认为，当今伊斯兰世界危机丛生，诸如精神信仰危机、文化认同危机、政治合法性危机、经济危机、道德危机等等，都是滋生原教旨主义的温床沃土，伊朗的"霍梅尼现象"只是伊斯兰激进势力崛起的一个危险信号。伊斯兰原教旨主义的崛起必将在伊斯兰世界产生"多米诺骨牌"的连锁效应。

"连锁反应论"的逻辑延伸即"伊斯兰威胁论"，它强调原教旨主义的崛起是对西方乃至整个世界的巨大威胁，伊斯兰激进势力向西方发起了严峻的挑战，西方应保持高度的戒备，"防患于未然"。在《大失败》和《大失控与大混乱》等著作中，布热津斯基把伊斯兰视为西方的异己力量而倍加重视。他指出："在伊斯兰世界，比较坚定而一致的宗教倾向正产生一种防御性观念，决意排拒西方'邪恶'影响而努力推动长期休眠的穆斯林文明的振兴。""伊斯兰教的政治觉醒不仅会引发在北面与残余的

---

① John L. Esposito, ed., *Voices of Resurgent Islam*, New York, Oxford University Press, 1983.

② John L. Esposito, *Islam and Politics*, New York, Syracuse University Press, 1984.

③ John J. Donohue and John L. Esposito, eds., *Islam in Transition: Muslim Perspectives*, New York, Oxford University Press, 1982.

俄罗斯帝国主义的冲撞，而且也可能在南面与美国的统治抗争。”① 法国议员雅克·博梅尔茨声称，在苏联解体后，“最严重的威胁来自伊斯兰世界”，警告西方要当心伊斯兰原教旨主义这把“毒辣的弓”②。美国学者罗宾·赖特认为，西方应付伊斯兰原教旨主义，“向一个充满魔力般力量，长达数百年之久的信仰和文化进行挑战，将与同共产主义进行对抗付出同样高昂的代价”③。

冷战后“伊斯兰威胁论”登峰之作当属塞缪尔·亨廷顿的“文明冲突论”。“文明冲突论”的核心理论命题包括：全球政治日益多极化和多文明化；文明之间的均势发生深刻变化，西方文明的影响日趋下降；以文明为基础的世界秩序正在形成，围绕不同文明核心国家的阵营分化正在形成；西方文明与其他文明的冲突加剧，“最严重的是同伊斯兰和中国的冲突”；以美国为核心的西方应“团结起来”，使西方“免受非西方社会的挑战”。亨廷顿用大量篇幅勾勒了伊斯兰与西方冲突的历史，其基本结论是，冷战后“伊斯兰国家的整个趋势是反西方的”，“西方面临的根本问题不是伊斯兰原教旨主义，而是一个不同的文明——伊斯兰”，这是“造成伊斯兰与西方冲突的根本因素”。④

冷战结束后，“伊斯兰威胁论”已不仅局限于舆论和传媒的渲染，它已经成为西方战略思想的依据并影响了西方盟国国际安全机制的构建。西方认为，伊斯兰意识形态构成了填补中东思想真空的强有力的政治力量，“多种多样情况各异的伊斯兰组织统一起来，形成了一个以极端主义和恐怖主义为手段的反西方势力”⑤。更有甚者，有人惊呼伊斯兰原教旨主义编织的“铁幕”已经降临。1992年《英国情报文摘》题为《战略理论———1992》和

---

① ［美］布热津斯基：《大失控与大混乱》，潘嘉玢、刘瑞祥译，北京：中国社会科学出版社1995年版，第203、175页。

② 法国《世界报》1993年4月1日。

③ Robin Wright，“Islam，Democracy and the West”，*Foreign Affairs*，Summer 1992，p. 145.

④ ［美］塞缪尔·亨廷顿著：《文明的冲突与世界秩序的重建》，周琪等译，北京：新华出版社1999年版，第4—5、236、241页。

⑤ Robin Wright，“Islam，Democracy and the West”，*Foreign Affairs*，Summer 1992，p. 145.

《世界七大趋势》的研究报告，均把伊斯兰原教旨主义作为一支重要的国际政治力量。1992 年，美国还专门成立了研究原教旨主义势力的工作小组，负责向政府提供对付原教旨主义的方案。美国中央情报局还与俄罗斯情报机构联手合作，共同对付原教旨主义。此外，防范原教旨主义还被纳入了 1991 年制定的北约新战略。在投资战略上，世界银行和西方的跨国公司也把伊斯兰各国是否有效地遏制原教旨主义势力作为评估投资环境的重要依据。

西方对伊斯兰世界的恐惧、忧虑和战略防范主要基于以下依据：首先，伊斯兰世界有 10 多亿穆斯林和丰富的自然资源及重要的战略要地，伊斯兰宗教复兴和反西方情绪的高涨会直接威胁西方的经济及战略利益；其次伊斯兰新月地区正成为冷战后民族冲突和宗教争端集中的动荡带，伊斯兰原教旨主义的迅速发展及其国际化，不仅直接威胁欧洲侧翼，而且对冷战后美国主导的世界新秩序提出了挑战，美国对穆斯林世界的一系列热点问题深感棘手；第三，伊斯兰原教旨主义势力通过议会斗争等合法手段问鼎政权，对许多世俗的亲西方政权造成强劲威胁，令西方国家忧心忡忡；第四，原教旨主义的恐怖活动向欧美腑地蔓延，直接威胁西方国家的安全和稳定；第五，冷战后部分地区伊斯兰国家政治经济合作的加强，尤其是苏丹和伊朗等激进伊斯兰国家的合作令西方不安。

对“伊斯兰威胁论”的评价

第一，“伊斯兰威胁论”是为西方在伊斯兰世界的霸权存在寻找合理性的理论诠释。

战后以来，自乔治·凯南“铁幕理论”问世，共产主义意识形态的“赤色威胁”，构成了冷战体制下西方世界联盟及其世界战略的理论基础。冷战结束后，随着东西方意识形态之争式微，为了寻求西方联盟新的催化物，给西方的霸权存在寻找堂而皇之的依据，将伊斯兰世界作为无视西方“游戏规则”的“绿色威胁”，成为西方全球战略的重要根据之一。因此，“伊斯兰威胁论”仍是冷战时期熏陶出来的的意识形态情结的特殊表现形式，这种“非此即彼”的意识形态情结屡屡作怪，并刻意寻找异质文明为敌，无疑是冷战思维的具体体现。

第二，“伊斯兰威胁论”把强大的西方说成是“弱者”，而把本属弱者的伊斯兰力量摆在“强者”的位置上，意欲通过角色“置换”和“易位”，为西方主宰伊斯兰世界的霸权战略寻找法理和道义上的优势。

伊斯兰世界的中心在中东地区，其资源价值及战略地位自不待言。从拿破仑君临埃及到近代西方入侵伊斯兰世界，统一的伊斯兰世界便不复存在。原教旨主义作为一种宗教保守主义和复古主义思潮与运动，其反西方的情结是难以否认的。伊斯兰原教旨主义之所以具有反西方的政治诉求，其重要外部原因就在于西方在伊斯兰世界的霸权存在。在冷战体制下，西方以遏制苏联的威胁为借口直接介入中东。冷战结束后，中东、中亚、高加索、巴尔干、北非、南亚地区热点问题层出不穷，政治稳定系数更趋弱化，但是，“西方大国一旦失去当面之敌，便陷入了道义理念上的师出无名，在现实政治中不便操作的困境之中。”为了寻求西方战略存在的合法性基础，把伊斯兰原教旨主义推上被告席便成为一种逻辑必然。而“文明冲突论”更是力图“通过文明的冲突使西方重新找到当面之敌，……这实在是一种有意无意的政治阴谋”。①

第三，近代以来，伊斯兰世界作为统一的政治经济实体已不复存在，其内部矛盾重重、四分五裂的客观现实，决定了伊斯兰国家难以作为与西方相匹敌的力量构成西方的威胁。

在历史上，伊斯兰帝国曾多次给西方以重创。但历史早已物是人非、事过境迁，伴随阿拉伯帝国、奥斯曼土耳其帝国、莫卧儿王朝、波斯帝国的覆灭，在广袤的伊斯兰世界恐怕再难以找到与西方匹敌的真正力量，伊斯兰教本身也在历史中逐步演化成具有不同语言、种族、文化、习俗的多元文化板块。战后以来，伊斯兰各国也呈现出了多元化的发展趋势，民族主义、泛伊斯兰主义和原教旨主义等意识形态，都已无法凭借文化传统把分崩离析的伊斯兰世界聚合成统一的政治实体。即使西方也承认，今天的伊斯兰世界仅仅是一个“以共同文化、共同宗教、共同历史、共同意识和共同命运联结而

---

① 马小军：“伊斯兰势力的扩张：一个政治神话”，载《战略与管理》1994年第3期，第3页。

成的国家联合体，但并非是一个统一的共同政治实体”。[1] 布热津斯基也承认，“对伊斯兰世界的神权政治和原教旨主义倾向，西方国家有所惧怕是可以理解的——但它又常常予以过分的诋毁”。伊斯兰国家“有许多相同的愿望和愤恨（特别是对西方的愤恨）”，但伊斯兰国家“缺乏任何真正的政治或经济聚合力”。[2]

此外，在伊斯兰世界内部，争夺伊斯兰世界领导权的斗争、教派斗争、边界矛盾、资源争夺、历史积怨等因素使其内部矛盾重重，难于以统一的力量发挥作用。伊斯兰世界绝不是毫无间隙的铁板一块，经济利益、政治权力、地缘因素的重要性远远都在同源文明之上。西方同沙特、科威特、巴基斯坦等伊斯兰国家的亲善，对伊朗、伊拉克、苏丹、利比亚等国家的仇视本身，就说明了西方对伊斯兰国家也并非以“文明的差异”为尺度而采取统一的政策。诸多事实表明，一切宗教和文明的差异都服从了民族国家政治、经济及其战略利益的需要。伊斯兰原教旨主义固然有国际化的趋势，但其的国际联合是十分有限的，形态各异的原教旨主义组织本身就已经矛盾重重，作为统一的政治力量发挥作用的希望实属渺茫。

第四，“伊斯兰威胁论”将整个伊斯兰世界与伊斯兰原教旨主义和激进的伊斯兰势力等同视之，是以偏概全的偏颇之举。

美国著名伊斯兰问题专家埃斯波西托客观地指出，“专注于作为一种全球性威胁的‘伊斯兰原教旨主义’助长了一种把暴力等同于伊斯兰教的倾向。这种倾向未能把个别人非法地利用宗教与世界穆斯林的大多数的信仰和实践区别开来，而后者如同其他宗教信仰者们一样，希望在和平中生活。”“伊斯兰教和穆斯林文化却被莫名其妙地描述为怪异的和固有的扩张主义，热衷于暴力和战争（圣战）。”“伊斯兰教和伊斯兰运动并非必然是反西方、反美国和反民主的。尽管他们对既定的秩序和专制政权发起了挑战，但它们并非必然威胁到了美国的利益。我们面临的挑战是更好地理解穆斯林世界的历史和现实，承认伊斯兰教的差异性和多种不同面孔。这一路径可以减少创

---

① Bernard Lewis, “Rethinking of the Middle East,” *Foreign Affairs*, Autumn 1992, p. 101.

② ［美］兹比格纽·布热津斯基：《大失控与大混乱》，潘嘉玢、刘瑞祥译，北京：中国社会科学出版社 1995 年版，第 222 页。

造自我应验的预言（即论证西方反对一种激进的伊斯兰的战斗或一场文明的冲突）的风险。"①

伊斯兰原教旨主义作为排斥西方意识形态、价值观念和精神文化的宗教政治思潮和实践运动，其现实根源之一就在于伊斯兰社会对西方强权政治、文化侵蚀的强烈不满。对于与恐怖主义相关的伊斯兰激进势力充满忧虑或许是可以理解的，但把原教旨主义、伊斯兰激进势力同整个伊斯兰世界划等号则显然是偏颇的。从本质上说，西方对原教旨主义的仇视并非仅仅在于原教旨主义对西方的排斥，更深刻的原因在于原教旨主义敢于无视西方的"游戏规则"，并被视为对西方主导的世界秩序的挑战。从社会文化的角度看，西方对伊斯兰原教旨主义的否定态度，明显表现出了对任何非西方化道路横加指责的一贯态度。从西方的全球战略来看，伊斯兰原教旨主义反西方化的价值取向，固然会给西方主导的全球秩序带来了一定的挑战，但埃斯波西托对美国的劝告无疑是正确的："多种不同的运动不能被化约为一个铁板一块的整体，也不能根据一个预先设定的单一层面的公式或战略予以估价和回应。必须把参加到制度内部的、实实在在的民众运动与激进的革命者们区别开来。"②

第五，从伊斯兰原教旨主义的发展前途看，形成国际大气候的希望近乎渺茫。

首先，伊斯兰原教旨主义尚没有创造出一个对伊斯兰世界有示范效应的发展模式，海湾各国对伊朗输出"伊斯兰革命"进行抵制，本身就说明原教旨主义难以作为统一的意识形态聚合伊斯兰世界，其发展前景并不乐观；其次，原教旨主义派别林立，矛盾重重，不具备形成大范围国际联合机制的条件，难以形成共同对付西方的统一的强大力量；最后，多数伊斯兰国家尚能采取措施，控制、分化和削弱原教旨主义的发展。

---

① ［美］J.L. 埃斯波西托：《伊斯兰威胁：神话还是现实》，东方晓等译，社会科学文献出版社1999年版，第333、336页。

② 同上书，第336页。

专题 28

犹太教对犹太复国主义的影响*

【摘要】本文通过考察犹太教与犹太复国主义的关系，揭示了犹太教对犹太复国主义的重要影响。首先，犹太教的曲折历史构成了犹太复国主义的历史参照系统。犹太教与犹太民族的发展具有历史同步性的特点，长期流散的犹太人所处的历史环境与犹太教产生前的历史背景的十分相似，使得犹太教为犹太复国主义提供了历史参照系统。其次，犹太教的观念与信仰构成了犹太复国主义的重要思想渊源。犹太教的一神观念、“特选子民”观念、“弥塞亚”观念，均以神圣的方式对犹太人产生了难以估价的影响。最后，犹太教孕育和存续的犹太民族，为犹太复国主义运动提供了重要民族前提。犹太教作为犹太文化的核心，对于维系犹太民族特质、防止民族同化发挥了重要的作用，它所孕育和存续的独具特色的犹太民族，构成了犹太复国主义运动的重要民族前提。

犹太复国主义作为兴起于19世纪末期、壮大于20世纪的民族主义思潮和民族主义运动，有其深刻的社会历史根源。史学界大多认为，犹太复国主义是在散居世界各地的犹太人长期遭受民族压迫而渴望民族独立的历史背景下，在英、法资产阶级革命后席卷全球的民族主义浪潮的推动下，在企图插手中东的英、美等西方列强的支持和操纵下形成的一种民族主义思潮和民族主义运动。在论及犹太复国主义的为数不多的论文中，虽偶尔有人视犹太教

---

* 原载《世界民族》1999年第2期。

的宗教观念为犹太复国主义的思想根源之一，但并无专文论述。本文通过对神秘的犹太教与以色列犹太复国主义关系进行考察，揭示犹太教对犹太复国主义的重要影响。

犹太教的曲折历史：犹太复国主义的历史参照系统

犹太教作为集犹太民族的精神信仰、生活方式、道德规范、组织制度和民俗礼仪为一体的民族宗教，对近代以来犹太复国主义的形成产生了重要的影响。究其根源，在于近现代犹太人所处的历史背景与犹太教产生之前的历史具有惊人的相似性，犹太人所经历的流离失所、倍受欺凌的历史与犹太教产生前希伯来人的苦难经历颇为相似。在犹太教产生前，希伯来人为摆脱巴比伦多神教的控制，历经艰辛迁徙迦南；为逃避百年不遇的旱灾，饱经苦难逃到埃及；为避免埃及暴政所致的种族灭亡的恶运，历尽磨难出埃及。正是在希伯来民族颠沛流离的悲惨命运中，对犹太民族影响至深的犹太教在西亚北非诸民族征服与反征服的历史中萌芽、发展、成熟，并作为一种强大的思想武器，对统一的犹太王国的建立产生了极其深刻的影响。

历史发展的继承性和连续性是历史唯物主义的一个重要命题，而犹太教对犹太复国主义的影响则是这一命题的鲜明例证。犹太民族亡国毁家后历经颠沛流离，倍受欺凌的灾难，尤其是近现代以来沙皇俄国和希特勒德国的残酷杀戮，使其境地更为悲惨。在犹太人的历史上，犹太先知正是依靠神圣的犹太一神教完成了拯救犹太人的历史使命，因而犹太教的历史为犹太人改变自己的命运提供了一个典型的历史参照系统。当每个民族及其文明的存在面临生死存亡的严峻挑战之际，利用传统政治范式改变自己的命运，无疑是其首先要考虑的因素之一。犹太教的特殊宗教观念与近现代民族主义浪潮波及全球，以及英、美企图利用犹太人而染指中东等历史契机相结合，犹太复国主义应运而生就成了顺理成章的事情。

世界上没有任何一个民族的历史像犹太人的历史那样曲折多变，并充满神奇的宗教色彩。根据犹太教经典《旧约圣经》，大约在公元前2000年左右，古代闪族的一支部落——希伯来人从阿拉伯半岛南部迁徙到两河流域。此后，为避免信仰本部落神“雅赫维”的宗教被巴比伦多神教所同化，以及不甘忍受民族压迫而迁居迦南（即今天的巴勒斯坦地区）。定居迦南后，为防止本民族被迦南人同化，族长亚伯拉罕以与上帝签约之名，强化了希伯来人对本部落神的信仰，犹太教的雏形从此萌生。

数年后，在旱灾的驱使下，希伯来人在族长雅各的率领下穿越西奈沙漠，定居埃及的歌珊地区。由于其部落迅速发展而为企图向东扩张的埃及法老拉美西斯所仇视，埃及国王开始残酷地杀戮犹太人。因不堪忍受民族压迫和奴役，为摆脱种族灭亡的命运，在摩西的率领下，历经40年艰难困苦出埃及。摩西十诫的确立最终形成了主宰犹太人精神信仰和理想追求的犹太教。摩西死后，在约书亚的率领下，希伯来人完成了回归迦南的历史使命，并在公元前11世纪建立了第一个统一的犹太王国——扫罗王朝，犹太教也日趋完备。

在大卫王统治期间，犹太人战胜了腓力斯人及其他部族，占领了亚述王朝和埃及帝国之间的全部地域，并修建了耶路撒冷圣殿。在所罗门王执政时期，犹太王国进入鼎盛时期。《旧约圣经》所记载的这段神话般的历史，尤其是犹太民族历尽艰辛又回到“上帝特选子民”之家园并建立自己国家的历史，不仅作为一种深刻的历史积淀，沉淀于犹太民族的灵魂深处，而且作为一种历史参照系统，对后来的犹太人强化回归迦南的信念和振兴犹太民族的信心，发挥了重要的示范作用。

自犹太人为巴比伦所灭并沦为“巴比伦之囚”后，迦南这片多灾多难的土地先后为亚述王朝、波斯帝国、罗马帝国、阿拉伯帝国、奥斯曼土耳其帝国所统治，而犹太人则开始了其漫长的流散生活。犹太人在上古晚期主要居住在巴比伦和埃及；阿拉伯帝国兴起后向北欧流散；在中世纪的欧洲，犹太人惨遭迫害后大量流入中欧及东欧的立陶宛、波兰和匈牙利；流散到西班牙的犹太人于15世纪被驱逐，逃往中东和北非。流亡欧洲的犹太人在法国、德国和沙皇俄国都倍受歧视与迫害，尤其是沙俄和德国的数次杀戮，给犹太人带来了空前的灾难，犹太人经历了数世纪亡国毁家、倍受凌辱的流散史，其历史命运和历史际遇与犹太民族形成之前的历史极为相似。

但是，犹太教以其特殊的宗教信仰、宗教观念和宗教组织制度维系了犹太民族与犹太文化的存续。犹太人所拥有的共同的宗教信仰、共同的历史、共同的遭遇，促使犹太人到犹太教拯救以色列的历史中去寻找解脱现实苦难的历史范式，使其在对犹太教的虔诚信仰中，从祖先历经苦难建立犹太王国的历史中，从《圣经》中犹太人将重返锡安山、重建犹太千年王国的预言中，获取精神鼓舞。所以，当内森·伯恩保姆、穆萨·海斯、列奥·平斯克、西奥多·赫尔茨、丹哈米尔·列连伯洛姆等犹太复国主义思想家提出犹太复国主义纲领、发起锡安山运动时，犹太复国主义的政治目的因其符合犹太教徒的宗教信仰和宗教观念在世界犹太人中间引起了强烈的反响，获得了广泛的支持。以色列学者、耶路撒冷希伯来大学教授 R·J·兹维·韦尔布洛夫斯基曾经指出，犹太复国主义运动“使犹太人的古老愿望与传统愿望变成了现实，虽然这种愿望在 19 世纪无疑具有与救世主降临说那种梦想所不同的现代政治的社会形式。犹太复国主义运动尽管是现代运动，但仍然包含了不少救世主降临说里所宣扬的古老期待。”① 犹太复国主义运动之所以具有浓重的宗教色彩，就在于犹太人数千年的历史是“具有宗教性质的一种连续性”的历史，“使以色列犹太人共同对一个犹太国承担义务的纽带，乃是过去的共同历史和共同意识，而这种历史和意识现在或至少曾经基本上都是宗教方面的。”“历史的回忆和相信救世主降临复国的希望融和在一起”②，便产生了犹太复国主义。

犹太教的观念与信仰：犹太复国主义的重要思想根源之一

任何一场影响巨大的社会运动的产生，不仅有其重要的客观历史条件，而且有其复杂的社会思想渊源。因而，“犹太复国主义如果离开它所发源的

---

① 《参考消息》编辑部编：“以色列内外”，载《参考消息特辑》1986 年第 12 期，第 43 页。

② 同上，第 44 页。

政治、社会和思想潮流确实是无法理解的”[①]。如果说犹太人曲折多变、饱经磨难的历史构成了犹太民族追求民族生存、独立和解放的客观历史条件，西方资产阶级革命后民族主义浪潮的影响和英、美的支持构成了犹太复国主义的外部动力，那么，犹太教的宗教观念则构成了诱发犹太民族内在反抗精神、赋予犹太民族以无穷精神力量的重要思想源泉。

第一，犹太民族虔信迦南地带为亚伯拉罕与上帝签约赐予“上帝特选子民”以色列人的土地，把犹太民族对巴勒斯坦地区的要求内化为一种神圣的宗教精神追求，构成了诱发犹太复国主义的最古老、最神圣、最富有魅力的思想源泉。

犹太人与巴勒斯坦的联系可追溯到远古时期的传奇神话与宗教传说。据《圣经》记载，希伯来人迁徙到迦南后，亚伯拉罕为摆脱本民族被他民族同化之危险，把本民族的部落神耶和华说成是万能的神，视犹太人为上帝的“特选子民”，视迦南为耶和华赐予亚伯拉罕及其子孙的土地。犹太复国主义的根本政治目的，也正是在地中海东岸的巴勒斯坦重建“特选子民”的“神圣家园”。“神许诺把这个地方永远赐给亚伯拉罕的后代”[②] 这一神圣观念与犹太复国主义的政治目标显然有着难以割断的思想联系，“犹太复国主义返回神应许之地的观念是扎根于宗教的”，“从神与亚伯拉罕订圣约而把迦南这个地方永远赐给他的后代这件事中看到了以色列的始源”[③]。总之，上帝耶和华将迦南赐给“特选子民”以色列人的宗教观念，使犹太人无论流落到哪一个角落，其对迦南的神圣追求和强烈的回乡观念都使他们对迦南地区充满了一种神圣的、不可动摇的精神追求。

第二，犹太教信仰上帝为宇宙之独一真神的一神教观念，构成了以色列犹太复国主义号召和团结犹太人重返巴勒斯坦地区的重要思想武器。

犹太教作为古代西亚、北非地区诸民族征服与反征服、冲突与融合的历史产物，作为一种典型的一神教，是犹太人防止被其他民族同化、实现民族独立的要求在宗教神学领域的折射。犹太教经过亚伯拉罕时代、摩西时代和

① ［美］纳达夫·萨弗兰：《以色列的历史和概况》，北京大学历史系翻译小组译，北京：北京人民出版社1973年版，第11页。

② 同上书，第16页。

③ 同上书，第267、15页。

定居迦南三个时期，其信仰耶和华为宇宙之独一真神的宗教观念从孕育、萌芽走向成熟，最终成为犹太教最典型、最根本的宗教观念。熟悉西亚、北非上古史的人都深知，当时西亚、北非诸民族在种族、政治、军事、宗教信仰等方面的斗争异常激烈。种族斗争的残酷性和宗教矛盾的尖锐化，使得以色列先知不断强调耶和华的神圣地位与权力，亚伯拉罕、摩西、约书亚等先知也正是依靠这种宗教观念，强化了犹太民族的凝聚力，加强了犹太民族的团结，保持了犹太民族的独立存在，并完成了建立犹太王国的使命。《圣经·以赛亚书》明确记载了耶和华的声明："我是首先的，我是末后的，除我以外再没有真神。""我是耶和华，在我以外并没有别神，除了我以外没有上帝。"[①] 因此，犹太人的宗教生活"具有一个共同的特点，即信仰一个贯穿于历史事件始终，以某种方式选定犹太人作为自己子民的唯一的上帝"[②]。列奥·平斯克和西奥多·赫茨尔作为近代犹太复国主义思想的先驱，均把犹太教的一神信仰，作为加强犹太民族感情和呼唤民族觉醒的纲领之一。

第三，犹太教认为，以色列人的灾难是上帝对其罪行的惩罚，但是上帝耶和华不会置其于水火之中而不顾，上帝必将派弥塞亚拯救犹太人出于水火之中，使其复归故土。这一观念即救世主观念，它作为犹太民族渴望民族解放的要求在宗教上的反映，与犹太复国主义结束犹太民族苦难、在巴勒斯坦地区建立民族独立国家的政治目的相吻合。它不仅是构成犹太复国主义的重要思想根源之一，而且赋予了犹太复国主义政治纲领以宗教神圣性和巨大的精神感召力量。

犹太教认为，以色列人的灾难是上帝对其罪行的惩罚，犹太民族亡国毁家之祸、圣殿被毁之灾、流放为奴之辱，均为犹太人不遵守圣约所致。但是上帝耶和华并不会抛弃其"特选子民"，他终将派遣"弥塞亚"（救世主）作为万民的救星，灭绝上帝的敌人，拯救上帝的奴仆，在耶路撒冷建立正义之国——以色列。

---

① 引自吕大吉主编：《宗教学通论》，北京：中国社会科学出版社 1990 年版，第 478 页。

② ［美］L. M. 霍普夫：《世界宗教》，张云钢等译，北京：知识出版社 1991 年版，第 202 页。

《圣经·以塞亚书》反复声称："雅各啊！创造你的耶和华，以色列啊，造成你的那位，现在如此说，你不要怕。因为我救赎你。……你从水中走过，我必与你同在。你趟过江河，水必不漫过你。你从火中行过，必不被烧，火不在你身上。""我必领你的后裔从东方来，又从西方招聚你。我要对北方说，交出来。对南方说，不要拘留。将我的众子从远方带来，将我的众女从地极领回。"《圣经·耶利米书》也声称："日子将到，我要大卫兴起一个公义的苗裔。他必掌王权，行事有智慧，在地上施行公平和公义。在他的日子，犹太必得救，以色列也必然安全居住，他的名必称为耶和华我的义。"①

不具有宗教经验的人也许永远无法理解宗教神学号召的感召力量，但无法否认的是，正是"弥塞亚"观念，在流亡的犹太人心中注入了必将得救的永恒精神期待。犹太复国主义者也正是利用《圣经》中关于犹太人必将重新回到锡安山的神圣预言，极力鼓吹弥塞亚临世的时代已经来临，犹太复国主义者俨然变成了上帝耶和华派遣的弥塞亚，来完成重建犹太王国的历史使命。正因为如此，犹太复国主义运动又有锡安山运动之称。"犹太复国主义的力量正在于它把回乡的传统渴望和犹太人对实际需要的考虑结合起来。实际需要使传统渴望增加活力，尽管抽掉了它的严格的宗教内容，而回乡的渴望也对从实际考虑出发的建议赋予感情力量"，并促使"一些对犹太人回乡热心的人认为实现《圣经》预言的日子来到了。这些热心分子，虽然从他们个人来说是出于宗教情感，却提出了各种政治性的论据来争取他们的政府支持他们的计划"。②

1896年，赫茨尔出版了全面阐述犹太复国主义政治主张的《犹太国》一书，它在犹太人中产生了强大震撼力，这诚如犹太复国主义运动领袖哈伊姆·魏兹曼所言："此书的发表犹如晴空霹雳。赫茨尔在犹太人心中犹如找到了自己的摩西一样。"③ 也正是由于犹太复国主义具有强烈的宗教色彩，

① 转引自吕大吉主编：《宗教学通论》，北京：中国社会科学出版社1990年版，第479页。

② 《参考消息》编辑部编："以色列内外"，载《参考消息特辑》1986年第12期，第33、35页。

③ 杨曼苏：《以色列——谜一般的国家》，北京：世界知识出版社1992年版，第21~22页。

"它为数百万犹太同胞惨遭杀戮所引起的耻辱、痛苦、烦恼所激奋，终于能把过去一批批移入的人民融合成一个民族共同体，其团结的凝固和意志的狂顽是世界上前所未见的"。[①]

第四，犹太教的宗教信仰构成了部分犹太复国主义组织的思想纲领，对犹太复国主义组织的发展产生了极其重要的影响。

犹太教作为一种复杂的社会意识形态，不仅以其宗教信仰的神秘性和宗教观念的神圣性，构成了犹太复国主义悠远的思想渊源和巨大的精神动力，而且其宗教信仰还直接构成了部分犹太复国主义组织的思想纲领。"在政治上，某些明显的宗教性组织倾向于自由主义、社会主义左翼，另一些组织则采取了宗教沙文主义……在它那里，神学轻易地就变成了民族主义的神话学，并且几乎自然而然就与左翼集团的沙文主义神话学融合在一起，这些左翼在意识形态方面不是正统的，但却仍然扎根于宗教传统的某些特殊方面。"[②]

犹太复国主义阵营的政治派别大体由三部分组成：首先，由"一般犹太复国主义"、修正犹太复国主义联盟、伊茨尔（民族保卫）和自由运动、莱希（为以色列的自由而奋斗的战士）构成的中产阶级阵营；其次，由巴勒斯坦工人党、青年工人党、青年卫士、劳工联盟、巴勒斯坦共产党组成的工人阵营；最后，由精神中心党、以色列正教党、精神中心工人党、以色列正教工人党组成的宗教阵营。虽然宗教阵营始终未能在犹太复国主义运动中构成中坚力量，但宗教阵营构成了犹太复国主义三大阵营中的一支，在犹太复国主义运动中发挥着不可忽视的作用。

精神中心党和精神中心工人党为母女党。精神中心党于 1903 年成立于捷克的普雷斯堡，它认为，建立犹太民族家园必须以犹太教的教义为指导，犹太教应是犹太复国主义运动的核心；民族家园应该是犹太人的精神中心，犹太国应基于《托拉》（摩西五经）。该组织在东、西欧及美国都有分支组织，1908 年在耶路撒冷建立了办事处，并以重建犹太教传统为名在耶路撒冷、特拉维夫和雅法等地进行犹太复国活动。1921 年，该组织的代表进入

---

① 《参考消息》编辑部编："以色列内外"，载《参考消息特辑》1986 年第 12 期，第 57 页。

② 同上，第 46 页。

世界犹太复国主义协会，并积极参与犹太人自治机构的建立活动；1948 年，精神中心党有 5 名代表进入了由 38 人组成的组建犹太国全国委员会。精神中心工人党作为精神中心党的女儿党，于 1921 年成立于耶路撒冷，它主张将犹太教、犹太复国主义和社会主义结合起来，实现犹太国家的复兴。该组织积极参加了犹太工人总工会，投身基布兹（犹太农庄）和犹太人自治机构的建立活动，在巴勒斯坦地区有一定的影响。它的代表也参加了犹太国的筹建工作，进入了全国委员会和行政委员会，在以色列第一届议会及政府中均有其代表。

以色列正教党于 1912 年成立于波兰的卡托维茨，为犹太教的正统派组织，该组织深信犹太民族的拯救和流亡生活的结束，只有依靠上帝耶和华才能完成。它虽在早年曾反对犹太复国主义，但在 20 世纪 30 年代希特勒大规模屠杀犹太人以后，该组织对犹太复国主义的立场迅速转为支持。1948 年 5 月，该党参与了建立犹太国的工作，它的 3 名代表进入了全国委员会，1 名代表进入行政委员会。以色列建国后，该组织作为宗教阵线进入议会和政府。以色列正教工人党作为以色列正教党的女儿党，于 1923 年在波兰的洛茨成立，从 1925 年起在巴勒斯坦展开活动。20 世纪 30 年代，它与以色列正教党一起开始支持犹太复国主义。1934 年，该组织在巴勒斯坦建立正统派基布兹。1944 年，该党在第二次代表大会上明确支持在巴勒斯坦建立犹太国。1948 年，该党参加了以色列建国的筹建工作，1 名代表进入全国委员会，以色列第一届联合政府中也有其代表。

事实上，犹太复国主义的其他组织，也都程度不同地利用犹太教对散居在世界各地的犹太人进行鼓动性宣传。例如，世界犹太复国主义组织的创始人赫茨尔曾这样表白：“犹太复国主义是我生活中的安息日……作为犹太复国主义的领袖，我保持了心灵的纯洁和大公无私。”“根据犹太人与上帝的神圣签约，犹太复国的目标就是在巴勒斯坦建立一个由公共法律所保障的犹太人之家。”中产阶级阵营的“斯特恩帮”（Stern Gang）① 是一个武装恐怖主义组织和政治派别，其创始人斯特恩强调，“建立犹太第三王国”是该组

① “斯特恩帮”是20世纪40年代由犹太右翼分子亚伯拉罕·斯特恩领导建立的犹太恐怖团体，后改名为“莱希”（Rehi——Lochame Cheruth Israel，其含义为“以色列自由战士”）。

织的最终目标。“他宣称王国的疆域早在摩西五经中已被确定：‘我已经赐给你的后裔，从埃及到阿拉伯河’。”①

犹太教孕育和存续的犹太民族：犹太复国主义运动的重要民族前提

根据民族和民族主义理论，犹太民族及其民族特质显然构成了犹太复国主义运动的民族基础。在犹太人数千年的流散生活中，如果流散到世界各地的犹太人丧失其民族特质，也就是说，犹太民族因彻底被其他民族同化而消逝于漫长的历史长河，那么，犹太复国主义作为一种民族主义思潮和民族主义运动就根本无从谈起。然而，犹太民族虽历经磨难、饱经沧桑，却顽强地保持了其民族的特质与活力，并直接为犹太复国主义运动提供了必要的民族前提。

对于犹太民族来说，共同的宗教信仰构成了维系民族意识的重要纽带，“宗教信仰维护着民族传统、民族历史，民族历史又成为宗教信仰的一部分”②。因此，犹太教作为犹太民族强烈的民族信仰和鲜明的民族意识，其宗教观念、宗教信仰、宗教伦理、宗教礼仪、宗教组织制度等犹太教的特殊要素，构成了犹太民族防止被他民族同化的特殊保护膜，犹太教以其内在的精神力量和外在的排他性，成功地充当了维系犹太民族特征、存续犹太民族特质的特殊载体，从而为犹太复国主义运动提供了重要的民族前提。

根据马克思主义的民族理论，“民族是人们在历史上形成的一个有共同语言、共同地域、共同经济生活以及表现于共同文化之上的共同心理素质的稳定的共同体”。③ 共同语言、共同地域、共同经济生活和以共同文化为基础的共同心理素质构成了民族的四个典型特征。但犹太民族的前三个特征在

① 转引自赵复三：“从犹太教看宗教与历史文化的关系”，载《世界历史》1987年第1期，第5页。

② 同上。

③ 《斯大林全集》第2卷，北京：人民出版社1953年版，第294页。

长期流散的生活中几乎丧失殆尽，只有共同的犹太教文化构成了维系犹太民族存在的牢固纽带，它使人数少、力量弱、广为分散的犹太人以“流而不散”的特殊形式维持了犹太民族的存续，依靠犹太宗教文化强烈的历史认同意识、鲜明的排他意识熏陶了一个性格孤傲并具有强烈悲剧色彩的犹太民族，使得犹太民族历经数千年磨难而香火不断，并最终为犹太复国主义运动的产生保存和提供了重要的民族前提。

第一，犹太教的宗教信仰孕育了犹太民族共同的精神追求，犹太宗教文化以其特有的神力制裁机制、自我约束机制和精神慰藉功能，浇铸了犹太民族共同的文化特质和心理素质，内在地规约着犹太民族的理想与追求。犹太民族对独一真神耶和华的膜拜，对“特选子民”与上帝签约的信仰，对弥塞亚临世的虔信，均在处于文化深层的心理层面界定了犹太民族区别于其他民族的鲜明特性。犹太教赋予犹太民族以永恒的、纯洁的、超越的、神秘的宗教信仰，孕育了令人难以理解的犹太民族。犹太人流亡后，“犹太人民的流散人群之间的唯一的连接物是宗教，人民和国土之间实际上只有精神上的联系”。[①] 美国学者纳达夫·萨弗兰的如上表述深刻说明了犹太教对于维系犹太民族特征的重要作用。

第二，犹太教的宗教礼仪作为犹太民族内在信仰的外在表现形式，构成了犹太民族抵御其他民族同化的外壳，使犹太民族以其鲜明的独立性屹立于世界民族之林。

宗教礼仪作为以宗教观念和宗教情感为基础，用以沟通信仰者与信仰对象即人—神关系的行为方式，作为一种经常性、群众性的活动，可以增进信徒之间的联系和团结。犹太教的割礼、祈祷、献祭、日常生活禁忌、成年礼、婚礼等，均有非常特殊的规定，它们成功地使流散的犹太民族与其他民族区别开来，尤其是行割礼、日常生活禁忌、禁止与异族通婚等宗教礼仪，有效地保持了犹太民族的纯洁性。

犹太教的重要节日如安息日、赎罪日、审判日、逾越节、住棚节、五旬节、律法节、痛悼节、欢庆节、献身节、戒律之子节，构成了联系犹太民族历史与现实的重要纽带，使得犹太民族的特性通过宗教节日的种种活动而代

---

① 《参考消息》编辑部编：“以色列内外”，载《参考消息特辑》1986 年第 12 期，第 12 页。

代相传、连绵不绝。尤其是纪念犹太人出埃及的逾越节和住棚节，为怀念圣地耶路撒冷被毁及历代被迫害致死的犹太人而设立的痛悼节，纪念 165 年犹太人反对罗马帝国大起义、鼓励犹太人为犹太王国重建献身的献身节，对于唤起犹太人对痛苦历史的共同回忆，对于激起犹太人对故乡迦南及圣地耶路撒冷的美好向往，对于号召犹太人为犹太民族复兴和犹太王国的重建而献身，进而强化犹太民族的民族特性，具有难以估价的作用。

美国布朗大学的雅各布·纽斯纳尔教授在《摩西五经之路》一书中感慨地指出，正是逾越节使犹太人认识到“作为犹太教徒，他是个被上帝解放的奴隶……上帝不只是解放逃离埃及的那一代已经死去的人，而且也已经解救了现在依然活着的一代——确是解救了依然活着的一代”，这无疑是在强调逾越节对犹太人复国活动的激励作用。在雅各布·纽斯纳尔教授看来，“逾越节构成了犹太民族自我认同和从任何情感的、社会的、历史的束缚中获得解救的象征”①。因此，犹太教对于维系犹太民族特征所发挥的重要作用，诚如黑格尔所言：“民族的宗教、民族的政体、民族的伦理、民族的立法、民族的风俗……都具有民族精神的标记。”②

第三，犹太教的伦理道德规范，对于规约犹太人的行为，形成犹太民族独特的宗教伦理文化，具有重要的作用。

宗教道德是以宗教神圣信条规约人们行为、调节人们之间关系的规范总合；是宗教信徒以虔诚的宗教信仰为根基，以宗教感情体验为中介，以服务于宗教教义为根本目标的宗教道德规范。犹太教的宗教戒律——“摩西十诫”中的后六条均为宗教道德戒律，它们包括：当孝敬父母，不可杀人，不可奸淫，不可偷盗，不可作假证陷害人，不贪恋别人的妻子和财物。它们以宗教律法的形式确立了犹太民族的宗教伦理道德规范，构成了犹太民族文化的重要组成部分。

第四，犹太教的宗教组织——犹太社团的广泛存在及其鲜明的独立性与排他性，使流散在异国他乡的犹太人形成了自己的“国中之国”，既有助于

① ［美］斯特伦：《人与神：宗教生活的理解》，金泽、何其敏译，上海：上海人民出版社 1991 年版，第 76 页。

② ［德］黑格尔：《历史哲学》，王造时译，北京：三联书店 1956 年版，第 104 ~ 105 页。

保持犹太民族的民族特征，又为犹太复国主义提供了组织上的准备。

宗教组织作为通过系统的宗教组织制度及神职人员活动形成的宗教社会团体，对于有组织地巩固、发展和传播宗教，强化宗教信徒的宗教意识，具有重要的作用。对于犹太教徒而言，犹太教会堂是犹太教的宗教活动中心。犹太教徒在流散后发展了会堂制度，形成了以犹太教会堂为中心聚居而成的犹太社团。犹太社团不仅构成了犹太教传道布施的重要组织，而且是加强犹太民族团结、维护犹太民族利益、防止民族同化的重要组织机构。“每个社团都发展自己的机构，通常包括了那些至少能审理一切有关个人身份事宜的宗教法庭，传播宗教知识的教育机构，以及为奉行礼仪所必须的各种设施”。[①] 犹太复国主义兴起后，散居世界各地的犹太人潮水般地涌向巴勒斯坦，迅速建立了许多犹太定居点和自治机构，成熟的犹太社团制度无疑为其提供了重要的组织手段。

总之，犹太教作为犹太民族文化的重要组成部分，作为传承和弘扬犹太民族特质的重要载体，在特殊的历史环境下，孕育了犹太民族独特的民族性格、民族意识、思维方式、价值观念、道德情操、法律制度、生活礼仪。“正是由于民族意识和宗教信仰，以及他们对共同地域——故乡、共同语言——希伯来语的怀念和对共同的民俗习惯的遵循所产生的一种内在的精神力量”，[②] 使得犹太民族得以在无穷的苦难中顽强地生存下来，犹太复国主义运动才具备了其不可或缺的民族前提。

综上所述，对犹太教与犹太复国主义的关系可以作如下结论：犹太教与犹太民族历史的不可分割性和历史同步性，流亡的犹太人所处的历史环境与犹太教产生之前历史背景的相似性，使得犹太教为犹太复国主义提供了历史参照系统；犹太教的一神观念、“特选子民”观念、“弥塞亚”观念，都以神圣的方式对犹太人产生了难以估价的影响，构成了犹太复国主义的重要思想根源之一；犹太教作为犹太文化的核心，对于维系犹太民族特质、防止民族同化发挥了重要的作用，它所孕育和存续的独具特色的犹太民族，构成了

---

① 《参考消息》编辑部编：“以色列内外”，载《参考消息特辑》1986年第12期，第266页。

② 唐裕生：“关于犹太民族概念与民族生存问题”，载李有义主编：《世界民族论文集》，成都：四川人民出版社1981年版，第329页。

犹太复国主义运动的重要民族前提。

最后，需要说明的是，笔者探讨犹太教对犹太复国主义运动的影响，绝非片面夸大犹太教作为一种社会意识形态在犹太复国主义这场复杂的社会运动中的作用，也绝不否认产生犹太复国主义运动的其他重要的社会历史条件，只是它们已被史学界广泛论述，并已形成较为一致的观点，再则由于本文主题所限而不作探讨。谨此说明，以避历史唯心主义文化决定论之嫌。

专题29

萨达姆之后：美国中东霸权面临的挑战*

【摘要】本文主要以美国中东霸权面临的挑战为线索，分析了伊拉克战争对中东政治和世界政治的影响：在安全层面，美国将面对伊斯兰极端主义恐怖势力反弹的挑战；在推进中东民主化方面，美国将面临西方与伊斯兰政治传统在民主理念上的矛盾，同时在现实领域中也面临着伊斯兰原教旨主义借民主化崛起的压力，以及如何处置盟友君主专制制度的困境；在文化方面，“9·11”事件后，在美国媒体的推波助澜下，“文明的冲突”将变成“自我实现的文化预言”；在美国与中东国家的关系方面，对于中东国家中的盟友与半盟友国家，如何避免“9·11”事件和伊拉克战争造成的消极影响，而使双方关系得以修复和巩固；对于“无赖国家”和“邪恶轴心”，美国是否有决心和能力义无反顾地依次进行整治，都对美国的中东霸权战略构成了挑战。

在美国发动伊拉克战争之际，人们不能不想起1991年海湾战争后的情景。当时美国的中东霸权确实得到了前所未有的加强：苏联（俄罗斯）在中东的淡出，阿拉伯世界的分裂，美军入驻海湾，盟友关系的强化，中东和平进程的启动，“西促和谈、东遏两伊”政策的推进，……似乎中东这个象

---

* 原载《世界经济与政治》2003年第5期。

征动荡与冲突的地区已经处于美国霸权的掌控之下。然而，十余年过后，中东和平进程一波三折并最终演变成愈演愈烈的冲突，伊拉克不时在武器核查危机中令美国难堪，伊斯兰激进势力不断发起针对西方的恐怖袭击，乃至有了震惊世界的“9·11”，……这似乎应验了布热津斯基当年的担心：“美国在中东的优势是不折不扣地建立在沙滩之上的”。①

2003 年 3 月 20 日，美英对伊拉克的军事行动开始。据专家分析，美国的图谋主要包括：首先，小布什政府企图通过反恐扩大化，继续抬升国内不断高涨的爱国情绪，增强自身“弱势总统”的“合法性”，同时通过打击伊拉克控制中东的石油资源。对此，《纽约时报》的撰稿人优素福·易卜拉希姆指出：“布什总统的战争有两个动机：在他企图利用‘9·11’恐怖袭击激发出来的美国人的爱国热情时，增强民众对他的支持；缔造一个‘友好的’伊拉克并把它改造为一个私营的美国加油站，以便从中东获取更多的石油，这是一个误入歧途的诱惑。”②

其次，“‘9·11’事件使布什政府强烈而深切地感到像伊拉克这样可能帮助恐怖分子对美国实施灾难性袭击的‘无赖国家’掌握此类武器是何等危险”，③ 因此，“改变伊拉克的政权是消除美国面临的巨大威胁的惟一肯定的办法”。④

最后，美国意在通过对伊拉克的改造对中东进行全面的整合：一是把解决伊拉克问题作为全面解决中东问题的突破口，借此巩固或重建中东霸权，因为“如果不能有效控制该地区，简直难以想象美国的领导地位还会存在”⑤。因此，“‘改变萨达姆政权’在某种程度上是一种试验，布什政府可以借机

---

① ［美］兹比格纽·布热津斯基：《大失控与大混乱》，潘嘉玢、刘瑞祥译，北京：中国社会科学出版社 1995 年版，第 174 页。

② Youssef M. Ibralim, "Bush's Iraq Adventure is Bound to Backfire," *International Herald Tribune*, November 1, 2002.

③ 高祖贵主编：《全球变局：美国与伊拉克》，北京：时事出版社 2003 年版，前言，第 7 页。

④ David E. Sanger, "Bush Declares U. S. is Using Diplomacy Hussein", *The New York Times*, October 22, 2002.

⑤ Simon W. Murden, "*Islam, the Middle East and the New Global Hegemony*", Lynne Rienner Publisher, Inc, 2002, p. 44.

检验‘先发制人’战略的有效性，并由此确立美国应对同类威胁的新型战略模式。”① 二是美国力图通过改变萨达姆政权，重新整合阿拉伯世界乃至整个伊斯兰世界，帮助它们促进市场经济、教育改革、公民参与，逐步加强它们的民主机制和程序，以根除滋生恐怖主义的社会土壤。

不管美国对伊战争战略图谋实现的程度如何，真正考验美国霸主能力的都不是战争，而是战后对中东的战略与制度安排以及对相关问题的重塑，而这些挑战不仅会在中东地区层面，而且会在全球战略格局的层面影响未来的世界政治。

伊斯兰极端主义恐怖势力②：蛰伏还是反弹？

美国此次兵临海湾的直接理由是伊拉克对国际恐怖势力的支持袒护，及其大规模杀伤性武器向恐怖主义手中扩散所带来的威胁。用布什总统的话说就是：“伊拉克违反安理会第1373号决议，继续为直接对伊朗、以色列和西方国家采取暴力的恐怖组织提供庇护和支持。……伊拉克政府公开赞扬过9月11日的攻击，据知，逃离阿富汗的‘基地’恐怖主义分子就在伊拉克。”③ 尽管目前尚没有确凿的证据证明伊拉克与拉登恐怖势力之间的实质联系，但这并不影响它成为美国惩治伊拉克最有力的合法性依据。

美国此次惩治伊拉克将不可避免地面对伊斯兰极端主义恐怖势力对美国行为的反应，因为“9·11”事件本身就是伊斯兰极端主义恐怖势力在海湾战争后针对美国一系列恐怖活动的巅峰。在海湾战争后，伊斯兰极端势力针

① 高祖贵主编：《全球变局：美国与伊拉克》，北京：时事出版社2003年版，前言，第9页。

② 笔者这里使用的是“伊斯兰极端主义恐怖势力”，而不是“伊斯兰原教旨主义”，因为并非所有的伊斯兰原教旨主义派别都崇尚暴力，“伊斯兰极端主义恐怖势力”只是“伊斯兰原教旨主义”的一个极端派别。

③ 美国总统布什2002年9月12日在联合国大会发表的演说。参见高祖贵主编：《全球变局：美国与伊拉克》，北京：时事出版社2003年版，附录，第336页。

对美国的恐怖事件相继发生：1993年纽约世界贸易中心发生爆炸，1994年纽约世界贸易中心附近地铁发生爆炸，1995年美驻沙特利雅得军事基地遭袭击，1996年美驻沙特宰赫兰空军基地遭袭击，1996美驻沙特兵营遭到袭击，1998年8月美国驻肯尼亚和坦桑尼亚使馆同时遭到袭击，2000年美国科尔号巡洋舰在也门遭到袭击。①

1997年3月，拉登在接受美国有线新闻网记者采访时指出，美国之所以成为伊斯兰极端恐怖势力打击的对象，就在于美国政府是“不公正、可耻和残暴的”政府，因此穆斯林必须用“圣战”来清算美国的罪行。本·拉登认为，美国的“罪行”主要有三：一是海湾战争后美国在海湾地区的军事存在，不仅威胁到伊斯兰教两大圣地（麦加和麦地那）的安全，而且美国经常利用设在伊斯兰国家的军事基地来干涉中东事务，粗暴地压迫阿拉伯人民；二是美国在海湾战争后继续凭借武力对伊拉克实行经济制裁和野蛮的轰炸，造成了严重的人道主义灾难；三是美国在阿以冲突中一贯支持、偏袒以色列，美国对以色列周边的阿拉伯国家进行控制、打击和分化，完全是为了美国和犹太复国主义者的利益，是对阿拉伯国家和巴勒斯坦人民合法权益和民族尊严的践踏。②

在拉登看来，美国损害了伊斯兰教和全体穆斯林的利益，因此只能以伊斯兰“圣战”的方式来报复美国，包括报复支持美国政策的美国纳税人，即所有的美国人。他曾指出：“我们呼吁所有的穆斯林，所有愿意服从真主命令的教徒们随时随地杀死和抢劫美国人。”“杀死美国人和他们的盟友——平民或军人”。“我们对穿制服的人和平民不加区别。”③ 而“9·11”事件的发生也正是拉登以上理论的实践。

抛开拉登恐怖主义行径的罪恶不谈，他对美国的批判是有一定的道理的。因此，此次美国再次挥师中东，是否造成伊斯兰极端主义恐怖势力的反弹，其答案显然是肯定的。姑且不谈“基地”组织对美国的潜在威胁，但

① 参见王逸舟主编：《恐怖主义溯源》，北京：社会科学文献出版社2002年版，第303页。

② 同上书，第311页。

③ 杨光主编：《中东非洲发展报告》（1998—1999），北京：社会科学文献出版社1999年版，第52～53页。

伴随美国出兵伊拉克，伊斯兰激进势力乃至穆斯林民众对美国的愤恨和仇视情绪将不断高涨，则是可以肯定的。对此，有关媒体已经发出警告："如果伊拉克战争来临，一个确定无疑的结果就是促使数百万穆斯林更加仇视美国，并促使其中一些人走向暴力"①，"'基地'组织得到的同情就会更多，伊斯兰社会各种更加暴力化、也更难追踪的小团体就会像雨后春笋般出现。"②

从历史纵深的角度来看，中东地区的频繁战事尤其是美国因素的作用，已经使得中东伊斯兰极端主义的恐怖活动和频繁的战乱之间形成了一种正向的比例关系。对此，我国学者吴云贵已经在《三大战事与恐怖主义》③一文中进行了深刻的剖析，他指出，第四次中东战争（1973）、阿富汗战争（1981～1988）、海湾战争（1991）的灾难性影响构成了中东伊斯兰极端主义的恐怖活动泛滥的一个重要原因。在中东战争中美国对以色列的偏袒、在阿富汗战争中美国对伊斯兰反苏势力的利用（包括对"基地"组织的资助与军事训练）、海湾战争的直接插手以及战后在海湾的军事存在、对巴以冲突政策的偏颇等等，都以不同的方式影响了伊斯兰极端主义恐怖势力的发展。因此，无论从逻辑还是历史的角度看，伊斯兰极端主义恐怖势力的反弹都是美国必须面对的一个难题。或许在短期内美国的高压可以抑制伊斯兰极端主义恐怖势力，但从长远和未来的角度看，美国可能要面对伊斯兰极端主义恐怖势力更深刻的压力与更严峻的挑战。

西方式的民主化：真实还是虚幻？

美国认为中东滋生恐怖主义的深层原因在于中东仍然是"民主的沙漠"，因此，美国伊拉克战略的根本目标之一就是借此全面整合中东的政治

---

① "A World of Terror", *The Economist*, 19 October, 2002, pp. 13－14.

② "谨防东南亚的中东化"，载《亚洲周刊》（香港），2002年10月21～27日，第5页。

③ 参见王逸舟主编：《恐怖主义溯源》，北京：社会科学文献出版社2002年版。

发展，以推进其民主化进程。但笔者认为，美国推进中东民主化进程的构想，起码在理念和现实两个方面都面临着挑战。

在理念上，美国面对的是西方民主政治传统与阿拉伯伊斯兰政治传统的矛盾与冲突，这种矛盾很难甚至是根本无法靠可操作性的手段或方案加以解决。

第一，中东的政治与社会文化传统使西方式的民主政治缺乏深厚的社会历史与文化土壤。

伊斯兰教政治性的表现之一就是穆斯林对真主及其代理人即统治者的无条件服从。伊斯兰政治文化“政教合一、族教混同的思想特征”，具有“迥异于佛教、基督教的不同特点，其中最突出的是它积极干预社会政治生活的态势”。[①] 由于伊斯兰教诞生于阿拉伯大漠的游牧部落，种族部落观念深刻地渗透于伊斯兰社会之中，而伴随伊斯兰教在对外征服中传播扩散，更是深受周边文明的浸染，其政治理论更加强调对统治者的服从。受伊朗文化的影响，等级制度的原则进一步强化，东方的专制主义倾向不断加强，绝对的权力和无条件的服从否定了对权力进行分割、限制和制衡的可能性。此外，伊斯兰教还否定党派的合法性，否定以政党进行利益表达的西方民主机制。在阿拉伯语中，“党派”（Azhab）只表明一种情况，即“真主的党”与“撒旦的党”的对立。因此，以政党制、议会制以及普选制为内容的西方民主在中东一直缺乏本土文化的支持，受殖民统治以及战后效仿西方的现代化进程受挫等因素的影响，传统伊斯兰政治与现代世俗民主政治之间的矛盾更加尖锐。即便没有美国的介入，阿拉伯伊斯兰社会的这种矛盾就已经非常尖锐，更何况美国想强行向中东移植西方式的民主，其矛盾的尖锐程度就更可想而知了。

第二，美国要以西方的民主理念为蓝本对中东进行改造，但伊斯兰文化对民主有不同于西方的独特理解，伊斯兰原教旨主义的政治目标之一是建立伊斯兰民主。从这种意义上说，伊斯兰原教旨主义所反对的并不是民主化，而是西方模式的民主化。

“舒拉”（Shura）即协商原则源于早期伊斯兰教，即伊斯兰教要求对重大问题的解决，都要征求公众的意见。在霍梅尼、图拉比等原教旨主义思想

---

① 吴云贵：“战后伊斯兰教四论”，载《世界宗教研究》1988 年第 3 期，第 12 页。

家看来，只有“舒拉”原则才能实现真正的民主。图拉比认为，“舒拉”制是伊斯兰民主制的集中体现，但它与西方民主有着本质的区别，即西方民主体现的是最终主权，而“舒拉”体现的是真主主权。他认为，西方民主被西方历史和实践证明是虚幻的空想。只有通过“舒拉”制的普及，才能实现真正的民主。[①] 伊斯兰原教旨主义得手的伊朗已经将“伊斯兰民主”付诸实施：在伊朗，伊玛目（宗教领袖）作为国家的最高权威，由教法学家大会推选产生；在政体上，伊朗采取共和制，总统由选民选举产生，并对教法学家大会和宗教领袖负责。

美国学者埃斯波西托认为，伊斯兰主义者并不反对民主，而是主张伊斯兰化的民主。“伊斯兰化的民主是基于对传统伊斯兰观念进行现代系列的重新解释。它们包括政治审议或协商，公议和个人判断或重新解释。”[②] 他指出，许多伊斯兰主义者都“把议会民主‘伊斯兰化’了，并在反对执政政权中诉求民主。”[③] 在他看来，在中东近年来的民主化进程和伊斯兰复兴运动交互影响的过程中，出现了产生伊斯兰民主的可能性：即伊斯兰能够产生自己特色的民主或代议制政府。但是，在持“伊斯兰威胁”论调的人看来，“当伊斯兰实践主义者向权力中心迈进时，他们会威胁西方的利益，散布反西方的情绪以及增加不稳定性，故伊斯兰实践主义者会‘绑架民主’。”[④]

在现实的层面，美国同样面临着棘手的问题。美国志在推行民主化，但民主化又会给伊斯兰原教旨主义合法染指政权提供机会，而这种结局决不是美国想看到的。20 世纪 70 ~ 80 年代，席卷世界的民主化浪潮在中东也激起了不小的波澜。但是，“伴随政治自由化和半民主化而来的”，却“是伊斯

---

① Anmad S. Moussalli, “Husan al-Turabi’s Islamist Discourse on Democracy and Shura”, *Middle Eastern Studies*, Volume 30, No. 1, Jan 1994, pp. 57 - 61.

② ［美］J.L. 埃斯波西托：“伊斯兰与现代化”，杜红译，载《世界宗教文化》1997 年第 1 期，第 18 页。

③ ［美］J.L. 埃斯波西托：《伊斯兰威胁：神话还是现实》，东方晓等译，北京：社会科学文献出版社 1999 年版，第 288 页。

④ ［美］J.L. 埃斯波西托：“伊斯兰与现代化”，杜红译，载《世界宗教文化》1997 年第 1 期，第 21 页。

兰运动的复兴”,[①] 同时也伴随着宗教政治反对派崛起引发的社会冲突。因此，中东政治民主化进程的启动和政治参与的扩大带来的不是政治稳定，相反却是伊斯兰复兴运动的高涨及其政治冲突。在伊斯兰复兴运动中，宗教政治反对派借民主化向国家政权发起挑战，而中东各国当局又拒绝承认宗教政治反对派的合法性，并多采取了遏制和清剿伊斯兰政治反对派的措施，从而导致政治秩序的混乱，由此便“出现了‘民主的悖论’：权威主义的松动释放出神权政治的‘魔鬼’，民主化改革指向非民主的前景。”[②]

由此可见，中东同世界大多数地区不同的是，本应成为推动政治民主化的政治反对派在中东以宗教反对派的方式出现，它们染指政权的途径是民主化提供的合法手段，但它们的目标则是建立回归传统并否定西方民主的伊斯兰政权。“他们反对自由化运动所趋向的民主，未来政治体制应该建立在伊斯兰法的基础上。”[③] 同时，由于伊斯兰政治反对派与政府对抗导致的社会动乱又给威权主义继续存在，尤其是军人干预政治提供了理由。因此，即使是为第三次民主化浪潮欢呼的亨廷顿，对中东的民主化也非常悲观：“在穆斯林世界鼓励的不是民主潮流而是伊斯兰主义，”“除个别例外，自由主义者无法在穆斯林社会取得持久而广泛的支持”，“穆斯林国家的民主前景”是“很暗淡”的。[④] 约翰·埃斯波西托也表示：“尽管穆斯林世界出现了民主的浪潮，对民主的不同的态度将持续存在，这不禁使人们对未来心存疑惧。当代伊斯兰运动拥护民主，以及他们参加选举运动是否为一种获取权力的手段？抑或是真诚的或内在的目标?”[⑤] 因此，美国的战略家也不会无视美国强行在中东移植民主的困难。

---

① 丛日云著：《当代世界的民主化浪潮》，天津：天津人民出版社 1999 年版，第 299 页。

② 同上书，第 333 页。

③ David Pool, "Staying at home with the Wife: Democratization and Limits in the Middle East", in Gerait Parry and Michael Moran, eds., *Democracy and Democratization*, p. 213. 转引自丛日云：《当代世界的民主化浪潮》，天津：天津人民出版社 1999 年版，第 333 页。

④ ［美］塞缪尔·P·亨廷顿：《文明的冲突与世界秩序的重建》，周琪等译，北京：新华出版社 1998 年版，第 116、21 页。

⑤ ［美］J. L. 埃斯波西托：“伊斯兰与现代化”，杜红译，载《世界宗教文化》1997 年第 1 期，第 22 页。

此外，一个更加现实的问题是，美国在中东的盟友诸如沙特等海湾国家，其民主化程度的低下恐怕在中东也是名列前茅，对其如何进行安排是一个更加现实的难题。保留和承认这些国家君主专制体制的现状，不仅会使其“中东民主改革计划”名不副实，同时也会给人留下“双重标准”的口实。而如果全面加以彻底改造，则显然又会伤及在“9·11”事件后已经非常脆弱敏感的盟友关系。

“文明冲突”的阴影：淡化还是加重？

美国发动对伊拉克的战争，势必对“9·11”事件后本已非常敏感和脆弱的西方与伊斯兰文明间的关系产生重要的影响。在此问题上，美国同样面临着挑战：一方面，美国要通过伊拉克战争将根除伊斯兰极端主义恐怖势力的斗争推向深入；另一方面美国又必须面对“9·11”事件后西方与伊斯兰世界日益迫近的“文明冲突”的阴影。

伊朗伊斯兰革命胜利以来，西方媒体不断渲染西方正面临伊斯兰势力的严重威胁，甚至称伊斯兰原教旨主义为“宗教斯大林主义”，称伊朗为“世界新的共产国际的中心”，伊斯兰极端主义导致“新的威胁同旧的邪恶帝国一样邪恶”。[①] 布热津斯基也指出，冷战后，“在伊斯兰世界，比较坚定而一致的宗教倾向正产生一种防御性观念，决意排拒西方‘邪恶’影响而努力推动长期休眠的穆斯林文明的振兴”。“伊斯兰教的政治觉醒不仅会引发在北面与残余的俄罗斯帝国主义的冲撞，而且也可能在南面与美国的统治抗争。”[②] 法国议员雅克·博梅尔茨声称，在苏联解体后，“最严重的威胁来自伊斯兰世界”，警告西方要当心伊斯兰原教旨主义这把“毒辣的弓”。[③] 美国

① 参见［美］J. L. 埃斯波西托：《伊斯兰威胁：神话还是现实》，东方晓等译，北京：社会科学文献出版社1999年版，序言，第3页。

② ［美］兹比格纽·布热津斯基：《大失控与大混乱》，潘嘉玢、刘瑞祥译，北京：中国社会科学出版社1995年版，第203、175页。

③ ［法］《世界报》，1993年4月1日。

学者罗宾·赖特认为，西方应付伊斯兰原教旨主义，“向一个充满魔力般力量，长达数百年之久的信仰和文化进行挑战，将与对共产主义进行挑战付出同样高昂的代价”。[①] 美国中央情报局前局长盖茨也指出，“过激的伊斯兰原教旨主义现象是引起人们严重不安的事态发展”，[②] 并呼吁美国应该对此加倍关注，伊斯兰原教旨主义俨然已经成为“全球蔓延的癌症”和“绿色威胁”。

在西方看来，“9·11”事件的发生似乎验证了亨廷顿的“文明冲突论”，《文明的冲突与世界秩序的重建》一书再度畅销美国，无疑就是这种心态的一种反映。伴随“文明冲突”阴影的日趋浓重，美国在强调要根除伊斯兰恐怖势力同时，多次强调美国所要打击的是少数国际恐怖主义分子，而无意与阿拉伯国家或伊斯兰教为敌。对此，埃斯波西托早在 1995 年就指出，“专注于作为一种全球性威胁的‘伊斯兰原教旨主义’助长了一种把暴力等同于伊斯兰教的倾向。这种倾向未能把个别人非法地利用宗教与世界穆斯林的大多数的信仰和实践区别开来，而后者如同其他宗教信仰者们一样，希望在和平中生活。”“伊斯兰教和穆斯林文化却被莫名其妙地描述为怪异的和固有的扩张主义，热衷于暴力和战争（圣战）”，“伊斯兰教和伊斯兰运动并非必然是反西方，反美国和反民主的。……它们并非必然威胁到了美国的利益。我们面临的挑战是更好地理解穆斯林世界的历史和现实，承认伊斯兰教的差异性和多种不同面孔。这一路径可以减少创造自我应验的预言（即论证西方反对一种激进的伊斯兰的战斗或一场文明的冲突）的风险。”[③]

伊斯兰极端势力乃至原教旨主义反西方的现实根源之一就在于穆斯林民众对西方强权政治、文化侵蚀强烈不满的愤怒心理。因此，美国此次兵临中东，所必需面临的问题是要在理念上澄清美国行动的对象是恐怖势力及其庇护者，而非伊斯兰教和伊斯兰世界，但美国无论作何种耐心的解释，都无疑

---

① Robin Wright, Islam, “Democracy and the West”, *Foreign Affairs*, Summer 1992, p. 145.

② ［美］《洛杉矶时报》，1992 年 8 月 4 日。

③ ［美］J. L. 埃斯波西托：《伊斯兰威胁：神话还是现实》，东方晓等译，北京：社会科学文献出版社 1999 年版，第 333、336 页。

会强化美国在穆斯林民众心目中久已形成的霸权形象和以色列袒护者的身份。“尽管美国以良性霸权自居，自以为有别于传统殖民主义的统治方式，但在久受西方殖民压迫的中东广大穆斯林来看，美国在中东的政治、军事存在无非是欧洲殖民统治的延伸和继续。”① 更何况不甘寂寞的美国媒体仍在不断制造“文明冲突”的神话，把伊斯兰原教旨主义甚至伊斯兰教约化为“战斗的伊斯兰”的舆论导向仍在给美国帮倒忙。因此，无论美国如何规避西方与伊斯兰之间的“文明冲突”，这种阴影的日益浓重和蔓延仍将难以避免，美国在伊斯兰世界的“妖魔”形象将变得更加清晰和令人愤恨，而这恰恰是伊斯兰极端主义反美立场和行动的现实和心理根源。

塑造中东新秩序：梦想还是现实？

小布什政府上台后，美国的“单边主义”色彩日趋浓厚。“9·11”事件后，美国虽然并非仅仅遵循单边主义的逻辑，但一定的多边参与和临时联盟并非美国对外战略的主轴，其战略核心则是单边主义。美国不仅在拒绝履行和参与国际协议（如《京都议定书》、《生物武器条约》、《反弹道导弹条约》等）方面表现出咄咄逼人的单边主义，而且在反恐问题上针对伊拉克提出了“先发制人”战略。

因此，解决伊拉克问题无疑是布什以“单边主义”重塑国际秩序的一个重要赌注，美国要实现这一战略构想，同样在地区、全球国际关系层面存在着诸多需要处理和协调的问题。起码美国必须要处理好与中东主要国家尤其是阿拉伯国家的关系，必须处理好与西方盟友尤其是在伊拉克问题上与美国立场相左的德、法等国家的关系；必须考虑俄罗斯的底线；必须对巴以关系和整个中东和平进程做出更有效的安排；必须应对因解决伊拉克问题而导致的民族、宗教问题（如库尔德人问题）的“巴尔干化”；必须应付类似朝鲜制造的考验美国两线（乃至多线）作战能力的危机等等。由于篇幅和主

① 田文林、林海虹：“伊斯兰与西方的冲突：一个自我实现的文化预言”，载《世界经济与政治》2002年第1期，第34页。

题限制，文章主要就中东的相关问题进行探讨。在美国与主要中东国家的关系上，美国要处理的关系主要有阿拉伯国家、非阿拉伯的伊斯兰国家（土耳其、伊朗）、以色列三个主要层次。

从美国与阿拉伯国家的关系来看，美国所面临的问题包括以下几个方面：

第一，此次惩治伊拉克的背景与1990年的海湾危机截然不同，伊拉克并没有像当年一样对阿拉伯邻国构成威胁。因此，美国对伊拉克动武缺乏足够的合法性依据，绕开联合国而发动伊拉克战争已经使其陷入铺天盖地的反对声浪之中。

第二，美国此次行动是在“9·11”事件后美国与阿拉伯国家关系日趋恶化的背景下进行的，包括美国与盟友沙特的关系都日趋紧张：拉登本人及“9·11”事件多数成员的沙特身份，“9·11”事件发生前，沙特是与阿富汗“塔利班”政权有正式外交关系的三个国家之一；美国兰德公司等对沙特与恐怖势力联系的指控都使美沙关系变得异常敏感。

第三，阿拉伯国家或担心成为美国下一个打击的对象，或担心经济受损。叙利亚由于遭到美国的点名批评并担心伊拉克的命运降临到自己的头上，对美国倒萨行动持最鲜明的反对立场。约旦也表示对伊拉克的军事行动将使中东局势进一步复杂化，并为新的恐怖主义的滋生提供土壤。即使是科威特也是忧心忡忡，不仅要考虑与美国过分接近而在阿拉伯世界陷于孤立，更担心经济受损和战后难民潮的冲击。

第四，阿拉伯国家对战争的后果充满忧虑，或者担心伊斯兰势力借机重新崛起，或者担心库尔德人和什叶派问题引发地区动荡。

对于非阿拉伯的伊斯兰国家伊朗和土耳其来说，伊朗由于已经被美国列入与伊拉克并列的“无赖国家”和“邪恶轴心”，尽管和伊拉克矛盾重重，但对美国发动对伊战争也持反对立场。伊朗的高级官员甚至表示：“如果美国胆敢侵略伊朗，波斯湾的所有油井都会被点燃，波斯湾地区将变成美国士兵的坟墓。伊朗不是阿富汗，战争不会两三个月就结束。”① 而土耳其也面临着很难的选择和平衡，不仅要考虑自身伊斯兰国家和西方中东盟友的双重

① 转引自王宏纬：“关于“邪恶轴心”论的一点思考”，原文载《当代亚太》，2002年第4期，参见中国人民大学报刊复印资料《国际政治》2002年第7期，第126页。

身份，还要考虑库尔德人问题对土耳其库尔德人的影响，当然还有在经济上向美国的巨额要价。

对于传统盟友以色列来说，美国面临的问题同样复杂。以色列出于与美国的特殊关系，对战争中可能发生的遭到伊拉克导弹袭击，要像海湾战争时期一样持克制的态度，而这又必将成为以色列在巴以问题上向美国讨价还价的砝码。因此，美国在战后处理巴以问题时一方面要考虑以色列的利益，同时也必须考虑阿拉伯国家的立场。此外，考虑到巴以冲突本身的复杂性诸如哈马斯组织愈演愈烈的自杀性爆炸事件，以色列沙龙政府顽固的右翼立场，美国若想在中东和平进程方面有大的作为，可谓困难重重。对于巴以问题的复杂性，亨利·基辛格曾经指出："中东冲突与17世纪的欧洲冲突最相似。他们冲突的根源不是经济性的——如大西洋地区和西半球；也不是战略性的——如亚洲；而是意识形态和宗教的。……当某个问题不是一个具体的争端，而是合法性的问题——实际上是另一方式存在的问题时，妥协是不可思议的。因此，就出现一个悖论，即为这些冲突带来明确解决方案的努力具有很强的负面效应。"①

因此，美国实现塑造中东新秩序的战略构想面临着严峻的挑战：对于中东国家中的盟友与半盟友关系的国家，如何避免伊拉克战争造成的消极影响；对于所谓"无赖国家"和"邪恶轴心"，美国是否有勇气、决心和能力义无反顾地依次进行整治；对于中东和平进程，能否有令巴以双方接受的方案及其必要的保障机制；对于与解决上述问题密切相关的推行民主化和战后重建所需要的巨大经济支出美国能否承受。当然还有本文没有论及的诸多相关问题。如果伊拉克战争后的中东比海湾战争后并没有显著的进步，甚至出现某种倒退，那么美国的战略就注定是失败的，或者说美国尚没有足够的能力与意志将其战略构想化为现实，那么这样的世界也就很难说是一个美国主导的"单极世界"，甚至会把沃勒斯坦关于美国霸权衰落的"老鹰坠地"②的预言变成现实。

---

① ［美］亨利·基辛格：《处于权力巅峰的美国：帝国抑或领导国》，载胡鞍钢、门洪华主编：《美国大战略》，杭州：浙江人民出版社2003年版，第33页。

② Immanuel Wallerstein, "The Eagle Has Crash Landed", *Foreign Affairs*, July/August, 2002.

专题30

和平与反恐：奥巴马政府中东政策面临的双重挑战*

【摘要】反恐优先与和平进程被边缘化的恶性互动，构成了布什政府中东政策的沉重遗产。因此，如何建立和维持和平与反恐之间的兼容、平衡关系，成为奥巴马政府面临的严峻考验。在宏观战略层面，其关键在于美国能否重塑中东的地区战略环境。具体说来，中东和平进程能否取得进展，关键取决于美国能否改变长期偏袒以色列的战略僵化，能否采取切实可行的措施将哈马斯融入中东和平进程，能否改善与叙利亚的关系等。在反恐问题上，奥巴马政府只有对美国的反恐战略进行全面调整，确保伊拉克局势不会再度恶化，加强在阿富汗和巴基斯坦反恐，同时避免陷入新的战争泥潭，以和平方式解决伊朗问题，才能配合中东和平进程，实现反恐与和平的兼容。

反恐优先与和平进程被边缘化的恶性互动，构成了小布什政府中东政策的沉重遗产。首先，反恐作为布什政府中东战略的优先议题，尤其是在阿富汗反恐战争后转而对与恐怖主义并无实质联系的伊拉克发动战争，最后又深陷泥潭、无法撤足，导致了中东和平议题被严重边缘化，其内在原因是美国中东战略的反恐议题优先以及战略方向错误，排斥和弱化了和平议题。其次，受美国国内强大的犹太院外集团的影响，以及美国视以色列为中东战略

* 原载《外交评论》2009年第5期。

资产这一战略定位的影响，偏袒以色列构成了美国难以摆脱的战略文化。其重要的消极后果是，不仅导致美国的中东战略丧失了灵活性，而且刺激了反美、反以宗教极端主义和国际恐怖主义的滋生蔓延，这是因为美国偏袒以色列的战略僵化，既刺激了恐怖主义的发展，也限制了除以色列以外的其他中东力量与美国的反恐合作。

奥巴马入主白宫前，加沙战事的爆发和塔利班势力与“基地”组织的卷土重来，使得推进国际反恐与中东和平进程无法避免地成为奥巴马政府中东战略的主要议题。摆脱布什政府反恐与和平两大议题的矛盾紧张关系，建立和维持和平与反恐之间的兼容、平衡关系，进而实现美国中东战略的“回归平衡”（Restoring the Balance）①，无疑成为奥巴马政府面临的严峻考验。因此，本文试图以美国的中东战略为主要分析线索，结合主要的中东问题，分析与思考在和平与反恐两大主题方面美国所面临的挑战及其相互关系。需要说明的是，本文中的和平概念专指中东和平进程，而不是一般意义上的世界和平。

地区战略环境的变化与美国中东战略调整面临的挑战

奥巴马入主白宫之际，脆弱的伊拉克局势、阿富汗与巴基斯坦反恐形势的恶化、棘手的伊朗核问题、巴以冲突的加剧、美国在中东的信誉危机和影响力的严重下降，都使美国新政府“在中东将面临一系列严重的、复杂的、

---

① Richard N. Haass and Martin S. Indyk, eds, *Restoring the Balance: A Middle East Strategy for the Next President*, Brookings Institution Press 2008. 该书是由美国布鲁金斯学会萨班研究中心（Saban Center at the Brookings Institution）和对外关系委员会的专家共同完成的研究报告，对外关系委员会主任理查德·哈斯担任该项目的负责人。在这篇长达近300页的研究报告中，主旨思想是全面总结布什政府中东政策的教训，为新任美国总统的中东战略出谋划策。报告的内容除理查德·哈斯等人从宏观方面全面论述美国中东战略失误和未来战略调整方向外，包括六个具体方面的内容，即伊拉克问题、伊朗问题、核不扩散问题、阿以冲突、经济与政治发展、中东反恐六大主题。

相互联系的挑战”。对此，美国智库的研究报告指出，新总统需要“启动多样性的政策（multiple polices）以应对严峻的挑战，但他很快就会有时不待我的紧迫感。”“美国新总统的中东政策必须重新区分优先次序并调整其方向（reprioritize and reorient）”,[①] 必须“超越伊拉克”[②]。因此，通过全面的政策调整，改变和重塑对美国日趋不利的中东地区战略环境，无疑成为奥巴马政府面临的首要任务。

冷战结束后，苏联影响力在中东淡出，美国以“仁义之师”发动的解放科威特的海湾战争，都为美国主导中东和平进程创造了前所未有的国际环境和地区环境。在此背景下，克林顿政府确定了“东遏两伊，西促和谈”的中东政策，并为推动中东和平进程作出了一系列努力。但在其执政末期，由于美国对阿拉法特领导的巴民族权力机构强烈不满，以及追求任内实现中东和平进程的功利化做法，加之以色列政局变化后沙龙强行进入阿克萨清真寺事件的冲击，巴以关系再度陷入“以暴易暴”的恶性循环。

小布什当政后不久，“9·11”事件的发生使反恐与民主化成为美国中东战略两大互相联系的目标，巴以和平进程问题被置于反恐与民主改造这两个范畴之中而日趋被边缘化。[③] 这一政策一直延续至2007年下半年安那波利斯中东和平会议之前。伊拉克战争爆发后，美国的中东政策“一直被伊拉克问题所主导”[④]。但事实证明，这场代价沉重的战争使美国的中东战略重心远离了反恐的目标，并酿成深陷伊拉克的困局，目标宏大的以伊拉克为样板进而向整个中东扩展的“大中东民主计划”也草草收场。更为重要的是，伊拉克战争导致“巴勒斯坦问题被严重忽视”，“美国在关切和解决这一首要的地区冲突方面几乎毫无作为”，同时它也为伊朗的崛起“打开了方

---

① Richard N. Haass and Martin S. Indyk, eds, *Restoring the Balance: A Middle East Strategy for the Next President*, Brookings Institution Press 2008, p. 1.

② Richard N. Haass, Martin Indyk, “Beyond Iraq, A New U. S. Strategy for the Middle East”, *Foreign Affairs*, January/February, 2009.

③ 陶文钊：“布什政府的中东政策研究”，载《美国研究》2008年第4期。

④ Richard N. Haass and Martin S. Indyk, eds, *Restoring the Balance: A Middle East Strategy for the Next President*, Brookings Institution Press 2008, p. 1.

便之门。”① 因此，相对冷战结束初期，中东地区的战略环境已经严重恶化。“布什政府8年来的战略的确改变了中东，但也使其最终为中东所钳制、所改变，陷入几个方面的战略被动。”②

奥巴马执政以来，全面改善美国与阿拉伯伊斯兰世界的关系，重塑中东地区的战略环境，构成了美国中东政策调整的战略方向。在战略层面，奥巴马特别强调美国中东战略的整体性，以及重塑美国与伊斯兰世界关系的重要性。他指出：“如果我们将这一地区视为一个整体，并向阿拉伯伊斯兰世界发出一个信息：我们将在相互尊重和互利的基础上建立一种新的伙伴关系，我们就将获得重大进展。”③ 在开罗大学的演讲中，他特别强调“在美国和穆斯林世界之间寻求一种全新的开端；这种开端建立在彼此的利益和相互的尊敬之上。”“我们必须学会倾听彼此、互相学习、相互尊重；我们必须寻求共识。”④

在具体的政策层面，修补与调整美国、土耳其、沙特等传统盟友和地区大国埃及的关系，加大对巴以和平谈判的推进力度，确定和安排从伊拉克撤军的时间表，向伊朗、叙利亚和哈马斯等激进势力释放改善关系的善意，构成了奥巴马执政之初的主要政策。

在具体的外交行动上，国务卿希拉里首次亚洲之行访问最大的伊斯兰国家印度尼西亚、奥巴马本人两次访问中东、国防部长盖茨、总统国家安全事务助理琼斯、中东问题特使米切尔、前总统卡特等政要数次访问中东，都展示了美国为重新塑造中东地区战略环境，全面改善与伊斯兰世界关系的努力。此外，为赢得俄罗斯在中东问题尤其是伊朗核问题上的合作，美国宣布暂停在波兰和捷克部署导弹防御系统，进而换取俄罗斯在制裁伊朗方面的支持。为重塑美国的国际形象并掌握道德制高点，美国倡导召开了核裁军峰会，提出了建立“无核世界”的主张。这一切都展示了美国重新塑造中东

---

① Richard N. Haass and Martin S. Indyk, eds, *Restoring the Balance: A Middle East Strategy for the Next President*, Brookings Institution Press 2008, p. 4.

② 杨鸿玺：《“9·11”事件7周年之际看布什的中东战略》，http://www.wyzx-sx.com/Article/Class20/200808/49060.html

③ “Obama-Biden Plan”, http://www.brackobama.com/issues/healthcare/.

④ 《奥巴马开罗大学演讲全文》，http://news.163.com/09/0604/22/5B0DLSV40001121M_5.html

地区战略环境，全面改善与伊斯兰世界关系的努力。

但是，“9·11”事件和伊拉克战争后美国与阿拉伯国家关系的阴影，中东伊斯兰国家尤其是穆斯林民众反美情绪的高涨，宗教极端主义对美国和西方的仇视，都使当今的美国在道义上失去了在中东的领导能力。阿拉伯伊斯兰国家在很大程度上陷入了对美国既有所期待，又对其动机和能力表示质疑的矛盾困境，同时仍对美国的政策主张能否付诸实施采取观望的态度。

在具体问题上，美国能否实现从伊拉克撤军的同时避免其再度陷入动荡，避免将反恐重点转向阿富汗后再度陷入一个新的战争泥潭；如何处理棘手的伊朗问题，尤其是在和平框架内实现防止伊朗拥有核武器的战略目标；如何防范巴勒斯坦哈马斯、黎巴嫩真主党通过叙利亚与伊朗结成的反以和反美阵线，尤其是如何着手改善叙利亚的关系；如何加强巴基斯坦反恐，尤其是避免发生大规模的印巴冲突；如何建立关于中东事务的多边国际框架，尤其是如何看待和处理欧洲传统盟友在中东日益增强的作用及其与美国的分歧，如何正确处理与重返中东的俄罗斯的关系，如何看待中国在中东日益增长的作用；等等，都是美国在重塑中东地区战略环境不可忽视的因素。

全面推动中东和平进程的压力与挑战

在反恐优先战略下错误发动伊拉克战争，使得美国的中东政策陷入了反恐收效甚微，民主改革计划虎头蛇尾，中东反美主义高涨，国家“软实力”严重受损的困境。因此，通过推动中东和平进程，切实推动巴勒斯坦及相关问题得到公正解决，不仅直接关系到为其反恐战略创造地区环境，更直接关系到美国能否重塑在中东的国际形象，恢复在中东的领导地位。

根据美国智库的建议，推动巴以谈判的基本框架应该包括：（1）最终地位谈判：美方应尽快提出折衷方案，确定解决问题的原则，并坚持前总统布什与以色列就最终地位谈判所达成的谅解。（2）执行路线图计划关于巴方加强反恐、以色列冻结修建犹太定居点的承诺。美新政府应敦促国会增加拨款，增强巴方反恐的能力，同时应与以色列达成谅解，力求在一段时间内，在划定巴以边界的同时冻结定居点。（3）改善西岸局势。美国新政府应确保以色列保持合作态度，并从阿拉伯国家获得资金支持。（4）阿拉伯国家的参与。美应重视阿拉伯和平倡议和阿拉伯联盟的作用，尤其是要促使阿拉伯国家履行向巴自治机构提供经济支持，改善与以色列关系的承诺。① 在笔者看来，上述目标能否实现，中东和平进程能否取得重大进展，关键取决于以下问题能否得到解决。

1. **美国能否摆脱偏袒以色列的僵化战略**。长期以来，在美以特殊关系的框架下，美国对以色列的支持及其在阿以冲突中对以色列的偏袒，已经是世人皆知的事实。对此，即使是美国学者也供认不讳。有美国学者在列举大量事实的基础上指出，“美国对以色列的支持是史上绝无仅有的。”“与以色列的关系占据了美国中东政策的核心位置。”正是由于“美国对以色列始终不渝的支持以及与此相关的在整个地区扩展民主的努力，激怒了阿拉伯和伊斯兰世界的民众，威胁到美国自身的安全”；“美国的恐怖主义问题很大程度上是它和以色列的密切关系带来的”。以色列院外“游说集团已经影响到美国中东政策的核心，成功说服了美国领导人支持以色列对巴勒斯坦人的持续压迫，并把以色列的地区对手伊朗、伊拉克和叙利亚当作敌人。”②

事实表明，美国要想在巴以和平进程上有所作为，必须摆脱长期以来对以色列政策形成的战略僵化，摒弃一味偏袒以色列的政策做法，转而在巴以问题上采取相对平衡的立场，通过劝说与施压的双重手段对以色列施加影响，推动巴以领土划分、耶路撒冷地位、难民回归、叙以戈兰高地等核心问题的解决，才能重塑美国在阿拉伯伊斯兰世界的国际形象，进而消除滋生宗教极端主义和国际恐怖主义反美、仇美的社会土壤。

相对布什政府而言，在奥巴马上台后，美国支持以色列的强硬姿态已有所改观，并对以色列施加了一定的压力。推动实现“两国方案”下的巴勒

---

① Richard N. Haass and Martin S. Indyk, eds, *Restoring the Balance: A Middle East Strategy for the Next President*, Brookings Institution Press 2008, pp. 20 – 21.

② John J. Mearsheimer, Stephen M. Walt, “The Israel Lobby and U. S. Foreign Policy”, http://mearsheimer.uchicago.edu/pdfs/A0040.pdf

斯坦建国，是奥巴马解决巴以问题的基本思路。奥巴马明确指出："巴勒斯坦人民的处境是难以忍受的。美国不会背弃巴勒斯坦人寻求尊严、机会和自己国家的合法愿望。"他还强调以色列必须承认巴勒斯坦的生存权利，"美国不承认继续建设以色列定居点的合法性。"①

但是，从以色列方面看，内塔尼亚胡组建的以右翼政党为主的执政联盟上台后，出于对其自身利益考虑，一直拒绝公开接受"两国方案"，不断重申耶路撒冷不可分割，不断扩张犹太定居点，并要求首先解决伊朗核问题等。针对奥巴马开罗大学讲话强调的"两国方案"，内塔尼亚胡在发表外交政策演说时，在表示接受"两国方案"的同时，附加了诸多苛刻条件，包括巴勒斯坦的非军事化、为确保以色列安全采取必要措施、必须允许现有的犹太人定居点"自然增长"，并在巴勒斯坦难民回归和耶路撒冷问题上，继续坚持固有的强硬立场。

此外，奥巴马的巴以政策在国内也遭致保守势力尤其是亲以势力的抵制与批评。为寻求平衡，奥巴马的巴以政策始终十分注重强调以色列的战略重要性，这在其开罗讲话中也得到了体现。在谈及巴以问题时，奥巴马首要强调的是"美国和以色列的紧密结合"和双方盟友关系的"牢不可破"。②此前，他还在多种场合表示，确保以色列的安全是美国中东政策的出发点，"以色列是我们在这一地区最强大的盟友和唯一确立民主的国家"。③因此，奥巴马政府虽然在某些问题上向以色列施加了一定压力，但在总体上仍很难彻底改变美国偏袒以色列的战略僵化。

2. **美国能否将哈马斯融入中东和平进程**。巴内部的分裂即巴民族权力机构与哈马斯分别控制约旦河西岸和加沙的局面，尤其是遭到以色列以及美国排斥和封锁的哈马斯组织，继续坚持暴力反以的强硬立场，并不时发动对以色列的自杀性爆炸以及火箭弹袭击，构成了巴以双方实现和解的严重障碍。

---

① 《奥巴马开罗大学演讲全文》，http://news.163.com/09/0604/22/5B0DLSV40001121M_5.html

② 《奥巴马开罗大学演讲全文》，http://news.163.com/09/0604/22/5B0DLSV40001121M_5.html

③ Pierre Tristam, "Barack Obama's Middle East Policy", http://middleeast.about.com/od/usmiddleeastpolicy/me0712021.htm

巴内部分裂局面有着复杂的内部原因，但从外部因素看，在“9·11”事件后，美国、欧盟等宣布哈马斯为“恐怖组织”并冻结其财产，对哈马斯采取排斥与遏制的做法，恰恰构成了哈马斯赢得民意、取得成功的原因之一。在哈马斯于2006年1月执政后，美国提出了承认哈马斯政府的三个条件：哈马斯拒绝恐怖主义，承认以色列生存的权利，接受巴以间达成的国际协定。此后，由于哈马斯拒不接受美国的条件，美国拒不承认哈马斯并与以色列联手，企图孤立并推翻民选的哈马斯政府，激化了巴勒斯坦内部两派的争斗，巴以和平进程再次遭遇挫折。与此同时，美国在对巴政策上依然采取片面支持阿巴斯领导的民族权力机构，加剧了巴内部分裂。在安纳波利斯会议上，哈马斯依然被排除在会议之外，会议达成的文件与决定建立的美巴以三方机制，均没有对哈马斯组织的考虑与安排。

事实表明，不管哈马斯的主张与行为如何激进，美国都必须正视哈马斯的存在，如何将哈马斯纳入和平进程已成为中东和平能否实现的主要瓶颈之一。首先，包括美国在内的国际社会，必须承认哈马斯的客观存在及其在巴以和平进程中的应有位置。事实表明，孤立、遏制、封锁、打击哈马斯不仅不能迫使其改变立场，而且只能加剧冲突，恶化巴以会谈的环境。其次，美国应和国际社会一道努力实现哈马斯和以色列的相互承认，为哈马斯参与巴以谈判创造条件。最后，最为关键的问题是美国应与国际社会一道，结束巴民族权力机构与哈马斯的分裂状态。总之，“要促进巴以和平进程，下一任美国总统要与阿拉伯国家一起，把哈马斯也纳入到和平进程之中，排除它对进程的干扰，一个分裂的巴勒斯坦是不可能与以色列达成任何认真的协议的，即使达成了也难以实行。”①

在奥巴马上台前，美国布鲁金斯学会和对外关系委员会等智库就建议奥巴马政府必须重视和正视哈马斯的地位和作用，建议由埃及、以色列和巴权力机构三方去处理与哈马斯的关系，哈马斯可在接受自由公平选举、停火和国际监督下参加2009年的大选。②

---

① 陶文钊：“布什政府的中东政策研究”，载《美国研究》2008年第4期。http://www.mgyj.com/american_ studies/2008/fourth/fourth01.htm

② Richard N. Haass and Martin S. Indyk, eds, *Restoring the Balance: A Middle East Strategy for the Next President*, Brookings Institution Press 2008, p. 22.

奥巴马上台后，美国试图改变布什时期对哈马斯予以排斥乃至“定点清除”的强硬政策，寻求缓和与哈马斯的关系。有媒体报道说，奥巴马曾表示要寻求与哈马斯对话，前国务卿詹姆斯·贝克也主张应赋予哈马斯参加谈判的权利。2009年3月，希拉里在访问中东时也暗示，只要哈马斯承认以色列，美国就可以承认并支持包括哈马斯在内的巴联合政府。① 但是，在开罗讲话中，奥巴马仍强调“哈马斯必须结束暴力、承认过去的协议、承认以色列的生存权”，② 这与布什政府提出的承认哈马斯的三个条件并无二致。

从巴内部看，法塔赫与哈马斯在埃及协调下进行的和解谈判未能取得任何进展，某种程度上也意味着美国寄望埃及、以色列和巴权力机构三方去处理与哈马斯的关系策略收效甚微。因此，就美国与哈马斯的关系而言，双方关系仅仅是出现了从对抗走向缓和的迹象，但并未取得实质进展，如何协调与哈马斯的关系，并找到将哈马斯纳入和平进程的途径与管道，仍然是奥巴马面临的严峻挑战。

3. **美国能否改善与叙利亚的关系，推动叙以谈判。**叙利亚与伊朗、黎巴嫩真主党、巴勒斯坦哈马斯有重要的联系，并与以色列存在戈兰高地问题，因此，叙利亚是中东政治中不容忽视的重要角色。实践证明，布什政府对叙利亚的孤立和惩罚政策是失败的，这是造成叙利亚与伊朗共同反以、共同对抗美国的高压政策，并充当伊朗与真主党、哈马斯联系桥梁的重要原因，同时也是导致2006年黎以冲突的重要外部因素。③ 因此，改善与叙利亚关系，全面启动叙以谈判，实现戈兰高地问题的彻底解决，使叙发挥对真主党和哈马斯的影响作用，为解决巴勒斯坦问题和黎巴嫩问题创造条件，同时通过与伊朗开启谈判，消解伊朗、叙利亚、伊拉克、黎巴嫩在中东地区形成所谓的“什叶派新月地带”的现实基础，无疑是美国新政府中东战略必须正视的问题。

对于如何处理与叙利亚的关系，美国智库提出了两点建议：首先，美国

---

① 杨俊：“希拉里访问中东，为‘接触政策’预热”，载《人民日报》2009年3月11日。

② “奥巴马开罗大学演讲全文”，http://news.163.com/09/0604/22/5B0DLSV40001121M_5.html

③ 孙德刚：“叙利亚与伊朗准联盟关系浅析”，载《阿拉伯世界研究》2006年第6期。

应放弃敌视叙利亚的政策，全面改善双方关系。其现实基础在于叙美保持着外交关系，双方并非全面对抗的敌对关系，美国近年来对叙的劝说和利诱的措施收到了一定的效果叙利亚也有与美国改善关系，摆脱国际孤立处境的需要。但双方关系改善的重要前提在于美国放弃敌视和压制叙利亚的政策，“因为只有叙利亚与美国的关系实现了正常化，它才会放弃与伊朗的结盟。”其次，美国要更加重视其盟友土耳其在改善美叙、叙以关系中的作用，同时通过美国与伊朗关系的改善消除叙利亚的顾虑。第三，推动叙以和谈，解决戈兰高地问题，实现叙以全面和解。①

上述建议在奥巴马上任之初的叙利亚政策中得到了一定程度的体现。奥巴马上任不久，就派遣议会代表团和特使团访问叙利亚，美中东问题特使米切尔数次访问叙利亚并与巴沙尔总统会谈。在 2009 年 4 月，米切尔在访叙时还提出了解决叙以争端的具体方案，即分两个阶段解决叙以关系的核心问题——戈兰高地问题，首先成立以叙联合管理机构，双方合作发展该地区的经济和旅游事业，把戈兰高地 1/3 地区建设成为一个自然保护区或和平公园，对双方人员自由开放，不需要任何签证。第一阶段的目的在于建立双方之间的信任，进而加强合作，然后再转入第二阶段——以叙之间实现全面持久和平，以色列将戈兰高地的主权归还叙利亚。② 2009 年 6 月，在美国驻叙利亚大使被召回 4 年后，美国决定重新派遣驻叙利亚大使，以修补两国关系。叙利亚方面也做出了一定的回应，如叙政府决定采取严厉措施，限制哈马斯领导人在叙的活动。但是好景不长，伴随中东形势变化和美国中东政策调整，美国和叙利亚的关系再度走向了对抗。

国际反恐战略的调整方向与面临的挑战

“9·11”以来，美国在安全与外交战略中奉行反恐优先的政策，导致

① Richard N. Haass and Martin S. Indyk, eds, *Restoring the Balance: A Middle East Strategy for the Next President*, Brookings Institution Press 2008, pp. 16 – 18.

② “美国提出解决叙以争端的具体方案”，http: //world. people. com. cn/GB/9655208. html

中东和平进程被长期“休眠”，“大中东民主计划”无果而终，恐怖势力卷土重来，伊朗在中东坐大，伊拉克局势动荡不安，这些都证明了布什反恐战略的失败。奥巴马政府只有对反恐战略进行全面调整，防范伊拉克局势再度恶化，避免在阿富汗陷入新的战争泥潭，同时妥善解决伊朗问题，避免酿成新的反恐战争或地区战争，才能配合中东和平进程，实现反恐与和平的兼容。

1. **如何在总体上调整美国的反恐战略。**在总体战略上，美国反恐政策的调整主要体现在以下方面：

首先，放弃“先发制人”与“政权改造”的强力反恐政策，代之以加强中东国家的反恐能力与制度建设。美国反恐问题专家丹尼尔·拜曼、史蒂文·西蒙建议，“应将反恐纳入整体中东战略的一部分，反恐不应再度充当美国中东政策的主驱动轮（driver）”；新政府反恐政策的重点应是加强地区反恐能力建设，强化“失败国家”的制度建设。[①] 奥巴马政府已经放弃“全球反恐战争”的提法，他强调：“伊拉克事件提醒美国在有可能的情况下，应选择通过外交手段和建立国际共识的方式解决我们的问题。”[②]

其次，对中东民主化采取更加务实的政策，“重新掌握道德制高点”。理查德·哈斯等人认为，布什“民主改造”中东的政策造成了严重的消极后果，他们发出了在中东“校正政治改革议程”的呼吁：“在民主问题上，新总统需要在美国利益与价值观方面寻求可持续的平衡（sustainable balance），考虑到该地区的不稳定性，美国应该采取支持长期的、渐进性的民主化进程的政策。”以上主张的核心是要缓解布什“民主改造”中东导致的美国与中东伊斯兰国家关系紧张的压力。他们还认为，美国应将民主化的希望“寄托于年轻一代”。他们指出，新总统面临的两项紧迫事宜是：关闭关塔纳摩湾监狱；将解决巴勒斯坦问题作为美国中东政策的优先议题。而更为长期的任务是建立“一个全新的、更为包容的、和平的中东

① Richard N. Haass and Martin S. Indyk, eds, *Restoring the Balance: A Middle East Strategy for the Next President*, Brookings Institution Press 2008, pp. 187 – 216.

② “奥巴马开罗大学演讲全文”，http://news.163.com/09/0604/22/5B0DLSV40001121M_5.html

新秩序。"[1] 奥巴马也认为，尽管民主仍然是美国中东战略的重要议题，但"一个国家不能也不应该将一种政治系统强加于另一个国家。"[2]

最后，美国应重建反恐合作的多边国际框架。约瑟夫·奈认为，美国奉行的单边主义政策已经将其"软实力"耗费殆尽，并提出三点建议以恢复美国的软实力：作出政策调整，在伊拉克寻找一个政治解决的方案；作出更大的努力，促进中东和平进程；与盟友和国际组织进行更紧密的合作。[3] 奥巴马总统高级反恐顾问约翰·布伦南说，美国政府必须从根本上对打击恐怖主义的斗争重新定义，用一场集各方面国家实力于一体以击溃敌人的战役替代"反恐战争"；华盛顿必须将军事打击与更加持久的经济、外交和文化手段等"软实力"结合起来。[4]

2. **如何避免伊拉克与阿富汗反恐形势的恶性互动**。在具体的策略方面，奥巴马政府反恐政策的最大变化，突出体现在反恐中心从伊拉克向阿富汗和巴基斯坦的"东移"，但美国面临的最大问题是如何避免伊拉克与阿富汗、巴基斯坦反恐形势形成恶性互动。美国面临的严峻挑战包括：在总体上必须确保伊拉克局势的相对稳定，避免在反恐战略重点转向阿富汗和阿巴边境地区后，伊拉克再度陷入内战；美在中亚和南亚则面临既要增强反恐效果，同时又要避免陷入又一场反恐战争泥潭的考验。

国际社会以及美国的主流舆论均认为，尽管2007年以来伊拉克的总体安全形势趋于好转，但存在的问题仍不容忽视。美学者史蒂芬·彼得尔等人认为，"在安全方面，严峻的挑战依然存在"，尤其是"基地"组织和萨德尔的迈赫迪军仍然有卷土重来的能力；现有的政治进程依然是"十分有限和极其脆弱的"，"分裂的、制度化程度较低的不成熟的政治体制"使政治和解进程异常艰难；美国军事力量增加是伊拉克安全形势好转的原因所在，"新总统最为重要的决策是在何时撤军以及如何撤军"；难民问题、库尔德

---

① Richard N. Haass and Martin S. Indyk, eds, *Restoring the Balance: A Middle East Strategy for the Next President*, Brookings Institution Press 2008, pp. 11 - 12.

② "奥巴马开罗大学演讲全文", http://news.163.com/09/0604/22/5B0DLSV40001121M_5.html

③ 转引自朱世达："关于美国形象的思考", http://www.cp.org.cn/show.asp?NewsID=538

④ "奥巴马政府公布反恐新战略", http://world.people.com.cn/GB/9820791.html

人问题、伊拉克周边的地区性因素（尤其是伊朗）等问题的处置，[①] 都是美国新政府在伊拉克面临的挑战。

奥巴马上台后，首先确定了在2011年12月31日前从伊拉克全部撤军的时间表，伴随美军向伊拉克移交主要城市的防务，伊拉克多次发生死亡人数较多的恶性爆炸事件，这表明伊拉克的安全局势依然不容乐观，并必将对美国能否按照时间表实现全面撤军构成挑战。

2009年3月，奥巴马提出了将反恐重心东移的“阿巴新战略”，其核心内容是：向阿富汗增兵2.1万人，训练和增加阿富汗军警，推动阿富汗全国和解；加强对阿富汗的经济援助，将巴基斯坦纳入美国的阿富汗战略；放弃单边主义，采取国际合作的多边主义；设定明确标准衡量新战略的进度及其效果等。[②]

通过实施“阿巴新战略”，美国将反恐重心集中于“基地”组织和塔利班势力活动猖獗的阿巴边界地区，并在加强军事打击的同时，支持阿政府与塔利班进行接触和谈判。这一战略虽收到一定成效，但并未取得实质性的效果，而在继续增兵和加大财政投入等举措也面临国内的巨大压力，北约盟友对此也颇多抱怨。

在阿富汗重建和民主进程方面，阿政府实际控制区域有限、政府腐败问题严重、内部管理涣散、毒品泛滥成灾、经济发展缓慢都暴露了卡尔扎伊政府的治理能力低下，[③] 从而难以实施对恐怖主义的有力打击和彻底治理。2009年阿富汗大选的混乱局面，再度反映了阿富汗重建收效甚微的现实，以至于有美国智库认为稳定和重建阿富汗仍是一项至少需要耗费十年时间才能完成的长期任务。此外，美国与巴基斯坦政府在反恐问题上存在巨大分歧，诸如美巴在反恐战略目标上的巨大差异、具体反恐政策的分歧、相互信

---

① Richard N. Haass and Martin S. Indyk, eds, *Restoring the Balance: A Middle East Strategy for the Next President*, Brookings Institution Press 2008, pp. 27 – 58.

② “A New Strategy for Afghanistan and Pakistan”, March 26, 2009, http://www.whitehouse.gov/blog/09/03/27/ A2New2Strategy2for2Afghanistan2and2Pakistan

③ 刘青剑：“试析美国在阿富汗的困局”，载《现代国际关系》2009年第2期，第8～9页。

任的缺失等,[①] 都将对美国反恐新战略的实施构成巨大的掣肘。

伊朗核问题对美国中东战略的挑战

制约美国反恐战略与中东和平政策的一个重要因素是如何改善与伊朗的关系。美国与伊朗关系的紧张和对峙是布什政府中东政策的重要遗产，除去1979年伊朗伊斯兰革命以来双方的长期对立因素的影响，反恐问题与核问题成为双方对峙的主要因素。“9·11”事件发生后，伊朗采取了支持国际反恐的立场，但美国却一直认为伊朗是“全世界对国家恐怖主义最积极的支持者”，把它列为“十大恐怖主义国家”之首,[②] 并将伊朗列入“邪恶轴心”。2006年美《国家安全战略报告》认为，“美国所面临的伊朗的威胁比任何别的国家的威胁都大”。[③] 在布什执政期间，美国一方面通过制裁向伊朗施压，另一方面多次扬言通过“先发打击”消除伊朗的核能力并促成其国内的政权更迭。[④] 但是，充满讽刺的是，正是美国发动的两场反恐战争铲除了塔利班政权和萨达姆政权，为伊朗的崛起搬掉了东西两线的地缘政治敌手。受各种内外因素的制约，布什政府根本无法将对伊朗动武付诸实施，相反却在伊朗总统内贾德刚柔相济的外交面前陷入被动境地。

针对伊朗核问题，奥巴马认为通过外交手段与伊朗领导人直接接触，比单纯加强制裁更有利于解决伊朗核问题。美国智库的研究报告认为，通过与伊朗政府进行直接接触，改变伊朗的行为方式，寻找“通往共存之路”（pathway to coexistence）将是美国的必然选择。其原因在于，军事打击和支

---

① 邓红英：“美巴反恐合作：困境与前景”，载《现代国际关系》2009年第7期，第22~24页。

② 高祖贵：“布什政府对伊朗政策的分析”，载《西亚非洲》，2004年第3期，第46~47页。

③ “The National Security Strategy Report of the United States of America”, The White House, March 2006, p. 20.

④ “Interview of the Vice President by Richard Wolffe”, http://www.whitehouse.gov/news/releases/2007/01/20070128.html

持内部变革的方式都无法颠覆伊朗政权，相反会刺激伊朗对以色列以及美国在伊拉克和阿富汗的军事力量进行报复，并继续通过叙利亚影响哈马斯和真主党，破坏阿以和平进程。报告提出，美国新总统“应对伊朗政府寻求合法的国家利益予以尊重”。在伊朗核问题上，报告建议应建立类似朝核六方会谈的多边机制，实现美国与伊朗的直接接触。[①] 奥巴马也曾强调说，“我们两个国家之间会有很多议题需要探讨，而且我们也原意在互相尊重的基础上不附带任何条件地推进两国的交流。”[②]

可以肯定，在经历伊朗伊斯兰革命三十年来的长期对立后，受美国国力衰落以及伊拉克战争惨痛教训等因素的影响，美国对伊朗发动战争的可能性基本可以排除。但是，在一定时期内，美国与伊朗的关系仍将处在相互试探与复杂博弈阶段，接触与施压仍是美国伊朗政策的主要手段。美国一方面表示愿意通过外交途径解决美伊分歧，与伊朗发展“建设性关系”，暗示美国不谋求推翻伊朗政权，甚至表示“伊朗可以和平使用核能”，另一方面则不断警告伊朗如不做出改变将面临更严厉的制裁。

概括起来，奥巴马的伊朗政策主要包括：（1）与伊朗进行接触，并就包括核问题在内的所有问题进行对话。（2）在坚决反对伊朗发展核武的同时，承认伊朗和平利用核能的权利，并将伊朗核问题与以色列核问题挂钩，要求以色列签署核不扩散条约。（3）强调平等与尊重，承认伊朗的地区大国地位，并期待其成为国际体系中负责任的一员。（4）坚持不放弃军事打击，但以外交和经济手段为主。[③] 但就奥巴马就职以来的美伊关系看，双方虽然都有改善关系的期待与善意表示，但就总体而言尚未出现大的突破。正如有关智库所指出，伊朗问题有可能是奥巴马中东战略中所面临的最为棘手的问题。由于伊朗对伊拉克问题、阿富汗问题、巴以和平问题乃至所有中东问题都有巨大的影响力，伊朗问题能否得到解决，美伊关系能否得到改善，无疑将关系到美国中东战略成败的全局，并考验奥巴马的外

---

① Richard N. Haass and Martin S. Indyk, eds, *Restoring the Balance: A Middle East Strategy for the Next President*, Brookings Institution Press 2008, pp. 59 – 92.

② “奥巴马开罗大学演讲全文”，http://news.163.com/09/0604/22/5B0DLSV40001121M_5.html

③ 唐志超、刘权：“奥巴马政府中东政策初析”，载《现代国际关系》2009年第7期，第35页。

交智慧。

在2009年9月G20峰会召开期间，伊朗修建第二个铀浓缩工厂的事实已经公开化，在9月25日美英法领导人举行的联合记者招待会上，奥巴马指出："伊朗领导人现在必须做出选择，是履行自己的职责，并实现与国际社会融合，还是面临更大的压力与孤立。"① 而伊朗方面一方面以允许联合国核查进行坦然应对，另一方面则以发射远程导弹回应西方的压力。在此背景下，美欧对伊朗施压的调门明显提高。以色列也不断向美国施压，力图胁迫美国对伊朗进行军事打击。伊朗核问题发展的新事态表明，美欧与伊朗之间仍然缺乏应有的互信，伊朗核问题有可能因美欧对伊朗制裁的加强而进一步复杂化，并对美国的中东和平政策和反恐战略构成牵制。

对奥巴马政府中东政策调整的评价

奥巴马政府在中东政策上进行了一系列重大调整，其基本方向是以对话和接触为主要手段，维和促稳、解决两伊问题，其主要内容是从伊拉克撤军、与伊朗对话、启动和平进程、修复与伊斯兰世界的关系，其中心目标是重建美国在中东地区的形象。② 奥巴马政府中东政策的典型特征有二：首先，奥巴马政府的中东战略具有整体推进的特征，力图摆脱小布什政府在具体问题上相互割裂、缺乏协调的积弊，通过全面协调解决中东热点问题，重塑中东地区的战略环境，重建美国在中东地区的国际地位。其次，奥巴马的中东政策强调接触、对话与协调，强调推行"巧实力"（smart power）外交与"合作外交"，力图重新塑造美国与伊斯兰世界关系，并将其视为重建美国国际形象的重要组成部分。但中东问题本身的复杂性以及国内外多种复杂因素，仍将对奥巴马新中东战略实现的程度构成牵制。

---

① "伊朗惊爆第二核工厂，西方三国联手施重压"，《环球时报》2009年9月27日。

② 唐志超、刘权："奥巴马政府中东政策初析"，载《现代国际关系》2009年第7期，第33页。

针对各种中东问题的相互联系，奥巴马曾清醒地指出："我们考虑问题时不可能局限于巴勒斯坦与以色列之间的冲突，而不考虑叙利亚或伊朗或黎巴嫩或阿富汗和巴基斯坦发生的事情。这些事情是相互关联的。"① 就奥巴马的中东政策而言，其整体性首先体现为将变革中东政策与改善美国的全球战略地位相联系，并突出体现为协调与欧洲盟国、俄罗斯、地区盟国的关系，以及对国际合作和多边主义的重视；其次，在试图全面推进巴以问题、伊朗核问题、伊拉克问题、阿富汗和巴基斯坦反恐等问题的过程中，解决其外围的关联问题，进而为解决中东热点问题创造环境；最后，向现实主义回归，淡化"民主改造"，转向谋求阿拉伯国家、以色列、土耳其、伊朗四大传统力量的均势平衡，尤其是在处理阿以关系、以色列与伊朗关系方面体现得较为明显。

就奥巴马中东政策的效果而言，应该说在改变布什任内的国内外困境方面已经收到一定的效果，但在解决中东问题方面，除伊拉克问题有所收效和地区环境有所改善外，在巴以问题和伊朗问题上尚未有实质性突破。法国中东问题专家吉勒·凯佩尔认为，中东存在相互联系的三大危机：围绕巴以冲突及黎巴嫩—叙利亚延长带形成的地中海东岸危机；围绕能源争夺和伊朗—阿拉伯之争以及逊尼派—什叶派之争形成的海湾地区危机；还有阿富汗—巴基斯坦地区危机，塔利班势力的上升正在威胁北约驻阿部队及巴基斯坦的安全。三大危机各有其内在原因，彼此之间却又相互渗透，使中东局势成为国际体系极其复杂的争论焦点，并困扰着奥巴马的中东政策。② 当前，奥巴马在巴以问题、伊朗问题、阿富汗和巴基斯坦反恐问题上均遭遇国内和国际的沉重压力，美以关系的紧张，以及由此引起的国内犹太集团和保守势力的强烈反对，围绕阿富汗政策的各种批评，伊朗毫不妥协和步步紧逼导致的尴尬处境，直至美国国内关于奥巴马"外交失败"、"出卖国家利益"的指责，都对奥巴马的中东政策构成严重掣肘，并使世人很难相信其中东政策能在短

① "President Obama's Interview with Hisham Melhem of Al Arabiya", 26 January 2009, http://www.america.gov/st/texttrans-english/2009/january/20090127161320xjsnommis0.705578.html.

② "中东三大危机困扰奥巴马", http://news.xinhuanet.com/world/2009-06/09/content_11513390.htm

期内取得重大突破性成果。

奥巴马中东外交强调对话与协调，强调与穆斯林世界展开积极深入对话，呼吁与伊斯兰世界在“相互尊重和互利的基础上建立一种新的伙伴关系”，并在具体政策层面修复与中东传统盟友的关系，放弃“反恐战争”、“民主改造”、“政权更迭”等提法，都凸显了奥巴马“巧实力”外交的色彩，并取得了一定收效。根据2009年6月美国盖洛普公司民意调查的结果，奥巴马在10个阿拉伯国家和巴勒斯坦自治区的支持率增长了两位数，其中在埃及的支持率增长了19%，达到25%；在沙特增长了17%，达到29%。阿拉伯民众对奥巴马能够给美阿关系带来积极变化也持乐观态度，其支持率在沙特和阿联酋分别达到74%和64%。[①] 但是，阿拉伯伊斯兰世界的舆论也普遍强调，奥巴马中东政策的关键在于如何将政策主张落实为实际行动，尤其要看解决巴以、伊拉克等问题的实际进展，而美国在阿富汗和巴基斯坦增兵的举动也无助于美国全面改善与伊斯兰世界的关系。

① 转引自唐志超、刘权：“奥巴马政府中东政策初析”，《现代国际关系》2009年第7期，第37、56页。

专题 31

巴基斯坦反恐形势与中东的联系及其对“动荡弧”地带的影响*

【摘要】中东与巴基斯坦反恐形势的互动，是巴基斯坦安全局势恶化重要的外部因素之一。基于巴基斯坦联系南亚与西亚、中亚的特殊地缘位置及其伊斯兰文化属性，本文重点考察了阿富汗、伊朗、沙特三个有重要相关性的国家，分析巴基斯坦反恐局势与中东的联系；基于全球恐怖主义网络的独特运作机制，本文从资金流、信息流、人员流三条主要联系渠道，分析了巴基斯坦恐怖势力与中东的联系。在此基础上，本文分析了巴基斯坦反恐形势恶化对“动荡弧”地带安全局势的影响。

长期以来，世界恐怖主义的多发地带主要集中在中东、中亚和南亚地区，巴基斯坦为典型代表性国家之一。巴基斯坦人口总数占世界第 6 位，是世界上穆斯林人口最多的国家之一，其中约 90% 为逊尼派，10% 为什叶派。近年来，巴基斯坦恐怖袭击事件的数量和影响力已经超过中东和中亚国家，逐步成为国际恐怖主义活动的中心。2007 年底，贝·布托遇刺成为巴近年来恐怖势力泛滥的一个高潮，引起了国际社会的广泛关注。

进入 2008 年以来，在巴安全形势进一步恶化的同时，以 2008 年 8 月穆沙拉夫辞职和 9 月扎尔达里当选总统为标志，巴政治权力进入重组和转型时

---

* 原载《阿拉伯世界研究》2009 年第 2 期。

期。在扎尔达里就任总统之际，伊斯兰堡发生万豪酒店特大爆炸案。与此同时，全球金融危机对巴经济的冲击，使巴局势进一步雪上加霜。事态的发展表明，巴安全局势进一步恶化的可能性依然存在。

巴局势的恶化有深刻复杂的国内根源和国际因素。从外部因素看，中东与巴基斯坦反恐形势的互动是重要的外部因素之一。巴基斯坦是中国的重要邻国，是连接中国与南亚和中亚重要纽带，其安全形势对中国国家安全有至关重要的影响。有鉴于此，本文重点分析巴基斯坦反恐形势与中东的联系及其对“动荡弧”地带局势的影响。

阿富汗、伊朗、沙特：影响巴基斯坦局势的三个重要中东国家

基于巴所处的联系南亚与西亚、中亚的特殊地缘位置及其伊斯兰文化属性，应重点考察阿富汗、伊朗、沙特三个有重要相关性的国家对巴反恐局势的影响。

1. 阿富汗和其他中亚问题对巴基斯坦局势的影响。巴基斯坦在地缘上具有明显的中亚属性，巴西部洞开的门户使它得以经由阿富汗在中亚舞台上发挥影响力，兴都库什山脉的山口便是巴基斯坦向西进入阿富汗、中亚的战略通道。① 由于这种特殊的地缘关系，巴在过去阿富汗抗苏斗争中和现在的“反恐战争”中两度成为“前线国家”。苏联入侵阿富汗战争结束后，巴无论是出于地缘战略的原因选择支持塔利班，还是在“9·11”事件后迅速选择支持美国的“反恐战争”，均与其所处的地缘政治环境密切相关。在此过程中，巴基斯坦两度因与美国结盟反苏、反恐提高了自身的战略地位，但同时又不可避免地要承受阿富汗问题“外溢”的祸患。

1979年苏联入侵阿富汗后，在美国情报部门和沙特的积极支持下，来自40个国家的大约3.5万名穆斯林进入巴基斯坦，同当地的穆斯林并肩作

---

① 宋德星：“论巴基斯坦的安全战略——地缘政治方面的强制性因素”，载《战略与管理》2001年第6期。

战，誓死将苏联人赶出阿富汗。[1] 沙特等海湾逊尼派伊斯兰国家同巴结为联盟，并共同扶植反苏势力——阿富汗塔利班政权。其中，相当一部分人员来自埃及、阿尔及利亚、也门、伊拉克和沙特等地。中东伊斯兰国家尤其是海湾国家向巴基斯坦提供了大量经济、人员和军事援助。这些国家的宗教极端组织在巴设立“圣战”中心，建立秘密军事基地，利用巴薄弱的法律体系和宗教土壤大力发展宗教极端组织。[2] 此外，当时大约有300万阿富汗难民、贩毒分子等涌入巴基斯坦，许多来自于中东的圣战分子在巴接受美国军事人员的培训。[3]

苏联从阿富汗撤军后，埃及、也门、阿尔及利亚、沙特等国政府拒绝伊斯兰圣战分子回国，于是他们被迫前往阿富汗的邻国巴基斯坦，与巴当地的宗教团体建立了各种密切联系，其极端主义思想也在巴生根发芽。尤其是在20世纪90年代，阿富汗圣战组织分子和巴宗教极端势力建立了复杂的网络，[4] 1992年，来自科威特的哈立德·谢赫·穆罕默德前往卡拉奇，与“基地”高级头目阿布·祖贝德等人一起组建了“奥马尔之军”，[5] 并不断挑起教派和民族冲突，使巴极端主义、恐怖主义愈演愈烈。从阿富汗问题对巴基斯坦局势的影响来看，巴恐怖主义活动猖獗的主要原因在于：

第一，在两次阿富汗战争中，伊斯兰极端组织从巴西北边境省份的流入、渗透以及频繁的跨界活动，使得伊斯兰极端组织在巴势力趋于巩固，巴政府从支持塔利班到支持反恐战争的立场转变，使其成为伊斯兰激进势力仇

---

① 方金英：“巴基斯坦伊斯兰极端主义新动向”，载《现代国际关系》2007年第11期，第56页。

② Husain Haqqani, “Pakistan's Terrorism Dilemma,” http: //www. apcss. org/Publications/Edited% 20Volumes/ReligiousRadicalism/PagesfromReligiousRadicalismandSecurityinSouthAsiach14. pdf

③ “Speeches by Prime Minister Shaukat Aziz at Sichuan University, Chengdu on ‘Pakistan's Perspecitve on Contemporary Issues of Peace, Security and Development,” in Riaz Ahmad Syed, ed., *Foreign Affairs of Pakistan*, Islamabad: Ministry of Foregin Affairs, Government of Pakistan, Vol. 34, No. 4, 2007, p. 75.

④ 杨洁勉等著：《国际合作反恐：超越地缘政治的思考》，北京：时事出版社2003年版，第204页。

⑤ 方金英：“巴基斯坦伊斯兰极端主义新动向”，载《现代国际关系》2007年第11期，第56页。

视的对象。

第二，美国对巴战略的实用主义错误所致。在阿富汗反苏战争结束后，美国抛弃巴基斯坦，促使巴基斯坦选择支持塔利班抗衡伊朗支持的“北方联盟”，以维护自身安全，从而为塔利班势力向巴基斯坦渗透创造了条件。在2002年阿富汗战争结束后，美国因发动伊拉克战争而把主要力量投放到伊拉克，在阿富汗只留下少量兵力稳定局势，给塔利班和基地组织在巴阿边境地区东山再起创造了良机。美国安全问题专家肖恩·凯认为，在阿富汗的“基地”组织和塔利班残余势力彻底铲除之前就移师伊拉克，这是布什政府犯下的严重的“战略失误”①。巴基斯坦则不可避免地成为美国“战略失误”的牺牲品。美国中亚和南亚问题专家巴内特·鲁宾在2007年的《外交》杂志撰文指出，阿富汗战争结束后，美国反恐战略转向伊拉克和中东民主改造计划，是导致巴基斯坦成为“恐怖主义全球网络主要中心”的重要原因之一。②

中东伊斯兰极端组织对巴极端组织的影响主要是通过中亚渠道实现的，其中包括阿富汗境内的塔利班和“基地”组织，中亚的乌兹别克伊斯兰运动和其他极端组织。20世纪90年代，巴基斯坦同塔利班有着深厚的渊源关系。巴为实现国家安全的战略目标，建立深入印度的战略纵深，一直全力支持塔利班。巴基斯坦和塔利班不仅在宗教教派上同属一宗，而且巴国内相当一部分人口与塔利班同属普什图族，二者在战略上、宗教上和种族上的一致性促使双方建立了密切关系。③ 而“基地”组织则在巴基斯坦训练武装组织，从事反对什叶派和印度的行动。④

由此可见，中东、中亚的伊斯兰极端组织通过提供大量资金和人员，对塔利班和“基地”组织施加影响，而后者又影响了巴基斯坦的宗教极端组织。2002年阿富汗战争后，塔利班和“基地”组织残余分子退缩到巴阿边

① 郑瑞祥：“阿富汗的和平与重建任重道远”，http://www.ciis.org.cn/index-news.asp?NewsID=20071023132746154&d=4&classname=%C9%EE%B6%C8%B7%D6%CE%F6&classid=9

② Barnett R. Rubin，“Saving Afghanistan”，*Foreign Affairs*，May/June，2008.

③ 马加力：“劫杀，难消穆沙拉夫的壮志”，载《世界知识》2004年第2期，第32页。

④ 张玉兰：“伊斯兰极端势力：困扰巴基斯坦的梦魇”，载《南亚研究》2004年第1期，第15页。

境地带，有些向巴基斯坦普什图部落地区渗透，还有一些向克什米尔地区渗透。[①] 塔利班和“基地”组织还同中东极端组织一道向乌兹别克伊斯兰运动（乌伊运）组织提供了各种资金和人员方面的援助。1999 年，“乌伊运”头目尤尔达舍夫在昆都士与本·拉登会晤时，获得了“基地”组织提供的 50 万美元援助。此后，本·拉登还通过塔利班的高级官员向“乌伊运”提供了大量活动经费。阿富汗战争后，“乌伊运”部分势力逃往巴基斯坦，在巴阿边境地区活动。[②]

2007 年 7 月 21 日，巴外长卡苏里（Khurshid M. Kasuri）在美国芝加哥发表讲话时指出：“截至 2007 年 6 月，巴基斯坦在同阿富汗的边境线上驻扎了 9 万军队，并在这些艰苦地区设立了 1000 座检查站，以阻止武装分子越境进入巴基斯坦。迄今巴基斯坦已经采取了多达 85 次的军事行动，共抓获和打死数百名塔利班和‘基地’组织成员，巴基斯坦军队也损失了 700 名战斗人员。”[③] 在此过程中，巴基斯坦日益演变成“反恐”战争的最大受害者之一。塔利班和“基地”组织勾结巴国内极端组织，加强对巴的渗透，先后实施了数十起规模较大的恐怖袭击，甚至多次暗杀穆沙拉夫总统。

2. **伊朗对巴基斯坦局势的影响**。苏联解体后，巴基斯坦与伊朗除围绕中亚新独立的伊斯兰国家展开战略争夺外，在阿富汗问题上的争夺更趋激烈，伊朗支持北方联盟，而巴基斯坦则支持塔利班。塔利班倒台后，伊朗抓住时机，利用它与北方联盟的关系，在阿富汗扩大势力和影响。其长远目标是把阿富汗纳入自己的势力范围，并以此制衡巴基斯坦。伊朗对巴基斯坦伊斯兰极端势力的影响突出表现在对什叶派极端组织的支持上。为扩大在中亚和南亚的影响力，伊朗通过提供资金和人员援助，积极扶植巴什叶派穆斯林组织。巴什叶派极端组织有“巴基斯坦贾弗里运动”、“加法尔教法

---

① 中国现代国际关系研究院反恐怖研究中心：《国家恐怖主义与反恐怖斗争年鉴》，北京：时事出版社 2004 年版，第 69 ~ 70 页。

② 苏畅：“九一一事件后中亚宗教极端势力的重组”，载《俄罗斯中亚东欧研究》2005 年第 2 期，第 82 ~ 83 页。

③ “Speech by Foreign Minister Khurshid M. Kasuri, at the Chicago Council on Global Affairs: Chicago, 21 June 2007,” in Riaz Ahmad Syed, ed., *Foreign Affairs of Pakistan*, Islamabad: Ministry of Foreign Affairs, Government of Pakistan, Vol. 34, No. 6, 2007, p. 42.

实行运动”、“穆罕默德军”等。其中，“巴基斯坦贾弗里运动”是巴什叶派穆斯林中最具实力的教派组织，它崇尚霍梅尼倡导的“伊斯兰革命”理论，主张建立一个纯粹的伊斯兰国家，并通过政治手段维护什叶派权益。①“穆罕默德军”是从该组织中分裂出来的一支，其骨干主要为激进的什叶派青年。

3. **沙特对巴基斯坦局势的影响**。1979年伊朗伊斯兰革命后，为阻止伊朗输出革命，沙特、阿联酋等国积极支持巴基斯坦，为其提供了大量经济援助，并藉此向南亚地区输出逊尼派瓦哈比主义思想。在沙特的资助下，巴教派势力中最亲近沙特瓦哈比教派的“圣训派”成立了“圣训派伊斯兰学者协会”，宣布什叶派为“异端邪说”。1985年9月6日，沙特扶植下的巴逊尼派伊斯兰激进组织“先知军”成立，它是巴最大的宗教极端组织，其主要任务是消灭什叶派穆斯林，将伊朗对巴什叶派穆斯林的影响力“推回伊朗国内”。此外，沙特扶植的逊尼派组织——“巴基斯坦先知弟子军”及其分支机构“简格维军”，也积极开展反对什叶派和伊朗的恐怖袭击行动。包括1990年杀害伊朗驻巴使馆的文化参赞；1997年焚毁了设在拉合尔和木尔坦的伊朗文化中心；同年9月，他们还刺杀了伊朗使馆的5名武官。② 从20世纪90年代起，巴逊尼派极端组织向什叶派穆斯林组织发动了多次袭击。此后，巴基斯坦教派斗争愈演愈烈，暴力冲突和流血事件时有发生。其中1997年“先知军”挑起的教派冲突共造成118名什叶派穆斯林和77名逊尼派穆斯林死亡。2002年1月22日，巴宣布“先知军”涉嫌参与恐怖袭击事件，并取缔了该组织。③

长期以来，沙特在能源、经济、援建宗教学校等方面对巴提供了大量援助与支持，而后者则在军事和技术援助方面对沙特给予回报。此外，两国的情报和安全合作关系也非常密切。因此，沙特对巴政治危机和反恐局势一直保持着高度关注。美国布鲁金斯学会研究院布鲁斯·里德尔指出：“也许除

---

① 张四齐：“南亚主要伊斯兰极端组织现状”，载《国际资料信息》2005年第6期，第22页。

② 希文：“极端主义与巴基斯坦教派冲突”，载《世界宗教文化》2003年第4期，第39页。

③ Animesh Roul, “Sipah-e-Sahaba: Fomenting Sectarian Violence in Pakistan,” *Terrorism Monitor*, Vol. 3, No. 2, January 27, 2005, p. 1.

印度外，全世界没有哪个国家比沙特更关注巴基斯坦政治危机的结果了。”巴沙合作的重点是共同打击“基地”组织对两国安全构成的威胁。在西方看来，巴、沙在核技术领域的秘密合作，已构成了对中东安全的潜在威胁。西方认为，未来沙特仍将对巴基斯坦具有重要影响，沙特的能源供应，与谢里夫家族的长期交往，以及与逊尼派宗教机构的联系均是沙特影响巴基斯坦的政治资本。

巴基斯坦与中东伊斯兰极端势力的网络联系

分析巴基斯坦恐怖势力与中东的联系，应高度重视中东恐怖主义网络的资金流、信息流、人员流三条主要联系渠道，对巴安全局势的影响。

1. **巴基斯坦与中东伊斯兰极端组织联系的人员流和信息流。**巴伊斯兰极端组织在人员构成上都或多或少有来自阿富汗和阿拉伯国家的人员，他们主要通过两次阿富汗战争向巴基斯坦进行渗透。例如，巴基斯坦瓦哈比派极端组织“真主军”的主要成员为阿富汗和巴基斯坦人；“圣战者运动”的主要成员为阿富汗、巴基斯坦、阿拉伯人；“伊斯兰圣战运动”的主要成员为来自克什米尔、巴基斯坦、阿富汗、土耳其、伊朗、孟加拉国以及部分英国穆斯林。①

“基地”组织的亚洲网络始建于20世纪90年代初。1996年5月，本·拉登从苏丹移居阿富汗之后，“基地”组织的亚洲网络发展十分迅速，巴基斯坦则成为其大本营之一。其任务包括：首先，负责培训巴极端组织，为它们策划行动提出意见和建议，并进行针对性的训练，唆使它们积极参与克什米尔“圣战”；其次，在巴阿边境设立宗教学校和训练营，向志愿者灌输宗教极端思想，传授军事技能，指导和训练阿富汗和中亚、南亚、中东、高加

---

① 参见张四齐：“南亚主要伊斯兰极端组织现状”，载《国际资料信息》2005年第6期，第20～22页。

索国家的穆斯林青年参与圣战。①

此外，克什米尔地区的伊斯兰极端势力也与中东的极端组织有密切关系。冷战期间，阿拉伯国家的宗教极端分子纷纷从中东各地来到克什米尔，参加针对印度的“圣战”。截至2006年11月，克什米尔地区共发生了1051起暗杀与爆炸事件，导致2853人受伤，1644人死亡。② 这些恐怖袭击事件的背后都有阿拉伯宗教极端组织的阴影，许多袭击的参与者来自阿拉伯国家、伊朗和土耳其。

2. **巴基斯坦与中东伊斯兰极端组织联系的资金流。**“基地”组织通过经济运作尤其是通过“哈瓦拉”（传统汇兑）洗钱系统，建立了遍及全球的资金运作网络，巴基斯坦是其资金流的重要环节。在阿拉伯语中，“哈瓦拉”（Hawala）的含义是指“约定好的票据”或“交易用的单据”。后来这个词传到印度，成为印地语的一个词汇，基本上继承了其原有的含义，但是也被赋予了一些新的含义如“信任”、“证明”等。从概念上看，“哈瓦拉”是独立于银行金融渠道的社会非正规汇款系统，是社会“非正式价值转移系统”（Informal Value Transfer System，IVTS）的一种。“哈瓦拉”的历史悠久，它最早起源于阿拉伯地区以及南亚次大陆，如巴基斯坦、印度等地。在中东及南亚地区出现近现代的银行系统之前，“哈瓦拉”是当地社会主要的汇款方式。其实，早在古代社会，阿拉伯商人为了避免“丝绸之路”上的盗匪威胁，就已经使用“哈瓦拉”来汇兑钱款，规避风险。到了20世纪30年代，随着世界经济全球化的发展，中东和南亚地区向欧洲、美洲的移民增加，“哈瓦拉”也开始传入到欧洲和美洲，逐渐成为国际化的资金转移系统。③

20世纪80年代，本·拉登在巴基斯坦和海湾国家设立公司，并在苏黎世、日内瓦、法兰克福和伦敦金融市场开设账户，成为“基地”组织资金来源和运作的重要渠道。上世纪90年代，本·拉登被沙特驱逐出境后，其经营活动主要是在苏丹承揽建筑合同。从巴基斯坦与“基地”组织资金运

① 张玉兰：“伊斯兰极端势力：困扰巴基斯坦的梦魇”，http://club.news.sohu.com/r-MiddleEa-80-0-9-10.html

② 张家栋：《全球化时代的恐怖主义及其治理》，上海：三联书店2007年版，第164~165页。

③ 徐飞彪：“‘基地’组织洗钱系统‘哈瓦拉’”，载《国际资料信息》2006年第7期，第26页。

作的联系来看，在中东和南亚地区有深厚传统的民间金融系统“哈瓦拉”，是“基地”组织资金进出巴基斯坦的重要方式之一。

“哈瓦拉”作为国际上较为流行的一种非正式汇款系统，在中东、南亚国家如阿富汗、伊朗、巴基斯坦、印度等国仍然盛行。此外，在东南亚的马来西亚、新加坡、印尼、菲律宾等国，以及北非、欧美等地，“哈瓦拉”也广泛存在。由于“哈瓦拉”的非正式性及匿名性，且相当部分的交易是为犯罪活动和恐怖活动服务的，具有非法性质。西方媒体认为，在2000年，汇入巴基斯坦的外汇总额约为60亿美元，但仅有12亿美元是通过正规银行系统汇入的，其余都是通过“哈瓦拉”或其他汇款形式汇入。① 据2001年11月《经济学家》估计，巴境内通过“哈瓦拉”转移资金的数量每年约20～50亿美元。② 2002年12月，世界银行的一份报告对“哈瓦拉”汇款额占各国私人汇款总额的比例做了估计和比较，其中菲律宾的比例约为5%，印尼为21%，而巴基斯坦则高达50%。③

长期以来，巴基斯坦宗教学校的经费主要来自沙特等海湾阿拉伯国家的非政府组织，还有的来自伊朗。④ 据美国学者介绍，巴基斯坦已成为吸收恐怖活动资金的头号大国。资金来源渠道主要有两个，一是巴基斯坦商人提供的大量资金；二是沙特、伊朗等中东伊斯兰国家提供的援助资金。其中沙特瓦哈比教派提供的经费是巴宗教学校资金的主要来源。⑤ 巴目前大约有2万所宗教学校，每年培训学员150万人，这些宗教学校常常组建各种机构接受外来资金，甚至充当中东伊斯兰极端组织在巴基斯坦的“代言人”，它们的行为已经超过了巴政府的管理能力。⑥

---

① 徐飞彪：“‘基地’组织洗钱系统‘哈瓦拉’”，载《国际资料信息》2006年第7期，第28页。

② “Cheap and Trusted”, *The Economist*, November 24, 2001.

③ World Bank and International Monetary Fund, “Informal Funds Transfer Systems: An Analysis of the Hawala System”, December 18, 2002.

④ Jessica Stern, “Pakistan's Jihad Culture,” *Foreign Affairs*, November/December 2000, p. 119.

⑤ 希文：“极端主义与巴基斯坦教派冲突”，载《世界宗教文化》2003年第4期，第38页。

⑥ Sreeram Chaulia, “Pakistan Terrorism,” *Middle East Times*, April 1, 2008.

巴基斯坦反恐形势对“动荡弧”地带局势的影响

“动荡弧”（Arch of Instability）概念源自美国国防部《四年防务评估》报告，专指中亚、中东、南亚和东南亚构成的弧形区域，不包括东亚和东北亚。[①] 布热津斯基认为，“动荡弧”地区是国家之间因种族、宗教原因爆发战争的危险区域，是极端主义政权寻求大规模杀伤性武器的地区，也是宣扬最疯狂信条的好战分子活动的策源地。[②]

从地缘政治学的角度看，近年来美国提出的“动荡弧”的概念并无新意。早在历史上，就有学者指出：“从克什米尔往西、穿过巴基斯坦的西北边境、阿富汗、波斯（伊朗）和肥沃新月地带，直抵埃及，略呈弧型展开。它就像土耳其国旗上匀称地环抱着星星的那弯新月，紧紧地环抱着波斯湾，就像一张具有威胁力的弓。”[③] 另有学者形容巴基斯坦与中亚的关系说：“中亚可以比作一个水库，它的水源来自暗流，水库里的水不时地、且说不清是什么时候会溢出，以至泛滥到它的临近地区。”[④] 当前，由于国际恐怖主义的泛滥，以及石油战略资源的重要性和核扩散等因素，“动荡弧”地区确已成为影响全球安全的一根异常敏感的战略神经，巴基斯坦则成为影响“动荡弧”地区热点问题的重要枢纽。

1. **巴政局充满复杂的变数，反恐形势继续恶化的可能性依然存在，并成为“动荡弧”地带的潜在不稳定因素。**当前，巴基斯坦反恐形势继续恶

---

① 布热津斯基在不同著作中对这个区域有不同的称呼，诸如“长椭圆形地带”、“不规则的穆斯林新月形区域”、“欧亚大陆的巴尔干”或“全球巴尔干”，等。参见高祖贵：“美国在‘动荡弧’的战略利益分析”，载《美国研究》2005 年第 3 期。

② 高祖贵：“在‘动荡弧’的国际争夺”，http：//forex. 678678. com/news/his/20051101/425301240681gb. html

③ Sir Olaf Caroe，*Wells of Power*，London：Macmillan & Co.，1959，p. 158.

④ 转引自宋德星：“论巴基斯坦的安全战略——地缘政治方面的强制性因素”，载《战略与管理》2001 年第 6 期。

化的可能性依然存在。近来，国际舆论与南亚问题专家大多持此观点。印度德里大学教授黄绮淑指出，“巴基斯坦是全世界最危险的国家”；[①] 另有美国记者指出，巴基斯坦的事态似乎是在按照“基地”组织的手册在发展。[②] 得出巴反恐形势继续恶化的可能性依然存在这一判断，主要基于以下几个因素：巴政权内部在反恐问题上有分歧，政府反恐能力不足，从而可能给伊斯兰极端势力造成可乘之机；巴政府面临的严峻经济与社会问题，是巴社会安全形势的潜在隐患；巴政党纷争仍有可能导致政局动荡，而巴政局一旦陷入动荡，必将刺激极端势力恐怖活动的强劲反弹。

2. **巴伊斯兰极端势力在阿巴边界地区跨界活动，使得中亚、南亚的恐怖活动日益呈现一体化态势，成为欧亚大陆“动荡弧”地带的重要热点问题。**美国发动阿富汗战争后，“基地”组织、塔利班、“乌兹别克斯坦伊斯兰运动”的不少成员流窜到巴基斯坦的南瓦济里斯坦部落地区。由于塔利班、“基地”势力与巴伊斯兰极端势力在阿巴边境部落地区的整合和卷土重来，巴境内的伊斯兰极端势力已经与阿富汗的极端势力连成一体，并导致巴阿两国局势不断恶化。近年来，巴西北边境省和部落地区尤其是斯瓦特、马拉根德、迪尔、明格拉等地的宗教极端势力完全控制了经文学校和当地民众。塔利班甚至在从南边的俾路支省到南、北瓦济里斯坦直至巴焦尔的广大地区设立了训练营地。[③] 巴恐怖势力还不断向巴境内其他地区和境外扩散渗透。斯瓦特、马拉根德、迪尔、巴焦尔、瓦济里斯坦等地区已成为动荡高发区，旁遮普、信德、俾路支三省的形势也十分动荡。巴极端组织“使者军”还在塔吉克斯坦、车臣等国家和地区配合当地的伊斯兰武装并肩作战；“圣战者运动”则在俄罗斯达吉斯坦境内与当地穆斯林叛乱分子并肩作战。[④]

3. **巴伊斯兰极端势力在克什米尔问题上持激进主张，并活跃于克什米**

---

① 黄绮淑：“评贝娜齐尔·布托被刺惨案”，新加坡《联合早报》，2007年12月29日。

② 戴维·蒙特罗：“贝·布托之死有助‘基地’组织推进在巴基斯坦的计划”，《纽约时报》，2007年12月28日。

③ CarlottaGall and Ismail Khan, “A Taliban Mini-state in Pakistan,” *International Herald Tribune*, December 12, 2006.

④ 方金英：“巴基斯坦伊斯兰极端主义新动向”，载《现代国际关系》2007年第11期，第55页。

尔地区以及印度境内，导致了克什米尔问题的进一步复杂化。巴基斯坦的真主军、先知军、圣战者运动等伊斯兰极端组织，均主张通过“圣战”将克什米尔完全归并巴基斯坦，并在克什米尔地区和印度制造了一系列恐怖暴力活动，导致印巴关系极度紧张。自20世纪80年代后期以来，印度一直指责巴情报机构资助、训练和装备非正规武装，帮助来自阿富汗和巴控克什米尔的“圣战者”进入印控克什米尔，与印度进行“隐蔽战争”或“代理人战争”。[①] 苏联从阿富汗撤军之后，一些穆斯林武装分子越境渗透到印控克什米尔地区，印度估计这些人大约有3000至4000人，其中40%是巴基斯坦人和阿富汗人，另有孟加拉国、苏丹、土耳其、沙特、车臣、哈萨克斯坦、巴林、伊朗、也门和中国新疆等国家和地区的极端分子。[②]

近年来，巴伊斯兰极端势力的越境渗透和克什米尔的恐怖主义活动已成为印度的心腹大患。1999年5月，印度指责巴派遣武装分子渗透到印控克什米尔，两国在克什米尔的卡吉尔地区爆发了自1971年第三次印巴战争以来的最激烈的军事冲突。[③] 2001年底，印控克什米尔议会和印度国会遭袭击事件发生后，印巴关系更趋紧张。印度指责巴基斯坦应对这些恐怖主义事件负责，并对巴采取了一系列强硬措施。印度还借反恐之机宣布印控克什米尔的反政府武装为国际恐怖主义组织，呼吁国际社会制止巴基斯坦对印控克什米尔地区分离主义力量的支持。为缓解印巴间的紧张局势，巴政府在国内抓捕了1500多名宗教极端分子，取缔了包括被印度指控的塔伊巴军和穆罕默德军在内的5个宗教武装组织。[④] 美国也在印巴之间进行调解，才使得剑拔弩张的印巴关系稍有缓解。2007年以来，巴局势的动荡引起了印度巨大不安。《华盛顿邮报》评论说：“印度正密切关注着主要对手经历的政治动荡。巴基斯坦局势的发展关系到就存在争议的克什米尔问题举行的和平谈判；它

---

① 孙士海：“‘9·11’事件对南亚安全形势的影响”，http：//www. chinadaily. com. cn/gb/doc/2004 -05/26/content_ 333981. htm

② Jessica Stern，“Pakistan's Jihad Culture”，*Foreign Affairs*，November/December 2000，p. 118.

③ 孙士海：“‘9·11’事件对南亚安全形势的影响”，http：//www. chinadaily. com. cn/gb/doc/2004 -05/26/content_ 333981. htm

④ 张玉兰：“伊斯兰极端势力：困扰巴基斯坦的梦魇”，http：//club. news. sohu. com/r-MiddleEa -80 -0 -9 -10. html

还引发了人们对极端分子可能越过边界进入印度的担心。”①

4. **巴基斯坦极端势力向中亚、中东、东北非、高加索、巴尔干半岛和东南亚的武装分子提供训练，使巴基斯坦成为继阿富汗之后“动荡弧”地带伊斯兰极端势力的第二个大本营。**巴主要宗教极端组织都在巴阿边境设有宗教学校和训练营，向伊斯兰极端分子灌输宗教极端思想，传授军事技能，指导和训练中亚、南亚、中东国家的穆斯林青年，以及来自缅甸、尼泊尔、车臣、孟加拉国、阿富汗、也门、蒙古和科威特的学员。据报道，巴基斯坦的一些极端组织还为“乌兹别克斯坦伊斯兰运动”提供资金和训练；本·拉登的“基地”组织则在阿巴边境设立训练营，向来自埃及、索马里、苏丹、阿尔及利亚、沙特阿拉伯、科威特、也门、约旦和伊拉克极端分子提供资金和庇护所，向他们传授游击战和制造炸药的技术，其长远目标是向包括中亚、中东、北非、高加索地区、巴尔干半岛和菲律宾输出一种塔利班式的统治方式。②

巴基斯坦安全形势恶化对中国的影响

总体而言，尽管巴基斯坦形势恶化并发生政府重组，但从长期以来中巴友好关系的历史看，中巴战略合作的基础不会发生改变，只是巴反恐形势恶化很可能造成“东突”恐怖活动的反弹。“东突”组织和分子有可能利用巴局势动荡之机加紧活动，冲击中国西北边疆地区稳定。

在中巴两国相邻地区，特别是中国新疆地区和巴境内的部落地区，一直面临较为严峻的安全形势。“东突”分子与阿富汗的“基地”组织相互勾结，利用中、巴、阿三国交界处的复杂地形，通过塔什库尔干山区来往于中、巴、阿之间，在中国新疆地区组织恐怖袭击，逃避政府打击，对中国西

---

① 埃米莉·瓦克斯：“印度默默关注巴基斯坦的混乱局面”，《华盛顿邮报》2008年1月19日。

② 张玉兰：“伊斯兰极端势力：困扰巴基斯坦的梦魇”，http://club.news.sohu.com/r-MiddleEa-80-0-9-10.html

部的社会稳定构成严重威胁，同时也对中巴两国相邻地区的社会稳定造成冲击。[1] 在巴基斯坦反恐形势日趋严峻的背景下，进一步加强中巴战略合作与反恐合作，维护中巴共同安全，符合中巴的共同利益。鉴于巴反恐形势恶化可能造成的“东突”恐怖活动反弹，中巴应加强边境地区的安全合作，建立信息共享和磋商机制，并对可能突发的安全问题制定详细、可操作的应对预案。

此外，巴伊斯兰极端势力依托宗教学校，对中国西北民族地区极端分子进行培训，然后渗透回中国国内，很可能成为将来很长时期内的安全隐患。随着近年来中巴两国经贸发展和交流活动的增加，喀喇昆仑公路已经成为中巴之间经济贸易“大动脉”。这条经济命脉在推动两国经济文化交流的同时，也给宗教极端分子、分裂势力和恐怖分子的活动带来可乘之机。每年通过喀喇昆仑公路往来于巴基斯坦和中国新疆之间的两国公民成千上万，他们中绝大多数是从事正常经贸活动的合法公民，但也有部分极端分子往来于两国之间，其中包括少数中国新疆极端分子前往巴基斯坦接受宗教极端主义教育。一些“东突”分子更是利用这条通道前往“基地”组织设在巴偏僻地区的“训练营”学习恐怖技能。2001 年阿富汗战争开始后，曾有 600 多名中国宗教极端分子从阿富汗逃往巴基斯坦北部地区。[2] 此外，还有一些不法商人利用喀喇昆仑公路从事贩毒和走私等非法活动，极大地损害了两国的利益。鉴于境内外的伊斯兰极端组织通过中巴陆路通道喀喇昆仑公路进行跨界渗透，从事恐怖暴力活动和毒品贸易等非法活动，中巴双方应合作加强对喀喇昆仑公路的安全管制。双方相关部门应及时交换信息，磋商加强安全管制的具体举措，有效遏制恐怖势力和贩毒集团的跨界活动。

---

① 宋志辉：“全球化形势下的中巴安全合作”，载《南亚研究季刊》，2006 年第 2 期，第 30～31 页。

② 同上，第 32 页。

专题32

当代伊朗外交的历史嬗变及其特征*

【摘要】本文对当代伊朗外交进行了全面的历史回顾。巴列维王朝时期的伊朗外交是片面追随美国的依附外交，同时也构成了伊斯兰革命的根源之一；霍梅尼时代的“革命外交”导致伊朗陷入空前的国际孤立；在拉夫桑贾尼和哈塔米时期，“缓和”与“对话”外交使伊朗的国际环境得到相对改善；内贾德政府执政后，“拥核崛起”成为伊朗国际战略的核心，导致伊朗与国际社会的关系再度紧张。当代伊朗外交有两点值得发展中国家吸取的历史教训。首先，如何避免外交走向依附与革命两个极端；其次，如何正确处理意识形态与国家利益的关系。

在现代国际社会，任何国家发展道路的选择及其实现程度，都深受其所处国际环境的制约，并取决于国家对外战略的选择。伊朗的地缘安全环境十分复杂，如何处理与世界大国以及周边海湾阿拉伯国家的关系尤为重要。就历史与现实来看，在巴列维王朝时期，伊朗一方面以追求民族复兴与强大为目标，但另一方面又推行片面追随美国的依附外交，进而埋下了伊斯兰革命的根源。在伊斯兰革命后，霍梅尼时代的伊朗推行反西方外交与“输出革命”外交导致伊朗陷入空前的孤立；在拉夫桑贾尼和哈塔米时期，伊朗曾一度采取“缓和”与“对话”外交，国际环境得到相对改善；内贾德政府执政后，伊朗再度走向保守，尤其是在核问题上与西方发生尖锐对抗，并导

* 原载《宁夏社会科学》2011年第1期。

致国际社会的制裁不断加重，使伊朗与国际社会的关系再度处于日趋紧张的状态。

巴列维王朝的“第三国外交”与依附外交

从19世纪下半叶至20世纪初，随着欧洲列强的入侵尤其是英国和沙俄在西亚、中亚的争夺，拥有丰富资源和重要地缘政治地位的伊朗成为英国和沙俄的势力范围，英国的势力范围在南部和中部，而沙俄则控制了伊朗的北部，其他地区则沦为两国争夺的缓冲地带。[①] 面对这种严酷的民族危机，伊朗恺加王朝（1797～1924年）奉行所谓的“第三国外交”（the Third Power Diplomacy），即在伊朗面临英俄两个强国威胁时，寻找一个地理上远离伊朗、与伊朗没有根本利益冲突的第三强国，以抗衡和制约英俄的殖民统治。19世纪初，恺加王朝曾尝试投靠法国制衡英俄。1807年法伊两国缔结《法伊芬肯斯泰因条约》，法国同意军事保护伊朗。然而，法国却背信弃义，暗地勾结英俄，出卖伊朗，导致伊朗第三国外交失败。20世纪初，伊朗恺加王朝又尝试引进美国势力，以遏止英俄扩张，但因俄国坚决反对而未果。[②]

在上述背景下，伊朗反帝反封建的民族运动不断高涨，并爆发了1905～1911年的宪政革命。1921年，礼萨·汗发动政变，并于1925年加冕为国王，史称巴列维王朝（巴列维为古代波斯一个强盛王朝的名字，礼萨·汗借此预示实现伊朗复兴的理想）。不容否认，实现伊朗民族复兴、独立与强大，是礼萨·汗的重要政治追求，并在伊朗外交中得以体现：废除领事裁判权、解除外籍雇员在国家政府部门的职务、实行关税自主、拒绝偿还不合理的国际债务、收回恺加王朝给予外国的租让权、驱逐外国驻军和军事基地等

---

① Richard W. Cottam, Richard W. Cottam, *Nationalism in Iran*, University of Pittsburgh Press, p. 13.

② 陈万里、杨明星：“伊朗‘第三国外交’战略的历史考察”，载《国际论坛》2005年第5期，第74页。

政策的施行[①]，都显示了礼萨·汗维护国家主权和民族权益的努力。

但是，当以上措施因威胁英、苏等国既得利益并由此引发外交危机时，礼萨·汗并没有吸取历史上“第三国外交”失败的历史教训，再度将“第三国外交”作为伊朗外交的重要选择。从 1922 年起，礼萨·汗试图通过赋予美国广泛的财政权和石油开采权制衡英苏，但由于美伊双方的巨大分歧，以及英苏从中作梗和排挤，加上当时美国实力不够强大，伊朗“第三国外交”再次遭到失败。此后，礼萨·汗又尝试引入德国力量以抗衡英苏。1927 年，礼萨·汗改聘德国人担任伊朗财政顾问和中央银行行长，随后邀请大量德国政治、经济、军事、情报和技术人员进驻伊朗，德国在伊朗的势力急剧膨胀，并控制了伊朗的经济命脉和军队。1939 年二战爆发后，礼萨·汗对外宣称严守“中立”政策，但实际上仍旧执行亲德政策，拒绝盟军通过伊朗向苏联抗德前线运送战略物质，遭到英苏等反法西斯同盟国的强烈反对。1941 年 8 月，英苏以抗击德国入侵、确保援苏运输线畅通为由，联合出兵占领伊朗，将德国势力从伊朗彻底清除。9 月，礼萨·汗被迫宣布退位，流亡南非，让位于他的儿子穆罕默德·巴列维。1943 年 9 月，伊朗被迫对德宣战，宣告了“第三国外交”的彻底失败。[②]

以上事实说明，“第三国外交”在本质上一种依附外交，伊朗推行依靠法、美的“第三国外交”失败后，又错误选择追随德国，导致国家和民族独立丧失的事实表明，依靠“第三国外交”根本无法实现真正的民族独立，伊朗随时都有被“第三国”出卖的威胁。由于礼萨·汗奉行“第三国外交”，不仅直接导致自己政治生命的结束，更为重要的是由于过于迷信“均势外交”，企图渔利于列强争斗，尤其是错误地将伊朗绑在德国的战车上，最终导致自身流亡海外、客死他乡，同时由于英苏势力的大举进入伊朗，以及随后伊朗受制于美国的局面出现，使得伊朗的发展根本无法摆脱外部势力的束缚与羁绊。这也构成了礼萨·汗之子穆罕默德·巴列维在继承王位后，采取亲美政策，遭致伊朗人民强烈反对的历史根源之一。

---

① 刘强：《伊朗国际战略地位论——一种全球多视角的分析》，北京：世界知识出版社 2007 年版，第 13 页。

② 陈万里、杨明星：“伊朗‘第三国外交’战略的历史考察”，载《国际论坛》2005 年第 5 期，第 76 页。

1953年，穆罕默德·巴列维勾结美国中央情报局颠覆了代表民族资产阶级利益的摩萨台政权，使伊朗更加依赖美国的庇护，美国则依靠伊朗国王谋取石油和地缘政治利益，双方结成了反对民主进步力量的同盟。此后，在美国政府的撮合下，伊朗与西方国际石油资本进行谈判，美国石油资本成为最大的赢家，伊朗因此获得美国4500万美元的紧急贷款[①]，伊朗则以加入《巴格达条约》回报美国。1959年美伊签订军事协定，使美进一步加强了对伊朗的控制。

此外，美国肯尼迪政府的影响构成了伊朗进行“白色革命”重要的外部因素。1961年，肯尼迪在援外咨文中说：“每个将得到我们援助的国家都应该认真承担义务，作出尽可能的努力去动员自己的资源，依靠自己的力量进行内部改革。这些改革应包括：土地改革，税收改革、改进教育制度，保证社会公平。”[②] 针对伊朗，美国要求巴列维王朝任用温和分子，放松政治压制，进行土地改革，以此消弭革命，稳住政权。因此，美国的压力构成了巴列维进行改革的重要外部因素之一。1961年5月，巴列维国王接受肯尼迪的推荐，任命前伊朗驻美国大使阿米尼为首相，在他的内阁中有三位在美国接受过教育的改革家，即教育大臣德拉赫欣什、司法大臣阿拉木提和农业大臣阿尔桑贾尼。[③] 美国对伊朗“白色革命”的影响由此可见一斑。

在白色革命期间，美伊贸易迅速发展。1975年美国同伊朗签订了一项为期五年的石油贸易协定，总金额高达150亿美元；[④] 从1975年开始，伊朗成为美国在全球的第三大石油供应国，也是美国在波斯湾地区的第二大石油供应国。[⑤] 为使伊朗听命于美国，美国向伊朗提供了大量的经济援助和军事

---

① Mohammed Amjad, *Iran: From Royal Dictatorship to Theocracy*, New York: Greenwood Press, 1989, p. 64.

② 张振国主编：《未成功的现代化——关于巴列维“白色革命”研究》，北京：北京大学出版社1993年版，第28页。

③ 杨兴礼、冀开运、陈俊华：《伊朗与美国关系研究》，北京：时事出版社2006年版，第31页。

④ Hossein Bashiriyeh, *The State and Revolution in Iran*, Croom Helm London & Canberra, ST. Martins Press, 1984, p. 36.

⑤ 杨兴礼、冀开运、陈俊华：《伊朗与美国关系研究》，北京：时事出版社2006年版，第38页。

援助。1946～1953 年间，美对伊经援和军援总额为 1.184 亿美元；在 1953～1965 年期间，美对伊经援为 7.954 亿美元，军援为 7.029 亿美元；在 1965～1971 年间，美国对伊经济援助为 3.491 亿美元，军援为 8.041 亿美元，共计 11.532 亿美元，到 1979 年，美国对伊军援大增，达 74.2 亿美元。从 1970～1977 年，美对伊军火销售总值为 163.13 亿美元。[①] 美对伊经济和军事援助不断增加，其战略目的在于控制波斯湾的战略通道和石油资源，利用伊朗的领土构建防止苏联南下扩张的桥头堡，以确保自己称霸全球的战略利益。[②]

随着美国与伊朗军事合作关系的加强，美国军事顾问和专家源源不断地进入伊朗。在 1976～1977 年，有 40 多家美国公司为伊朗提供军备，并雇用了 2728 名美国专家在伊朗工作。此外，估计约有 3200 名美军退休人员在伊朗的美国公司服务。受此影响，在伊朗的美国公民不断增加，其中 1972、1975、1976、1981 年分别为 1.5 万、1.67 万、3.1 万和 3.4 万。[③] 美国驻伊朗专家在享有外交豁免权的同时，也带来了与伊朗本土伊斯兰文化格格不入的西方文化，这一切都遭到以霍梅尼为首的宗教界人士的猛烈攻击。

伊朗伊斯兰革命的实践也证明，其主攻目标是对内推翻国王政权，对外反对美国对伊朗的控制。因此，有学者分析指出，美国对伊朗的全面渗透和扩张是引发伊斯兰革命的重要外部因素。第一，美国把伊朗作为海外战略能源基地加以掠夺和占领，并从伊朗获取丰厚的石油美元和军火利润，引起了伊朗民众的强烈不满；第二，伊朗人民对美国策划政变推翻实行石油国有化政策的摩萨台政府、以伊朗为“桥头堡”遏制苏联等玩弄伊朗于股掌之中的霸权行为强烈不满；第三，巴列维国王推行的“美国式”的“现代化”，使长期积累的西方文明与伊斯兰文明之间的矛盾达到了白热化程度。[④]

---

① K. R. Singh, *Iran*: *Quest for Security*, Vikas Publishing House PVTLTD, 1980, p. 268, 273, 292.

② 杨兴礼、冀开运、陈俊华：《伊朗与美国关系研究》，北京：时事出版社 2006 年版，第 41 页。

③ K. R. Singh, *Iran*: *Quest for Security*, Vikas Publishing House, PVTLTD, 1980, pp. 295－296.

④ 杨兴礼、冀开运、陈俊华：《伊朗与美国关系研究》，北京：时事出版社 2006 年版，第 41 页。

霍梅尼—哈梅内伊时期的"革命外交"

伊朗伊斯兰革命后，霍梅尼外交思想的核心是通过输出革命建立伊斯兰世界秩序。霍梅尼认为，伊斯兰革命不仅要在伊朗建立一个伊斯兰政府，而且要在全世界建立"伊斯兰世界秩序"。他认为，目前的世界体系是失去了公正而充满了邪恶的世界体系。要改变现行世界体系，最佳的办法是首先在伊朗建立伊斯兰政府，再通过"输出伊斯兰革命"将它输出到其他伊斯兰国家，最终建立伊斯兰世界秩序。霍梅尼还提出了"七个反对"的思想，即反对殖民主义、帝国主义、霸权主义、西方化、世俗化、犹太复国主义和共产主义。[①] 1980 年，霍梅尼进一步提出革命的输出问题。他指出，革命不应仅限伊朗，"应该向世界各地输出革命。"[②] 在这种伊斯兰革命思想的指导下，伊朗外交呈现出鲜明的革命与激进特征。

1. **以反美为主的反西方外交。**霍梅尼认为，在当今的世界上，美国是剥夺与压迫世界人民的头号敌人。他强烈谴责美国对礼萨·汗国王的支持和控制，抨击美国从伊朗运走石油，并在伊朗建立军事基地；他把反对美国视为所有穆斯林与所有不信教者之间的斗争。霍梅尼呼吁世界各地的穆斯林帮助伊朗抗击美国，对抗美国不仅是伊朗的使命，也是所有穆斯林的使命。[③] 因此，伊朗应该割断与美国的关系，肃清美国对伊朗的一切影响。

1979 年伊斯兰革命后，伊朗立即与美国断交。1979 年 11 月，伊朗学生扣留美国使馆工作人员的人质事件爆发，使两国关系雪上加霜。1980 年，卡特总统派营救队突袭伊朗遭到失败，令美国颜面扫地。人质危机事件虽然在 1981 年得以解决，但双方的对抗关系却毫无改变。伊朗对美国入侵格林

---

① 王新中、冀开运：《中东国家通史——伊朗卷》，北京：商务印书馆 2002 年版，第 341 页。

② 转引自周春、晨风、陈友文主编：《当代东方政治思潮》，广州：广东人民出版社 1993 年版，第 855 页。

③ 杨兴礼、冀开运、陈俊华：《伊朗与美国关系研究》，北京：时事出版社 2006 年版，第 61 ~ 62 页。

纳达、轰炸黎巴嫩等行径予以了强烈谴责，抗议美国军舰到波斯湾地区活动，并抵制1984年洛杉矶奥运会。1984年，美国将伊朗列入支持恐怖主义国家名单，并阻止向伊朗供应武器。

在两伊战争期间，由于美国支持伊拉克，使伊朗与美国之间一再发生摩擦甚至是冲突。在1987～1988年间，伊朗多次用鱼雷和导弹袭击美国为科威特油轮护航的军舰，而美国则于1988年7月击落一架伊朗民航客机。伊朗同其他西方国家的关系也不断恶化。两伊战争期间，伊朗与法国的关系多次发生摩擦，并最终导致两国于1987年断交。1989年，英国作家拉什迪发表《撒旦诗篇》，伊朗以亵渎真主、侮辱先知和《古兰经》为由，判处拉什迪死刑，同时悬赏200万美元追杀拉什迪。此后，英国与伊朗断交。

2. **以反苏为主的反东方外交。**霍梅尼对社会主义的东方阵营同样持反对态度。他甚至给戈尔巴乔夫写信，奉劝苏联放弃社会主义而皈依伊斯兰教。[①] 1980年，霍梅尼在发表新年谈话时指出，“共产主义的超级大国所带来的危险不亚于美国”。[②] 与此同时，在现实政策上，伊朗宣布取消通往苏联的第二条天然气干线，减少伊朗对苏天然气出口；在苏联入侵阿富汗问题上，伊朗对苏联予以了强烈谴责；伊朗还指责苏联向伊拉克提供武器，默许以色列入侵黎巴嫩。1983年，伊朗以“为苏联从事间谍活动”的罪名逮捕了伊朗人民党总书记基亚努里等领导成员。1984年后，伊苏关系才有所改善。

总之，在霍梅尼时期，伊苏关系有三个特点：第一，伊苏关系虽然多有摩擦，但没有走向完全对抗。第二，两国在外交上互相敌对，但两国仍保持了一定规模经贸往来。第三，伊朗既反美也反苏，但在实际操作中反西方反美甚于反东方反苏。[③] 1980年，霍梅尼在发表新年谈话时指出，“共产主义的超级大国所带来的危险不亚于美国”。[④]

---

① 陈嘉厚主编：《现代伊斯兰主义》，北京：经济日报出版社1998年版，第130—131页。

② 王新中、冀开运：《中东国家通史——伊朗卷》，北京：商务印书馆2002年版，第377页。

③ 陈嘉厚主编：《现代伊斯兰主义》，北京：经济日报出版社1998年版，第130—131页。

④ 王新中、冀开运：《中东国家通史——伊朗卷》，北京：商务印书馆2002年版，378页。

3. **“输出革命”的地区外交。**伊朗“输出伊斯兰革命”的直接对象首先是海湾邻国，其方式主要包括：

第一，通过经济和军事援助，大力支持海湾国家的伊斯兰政治反对派的反政府活动。为实现这一目标，伊朗于1981年成立了“伊斯兰革命总会”，下辖五个以中东国家为主、波及整个伊斯兰世界的分支机构，即“伊拉克最高伊斯兰革命协会”、“黎巴嫩伊斯兰革命协会”、“阿拉伯半岛伊斯兰革命协会”、“非洲和马格里布伊斯兰革命协会”和“亚洲伊斯兰革命协会”。①

第二，大力宣传伊斯兰革命。通过组织和宣传，霍梅尼关于伊斯兰革命思想的传单和录像带大量地输送到海湾国家，伊朗的阿拉伯语广播也对海湾国家政府进行了严厉的批评。在伊朗的鼓动下，海湾各国伊斯兰激进组织在本国积极展开反政府活动，试图建立伊朗模式的伊斯兰共和国。伊朗输出革命的政策遭到了中东地区各国的一致反对和坚决抵制，这一政策的推行构成两伊战争爆发的重要因素，海湾国家在战争中多采取了支持伊拉克的政策。两伊战争持续达八年之久，使伊拉克和伊朗都为此付出了沉痛代价。

由于“输出伊斯兰革命”和“不要东方，不要西方，只要伊斯兰”外交政策的推行，导致伊朗不仅在海湾和中东地区四面树敌，而且在国际社会也陷入十分孤立的境地。此外，由于推行这一政策所导致的封闭和孤立处境，也使伊朗在经济上孤立于世界经济之外，并因此蒙受了严重损失。实践证明，伊朗“输出伊斯兰革命”的外交方针和路线，是一条将意识形态置于国家利益之上的对抗性外交路线，虽然具有一定的反帝民族主义色彩，但给伊朗乃至中东地区都造成了十分消极的影响。

哈梅内伊—拉夫桑贾尼时期的外交调整

1989年霍梅尼去世后，伊朗进入后霍梅尼时代。在哈梅内伊继任宗教

---

① 王新中、冀开运:《中东国家通史——伊朗卷》，北京：商务印书馆2002年版，380~381页。

领袖、拉夫桑贾尼当选伊朗总统之际，冷战结束和海湾战争的爆发，导致世界局势和中东地区局势发生了历史性的变革。在国际方面，冷战结束导致国家利益因素在国际关系中的地位不断上升。在地区形势变化方面，海湾战争使伊朗的宿敌伊拉克遭到沉重打击。与此同时，美国对伊朗和伊拉克采取“双重遏制”战略。在这种背景下，伊朗的外交政策更加难以适应国际和地区局势的变化，其外交调整已成必然。

在外交政策的指导思想方面，伊朗尽管并没有放弃“输出革命”的提法，但其具体政策已经做出了重大调整。拉夫桑贾尼指出，伊朗对外政策的基本准则是“尊重（他国）领土完整以及其他国家人民的社会和宗教价值”，“我们不想成为警察，伊朗既不会羞辱他的邻国，也不会使他们感到有威胁，我们应当全体合作来建设我们这个地区，波斯湾地区应该成为像家园一样的地区，像一个共同的农场”。[①] 在这一原则指导下，伊朗与海湾国家、欧洲的关系都发生了明显的积极变化，但伊朗与美国的关系仍然处于对峙状态。

第一，调整对海湾和整个中东地区外交政策，与海湾国家关系得到改善和发展。

伊朗首先与伊拉克改善了关系。1988 年，两伊战争结束，但战争状态并没有完结，双方仍处于敌对状态，两国间的许多问题仍没有得到彻底解决。由于伊朗政策的变化，两伊关系得到了突破性的改善，1990 年，两国正式恢复外交关系。此后，由于在国际上的处境相似，共同面临美国的威胁与制裁，也使两国矛盾有所缓解。

此外，伊朗也与沙特实现了和解。沙特是海湾六国的核心，也是海湾地区大国。1987 年，麦加朝觐流血事件发生后，沙特与伊朗于 1988 年中断了外交关系。自 1990 年 10 月两国外长在纽约会晤以后，两国于 1991 年 3 月 26 日恢复了外交关系。

伊朗与科威特、卡塔尔、巴林等国的关系也得以改善。在 1990 年海湾危机中，伊朗坚持中立立场，但对科威特深表同情。在海湾战争期间，伊朗政府一直与科威特流亡政府保持外交关系。海湾战争结束后，科威特积极回

① 刘月琴：《冷战后海湾地区国际关系》，北京：社会科学文献出版社 2002 年版，第 206 页。

报伊朗，主张在海湾地区安全体系安排中不应该排除伊朗，这一原则立场对两国恢复关系发挥积极作用。1991 年 12 月，伊朗外长访问了卡塔尔、阿曼、巴林和阿联酋，使伊朗与海湾国家的关系得到进一步发展。

第二，伊朗与美国以外的西方国家的关系得到相对缓解与改善。

众所周知，“拉什迪事件”是影响伊朗同西方改善关系的主要障碍之一。1989 年霍梅尼去世时，伊朗在这个问题上的态度仍比较强硬。海湾战争后，美国力图联合欧洲一起对伊朗实施“遏制”战略。因此，为挫败美欧联合，伊朗在“拉什迪问题”上的态度逐渐松动。1995 年，伊朗明确表示不再派杀手刺杀拉什迪。1996 年初，在经过国内激烈争论后，拉夫桑贾尼总统公开宣布，撤销杀死拉什迪的命令，从而主动排除了伊朗与欧洲关系的政治障碍。伊朗与西方国家的经济联系也日趋密切。从 1989 年到 1993 年，西方国家（主要是德国、日本、意大利、法国、英国、比利时和卢森堡）在伊朗的进出口总额中每年都占 40% 左右。[①] 其中，德国和日本分别是伊朗最大的工业制成品进口国和石油输出国。

第三，伊朗与美国的关系仍然处于对峙状态。

在老布什政府执政时期，由于美国对伊朗实行遏制和孤立政策，指责伊朗推行国家恐怖主义、侵犯人权、制造大规模毁灭性武器以及传播伊斯兰原教旨主义，伊朗与美国的关系依然处于敌对状态。但是，在经济领域，伊朗与美国仍有一定的接触，包括赔偿美国石油公司在伊斯兰革命期间遭受的损失、同美国两家公司签订石油购销合同等。

克林顿上台后，推行对伊朗和伊拉克的“双重遏制”政策，以确保美国及其盟国的石油供应和海上石油运输通道的安全，以及美国在中东地区的主导权。1995 年，美国政府下令禁止美国公司与伊朗签订合同进行石油开采合作，同时对伊朗实施全面经济制裁，中止对伊朗的所有贸易和投资；1996 年，美国国会通过达马托法，对在伊朗进行巨额投资（4000 万美元以上，1997 年改为 2000 万美元以上）的外国公司实行制裁。针对美国的伊朗政策，伊朗进行针锋相对的斗争，例如，1996 年伊朗议会通过拨款 2000 万美元的议案，以对付美国众议院拨款 2000 万美元用于支持伊朗反政府势力

① 王新中、冀开运：《中东国家通史——伊朗卷》，北京：商务印书馆 2002 年版，第 401 页。

的法案。[1]

在外交调整方面，伊朗在执行睦邻友好政策，改善与西方关系的同时，并没有放弃建立“伊斯兰世界秩序”的长远目标，如伊朗积极对中亚穆斯林国家，以及阿富汗、巴基斯坦施加影响；在中东和平问题上，继续拒不承认以色列的生存权，反对由美国推动的中东和平进程。但是，与过去相比较，伊朗更强调通过加强自身建设树立伊斯兰典范来扩大影响，更注重以经济、文化、援助等和平方式参与世界事务。

哈梅内伊—哈塔米时期的“对话”外交

1997年5月，开明宗教人士赛义德·穆罕默德·哈塔米当选为伊朗总统；在2001年总统选举中，哈塔米再度当选。在哈塔米执政的八年间，对内推行经济与民主改革，对外通过推进“文明对话”缓和与外部世界的关系，构成了伊朗内外政策的核心。

在外交上，哈塔米提出了不同文明应该相互对话，取长补短，共同发展的思想。他认为，文明间对话的目的就是要实现人类的普遍正义和自由；文明间对话可以加深各国之间的了解，促进世界和谐，减少国际冲突，防止单一文化统治，进而形成一个包括一切文明在内的世界新文明。[2] 在这一总体对外战略思想的指导下，哈塔米政府在改善与海湾国家关系，推进与阿拉伯伊斯兰世界关系缓和，发展与欧盟关系，松动与美国的对抗僵局等方面做出了一系列政策调整。

第一，改善与中东国家关系，推进与阿拉伯伊斯兰世界关系的发展。

哈塔米政府成立伊始，就派哈拉齐外长遍访海湾合作委员会六国，表达了伊朗新政府要与其改善和发展关系的诚意。1997年12月，伊斯兰会议组

---

① 王新中、冀开运：《中东国家通史——伊朗卷》，北京：商务印书馆2002年版，第402页。

② 蒋真：“从伊朗内外政策看哈塔米主义”，载《西亚非洲》2005年第3期，第57页。

织首脑会议在德黑兰召开，为伊朗打破外交孤立和重返国际舞台发挥了重要作用；1998 年沙特外交大臣访问伊朗，双方认为，两国发展友好关系对实现地区稳定具有积极意义和深远的影响；1999 年 5 月，哈塔米总统对沙特和卡塔尔进行了历史性访问，为伊朗与海湾国家改善关系，加强合作扫清了道路；1998 年 5 月，伊朗外长哈拉齐访问阿联酋，双方同意就岛屿领土争端保持高层接触，通过谈判解决争端。在与伊拉克的关系上，双方开始交换战俘，并允许朝圣者到伊拉克的什叶派圣地朝圣，使两国的敌对关系有所缓解。

在中东和平问题上，哈塔米政府表示伊朗虽不赞成中东和平进程，但不会对其采取破坏行动；在与黎巴嫩真主党和巴勒斯坦哈马斯的关系问题上，伊朗强调其支持主要为道义支持。哈塔米政府还积极加强与中亚、里海地区国家的经济与能源合作，并力求在调节地区冲突中发挥作用。

第二，结束与欧盟的外交危机，全面改善与欧盟的关系。

1997 年 4 月，德国柏林法院指责伊朗参与了 1992 年在柏林发生的伊朗库尔德民主党领导人被杀事件，导致伊朗与欧盟各国互相召回本国大使的危机。哈塔米上台后，表示愿意与欧盟通过对话解决分歧，改善关系。同年 11 月，伊朗与欧盟达成协议，欧盟各国大使纷纷返回伊朗，危机得以化解。与此同时，哈塔米政府彻底了结了与英国关系中的“拉什迪事件”。1998 年，伊朗外长哈拉齐和英国外交大臣库克就拉什迪问题发表声明，伊朗表示不计划、不鼓励、不资助任何人对拉什迪采取任何危及生命的行动；库克表示对拉什迪作品伤害伊朗人民和穆斯林感情深感遗憾，英国和欧盟其他成员国都不宽恕拉什迪作品的内容。1999 年 5 月，伊朗与英国全面恢复外交关系。

继 1998 年意大利总理、法国外长相继访问伊朗后，哈塔米于 1999、2000 年相继访问意大利、法国和德国，成为第一位出访西欧的伊朗元首。尽管伊朗与欧盟国家在恐怖主义、大规模杀伤性武器等问题上仍然存在着分歧，但双方关系毕竟已进入了一个新阶段。

第三，长期冰冻的美伊关系出现缓和迹象。

1998 年新年前后，哈塔米在讲话中多次表示，希望伊朗与美国在相互尊重的基础上双方进行文化和民间交流。克林顿总统也表示希望就实质性问题同伊朗进行对话。受此影响，美伊双方的民间交流迅速启动，摔跤队和学者互访拉开了美伊民间外交的序幕。在 1999 年访问意大利时，哈塔米表示伊朗准备与美国对话。

2000 年 9 月，联合国千年首脑会议在纽约联合国总部召开，哈塔米总统指出，改善伊美关系的重大障碍主要在于美国单方面对伊朗实施贸易制裁，以及美国对伊朗的敌视政策。在此次会议上，哈塔米提出了伊斯兰文明与西方文明应开展对话的主张，他主张将 2001 年定为联合国“文明对话年”的建议也得以实现。

但是，由于美国与伊朗在大规模杀伤性武器问题和恐怖主义问题上的尖锐矛盾，以及受到双方国内因素的影响，伊朗与美国关系依然存在许多重大障碍和阻力。“9·11”事件发生后，美国将伊朗与伊拉克、朝鲜列为“邪恶轴心”，双方的关系再次发生倒退；2003 年伊朗核危机的升级使伊朗与美国的对抗进一步加剧。

哈梅内伊—内贾德时期的伊朗外交

拉夫桑贾尼和哈塔米时期伊朗的内部改革与外交调整，引起了伊朗国内务实派与保守派的政治分化与对抗。在 2005 和 2009 年的总统选举中，保守派势力的代表内贾德两次当选总统。内贾德执政期间，较之拉夫桑贾尼和哈塔米时期，伊朗的外交已发生了明显的变化。有学者将这种变化称之为“伊朗革命主义外交”，其主要表现是：首先，伊朗试图从法理上冲破核不扩散机制；其次，否认以色列存在合法性，要求建立没有以色列的中东；第三，挑战以美国为首的西方国际体系。[①]

但是，在笔者看来，进入内贾德时期的伊朗外交并非简单的“革命主义外交”，其对外政策固然有加强伊朗与西方及以色列对抗的色彩，但又与霍梅尼的“革命外交”有着鲜明的区别，因为伊朗与海湾邻国和伊斯兰国家的关系仍处在持续改善之中，与西方国家的关系也并非一味执行强硬的对

---

① 参见田文林：“伊朗革命主义外交”，载《现代国际关系》2006 年第 11 期，第 8 页。

抗政策，而是采取软硬兼施的多种策略。对内贾德时期的伊朗外交，笔者试图从以下两个方面加以观察和分析。

第一，伊朗持续改善与周边国家和伊斯兰国家的关系，表明伊朗并不想自我孤立，而是试图通过发展睦邻关系，为伊朗崛起创造地区环境与周边环境。

在2005年竞选时，内贾德主张发展“公正的国际关系”，表示伊朗愿与世界上所有国家发展关系，特别是发展与周边国家、伊斯兰国家的关系。2007年，内贾德首次出席了在多哈举行的海湾合作委员会首脑会议，呼吁实现“没有外来干预的地区和平与安全”。2008年6月，伊朗外长穆塔基指出：“我们外交政策最优先考虑的，就是与区域合作一致。”① 2008年11月，海合会秘书长在访问伊朗时表示：“我们支持伊朗完全用于和平的核项目。”② 伊朗与海合会还展开了对话活动，甚至提出了海合会应吸收伊朗和伊拉克的主张。为消除阿拉伯国家对伊朗核计划的忧虑，伊朗一再保证其核计划的和平目的。

伊拉克战争后，伊朗还积极改善与伊拉克的关系。2008年3月，内贾德实现了对伊拉克的历史性访问，并承诺为伊拉克提供10亿美元的贷款。③伊朗还积极改善同中东其他国家的关系。例如，对于1979年与伊朗断绝外交关系的埃及，内贾德于2007年表示，伊朗准备与埃及恢复外交关系。④此外，伊朗还积极推进能源外交，通过兴建天然气管线发展与印度、巴基斯坦、土耳其、土库曼斯坦等周边国家的合作，事实表明，内贾德执政以来，在改善和发展与周边国家和伊斯兰国家关系方面，其政策依然是其前任政策的延续。

第二，“拥核崛起”成为伊朗国家战略的核心，伊朗与美国和以色列的

---

① 汪波：“美国与伊朗构想的海湾安全秩序之争”，载《西亚非洲》2009年第8期，第7页。

② 王京烈：“伊朗核问题与中东地缘政治”，载《阿拉伯世界研究》2009年第4期，第7页。

③ 汪波：“美国与伊朗构想的海湾安全秩序之争”，载《西亚非洲》2009年第8期，第6页。

④ 杨光主编：《中东非洲发展报告》（2007～2008），北京：社会科学文献出版社2009年版，第37页。

强硬对抗，对“什叶派弧形地带”激进势力的支持，都是这一根本目标的产物。

在伊朗“拥核崛起”这一问题上，学界已基本达成共识，有学者指出，伊朗核计划的最高目标是“拥有核武器，实现强国梦”，最低目标是“拥有核能力，有条件弃核”。其内部动力来自于其民族与国家意志，其外部诱因在于美国与以色列的安全压力，以及美国在核问题默许以色列拥有核武器的双重标准。[①]

内贾德在 2005 年竞选时就表示，伊朗拥有掌握和利用民用核技术的权利，伊朗决不屈服于外来压力，在任何条件下都不会放弃和平利用核能的权利。[②] 在伊朗核问题上，在小布什执政期间，美国一方面通过制裁向伊朗施压，另一方面多次扬言通过“先发打击”消除伊朗的核能力并促成其国内的政权更迭。[③]

内贾德深知，一旦屈服于美国的压力，不仅其“拥核崛起”的目标难以实现，而且将直接威胁国内稳定。因此，伊朗采取了一条绝不在美国压力下弃核，但也绝不关闭和谈大门的既坚定不移，但又不乏灵活性的核战略。为配合这一战略，内贾德不断发表刺激以色列的强硬言论，甚至否认以色列存在的合法性，其战略考虑既在于引起国际社会对事实上拥有核武器的以色列的关注，同时也是博取阿拉伯伊斯兰国家同情支持的招牌。而通过对伊拉克什叶派、黎巴嫩真主党以及叙利亚等激进力量施加影响，使得伊朗在伊拉克重建、中东和平进程等重大问题上拥有重要影响，其重要图谋在于牵制美国，使美国在解决中东地区热点问题时有求于伊朗，进而增强伊朗抗衡美国的砝码。

因此，内贾德的强硬外交对于增强伊朗的民族凝聚力，转移国内政治危机，增强现政权的政治合法性，提高伊朗的地区和国际影响力方面均发挥了

---

① 王京烈：“伊朗核问题与中东地缘政治”，载《阿拉伯世界研究》2009 年第 4 期，第 3 ~4 页。

② “伊朗总统艾哈迈迪—内贾德”，http：//news. sohu. com/20090619/n264620766. shtml

③ Interview of the Vice President by Richard Wolffe，Newsweek Magazine，The Vice President's West Wing Office：http：//www. whitehouse. gov/news/releases/2007/01/20070128. html

重要作用。但是，伊朗与美国的严重对立、联合国安理会对伊朗的制裁，使伊朗在国际社会日趋孤立，也是不容否认的现实。伊朗由于推行“拥核崛起”战略导致与美国和以色列的对抗加剧，这固然有一定的必然性，但伊朗的强硬姿态虽然可以调动反抗西方强权的民族情绪，暂时转移国内矛盾视线，但并未能给伊朗创造一个宽松而稳定的国际环境和发展空间，并最终损害了伊朗的国家利益。①

奥巴马上台后，接触与施压构成了美国伊朗政策的主要手段，美国一方面表示愿意通过外交途径解决美伊分歧，与伊朗发展“建设性关系”，暗示美国不谋求推翻伊朗政权，甚至表示“伊朗可以和平使用核能”；另一方面则不断警告伊朗如不做出改变将面临更严厉的制裁。但就奥巴马就职以来的美伊关系看，双方虽然都有改善关系的期待与善意表示，但就总体而言尚未出现大的突破，美伊关系再度走向紧张对抗的可能性依然存在，伊朗所处的国际环境也有可能进一步恶化，并导致国家利益严重受损。

通过对80余年来伊朗外交的历史回顾，有两点值得发展中国家吸取的历史教训。

首先，如何避免国家外交走向依附与革命两个极端。从巴列维王朝到霍梅尼时期的伊朗外交，在很大程度上正是这两种极端的体现，巴列维王朝片面追随和依附美国的外交政策，使伊朗外交丧失了独立性；而霍梅尼矫枉过正的革命外交，又使伊朗陷入了空前的国际孤立。

其次，如何正确处理意识形态与国家利益的关系。这一问题突出体现在伊斯兰革命后的伊朗外交之中，霍梅尼时期的“输出革命”外交是一种典型的意识形态外交，严重损害了伊朗的国家利益；后霍梅尼时代的伊朗外交开始逐步发生向以国家利益为主的转变，但时至今日仍然无法彻底摆脱意识形态的制约。

---

① 杨光主编：《中东非洲发展报告》（2007～2008），北京：社会科学文献出版社2009年版，第123～124页。

专题33

伊斯兰教与当代沙特外交[*]

【摘要】本文分四个时期对伊斯兰教与当代沙特外交的关系进行了论述，力求客观评估伊斯兰教对沙特外交的影响。在伊本·沙特时期（1926～1953），伊斯兰教在沙特外交中的地位得到初步确立。在沙特和费萨尔时期（1953～1975），泛伊斯兰主义逐步成为沙特的外交指导思想之一，并建立了一系列推行泛伊斯兰主义外交的组织机制。在哈立德、法赫德时期（1975～1995），沙特在继续推行泛伊斯兰主义的同时，实行务实灵活的外交政策，积极应对伊朗伊斯兰革命、阿富汗抗苏战争、两伊战争、海湾战争等一系列重大历史事件导致的伊斯兰问题。在阿卜杜拉时期（1995年以来），为应对“9·11”事件和伊拉克战争的挑战，沙特通过推行公共外交，打击宗教极端主义和国际恐怖主义，推动中东和平进程等手段，重塑伊斯兰教崇尚和平的国际形象。长期以来，沙特外交特别强调伊斯兰教的合法性，但又十分注重宗教理念与国家利益的有效平衡。从历史的角度看，伊斯兰教对沙特外交的影响可谓有利有弊。一方面，伊斯兰教构成了沙特的重要软实力，泛伊斯兰主义为沙特谋求阿拉伯伊斯兰世界的主导权提供了重要价值理念和组织机制支撑；另一方面，宗教与世俗的矛盾、教派矛盾、宗教极端主义又经常使沙特陷入错综复杂的矛盾。当前，中东变局导致伊斯兰力量的整体上升等变化，对沙特增强自身在阿拉伯世界的领导地位十分有利。但是，

---

* 本文的主旨思想以“沙特的国家叙事：宗教、外交和大国地位”为题发表于《世界知识》2012年第12期，收入本书的为该文的完整稿。

从长远的角度看，沙特的伊斯兰外交也面临着诸多潜在的挑战。

在西方大国霸权与地区霸权角逐相交织的中东地区，国家统治者如何避免因内部革命或政变发生江山易主，如何规避因外部干预而发生政权更迭，需要有高超的统治艺术和外交艺术。回顾历史，多数中东国家都未能逃避在内外势力冲击下改朝换代的历史命运。

在20世纪50~60年代的阿拉伯民族主义革命中，埃及、伊拉克、也门、叙利亚、利比亚的君主制政权在革命的扫荡中被推翻，代之以军人主政的世俗制和共和制政权，而这些政权又被2010年以来的“阿拉伯之春”扫进了历史的垃圾堆；伊朗的巴列维王朝早在1978年就被霍梅尼领导的伊斯兰革命所颠覆，而伊拉克的萨达姆政权和利比亚的卡扎菲政权因谋求地区霸权并与西方对抗，先后成为西方新干涉主义的牺牲品。

但是，沙特阿拉伯却是一个少有的特例。自1932年取得独立到当前80余年的历史中，沙特始终保持了君主制政教合一国家政权的历史延续性。历史上的阿拉伯民族主义革命，伊朗输出“伊斯兰革命”和2011年的“阿拉伯之春”，都未能撼动沙特政权；由于发动“9·11”恐怖袭击的“基地”组织成员多来自沙特，沙特与美国关系一度十分紧张，但沙特仍然通过各种手段摆脱了危机，维系了与美国的盟友关系。

在历史上，沙特政权的稳定也曾多次受到冲击，如历史上的王室权力斗争、1979年伊朗输出伊斯兰革命引发的麦加清真寺流血事件、海湾战争后伊斯兰政治反对派的冲击、东方省什叶派的多次骚乱、“9·11”事件后频繁发生的恐怖袭击事件，都曾对沙特的政权稳定构成冲击和挑战，但沙特王室总能控制局势，并在总体上保持了沙特的政治与社会稳定，进而使其经济现代化得以在相对安定的环境中稳步发展。

在2010年以来的阿拉伯大变局中，西亚北非的共和制国家突尼斯、埃及、利比亚、也门，先后以不同的方式发生政权更迭，叙利亚危机仍处在胶着状态，伊朗的国际处境更加艰难。相对而言，以沙特为代表的海合会君主制国家却保持了相对稳定。有西方媒体将这种局面形象地称之为“穿长袍的笑了，穿西服的哭了”。在笔者看来，尽管中东变局也使沙特面临着诸多的挑战，但沙特作为兼具世界能源大国、伊斯兰教两圣地“护持者”、海合会领袖、G20成员国等多重身份的地区大国，仍将在中东地区事务乃至世界事务中扮演重要角色。国内也有学者认为，沙特是阿拉伯大变局的“压舱石”，如果沙特保持稳定，海合会国家将避免因民众抗议浪潮而发生政权更迭的厄运。

沙特之所以能够长期保持内部稳定，在对外关系中较为成功地应对了阿拉伯民族主义革命、伊朗伊斯兰革命、两伊战争、海湾战争、“9·11”事件、反恐战争、阿拉伯大变局等地区危机的挑战，在中东事务中逐渐成为举足轻重的地区大国，无疑是其地缘位置、国家实力、能源优势与伊斯兰教盟主地位等多种因素综合作用的产物。但是，从国家软实力的角度看，伊斯兰教在沙特作为中东地区大国的崛起过程中发挥了十分重要的作用。

沙特阿拉伯王国是通过沙特家族与瓦哈比教派结盟建立的政教合一的传统君主制国家。在历史上，沙特家族曾先后建立过第一沙特王国（1745~1818）和第二沙特王国（1824~1891），但都在奥斯曼土耳其帝国的镇压下相继亡国。在第二沙特王国失败后，伊本·沙特历经近三十年的努力，建立了第三沙特王国即沙特阿拉伯王国，并于 1932 年正式独立。① 沙特王国虽几经沉浮，但伊斯兰教在沙特政治中的地位却得以确立和巩固，并在沙特外交中扮演了重要角色。

伊斯兰教对于确立沙特独具特色的外交理念及其在阿拉伯伊斯兰世界的大国地位，增强沙特的外交“软实力”等方面均发挥了难以替代的作用。在国外学界看来，伊斯兰教在沙特政治和社会生活中发挥了比其他任何阿拉伯国家都更加活跃的作用；② 伊斯兰教作为一种宗教，一种意识形态，一种文化认同的象征，对沙特的政治价值观产生了重要影响；③ 伊斯兰教在沙特的对外政策中发挥了十分重要的作用，构成了沙特外交政策的重要议题。④

---

① 关于沙特建国的历史可详见：王铁铮、林松业：《中东国家通史：沙特阿拉伯卷》，北京：商务印书馆 2000 年版；［美］詹姆斯·温布兰特：《沙特阿拉伯史》，韩志斌等译，上海：东方出版中心 2009 年版。

② Farouk A. Sankari，“Islam and Politics in Saudi Arabia”，in Ali E. Hillal Dessouki，ed.，*Islamic Resurgence in the Arab World*，New York：Praeger Publishers，1982，p. 178.

③ R. Stephen Humphreys，“Islam and Political Values in Saudi Arabia，Egypt and Syria”，*Middle East Journal*，Vol. 33，No. 2，1979.

④ Simon Henderson，“Institutional Islam：Saudi Arabia's Islamic Policies and the Threat They Pose”，p. 5. http：//kly. senate. gov/legis_ center/subdoes/o91903_ henderson. pdf

但是，必须看到的是，伊斯兰教只是影响沙特外交的其中因素之一，并且是与国家利益、地缘安全等因素交织在一起发挥其作用的。因此，必须客观评估伊斯兰教对沙特外交影响，尤其要避免盲目夸大的倾向。基于此，本文将分四个时期对伊斯兰教与当代沙特外交的关系进行论述和分析，力求客观评估伊斯兰教对沙特外交的影响。

伊本·沙特时期（1926—1953）

20 世纪初，现代沙特王国的创始人伊本·沙特开始了统一阿拉伯半岛的斗争。1926 年初，伊本·沙特被拥戴为国王，标志着第三沙特王国的建立。1926 年 7 月，在伊本·沙特的倡导下，在麦加召开了“世界穆斯林代表大会”，来自印度、埃及、苏丹、巴勒斯坦、叙利亚、也门、土耳其、阿富汗和苏联等国的穆斯林代表与会，会议庄重宣布伊本·沙特为“圣地护主”。针对土耳其废除哈里发制度，会议讨论了如何维护伊斯兰世界统一性的问题，“虽因存在意见分歧没有在哈里发制问题上达成协议，但它却发展成为一个影响深远的泛伊斯兰主义的国际组织”①，进而为沙特阿拉伯确立在阿拉伯伊斯兰世界的精神领袖地位，推行泛伊斯兰主义外交奠定了基础。

从沙特立国起，伊本·沙特就深刻认识到，“作为一个拥有‘圣地护主’称号的伊斯兰国家，只有坚持伊斯兰教义，保持国体的伊斯兰特色，才能始终得到崇尚伊斯兰教的沙特国民和世界穆斯林的支持，从而巩固他的政权和国家”②。但对于伊斯兰教在伊本·沙特时期（1926 ~ 1953）时期沙特外交中的地位，学界有不同的看法。有学者认为，在伊本·沙特时期，尽管沙特享有伊斯兰教发源地和两圣地“护主”的地位，但由于沙特刚刚独立不久，其外交中的伊斯兰因素并不突出，“和平中立”外交构成了当时沙

① 金宜久主编：《当代伊斯兰教》，北京：东方出版社 1995 年版，第 152 页。

② 王铁铮、林松业：《中东国家通史：沙特阿拉伯卷》，北京：商务印书馆 2000 年版，第 115 页。

特外交的核心。[①] 但也有学者指出，在沙特于 1932 年正式独立后，支持伊斯兰团结和阿拉伯团结便构成了沙特外交的两个基本原则。[②] 另有学者强调，伊本·沙特从一开始就注重伊斯兰教在沙特外交中的重要性，“将保卫和传播伊斯兰教视为他和他的国家的使命。”[③]

客观来说，以上两种说法都有一定的道理，如果从纵向历史比较的角度看，伊本·沙特时期沙特外交中的伊斯兰因素，远没有后来的费萨尔国王时期的泛伊斯兰主义更为突出。但是，伊斯兰教在沙特外交理念和外交政策中的地位在伊本·沙特时期就已经确立，也是不容否认的事实。因为“伊本·沙特很久以来就显示出对国际事务的兴趣和偏好”，而伊斯兰教则是沙特介入和影响地区与国际事务的重要依托。[④]

沙特外交理念层面的伊斯兰因素主要有二：首先，伊本·沙特多次强调保障圣地安全、世界穆斯林自由进入圣地以及朝觐安全的重要性。“很显然，国王对于伊斯兰事务的政策基于他相信伊斯兰教对于所有穆斯林的重要影响力”。[⑤] 其次，伊本·沙特强调对真主的信仰是穆斯林所特有的政治权力，加强穆斯林国家、协会和组织之间的团结与合作是运用这种权力的方式。伊本·沙特倡导穆斯林在国际事务中应该用一个声音说话并协调行动，只有如此，穆斯林才能完成对真主和他们的国家的义务。[⑥]

---

① 参见林松业：“二战后沙特王国对外政策的演变”，载《西亚非洲》1999 年第 5 期，第 50 页。

② Jams Piscatori, “Islamic Values and National Interests: The Foreign Policy of Saudi Arabia”, in Adeed Wawisha, ed., *Islam in Foreign Policy*, London: Cambridge University Press, p. 33.

③ D. Holden and R. Johns, *The House of Saud*, London: Sidgwick & Jackson, 1981, pp. 143 – 144.

④ [美] 詹姆斯·温布兰特：《沙特阿拉伯史》，韩志斌等译，上海：东方出版中心 2009 年版，第 212 页。

⑤ J. Goldberg, *The Foreign Policy of Saudi Arabia: The Formative Years, 1902 – 1918*, Cambridge, Massachusetts, and London: Harvard University Press, 1986, p. 181.

⑥ Quoted in Mohammad Zaid Al-Kahtani, *The Foreign Policy of King Abdulaziz (1927 – 1953), A Study in the International Relations of an Emerging State*, Submitted in accordance with the requirements for the degree of Doctor of Philosophy, University of Leeds, 2004, pp. 172 – 173.

伊斯兰教在沙特具体的对外政策与对外关系中也得到了一定的体现，其最为典型的例证是沙特与苏联关系中的伊斯兰因素。1926 年 2 月，苏联成为第一个承认沙特独立的国家。在同年召开的世界穆斯林大会上，来自苏联的穆斯林代表里祖丁·萨雷迪诺夫（Rizauddin Sahreddinov）也承认了伊本·沙特“圣地护主”的地位。[①] 为建立与世界大国的关系，为平衡英国在阿拉伯半岛的巨大影响，伊本·沙特国王选择与信仰共产主义和无神论的苏联建立了外交关系。[②] 1932 年，时任沙特外交部长的费萨尔亲王访问了一系列国家，其中就包括苏联。[③] 但到 20 世纪 30 年代末，沙特与苏联的关系却日趋恶化，这自然与沙特逐步认识到苏联在中东的扩张并有所防范有重要的关系，但是沙特基于伊斯兰意识形态考虑而对共产主义和无神论充满敌意也是双方关系恶化的重要原因。

首先，沙特认为共产主义作为一种公开主张无神论的意识形态与伊斯兰教相悖。“苏联在 20 世纪 30 年代对待其境内穆斯林少数的政策和在穆斯林地区传播共产主义信仰的做法，都激起了沙特国王的强烈反感。沙特国王开始在许多场合公开表达和重申他对于无神论意识形态的敌视”[④]。

其次，沙特政府将反对共产主义、反对犹太复国主义与俄罗斯东正教相联系。在伊本·沙特看来，共产主义与犹太复国主义有着密切的联系，因此，沙特对苏联和以色列的反对政策都是难以改变的，因为它们都敌视伊斯兰教。[⑤] 伊本·沙特明确指出：“苏联是沙特王国的‘间接威胁’，但我们认为这种威胁是一种十分严重的威胁，其具体表现有三：第一是共产主义意识形态自身的威胁；第二是我们认为共产主义与犹太复国主义有着密切的联

---

① A. Vassiliev, *The History of Saudi Arabia*, London: Saqi Books, 1998, pp. 265 - 266.

② J. Goldberg, *The Foreign Policy of Saudi Arabia: The Formative Years, 1902 - 1918*, Cambridge, Massachusetts, and London: Harvard University Press, 1986, p. 181.

③ Jams Piscatori, “Islamic Values and National Interests: The Foreign Policy of Saudi Arabia”, in Adeed Wawisha, ed., *Islam in Foreign Policy*, London: Cambridge University Press, 1983, p. 36.

④ Mohammad Zaid Al-Kahtani, *The Foreign Policy of King Abdulaziz (1927 - 1953), A Study in the International Relations of an Emerging State*, Submitted in accordance with the requirements for the degree of Doctor of Philosophy, University of Leeds, 2004, p. 176.

⑤ Ibid.

系；第三是俄罗斯东正教的威胁。我们反对犹太复国主义和共产主义，我们也反对东正教会充当苏联在阿拉伯国家扩张的工具。”①

从20世纪30年代起，沙特与苏联关系一直冷淡，“沙特对苏联政策的改变直至1990年苏联放弃共产主义意识形态”。在沙特看来，“只有共产主义国家承认了真主的存在，沙特才会与它们建立外交关系”，“这是沙特阿拉伯王国拒绝与苏联和整个共产主义集团建立正式外交关系的主要原因。”②但是，应该指出的是，伊斯兰教与共产主义无神论的意识形态矛盾，仅仅是沙特与苏联关系长期冷淡的原因之一。在20世纪40年代末50年代初，冷战背景下苏联对埃及等奉行阿拉伯民族主义国家的支持，沙特与美国盟友关系的逐步确立等现实的政治因素，无疑也是沙特与苏联关系恶化的重要原因。

在伊本·沙特时期，在沙特与伊斯兰国家的关系中，伊斯兰教的作用也有一定的体现，但尚不十分突出。其原因主要包括：首先，当时阿拉伯世界的许多地区被控制在英法等欧洲国家手中，刚刚取得民族独立的沙特实力有限，并不具备对阿拉伯伊斯兰世界推行泛伊斯兰主义外交的实力；其次，在20世纪40年代末50年代初，正值阿拉伯民族主义高涨，埃及等国家推动建立阿拉伯国家联盟，约旦哈希姆家族致力于在“新月地带”建立统一的阿拉伯国家，都使泛伊斯兰主义缺乏在地区事务中发挥主导作用的空间。

随着部分穆斯林民族独立国家的出现，尽管多数伊斯兰国家都承认精神与文化上的一致性，但政治上的独立已成为无法规避的现实，相互尊重主权独立与领土完整，互不干涉内政等原则，已成为伊斯兰国家处理相互关系遵循的准则，宗教的联系主要体现于精神和情感层面的伊斯兰团结。③ 沙特与伊斯兰国家的关系也基本具备这一特征，但伊斯兰因素的作用在沙特与伊斯

---

① A. Vassiliev, *The History of Saudi Arabia*, London: Saqi Books, 1998, p. 342.

② Mohammad Zaid Al-Kahtani, *The Foreign Policy of King Abdulaziz (1927–1953), A Study in the International Relations of an Emerging State*, Submitted in accordance with the requirements for the degree of Doctor of Philosophy, University of Leeds, 2004, p. 177.

③ Jams Piscatori, *Islam in a World of Nation-States*, Cambridge: Cambridge University Press, 1986, p. 73.

兰国家的关系中已经有所体现。[①]

在沙特与土耳其的关系中，尽管土耳其是较早承认沙特的国家之一，并与沙特于1929年签订了友好协定，但沙特与土耳其的关系一直保持在较低的水平上，其原因之一就在于推行彻底世俗化改革的凯末尔被伊本·沙特视为“穆斯林的迫害者”。[②]

沙特与伊朗的关系则更为复杂，既有现实利益的矛盾，也有教派斗争的因素渗透其中。1929年，伊朗与沙特曾进行旨在实现相互承认的外交谈判，但由于一支沙特的伊赫万（Ikhwan）[③] 组织毁坏了与伊朗什叶派关系密切的圣墓，引发了伊朗与沙特之间的对抗，伊朗因此拒绝承认沙特。[④] 另外，在20世纪20年代至40年代末，伊朗一直对尚未独立的巴林提出主权要求，沙特对此予以强烈反对。[⑤]

对巴基斯坦的支持则体现了在涉及穆斯林民族利益问题上，沙特对伊斯兰国家的支持。对于巴基斯坦摆脱英国和印度统治的斗争，以及在印巴克什米尔争端等问题上，沙特均同情和支持巴基斯坦。巴基斯坦在独立后不久，沙特就支持其组织召开了1949年和1951年的“世界穆斯林大会”，“世界穆斯林大会”的总部也迁往巴基斯坦的卡拉奇。[⑥] 1951年，时任沙特外交部长的费萨尔亲王与巴基斯坦驻沙特大使签署了“伊斯兰友好协定”。[⑦] 从某

---

① Mohammad Zaid Al-Kahtani, *The Foreign Policy of King Abdulaziz* (*1927 - 1953*), *A Study in the International Relations of an Emerging State*, Submitted in accordance with the requirements for the degree of Doctor of Philosophy, University of Leeds, 2004, pp. 179 - 180.

② H. Philby, *Saudi Arabia*, London: Ernest Benn Limited, 1955, pp. 335 - 336.

③ “伊赫万”的原意为“尊主独一兄弟会”，它是伊本·沙特为通过定居实现对游牧民的改造，仿效穆罕默德时期的穆斯林公社制，于1910年建立的兼具宗教、军事和经济功能的组织。

④ H. Philby, *Saudi Arabia*, London: Ernest Benn Limited, 1955, pp. 316 - 317.

⑤ Mohammad Zaid Al-Kahtani, *The Foreign Policy of King Abdulaziz* (*1927 - 1953*), *A Study in the International Relations of an Emerging State*, Submitted in accordance with the requirements for the degree of Doctor of Philosophy, University of Leeds, 2004, p. 180.

⑥ 金宜久主编：《当代伊斯兰教》，北京：东方出版社1995年版，第153—154页。

⑦ Mohammad Zaid Al-Kahtani, *The Foreign Policy of King Abdulaziz* (*1927 - 1953*), *A Study in the International Relations of an Emerging State*, Submitted in accordance with the requirements for the degree of Doctor of Philosophy, University of Leeds, 2004, p. 181.

种程度上说，沙特与巴基斯坦的友好关系，以及双方在推进泛伊斯兰组织“世界穆斯林大会”建设方面的合作，构成了伊本·沙特时期沙特泛伊斯兰主义外交的主要成果。

沙特和费萨尔时期（1953—1975）

1953 年 11 月，伊本·沙特离世，他的儿子沙特就任沙特王国的第二任国王（1953 ~ 1964），而费萨尔亲王则以王储兼大臣会议副主席和外交大臣的身份辅佐国王。当时沙特面临着内忧外患的严峻挑战。

沙特面临的外部挑战突出表现为：首先，1952 年埃及“七月革命”胜利后，中东陆续建立起一批新的共和制国家，从而使沙特王国受到不断上升的民族民主势力的严重冲击；其次，美国通过推行“杜鲁门主义”和“艾森豪威尔主义”，谋求取代英国掌握对中东的主导权；再次，苏联自 20 世纪 50 年代中期开始向埃及、叙利亚和伊拉克等中东国家进行渗透，进而试图将其意识形态逐步拓展到整个中东地区；最后，1948 年以色列建国，旋即爆发第一次中东战争，阿以冲突日趋严重，以色列的侵略扩张政策对包括沙特在内的整个阿拉伯国家构成直接威胁。

沙特的内部矛盾突出表现为沙特国王与费萨尔王储之间的矛盾冲突导致的王权危机，双方的权力争夺，反映了传统保守势力和主张变革势力之间的激烈冲突。[①] 在沙特执政的 1953 至 1964 年间，沙特王国的外交主要由担任外交大臣的费萨尔亲王主持。在整个 20 世纪 50 年代，沙特推行务实的和平中立外交，国家安全是其外交重点。

第一，在处理与美国的关系上，沙特一方面接受美国的经济和技术援助，并进行军事与安全合作；另一方面又在美英倡导建立“中东司令部”、筹划巴格达条约组织等问题上，抵制和反对美国建立中东军事集团和集体防

① 刘竞、安维华主编：《现代海湾国家政治体制研究》，北京：中国社会科学出版社 1994 年版，第 165 页。

务体系。①

第二，在处理与埃及等民族主义国家的关系上，沙特与埃及、叙利亚之间既有合作又有对抗。一方面双方都反对约旦和伊拉克哈希姆家族主导阿拉伯事务的企图，共同反对巴格达条约组织，并保持了一定的合作；另一方面双方则在看待美苏两大阵营方面存在严重分歧，并围绕阿拉伯内部事务发生了严重的对抗。② 双方在意识形态层面的矛盾突出表现为埃及代表的世俗阿拉伯民族主义与沙特代表的泛伊斯兰主义的对抗，抵制埃及输出革命以及苏联的意识形态渗透，成为费萨尔推行泛伊斯兰主义的重要动因。

第三，在巴勒斯坦和阿以冲突问题上，沙特外交政策“建立在服从国家利益这一总体概念的基础之上”。在道义层面，沙特坚决反对以色列的侵略扩张，积极支持巴勒斯坦和阿拉伯国家的反以斗争，“但从根本上看，沙特政府却避免直接介入阿以冲突，它对巴勒斯坦和阿拉伯国家反以斗争的支持主要体现在道义上”。③ 沙特在巴勒斯坦和阿以冲突问题上的务实政策，既与自身实力有限有关，也与沙特与埃及等阿以冲突前线国家的矛盾分歧有关。

总之，在整个20世纪50年代，“鉴于有限的国家能力和内外环境的脆弱性，沙特的对外政策在很大程度上是防御性和被动反应式的”④，全面推行泛伊斯兰主义外交尚未提上历史日程。沙特全面推行泛伊斯兰主义外交是在费萨尔成为沙特国王之后。1964年，12位高级乌里玛（宗教学者）签署了废黜沙特国王的法特瓦（宗教法令），为费萨尔接替王位提供了宗教合法性。费萨尔执政时期（1964～1975）是沙特泛伊斯兰主义外交走向成熟的时期。在费萨尔执政时期，沙特不仅将泛伊斯兰主义上升到外交指导思想的高度，同时也确立了一系列推行泛伊斯兰主义外交的具体手段和组织机制。

---

① 参见王铁铮、林松业：《中东国家通史：沙特阿拉伯卷》，北京：商务印书馆2000年版，第147～148页。

② 详尽论述参见陈天社：《当代埃及与大国关系》，北京：世界知识出版社2010年版，第160～167页。

③ 王铁铮、林松业：《中东国家通史：沙特阿拉伯卷》，北京：商务印书馆2000年版，第151页。

④ ［美］斯蒂芬·沃尔特：《联盟的起源》，周丕启译，北京：北京大学出版社2007年版，第54页。

第一，在外交理念层面，费萨尔将泛伊斯兰主义确立为沙特外交的指导思想，利用泛伊斯兰主义反对共产主义、犹太复国主义和激进的阿拉伯民族主义。

对于伊斯兰教在沙特政治中的重要性，费萨尔曾明确指出："《古兰经》是世界上最古老、最有效的宪法"，"除伊斯兰之外，我们不考虑其他任何东西"。[①] 但是，如前所述，埃及倡导的阿拉伯民族主义的高涨，以及发生在中东的一系列民族革命，苏联的意识形态渗透，都从外部对沙特政教合一的君主制度构成了威胁。因此，沙特推行泛伊斯兰主义外交在本质上是其国内政治的延伸，费萨尔试图将伊斯兰教作为抵御各种激进思想侵入的"盾牌"，进而维护其政教合一君主制度的合法性。具体说来，推行泛伊斯兰主义的意识形态目标在于"反对共产主义、犹太复国主义和激进的阿拉伯民族主义。换句话说，就是在国际范围内反对以苏联为代表的无神论的共产主义意识形态渗透，反对犹太复国和以色列的侵略扩张政策；在阿拉伯世界，主张以伊斯兰价值观取代或遏制以纳赛尔主义为代表的各种激进思潮"。[②]

面对纳赛尔阿拉伯民族主义和社会主义的挑战，费萨尔主要通过1962年成立的世界穆斯林联盟（Muslim World League），谴责阿拉伯民族主义和社会主义，强调普世的伊斯兰共同体和伊斯兰统一高于任何形式的民族主义；强调"伊斯兰世界根据统一的伊斯兰信仰形成一个共同体……为了将这一共同体变成现实，对伊斯兰信仰和穆斯林共同体——乌玛利益的忠诚是必要的，在总体上这种忠诚高于对民族主义以及其他任何主义的忠诚。"[③] 世界穆斯林联盟明确宣称："那些不承认伊斯兰教，并在民族主义幌子下歪曲伊斯兰教义的人，是那些将自己的光荣同伊斯兰的光荣联系在一起的阿拉

---

① 转引自刘竞、安维华主编：《现代海湾国家政治体制研究》，北京：中国社会科学出版社1994年版，第122－123页。

② 王铁铮、林松业：《中东国家通史：沙特阿拉伯卷》，北京：商务印书馆2000年版，第174页。

③ Quoted in Yvonne Y. Haddad, "The Arab-Israeli Wars, Nasserism and Islamic Identity", in edited by John L. Esposito, *Islam and Development*, New York: Syracuse University Press, 1980, p. 239.

伯人的最凶恶的敌人。”① 为了扩大泛伊斯兰主义的影响，从1965年12月到1966年9月，费萨尔国王先后访问亚非地区的9个穆斯林国家，泛伊斯兰主义在这些国家得到普遍赞同与支持。②

第二，在组织层面，费萨尔通过建立一系列的官方与民间的泛伊斯兰组织，传播泛伊斯兰主义，确立和巩固沙特在阿拉伯伊斯兰世界的领导地位。

在巩固1926年成立的“世界穆斯林大会”的同时，沙特领导成立了世界穆斯林联盟（1962）和伊斯兰会议组织（Organization of Islamic Conference，1971，现已于2008年更名为伊斯兰合作组织）等泛伊斯兰组织（参见下表），积极为其提供资金支持，对于传播泛伊斯兰主义，确立和巩固沙特在阿拉伯伊斯兰世界的领导地位发挥了重要作用。

在沙特主导和支持下建立的泛伊斯兰国际组织

组织名称	基本概况（成立时间、总部、国际地位、组织宗旨或主要任务等）
世界穆斯林大会（世界伊斯兰大会）	1926年成立，总部设在巴基斯坦卡拉奇；从1965年起在联合国享有“非政府性咨询机构”的地位；领导机构为执行委员会。 组织宗旨：在世界各地传播伊斯兰教，宣传伊斯兰教的信仰、文化和历史现状；维护和增进穆斯林国家的团结与合作，形成协调一致的伊斯兰世界的统一体；抵制各种异端思想和西方生活方式的影响。
伊斯兰世界联盟（穆斯林世界联盟）	1962年在麦加成立，主要由沙特阿拉伯政府提供经费。最高机构是由各国代表组成的理事会，以秘书处为执行机构，常驻麦加。 组织宗旨：履行向全世界宣传伊斯兰教的义务，阐释伊斯兰教的教义和原则，以驳斥对伊斯兰教的各种歪曲，维护和增进穆斯林少数民族在宗教、教育、文化等方面的权利，协助世界各地穆斯林团体的宣教活动，促进他们的内部团结，支持建立在正义、平等基础上的国际和平、和谐和合作。

① 转引自林松业：“二战后沙特王国对外政策的演变”，载《西亚非洲》1999年第5期，第51页。

② 王铁铮、林松业：《中东国家通史：沙特阿拉伯卷》，北京：商务印书馆2000年版，第174页。

续表

组织名称	基本概况（成立时间、总部、国际地位、组织宗旨或主要任务等）
伊斯兰会议组织（伊斯兰国家会议）	1971 年正式成立，秘书处设于沙特阿拉伯的吉达，最高权力机构为伊斯兰国家首脑会议；从 1975 年起在联合国享有观察员席位。2008 年更名为伊斯兰合作组织。 组织宗旨：促进各成员国之间的团结；加强各国在经济、社会、文化和科学等方面的合作；努力消除种族隔离和种族歧视；反对一切形式的殖民主义；支持巴勒斯坦人民恢复其民族权利和重返家园的斗争；采取必要方式支持建立在公正基础上的世界和平与安全；支持所有穆斯林人民为保障其尊严、独立和民族权利的斗争；促进各成员国和其他国家之间的合作和谅解。
世界穆斯林青年大会	1972 年成立，总部设在沙特首都利雅得。 组织宗旨：贯彻实行各种宗教活动计划，组织协调各团体之间的合作，关心穆斯林青年团体的利益；负责向世界各地穆斯林青年和学生提供讲坛，并负责组织协调行动，力求使穆斯林青年达到精神、感情、思想和认识上的伊斯兰认同。
世界穆斯林青年研讨会	1972 年成立，秘书处设在沙特首都利雅得。 组织宗旨：在“信主独一”教义的基础上，发扬正统的伊斯兰思想；加强穆斯林青年之间的友谊与联系；介绍伊斯兰教；肯定穆斯林青年在建设穆斯林社会中的积极作用；支持世界各地的穆斯林青年组织，协助他们开展有益的活动。
世界清真寺最高理事会	1975 年成立，理事会设在沙特的麦加。 主要任务：（1）制定全面计划，使清真寺在指导、教育、宣教及提供社会服务等各方面发挥作用。（2）出版《清真寺使命》会刊，提高伊玛目及海推布①学术文化素养，并向他们推荐以经训为依据的高水平宣教范文。（3）出版阐述伊斯兰教教义和文化的经书和专著。（4）对世界各地清真寺进行全面考察，撰写有关清真寺历史和现状的资料，分期分批整理出书，以传播推广。（5）选拔、培训优秀的宣教演说家，派赴世界各地清真寺巡回宣教。（6）经常举办伊玛目培训班，以提高他们的文化素养。研究建立、健全清真寺管理机构，直接管理清真寺及其附属设施和宗教公产的制度，处理日常事务。（7）研究与伊斯兰教义相背离的种种思想和行为，并采取相应的对策。

资料来源：中国伊斯兰百科全书编辑委员会：《中国伊斯兰百科全书》，成都：四川辞书出版社 2007 年版。

① 伊斯兰教职的称谓，阿拉伯语原意为“宣讲教义者”、“宗教演说家”。参见中国伊斯兰百科全书编辑委员会：《中国伊斯兰百科全书》，成都：四川辞书出版社 2007 年版，第 209 页。

第三，以石油美元作为推行泛伊斯兰主义对外政策的依托，推行“里亚尔外交”（里亚尔为沙特货币），通过对伊斯兰国家的对外援助，确立沙特在伊斯兰世界的领导地位，抵制以苏联为首的共产主义势力的影响。①

以援助为手段不断扩大沙特的影响，逐步确立其在伊斯兰世界的地位，是沙特“里亚尔外交”的集中体现。沙特政府宣称：伊斯兰教是沙特外交政策的首要原则。沙特对外援助的主要对象基本上是伊斯兰国家，或是亲伊斯兰的政权。因此，一个国家能否获得沙特的财力支持完全取决于它们对伊斯兰教的态度。费萨尔将沙特提供援助的国家依次划分为3类：首先是阿拉伯国家；其次是范围更广的伊斯兰国家；最后是亲伊斯兰的第三世界国家。② 尽管沙特对阿拉伯伊斯兰国家的援助主要是在费萨尔去世后展开的，但沙特政府对外援助的原则和计划都是费萨尔泛伊斯兰主义外交战略的直接产物。

伴随1967年第三次中东战争后沙特与埃及关系的缓和，在对阿拉伯国家的对外援助中，埃及等处于阿以冲突前线的国家成为沙特援助的重点对象，以彰显沙特对阿拉伯伊斯兰国家反以斗争的支持；沙特对叙利亚、阿尔及利亚等所谓“激进国家”的援助，主要是为了强化伊斯兰意识形态对这些国家的影响，促使它们逐步向“温和”方向转变；沙特对巴林、黎巴嫩、阿曼、摩洛哥、苏丹、突尼斯等国的援助，主要希望通过向相对贫困的阿拉伯国家提供援助，显示沙特坚持伊斯兰教所主张的“均贫富”原则，树立其自身在伊斯兰世界的楷模形象。③

---

① 关于这一问题的论述主要参考了以下文献：王铁铮、林松业：《中东国家通史：沙特阿拉伯卷》，北京：商务印书馆2000年版，第176~182页；林松业：“二战后沙特王国对外政策的演变”，载《西亚非洲》1999年第5期，第52页。

② Jams Piscatori, “Islamic Values and National Interests: The Foreign Policy of Saudi Arabia”, in Adeed Wawisha, ed., *Islam in Foreign Policy*, London: Cambridge University Press, 1983, p. 33.

③ 林松业：“二战后沙特王国对外政策的演变”，载《西亚非洲》1999年第5期，第52页。

1974～1980年沙特发展基金和沙特政府对部分阿拉伯国家经济援助一览表 （单位：百万美元）

国家	援助数额	国家	援助数额
阿尔及利亚	60.5	摩洛哥	100.40
巴林	45.50	阿曼	148.10
埃及	1468.50	苏丹	394.00
约旦	335.10	叙利亚	634.10
黎巴嫩	38.10	突尼斯	176.80

注：表中所列数字仅为经济援助，不包含军事援助。

资料来源：Ragaei El Mallakh，*Saudi Arabia*：*Rush to Development*，London：Croom Helm，1982，pp. 376－380.

沙特对外援助的另一目的是弘扬和传播伊斯兰教，促进世界范围内伊斯兰事业的发展。为此，沙特政府于1974年8月倡议创立了专门的伊斯兰发展银行。沙特陆续注入了大笔资金，使其成为沙特在穆斯林世界发挥作用、施加影响的重要渠道。在银行最初的9亿美元的基金中，沙特承担了91%的份额。截至1982年10月，伊斯兰发展银行向世界38个伊斯兰国家和组织提供了28.21亿美元援助。① 此外，沙特还以政府名义和发展基金形式向伊斯兰国家和组织提供援助。沙特对伊斯兰国家和亲伊斯兰政权的援助，"在重建穆斯林国家或增强伊斯兰价值观念在这些国家的政治和社会生活中的作用方面收获颇丰"。②

1974～1980年沙特发展基金和沙特政府对部分伊斯兰国家和组织援助一览表 （单位：百万美元）

国家（组织）	援助数额	国家（组织）	援助数额
孟加拉国	90.00	肯尼亚	47.00

① 林松业："二战后沙特王国对外政策的演变"，载《西亚非洲》1999年第5期，第52页。

② 王铁铮、林松业：《中东国家通史：沙特阿拉伯卷》，北京：商务印书馆2000年版，第179页。

续表

国家（组织）	援助数额	国家（组织）	援助数额
喀麦隆	33.50	马来西亚	192.00
科摩罗	14.50	马里	23.25
冈比亚	6.60	毛里塔尼亚	51.50
印度尼西亚	120.00	巴基斯坦	397.50
利比里亚	20.00	罗安达	5.40
土耳其	225.00	乌干达	4.90
伊斯兰会议组织伊斯兰团结基金	136.00		

资料来源：Ragaei El Mallakh，*Saudi Arabia*：*Rush to Development*，London：Croom Helm，1982，pp. 381 – 389.

此外，通过各种财力支持，抵御苏联势力的影响，遏制苏联在中东地区的政治扩张和意识形态渗透，也是沙特推行"里亚尔外交"的一个重要方面。

如前所述，由于意识形态的矛盾，在伊本·沙特时期，苏联与沙特的关系就一直比较冷淡，双方的关系主要体现为经贸关系。1938 年，苏联撤回驻沙特的外交代表，两国外交关系中断。二战后，苏联曾一度试图缓和与沙特的关系。"但由于在意识形态方面的严重对立，即有神论与无神论、伊斯兰教与社会主义之间的矛盾和冲突，它使苏联试图恢复同沙特的外交关系、发展两国关系的种种努力都因遭沙特拒绝而失败。"①

进入 20 世纪 50 年代中期，为了同美国争夺中东的主导权，苏联竭力通过支持中东国家的民族民主运动和激进政权，以及向中东灌输共产主义意识形态来不断扩大影响。在此背景下，沙特与苏联的矛盾进一步激化。苏联认为，沙特等君主政权是"中东反动派的主要基地"，而费萨尔则认为，苏联向中东的渗透对整个阿拉伯和穆斯林世界的安全构成直接威胁。因此，抵制苏联成为沙特里亚尔外交的重要组成部分。

在费萨尔执政时期，沙特通过援助抵制苏联扩张的政策主要体现在阿曼

---

① 王铁铮、林松业：《中东国家通史：沙特阿拉伯卷》，北京：商务印书馆 2000 年版，第 180 页。

问题和也门问题上。在阿曼，针对苏联对佐法尔地区反政府势力的培植，沙特在对阿曼政府提供大量军事援助以平息佐法尔人叛乱的同时，还向阿曼提供专款用于佐法尔地区的经济发展，进而削弱了苏联的影响。在也门，埃及的影响在1967年第三次中东战争后迅速衰落，苏联以签订军事、经济、贸易协定，提供武器装备，派驻军事顾问等方式，对北也门进行渗透，而南也门的“社会主义”政权与苏联的关系则更为密切。因此，也门局势对沙特的安全构成了严重威胁。针对苏联在也门的扩张，沙特一方面通过向北也门提供援助，力求使北也门不致完全倒向苏联，另一方面则以援助为诱饵，企图引诱南也门脱离苏联。总体来说，沙特对也门的“里亚尔外交”在北也门取得了一定的效果，但在南也门未能奏效。

第四，利用1967年第三次中东战争后阿拉伯民族主义在阿以冲突中作用下降的机遇，通过各种泛伊斯兰组织增强对巴勒斯坦问题的影响，彰显泛伊斯兰主义在阿拉伯伊斯兰世界联合反以斗争中的作用。

在1948年、1956年、1967年的三次中东战争中，尽管埃及、叙利亚和约旦等阿拉伯国家都以伊斯兰教的名义动员人民，与“以色列恶魔”进行“圣战”，但宗教因素并不明显，阿拉伯民族主义是阿拉伯国家与以色列进行较量的思想武器。但是，第三次中东战争后，阿以冲突中的宗教因素明显增长。其导因是以色列军队在第三次中东战争中焚毁了作为伊斯兰教圣地的阿克萨清真寺，激起了全世界穆斯林的愤怒。另一原因是战败使阿拉伯国家失地、丧权、辱国，阿拉伯民族主义威信扫地，社会动员能力和在国际上的召唤力明显下降，改变旗帜成为国际斗争的一种需要。[①]

因此，在1967年第三次中东战争后，阿以冲突本身宗教色彩的日益突出以及阿拉伯民族主义的日趋衰落，都为沙特主导的各种泛伊斯兰组织对巴勒斯坦问题施加影响，发挥泛伊斯兰主义在阿拉伯伊斯兰世界联合反以斗争中的作用创造了条件，同时也“为费萨尔有效地削弱纳赛尔的传统领导地位和提高沙特在伊斯兰世界的地位提供了机遇”。[②]“沙特政府以此为契机，

---

① 参见吴云贵：“伊斯兰教与中东政治”，载《世界宗教研究》1997年第1期。

② John L. Esposito, *Islam and Politics*, New York: Syracuse University Press, 1984, p. 108.

在伊斯兰旗帜下，将其泛伊斯兰主义的对外政策的原则移植到了阿以冲突中。”①

事实上，在1962年“伊斯兰世界联盟”成立后，沙特就利用该组织加大了对巴勒斯坦问题的关注，“积极动员世界穆斯林支持阿拉伯国家和巴勒斯坦人民反对以色列的正义斗争”。② 在1967年战争中，以色列占领了埃及的西奈半岛、叙利亚戈兰高地、约旦河西岸、加沙地带和耶路撒冷的约旦管辖区，并把耶路撒冷从法律上正式并入以色列领土；1969年，耶路撒冷阿克萨清真寺被毁，这些都构成了沙特费萨尔国王号召召开伊斯兰国家高级会议，成立政府间的伊斯兰国家组织，加强伊斯兰国家团结的直接动因。

1969年9月，在费萨尔国王的倡导下，24个伊斯兰国家的首脑聚会摩洛哥首都拉巴特，集中讨论了阿克萨清真寺被毁事件、耶路撒冷地位、被占领土问题，各国坚信统一的伊斯兰教是伊斯兰国家彼此接近和团结的有利因素，主张恢复耶路撒冷在1967年战争前的地位，要求国际社会为使以色列撤出所占阿拉伯领土作进一步努力，并发表严正声明强烈谴责以色列纵火焚毁阿克萨清真寺的罪恶行径。③ 在经过1970年在吉达和卡拉奇举行了两次伊斯兰国家外长会议的筹备工作后，伊斯兰会议组织于1971年正式成立，秘书处设在沙特阿拉伯的吉达。“至此，在泛伊斯兰主义影响下，形成了一个影响最大、力量最雄厚的世界伊斯兰国家的联合组织。”④

在巴勒斯坦问题上，解放圣城耶路撒冷和实现巴勒斯坦建国，构成了沙特外交政策的主要内容。费萨尔国王呼吁世界穆斯林对此予以支持，并发动反对以色列的“圣战”。⑤ 在阿以冲突问题上，费萨尔不仅竭力支持1967年第四次阿拉伯国家首脑会议确定的对以色列的“三不政策”（不承认、不和解、不谈判），并亲赴耶路撒冷祈祷，而且还向阿拉伯国家和巴解组织提供

---

① 王铁铮、林松业：《中东国家通史：沙特阿拉伯卷》，北京：商务印书馆2000年版，第182～183页。

② 金宜久主编：《当代伊斯兰教》，北京：东方出版社1995年版，第157页。

③ 参见［叙利亚］穆瓦法格·贝尼·穆尔加：《简明伊斯兰世界百科全书》，吉益译，北京：旅游教育出版社1991年版，第62～65页。

④ 金宜久主编：《当代伊斯兰教》，北京：东方出版社1995年版，第159页。

⑤ John L. Esposito, *Islam and Politics*, New York: Syracuse University Press, 1984, p. 109.

了巨额援助，当时仅巴解组织每年从沙特获得的援助就高达4000万美元。[①]

费萨尔在巴勒斯坦问题上坚持的泛伊斯兰主义政策，在1974年2月伊斯兰会议组织通过的《拉合尔宣言》中再次得到了体现。在巴基斯坦拉合尔召开的第二次首脑会议上，各伊斯兰国家与会代表重申，“他们共同的宗教是各国人民之间割裂不断的纽带”，并一致通过《拉合尔宣言》，谴责以色列为使耶路撒冷犹太化采取的各种措施，拒绝接受联合国安理会决议；要求以色列立即撤出耶路撒冷，声明恢复阿拉伯人对耶路撒冷的主权，是阿拉伯国家任何解决方案的先决的、必要的条件；任何一项不恢复耶路撒冷先前状况的解决方案，伊斯兰国家都绝不接受，同时反对将耶路撒冷国际化的任何企图。[②]

哈立德、法赫德时期（1975—1995）

1975年3月25日，费萨尔遇刺身亡，哈立德继承王位并执政至1982年突发心脏病去世。事实上，由于哈立德的身体状况不佳，在哈立德执政时期，被立为王储并担任大臣议会第一副主席的法赫德就处在实际掌权的地位。[③] 1982年5月，法赫德继承王位并执政至2005年（1995年，法赫德因患中风丧失执政能力，沙特最高权力事实上已掌握在阿卜杜拉王储手中）。

在哈立德和法赫德执政时期，沙特继续执行费萨尔制定的泛伊斯兰主义外交政策。哈立德继承王位后发布的内阁会议公报明确指出：“沙特阿拉伯外交政策的最主要支柱，是号召伊斯兰团结和加强伊斯兰教徒间的协作”；“第二根支柱在于巩固阿拉伯地位，并在政治、经济、社会及其他方面，建

① 王铁铮、林松业：《中东国家通史：沙特阿拉伯卷》，北京：商务印书馆2000年版，第182～183页。

② ［叙利亚］穆瓦法格：《简明伊斯兰百科全书》，吉益译，北京：旅游教育出版社1991年版，第65～67页。

③ 王铁铮、林松业：《中东国家通史：沙特阿拉伯卷》，北京：商务印书馆2000年版，第252～253页。

立阿拉伯各国人民之间明智而有效的合作关系。”① 法赫德的外交路线仍然是费萨尔泛伊斯兰主义对外政策的延续和发展，奉行联合美欧、抗衡苏联、争当伊斯兰盟主的外交总原则。②

在哈立德和法赫德当政时期，埃以媾和、伊斯兰复兴运动兴起、伊朗伊斯兰革命、阿富汗抗苏战争、两伊战争、冷战结束和海湾战争等一系列重大历史事件的发生，都对沙特内政外交构成了严峻的挑战。在此背景下，沙特推行泛伊斯兰主义的地区环境和国际环境都发生了重大变化。因此，虽然哈立德和法赫德国王继续将推行泛伊斯兰主义作为沙特外交的重要支柱，但同时也更加注重与沙特国家安全和国家利益相结合，实行务实灵活的外交政策。总体看来，伊斯兰因素在这一时期沙特外交中的体现主要集中在以下几个领域。

第一，应对伊朗伊斯兰革命对沙特内政外交的冲击，是沙特外交中最重要的伊斯兰问题，并对沙特的海湾政策，尤其是对两伊战争的政策产生了重要影响。

在1979年伊朗伊斯兰革命爆发前，虽然伊朗与沙特的关系并不融洽，但双方的关系尚能处于相安无事的状态，宗教因素对双方关系的影响十分有限。对此，有专家曾作出过如下判断：“伊朗革命以前，伊斯兰因素在沙特和伊朗之间的作用不大，两国争夺的主要是波斯湾的领导权。当时，无论是沙特国王，还是伊朗国王都没有把宗教上的分歧提上日程。相反，伊朗国王在竭力推行世俗政策，并不重视宗教界。沙特阿拉伯同伊朗的合作也仅限于伊斯兰会议组织范畴之内。”③ 但是，自1979年伊朗伊斯兰革命爆发后，由于伊朗将“输出伊斯兰革命”作为其对外政策的重要组成部分，并把包括沙特在内的海湾国家作为首要输出对象，进而导致沙特在国家安全和意识形态层面均受到严重的冲击。

首先，在意识形态和政治制度层面，沙特的君主制制度遭到了霍梅尼的

---

① 王铁铮、林松业：《中东国家通史：沙特阿拉伯卷》，北京：商务印书馆2000年版，第216页。

② 姜英梅：“沙特王国外交政策及发展趋势”，载《国际政治研究》2005年第2期，第85页。

③ 刘竞：“沙特阿拉伯的伊斯兰复兴运动”，载刘竞主编：《伊斯兰复兴运动论集》，北京：中国社会科学院（内部发行）1989年，第192~193页。

猛烈抨击，导致双方的意识形态矛盾不断尖锐。尽管沙特和伊朗都是政教合一的国家，但两国的政治体制是完全不同的，伊朗在伊斯兰革命后实行的是议会选举制的共和国，而沙特是实行家族世袭制的君主国。根据伊斯兰革命精神领袖霍梅尼的理论，“伊斯兰政府不应是君主制，君主制是反伊斯兰的”。[1] 所以无论沙特王室政府的伊斯兰色彩如何浓厚，其家族世袭的君主政体本身就是伊斯兰革命的对象。霍梅尼把沙特王室的伊斯兰教称为“渎神”的宗教，不承认沙特具有圣地保护者的资格。同样，沙特也认为霍梅尼的伊斯兰教是“异端”，伊朗政府的所作所为都违反了伊斯兰精神。因此，“伊朗的群众性的、革命的伊斯兰教与沙特的家族式的、保守的伊斯兰教之间的矛盾，就如同‘神权’与‘世俗’的矛盾一样，是水火不相容的”。[2]

其次，在伊斯兰复兴运动尤其是伊朗伊斯兰革命的冲击下，沙特国内的伊斯兰政治反对派日益崛起，并对沙特的国家安全构成了严峻威胁。

在20世纪70年代中期，在伊斯兰复兴运动的影响下，沙特出现了一系列政治反对派组织，伊朗伊斯兰革命的影响，以及伊朗的支持和渗透进一步加剧了伊斯兰政治反对派对沙特政权的威胁。“这些新的政治反对派组织差不多都以宗教为旗帜，并在1979年伊朗伊斯兰革命的影响下，从事各种反政府活动。”[3] 伊朗通过广播电视、书籍报刊宣传伊斯兰革命，对沙特的宗教政治反对派产生了重要影响。从1979年到80年代中期，沙特出现的东方省什叶派叛乱和几次麦加朝觐事件，都与伊朗的影响密切相关。

沙特的宗教政治反对派组织主要包括“伊斯兰革命组织”和“新伊赫万运动”，它们都产生于20世纪70年代末。“伊斯兰革命组织”得到伊朗的财力援助，其成员主要是沙特东方省的什叶派穆斯林。该组织深受霍梅尼宗教政治思想的影响，主张在沙特建立“真正的伊斯兰共和国”，以取代沙

---

① Khomeini, *Islam and Revolution*, Hamid Algar, trans., Berkeley: Mizan Press, 1981, pp. 47 – 48.

② 肖宪：“西南亚当代国际关系中的伊斯兰教”，载《西南亚研究》1987年第1期，第12页。

③ 王铁铮、林松业：《中东国家通史：沙特阿拉伯卷》，北京：商务印书馆2000年版，第235页。

特王室的统治。“新伊赫万运动”的军事领导人和理论家为朱海曼·乌塔比，他原来为沙特国民警卫队成员，曾就读于麦地那伊斯兰大学。该组织的最终目标是推翻沙特政权，建立伊斯兰神权国家。[①] 1979 年 11 月，朱海曼·乌塔比自称隐遁的马赫迪重返人间，率伊斯兰极端分子武装占领麦加圣寺，不仅对沙特王权的合法性构成严重挑战，同时也对沙特“两圣地护主”和“伊斯兰世界盟主”的国际地位构成严重威胁。针对伊朗对沙特内政外交的威胁，沙特主要从以下几个方面做出了回应。

首先，通过宗教学者“乌里玛”发布的“法特瓦”（宗教法令），为镇压占领麦加圣寺的极端分子提供合法性。由于武装占领清真寺的极端分子不仅来自沙特国内，还有一部分来自埃及、也门、科威特、苏丹和伊拉克等国家，一旦处理不当将直接影响沙特与相关国家的关系。因此，沙特政府无论采取何种手段，都必须有充分的宗教合法性。在麦加清真寺事件发生后，在哈立德国王的请求下，沙特“高级乌里玛会议”经缜密研究后，由 30 名成员联名发布“法特瓦”，引用有关经训，证明乌塔比自称马赫迪的荒谬性，要求“渎神者”放下武器，允许政府在圣地使用武力清除“渎神者”。[②]“法特瓦”首先引用了《古兰经》的经文：“你们不要在禁寺附近和他们战斗，直到他们在那里进攻你们；如果他们进攻你们，你们就杀戮他们，不信道者的报酬就是这样的。”[③] 在获得宗教合法性后，沙特政府军依据“法特瓦”向宗教极端分子进攻，最终控制了局势，并在事后处决了包括部分外籍阿拉伯人在内的 63 名极端分子。

其次，镇压伊朗唆使下的什叶派“东方省起义”，并进行政策调整，缓解伊朗“输出革命”的压力。在麦加清真寺事件发生仅两周后，作为沙特主要石油产地的东部什叶派聚集区哈萨省发生了什叶派起义，史称“东方省起义”。伊朗霍梅尼政权的煽动与什叶派对石油利益分配的不满相结合，

---

① 曲红：《当代中东政治伊斯兰：观察与思考》，中国社会科学出版社 2001 年版，第 175 页。

② 王彤：“沙特王国君主制的伊斯兰特征”，载《世界历史》2002 年第 4 期，第 73 页。

③ 转引自王铁铮、林松业：《中东国家通史：沙特阿拉伯卷》，北京：商务印书馆 2000 年版，第 237 页。

构成了“东方省起义”的主要原因。[①] 在骚乱中，什叶派示威者高举霍梅尼的画像，要求沙特停止向美国供应石油，支持伊朗伊斯兰革命，甚至要求在哈萨省建立效仿伊朗的伊斯兰共和国。在镇压东方省起义后，沙特政府通过进行人事变动、加强伊斯兰教的社会地位、加强社会福利、对东方省什叶派进行安抚等政策，[②] 应对国内伊斯兰政治反对派的政治压力。

再次，通过在两伊战争中支持伊拉克，成立海湾合作委员会等手段，抵制伊朗输出伊斯兰革命。尽管沙特与伊拉克萨达姆复兴党政权也存在争夺阿拉伯世界领导权的矛盾，但伊拉克抵制伊朗输出革命的政策在总体上有利于沙特和海湾国家。因此，沙特在两伊战争中在总体上采取了支持伊拉克的政策。据统计，在两伊战争期间，沙特向伊拉克提供了高达 300 亿美元的援助，并与科威特一起为伊拉克代卖石油。[③] 沙特对伊拉克的支持和援助，“在很大程度上牵制了伊朗对外输出伊斯兰革命，这实际上也就等于维护了沙特王国自身的安全和利益”。[④] 由于海湾君主制国家均面临伊朗输出革命和两伊战争的威胁，在沙特的领导下，海湾六国（阿联酋、阿曼、巴林、卡塔尔、科威特、沙特阿拉伯）于 1981 年成立了海湾合作委员会，该组织成立的重要目标之一就在于抵制伊朗对海湾国家的什叶派进行政治渗透。[⑤]

最后，通过支持阿富汗圣战者的反苏战争（1979～1989）以及后来成立的塔利班政权，构筑防范伊朗输出革命的“防护墙”。沙特之所以全力支援阿富汗伊斯兰圣战者力量的反苏战争，其根本出发点正是为了在中亚地缘政治中实现自己的战略利益：其一，在什叶派占主流的伊朗不断向外扩张势力的情况下，在其周边地区构筑一道逊尼派伊斯兰教的“防护墙”；其二，

---

① ［美］詹姆斯·温布兰特：《沙特阿拉伯史》，韩志斌等译，上海：东方出版中心 2009 年版，第 269 页。

② 王铁铮、林松业：《中东国家通史：沙特阿拉伯卷》，北京：商务印书馆 2000 年版，第 241～243 页。

③ Efraim Karsh, *The Iran-Iraq War: Impact and Implications*, Houndmills: The Macmillan Press LTD, 1989, p. 127.

④ 王铁铮、林松业：《中东国家通史：沙特阿拉伯卷》，北京：商务印书馆 2000 年版，第 249～250 页。

⑤ Efraim Karsh, *The Iran-Iraq War: Impact and Implications*, Houndmills: The Macmillan Press LTD, 1989, p. 19.

通过与同样受到境内什叶派极端势力困扰的巴基斯坦军政府联手合作，通过支持阿伊斯兰圣战者武装中某些派别，包括后来夺取全国政权的阿塔利班势力，寻找地缘政治的代理人。长期以来，沙特、巴基斯坦和阿联酋是国际社会仅有的在外交上承认阿塔利班政权的三个国家，其原因即在于此。① 直到2001年"9·11"事件以后，沙特才在美国"反恐战争"的巨大压力下放弃对阿塔利班政权的承认，以便在国际反恐的严峻形势下争取战略主动。

第二，应对海湾战争前后产生的伊斯兰问题，以及伊斯兰政治反对派的挑战，是法赫德执政时期沙特外交与内政的一大重点。

1990年8月，伊拉克入侵科威特导致海湾危机爆发，不仅对沙特产生直接安全威胁，也使沙特领导的海合会面临严峻挑战。在此背景下，沙特正式请求美国提供军事援助和保护，美国总统布什旋即决定派遣军队保护沙特。但沙特的这种做法在国内引起了伊斯兰政治反对派的强烈抗议。1990年9月，沙特一宗教人士在向外界散发的"教令"中宣称，如果伊拉克占领科威特为非法行动，那么美国也同样非法占领了沙特阿拉伯领土；从伊斯兰教的观点看，沙特面对的真正的敌人不是伊拉克，而是"比萨达姆更邪恶"的美国和西方。②

沙特宗教界的抗议在很大程度上也迎合了阿拉伯国家穆斯林民众的情绪。当时，许多阿拉伯国家民众都举行了声势浩大的游行示威，反对美国武装干涉阿拉伯伊斯兰国家的内部事务。他们坚持认为，伊拉克侵略科威特固然应当予以谴责和制止，但美国发动海湾战争完全出于称霸中东的自私目的。"阿拉伯民众走上街头只是出于义愤和不满，而一些国家激进的非政府宗教组织和政治反对派人士则乘机对政府的对外政策进行指责攻击，掀起反政府声浪。"③

1990年11月29日，联合国安理会通过第678号决议，要求伊拉克在1991年1月15日前必须从科威特撤军，并授权采取"采取一切必要手段"

---

① 吴云贵："伊斯兰教对当代伊斯兰国家外交政策的影响"，载《世界宗教文化》2011年第3期，第2页。

② John L. Esposito, *Political Islam: Revolution, Radicalism or Reform*, Lynne Rienner Publisher, Inc., 1997, p. 60.

③ 吴云贵："伊斯兰教对当代伊斯兰国家外交政策的影响"，载《世界宗教文化》2011年第3期，第4页。

迫使其撤退。1991 年 1 月初，随着联合国规定的伊拉克撤军期限来临，沙特最高宗教领袖阿卜杜·阿齐兹·伊本·巴兹颁布了一项对萨达姆进行圣战的“法特瓦”，指出必要时可以使用“异教徒”军队。[①]“法特瓦”表示支持官方决策，允许多国部队进驻，同时告诫反对者“恪守宗教，远离政治”。[②]

在海湾战争期间，沙特不仅允许美国在沙特驻军，而且哈立德·本·苏尔坦将军还亲自指挥阿拉伯伊斯兰联军参加多国部队的作战。[③]在沙特的影响和美国的动员下，海合会其他国家也先后同意加入反伊联盟的多国部队，允许多国部队进驻并使用机场、港口和基地等设施，同时承诺为美国和多国部队提供数百万亿美元的资金援助。

沙特乌里玛阶层发布的“法特瓦”虽然为外国军队进驻和沙特参加多国部队提供了合法性，但并不能完全平抑来自伊斯兰政治反对派的抗议。在海湾战争刺激下崛起的伊斯兰政治反对派对沙特政府的挑战不仅局限于外交领域，更为严峻的挑战是他们要求全面变革沙特的内政和外交。有评价指出，海湾战争后沙特“严重依赖美国，这将对沙特社会带来深远影响。海湾战争一旦结束，普通民众就会向政府质问在国防上的巨大开销和‘异教徒’的军队驻扎在沙特领土的合法性，保守的宗教人士和其他人还会煽动更尖锐的批评之声。”[④]

1991 年 5 月，57 名沙特宗教反对派人士联名向法赫德国王递交《请愿书》，陈述了他们对时局和国家内外政策的看法和建议。其内容包括：(1) 成立一个独立的由各方面专家组成的协商会议，以决定国家的内外政策，其活动不受政府的干预和控制；(2) 严格遵循伊斯兰教法，废止一切有悖于教法的行政和经济立法、法令、法规；(3) 根据《古兰经》和圣训精神，实现全体社会成员法定权利和义务的平等；(4) 公正地分配社会财

---

① [美] 詹姆斯·温布兰特：《沙特阿拉伯史》，韩志斌等译，上海：东方出版中心 2009 年版，第 285 页。

② 王彤：“沙特王国君主制的伊斯兰特征”，载《世界历史》2002 年第 4 期，第 73 页。

③ [美] 詹姆斯·温布兰特：《沙特阿拉伯史》，韩志斌等译，上海：东方出版中心 2009 年版，第 285 页。

④ 同上，第 281 页。

富，保护国家资源，消除垄断，净化金融机构，禁止非法获利；（5）改进大众传媒，弘扬伊斯兰文化传统；（6）修订外交政策，以保护穆斯林社会的根本利益，避免违背教法的政治结盟；（7）改善国家宗教机构和宗教思想的传播方式，给予宗教组织以充分的物力和人力资源，保障其履行神圣职责；（8）实行司法独立，合并全部现存司法机构，保障法院权威，保证法律判决的严格执行。[①] 1992年9月，100余名宗教政治反对派人士联名向国王递交了一份《劝告备忘录》，再次陈述了他们对海湾战争以来沙特内外政策的意见和改革建议。

针对沙特在海湾战争中与美国结盟，并允许美军使用境内的军事基地攻击伊拉克军队等事宜，《请愿书》和《备忘录》明确提出了批评。反对派要求沙特王室成立协商会议，在内外决策上广泛听取民意，修订国家对外政策以维护穆斯林大众的根本利益，避免违背伊斯兰教法的“政治结盟”（即与美国结盟）。尽管沙特王国政府后来以“误导民众”、“分裂和蔑视国家”的罪名对持不同政见的宗教政治反对派骨干分子110余人进行了处置，但也接受了他们的一些批评建议，并逐步对外交政策予以适当的调整。[②]

《请愿书》和《劝告备忘录》的内容“包括国家的政治体制、法律制度、外交政策、社会分配、文化宣传、宗教地位等诸多方面，可视为90年代以来宗教政治反对派最系统、最全面、最有影响力的行动纲领”。面对宗教政治反对派的挑战，沙特采取了如下主要政策：颁布法令，强化伊斯兰特征；成立协商会议，推进政治变革；重新审议对外援助政策，确保国内稳定；逮捕国内伊斯兰反对派的骨干分子。[③]

沙特对外政策的重要调整突出体现为重新审议援助国外伊斯兰组织的政策，旨在切断宗教反对派的国际联系。最突出的事例是1994年4月沙特政府宣布剥夺本·拉登的沙特公民资格，意在切断拉登向国内外宗教组织提供

---

① R. H. Dekmejian, “The Rise of Political Islam in Saudi Arabia”, *Middle East Journal*, Vol. 48, No. 4, 1994. 转引自曲红：《当代中东政治伊斯兰：观察与思考》，北京：中国社会科学出版社2001年版，第176～177页。

② 吴云贵：“伊斯兰教对当代伊斯兰国家外交政策的影响”，载《世界宗教文化》2011年第3期，第4页。

③ 曲红：《当代中东政治伊斯兰：观察与思考》，北京：中国社会科学出版社2001年版，第178～182页。

资金的渠道，使拉登被迫将活动中心转移至苏丹喀土穆。在阿富汗抗苏战争期间，拉登及其领导的“圣战者服务处”等机构，是沙特对阿富汗圣战者游击队提供援助的重要渠道。但伴随海湾战争后美国军队入驻沙特，最终导致本·拉登与沙特王室决裂，[①] 本·拉登及其领导的“基地”组织由此走上了反对美国和沙特政府的道路，并在后来制造了震惊世界的“9·11”事件。

由此可见，受海湾战争刺激崛起的伊斯兰政治反对派和“基地”组织的发展，不仅冲击了沙特王权的宗教合法性，同时也埋下了后来沙特外交的重大隐患。如何重塑伊斯兰教的和平形象，成为“9·11”事件后沙特外交面临的严峻挑战。

阿卜杜拉时期（1995—）

2005 年 8 月，法赫德国王因病逝世，阿卜杜拉亲王继承王位，成为沙特阿拉伯王国的最高领导人、武装部队最高司令、政府首相兼国民卫队司令，执掌沙特王室和国家的最高权力。事实上，由于法赫德国王于 1995 年患中风丧失执政能力，阿卜杜拉在真正成为国王的十年前，就开始主持王室和政府事务。

在阿卜杜拉实际掌权（1995—2005）和继任王位（2005 年）以来，全面应对“9·11”事件的冲击构成了沙特外交所面临的巨大挑战。从总体上来说，沙特与美国关系的恶化，美国发动反恐战争、推动“大中东民主计划”，阿富汗战争与伊拉克战争导致的中东地区格局重组，都使沙特内政外交面临着战后以来最为沉重的压力。[②] 从伊斯兰因素的角度来看，沙特外交面临的严重冲击主要包括：

---

① 详见涂龙德、周华：《伊斯兰激进组织》，北京：时事出版社 2010 年版，第 305 ~306 页。

② 详尽论述参见高祖贵：《美国与伊斯兰世界》，北京：时事出版社 2005 年版，第 314 ~ 337 页。

首先，沙特“伊斯兰盟主”的国际形象受到伊斯兰极端主义的严重损害。“基地”组织作为伊斯兰宗教极端主义与国际恐怖主义组织合流的产物，它通过扭曲和滥用伊斯兰教的传统教义，发动骇人听闻的“9·11”事件，使伊斯兰教中正、和平的国际形象受到严重伤害。

如前所述，沙特在海湾战争后试图通过终止本·拉登沙特公民资格、切断“基地”组织与沙特国内宗教组织的联系等手段，厘清沙特政府与伊斯兰极端组织的联系。但是，拉登本人及“9·11”事件制造者多数成员的沙特身份，沙特与阿富汗“塔利班”政权的正式外交关系，众多伊斯兰极端组织与沙特国内的复杂联系等事实，都使沙特“伊斯兰盟主”的国际形象受到了严重伤害。因此，如何重塑伊斯兰教以及沙特自身的和平形象，显然成为“9·11”事件后沙特外交的核心议题之一。

其次，沙特与美国关系中的伊斯兰因素上升，成为沙特与美国关系恶化的重要表现。一方面，美国不断指责沙特构成了滋生伊斯兰极端主义的温床，并通过推行“大中东民主计划”，要求沙特进行政治变革；另一方面，沙特国内民众尤其是宗教政治反对派反美主义情绪不断上升，二者的交互作用使得宗教因素成为沙特与美国关系恶化的重要表现。

“9·11”事件后，美国国内将“9·11”事件的根源归咎于沙特瓦哈比教派乃至整个伊斯兰教的舆论铺天盖地。有评论指出，“9·11”事件表明沙特与美国并非并肩战斗的盟友，曾经被美国视为战略资产的沙特在阿拉伯伊斯兰世界的宗教影响力，已经变成美国的沉重负担；[①] 沙特瓦哈比教派是培育过激行为、不宽容并产生暴力的温床，[②] 其宗教学校等各种机构，通过国际穆斯林组织，向巴基斯坦、欧洲和美国的伊斯兰组织或清真寺提供援助，用于招募和培训恐怖分子。美国外交委员会2002年撰写的研究报告指出：“多年以来，以沙特为背景的个人和慈善机构是基地组织恐怖资金的最主要来源。而多年以来，沙特官方一直对这些问题视而不见。”[③] 更有甚者，

---

① Rachel Bronson, “Rethinking Religion: The Legacy of the U. S-Saudi Relationship”, *The Washington Quarterly*, Autumn 2005.

② Adam Garfinkle, “Weak Realpolitik, the Vicissitudes of Saudi Bashing”, *The National Interest*, Spring 2002, p. 150.

③ Rachel Bronson, *Thicker than Oil*, *America's Uneasy Partnership with Saudi Arabia*, Oxford University Press, 2006, p. 237.

有的评论直接将极端主义和极端分子的产生与沙特的政治体制和社会制度相联系，认为沙特的政治专制和经济落后构成了滋生极端主义的根源，[①] 把沙特形容为“阿拉伯世界自我毁灭的中心”和“阿拉伯危机的主要制造者”。[②]

从沙特方面来看，“9·11”事件后，沙特国内民众尤其是宗教界人士的反美情绪不断上升，并日益从宗教的角度看待沙特与美国的关系，加深了沙特与美国的对立。2001年末至2002年初，盖洛普研究所（The Gallup Institute）的民意调查显示，64%的沙特阿拉伯民众“不喜欢”美国，“喜欢”的仅占16%。[③] 美国媒体将调查的结果视为“正在成长中的反美主义”的集中体现。另一国际民意调查机构佐格比国际（Zogby International）2002年对沙特进行的民意调查显示，高达88%的沙特民众“不喜欢”美国的巴勒斯坦政策和阿拉伯政策，仅有8%的人表示认同。[④] 此外，沙特的宗教人士也公开表达对美国政策的不满。2001年10月，沙特宗教人士萨法尔·本·阿卜杜·拉赫曼·哈瓦里亲自致信美国总统布什，谴责美国在“9·11”事件后针对伊斯兰及穆斯林的政策，反对美国政府把穆斯林当作潜在的恐怖分子，抗议美国在伊斯兰世界强行推行西方“民主”。[⑤] 许多沙特教界人士都认为，美国自“9·11”事件以来在全球范围内展开的“反恐战争”，“是借此时机算旧账，并且在反恐的‘美丽装饰’下，实施它的能源政策。”[⑥] 在

① Tim Niblock, *Saudi Arabia: Power and Legitimacy and Survival*, Routledge, 2006, p. 165.

② Rachel Bronson, *Thicker than Oil, America's Uneasy Partnership with Saudi Arabia*, Oxford University Press, 2006, p. 236.

③ David W Moor, "Americans More Unfavorable than Favorable Toward Muslim Countries", http: //www. gallup. com/poll/5428/Americans-More-Unfavorable-Than-Favorable-Toward-Muslim-Countries. aspx

④ Zogby International News Release of April 11, 2002. http: //www. zogby. eoln/seareh/ReadNews. dbm? ID =561

⑤ Safar Bin Abd al-Rahman al-Hawali, "Open Letter to President George W. Bush" (October 19, 2001), in Barry Rubin and Judith Colp Rubin (eds.), *Anti-American Terrorism and the Middle East: A Documentary Reader*, Oxford University Press, 2002, pp. 296 – 299.

⑥ Sigrid Faath (ed.), *Anti-Americanism in the Islamic World*, Hurst & Co., 2006, p. 86.

此背景下，沙特甚至一度发生由青年发起的抵制美国商品的社会运动，他们不仅在清真寺发布抵制美货的号召，而且还通过电话、手机短信、互联网、广告传单来进行社会动员。①

最后，伊拉克战争后什叶派地位的上升，以及伊朗试图建立和主导“什叶派新月地带联盟”的图谋，使沙特及其主导的海合会国家面临的教派威胁日趋严重。伊拉克战争后，长期处于受压制地位的什叶派在伊拉克的政治地位迅速上升。随着伊朗什叶派宗教政权和伊拉克什叶派联系的不断增强，一个“什叶派新月带”开始在阿拉伯东部出现。在这种形势的鼓励下，逊尼派占主体的传统君主制国家内部的什叶派也开始在他们自己的国家争取更多的权利。②

伊拉克什叶派崛起无疑刺激了沙特、约旦、巴林等君主制国家的什叶派的政治诉求，在伊朗的影响下，叙利亚、黎巴嫩、巴勒斯坦的什叶派的影响也不断上升。在此过程中，受到冲击最大的无疑是海湾君主制国家的盟主沙特。在伊拉克政治重建的过程中，美国政府利用伊拉克什叶派抑制逊尼派的做法，引起了沙特的强烈不满，因为沙特十分担心伊拉克因什叶派坐大而倒向其宿敌伊朗。2005 年 9 月，沙特外交大臣费萨尔在纽约外交关系理事会发表讲话时明确指出，美国和沙特“在伊拉克被赶出科威特后，曾经采取一系列行动来阻止伊朗插手伊拉克。但现在，美国为了建立民主，却把整个伊拉克让给了伊朗”。③

面对上述挑战，沙特政府采取了以下主要政策与措施，以应对危机与挑战。

1. 加大公共外交，谴责宗教极端主义和国际恐怖主义，重塑伊斯兰教崇尚和平的国际形象。

针对“9·11”事件后西方出现的将国际恐怖主义与伊斯兰教挂钩的论调，以及美国等西方国家关于沙特支持宗教极端主义的指责，沙特展开了积

---

① Neil Macfarquhar, “An Anti-American Boycott is Growing in the Arab World”, *The New York Times*, May 10, 2002.

② 汪波：《美国中东战略下的伊拉克战阵与重建》，北京：时事出版社 2007 年版，第 262 页。

③ Saud al-Faisal, “The Fight against Extremism and Search for Peace”, *Newsweek International*, September 20, 2005.

极的公共外交。沙特在阐明坚决反对宗教极端主义和恐怖主义主张的同时，反对将恐怖主义与伊斯兰教挂钩的主张和做法，并倡导宗教与文明对话。沙特政府强调积极支持反恐斗争，但决不接受对与恐怖主义没有任何关系的伊斯兰教和穆斯林发动的战争。恐怖分子及其所进行的恐怖活动与伊斯兰教无关，伊斯兰教当然无法承担由此而产生的任何责任。

2002年1月，沙特组织“伊斯兰世界联盟”下属的伊斯兰教法委员会于麦加召开国际会议，强调反对各种形式的恐怖主义，重申伊斯兰教的中正、和平的原则，吁请伊斯兰世界各民族加强团结，防止和反对各种极端思想和行为。①

2004年4月20日，沙特政府在利雅得组织召开了主题为“伊斯兰在恐怖主义中的位置”的国际会议，旨在澄清伊斯兰与暴力、恐怖主义的关系，划清伊斯兰教与恐怖主义的界线。会议达成了一系列关于打击恐怖主义和极端主义的共识。②

2008年6月，由阿卜杜拉国王倡议的国际伊斯兰对话会议在麦加举行。据伊斯兰世界联盟秘书长图尔基介绍，本次会议是响应沙特国王阿卜杜拉关于“世界不同宗教和文明对话”倡议的第一步，旨在协调伊斯兰国家内部的立场。阿卜杜拉首先谴责了极端主义和恐怖主义对伊斯兰教的诋毁。他指出，当前伊斯兰国家正面临诸多严峻挑战，教派分歧、极端主义等违背伊斯兰和平与中正教义的现象有所上升，要求伊斯兰国家团结起来向世界人民传达伊斯兰教和平、友善的信号。他还呼吁伊斯兰世界团结一致、求同存异，通过和平对话的方式解决相互之间的意见分歧。阿卜杜拉明确指出：“我们主张正义和人类的道德观念；我们主张理性和公正的共存和对话”③

2008年7月，根据沙特国王阿卜杜拉的提议，“世界不同宗教和文明对话会议”第二阶段会议在西班牙马德里举行。会议主旨为呼吁摒弃极端主

① 丁俊：“当代伊斯兰‘中间主义’思潮述评”，载《阿拉伯世界研究》2003年第2期，第36页。

② Anthony H. Cordesman and Nawaf Obaid, *National Security in Saudi Arabia: Threats, Response, and Challenges*, Preager Security International, Published in Cooperation with the Center for Strategic and International Studies, 2005, p. 395.

③ http://www.saudiembassy.net/2008News/Statements/SPeeehDetail.asp?eIndex=719

义、寻求宗教和解，有近300名来自各国的宗教领袖、文化界和政界人士出席会议。阿卜杜拉国王在致开幕辞时指出："我们必须告诉全世界，差异不一定要导致争端或冲突。历史上发生的悲剧，并不能归咎于宗教本身，而是因为各种宗教、政治意识形态的一些信徒采取了极端主义"，"我们别无选择，只能通过不同宗教、不同文明之间的对话来达成共识"。[①]

为扭转"9·11"事件后美国民众和社会舆论对沙特的负面认知，沙特政府展开了一场针对美国民众的公共外交活动。

首先，沙特政府投入巨资在美国媒体上发动了大规模的政治广告战。据美联社报道，从2004年开始，沙特政府先后在华盛顿、亚特兰大、芝加哥、休斯顿等19个大城市大做政治广告，引述美国"9·11"独立调查委员会的结论，强调沙特不仅没有资助"基地"组织，反而在不遗余力地打击恐怖网络。[②]

其次，沙特政府聘请了数家美国著名的公关公司，为其公关活动造势。为此，沙特政府专门委托考威斯（Qorvis）通信公司负责向美国公众推销沙特。[③]

最后，在美国主流媒体发动舆论攻势。沙特驻美国大使馆向《纽约时报》、《华盛顿邮报》、《波士顿环球报》、《基督教科学箴言报》、《今日美国》等主流媒体提供了大量新闻稿和政府文件，并安排美国媒体采访沙特王室成员。[④]

为抵制极端主义思想对沙特民众的侵蚀，沙特政府还利用媒体加强了国内的宣传教育。在"9·11"事件和2003年利雅得大爆炸后，沙特政府都积极通过电视、新闻媒体、广告等形式展示极端主义和恐怖主义的危害性。沙特政府还制作了《保卫国家和平》等打击恐怖主义的电影短片在媒体中

---

① King Abdullah Opens International Islamic Dialogue Conference in Makah, http://www.saudiembassy.net/2008News/News/IslDetail.asp?cIndex=7976.

② 赵可金：《公共外交的理论与实践》，上海：上海辞书出版社2007年版，第474~475页。

③ David B. Ottaway and Robert G. Kaiser, "After Sept. 11 Severe Tests Loom for Relationship" *The Washington Post*, February 12, 2002.

④ 赵可金：《公共外交的理论与实践》，上海：上海辞书出版社2007年版，第476页。

反复播放，介绍国民卫队、边境巡逻队等沙特武装力量打击恐怖主义的行动；制作卡通连续剧《我的城市》，呼吁青少年抵制极端主义和恐怖主义观念。沙特政府还在电视上安排广泛讨论恐怖主义的谈话节目，以引发人们对恐怖主义危害性的思考。①

此外，沙特还通过加强对外援助，塑造沙特乐善好施的国际形象。在"9·11"事件后，沙特政府虽然加强了对伊斯兰组织捐赠行为的监管，但并没有因此影响沙特官方的对外援助。相反，沙特继续加强对发展中国家尤其是阿拉伯伊斯兰国家的经济援助，重塑沙特伊斯兰世界盟主的国际形象。例如，2008年3月14日，在达喀尔召开的伊斯兰会议组织第11届首脑会议上，沙特呼吁成员国开展消除贫困的斗争，帮助不发达的成员国摆脱贫困。为推动"减贫计划"的实施，沙特率先为减贫基金捐赠10亿美元。又如，2008年沙特向中国四川地震灾区捐款捐物达到1亿美元。②

2. 加大反恐力度，打击宗教极端主义和国际恐怖主义，但又在与美国的反恐合作中保持自身的独立性。

"9·11"事件后，西方尤其是美国关于沙特为恐怖主义组织提供资金的报道不绝于耳。美国认为，沙特的伊斯兰非政府组织和慈善机构，是恐怖主义获取资金的主要渠道。在美国看来，总部设在沙特的哈拉曼伊斯兰基金会（Al-Haramain Islamic Foundation），作为中东地区最大的慈善机构之一与"基地"组织及其他恐怖组织有密切联系。哈拉曼伊斯兰基金会在50多个国家有着分支机构，沙特一些著名商人和王室成员都是其理事会成员。美国认为，该组织在亚洲和非洲的分支与1998年美国驻肯尼亚和坦桑尼亚大使馆爆炸案有关。美国还认为，沙特支持建立的"伊斯兰信仰机构"和"世界穆斯林青年大会"曾经为肯尼亚和阿尔巴尼亚极端组织提供资金；被美国列为恐怖组织的哈马斯也受到沙特的捐助，哈马斯每年1000万美元的运营经费有50%来自沙特的捐助；沙特政府还为巴勒斯坦自杀性炸弹袭击的"烈士"设立基金；美国国内的许多逊尼派穆斯林社区都接受来自沙特的捐

---

① Anthony H. Cordesman, "Saudi Arabia: Friend or Foe in the War on Terror," *Middle East Policy*, Vol. XII, No. 1, Spring 2005.

② 王京烈："论沙特影响力：从《非斯宣言》到《贝鲁特宣言》"，载《阿拉伯世界研究》2008年第5期，第17页。

赠，约半数美国清真寺和伊斯兰学校是在沙特的资助下建立，并有部分清真寺与恐怖组织有密切联系。这些都被美国认为是支持恐怖主义的行为。[①]

为应对来自美国的压力，沙特加大了对恐怖主义的打击力度，并与美国进行了一定的合作。沙特所采取的措施突出表现为在信息、金融和法律等领域加强对伊斯兰组织的监管，以切断伊斯兰组织与恐怖主义组织的联系。

首先，沙特与美国在信息共享和切断极端组织资金联系等方面进行了合作。2003 年 5 月和 8 月，美国与沙特分别成立了两个联合工作组，一个负责信息共享，一个负责金融领域的反恐合作。在两国的反恐合作中，哈拉曼伊斯兰基金会在索马里和波斯尼亚分支的银行账户先后被冻结。2004 年 1 月，阿卜杜拉王储的外交顾问阿德尔·朱拜尔与美国财政部长乔治·斯诺举行联合新闻发布会，联合指认哈拉曼基金会在肯尼亚、坦桑尼亚、巴基斯坦、印度尼西亚的分支机构为恐怖主义融资。[②]

其次，加强国内反恐立法，增强对伊斯兰慈善机构资金的监管。2003 年 5 月，沙特货币局修订了 1995 年制定的《反洗钱和打击恐怖主义资金细则》。在《细则》中，沙特吸收了由八国集团成立的金融特别行动工作组（Financial Action Task Force）提出的反洗钱建议，提出了 8 项打击恐怖主义资金联系的规定。2003 年 8 月 23 日，沙特政府出台《反洗钱法》，以打击恐怖主义组织的洗钱活动。[③] 沙特还加强了对伊斯兰机构海外慈善捐款去向和用途的监管。2003 年 5 月，沙特政府要求哈拉曼伊斯兰基金会和其他慈善机构暂停在国外的所有业务，等待监控机制到位后再恢复运营。[④] 2004 年 2 月，沙特国王签署命令，批准建立“沙特国家海外救济与慈善委员会”

① Gerald Posner, *Secrets of the Kingdom, the Inside Story of the Saudi-U. S. Connection*, Random House, 2005, pp. 170–173.

② “The Kingdom of Saudi Arabia Initiatives and Actions to Combat Terrorism”, May 2008, http://www.Saudiembassy.net/ReportLink/WOT_ Report_ May08.pdf

③ Anthony H. Cordesman and Nawaf Obaid, *National Security in Saudi Arabia: Threats, Response, and Challenges*, Preager Security International, Published in Cooperation with the Center for Strategic and International Studies, 2005, p. 352.

④ “The Kingdom of Saudi Arabia Initiatives and Actions to Combat Terrorism”, May 2008, http://www.Saudiembassy.net/ReportLink/WOT_ Report_ May08.pdf

(Saudi National Commission for Relief and Charity Work Abroad)，负责沙特慈善捐款工作，接管国内机构的所有海外援助行动。[①] 2004 年 6 月，沙特政府宣布，已经将包括哈拉曼基金会在内的所有慈善机构的国外运营置于“沙特国家海外救济与慈善委员会”监管之下。[②]

伴随伊拉克战争的爆发，美国不断向沙特施压，要求沙特对美国的反恐战争予以配合。在美国的压力下，沙特虽对美国的反恐战争予以了一定的配合，但考虑到自身伊斯兰大国的属性以及国内宗教政治反对派的压力，沙特与美国在反恐战争上的合作在总体上保持了低调，以保持自身的独立性。

在伊拉克战争问题上，对美国在没有联合国授权的情况下发动战争，沙特在政治和外交上一直表示明确反对。但在现实中，沙特面临的较大难题是如何面对美国利用设在沙特的军事基地对伊拉克进行打击。2002 年 3 月，阿卜杜拉在会见美国副总统切尼时明确表示，沙特不会允许（别人）使用它的土地来对伊拉克或“任何其他阿拉伯或伊斯兰国家”动武。[③] 2003 年 3 月 18 日，沙特王储阿卜杜拉在讲话中指出，“在任何情况下，沙特不会参与对兄弟般的伊拉克的战争，也不会以任何方式派武装力量进入伊拉克。”[④] 但是，迫于美国的压力，沙特在军事基地使用、情报提供、石油供应等方面都对美国予以了配合，但始终没有在政治和外交层面给予积极支持。[⑤]

3. 推动中东和平进程，提出中东和平方案，发挥沙特在阿拉伯伊斯兰世界的领导作用，塑造沙特致力于中东和平的国际形象。

“9 · 11”事件前，在巴以问题上的不同立场构成了沙特与美国矛盾的一个重要方面。“9 · 11”事件后，美国不断指责沙特与恐怖主义的联系，

---

① “Saudi Arabia Tightens Control on Charity Abroad”, March 2, 2004. http: //www. saudiembassy. net/2004News/Press/PressDetail. asp? cYear2004&cIndex = 192

② “The Kingdom of Saudi Arabia Initiatives and Actions to Combat Terrorism”, May 2008, http: //www. Saudiembassy. net/ReportLink/WOT_ Report_ May08. pdf

③ 《美副总统切尼结束对沙特的访问今日抵达巴林》，http: //www. news. xinhuanet. com/newscenter/2002 – 03/17/content_ 320268. htm

④ “Prince Abdullah bin Abdulaziz, Deputy Prime Minister and Commander of the National Guard, Address to the Nation on the Crisis in Iraq”, http: //www. saudiembassy. net/2003News/Statements/StateDetail. asp? cIndex = 17

⑤ Anthony H. Cordesman, “Saudi Arabia: Friend or Foe in the War on Terror,” *Middle East Policy*, Vol. XII, No. 1, Spring 2005.

而沙特则批评美国长期偏袒以色列，尤其是小布什政府的“超脱”政策，以及对以色列沙龙政府对巴勒斯坦实施大规模军事打击的纵容。[①] 因此，在当时中东和平进程陷入困境的背景下，抓住机遇推动中东和平进程，既有利于维护沙特在阿拉伯伊斯兰世界的领导地位，也有利于回应美国的压力，树立沙特致力于中东和平的国际形象。

2002 年 3 月，在贝鲁特召开的第 14 届阿拉伯国家首脑会议上，沙特王储阿卜杜拉提出了“阿拉伯和平倡议”，并写入了会议通过的《贝鲁特宣言》[②]（即阿拉伯和平方案，也有国外媒体直接称其为沙特和平方案）。《贝鲁特宣言》重申了 1991 年马德里会议精神和以土地换和平的原则，要求以色列执行安理会第 242 和第 338 号决议，呼吁以色列撤至 1967 年前的边界线以换取阿拉伯国家对和平和安全的全面保证。[③]《贝鲁特宣言》中最突出的两个亮点是：阿拉伯国家从现实主义出发作出重大妥协，为实现和平承担巨大的牺牲；阿拉伯国家不仅承认以色列，还准备同以色列建立正常关系，实现全面的和平。[④]

在 2007 年于沙特首都利雅得召开的第 19 届阿拉伯国家首脑议会上，重新确认了《贝鲁特宣言》中提出的“阿拉伯和平倡议”。会后发表的《利雅得宣言》明确重申，“在相关具有国际法地位的文献和‘土地换和平原则’的基础上提出的阿拉伯和平方案，为和平解决阿以冲突指出了正确的道路。而根据阿拉伯和平方案，实现全面公正的和平是阿拉伯民族的战略选择”。[⑤] 2007 年 2 月，在沙特国王阿卜杜拉的努力下，巴勒斯坦民族权力机构主席、法塔赫领导人阿巴斯与哈马斯政治局领导人迈沙阿勒在沙特签署“麦加协议”。双方就建立民族联合政府、新政府政治纲领和重建巴勒斯坦解放组织

---

① 高祖贵：《美国与伊斯兰世界》，北京：时事出版社 2005 年版，第 322 页。

② “Beirut Declaration”，http：//www. saudiembassy. net/2002News/Statements/StateDetail. asp？cIndex = 142.

③ ［美］詹姆斯·温布兰特：《沙特阿拉伯史》，韩志斌等译，上海：东方出版中心 2009 年版，第 308 页。

④ 王京烈：“论沙特影响力：从《非斯宣言》到《贝鲁特宣言》”，载《阿拉伯世界研究》2008 年第 5 期，第 12 页。

⑤ “Riyadh Declaration”，http：//www. saudiembassy. net/2007News/Statements/StateDetail. asp？cIndex = 688.

等问题达成一致，使得巴以问题出现了好转的迹象。

沙特提出的“阿拉伯和平倡议”构成了目前国际社会广泛接受的解决巴以问题的基本共识，彰显了沙特在巴以和平进程中发挥的重要作用，以及对阿拉伯伊斯兰世界的广泛影响力。

伊斯兰教对沙特外交影响的评估

从历史的角度看，伊斯兰教对沙特外交的影响可谓有利有弊。从积极的方面看，伊斯兰教为沙特追求在阿拉伯伊斯兰世界的领导权提供了价值理念和具体手段，泛伊斯兰主义的意识形态、形形色色的伊斯兰组织、具有宗教色彩的对外援助，都构成了沙特外交的独特的软实力。从消极方面讲，中东地区内的宗教与世俗意识形态的斗争、教派矛盾以及伊斯兰极端主义对伊斯兰教的歪曲和滥用，又经常使沙特面临错综复杂的矛盾，甚至使其卷入冲突的漩涡。从沙特外交与伊斯兰教关系的特点来看，其最典型的特点主要有二：

首先，沙特外交特别强调伊斯兰教的合法性。这在很大程度上得益于沙特王室对宗教学者“乌里玛”阶层的控制和利用，经常利用宗教法令赋予其外交政策以合法性，多次利用宗教法令的合法性化解危机。

其次，沙特十分注重宗教理念与国家利益的有效平衡，并不保守僵化。例如，沙特在处理与西方的关系上，既保持了与美国的盟友关系，又试图使其具有伊斯兰的合法性；对外推行泛伊斯兰主义，但又不像伊朗一样采取“输出革命”的激进方式，都是其灵活性的体现。

在中东变局中，沙特对不同国家采取了不同的政策，对突尼斯、埃及的政策相对低调，甚至对美国抛弃盟友的做法表示强烈不满，同时对两个国家的过渡政权给予了一定的经济援助；在利比亚和叙利亚问题上，沙特的政策明显较为激进，积极支持政治反对派推翻卡扎菲和巴沙尔政权；在巴林问题上，沙特却截然相反，不仅对巴林政府提供经济援助，还以海合会名义出兵镇压巴林的民众抗议浪潮。

如果从伊斯兰教的视角来看待中东变局中的沙特，其政策差异便不难理解。总体来说，沙特对突尼斯、埃及、利比亚、叙利亚等共和制国家的政治变革采取了支持的态度，其重要图谋在于借“阿拉伯之春”颠覆阿拉伯民族主义共和制政权，进而确立泛伊斯兰主义阵营的君主制国家对阿拉伯世界的领导权，这在某种程度上仍然是历史上泛伊斯兰主义和阿拉伯民族主义矛盾的延续。但沙特对突尼斯和埃及政策相对低调，对利比亚、叙利亚的政策更为激进，显然与其国家利益不同有重要关系，因为利比亚和叙利亚与沙特的矛盾更深；突尼斯和埃及是西方盟友，而利比亚和叙利亚则是西方的敌人，这显然也是沙特区别对待的原因。而沙特对叙利亚和巴林的不同政策，则充分体现了沙特对教派矛盾斗争的考虑，镇压巴林什叶派抗议，支持叙利亚反对派推翻巴沙尔什叶派政权，其共同目标都是维护逊尼派的共同利益，同时也是为了肢解伊朗主导的“什叶派联盟”。

中东变局发生以来，世俗化共和制国家的相继垮台和什叶派遭到削弱的局面，都对沙特增强自身在阿拉伯世界的领导地位有利。但是，从长远的角度看，沙特的伊斯兰外交也面临着诸多潜在的挑战。首先，中东民主化进程不断加深，无疑将使沙特保守的政教合一制度面临改革的巨大压力。其次，北非国家的伊斯兰势力主要是穆斯林兄弟会体系内的现代伊斯兰力量，它们并不推崇沙特的政治模式，并有可能在稳固根基后与沙特展开对伊斯兰主导权的争夺。最后，中东变局后，“基地”组织阿拉伯半岛和马格里布分支日益猖獗，尤其是也门“基地”势力活动猖獗，将使沙特面临巨大的安全威胁，并有可能对沙特与西方的关系产生消极影响。

专题34

卡塔尔的国际战略述评*

【摘要】卡塔尔的国际战略是在历史过程中形成的，是其国家资源、实力和地区局势综合作用的结果。在独立后的很长时期内，国小力薄的卡塔尔在安全和外交上完全依赖沙特，在经济上严重依赖西方石油公司，根本谈不上构建和实施自己的国际战略。1995年卡塔尔新政权建立以来，它充分发挥石油财富、半岛电视台的影响力，建立了广泛的外交联系，试图通过平衡外交形成地区均势以抵消外部威胁。近年来，卡塔尔积极通过外交斡旋广泛介入地区事务，不断通过主办大型国际活动加强公共外交。在中东变局中，卡塔尔以阿盟和海合会为平台，积极干预阿拉伯国家的政治进程，进一步扩展了地区影响和国际影响，但其冒险性、扩张性的外交政策也使卡塔尔面临着潜在的外交和安全隐患。

在中东变局前，卡塔尔外交的典型特征在于通过与中东区内外各种政治力量建立密切联系，通过维持地区均势谋求国家安全。① “9·11”事件后，卡塔尔通过允许美国在乌代德设立空军基地与美国建立了盟友关系，并缓和

* 原载《中国战略观察》2012年9~10月号，本文的主旨思想也曾以“卡塔尔：小国玩转大世界”为题发表于《世界知识》2012年第9期。笔者指导的2010级博士研究生张卫婷为本文的撰写查阅了资料，在此表示谢意。

① Robert F. Worth, “Qatar, Playing All Sides, Is a Nonstop Mediator”, July 9, 2008, http://www.nytimes.com/2008/07/09/world/middleeast/09qatar.html? scp = 6&sq = qatari%20coup&st = cse

了与以色列的关系，同时也与美国的地区敌手伊朗以及巴勒斯坦哈马斯组织建立了密切的联系；在中东剧变前，卡塔尔在与沙特保持传统盟友关系的同时，也与沙特的地区敌手叙利亚保持了友好关系。此外，卡塔尔还与形形色色的伊斯兰组织交往密切。埃及著名宗教学者、伊斯兰中间主义的领袖尤素福·盖尔达维，利比亚伊斯兰主义理论家阿里·沙拉比，都曾得到卡塔尔的资金支持和外交庇护。① 卡塔尔甚至还与阿富汗塔利班势力建立了联系，其重要标志是2012年1月塔利班宣布将在多哈设立办事处。②

从外交资源和外交手段上看，巨额石油财富和半岛电视台构成了卡塔尔外交所倚重的主要资源和手段。近年来，卡塔尔在不断运用石油美元主办大型国际活动，赞助地区内各种政治力量的同时，还积极利用能源和主权财富基金拓展地区和国际影响。半岛电视台是中东地区最大的媒体力量，也是卡塔尔地区影响力的主要来源之一。“半岛”素以“意见与异见”为信条，经常邀请各国的异见分子就民主、自由和妇女权利等地区敏感话题展开电视辩论。③ 尽管半岛电视台在中东和国际社会均引起了褒贬不一的反应，但半岛电视台对于提升卡塔尔国际知名度所发挥的重要作用则是不争的事实。

自2010年末中东剧变发生以来，卡塔尔外交一改以往的平衡策略，表现出强烈的扩张性和冒险性，并对中东变局的发展方向产生了重要影响。在此过程中，半岛电视台不断对突尼斯、埃及、利比亚和叙利亚等国的局势施加影响，不断鼓动民众发动对抗现政权的抗议浪潮。④ 从说服突尼斯总统

---

① Robert F. Worth，“Qatar，Playing All Sides，Is a Nonstop Mediator”，July 9，2008，http：//www. nytimes. com/2008/07/09/world/middleeast/09qatar. html? scp = 6&sq = qatari%20coup&st = cse.

② Steven Lee Myers，Matthew Rosenberg & Eric Schmitt，“Against Odds，Path Opens Up for U. S. -Taliban Talks”，http：//www. nytimes. com/2012/01/12/world/asia/quest-for-taliban-peace-talks-at-key-juncture. html? _ r = 1&ref = qatar

③ 陈杰：“卡塔尔国家形象的构塑”，载《阿拉伯世界研究》2008年第4期，第18页。

④ Robert F. Worth & David D. Kirkpatrick，“Al Jazeera Plays Galvanizing Role in Arab Protests”，January 27，2011，http：//www. nytimes. com/2011/01/28/world/middleeast/28jazeera. html? scp = 1&sq = Al% 20Jazeera% 20Plays% 20Galvanizing% 20Role% 20in% 20Arab% 20Protests&st = cse

本·阿里下台，到直接出兵参与利比亚战争推翻卡扎非政权，[①] 再到推动阿盟通过决议中止叙利亚的成员国资格、要求巴沙尔·阿萨德总统下台、向叙利亚反对派提供武装，卡塔尔全力支持阿拉伯各国的政治反对派，甚至试图通过主导阿盟的决策，为西方推行新干涉主义创造条件。但是，对于巴林发生的以什叶派为主体的民众抗议浪潮，半岛电视台却选择了沉默，卡塔尔埃米尔还派军队参与了海合会对巴林抗议浪潮的镇压。[②] 卡塔尔在中东剧变中的高调外交引起了国际社会的广泛争议。对此，有评论指出，西方盛赞卡塔尔在推动中东民主进程中发挥的重要作用，叙利亚政府则强烈谴责半岛电视台颠倒黑白、搬弄是非；[③] 阿拉伯左翼政党攻击多哈是华盛顿的鹰犬，而自由主义者也谴责埃米尔资助伊斯兰主义势力全面夺权。[④] 卡塔尔外交引发的争议由此可见一斑。

任何国家的国际战略与外交战略都是变化性和延续性的统一。因此，只有将卡塔尔外交行为的变化置于其国际战略的历史演进之中，深入分析卡塔尔国际战略演进和外交行为变化的历史轨迹及其根源，才能对卡塔尔在中东变局中的政策选择做出相对合理的解释。

“战略”有狭义和广义之分。狭义的“战略”是纯粹的军事术语，特指对整个战役和战争行动进行计划、协调和部署；广义的“战略”是指调动一切力量与资源，以实现既定政策目标的艺术与科学。[⑤] 具体而言，战略是目标和资源之间的中介，是达成目标的手段和路径。国际战略是国家发展战略的重要组成部分，“是实现国家的全局性、综合性和比较长远的对外政策

---

① Clifford Krauss, “For Qatar, Libyan Intervention May Be a Turning Point”, April 3, 2011, http://www.nytimes.com/2011/04/04/world/middleeast/04qatar.html

② Anthony Shadid, “Qatar Wields an Outsize Influence in Arab Politics”, November 14, 2011, http://www.nytimes.com/2011/11/15/world/middleeast/qatar-presses-decisive-shift-in-arab-politics.html

③ Harvey Morris, “Who's Pulling the Strings in the Middle East? Little Qatar, Says Syria”, February 7, 2012, http://rendezvous.blogs.nytimes.com/2012/02/07/whos-pulling-the-strings-in-the-middle-east-little-qatar-say-some-in-syria/? ref = aljazeera

④ “The Rise of Qatar: Pygmy with the punch of a giant”, November 5, 2011, http://www.economist.com/node/21536659

⑤ 李少军主编：《国际战略报告》，中国社会科学出版社 2005 年版，第 25、29 页。

目标的手段和措施。"[1] 国际战略的首要目标就是“确保国家安全、经济繁荣和独立自主”。[2]

国际战略的模式选择首先受国家实力和战略资源的限制。国家实力是实现国际战略的能力，在国际政治中通常分为“软实力”和“硬实力”。“软实力”是以非强制手段，例如意识形态和文化的影响力吸引和说服其他行为体的能力。“硬实力”指运用强制或暴力手段，如军事打击或经济制裁，或者组合运用军事和经济手段，迫使其他国家接受领导。[3] 国家实力的大小和属性取决于国家的战略资源。战略资源也分为“硬资源”和“软资源”，前者包括“地缘、人口、自然资源、经济和军事等条件”，后者包括“政府合法性、民族认同、国民士气、文化和意识形态凝聚力、教育和知识水平等”。[4] 基于上述认识，本文将结合卡塔尔的战略资源，对其国际战略的变化与调整加以分析与评价。

从1995年卡塔尔现任埃米尔上台伊始，就将实现“自由、民主、发展、和平和稳定”确立为治国目标，致力于将卡塔尔建设成为“新型国家”。[5] 长期以来，卡塔尔的国际战略都服从和服务于这一战略目标并呈现出相对稳定性，但又受国内形势和地区格局的变化呈现出鲜明的阶段性特征。本文以卡塔尔1971年独立、1995年政变、2001年“9·11”事件、2006年伊朗核危机和2008年金融危机五个历史性事件为线索，将卡塔尔的国际战略划分为五个时期进行分析，即：(1) 1971～1995年的跟随外交阶段；(2) 1995～2001年的追求独立阶段；(3) 2002～2006年的公共外交阶段；(4) 2006～2008年的地区平衡外交阶段；(5) 2009年以来：金融危机和“阿拉伯之春”背景下的扩张外交阶段。

---

① 李少军主编：《国际战略报告》，北京：中国社会科学出版社2005年版，第101页。

② 同上，第32、33页。

③ 同上，第57～61页。

④ 同上，第81页。

⑤ 转引自丁隆、赵元昊：“卡塔尔的外交政策及其实践”，载《阿拉伯世界研究》，2010年第1期，第8页。

1971—1995 年：跟随外交阶段

三面临海的卡塔尔处于波斯湾的心脏地带，历史上曾多次被殖民者控制，如 1517 年遭葡萄牙殖民入侵，1882 年沦为英国的保护地，直至 1971 年才获得独立。卡塔尔国土面积不足 1.15 万平方公里，其中绝大部分为沙漠，农牧产品均不能自给。在发现石油天然气以前，卡塔尔人口稀少，大多数都居住在海港城市多哈，最大的产业为渔业和珍珠捕捞业。在独立之初，卡塔尔基本上还是一个由部落组成的贫穷、愚昧、落后的君主制国家，宗教上信奉瓦哈比教派，军事上依赖沙特的保护，既无力管理现代经济，也不能有效治理国家。

从经济方面看，卡塔尔虽于 1961 年就加入石油输出国组织，并于 1971 年在其浅海海域发现天然气田，但是，在地区冲突尤其是两伊战争和海湾战争的影响下，卡塔尔在波斯湾的天然气开发长期受阻，其油气勘探、开采和销售都严重依赖西方石油公司。20 世纪 80 年代，伴随新兴石油国家的兴起和西方经济危机的爆发，国际油价大跌曾导致卡塔尔收入骤减。① 1980 年卡塔尔的 GDP 为 78 亿美元，到 1995 年时也仅有 81.4 亿美元；1980 年石油出口值 45.7 亿美元，到 1995 年时则下降到 24.32 亿美元。②

从社会方面看，伴随石油天然气的开发，大量外来人员的涌入使卡塔尔的人口结构发生了很大变化。有资料显示，1964 年卡塔尔人口不到 8 万，其中侨民占 1/3，大多为伊朗人。③ 在 1980 ~ 1995 年间，卡塔尔人口迅速从 21.7 万猛增至 49.5 万。由于外来人口对国家缺乏认同感，不仅导致卡塔尔发生了明显的社会分化，同时也对卡塔尔经济产生了沉重压力。在 1980 ~

① 马秀卿："迅速兴起的天然气出口大国卡塔尔"，载《国际石油经济》1998 年第 4 期，第 47 页。

② 所援引经济数据均按目前美元汇率计算，参见 http: //www. economywatch. com/economic-statistics/country/Qatar/

③ 参见［伊拉克］马哈茂德·白海则·西奈：《卡塔尔通史》，北京大学历史系翻译小组译，北京人民出版社 1974 年版，第 116 页。

1995年间，卡塔尔人均GDP从3.6万美元下降到1.65万美元。[①]

从国内政治方面看，1972年哈利法·哈姆德通过政变上台后，部落矛盾仍是国内面临的主要政治问题。现任埃米尔王妃莫萨的父亲曾因公开呼吁部落之间均分财富而被囚禁，而他所属的米斯内德部落也被迫流亡科威特。[②] 为缓和部落矛盾，哈马德王储曾两次被迫进行政治联姻。[③] 此外，由于沙特在阿拉伯半岛以及瓦哈比教派中的特殊地位，国内部落矛盾还经常演变为国际问题。

从对外关系方面看，卡塔尔曾于1968年短暂加入阿联酋的前身——海湾休战国家联盟，但不久后即因内部矛盾退出。此外，在独立以后的很长时期内，卡塔尔还与沙特和巴林等周边国家存在领土争端，并使卡塔尔面临着十分脆弱的安全环境。[④]

从地区格局方面看，伴随二战后美国逐步取得对波斯湾的主导权，并不断培植政治代理人，沙特和1979年伊斯兰革命前的伊朗成为美国中东霸权的两大战略支柱。1979年伊朗发生革命后，什叶派力量崛起，波斯湾陷入严重的分裂和对抗；1980~1988年的两伊战争和1991年的海湾战争，对卡塔尔开发波斯湾油气资源的计划产生了十分消极的影响。面对两伊战争的威胁，在沙特的领导下，海湾国家于1981年成立了海湾合作委员会，卡塔尔在其中基本上属于无足轻重的角色，并完全听命于沙特。

综上所述，在20世纪70年代—90年代上半期，由于刚刚摆脱殖民统治，国家政治仍以传统部落制度维系，缺乏现代国家的基础，国小力薄的卡塔尔在安全上完全依赖沙特的军事保护，在经济上严重依赖西方石油公司，进而使卡塔尔在经济和政治上均未实现独立与自主，根本谈不上构建和实施自己的国际战略。基于与沙特的特殊关系，卡塔尔在对外关系上只能采取跟随沙特的外交政策，如1973年第四次中东战争期间对西方实行石油禁运，1981年加入海湾合作委员会，1991年参加美国主导的海湾战争等政策选择，

---

① http://www.economywatch.com/economic-statistics/country/Qatar/

② “卡塔尔另类元首政变逼迫父亲下台，妻子公开露面”，《现代快报》2007年3月12日，http://news.sohu.com/20070312/n248651868.shtml

③ 同上。

④ 通过国际法院的仲裁，卡塔尔于2001年与沙特、巴林和平解决了领土争端。参见丁隆：“卡塔尔：小国扮演‘大角色’”，载《世界知识》2006年第19期，第45页。

均深受沙特的影响。

1995—2001 年：追求独立阶段

1995 年 6 月，哈马德在通过政变上台后，立即施行政治经济改革，并于当年成立王室控制的卡塔尔基金会，以领导国家经济、社会事业的全面发展。通过加强中央权力，扩大政治参与，卡塔尔摆脱了部落分裂的状态，实现了对国家直接而有效的控制；通过经济改革尤其是发展多元经济，提高管理效能，卡塔尔的经济自主性不断增强。

在国内政治与社会改革方面，埃米尔积极实施鼓励国民参政的政策，并大力提拔有现代教育背景的年轻人进入政府工作。为提升国民素质，充分开发人力资源，卡塔尔基金会于 1995 年投资建设卡塔尔教育城，陆续引进康奈尔、卡内基、梅隆等美国名校，大力发展文化教育事业。在提高妇女权利方面，莫萨王妃呼吁妇女应享受同等政治、社会地位，甚至亲自走街串户鼓励女童接受现代教育。[①] 在社会领域，卡塔尔实施了一整套医疗、教育和住房补贴等福利政策，建立了“从摇篮到坟墓”的福利制度。[②] 卡塔尔王室的改革举措得到了国民的广泛支持，进一步消除了部落因素的消极影响，使国内政治环境趋于稳定。

在对外经济关系方面，卡塔尔不断扩大对外开放，并于 1996 年 1 月 13 日成功加入世贸组织。2001 年 11 月，卡塔尔成功举办世贸组织全球多边贸易谈判，史称多哈回合谈判。卡塔尔基金会则积极利用石油外汇进行多样化投资，如投资卡塔尔航空，以维护国家经济安全。卡塔尔之所以大力发展航空业，除增加国内能源消耗，部分抵御国际能源市场波动的战略考虑外，还有两个重要的战略目的：第一，带动多哈的基础设施建设，吸引投资和就业；第二，充分发掘卡塔尔的地缘优势，使全球超过 40 亿人处于多哈的 7

① 高靓：“卡塔尔：海湾石油富国的教育梦”，载《中国教育报》2011 年 4 月 5 日。

② “Time travellers”, March 21, 2002, http://www.economist.com/node/1034014

小时飞行圈内,[①] 进而使多哈成为国际航运中心和国际化大都市。在对内改革、对外开放政策的影响下，卡塔尔经济增长十分迅速，2001 年，卡塔尔的 GDP 达到 175.4 亿美元，较 1995 年时翻了一番，人均 GDP 上升到 2.7 万美元；实现油气出口 99 亿美元，是 1995 年时的 4 倍。[②]

成立半岛电视台，是卡塔尔为塑造国际形象、扩大国际影响力和传播话语权采取的最重要战略举措。1995 年，BBC 阿语频道受邀与沙特轨道通讯公司合作制作阿语节目。不久后，BBC 因报道一位沙特王子被斩首的新闻而得罪沙特王室，双方合作被迫终止。上台不久的卡塔尔埃米尔闻悉后，立即通过卡塔尔基金会，以巨额赞助和新闻编辑自由为优惠条件，邀请陷入困境的 BBC 到多哈组建半岛电视台。[③] 自成立之日起，半岛电视台便以传播“不同的声音”为口号，“把来自不同阵营的人士邀请到一个演播室里，让他们在摄像机前吵作一团。”[④] 这种节目风格迎合了中东民众的口味，也使“半岛”与地区内各种势力和组织建立了广泛联系。但是，“半岛”也因此得罪了地区内不少国家的政府。据统计，在它刚成立 3 年半的时间里，卡塔尔外交部就接到了外国官方投诉 400 多件。[⑤] 叙利亚、沙特、突尼斯都曾因“半岛”的报道问题召回驻多哈大使，伊朗和叙利亚则严令国内禁播“半岛”的节目;[⑥] 其他海合会国家对“半岛”执行统一的制裁政策，不允许国内广告商与“半岛”合作。对于来自外部的指责和抗议，卡塔尔政府一概以新闻自由为由加以拒绝。1998 年，“半岛”采访本·拉登并获得他的青睐，使半岛电视台成为“基地”组织发布信息的独家媒体。“9·11”事件

---

① “Aviation in the Gulf: Rulers of the new silk road”, http: //www. economist. com/node/16271573.

② 所援引经济数据均按目前美元汇率计算，参见 http: //www. economywatch. com/economic-statistics/country/Qatar/。

③ 熊波：“揭开‘半岛电视台’的神秘面纱”，载《南风窗》2001 年第 14 期，第 67 页。

④ 陈杰：“卡塔尔国家形象的构塑”，载《阿拉伯世界研究》2008 年第 4 期，第 18 页。

⑤ 熊波：“揭开‘半岛电视台’的神秘面纱”，载《南风窗》2001 年第 14 期，第 67 页。

⑥ 罗少兰：“抗衡美英观点：半岛电视台前途崎岖”，载《世界报》2006 年 11 月 22 日。

发生后，半岛电视台因屡屡发布“基地”组织的信息和拉登的视频讲话而一举成名。

在推行对内改革和对外开放战略的同时，卡塔尔还积极适应地区形势变化进行外交调整。冷战结束尤其是海湾战争结束后，美国的中东霸权不断巩固，中东和进程启动，阿拉伯世界与西方矛盾不断加剧，伊斯兰原教旨主义势力持续蔓延，伊朗和沙特争夺地区领导权的斗争加剧，构成了中东地区形势变化的主要特点。在此背景下，卡塔尔主要采取了逐步摆脱沙特控制，积极接近美国的对外战略，尽管加深了对美国的依赖，但却增强了自身在海湾地区的自主性。

2001 年对于卡塔尔有着十分特殊的意义。在这一年，卡塔尔主要采取两大战略举措改善了自身的安全与外交环境。首先，卡塔尔通过国际法院的仲裁，以和平方式解决了与沙特和巴林的领土纠纷问题，摆脱了领土争端的历史包袱，增强了外交的自主性。其次，以“9·11”事件为契机，卡塔尔与美国建立了战略合作关系，并以此平衡沙特对卡塔尔的控制。“9·11”事件后，“美国同阿拉伯世界的矛盾加剧，与沙特关系明显退化”①。在此背景下，卡塔尔紧紧抓住美国与沙特盟友关系出现间隙的机会，积极靠近美国。伴随美国在卡塔尔的乌代德设立美军在中东的最大空军基地和战斗指挥中心，卡塔尔与美国的军事盟友关系得以正式建立，并使卡塔尔增强了对沙特的外交自主性。

总之，卡塔尔独立性的增强和国际地位的提高得益于新任埃米尔哈马德对内与对外战略的调整。由于哈马德具有西方教育背景，深悉传统部落文化的劣势，因而对内采取了通过政治、经济与社会改革摆脱部落分裂的发展战略，初步奠定了卡塔尔现代国家的基础。基于长期被殖民、被邻国干涉的历史经验，面对海湾地区的复杂形势，卡塔尔不断采取措施增强国家的凝聚力和独立性，同时积极融入国际市场，积极为经济发展和社会变革创造条件；努力通过创办半岛电视台，塑造“民主”、“自由”的国家形象，以此赢得西方信任，寻求商业机会和安全保障，并最终利用“9·11”事件和伊拉克战争与美国建立了盟友关系，提高了自身在海湾地区乃至国际社会的地位。

---

① 诸宸：“卡塔尔：‘倒萨’战地指挥中心”，载《世界知识》2003 年第 3 期，第 22 页。

2002—2006年：公共外交阶段

上世纪90年代以来，随着国际市场对清洁能源需求的急剧增长，天然气作为石油的替代产品价格一路攀升。2002年5月，卡塔尔北部天然气田的勘探工作获得突破性进展，储量由原来勘测的10.754万亿立方米猛增到25.47万亿立方米①，为卡塔尔天然气进入欧洲和北美市场奠定了坚实基础，天然气产业在卡塔尔经济中的核心地位更加突出。伴随天然气出口的增加，卡塔尔经济快速增长，2006年GDP达到605亿美元，实现油气出口312亿美元，分别比2001年增长了2倍多，人均GDP达到5.8万美元。在经济快速增长的同时，外来移民大量流入使卡塔尔人口2006年首次突破百万，达到104万。②

在2002至2006年期间，卡塔尔经济发展战略的主要着眼点是开发国内资源，扩大出口。为了宣传本国巨大的商业机会，卡塔尔通过高调举办大型体育赛事、承办国际会议等，大力加强公共外交。2005年，卡塔尔在多哈成功举办了“77国集团+中国首脑会议”，引起了国际社会的广泛关注。此外，卡塔尔还相继举办了一系列大型体育赛事，包括2002年世界俱乐部杯手球赛、2003年手球亚洲杯和2006年亚运会。为吸引更多国际关注，卡塔尔常常一掷千金。以2006年亚运会为例，仅开幕式就耗资1.8亿美元。组委会还安排上万名运动员和5000多名记者下榻多哈的高档公寓，免费提供最丰盛的正餐，并调用卡塔尔航空公司的头等舱免费接送亚洲记者参加新闻发布会。③

卡塔尔迅速发展的航空业也成为公共外交的重要手段。2005年，投资

---

① “卡塔尔一气田成为世界上储量最大的单块气田”，http://finance.sina.com.cn/b/20020529/213952.html

② 所援引经济数据均按目前美元汇率计算，参见http://www.economywatch.com/economic-statistics/country/Qatar/

③ 王新同、周林：“卡塔尔——沙漠中的‘世界首富之国’”，载《椰城》2011年第3期，第35页。

480 亿美元的多哈新国际机场开始修建，其客容量在 2010 年达到 1200 万人次，2012 年二期工程投入使用后客容量将达到 2400 万。[①] 作为中东少有的五星级航空公司，卡塔尔航空以提供“更好的转机时间、更便宜的机票和更佳的飞行体验”[②] 为宗旨，吸引更多的乘客中转多哈，既扩大了多哈的国际知名度，也极大地拓展了卡塔尔的商业机会，进而使多哈逐渐成为国际知名的展会中心和航空枢纽。

为进一步实施国家形象战略，半岛电视台英语频道于 2006 年开播，进一步增强了卡塔尔的国际影响力。但是，经济实力的增长和国际影响力的增强也给卡塔尔带来了新的外交困扰。伊拉克战争期间，美国曾多次指责半岛电视台为“基地”组织代言、煽动阿拉伯反美情绪，并曾使用导弹袭击“半岛”驻巴格达记者站。[③] 在美国的压力下，卡塔尔于 2003 年两次撤换半岛电视台台长。[④] 此后，半岛的新闻观点趋向温和，但“基地”组织又开始攻击半岛是“美军的传声筒”。[⑤]

从地区格局的层面看，随着反恐战争的持续，卡塔尔的安全环境也呈逐渐恶化的态势。一方面，由于卡塔尔在外交关系上与美国靠得太近，有可能使自己成为恐怖组织袭击的对象；另一方面，美国将伊朗定义为支持恐怖主义国家，美伊之间围绕伊朗核问题的矛盾加剧使波斯湾发生大规模战争的危险扩大，战争一旦爆发必将殃及卡塔尔。在 2006 年伊朗核危机加剧时，伊朗曾威胁一旦遭到袭击将轰炸美军驻波斯湾基地，并将报复提供基地的国家，卡塔尔无疑包括其中。

从 2001—2006 年卡塔尔面临的内外环境来看，一方面，国际市场天然气价格走高和北部气田重大发现使卡塔尔面临国家发展的战略机遇期，要抓

---

① 汗琳：“与国家战略齐飞”，载《21 世纪商业评论》2011 年第 1 期，第 65 页。

② “Aviation in the Gulf: Rulers of the new silk road,” June 3, 2010, http://www.economist.com/node/16271573

③ “导弹袭驻巴格达记者站，美军和半岛电视台过不去”http://news.sina.com.cn/w/2003-04-09/0501986907.shtml

④ “半岛电视台任命新台长”，http://news.wenweipo.com/2003/10/27/IN0310270027.htm

⑤ 马晓燕：“‘基地’指责半岛电视台成‘美军传话筒’”，《新华每日电讯》2005 年 6 月 23 日。

住这一战略机遇，卡塔尔需要更积极地融入国际社会，吸收外国投资和技术以扩大生产，同时取悦西方能源消耗大国以保证出口。另一方面，从地区格局的角度看，美国反恐战争的扩大以及“大中东民主计划”的推行导致阿拉伯世界的反美情绪不断高涨，卡塔尔与美国关系日益密切使其安全脆弱性进一步凸显。在此背景下，卡塔尔选择了以公共外交为主，塑造自身独特国家形象的国际战略。卡塔尔一方面在“低政治”领域高调举办国际体育赛事、承办大型会议拓展商业关系，扩大国际影响；另一方面在“高政治”领域中则尽量保持低调、谨慎，以免卷入地区冲突。

2006—2008 年：地区平衡外交阶段

进入 2006 年以后，随着全球新兴市场的蓬勃发展，卡塔尔天然气出口再次实现跨越式发展，经济规模也迅速扩张，2007 和 2008 年卡塔尔的 GDP 增速都达 25% 以上。2008 年卡达尔 GDP 达到 1107 亿美元，实现油气出口 617 亿美元，人均 GDP 达 7.6 万美元，人口增长至 145 万。[①] 经济的快速发展使卡塔尔主权基金财富暴增，卡塔尔基金会管理下的各项事业也得到充分发展。2006 年，卡塔尔科研基金会成立，为国家和企业的科技研发提供了强有力的资金保障；2007 年，多哈斥资 150 亿美元人工填海造岛，兴建面向国际投资商的大型奢侈地产项目——“卡塔尔明珠”；2008 年，由著名华裔设计师贝聿铭设计的伊斯兰文化艺术博物馆在多哈落成，成为卡塔尔的又一张国家名片。

但是，新增的巨额财富也使卡塔尔对自身安全处境的担忧不断增多。卡塔尔北部气田与伊朗的南帕尔斯气田属于同一块单体气田，由于伊朗在南帕斯一端的产能落后，因此卡塔尔十分担心自己会像科威特一样遭受入侵。为安抚伊朗，卡塔尔于 2005 年自设限额，单方面承诺至少到 2013 年年均开采

① 所援引经济数据均按目前美元汇率计算，参见 http://www.economywatch.com/economic-statistics/country/Qatar/。

量都不会超过 2004 年的水平。[①] 此外，卡塔尔天然气出口大增也对沙特的石油出口利益造成严重冲击。由于天然气在世界能源消费中的比重不断扩大，2007 年全球石油产量出现自 2002 年以来的首次下降。[②] 更有预测称，卡塔尔 2015 年油气日产量将达到目前沙特石油产量的一半，相当于 500 万桶。[③] 因此，卡塔尔天然气出口的不断增长势必引起沙特的不安。

在 2006 年以后，海湾地区形势也发生了重要变化。首先，美国陷入反恐战争的泥潭，阿富汗和伊拉克安全形势依然严峻，“基地”分支在巴基斯坦、伊拉克、北非的分支机构却不断壮大。其次，美国在反恐战争中的霸权行径以及随后提出的民主改造计划，导致地区反美情绪高涨，激进伊斯兰力量不断发展。在伊拉克和巴勒斯坦选举中，什叶派和哈马斯分别获胜，使得伊朗得以与叙利亚、黎巴嫩连成一片，形成什叶派“新月地带”。在埃及和科威特议会选举中，伊斯兰党派的得票也大幅上扬。最后，2006 年 7 月，在伊朗核危机加剧之际，黎巴嫩真主党发动对以色列的袭击，引发持续 33 天的以黎冲突，而伊朗随后在核谈判中继续坚持强硬立场，拒绝遵守安理会 1696 号决议中有关停止铀浓缩的规定。

总之，美国陷入反恐战争泥潭，伊朗核危机不断加剧，真主党、哈马斯等伊斯兰力量不断壮大，尤其是 2006 年黎以冲突的爆发，都有可能威胁波斯湾的安全与稳定，并破坏卡塔尔的生存与发展环境。在充分考虑到与伊朗共享北部气田资源、伊朗对霍尔木兹海峡通道的控制，以及伊朗核计划的潜在威胁等因素的情况下，卡塔尔在与美国保持军事同盟关系的同时，积极致力于与伊朗、以色列、黎巴嫩真主党、巴勒斯坦哈马斯等各派力量发展关系，推行平衡外交。在地区格局发生重要变化的背景下，卡塔尔的经济规模和地区影响力已经很难使其置身于地区事务之外。因此，在加强与美国军事盟友关系的同时，卡塔尔也开始密切关注地区内其它政治力量，并广泛建立

① Dania Saadi, “Qatar Has World in Its Sight for Power Projects”, December 4, 2011, http: //www. nytimes. com/2011/12/05/business/global/qatar-has-world-in-its-sights-for-power-projects. html? pagewanted = 1&_ r = 1&ref = qatar

② “2008 年卡塔尔天然气产量同比增加 17.9%”, http: //www. askci. com/freereports/2008 – 07/200878113725. html

③ 丁隆：“卡塔尔：小国扮演‘大角色’”，载《世界知识》2006 年第 19 期，第 45 页。

与各方的良好关系，竭力维护地区平衡。

卡塔尔的小国身份和长期以来在地区事务中的低调、中立态度使卡塔尔很容易得到各派力量的信任，而巨额石油财富和半岛电视台的影响力则是卡塔尔拓展对外关系的主要工具。卡塔尔与各派地区势力建立联系和施加影响的方式主要有以下三种形式。

第一，承办国际会议，利用会议平台打开局面、改善关系。例如，2007 年，卡塔尔邀请伊朗总统内贾德列席在多哈举行的海合会第 28 届首脑会议，并借机改善了与伊朗关系；2008 年，卡塔尔邀请以色列前外长利夫尼出席第 6 届“多哈民主与自由贸易论坛”，以此增强与以色列的外交联系。

第二，通过向相关国家提供巨额援助和投资，在地区热点问题上施加影响。例如，在 2006 年巴勒斯坦议会选举后，卡塔尔向赢得选举胜利的哈马斯组织和巴勒斯坦政府各提供了 5000 万美元的援助；[①] 2007 年，卡塔尔向津巴布韦投资大约 15 亿美元建造炼油厂，[②] 耗资 3.5 亿美元为叙利亚发展旅游项目，[③] 都是卡塔尔运用经济援助与投资对相关国家施加影响的重要方式。

第三，直接介入冲突调解，对地区热点进行外交斡旋。2008 年，在卡塔尔的调解下，黎巴嫩冲突各方签署了《多哈协议》并实现和解，使黎巴嫩摆脱了总统难产的困境，极大地增强了卡塔尔的地区影响。此外，卡塔尔还先后介入也门和苏丹达尔富尔的危机的斡旋。通过冲突调解，卡塔尔分别与上述几国的政府和反对派势力建立了较密切联系，增强了卡塔尔在地区事务中的发言权。通过与地区内各派力量建立广泛联系，使卡塔尔有可能通过平衡外交，引导地区局势向有利于自己的方向发展。

---

① “美不满卡塔尔援助哈马斯政府”，http：//news. wenweipo. com/2006/04/18/IN0604180111. htm

② “卡塔尔公司将在津巴布韦建炼油厂”，http：//www. in-en. com/oil/html/oil－2044204418128775. html

③ Robert F. Worth，“Qatar，Playing All Sides，Is a Nonstop Mediator”，July 9，2008，http：//www. nytimes. com/2008/07/09/world/middleeast/09qatar. html? scp = 6&sq = qatari%20coup&st = cse

2009年以来：金融危机和中东变局背景下的扩张外交

截至2010年，卡塔尔已探明的石油储量为20亿吨，居世界第13位，出口排名世界第三，天然气储量25.78万亿立方米，居世界第三，出口全球第三；人口达到167.8万，其中外籍劳工超过85%，大多来自印度、巴基斯坦、印度尼西亚等国，本地人口不足15%，其中大多数为信仰瓦哈比教义的逊尼派穆斯林，什叶派穆斯林约占15%。2010年，卡塔尔的GDP达到1294亿美元，人均7.6万美元。① 根据世界经济论坛发布的2010年国际竞争力报告，卡塔尔排名世界第17，在中东国家中位居第一。② 面对国际金融危机和阿拉伯大变局后国际体系和地区格局的变化，卡塔尔积极通过在全球和地区范围内进行外交扩张，谋求全球影响力和地区主导权。

1. 利用经济实力与"半岛"的传播能力，拓展全球影响。为摆脱金融危机的影响，卡塔尔走上了向全球扩张影响力的道路。受金融危机的影响，国际能源需求萎缩导致卡塔尔2009年GDP增速下跌至9%以下。③ 但卡塔尔通过加大政府投资和对外投资，很快使经济回到快车道，2010年经济增速大幅反弹至16.2%。2009年，政府投资3亿多美元建设的卡塔尔科技园区落成。该园区作为卡塔尔第一个自由贸易区，以一流的硬件环境吸引到一批大型跨国公司入驻，如埃克森美孚、壳牌和微软等。2010年12月初，在申办世界杯成功后，卡塔尔宣布将投资570亿美元建造12座体育场，所有的场馆都将安装制冷系统，以保持室内温度在27摄氏度。

趁欧美发生债务危机，卡塔尔投资局在海外频繁抄底购买西方公司的股

① 中华人民共和国驻卡塔尔国大使馆网站资料。http：//qa.chineseembassy.org/chn/ktejj/t313073.htm

② "世界经济论坛国际竞争力报告"，http：//www.weforum.org/reports

③ 所援引经济数据均按目前美元汇率计算，参见http：//www.economywatch.com/economic-statistics/country/Qatar/。

份。2005年成立的卡塔尔投资局在拥有大众汽车、保时捷、英国巴克莱银行等多家知名企业股份的基础上，在危机中继续逢低增持股份。2010年前后，卡塔尔投资局以15亿英镑价格收购伦敦著名的哈罗德百货公司；[①] 卡塔尔基金会以破世界纪录的1.25亿英镑，赞助西班牙甲级球队巴塞罗那俱乐部胸前广告；基金会还收购了巴黎圣日尔曼俱乐部，并通过法国总统萨科奇游说欧足联，邀请法国球星齐达内担任申办世界杯的形象代言人，以争取世界杯主办权。在经营欧洲的同时，卡塔尔还于2009年购买了中国农业银行价值28亿美元的股权，并邀请中国石油公司参与卡塔尔的炼油业。[②] 这一切都使卡塔尔的全球知名度持续飙升。

半岛电视台也同步参与了卡塔尔的全球扩张。从2010年起，卡塔尔基金会把对半岛电视台的拨款上升为每年不少于4亿美元。在世界其他电视台纷纷裁员并减少驻外记者站之际，“半岛”驻全球各地的记者站却增加至60个。[③] 在卡塔尔收购法国足球豪门圣日尔曼的同时，“半岛”斥巨资购买了法国足球甲级联赛的电视转播权，使“半岛”在转播NBA、温布尔登网球公开赛的基础上，又增加了欧洲顶级足球联赛赛事的转播。此外，至2010年时，“半岛”阿语节目在阿拉伯世界的收视率已超过50%，英语节目海外受众超过2亿。[④]

2. **积极介入中东变局，谋求地区领导权。**中东变局发生前，卡塔尔一直在复杂的地区冲突中谋求生存与发展，发挥了小国的独特外交优势，创造了“小国崛起”的典型案例。但是在中东变局中，卡塔尔不断对中东剧变推波助澜，频繁干涉他国内政，虽使其地区影响和国际影响进一步扩大，但也使其面临着巨大的外交和安全隐患。

---

① “探秘卡塔尔体育大国梦，卡基金会披露投资巴萨内幕”，http：//sports. sina. com. cn/n/2011－01－24/08335426304. shtml

② “Going abroad：the world in their hands-state capitalism looks outward as well inward”，http：//www. economist. com/node/21542930，2012年1月21日。

③ “Al Jazeera：More powerful than ever”，http：//www. economist. com/node/16222710.

④ Pfanner Erick，“Al Jazeera's New Goal in Sports”，http：//www. nytimes. com/2011/08/01/business/global/al-jazeeras-new-goal-in-sports. html? _ r = 1&scp = 9&sq = Qatar%20economy&st = cse，July 31，2011.

首先，卡塔尔通过半岛电视台大肆煽动阿拉伯国家的民众抗议浪潮，虽博取了西方的赞扬，但其推行“双重标准”，恶意制造虚假新闻的做法，引起了阿拉伯国家政府和民众的强烈不满。

其次，卡塔尔联合西方国家，肆意干涉阿拉伯国家内政，有可能使其陷入中东地区矛盾的漩涡之中，并导致其与地区国家的关系恶化。在利比亚问题上，卡塔尔积极推动在利比亚设立禁飞区，甚至直接派战机参与北约对利比亚的轰炸；在叙利亚问题上，卡塔尔积极推动阿盟实施制裁、中止叙利亚会员国资格，甚至进行军事渗透。这种以邻为壑的政策有悖于其传统的平衡外交，引起了伊朗和叙利亚等反西方国家的仇视，甚至有可能引起海湾盟主沙特的严重不安。

第三，卡塔尔利用伊斯兰激进力量进行渗透，在经济援助问题背弃承诺的做法，对卡塔尔的国际形象产生了严重损害。卡塔尔是最早承认利比亚全国过渡委员会的阿拉伯国家，但在卡扎菲政权崩溃后，卡塔尔积极通过萨拉菲派等伊斯兰激进势力对利比亚进行渗透，不断助长利比亚东部班加西地方势力的独立倾向，引起了利比亚全国过渡委员会的强烈不满；卡塔尔承诺对突尼斯和埃及等国家的经济援助也迟迟不能兑现，[①] 这都使卡塔尔的国际形象大打折扣。

对卡塔尔国际战略的若干评价

卡塔尔的国际战略是在历史过程中形成的，是卡塔尔国家资源、实力和地区格局等因素综合作用的结果。纵观卡塔尔长期以来的外交政策和外交行为，可以发现尽管其外交行为复杂多变，但从国际战略的角度看，卡塔尔外交具有非常明显的三大特点。

第一，卡塔尔的国际战略具有明显的利益导向，确保国家安全与油气产业的发展，是影响卡塔尔国际战略与外交政策调整的核心要素。卡塔尔于1971年取得独立之际，恰逢北部气田刚刚发现。国力弱小的卡塔尔无力保护国家安全和能源安全，为避免成为周边国家觊觎的对象，卡塔尔除向沙特

---

① ［巴勒斯坦］瓦达·汉法尔：“为阿拉伯之春算笔账”，http：//www. zhongdao-net. com/NewsInfo. aspx? id = 2693

寻求保护外别无选择。但是，跟随沙特的政策尤其是参与石油禁运、参加海湾战争以及与伊朗对立等，不仅不能使卡塔尔充分发挥其资源优势，而且使其面临被动卷入冲突的风险，同时也造成了卡塔尔在政治、经济上的严重对外依赖。因此，从1995年以后，卡塔尔逐步通过与西方建立和发展更紧密的外交关系，来改变过于依赖沙特的局面。卡塔尔之所以着力塑造“民主”、“自由”的国家形象，其重要目的在于向西方靠拢，谋求在资源开发和销售方面的相对自主权。2003年美国在卡塔尔建立军事基地后，其油气产业安全得到进一步保障。在此背景下，卡塔尔借势不断加大公共外交，为开拓国际市场和吸引投资创造条件。2006年黎以冲突爆发和伊朗核危机加剧后，卡塔尔的国家安全再次受到严重威胁，促使其积极参与地区事务，通过推行平衡外交与各方建立良好关系，以确保自身安全。2008年金融危机爆发后，面对国际能源市场和地区形势的巨大变化，卡塔尔积极通过经济实力谋求全球影响力，通过影响和干预中东变局谋求地区主导权，其重要的战略考虑仍在于通过进一步加强与西方的战略关系维护自身的安全。

第二，卡塔尔的国际战略较少受到意识形态的限制，具有极大的灵活性。卡塔尔刚独立时，在外部强国角逐争霸和内部宗教、民族、领土纷争的共同作用下，中东地区陷入了严重的冲突与动荡，使卡塔尔安全环境十分脆弱。为改善自身的安全环境，1995年以来的卡塔尔积极致力于塑造民主、自由的国家形象，其重要目的在于通过接近西方尤其是与美国结盟，确保国家安全，并非在本质上接受了西方的意识形态、价值观念和社会制度。在2006年地区冲突频发，美国中东霸权呈现颓势后，卡塔尔又不断强调自身的阿拉伯身份和伊斯兰身份，积极介入地区冲突调节，并与伊朗、黎巴嫩、巴勒斯坦，尤其是真主党和哈马斯等伊斯兰力量建立联系，足见其外交政策的灵活。半岛电视台作为卡塔尔对外政策的主要工具，既大力传播西方的“民主”与“自由”，又与伊斯兰组织乃至“基地”组织有密切联系，也具有典型的实用主义特点。

第三，卡塔尔自身国防力量薄弱，安全保障一直有赖于地区势力平衡，促使其长期推行均势外交。卡塔尔面积狭小，地势平坦，既无纵深也没有屏障。至 2010 年，卡塔尔武装部队总人数只有 1.18 万人，其中本国人只占 30%。[①] 因此，1995 年以来卡塔尔先是利用伊朗和沙特的对立在夹缝中求生存，后又引进美国力量来抵消沙特和伊朗的威胁；2006 年以后卡塔尔又对地区内的各种力量推行平衡外交，依靠地区均势维护国家安全；等等，都是卡塔尔推行均势外交的重要体现。但是，卡塔尔在中东变局中推行的扩张性冒进外交，显然有悖于其传统的平衡外交，并有可能使其陷入潜在的外交与安全危机。

① Slackman Michael, "Affluent Qataris Seek What Money Cannot Buy", May 13, 2010, http://www.nytimes.com/2010/05/14/world/middleeast/14qatar.html

专题 35

中东伊斯兰地区与国际体系的关系缘何紧张？*

——次国家行为体视角的分析

【摘要】本文以次国家行为体为视角，分析了中东伊斯兰地区与国际体系的紧张关系及其根源。中东次国家行为体主要包括具有地区和国际渗透和影响能力的宗教政治组织、宗教极端主义恐怖组织、寻求独立统一的跨界族群和少数族群力量等，它们对国际体系的影响突出表现在：它们与现存国家对抗，导致中东的民族国家体系异常脆弱，反国家（进而反体系）运动此起彼伏；作为重要行为角色，它们深刻影响了中东地区的安全议程，导致中东地区体系不断遭致现存国际体系的外部干预，加剧与国际体系的紧张关系。中东次国家行为体导致中东与国际体系关系紧张的根源在于：内外因素的共同作用导致了中东地区体系的脆弱性、破碎性和可渗透性，创造了民族、宗教政治组织崛起的土壤，催化了中东地区次国家行为体的反体系运动。

---

* 原载《国际观察》2009 年第 5 期。

问题的提出与相关文献梳理

在西方国际关系理论中，现实主义、自由主义、建构主义各自以权力结构、国际制度、观念认同解读国际体系的形成与变迁。根据相关文献的归纳，在近年来中国的研究中，对国际体系概念的界定主要可以概括为两类：(1) 国际体系是在特定历史时期，彼此进行互动的主要世界大国，按照一定的结构形式结合在一起所构成的整体。(2) 国际体系是指由密切联动的各行为主体构成的，具有结构、功能并与环境互动的有机整体；包括国际行为主体、国际力量结构、国际互动规则和国际机制等四方面。[①] 前者受现实主义权力结构理论影响较深，且很类似于中国习惯使用的国际格局；后者类似于英国学派的国际社会概念。本文倾向于在后者的意义上使用国际体系的概念。

从不同的视角出发，国际体系可划分为不同的子系统，如从涵盖的领域出发，可以有安全、经济、文明等体系；如从区域体系出发，则可有欧洲、北美、东亚、拉美、非洲等区域体系。肇始于威斯特伐利亚条约的国际体系，在本质上是以欧美为主导的国际体系向全球扩散的结果，它在权力结构、制度安排、价值规范等方面的西方中心特征至今尚未有实质性的改变。在很大程度上，任何国家、地区、文明与国际体系的关系，在本质上反映的都是它们与西方的关系。近年来，西方之所以对中、印等新兴国家与国际体系的关系表现出浓厚兴趣，对伊斯兰世界宗教极端主义的反西方思潮与运动忧心忡忡，其根本原因在于担心上述因素会在多大程度上对西方主导的现行国际体系下构成威胁和挑战。

本文认为，从现行国际体系由西方主导这一核心特征出发，无论是作为地缘政治战略区域还是作为伊斯兰文明核心区域的中东，它与国际体系的关系状态一直是紧张的，甚至经常以冲突的形式影响国际体系的发展和转型。

---

① 参见杨洁勉：“中美应对国际体系转型的战略和举措”，载《国际问题论坛》2006 年冬季号。

在政治层面，中东地区与国际体系的关系一直处于紧张状态。冷战时期，世界其他大多数地区保持了“冷和平”的状态，而中东则热战不断，相继爆发了四次中东战争、以色列入侵黎巴嫩战争、黎巴嫩内战、两伊战争和苏联入侵阿富汗战争，同时伴有诸多低烈度的地区冲突；20 世纪 60 年代末期以来，伊斯兰复兴运动尤其是伊朗伊斯兰革命的爆发，也对冷战体制形成了强烈冲击。

冷战结束后，中东发生了影响国际体系转型的诸多重大事件，诸如：在美国“世界新秩序”战略和全球反恐战略下，中东地区作为石油能源富集地区和极端势力集中的地区，成为美国全球战略的重点，由此导致了海湾战争、阿富汗战争和伊拉克战争三场重塑国际格局的战争；中东伊斯兰地区的经济贫穷、政治专制、地区冲突、宗教极端主义被视为滋生恐怖主义的温床沃土，由此导致了美国推行“大中东民主计划”，以及对中东和平进程时断时续、并不成功的推动与安排，中东地区的社会转型发展面临前所未有的外部压力；伊拉克战争使美国与欧洲核心国家的盟友关系遭到严重破坏，展示了中东事态发展对整个西方世界的影响；巴勒斯坦问题、伊朗问题、伊拉克问题、库尔德问题等地区热点均具有巨大的地区能量和国际能量；从“大中东”的角度看，“伊斯兰新月”地区的持续动荡，国际恐怖主义的强势反弹，伊朗核问题和苏丹达尔富尔问题的日趋紧张，使得中东地区成为当今乃至未来很长时期内大国较力的焦点，以及迫切需要国际社会加强全球治理的地区。

在经济层面，中东虽有人均 GDP 居于世界前列的海湾石油富国，但中东地区在总体上依然是融入经济全球化程度较低、反全球化思潮与运动力量强大的地区之一，石油资源甚至成为某些国家和组织反击现存世界经济秩序的手段，20 世纪 70 年代的石油斗争就是典型例证。

在文明与文化层面，从伊斯兰复兴运动兴起之际的“伊斯兰威胁论”到冷战后的“文明冲突论”，西方“妖魔化”伊斯兰文明的文化偏见与文化敌意日益加深，中东以反美主义为主要特征的伊斯兰极端主义深入发展，都展示了伊斯兰文明与在现存世界体系中占主导地位的西方文明之间对峙的加深。

在国外尤其是西方的理论研究中，多从对抗、冲突的视角界定中东伊斯兰地区与国际体系的关系，并大致可归纳为以下几种类型：

1. 反世界体系论

在世界体系论的代表人物沃勒斯坦看来，伊斯兰与世界体系的关系可划分为三个阶段：（1）孤立于世界体系之外的阶段：世界体系在欧洲初步形成并向外扩张时，“伊斯兰世界看来仍是个难啃的坚果”，“欧洲在16世纪和17世纪的最初扩张似乎跳过了伊斯兰世界，至少跳过了在中东的核心地区。”（2）世俗主义的反体系时期：从中东沦为殖民地开始，尤其以20世纪阿拉伯、土耳其、波斯的民族运动及战后的现代化改革为代表。（3）伊斯兰主义的反体系时期：20世纪70年代以来，伊斯兰主义既反对世俗的民族国家及其政权，同时也反对世界体系的主导者——西方，进而提出了“关于再建世界体系的其他历史可能性的理解。”①

2. 文明冲突论

英国史学家汤因比在《历史研究》② 和《文明经受着考验》③ 等著作中，主要从中世纪以来伊斯兰文明与西方文明相互“挑战—应战”的模式，解读伊斯兰与西方此消彼长的冲突关系。汤氏理论对后世有较大影响，亨廷顿进一步将其发展为“文明冲突论”，并将伊斯兰文明视为西方主导的国际体系的挑战者。“文明冲突论”的核心理论命题包括：全球政治日益多极化和多文明化；文明之间的均势发生深刻变化，西方文明的影响日趋下降；以文明为基础的世界秩序正在形成，围绕不同文明核心国家的阵营分化正在形成；西方文明与其他文明的冲突加剧，“最严重的是同伊斯兰和中国的冲突”；以美国为核心的西方应“团结起来”，使西方“免受非西方社会的挑战”。亨廷顿用大量篇幅勾勒了伊斯兰与西方冲突的历史，其基本结论是，冷战后“伊斯兰国家的整个趋势是反西方的”，“西方面临的根本问题不是伊斯兰原教旨主义，而是一个不同的文明——伊斯兰”，这是“造成伊斯兰与西方冲突的根本因素”。④

---

① ［美］伊曼纽尔·沃勒斯坦著：《美国实力的衰落》，谭荣根译，北京：社会科学文献出版社2007年版，第89～107页。

② ［英］汤因比著：《历史研究》，曹未风等译，上海：上海人民出版社1997年版。

③ ［英］汤因比著：《文明经受着考验》，沈辉译，杭州：浙江人民出版社1986年版。

④ ［美］塞缪尔·亨廷顿著：《文明的冲突与世界秩序的重建》，周琪等译，北京：新华出版社1999年版，第4—5、236、241页。

3. **伊斯兰例外论**

它认为伊斯兰文明存在先天缺陷，难以容纳民主化、世俗化等现代性因素，进而无法融入国际体系。伯纳德·刘易斯、马丁·克雷默、丹尼尔·派普斯等中东问题专家认为，伊斯兰文明具有天然的、难以改变的缺陷，缺乏实行民主的基本条件，伊斯兰文明与西方文明天然处于对抗状态等。① 西蒙·默登更为明确地指出，“伊斯兰教是有关宗教共同体和社会控制的一种思想体系，而自由思想却是关于世俗主义、平等、个人自主和经济自由的一种观念。……伊斯兰与自由主义，在个人权利的构成、社会共同体的边界及其运行方式等方面，都存在矛盾。”② 弗朗西斯·福山也悲观地指出，伊斯兰教已经“在伊斯兰世界的许多国家打败了自由民主。即使在伊斯兰主义者尚未直接取得政治权力的国家，伊斯兰也对自由实践构成了严重威胁。”③

4. **伊斯兰威胁论**

该理论的主要内容包括：第一，伊斯兰世界对西方全球战略利益构成总体性的威胁；第二，伊斯兰主义势力的崛起从意识形态上对西方民主制度构成威胁；第三，伊斯兰主义势力的扩张对西方国家安全构成威胁；第四，伊斯兰主义对亲西方伊斯兰国家政权构成威胁。④ 总之，伊斯兰主义对西方的威胁既有意识形态的威胁，也有现实的安全威胁。在西方看来，“多种多样情况各异伊斯兰组织统一起来，形成了一个以极端主义和恐怖主义为手段的

---

① 可参考以下文献：Bernard Lewis，*What Went Wrong?*：*The Clash Between Islam and Modernity in the Middle East*，Oxford University Press，2002；Bernard Lewis，*The Crisis of Islam*，*Holy War and Unholy Terror*，The Modern Library，2003；Martin Kramer，*Ivory Towers on Sand*：*The Failure of Middle Eastern Studies in America*，Washington：Washington Institute for Near East Policy，2001；Danniel Pipes，*Militant Islam Reaches America*，W. W. Norton & Company，2002.

② Simon W. Murden，*Islam*，*the Middle East*，*and the New Global Hegemony*，Lynne Rienner Publisher，Inc. 2002，pp. 94 – 95.

③ Francis Fukuyama，*The End of History and the Last Man*，Penguin Books，1992，p. 237.

④ 参见金宜久、吴云贵：《伊斯兰与世界热点》，北京：东方出版社 2001 年版，第 101 ~ 104 页。

反西方势力”[①] 布热津斯基进一步认为，“由于宗教和民族主义凑在一起反对任何异族的地域霸权，目前美国在中东的优势是不折不扣地建立在沙滩之上的”。[②]

5. 伊斯兰恐怖主义论

“9·11”事件后，“伊斯兰威胁论”和“文明冲突论”进一步发展成为“伊斯兰恐怖主义论”。丹尼尔·派普斯作为新保守主义的代表人物，将“伊斯兰好斗分子”的力量构成明确划分为三部分：核心部分是本·拉登领导的“基地”组织暴力集团网络；其次是同情“基地”组织政治理想、对西方深恶痛绝的好战分子；最后是占世界穆斯林人口一半左右的反美主义者。[③] 总之，伊斯兰恐怖主义论的核心特征是“把伊斯兰教当作一个恐怖主义的宗教和在西方在文明冲突中面临的主要威胁来谈论”。[④]

上述理论所存在的最大问题是它们多将伊斯兰文明和伊斯兰世界视为西方主导的世界体系的挑战者。“文明冲突论”和“伊斯兰例外论”都以西方文明作为普世价值，普遍强调伊斯兰文明与西方文明的冲突及其对西方主导的国际体系的挑战；“伊斯兰威胁论”和“伊斯兰恐怖主义论”都不同程度地存在将伊斯兰主义、伊斯兰极端主义等同于伊斯兰教和伊斯兰世界的倾向，并对美国反恐战争的扩大化产生了十分消极的影响。

就当前国内的国际体系研究而言，主要有三个明显的特征：第一，在理论上深受西方影响，在议题设定和研究内容的选择方面具有引进和跟进西方的特点。第二，在政策研究上侧重研究传统大国和新兴大国（或集团）的国际体系观，侧重中国与国际体系相关性的研究。第三，在对地区性国际体系的研究中，对欧盟和东盟的研究是重点，对拉美、非洲有一定的研究，但

---

① Robin Wright, “Islam, Democracy and the West”, *Foreign Affairs*, Summer 1992, p. 145.

② ［美］兹比格纽·布热津斯基著：《大失控与大混乱》，潘嘉玢、刘瑞祥译，北京：中国社会科学出版社 1995 年版，第 174 页。

③ Danniel Pipes, *Militant Islam Reaches America*, W. W. Norton & Company, 2002, pp. 246 – 248.

④ Akbar S. Ahmed, *Islam under Siege*, *Living Dangerously in a Post-Honor World*, Polity Press in association with Blackwell Publishing Ltd., 2003, p. 31.

对中东地区体系的研究则明显不足。[①] 因此，对中东伊斯兰地区与国际体系的关系进行客观解读，对丰富中国国际体系研究的内容，具有重要的学术意义与现实意义。

从单位与体系的关系来看，民族国家与国际体系的关系一直是分析和研究国际体系的最基本的视角。其根本的原因在于国际体系在本质上被视为国家围绕国际权力分配、国际规范、制度安排等问题进行博弈的产物。但是，这种传统的思维很难用来解释中东与国际体系的关系，因为中东地区的政治行为体异常复杂，民族国家仅仅是居于各类次国家（如国内的族裔、教派、家族等宗派力量）和超国家（如泛阿拉伯主义、泛伊斯兰主义组织）行为体之间的政治组织。中东民族国家体系作为西方殖民体系瓦解后的历史继承物，有着典型的扭曲特征，并时刻处在各类次国家和超国家行为体的双重挤压之下而异常脆弱，并导致各种冲突；而现行国际体系在治理中东的国际危机时，无不将治理和整治所谓的“失败国家”和“流氓国家”作为不二的议题，相反却忽视对次国家、超国家层面问题的分析与治理，美国反恐战略失败的根源即在于集中于国家层面的“政权改变”和“民主改造”等议题（如伊拉克战争和阿富汗战争），其结果是中东地区与国际体系的紧张关系非但没有得到缓解，反而陷入更加紧张的冲突状态。笔者强调次国家、超国家层面问题的重要性，并非否定国家主权和国家层面问题的重要性，而是意在强调在研究中东地区体系时，仅仅从国家出发是远远不够的。

基于上述认识，笔者认为从行为体视角认识中东与国际体系的关系，需要从国家、次国家、超国家三个主体层次，分析中东与国际体系关系紧张的根源，同时探讨国际体系作为外在力量对中东的影响。限于篇幅所限，本文主要从次国家行为体层面加以探讨。

---

① 通过笔者对相关文献检索，除分散在部分著述中的零散论述外，仅有1篇从国际体系角度研究中东的论文，该文的内容以研究中东区域体系的形成及其特点为主。参见叶青：“中东地区国际体系的发展演变及其特点”，载《阿拉伯世界研究》2007第5期。

次国家行为体：导致中东与国际体系关系紧张的重要因素

从一般意义上讲，次国家行为体即存在于国家内部、有一定行为能力的群体、组织和机构等，在现代国家内主要体现为存在于政治、经济以及社会领域内的地方政府、利益集团、私人机构、非政府组织等。但在中东地区，广泛存在、并能够实施国际行为的主要次国家行为体，并不是由现代政治体制所衍生，并由市民社会发展所培育的次国家组织，而是诸多与现存国家存在张力，以种族、族群、宗教、教派、家族等传统认同为基础的次国家行为体。它们不仅构成现存国家对内主权实现的压力和挑战，而且渗透于中东国际关系之中，具有极强的外溢性，甚至演变成地区和国际热点问题，对现存的国际体系构成挑战。

亨廷顿将权威的合理化、结构的离异化和大众参政化作为政治现代化的三个标准。在他看来，权威的合理化意味着“以单一的、世俗的、全国性的政治权威来取代传统的、宗教的、家庭的和种族的等五花八门的政治权威”。他还进一步指出，“政治现代化的含义还包括，民族国家享有的对外主权不受他国干扰，中央政府享有的对内主权不被地方或区域性权力所左右。它意味着国家的完整，并将国家的权力集中或积聚在举国公认的全国性立法机关手里。”① 但是，以族裔和宗教群体为主要表现形式的次国家行为体在中东伊斯兰国家的普遍存在，尤其是其巨大的地区与国际渗透能力，使其成为导致中东与现存国际体系关系紧张的重要因素。如果以国际影响能力为着眼点，中东伊斯兰国家的次国家行为体可以划分为以下几种类型：

第一，具有地区和国际渗透与影响能力的宗教政治组织。如 1928 年成立的埃及穆斯林兄弟会，几乎在所有中东的伊斯兰国家设有分支机构，

---

① ［美］塞缪尔·P·亨廷顿，《变化社会中的政治秩序》，王冠华等译，北京：三联书店 1989 年版，第 29 页。

衍生出了形形色色的伊斯兰组织，其中既有从事合法政治斗争的温和伊斯兰组织，也不乏走上恐怖暴力活动道路的伊斯兰极端组织，这也正是“政治伊斯兰”现象得以国际化，影响和冲击国际体系，并被西方视为“伊斯兰威胁”的原因之一。又如黎巴嫩真主党，在叙利亚、黎巴嫩、以色列三国关系中扮演着非同寻常的角色，1982 年以色列入侵黎巴嫩、2006 年黎以冲突均与真主党有重要关系。黎真主党一直是黎政府无法控制的准国家力量，严格意义上讲，2006 年的黎以冲突代表着全球化时代世界冲突的一种新的类型，即某一国家的次国家行为体与另一国家的冲突，已非传统的“国际冲突”概念所能涵盖。当今，由于真主党与伊朗和巴勒斯坦哈马斯组织的密切联系，诸多中东事务中都有真主党复杂而深刻的影响。

第二，有巨大国际影响力的宗教极端主义恐怖组织。其最典型代表为本·拉登在阿富汗建立的“基地”组织，该组织不仅有经扭曲伊斯兰教“圣战”等理念而形成的意识形态体系，而且在人员、资金、信息等方面形成了网络全球的组织体系；在区域联系方面，它形成了以“基地”组织为中心，以东南亚、南亚、中亚、中东、北非各国的伊斯兰极端组织为支脉的组织架构。“基地”组织通过发动“9·11”事件重创现行国际体系，表明次国家行为体与国家之间的对抗已经超越了传统的“国际政治”而走向“世界政治”（或曰“全球政治”），显示了中东次国家行为体影响国际体系转型的巨大能量。近年来，“基地”组织和塔利班不仅在阿富汗卷土重来，各种反美组织和恐怖组织在伊拉克的反美斗争中异常活跃，而且导致巴基斯坦成为“恐怖主义全球网络的主要中心”①。

第三，寻求独立统一的跨界族群力量和少数族群力量。跨界族群主要是指传统聚居地被现代政治疆界分隔而居住在毗邻国家的族群。在中东，长期困扰伊拉克、叙利亚、土耳其、伊朗四国的库尔德人问题，就属于典型的跨界族群问题。为寻求自治与独立，库尔德人多次与伊拉克、土耳其、伊朗政府发生冲突。此外，库尔德人内部也派别林立，经常发生冲突。由于他们经常以邻国的库尔德地区作为活动基地，由此引发邻国间的不睦和矛盾。在库尔德人的自治和独立运动中，建立了各种政治组织，它们或寻求从所在国分

---

① Barnett R. Rubin, “Saving Afghanistan”, *Foreign Affairs*, May/June, 2008.

离出去独立建国，或寻求建立统一的库尔德民族国家，并尤以土耳其库尔德工人党的影响最为引人注目。库尔德工人党已经发生了向恐怖主义的转变，不仅威胁周边国家和地区的稳定，而且在欧洲具有强大国际影响。近年来，尤其是伊拉克战争后，库尔德工人党大有卷土重来之势。土耳其多次越境伊拉克打击库尔德工人党，使得库尔德问题不仅成为影响土伊关系的重要因素，也成为中东地区的又一热点问题。

中东次国家行为体构成了影响中东与国际体系关系紧张的重要因素，其影响方式包括：

第一，与现存国家的对抗，导致中东的民族国家体系异常脆弱，反国家（进而反体系）运动此起彼伏。

在许多中东国家，次国家的族裔、宗教、教派等族群认同和族群组织，或在教俗关系上反对现行政权的世俗化体制，或在合法性问题上挑战现行民族主义政权的合法性，或通过族裔冲突威胁国家的统一与稳定，或在对外关系上制造与其他国家的矛盾与冲突，从而导致中东民族国家体系的异常脆弱。在欧洲、东南亚等地区寻求超越国家的“地区主义”发展模式之际，受次国家行为体以及其他复杂因素的交互影响，“民族国家”这一国际体系所赋予的“外衣”，仍使许多中东国家穿起来非常不舒服，诸多次国家行为体总是试图突破其束缚另立门户。这种影响也恰如某学者所言：“在中东，次国家和超国家认同与国家认同展开竞争，激励着跨国运动，并限制着纯粹的国家中心主义的行为。”①

第二，次国家行为体深刻影响了中东地区的安全议程，构成中东地区冲突的主要参与者。

中东地区的冲突主要有四种形态：第一种为国家间的民族冲突，如阿以冲突、两伊战争、伊拉克入侵科威特等；第二种为大国对中东问题进行干涉的冲突，如美国发动的海湾战争、阿富汗战争和伊拉克战争，苏联发动的入侵阿富汗战争；第三种形态即中东国家的内部冲突，最为典型的有黎巴嫩内战、索马里内战、苏丹内战等，其冲突多为族群冲突，许多中东国家一直存在族群关系紧张的形势，使国家的统一和领土完整受到严重的威胁，尤其以

---

① Raymond Hinnebusch, Anoushiravan Ehteshami, *The Foreign Policies of Middle East States*, Boulder, Colo.: Lynne Rienner Publishers, 2002, p. 2.

苏丹、伊拉克、也门为典型代表;① 第四种形态为宗教极端主义组织发起的多层次的冲突，如伊斯兰极端组织与中东国家政府的冲突、黎巴嫩真主党与以色列的冲突、拉登的“基地”组织与西方尤其是与美国的冲突。

在以上各类冲突中，各种民族、宗教、教派、部族等次国家行为体都是重要的参与者，以上各类冲突之间还经常发生转换，如黎巴嫩内部教派冲突构成了导致以色列入侵黎巴嫩的重要因素，“基地”组织的恐怖袭击诱发阿富汗战争和伊拉克战争的爆发，伊拉克战争又导致伊内部血腥的教派冲突，由此形成了西方学者布赞所谓的“安全复合体”和“安全相互依存”。次国家行为体构成了推动“安全化”的重要力量，“在许多方面，由于分裂和冲突循环的加深，在今天中东称得上是一个地区安全复合体的理想案例。”②

第三，次国家行为体的广泛存在，导致中东地区体系不断遭致现存国际体系的外部干预。

受次国家行为体因素作用产生的各种冲突，不仅导致诸多中东国家对内权力的行使受到制约，而且还因具有危及大国利益、影响地区与国际安全、酿成“人道主义”危机等影响，成为外部大国乃至国际社会进行干涉与干预的理由，甚至酿成威胁国际体系稳定的冲突与战争。近年来，在美国开列的“无赖国家”或“流氓国家”的长长的黑名单上，多数为中东伊斯兰国家，并已对伊拉克和阿富汗进行“政权改变”。美国所定义的治理能力不足或完全丧失的“失败国家”，也多与其国家政权无力控制国内族裔与教派冲突相关，当前为国际社会所关切的苏丹达尔富尔问题即为典型例证。在现行国际体系的游戏规则下，这些“无赖国家”、“流氓国家”、“失败国家”与主导国际体系的西方尤其是美国的对抗，固然与掌握政权的现行政府有关，但掌控现行西方体系的西方，无疑没有深入认识这些国家动荡冲突的次国家行为体因素，也更谈不上探索适宜标本兼治的治理路径。

---

① Saad Eddin Ibrahim, *Sects*, *Ethnicity*, *and Minority Groups in the Arab World*, Cairo: Ibn Khaldoun Center, 1994, pp. 225 – 290.

② ［英］巴瑞·布赞等：《新安全论》，朱宁译，杭州：浙江人民出版社 2003 年版，第 180 页。

次国家行为体导致中东与国际体系关系紧张的根源

如果从单元与体系关系的角度看，次国家行为体异常活跃并导致中东与国际体系关系的紧张乃至冲突，其最直接的根源在于民族国家（主权国家）作为国际体系的基本单元，作为近代西方强加于整个世界，当然也为殖民地半殖民地国家的政治精英所推崇的政治组织形式，尽管已经为中东国家所普遍采用，但还远实现真正的内化，并缺乏本土文化传统的支撑，还遭遇宗教、教派等传统组织及其意识形态的排斥，导致各种反国家、反体系运动。中东国家内部和跨国的宗教、教派、族群冲突，因其本身的外溢性和外部强力干预演变成层出不穷的国际热点问题，动摇和破坏现存的国际体系与国际秩序。

1. 内外因素的共同作用导致了中东地区体系的脆弱性、破碎性和可渗透性，催化了中东地区次国家行为体的反体系运动。在历史上，中东地区的政治版图在帝国争夺中多次变更而处于不断变动之中，形成了阿拉伯、波斯、突厥、库尔德人等民族群体频繁的迁徙与融合的局面，各民族相互之间由于共同的宗教或教派因素具有明显的开放性和渗透性。近代以来，中东民族国家体系形成于奥斯曼帝国瓦解和英法殖民分割的历史遗产之上。1916年英法秘密签订《赛克斯—皮科协定》，划分了各自在中东的势力范围，英国的势力范围包括北非的埃及和苏丹、海湾地区、伊拉克、约旦和巴勒斯坦等，而法国的势力范围则主要包括叙利亚、黎巴嫩以及北非的马格里布地区。后来的中东民族国家体系基本上根据此势力范围而形成。

在西方强加的领土边界为基础形成的中东地区体系下，存在着大量的本土的反体系力量，它们或是围绕领土，或是围绕意识形态，或是围绕家族和部落群体，或是围绕宗教，或是围绕针对西方的态度等开展活动。[1] 由于民

① ［英］巴瑞·布赞等：《新安全论》，朱宁译，杭州：浙江人民出版社2003年版，第180页。

族与国家的严重不吻合，以及没有以本民族为主体建立国家的少数族群和跨界族群的大量存在，导致中东民族国家体系异常脆弱，并时常出现种种复杂的要求改变现存国家疆界的政治运动，有的是现存国家发起的“领土收复型”运动，有的以民族统一运动为名行谋取自身利益（如部分国家对阿拉伯统一运动的利用），有的是少数族群或跨界族群力图摆脱现存国家，有的是没有国家的民族（如巴勒斯坦、库尔德人）的建国运动，等等。

在上述政治运动中，有的次国家团体得到其他国家的支持，有的次国家行为体自行其是，有的次国家行为体与他国的同类团体结成一体，从而使次国家行为体广泛介入到中东国际关系之中。中东国家“可以向本国疆域之外的政治或宗教中心输出忠诚，任何中东领导人都能够轻易地通过资助邻国的报纸和反对派施加对外影响，以寻求邻国民众对自己的支持，这是非常自然的，也是被广泛接受的。”①

对于建立了22个国家的阿拉伯民族而言，国家间的可渗透性更为突出，其国内政治和对外政治之间根本没有明确的界限，“阿拉伯国家间关系几乎没有真正的外交关系，而是一个扩大了的家庭政治的一部分。”②与欧洲在民族国家体系成熟后逐步开展一体化运动的地区主义不同，阿拉伯统一运动与阿拉伯各国的独立运动相伴而生，甚至早于许多阿拉伯国家的独立。在统一运动中，阿拉伯统一或者阿拉伯利益是可资利用的公共资源，但在具体的国家那里，则很可能变成追求私利的合法性工具，“对统一的追求很容易被证明对某个特定的阿拉伯国家来说具有很大的分裂作用，因为支持与一种外部势力结盟的力量，经常会和支持另外一种联盟的力量陷入血腥的冲突之中。”③ 由此可见，尽管具有超国家色彩的阿拉伯统一问题不是本文

---

① Roger Owen, “Arab Nationalism, Unity and Solidarity”, in Talal Asad, Roger Owen, eds., *Sociology of “Developing Societies”: The Middle East*, London: Macmillan Press, 1983, pp. 20 – 21.

② Bahgat Korany, Ali E. Hillal Dessouki, *The Foreign Policies of Arab States*, Boulder: Westview Press, 1984, pp. 2 – 3.

③ Roger Owen, “Arab Nationalism, Unity and Solidarity”, in Talal Asad, Roger Owen, eds., *Sociology of “Developing Societies”: The Middle East*, London: Macmillan Press, 1983, pp. 20 – 21.

探讨的主题，但是它却是次国家行为体可以活跃其中的一个巨大的国际空间。

在战后的许多中东伊斯兰国家，或者权力结构安排渗入族群和教派因素，或者在民族和宗教政策上出现偏差与错误，从而为次国家行为体发挥作用创造了条件，也埋下了国家内部纷争与动荡的因素。其典型形式有三：其一，国家权力分割族裔化而引发的国内冲突，如历史上的黎巴嫩内战和当前伊拉克国家重建过程的权力争夺和教派仇杀。其二，权力垄断族裔化而引发的国内冲突，如在萨达姆时代伊拉克，国家政权为逊尼派所垄断，什叶派和库尔德人处于权力的边缘，并以暴动和骚乱的方式回应萨达姆的独裁政权，这也正是今天伊拉克族裔仇杀的根源之一。其三，少数族裔和跨界族群的分离运动引发的冲突，如库尔德人的独立运动引发的冲突。需要指出的是，以上各种冲突都具有典型的外溢性特征，如黎巴嫩内部冲突涉及黎以关系，伊拉克的内部冲突涉及两伊关系，库尔德问题则涉及多边关系，并在矛盾激化时演变成地区冲突。

在战后国际体系下，围绕中东事务进行国际安排的不公正、不合理，同样刺激了次国家行为体的异常活跃。由于篇幅所限，这里不再详述，仅作简要分析。从英国对允诺建立统一阿拉伯国家的背信弃义，到对犹太复国主义的支持；从美国主导下的巴以分治不公正的领土分割，到历次中东战争对以色列的偏袒；从美苏进行代理人战争，到不断变换的实用主义联盟；从苏联入侵阿富汗战争，到海湾战争后美国全面掌控中东霸权；从“伊斯兰威胁论”和“文明冲突论”的恶意敌视，到“流氓国家”、“无赖国家”和“邪恶轴心”的锁定；从阿富汗反恐战争到“先发制人”和“政权改变”的伊拉克战争，再到“民主改造”的“大中东计划”，中东地区时刻处在主导国际体系的西方霸权与强权的高压之下。在这种强大的外部压力下，“对西方数世纪之久的霸权的记忆，伴之以继续对西方的依附，留下了一道深深的伤痕和愤恨，很容易成为对社会失败的一种托辞和穆斯林政治中的导火线”。①

中东地区所承受的巨大的外部压力，在社会的草根层面为反霸权、反体系的次国家行为体的滋生和发展创造了条件。以巴勒斯坦问题为例，在阿拉

---

① J. L. 埃斯波西托，《伊斯兰威胁——神话还是现实?》，东方晓等译，北京：社会科学文献出版社 1999 年版，第 254 页。

伯伊斯兰世界看来，以色列是西方强行植入中东心脏的一颗钉子，是西方“新帝国主义”的活标志。“因为它重现了作为一个整体的中东与西方关系的历史图景，巴勒斯坦成了穆斯林世界跨越宗教、种族和民族界线的少数共同象征之一”。① 在此背景下，争取巴勒斯坦民族权利，反以、反西方成为阿拉伯世界民族宗教组织等次国家行为体进行社会动员的最有效的武器；另一方面，任何阿拉伯国家对以色列的妥协和让步，都会招致民族、宗教组织等中东次国家行为体，以及整个阿拉伯伊斯兰社会的反对。又如，阿富汗反苏战争以及美国出于反苏需要的实用主义策略，孕育了包括“基地”组织和塔利班势力在内的宗教极端组织，并对国际体系产生了深刻影响。

2. **内外因素的共同作用创造了宗教政治组织崛起的土壤，促成了中东伊斯兰运动的反国家和反体系运动。**穆斯林信仰共同体的普世性理想价值追求与严酷政治现实之间的矛盾，导致伊斯兰复兴反对现存民族国家及其由此构成的国际体系，是中东次国家的宗教政治组织反体系运动的内在逻辑。在理想信仰和政治文化层面，“乌玛（早期指穆斯林公社，后来指信仰共同体——作者注）是整个穆斯林社团存在的唯一完美的形式；它不承认民族和国家的地域、边界，也不承认穆斯林中存在种族、语言的区别。”② 但是，在现实上，自奥斯曼帝国解体以来，伊斯兰文明已经分裂为数个民族国家已是无法改变的现实，伊斯兰世界只是一个具有共同文化属性的国家群体成为而已，远非能够采取统一政治立场，发挥政治作用的实体。在伊斯兰会议组织多达 57 个成员国中，也没有发展模式成功，具有领导伊斯兰世界的能力，并拥有巨大国际影响力的核心国家。以致有学者指出，自西方殖民主义从第三世界撤退之后，伊斯兰世界是唯一一个未能成功地重新把自己再次树立为一个重要的国际角色的传统文明。③

在中东伊斯兰国家现代化进程受挫，各种社会矛盾激化，不断遭遇失败耻辱（如阿以冲突），同时面临沉重外部压力的背景下，“复归伊斯兰运动

---

① Michael Scott Doran, “Palestine, Iraq, and American Strategy”, *Foreign Affairs*, January/February 2003, p. 21.

② 金宜久主编：《当代伊斯兰教》，北京：东方出版社 1995 年版，第 165 页。

③ Barry Buzan, “New Patterns of Global Security in the Twenty-First Century”, *International Affairs*, July 1991, vol. 67, No. 3, pp. 246 - 247.

显然是对伊斯兰国家政治精英在政治共同体内建立合法的公共秩序失败的一种反应。"① 伊斯兰复兴的理想诉求是重建超国家超民族、体现"真主主权"的伊斯兰乌玛，并体现为近代以来虽屡遭挫折但至今绵延不断的泛伊斯兰主义和原教旨主义，但在已经世俗化或世俗化倾向不断加深的中东国家内部，其首要反对的对象即现行的国家政权。由于伊斯兰宗教意识形态具有的跨国界的特点，以及反西方（国际体系主导者）倾向，使得伊斯兰组织具有极强的国际渗透性，并在地区层面和国际层面引发中东与国际体系的紧张关系乃至冲突。

宗教极端主义和国际恐怖主义等次国家行为体的极端表现形态，作为中东伊斯兰思潮与运动的衍生物，在本质上都是在对现存国内与国际秩序彻底失望后，通过扭曲和滥用伊斯兰教传统理念，诉诸恐怖暴力方式的反国家、反体系运动。对此，埃及学者巴哈丁曾深刻指出："在国际法准则和世界和平缺失、双重标准得以通行，在四处笼罩着感觉到的暴虐和冷酷，以及横行霸道却无望改变的气氛中，在那些失去希望、被剥夺工作、备受痛苦和绝望煎熬的人中，充满了空间上的陌生感，他们只能把时间上的距离感当作精神寄托，把极端主义思想和恐怖主义当作解脱和透口气的情况下，恐怖主义仍将会在世界各地继续存在，而且，随着持续不断的经济萧条及其对政治、社会和心理造成的冲击，恐怖主义还会愈演愈烈。"②

不合理的国际秩序长期存在，是刺激宗教极端主义和国际恐怖主义的重要外部因素，这在拉登的逻辑中也得到了验证。拉登指出，美国之所以成为"基地"组织打击的对象，主要理由有三：一是海湾战争后美国在海湾地区的军事存在，不仅威胁到伊斯兰教两大圣地的安全，而且干涉了中东国家的内部事务；二是美国在海湾战争后对伊拉克实行制裁和野蛮轰炸，造成了人道主义灾难；三是美国在阿以冲突中一贯支持、偏袒以色列，对阿拉伯国家进行控制、打击和分化，无视阿拉伯国家和巴勒斯坦人民的合法权益和民族

---

① R. Hrair Dekmejian, "The Anatomy of Islamic Revival: Legitimacy Crisis, Ethnic Conflict and the Search for Islamic Alternatives", *The Middle East Journal*, Vol. 34, No. 1, Winter 1980, p. 3.

② ［埃及］侯赛因·卡米勒·巴哈丁：《十字路口》，朱威烈、丁俊译，上海：上海外语教育出版社 2005 年版，第 60 页。

尊严。①

“9·11”事件的发生表明，国际恐怖主义这一全球化时代最大的非传统安全威胁，对国际体系和国际秩序产生了难以评估的深刻影响。这种影响或者说人类需要反思的问题，基本可以概括为三点：第一，人类必须用严肃认真的态度和更强有力的手段和措施，对待恐怖主义的真实而又严峻的威胁；第二，它需要人类对恐怖主义赖以滋生和蔓延的根源进行深入挖掘，并在国际制度方面建立更加公正合理的规范和安排；第三，它表明美国那种我行我素、强权开道、蛮横打压的单边外交政策，会招致“损人不利己”的恶果，它在某种程度上是伊斯兰极端主义恐怖势力针对美国强势霸权高压政策的历史反动。②

① 王逸舟主编：《恐怖主义溯源》，北京：社会科学文献出版社2002年版，第311页。

② 王逸舟：“2001年国际形势概论”，载李慎明、王逸舟主编：《全球政治与安全报告》(2002)，北京：社会科学文献出版社2002年版，第26～27页。

专题36

奥巴马政府中东反恐政策述评*

【摘要】在奥巴马2008年取得总统大选胜利之际，布什政府中东政策的沉重遗产构成了奥巴马中东政策和反恐政策面临的严峻挑战。基于当时的复杂局面，奥巴马政府并没有很快提出新的国家反恐战略，而是在整个中东战略之下进行反恐战略调整。伴随2011年6月奥巴马政府《国家反恐战略》报告的出台，奥巴马政府的反恐战略正式成型。较之布什政府，奥巴马政府中东反恐的总体战略、反恐重点区域和对象、反恐具体手段均发生了重要变化。奥巴马中东反恐政策的效果可谓喜忧参半，具体表现在美国在具体的反恐收效方面取得了一定的成果，但美国所面临的恐怖主义威胁依然严峻，更为重要的是美国与伊斯兰国家的关系并未得到改善，阿拉伯伊斯兰世界的反美主义仍然根深蒂固。

在反恐问题上，奥巴马就任美国总统以来一直面临着十分严峻挑战，并突出表现为美国既要继续推进全球反恐斗争，尤其是要严惩发动“9·11”事件的“基地”组织，同时又要收拾布什政府“反恐战争”留下的伊拉克与阿富汗战争残局，改变美国因反恐战争不断受损的国际形象，尤其是改变和重塑美国与伊斯兰世界的关系，进而最大限度地减少反恐斗争对美国全球战略的掣肘。这也恰如2011年6月出台的美国《国家反恐战略》的开篇所言，奥巴马试图“将反恐斗争置于既不主导美国人民的生活，也不影响美

---

* 原载《国际观察》2013年第4期。

国更广泛利益的背景之下"①。

因此，奥巴马一直试图改变布什执政时期全球反恐战争（war against terror）主导美国安全与外交战略的不利局面，使反恐政策成为美国安全与外交战略的一部分，进而将更多的战略资源投入到应对经济危机、防范新兴大国崛起等重建美国领导地位的全球战略之中，但又要收到可以彰显的反恐效果。用奥巴马自己的话说，美国应进行"在道德上更容易被接受，更加集中、更加灵巧、更加有效的反恐战役"②，进而实现"打击、瓦解直至最终战胜基地组织及其分支机构和支持者，以确保美国公民和美国利益安全"③ 这一反恐战略目标。

近几年来，奥巴马对美国的反恐政策进行了全面的调整，而如何调整针对中东的反恐政策自然构成了奥巴马反恐战略调整的重点。无论是如何走出布什反恐战争留下的阿富汗和伊拉克战争泥沼，还是重塑美国与伊斯兰世界的关系，都是奥巴马必须面对的棘手难题。为此，奥巴马在调整中东战略的同时，制定并实施了一系列有别于布什政府的反恐政策。但美国国内和国际舆论多认为，奥巴马除取得击毙本拉登、削弱"基地"组织能力、美国本土安全保障能力相对增强等反恐成果外，美国所面临的反恐形势依然不容乐观；④ 甚至有评价认为，奥巴马的反恐政策仍然是近十年来反恐战争政策的延续，尽管取得了部分成功，但美国所面临的反恐问题的挑战依然如故。⑤ 在奥巴马取得总统连任之际，本文拟在宏观考察奥巴马反恐战略的基础上，从政策理念、反恐重点和反恐手段等方面分析和评估奥巴马政府中东反恐政策的调整及其效果。

---

① "National Strategy for Counterterrorism", June 2011, p. 1. http://www.whitehouse.gov/sites/default/files/counterterrorism_strategy.pdf.

② "Obama's remarks on Iraq and Afghanistan", *New York Times*, 15 July 2008. http://www.nytimes.com/2008/07/15/us/politics/15text-obama.html, accessed 14 June 2011.

③ "National Strategy for Counterterrorism", June 2011. p. 1. http://www.whitehouse.gov/sites/default/files/counterterrorism_strategy.pdf.

④ Martin S. Indyk, Kenneth G. Lieberthal and Michael E. O'hanlon, *Bending History: Barack Obama's Foreign Policy*, Washington DC: Brookings Institution Press, 2012.

⑤ Trevor McCrisken, "Ten years on: Obama's War on Terrorism in Rhetoric and practice", *International Affairs*, Vol. 87, No. 4, 2011, p. 781.

奥巴马政府中东反恐战略的演变

在2008年奥巴马取得总统大选胜利之际，布什政府中东政策的沉重遗产，即反恐优先与和平进程被边缘化的恶性互动，构成了奥巴马中东政策和反恐政策面临的严峻挑战。

首先，反恐作为布什政府中东战略的优先议题，尤其是在阿富汗反恐战争后转而对与恐怖主义并无实质联系的伊拉克发动战争，而后又深陷泥潭、无法撤足，导致中东和平议题被严重边缘化，其简单逻辑关系是美国中东战略的反恐议题优先及其战略方向的错误排斥和弱化了和平议题。

其次，受美国国内强大的犹太院外集团的影响，以及美国视以色列为中东战略资产的战略定位的影响，偏袒以色列构成了美国难以摆脱的战略文化。其重要的消极后果是不仅导致美国的中东战略丧失了灵活性，而且刺激了以反美、反以为特征的宗教极端主义和国际恐怖主义的滋生蔓延。因此，美国长期偏袒以色列的僵化战略，既刺激了恐怖主义，也限制了除以色列以外的其他中东力量与美国的反恐合作。

当时，2008年底至2009年初加沙战事的爆发，以及塔利班势力与“基地”组织的卷土重来，促使奥巴马政府使把推进国际反恐与中东和平进程确定为中东战略的主要议题。摆脱布什政府反恐与和平两大议题的矛盾紧张关系，建立和维持和平与反恐之间的兼容、平衡关系，进而实现美国中东战略的“回归平衡”（Restoring the Balance）[①] 无疑成为奥巴马政府面临的严峻考验。在此背景下，新总统需要“启动多样性的政策（multiple policies）以应对严峻的挑战，但他很快就会发现时不待我的紧迫。”“美国新总统的中东政策必须重新区分优先次序并调整其方向（reprioritize and reorient）”，[②]

---

① Richard N. Haass and Martin S. Indyk，eds，*Restoring the Balance：A Middle East Strategy for the Next President*，Brookings Institution Press，2008.

② Ibid，p. 1.

必须“超越伊拉克”①。

基于当时的复杂局面，奥巴马政府并没有很快提出新的国家反恐战略，而是在整个中东战略之下进行反恐战略调整。其内容包括：

首先，放弃“先发制人”与“政权改造”的强力反恐政策，代之以加强中东国家的反恐能力与制度建设。美国反恐问题专家丹尼尔·拜曼、史蒂文·西蒙建议，“应将反恐纳入整体中东战略的一部分，反恐不应再度充当美国中东政策的主驱动轮（driver）”；新政府反恐政策的重点是加强地区反恐能力建设，强化“失败国家”的制度建设。② 因此，奥巴马政府很快就放弃了“全球反恐战争”的提法，他强调：“伊拉克事件提醒美国在有可能的情况下，应选择通过外交手段和建立国际共识的方式解决我们的问题。”③

其次，对中东民主化采取更加务实的政策，“重新掌握道德制高点”。理查德·哈斯等人认为，布什“民主改造”中东的政策造成了严重的消极后果。“在民主问题上，新总统需要在美国利益与价值观方面寻求可持续的平衡（sustainable balance），考虑到该地区的不稳定性，美国应该采取支持长期的、渐进性的民主化进程的政策。”以上主张的核心是要通过放弃布什政府“民主改造”中东的政策，以缓解美国与中东伊斯兰国家的紧张关系。他们还认为，美国应将民主化的希望“寄托于年轻一代”，新总统面临的两项紧迫事宜是：关闭关塔纳摩湾监狱；把解决巴勒斯坦问题作为美国中东政策的优先议题。而更为长期的任务是建立“一个全新的、更为包容的、和平的中东新秩序。”④ 奥巴马也认为，尽管民主仍然是美国中东战略的重要议题，但“一个国家不能也不应该将一种政治系统强加于另一个国家。”⑤

---

① Richard N. Haass，Martin Indyk，“Beyond Iraq，A New U. S. Strategy for the Middle East”，*Foreign Affairs*，January/February，2009.

② Richard N. Haass and Martin S. Indyk，eds，*Restoring the Balance*：*A Middle East Strategy for the Next President*，Brookings Institution Press，2008，pp. 187 –216.

③ “奥巴马开罗大学演讲全文”，http：//news. 163. com/09/0604/22/5B0DLSV40001121M_ 5. html

④ Richard N. Haass and Martin S. Indyk，eds，*Restoring the Balance* ：*A Middle East Strategy for the Next President*，Brookings Institution Press，2008，pp. 11 –12.

⑤ “奥巴马开罗大学演讲全文”，http：//news. 163. com/09/0604/22/5B0DLSV40001121M_ 5. html

最后，美国应重建反恐合作的多边国际框架。约瑟夫·奈认为，美国的单边主义政策已经将其软实力耗费殆尽，并提出了恢复美国的软实力的三点建议：做出政策调整，在伊拉克寻求政治解决方案；做出更大的努力，促进中东和平进程；与盟友和国际组织进行更紧密的合作。① 奥巴马总统高级反恐顾问约翰·布伦南说，美国政府必须从根本上对打击恐怖主义的斗争重新定义，用一场集各方面国家实力于一体以击溃敌人的战役替代“反恐战争”；华盛顿必须将军事打击与更加持久的经济、外交和文化手段等“软实力”结合起来。②

在具体的策略方面，奥巴马政府反恐政策的最大变化突出体现为反恐重心从伊拉克向阿富汗和巴基斯坦的“东移”。2009 年 3 月，奥巴马提出了“阿巴新战略”，其核心内容是：向阿富汗增兵 2.1 万人，训练和增加阿富汗军警，推动阿富汗全国和解；加强对阿富汗的经济援助与合作，将巴基斯坦纳入美国的阿富汗战略；放弃单边主义，采取国际合作的多边主义；设定明确标准衡量新战略的进度及其效果等。③ 通过实施“阿巴新战略”，美国将反恐重心集中于“基地”组织和塔利班势力活动猖獗的阿巴边界地区，并在加强军事打击的同时，支持阿政府与塔利班进行接触和谈判。总之，相对于小布什时期，反恐在美国中东战略中的地位呈相对下降的态势，并且服务于美国中东战略的整体调整，其主要内容是从伊拉克撤军、与伊朗对话、启动和平进程、修复与伊斯兰世界的关系，其中心目标是重建美国在中东地区的形象。④

直至 2011 年 6 月 29 日，奥巴马政府才发布《国家反恐战略》，这是“9·11”事件后美国于 2003 年和 2006 年发布的两份《抗击恐怖主义国家战略》（National Strategy for Combating Terrorism）之后的第三份反恐文件。它既是对奥巴马执政以来反恐政策的总结，同时也是因应本·拉登被击毙、

---

① 转引自朱世达：“关于美国形象的思考”，http：//www. cp. org. cn/show. asp？NewsID－538

② “奥巴马政府公布反恐新战略”，http：//world. people. com. cn/GB/9820791. html

③ “A New Strategy for Afghanistan and Pakistan”，March 26，2009，http：//www. whitehouse. gov/blog/09/03/27/ A-New-Strategy-for-Afghanistan-and-Pakistan.

④ 唐志超、刘权：“奥巴马政府中东政策初析”，载《现代国际关系》2009 年第 7 期，第 33 页。

美国从伊拉克和阿富汗撤军、西亚北非变局等形势变化的产物。该报告的内容主要包括：

1. **明确界定美国面临的恐怖主义威胁**。报告明确指出，“美国最突出的安全威胁一直来自‘基地’组织及其分支机构和支持者。”报告具体强调了三个层次的内容：首先，尽管本·拉登被击毙是美国反恐的“战略里程碑”，但“这并不意味着‘基地’组织的终结”，该组织“仍将集中力量伺机攻击美国及其海外利益”；其次，“基地”组织网络在不断拓展，其分支已经扩展到了中东、非洲、中亚和东南亚地区，其共同目标都是“通过攻击美国和其他西方国家的地区利益甚至美国本土，推进‘基地’组织的地区和全球议程”；第三，“基地”组织不断利用先进通讯技术宣扬其意识形态，“鼓动其追随者以它的名义发动对美国的恐怖袭击”，有些追随者甚至是美国公民。因此，美国本土受到恐怖袭击的危险在增大，“美国仍然处于与‘基地’组织的战争中”。基于上述认识，报告将美国反恐战略的目标确定为“打击、瓦解直至最终战胜基地组织及其分支机构和支持者，以确保美国公民和美国利益的安全”。①

2. **确立美国反恐斗争的指导原则**。美国反恐斗争的指导原则包括：（1）坚守美国的核心价值观；（2）构建安全伙伴关系；（3）适当运用各种反恐手段和能力；（4）构建弹性文化（Building a Culture of Resilience），建立有效的防御体系和应对机制。②

3. **明确美国反恐斗争的总体目标**。美国反恐斗争的总体目标包括8个方面的内容：（1）保护美国人民、国土和国家利益；（2）瓦解、削弱和击败“基地”组织及其分支和拥护者；（3）阻止恐怖主义分子发展、获取和使用大规模杀伤性武器；（4）根除恐怖主义的避风港（safehavens）；（5）建立持久的反恐伙伴关系和能力；（6）削弱“基地”组织、分支和拥护者之间的联系；（7）消除“基地”组织的暴力极端主义意识形态及其影响力；

① “National Strategy for Counterterrorism”, June 2011, pp. 3 – 4. http://www.whitehouse.gov/sites/default/files/counterterrorism_strategy.pdf

② Ibid., pp. 4 – 8.

（8）切断恐怖主义的活动手段。①

4. **明确美国反恐的重点区域和领域**。报告按重要性列出了九个重点关注区域和对象，以因地制宜地制定针对各“基地”组织及其分支和追随者的反恐对策。它们分别是：美国本土、南亚、阿拉伯半岛、东非、欧洲、伊拉克、马格里布和萨赫勒地区（即北非地区）、东南亚、中亚。此外，报告还将“基地”组织的意识形态、理念和信息等的传播列入了重点关注领域。②

奥巴马政府中东反恐政策的主要变化

1. **总体反恐战略的变化**。奥巴马政府中东反恐政策的总体原则是既要通过战略收缩，尤其是通过将反恐重点东移增强反恐实效，又要有利于改善美国在中东的国际形象，重塑美国与伊斯兰国家的关系。出于这一原则，奥巴马改变了布什政府反恐扩大化的做法，将打击“基地”组织的中东分支尤其是阿拉伯半岛分支和马格里步分支作为美反恐战略的重点，并致力于改善与伊斯兰国家的关系。

首先，奥巴马特别强调美国反恐斗争的对象为信奉“暴力极端主义”的“基地”组织，美国的反恐斗争既不是针对伊斯兰教的战争，也不是针对伊斯兰世界的战争。

2009 年 6 月，奥巴马访问埃及，他在开罗大学的讲话中特别强调，“美国目前没有，也不会和伊斯兰世界开战”。③ 又如，2011 年 6 月发布的美国《国家反恐战略》报告更加明确地指出，“美国谨慎地使用‘战争’术语描述与基地组织的残酷斗争”，但美国“并非处于与伊斯兰教的战争之中，我

---

① “National Strategy for Counterterrorism”, June 2011, pp. 8 – 10. http://www.whitehouse.gov/sites/default/files/counterterrorism_strategy.pdf.

② Ibid., pp. 10 – 18.

③ “奥巴马开罗大学演讲全文”，http://news.163.com/09/0604/22/5B0DLSV40001121M_5.html

们只是处在与特定的组织即'基地'组织的战争中"。[①] 报告尽管也强调了真主党、哈马斯等组织的威胁，但更加集中强调"基地"组织的威胁。这与小布什政府将"恐怖分子—恐怖主义—支持恐怖主义国家—大规模杀伤性武器扩散国—邪恶轴心—暴政前哨"确定为反恐战争"打击链条"[②]，进而导致美国反恐目标泛化、反恐战争扩大化的做法形成了鲜明的区别。

其次，力图改变美国因反恐战争不断恶化的国际形象，淡化美国与伊斯兰国家关系的"文明冲突"色彩，致力于通过政治、经济、外交、文化等多种手段，消除中东地区的反美主义根源，重塑美国与伊斯兰世界的关系。

奥巴马特别强调美国中东战略的整体性以及重塑美国与伊斯兰世界关系的重要性。他指出："如果我们将这一地区视为一个整体，并向阿拉伯伊斯兰世界发出一个信息：我们将在相互尊重和互利的基础上建立一种新的伙伴关系，我们就将获得重大进展。"[③] 在开罗大学的演讲中，他特别强调"在美国和穆斯林世界之间寻求一种全新的开端；这种开端建立在彼此的利益和相互的尊敬之上。""美国和穆斯林世界是相互交叠的，遵循着共同的价值观：正义和发展的价值观；以及宽容和人类尊严的价值观。""我们必须学会倾听彼此、互相学习、相互尊重；我们必须寻求共识。"[④]

在总体上，奥巴马做出的重大战略调整是结束伊拉克战争，将反恐战争的重点从伊拉克转移至阿富汗和巴基斯坦；通过重启中东和平进程，关闭关塔纳摩监狱甚至启动与伊朗的对话等手段改善美国在中东的国际形象，但推动和平进程以及与伊朗对话的政策均无建树。此外，美国还试图利用"阿拉伯之春"，通过支持阿拉伯民众和反对派的抗议浪潮，继续改善美国在中东的国际形象。

2. **反恐重点区域和对象的变化。**中东地区仍是美国全球反恐的重点区域，但美国反恐的对象更加明确化，主要锁定在与"基地"组织关系密切

---

① "National Strategy for Counterterrorism", June 2011, p. 2. http://www.whitehouse.gov/sites/default/files/counterterrorism_strategy.pdf

② 参见孙逊、卓华："奥巴马政府《国家反恐战略》评析"，载《和平与发展》2012年第1期，第39页。

③ "Obama-Biden Plan", http://www.brackobama.com/issues/healthcare/.

④ "奥巴马开罗大学演讲全文"，http://news.163.com/09/0604/22/5B0DLSV40001121M_5.html

的重点区域和组织，以及主要的“支持恐怖主义国家”，旨在锁定反恐重点，增强反恐实效。

在2011年美国《国家反恐战略》报告强调的九大重点区域中，直接属于中东的有三大区域包括：

1. 阿拉伯半岛。美国在该地区面临两大威胁：一是“基地”组织阿拉伯半岛分支的直接进攻，二是该区域的大量资金流向“基地”组织及其分支和拥护者。美国将与沙特阿拉伯、阿联酋、科威特、巴林、阿曼以及也门等国加强合作，增强其政府管控力度，降低“基地”组织在该区域的影响力。

2. 伊拉克。伊拉克的“基地”组织分支是美国在该区域主要打击对象。美国应致力于增强伊拉克安全部队的反恐能力，支持伊政府解决军队腐败和法律体制问题，并鼓励当地团体共同反恐。

3. 马格里布地区。马格里布“基地”组织分支根植于阿尔及利亚，近来向南部的撒哈拉地区和马里北部转移，利用地区的不稳定局势招募、培训武装人员，获取武器，制造多起恐怖事件，严重损害美国和西方国家的利益。美国将扩大与该地区的阿尔及利亚、毛里塔尼亚、马里和尼日尔等国的合作，制定近期计划和长远战略，铲除该区域的恐怖势力。当然，其他重点区域如南亚、东非、中亚以及作为重要反恐领域的“基地”组织意识形态传播，都与中东有重要关系。

奥巴马执政以来，在美国国务院历年发布的《关于恐怖主义的国家报告》（Country Reports on Terrorism）中，基本上都是将中东北非（事实上也就是中国中东概念所包括的西亚北非地区）作为一个区域加以考察。在2012年7月发布的《关于恐怖主义的国家报告》中，针对中东地区的恐怖主义形势，报告主要集中强调了以下几点内容：第一，恐怖主义利用地区形势动荡增强自身影响力，并特别强调了利比亚武器流散特别是便携式防空武器（Man-Portable Air Defense System）落入恐怖组织之手导致的安全威胁；第二，强调了“基地”组织在中东三个主要分支，即阿拉伯半岛分支、伊拉克分支和马格里布分支以及黎巴嫩真主党的威胁；第三，强调了地区国家如伊拉克、阿尔及利亚、沙特、以色列和巴勒斯坦当局反恐能力的增强。①

① *Country Reports on Terrorism*, *2011*, United States Department of State Publication, 2012, p. 92.

在“支持恐怖主义国家”部分中，古巴、伊朗、苏丹、叙利亚被指定为全球四大“支持恐怖主义国家”，其中三个国家为中东国家。报告对伊朗为代表的“支持恐怖主义国家”予以强烈谴责，其关注程度明显高于以往的报告。报告称伊朗为头号“支持恐怖主义国家”，并特别强调伊朗对伊拉克什叶派武装、巴勒斯坦哈马斯组织以及巴基斯坦恐怖组织的支持，强调伊朗“伊斯兰革命卫队圣城旅”对叙利亚的渗透；强调支持恐怖主义已成为伊朗外交政策的工具，其影响范围甚至波及美国本土，策划刺杀美国驻沙特大使为最好例证；谴责伊朗将恐怖联盟的触角延伸至加勒比和拉美地区。这在很大程度上是对伊朗核问题谈判陷入僵局、美国加大对伊朗制裁力度等地缘政治现实的反映。报告也对叙利亚支持境外恐怖组织的行径予以了分析。其中不难看出，以上内容在很大程度上出于美国对伊朗和叙利亚施压，为可能采取的军事干预抢占道义制高点的考虑。

3. **反恐具体手段的变化**。在反恐手段上，除强调反恐合作、综合运用多种手段、支持地区国家增强反恐能力建设等举措外，奥巴马政府中东反恐手段的重大变化突出表现为改变布什政府反恐战争和政权更迭等战争手段，转而选择更加灵活、机动的反恐手段，尤其是以运用无人机打击和特种部队定点清除为主要反恐手段，以增强反恐的实战效果。

奥巴马政府的具体反恐手段日益从布什政府的大规模反恐战争转向低烈度的所谓“秘密战争”，以应对“基地”组织的非对称性消耗战。用奥巴马首席反恐顾问约翰·布伦南的话来说，美国需要的不是“锤子”，而是“手术刀”。据英国《泰晤士报》和美国《纽约时报》报道，2008 年底奥巴马当选总统时，布什政府用于打击恐怖组织的特种部队在不到 60 个国家执行秘密任务；如今美国已经在 70 多个国家部署了特种作战部队，随时准备对恐怖分子发动攻击，其人数超过 1.3 万人，总预算已接近 90 亿美元。[①] 利用无人机进行定点清除也已成为奥巴马政府的主要反恐手段。美国目前在非洲、阿拉伯半岛和也门秘密修建了无人机基地，重点打击索马里和也门的“基地”组织。

---

① “美反恐秘密战升级，特种部队在 73 个国家行动”，《时代周报》2010 年 10 月 24 日。

对奥巴马政府中东反恐政策的若干评估

奥巴马中东反恐政策的效果可谓喜忧参半，具体表现在美国在具体的反恐收效方面取得了一定的成果，但美国所面临的恐怖主义威胁依然严峻，更为重要的是美国与伊斯兰国家的关系并未得到改善，阿拉伯伊斯兰世界的反美主义仍然根深蒂固。

奥巴马中东反恐相对成功之处主要体现在：

第一，美国本土安全相对得到了较好的保障。当前美国本土面临的大规模恐怖主义威胁得到了较好的控制，其面临的威胁主要是与“基地”组织有密切关系的“独狼”，他们或接受境外“基地”分支组织的培训，或通过网络等接受“基地”组织的意识形态，但他们试图发起的恐怖袭击都多属未遂事件，进而使美国本土未发生重大的恐怖袭击事件。

第二，击毙本·拉登等一批恐怖主义领导人物，是美反恐斗争取得的重大政治胜利。继 2011 年 5 月本·拉登被击毙后，2011 年 6 月，1998 年美国驻肯尼亚、坦桑尼亚大使馆爆炸案的策划者、东非“基地”组织的重要成员哈兰·法祖尔（Harun Fazul）在索马里被击毙；8 月，本·拉登被击毙后“基地”组织的二号人物阿提亚·阿布杜·拉赫曼（Atiya Abdul Rahman）在巴基斯坦被击毙；9 月，“基地”组织阿拉伯半岛分支的重要人物安瓦尔·奥拉基（Anwar al-Aulaqi）在也门被击毙。[1] 这是布什政府大规模“反恐战争”未能取得的实质效果，有助于美国走出“9·11”事件和十年反恐战争的阴影。

第三，奥巴马结束伊拉克战争，将反恐中心东移至阿富汗和巴基斯坦的战略取得了相对成功。结束伊拉克战争符合美国的全球战略，使美国基本上摆脱了伊拉克的反恐战争泥潭，美军撤出后的伊拉克安全形势十分严峻，但并未陷入严重失控的局面；将阿富汗和巴基斯坦作为反恐重点，增兵阿富

---

① *Country Reports on Terrorism*, *2011*, United States Department of State Publication, 2012, p. 5.

汗、加强与巴基斯坦的反恐合作，在本质上是对奥巴马政府将“基地”组织作为反恐重点这一战略的具体落实，虽然在执行过程中出现了诸多问题，但本·拉登被击毙等重大反恐成果的取得正是这一战略的结果。

当然，奥巴马的中东反恐战略并未能改变美国反恐战略治标不治本的本质，美国在中东面临的恐怖主义威胁并没有得到根本改变，美国与伊斯兰世界的对立也未能得到缓解，甚至在近来大有冲突持续加深的态势。具体原因主要包括：

第一，奥巴马政府在推动中东和平进程方面有始无终，未能有效地解决巴以关系尤其是巴勒斯坦建国问题；在伊朗问题上在不能打开僵局后又转向布什政府制裁和高压的老路。美在中东和平进程与伊朗核问题上的毫无建树，使美在中东的战略困境未能得到改变。

第二，美国对中东变局后恐怖主义将日趋衰落的过度乐观，使美国的中东政策存在着较大的误判，尤其是忽视了“基地”组织的反弹能力和意识形态的社会动员能力，而美国在“阿拉伯之春”过程中的双重标准，也进一步加深了中东地区反美主义浪潮的反弹。

第三，在反恐实践中，美国违反国际法，运用越境打击、无人机轰炸等“秘密战争”手段，造成了大量无辜平民的伤亡，遭致了中东伊斯兰国家和穆斯林民众的强烈反对；而驻阿富汗士兵虐杀平民、焚烧古兰经事件和亵渎伊斯兰先知的电影事件等，都进一步加剧了穆斯林民众的反美、仇美情绪。

中东变局发生以来，有利于恐怖主义发展的土壤并未随之消失。首先，中东地区形势的总体动荡有利于恐怖主义的新发展，阿拉伯国家经济困难的加剧和民生问题日益突出，为恐怖主义滋生提供了更肥沃的社会土壤；其次，伊斯兰势力地位的总体上升态势有利于伊斯兰极端势力和恐怖组织的发展，“基地”组织阿拉伯半岛分支和马格里布分支等恐怖组织、圣战萨拉菲派等伊斯兰激进势力活动日趋猖獗；再次，反恐在美国中东战略中的地位下降，作为美国反恐盟友的部分阿拉伯国家政权倒台，弱化了国际反恐合作，在某种程度上减轻了恐怖势力面临的国际反恐压力；最后，阿拉伯国家的动荡尤其是利比亚战争，导致非法武器扩散问题泛滥，有利于恐怖组织获取先进的武器装备并发起大规模恐怖袭击。

总体来看，中东变局发生以来，“基地”组织的发展具有如下三个方面的特征：

第一，中东变局促使“基地”组织积极进行意识形态和策略调整。最初，国际舆论尤其是西方智库多认为，以和平抗议为主要形式，以世俗民主制度为主要政治目标的“阿拉伯之春”，在某种程度上削弱了“基地”组织宣传以“圣战”方式建立伊斯兰国家这一核心意识形态的吸引力；“基地”组织在最初主要采取被动应对的策略，主要以发表声明的方式支持阿拉伯民众推翻“专制统治者”的抗议浪潮。但是，伴随阿拉伯国家转型陷入困境以及利比亚、也门、叙利亚、埃及局势陷入动荡，国际社会的认识开始发生变化。有观点认为，阿拉伯国家的经济困难和社会动荡，乃至“阿拉伯之春”的失败，将使“基地”组织的意识形态重获吸引力，并导致国际恐怖主义的反弹。事实上，“基地”组织对“阿拉伯之春”的应对经历了从被动应对到主动塑造的过程。“基地”组织认为，“阿拉伯之春”的目标是推翻“阿拉伯独裁者”，而“基地”组织的“近敌”是“阿拉伯独裁者”，“远敌”是西方是美国，并号召打击“近敌”和“远敌”都是穆斯林神圣责任，试图将“阿拉伯之春”导向“基地”组织的意识形态轨道。

第二，马格里布“基地”组织的发展十分迅速。北非马格里布地区是中东剧变的重灾区，该地区的突尼斯、埃及和利比亚相继发生政权更迭，尤其是利比亚战争导致局势混乱和武器大量流散，有利于伊斯兰马格里布“基地”组织（Al Qaeda in the Islamic Maghreb，AQIM）的发展壮大。“基地”组织伊斯兰马格里布分支是“基地”组织在非洲的传统力量，而索马里“伊斯兰青年运动”（Shabaab）、利比亚伊斯兰战斗团（Libyan Islamic Fighting Group，LIFG）、尼日利亚“博科圣地”组织（Boko Haram）等新兴的恐怖极端力量，在中东变局后的发展更是十分迅速，与伊斯兰马格里布“基地”组织的联系也日趋密切，并大有向撒哈拉以南非洲蔓延的态势。2011 年“博科圣地”组织多次在尼日利亚、马里、乍得、毛里塔尼亚等地发动恐怖袭击，甚至卷入了 2012 年的马里政变；索马里“伊斯兰青年运动”则在东北地区的索马里、埃塞俄比亚、肯尼亚活动猖獗，其目标是在三国交界地区建立“东非伊斯兰酋长国”。[①]

① Alex Wilner, *Halting al Qaeda's African Rebound: Why Supporting the Arab Spring and Exploiting bin Laden's Death will Keep Canadian's Safer*, The Macdonald-Laurier Institute, November 2011, pp. 3 – 4.

第三，“基地”组织阿拉伯半岛分支活动猖獗。2009 年 1 月，沙特阿拉伯和也门的“基地”组织分支合并为“基地”组织阿拉伯半岛分支（Al Qaeda Arab Peninsula，AQAP），主要在也门南部活动。自 2011 年也门局势陷入动荡以来，“基地”组织阿拉伯半岛分支趁机占领了也门南部多座城市，其势力范围逐渐扩展。2011 年 5 月 28 日，“基地”组织阿拉伯半岛分支曾一度占领也门南部阿比扬省省会津吉巴尔市，并宣布该市为“基地”组织建立的“伊斯兰酋长国”的首都。[①] 也门官方称目前在南部阿比扬省、舍卜瓦省、贝达省、拉哈吉省和哈达拉毛省活动的“基地”组织武装人员仅有数百人，但也有资料称也门境内的“基地”组织武装人员保守估计有 3000 至 5000 人。此外，“基地”组织阿拉伯半岛分支与索马里“伊斯兰青年运动”的联系也在不断增强。

因此，在奥巴马的第二任期内，反恐仍将是美国中东战略面临的严峻挑战，并对美国的战略东移构成掣肘。

---

① Juan C. Zarate and David A. Gordon, “The Battle for Reform with Al-Qaeda,” *The Washington Quarterly*, Summer 2011, p. 106.

专题 37

关于中东变局的几个基本问题*

【摘要】中东变局是一场席卷阿拉伯世界的地区性政治与社会运动，发展民主、改善民生构成了其主要政治诉求，以推翻现政权为目标的政治抗议浪潮构成了其典型表现形式。中东国家的政治变革既有典型的共性特征，又有鲜明的差异性特点，同时有着深刻的政治、经济和思想文化根源。从未来的发展趋势看，民主化、世俗化、如何处理与西方的关系问题构成了影响阿拉伯国家政治变革的三大核心议题，而阿拉伯国家、以色列、土耳其、伊朗四大力量的地位变化，以及地区热点问题的复杂化构成了中东地区格局变化的主要趋势。

自2010年底以来，在大规模民众抗议浪潮的冲击下，在外部势力的干预和影响下，中东地区局势陷入严重动荡。在此过程中，阿拉伯国家或通过民众抗议浪潮（如突尼斯和埃及）发生政权变更，或通过外部军事干预发生政权更迭（如利比亚），或陷入久拖不决的内部冲突（如叙利亚）。中东地区的历史巨变表明，在内外因素的共同作用下，中东国家政治和地区格局均处在深刻的变动与调整之中，其地区影响和国际影响也处在进一步发酵与扩散之中。近几年来，中东形势变化的复杂性质与深刻根源、阿拉伯国家政治转型的复杂趋势与影响因素、中东地区格局的深刻变化、大国中东战略的深刻调整、中东形势动荡对中国的冲击和影响等，都构成了国内外广泛关注

* 原载《阿拉伯世界研究》2012 年第 2 期。

的焦点。本文主要就中东地区形势动荡的性质、特征、原因和发展趋势等基本问题略作分析与探讨，希望能对认识中东变局的复杂性有所帮助。

中东变局的复杂性质

由于中东地区形势变化具有时间上的突发性、根源的复杂性、波及范围的地区性、影响的广泛性等特点，同时由于不同研究主体的意识形态和价值偏好不同，加之中东形势仍处在瞬息万变的变局之中，国内外学界、政界围绕中东形势变化的性质存在巨大的争议。具体说来，代表性的观点主要有：

1. **民主革命说**。认为中东变局的性质为“民主革命”，并称之为“茉莉花革命”和“阿拉伯之春”。国外有论者指出，“这是一场民主革命”，阿拉伯民众“是在为自由、尊严、公正而斗争，是为了用民主取代各自国家的专制制度而斗争”。当民众抗议“要求当权者立即下台，用一个全新的政治制度取而代之，这种‘抗议’就成为一种革命”。①国内也有学者认为，“这是一次以实现‘政体’转变为目标的‘阿拉伯革命’，即从一党专政和一人独裁的政治体制转变为多党选举执政的民主体制”②。

2. **起义和暴动说**。认为阿拉伯抗议浪潮并非革命，更不是民主革命，它们只是形态各异的起义和暴动。有分析指出，“这不是革命，更像是暴动，如果愿意也可以称作起义。”③“所谓的‘阿拉伯之春’包含了各种类型的示威活动”，但“并非所有示威活动都属于革命。并非所有革命都是民主革命”。④

3. **政治危机说**。认为中东变局是“波及中东广大地区，具有多米诺骨

---

① 哈维尔·巴仑苏埃拉：“阿拉伯革命的七个关键问题”，西班牙《国防杂志》2011年4月号。

② 王锁劳：“有关北非中东巨变的几个问题”，载《外交评论》2011年第2期，第3页。

③ 阿列克谢·马拉申科：“历史缓慢前进”，俄罗斯《独立报》2010年4月27日。

④ George Friedman，“Obama and the Arab Spring”，http：//www. stratfor. com/weekly/20110523 – obama-and-arab-spring

牌效应的一系列政治危机”，具体表现形式有三种：第一，民众集会和示威游行；第二，带有宗教色彩的政治抗议和宗教冲突，如巴林；第三，示威游行引发武装冲突和外部干预，如利比亚。①

4. **社会运动说**。有观点认为，在中东形势动荡中，“虽然掺入部落、教派冲突，其间甚至有分裂主义、极端宗教势力和恐怖主义乘机作乱，但就总体而言，这是一场自下而上的、群众自发的社会变革运动，是长期积累的政治社会矛盾的总爆发”。②

从总体上看，西方和阿拉伯学界更倾向于“民主革命说”，认为中东变局正在终结传统的关于中东不适合民主发展的“阿拉伯例外论”。在中东变局局限于突尼斯和埃及时，“民主革命说”、“民族民主革命说”在中国学界有一定的反映，但伴随利比亚战争爆发，以及也门、巴林、叙利亚局势恶化，多数人认为中东变局的性质尚有待进一步观察。

本文认为，中东形势动荡是一场席卷阿拉伯世界的地区性政治与社会运动，它是继20世纪50～60年代的阿拉伯民族主义运动、70～80年代的伊斯兰复兴运动之后发生的第三次地区性的政治与社会运动，增强民主、改善民生构成了其主要政治诉求，民众和政治反对派以推翻现政权为目标的政治抗议浪潮构成了其典型表现形式。但具体到不同的国家，其具体性质和表现形式有所不同，突尼斯和埃及和平变革的色彩较为浓厚，利比亚和也门局势与部落暴力冲突密切相关，巴林、叙利亚局势具有教派斗争的特点，同时也掺杂有部落因素。

中东变局的特征

中东国家形势动荡的共性特征主要包括：以民众抗议浪潮为主要形式，以改善民生、增强民主为主要政治诉求，缺乏独立的领导阶层和政治理念，

---

① 王京烈：“解读中东政治危机”，载《西亚非洲》2011年第6期，第3、9页。

② 姚匡乙：“中东形势巨变以及中国的中东政策”，载2011年上海外国语大学《“中东形势的巨变及其影响”学术研讨会论文集》，第1页。

以青年为主体力量，广泛借助网络、手机等新型媒体等特点，并具有显著的地区性、跨国性的特征。但是，中东国家的形势变化存在着极大的差异性，诸如北非共和制国家形势变化的烈度明显强于海湾君主制国家；利比亚的暴力冲突与地方部落势力与卡扎菲政权的矛盾密切相关，并诱发了西方的国际干预；海湾国家尤其是巴林的动荡凸显了逊尼派政权与什叶派反对派之间的矛盾，并与伊朗的煽动与支持有重要关系，同时也反映了伊朗什叶派势力与沙特逊尼派政权渗透与反渗透的角逐。因此，深入认识中东地区形势的变化既要看到其共性特征，又要重视其差异性，不应一概而论。

1. **中东国家形势变化的共性特征。**（1）以推翻现政权为目标，以民众抗议浪潮为主要表现形式。尽管阿拉伯国家的抗议浪潮的强度、烈度以及具体形式有所不同，但推翻现政权构成了阿拉伯各国抗议浪潮的共同目标。对此，有评价指出，阿拉伯民众“是在为自由、尊严、公正而斗争，是为了用民主取代各自国家的专制制度而斗争”。① 在民众抗议浪潮中，阿拉伯国家的共和制与君主制政权均受到了不同程度的冲击，并已经导致部分国家政权垮台。

（2）改善民生、发展民主构成了抗议浪潮的主要政治诉求。在经济与社会层面，抗议浪潮争取改善民生的诉求反映了民众对高失业率、高通胀率、两极分化严重、腐败肆虐等问题的强烈不满；在政治层面，抗议浪潮争取民主的诉求反映了对政治体制僵化、专制独裁、老人政治、家族统治等政治顽疾的强烈抗议。“阿拉伯专制者被推翻是经济普遍管理不善与政治高度集权的结果。对经济的种种不满——包括大规模失业、过度的差距等——促使阿拉伯世界的民众试图重新绘制政治版图。”②

（3）具有显著的地区性、跨国性特点。在中东的历史中，由于民族与宗教同构等因素的影响，阿拉伯民族主义、泛伊斯兰主义、伊斯兰原教旨主义等政治思潮均具有典型的超国家特征，都曾掀起过大规模的地区性运动。由于阿拉伯国家面临相似的政治、经济与社会矛盾，拥有共同的语言和宗教，使得此次阿拉伯社会变革运动仍然具有典型的地区性特点。在 22 个阿

① 哈维尔·巴仑苏埃拉：“阿拉伯革命的七个关键问题”，西班牙《国防杂志》2011 年 4 月号。

② Richard Javad Heydarian，“The Economics of the Arab Spring”，http：//www. fpif. org/articles/the_ economics_ of_ the_ arab_ spring

拉伯国家中，除少数国家外，均发生了程度不同的抗议浪潮。因此，有评价指出，“因为有着共同语言和历史经验，不同阿拉伯国家的人民在追求的目标和采用的方法上彼此鼓舞和启发”①。

（4）具有缺乏独立领导阶层和政治理念的草根性特征。抗议浪潮的主体为中下层民众，他们发起的“阿拉伯起义和革命迄今在大多数情况下都没有领袖和有远见任务的领导”，“它们是无人领导的革命”②，抗议浪潮缺乏独立的政治理念和统一的组织、宗旨、口号、纲领和目标，具有明显的草根性特征。这也恰如俄罗斯外交部莫斯科国际关系学院副院长阿列克谢·博加图罗夫的评论所言：“阿拉伯革命的主要谜团之一是它的理念”，“革命没有在任何情况下推出统一的政治口号。暴动者一致提出的要求只有一个，那就是更换年迈的领袖。在其余问题上没有志同道合的迹象”③。

（5）以青年为主体力量，具有政治不成熟的特点。在阿拉伯抗议浪潮中，占阿拉伯世界人口60%的青年构成了变革的“推动力量”④，但也存在着政治不成熟、缺乏领导能力的弊端。有评价指出，“阿拉伯年轻人对阿拉伯起义的成功发挥了重要作用，但他们普遍不受信任。……他们几乎没有准备建立政党和自己承担责任。”“‘谷歌’青年仍处在一种政治无知状态。”⑤

（6）网络、手机等新型媒体发挥了重要辅助作用。在阿拉伯抗议浪潮中，网络、手机、微博等新型媒体在信息传递、社会动员等方面发挥了重要作用。起初，“维基解密”披露和传播的突尼斯本·阿里家族腐败内情，对阿拉伯抗议浪潮的爆发发挥了重要刺激作用。因此，西方媒体多将阿拉伯抗

---

① Eugene Rogan, “The Arab Wave”, *The National Interest*, May-June 2011. http://nationalinterest.org/article/the-arab-wave-5169

② 德新社伊斯坦布尔2011年4月5日英文电：“阿拉伯世界的革命需要有感召力的领导人”。

③ 阿列克谢·博加图罗夫：“争权夺位还是要求自由——阿拉伯世界的变化可能导致专制死灰复燃”，俄罗斯《独立报》，2011年4月11日。

④ 哈维尔·巴仑苏埃拉：“阿拉伯革命的七个关键问题”，西班牙《国防杂志》2011年4月号。

⑤ 德新社伊斯坦布尔2011年4月5日英文电：“阿拉伯世界的革命需要有感召力的领导人”。

议浪潮称为“维基革命”，“这类革命只有在拥有互联网的情况下才变得有可能，因为互联网能够迅速使民众集结起来。”① 但是，新媒体的作用相对于阿拉伯国家长期累积的政治、经济与社会矛盾而言，仅仅发挥了重要的辅助作用，而非决定性因素。

2. **中东国家形势变化的差异性。**（1）北非共和制国家抗议浪潮的程度和效果明显高于海湾君主制国家。此次中东乱局的中心主要是北非和西亚的阿拉伯共和制国家。从历史上看，这些国家的民众在反殖、反帝斗争中形成了善于革命的传统；从政治结构上看，这些国家政权多是由军官革命建立的，其政权多采取强人政治和军人政治等威权政治模式，政治体制僵化问题严重；② 从社会结构上看，突尼斯和埃及等国家较为发达的中产阶层、市民社会和非政府组织都为社会变革的发生创造了条件。有评论指出，突尼斯和埃及之所以能够实现和平变革，原因在于“他们都拥有相对健全的体制、公民社会团体、中产阶级以及自古以来以各种国家形态延续至今的古老文明”。③

从海湾君主制国家的情况来看，民众的不满和抗议主要指向了家族统治和教派统治相结合的君主制政权。但由于海湾国家有石油美元做后盾，其民生情况好于北非国家，同时由于家族统治的君主制有较悠久的传统，以及美国和西方国家采取双重标准，它们所面临的压力小于阿拉伯共和制国家。对此，有评论指出，海湾国家民众抗议浪潮烈度弱于北非共和制国家的原因有二：石油美元使政府拥有巨大的财政影响力；作为重要的能源供应国，海湾国家对于西方国家具有战略价值。巴林是最典型的例证。④

（2）抗议浪潮在不同国家引发政治危机的程度及形式不同。阿拉伯各国的抗议浪潮均引发了程度不同的政治危机，其形式和程度有较大的差异性。具体来说，根据其烈度和影响因素的不同，阿拉伯各国的政治危机可以划分为三种类型：

---

① 德新社伊斯坦布尔2011年4月5日英文电：“阿拉伯世界的革命需要有感召力的领导人”。

② 刘中民：“乱局为何在中东蔓延”，《环球时报》2011年2月24日。

③ Robert D. Kaplan, “The Middle East Crisis Has Just Begun”, http: //online. wsj. com/article/SB10001424052748704050204576218842399053176. html

④ Richard Javad Heydarian, “The Economics of the Arab Spring”, http: //www. fpif. org/articles/the_ economics_ of_ the_ arab_ spring

第一，以民众和平示威为主的政治与社会动荡，突尼斯和埃及为典型代表。在突尼斯和埃及，虽然抗议浪潮引发了一定程度的动荡，但由于它们长期受欧洲文明和思想影响，“市民社会和中产阶层相对成熟，其较强的民族凝聚力能够保障其国家不致在政治变革中走向内战或分裂”。①

第二，民众抗议向部落冲突演变，直至发生内战并引发国际干预的局部战争，利比亚为典型代表。在利比亚和也门，民众抗议的主体力量主要体现为反政府的部落力量，盘根错节的部族矛盾导致国家认同与民族凝聚力异常脆弱，并极易在政治变革中滑向部族冲突，甚至走向内战。利比亚冲突向内战的演变，其重要根源之一在于以班加西为中心的东部部落和以的黎波里为中心的西部部落的长期对立，并使班加西成为利比亚政治反对派盘踞的大本营，进而成为西方对利比亚进行军事干预借助的核心力量。②

第三，民众抗议与教派冲突相交织，并渗透着外部势力的复杂较量，巴林为典型代表。巴林民众抗议的主体力量是占人口多数的什叶派，其目标是推翻逊尼派政权，但其背后则是沙特与伊朗的意识形态与地缘政治的较量。“在海湾地区，对伊朗的遏制令地缘政治因素趋于复杂。由于海湾地区的抗议者是什叶派穆斯林，阿拉伯各王室经常祭出‘伊朗牌’来为血腥镇压抗议活动正名。”③ 而美国基于自身利益考虑所采取的双重标准也默认了沙特主导的海湾合作委员会对巴林的干预。

（3）外部力量的干预方式和干预程度不同。西方的外部干预是影响阿拉伯国家政治危机走向的重要外部因素。但是，由于美欧在地缘战略和国家利益上的不同考虑，它们对阿拉伯国家进行干预的方式和程度明显不同，并采取了典型的实用主义策略，即针对不同国家采取不同的标准。概括起来，主要有以下几种典型方式：

第一，军事干预：突出表现在法英美利用联合国 1973 号决议，对利比亚卡扎菲政权实施军事打击。有评论指出，美国和欧洲之所以能够在军事打

---

① 刘中民：“‘阿拉伯之春’缘何走向‘严冬’”，《东方早报》2011 年 6 月 14 日。

② 阿列克谢·马拉申科的访谈录：“历史缓慢前进”，俄罗斯《独立报》2010 年 4 月 27 日。

③ Richard Javad Heydarian, “The Economics of the Arab Spring”, http: //www. fpif. org/articles/the_ economics_ of_ the_ arab_ spring

击利比亚问题达成一致，其主要原因在于，“利比亚是中东北非国家中唯一既拒绝美国‘大中东计划’，又反对法国‘地中海联盟’计划的国家”，“因此，美欧在利比亚问题上找到了一个共同的突破口，当然，双方又都有各自的如意算盘”。① 在2011至2012年联合国安理会围绕叙利亚问题决议案未能通过表决后，美欧是否绕开联合国对叙利亚进行军事干涉，一度成为国际社会关注的焦点。

第二，外交施压：在埃及等和平变革的国家，美欧一方面对民众抗议浪潮予以舆论支持，一方面又根据形势变化对穆巴拉克政权施加外交压力。对于利比亚，西方国家则采取了力度更强的外交攻势，突出表现为对反对派全国过渡委员会予以外交承认，为其反政府活动创造外交空间。对于叙利亚，在推动安理会叙利亚问题决议案受挫后，西方主要利用阿盟、土耳其和叙利亚反对派进行施压，以实现最终颠覆巴沙尔政权的目标。

第三，外交庇护：突出表现在美国对巴林、沙特等海湾国家的政策。西方虽然在外交舆论上要求它们顺应政治变革潮流，加大改革力度，但在实际上默许乃至纵容了海湾国家对抗议浪潮的严厉打击，其原因主要在于遏制伊朗、能源安全、反恐合作、军事基地安全等现实利益考虑。“由于美国重要的海军资源集中部署在海湾地区，因此华盛顿不愿谴责对抗议民众的残酷镇压。尽管对镇压采用了强硬的措辞予以抨击，但美国的暧昧态度令海湾合作委员会（GCC）敢于疯狂压制以什叶派为主的抗议民众提出的民主要求。美国的压力对于推动埃及和突尼斯的民主革命曾起到至关重要的作用，但是华盛顿对海湾国家抗议民众的支持远远不够。”②

中东变局的原因分析

中东国家形势动荡并迅速蔓延，既有这些国家政治、经济和社会矛盾相

① 林宏宇、李小三：“从国际政治经济视角看北非—中东局势”，《学习时报》2011年6月6日。

② Richard Javad Heydarian，“The Economics of the Arab Spring”，http：//www. fpif. org/articles/the_ economics_ of_ the_ arab_ spring

似等表层原因，也有历史文化传统、宗教等共有因素的深层影响，同时也受到了全球化挑战、国际金融危机扩展、美国“大中东民主计划”等外部因素的影响。但从内外因关系的角度看，内部矛盾的长期累积是导致中东乱局的根本原因。因此，受篇幅所限，本文主要侧重对内因的分析。

1. **政治因素分析**。在政治领域，严重的政治合法性危机和意识形态危机是阿拉伯国家陷入动荡的主要根源。从政治合法性危机的角度看，无论是共和制国家还是君主制国家，长期的威权政治和老人政治都使国家的政治体制陷入僵化，尤其是在威权的共和制国家，政治领袖完成民族独立与解放的政治光环日渐黯淡，民众已日渐丧失了对现行体制的信心。中东的抗议浪潮也正是民众长期绝望情绪以及变革求新渴望的剧烈宣泄。

所谓政治合法性就是国家政权及其统治的正当性问题，即国家政权的权力来源与分配、政治架构不仅要有充分的正当性，还必须得到国民的效忠与忠诚进而获得社会心理层面的广泛认同。战后中东伊斯兰国家的政治合法性具有明显的多元化特征，大致有以下几种类型：（1）现代法制国家，即根据法律建构国家制度，进行政权更迭，国家元首通过民选产生的国家，只有土耳其接近这种类型；（2）以魅力型领袖为最高权威的国家，多属于在二战前后民族主义运动中建立的国家，纳赛尔、卡扎菲、阿萨德等人都属于这种类型的代表；（3）以君主、国王等世袭权威为合法性来源的国家，这种国家以沙特等海湾国家为代表。[①]

此次中东乱局的中心主要是北非和西亚的阿拉伯共和制国家。埃及、利比亚、也门、叙利亚等国家政权，都是在民族独立革命的过程中或独立革命之后，由军官发动革命建立的，其政权多采取强人政治和军人政治等威权政治模式，并形成了一种事实上国家领导人终身任职的老人政治。[②] 从历史上看，这些国家的民众在反殖、反帝斗争中形成了善于革命的传统，在有着革命传统的上述国家，在社会矛盾长期累积之后，老人政治和强人政治自然会

① 参见王京烈主编：《面向二十一世纪的中东》，北京：社会科学文献出版社 1999 年版，第 15～17 页。

② 如突尼斯总统本·阿里 75 岁，执政 23 年；埃及总统穆巴拉克 83 岁，执政 30 年；利比亚革命领导人卡扎菲 69 岁，执政 42 年；也门总统萨利赫 69 岁，执政 33 年；阿尔及利亚总统布特弗利卡 74 岁，执政 11 年；苏丹总统巴希尔 67 岁，执政 22 年。

成为民众变革求新抗议浪潮所反对的对象，即昔日的革命者成为现在被革命的对象。在君主制国家，长期的体制僵化，家族统治、教派统治和老人政治[①]也引起了民众的强烈抗议。

从意识形态危机的角度看，在当代阿拉伯社会，各种意识形态和社会思潮色彩纷呈。但是，无论是20世纪50、60年代的阿拉伯民族主义、阿拉伯社会主义，还是70、80年代的伊斯兰复兴主义，都未能实现阿拉伯民族复兴的渴望，阿拉伯社会已经发生了严重的意识形态迷失。

早在20年多前，美国伊斯兰问题学者埃斯波西托就指出："在建构政治合法性和创造民族团结的意识形态方面，穆斯林国家的政府似乎既没有兴趣也不成功，他们更衷情于维持长久的专制统治。王朝统治、军人或准军人政权依然主导着穆斯林世界。政党被禁止或严加限制，选举经常被操纵，政府的议会和政治党派被统治者玩弄于股掌之间，而统治者的政治合法性，像他们的安全一样，完全依赖军人和秘密警察的忠诚，有的统治者则干脆依靠外国政府和多国公司的支持。"[②] 上述结论固然有言过其实的成分，但是，在未来阿拉伯国家的政治转型中，如何重建国家权力、意识形态以及社会心理的合法性，无疑是它们面临的严峻的历史课题。

对外政策的失误也是导致阿拉伯国家陷入政治危机的重要原因。许多国家或者长期充当美国盟友，丧失外交自主性并惨遭美国抛弃（如埃及）；或者长期与西方对抗并挑战现行国际体系（如2003年前的利比亚），使自己孤立于世界体系之外；或者在二者之间进行激进的摇摆（如2003年前后的利比亚）。其结果是长期追随西方的国家在国内丧失了民意，而对抗国际体系的国家丧失了利用全球化的发展机遇。

2. **经济与社会因素分析**。从本质上看，中东动荡的经济与社会根源在于发展的危机，尤其是发展模式的危机，其突出表现是经济结构脆弱和经济政策失误使阿拉伯国家难以应对经济全球化的挑战，尤其是国际金融危机的

---

① 如沙特国王阿卜杜拉87岁，科威特埃米尔萨巴赫·艾哈迈德81岁，阿曼苏丹卡布斯70岁。

② J. L. 埃斯波西托：《伊斯兰威胁——神话还是现实?》，东方晓等译，北京：社会科学文献出版社1999年版，第254页。

冲击。

以突尼斯和埃及两个非典型产油国的经济为例，本·阿里政权和穆巴拉克政权都实行大开大放的经济政策，他们“抛弃了前任以平等主义和以福利为中心的政策，转而奉行经济开放和减少干预的政策。”因此，国际货币基金组织和世界银行一直把埃及和突尼斯的改革奉为该地区全球化的成功范例。突尼斯和埃及 2009 ~2010 的经济竞争力分列世界第 32 位和 70 位；在瑞士经济研究所的全球化排名中，埃及和突尼斯的排名分别为 12 位和 35 位。在西方看来，“这两个国家一直是阿拉伯世界经济全球化的代表”。但是，由于旅游业、房地产业和银行业等对外依存度较高的产业构成了埃及和突尼斯的支柱产业，加之“在减少干预和开放的过程中的肆无忌惮，突尼斯和埃及的物价越来越取决于境外的因素”。近年来，受国际金融危机影响，作为主导产业的旅游、金融和房地产业大幅下滑，而国际市场大宗商品价格一路走高，尤其是“过去十年的粮食危机把依靠进口解决粮食问题的阿拉伯国家民众推向了赤贫和饥饿的境地”。①

中东产油国经济结构的缺陷突出表现为严重依赖石油美元，工业化水平低下，生活必需品和工业品严重依赖国际市场等弊端。据联合国《阿拉伯人类发展报告》的评估，2007 年阿拉伯世界的工业化程度仍然停留在 20 世纪 70 年代的水平。② 阿拉伯世界滚滚而来的石油美元，多数流入发达工业国家，或用于购买奢侈品和炫耀性财富，即使留在本国也大都投资于房地产。因此，“石油贸易带来的巨量资本，本质上并未给本国经济带来实质性好处——它既没有促成商人阶层的出现，也未使本国民族工业发展进入良性循环。相反，阿拉伯国家越是参与全球竞争和利益分配，本国的财富越是日趋流向发达国家。”③ 工业不发达必然造成就业不足的弊端，这正是中东石油富国同样存在高失业率的原因所在。

从具体原因上看，腐败肆虐、两极分化严重、青年人口比例较大与高失

---

① 本段中的引文均出自：Richard Javad Heydarian，“The Economics of the Arab Spring”，http：//www. fpif. org/articles/the_ economics_ of_ the_ arab_ spring

② Arab Human Development Report 2009：Challenges to Human Security in the Arab Countries，http：//www. arab-hdr. org/publications/other/ahdr/ahdr2009e. pdf

③ 田文林：“对当前阿拉伯变局的深度解读”，载《现代国际关系》，2011 年第 3 期，第 33 页。

业率、高通胀率、高贫困率等经济与社会问题交互作用，构成了导致阿拉伯国家群体性动荡的直接诱因。

中东国家的威权政治体制在经济领域并没有产生“集中力量办大事”的优势，相反，政治权贵与经济自由化相结合产生了“权贵资本主义”怪胎，[①] 其直接后果是腐败横行和严重的贫富分化。在“透明国际”的全球腐败国家排名中，埃及、黎巴嫩、也门、叙利亚、伊拉克等国的腐败程度在世界名列前茅。[②] “腐败已成为该地区日常生活的一部分。从裙带主义到直接受贿，国家高度介入经济生活，为公职人员腐败提供了充足的机会。几乎没有国家试图解决这一问题。因为它已经深深地融入到日常经济生活之中。”[③] 普遍存在的腐败导致财富日趋集中到少数当权者手中，进而导致社会贫富分化不断加大。据统计，在阿拉伯世界，5% 的人支配 80% 的财富。在埃及，20% 富人占有社会财富的 55%，而 60% 的穷人的社会财富拥有量只有 18%。[④]

在阿拉伯国家，人口出生率长期高居不下，据英国《经济学家》杂志的统计，25 岁以下青年人口占总人口的比例均在 40% 至 50% 左右，部分国家甚至高达 60%（参见下表）。而阿拉伯国家经济结构的弊端导致其就业吸收能力低下，进而使高失业率尤其是青年人大量失业成为威胁社会稳定的严重问题。

阿拉伯国家青年人口的情况

国家	人口总数（百万）	25 岁以下人口比例（%）	国家	人口总数（百万）	25 岁以下人口比例（%）
阿尔及利亚	35.9	47.5	阿曼	3.3	51.5

① Richard Javad Heydarian, “The Economics of the Arab Spring”, http://www.fpif.org/articles/the_ economics_ of_ the_ arab_ spring

② 安国章：“阿拉伯世界三分之一国民生产总值被腐败吞噬”，http://intl.ce.cn/gjzx/africa/201007/07/t20100707_ 21588027.shtml

③ Edited by Nora Bensahel and Daniel L. Byman, *The Future Security Environment in the Middle East: Conflict, Stability, and Political Change*, Rand Corporation, 2004, p. 23

④ “埃及社会贫富分化严重，两成富人拥有五成五社会财富”，http://news.timedg.com/2011-01/27/content_ 1136139.htm

续表

国家	人口总数（百万）	25岁以下人口比例（%）	国家	人口总数（百万）	25岁以下人口比例（%）
巴林	1.2	43.9	巴勒斯坦	5.3	64.4
埃及	54.6	52.3	卡塔尔	1.7	33.8
伊拉克	31.4	60.6	沙特	27.1	50.8
约旦	6.4	54.3	苏丹	43.2	59.0
科威特	3.5	37.7	叙利亚	22.5	55.3
黎巴嫩	4.3	42.7	突尼斯	10.4	42.1
利比亚	6.5	47.4	阿联酋	6.7	31.0
毛里塔尼亚	3.4	59.3	也门	24.3	65.4
摩洛哥	32.4	47.7			

资料来源：王京烈："解读中东政治危机"，载《西亚非洲》2011年第6期，第5页。

阿拉伯世界的失业率居世界之首，地区平均失业率超过23%，30岁以下青年人占阿拉伯世界的比例达到60%。[①] 据国际劳工组织2008年发布的《全球青年就业趋势》显示，青年人群失业率在中东地区为20.4%，在北非地区为23.8%。在阿拉伯劳工组织2008年发布的第一份阿拉伯就业报告中，年轻人群失业率达到了25%。以埃及为例，2008年平均失业率为8.7%，在年龄分布上，15～19岁年龄段失业率为18.4%，20～24岁年龄段失业率为51.1%，25～29岁年龄段失业率为22%。据报道，在2004～2008年间，埃及国内因无法承受失业压力而自杀的年轻人达1.2万。[②] 此外，突尼斯的青年失业率高达52%，巴林和也门的失业率分别在15%和35%左右。[③] 因此，青年之所以构成民众抗议浪潮和政治变革的主体力量，

① Richard Javad Heydarian，"The Economics of the Arab Spring"，http：//www.fpif.org/articles/the_ economics_ of_ the_ arab_ spring

② 转引自陈杰："浅析阿拉伯国家的失业率问题"，载《阿拉伯世界研究》2009年第6期，第51、54页。

③ "分析称经济问题为阿拉伯各国动荡主要原因"，http：//news.sina.com.cn/w/2011－02－17/010621965877.shtml

也正在于阿拉伯国家长期存在的“青年膨胀”（Youth Bulge）① 和高失业率问题。“与安贫乐道、观念保守的老一代不同，阿拉伯新生代视野宽，束缚少，易被煽动和组织，加上谋生无路，因此他们不满现状、谋变的动力最为强烈。”②

在阿拉伯国家，高贫困率和高通胀率的问题也十分严重。据统计，近年来阿拉伯世界1/3的人生活在贫困线以下，其中埃及近1/2人口中生活在贫穷线以下，每天生活费不足2美元。③ 近年来，在国际金融危机的冲击下，中东各国基本消费品价格持续上涨，引发阿拉伯各国尤其是北非国家多次发生社会骚乱，并成为最终酿成阿拉伯国家陷入群体性动荡的直接诱因。这也正如前阿盟秘书长穆萨所言，“贫困、失业和普遍衰退已经摧毁了阿拉伯民族的精神”，不断恶化的经济状况构成了导致突尼斯事件发生的先导性因素。④

3. **思想文化因素分析**。在思想文化领域，思想精英和知识分子对阿拉伯伊斯兰社会积弊的批判与外来民主思想的交互影响，为此次阿拉伯政治变革提供了思想素养。在当代阿拉伯世界，无论是受西方影响的自由主义思想家，还是受伊斯兰文化影响的传统主义思想家，他们都对当今阿拉伯世界面临的政治、经济、文化与社会危机予以了积极的关注和深刻的批判，甚至预言阿拉伯社会必将发生巨大的变革或革命。

根据我国学者薛庆国教授的总结，阿拉伯思想界认为，阿拉伯政治文化与社会文化存在的积弊突出表现为：具有膜拜权威、压抑个性的专制主义倾向，神本主义、宗教蒙昧主义盛行，对西方缺乏理性认识，宗派主义思想根深蒂固，男尊女卑、歧视女性等痼疾。2008年，埃及著名小说家阿斯旺尼在接受《纽约时报》采访时愤懑地表示：“专制统治者诛杀了埃及的精神，

---

① Arab Human Development Report 2009: Challenges to Human Security in the Arab Countries, http://www.arab-hdr.org/publications/other/ahdr/ahdr2009e.pdf.

② 田文林：“对当前阿拉伯变局的深度解读”，载《现代国际关系》2011年第3期，第33页。

③ Shawn Baldwin, “Egypt's Problem and Its Challenge: Bread Corrupts”, *New York Times*, January 17, 2008.

④ Pat Lancaster, “Tunisia: A Catalyst for Change”, *Middle East*, Issue 419, February 2011, 9.19.

遮蔽了埃及的光芒……我们生活在埃及历史上最糟糕的一个时期。……我深信，人民一旦愤怒，一切都会改变。革命就是这样自发地、无人策划地爆发的。埃及的生活如此不堪，无法再沉默下去。一切都该改变，也必定会改变。我觉得前方有巨大的意外在等待我们。”当代阿拉伯世界的杰出的诗人阿多尼斯，也对阿拉伯社会的现状予以了激烈批判，并预言阿拉伯世界必将发生巨大变革。他指出：“今天的阿拉伯，是历史上几个黑暗时期——蒙古人洗劫巴格达，拜占廷的战争，安达卢西亚的沦陷（指历史上穆斯林势力被逐出西班牙），奥斯曼的殖民，巴勒斯坦的割让——的延续。”他曾经预言，“发生在阿拉伯土地上、和阿拉伯人有关的一切，已经构成在 21 世纪实现巨大变革的基本条件”。①

近年来，伊斯兰中间主义思潮的代表人物、埃及学者尤苏夫·盖尔达维，一直倡导探索适合伊斯兰社会的发展道路、发展模式。他对阿拉伯社会存在的专制独裁、官场腐败、经济发展滞后、贫困与失业问题日趋严重、教育落后、思想封闭保守、理性缺失、文化更新停滞不前等问题予以了深刻批判。在政治改革领域，盖尔达维提出了一系列穆斯林社会必须尊重和遵循的原则，诸如他强调尊重“公正、协商、自由、尊严和人权”等“普世价值”；主张“爱护妇女原则”，强调“妇女的权利、地位和尊严”；主张“民主政体原则”和“尊重民意原则”，强调人民“有权力以和平方式罢黜无能渎职的统治者”，等等。②

因此，从思想文化的角度看，席卷阿拉伯世界的政治变革并非无源之水。阿拉伯知识界和思想界对阿拉伯社会弊端的批判与反思，无疑为以发展民主、改善民生为主要诉求的民众抗议浪潮提供了思想源泉，这也符合重大社会政治变革的历史规律。

---

① 本段中的引文均转引自薛庆国：“阿拉伯巨变的文化审视”，载 2011 年上海外国语大学《“中东形势的巨变及其影响”学术研讨会论文集》，第 35～38 页。

② 参见尤苏夫·盖尔达维：《世纪之交的伊斯兰民族》（阿拉伯文），开罗：曙光出版社 2002 年版，第 153～154 页；尤苏夫·盖尔达维：《伊斯兰中间主义与维新思想坐标》（阿拉伯文），多哈：盖尔达维伊斯兰中间主义与维新思想研究中心，2009 年版，第 8 章。对于伊斯兰中间主义的思想的了解，得益于上海外国语大学东方语学院祁学义博士提供的翻译资料，在此深表谢意。

中东变局的发展趋势

当前，中东地区形势的发展仍存在诸多的不确定性因素，因此这里主要从总体态势和地区格局两个层面加以分析。

1. **阿拉伯国家发展转型的总体趋势。**从总体上来看，阿拉伯国家将进入到全面变革与调整的时期，其中以下几个问题值得高度关注。

（1）民主化问题。在未来的发展转型中，民主化无疑将成为中东国家政治变革的主流。无论是传统的君主制国家，还是现代的共和制国家；无论是通过自上而下的改革，还是通过自下而上的变革，政治变革都将成为大势所趋，但中东国家不会照搬西方民主，而是实现具有各自国情和特色的民主。对此，有评价指出，“2011 年的反独裁斗争终结了阿拉伯民族和穆斯林与民主观念格格不入的观念”，①“不管变革中的阿拉伯国家的社会政治形势如何发展，即便很可能许多国家仍保持着那种在西方看来不完全民主的统治模式，对民意和民众的重视程度都会上升”。②

但是，可以预见，阿拉伯国家的民主化不可能一蹴而就，中东的伊斯兰传统文化，复杂的部落、教派等因素决定了中东民主化进程将是一个漫长而又曲折的长期过程。这也恰如相关的评价所言：“突尼斯不会像法国一样，而埃及也不会变成瑞士。不要期待发生划时代的变革。在阿拉伯世界将维持缓慢发展的半传统社会，传统和现代化的对立将加深。”③ 另有人悲观地指出，“阿拉伯革命的被迫性、不成熟、被形势所迫和相互影响的特点使人们认为，阿拉伯世界的迫切任务可能不是消灭专制，而是修复专制。”④

---

① Eugene Rogan，“The Arab Wave”，http：//nationalinterest. org/article/the-arab-wave－5169

② 费奥多尔·卢基扬诺夫：“重建联系的时候到了：应该在西方影响力衰落的地区加大活动力度”，俄罗斯《独立报》2011 年 4 月 27 日。

③ 阿列克谢·马拉申科：“历史缓慢前进”，俄罗斯《独立报》2010 年 4 月 27 日。

④ 阿列克谢·博加图罗夫：“争权夺位还是要求自由——阿拉伯世界的变化可能导致专制死灰复燃”，俄罗斯《独立报》，2011 年 4 月 11 日。

（2）世俗化问题。在此次中东政治变革之初，宗教因素并不突出。因此，世俗化在阿拉伯国家未来政治发展中的主导地位应得到进一步加强。对此，有评价指出，阿拉伯“起义者不希望未来国家模式成为伊朗霍梅尼式神权模式，而是成为土耳其式的民主模式”①。但是，随形势的发展演进，伊斯兰势力逐步增强的趋势在部分国家已经显现，尤其以突尼斯伊斯兰复兴党、埃及穆斯林兄弟会的崛起尤为引人注目。有预测指出，在埃及“可能上台的不是宗教狂，而是相当温和、稳重的伊斯兰教徒，他们将在未来产生重大影响”②。因此，总体来说，宗教因素在未来阿拉伯国家政治发展中的作用仍不容忽视，教派矛盾和宗教极端组织在巴林、也门、叙利亚等国家的影响也不容低估。

（3）阿拉伯伊斯兰国家与西方的关系问题。近代以来，反西方几乎构成了阿拉伯伊斯兰世界政治思潮和社会运动的核心主题之一。从纳赛尔的阿拉伯民族主义到霍梅尼的伊斯兰原教旨主义，乃至拉登的伊斯兰极端主义，尽管它们之间也有意识形态的矛盾，但它们却都具有强烈的反西方倾向，并且多把西方的侵蚀作为伊斯兰世界落后的根源之一。此次中东的民众抗议浪潮具有明显的内生性特征，反西方的色彩相对淡薄。因此，有评价指出，在此次中东变革中，“要求自由、尊严、公正的思想已经取代了曾经的反对帝国主义大旗”。③ 即使在西方军事打击利比亚以后，也没有引发阿拉伯伊斯兰世界大规模的反西方浪潮。因此，当前中东国家的社会运动更为关心自身的命运与前途问题，而不再像历史上的阿拉伯民族主义和伊斯兰复兴主义，一味将反西方作为其核心价值诉求之一，它力图通过包括思想和制度改造在内的自我救赎，实现国家的再造与民族的复兴。

当前，中东的政治变革具有明显的淡化反西方色彩的特征，西方民主价值观和社会制度对阿拉伯国家政治变革的影响呈上升的态势。此外，在利比亚和叙利亚问题上，海湾合作委员会主导的阿盟，在干涉内政问题上发生了

---

① 哈维尔·巴仑苏埃拉：“阿拉伯革命的七个关键问题”，西班牙《国防杂志》2011 年 4 月号。

② 阿列克谢·马拉申科：“历史缓慢前进”，俄罗斯《独立报》2010 年 4 月 27 日。

③ 哈维尔·巴仑苏埃拉：“阿拉伯革命的七个关键问题”，西班牙《国防杂志》2011 年 4 月号。

向西方的价值趋同。它们不仅积极参与推翻卡扎菲政权的利比亚战争，而且不断与西方合作向叙利亚巴沙尔政权施压。“对于整个阿拉伯世界而言，如果中东政治变革换取的是整个阿拉伯世界完全倒向西方，使自身的命运操控于他者之手，无疑将是更大的民族悲剧，阿拉伯民族的复兴也将变得更加遥遥无期。”① 因此，阿拉伯伊斯兰国家只有不断加强自身的主体性建设，真正解决自身的发展问题，才能更加自信地面对西方。

2. **中东地区格局的发展趋势**。阿拉伯大变局发生以来，中东地区格局的变化突出表现为阿拉伯世界进一步分化，以色列安全环境趋于复杂，土耳其影响力增强，伊朗周边环境复杂化等。此外，在中东变局的影响下，中东和平进程、伊拉克问题和伊朗核危机等热点问题的发展也进一步复杂化。

（1）中东变局导致阿拉伯世界进一步分化。由于阿拉伯国家陷入群体性动荡，阿拉伯世界的整体地位将呈现出进一步下降的趋势。埃及传统大国地位进一步衰落，利比亚问题导致阿拉伯世界内部的分裂进一步加剧，都是阿拉伯世界进一步分化的体现。有观点认为，未来的阿拉伯世界有可能分裂成两大阵营，即“富有影响的阿拉伯君主国精英俱乐部”和“民主运动已经取代或者试图取代腐败独裁专制的国家”，而“新的集团的形成使阿拉伯联盟失去价值。”② 但是，从阿拉伯世界次区域的角度看，沙特领导的海湾合作委员会对巴林危机的干预，对利比亚和叙利亚问题施加的重要影响，都表明海合会在阿拉伯世界的地位呈上升态势，而卡塔尔和阿联酋的活跃外交也值得高度关注。

（2）中东变局对以色列的周边环境产生了巨大的冲击。作为最早与以色列建交的阿拉伯国家，埃及的变革将对以安全环境产生重要影响，继土耳其与以色列关系恶化之后，埃以关系再遭破坏乃至美以关系遭到冲击都将使以色列更加孤立。埃及开放加沙的拉法口岸、斡旋巴勒斯坦内部实现和解、埃及发生冲击以色列使馆、西奈半岛通往以色列天然气管道多次发生爆炸等事件，都引起了以色列的忧虑。对此，有评价指出，“阿拉伯之春震动了整个中东地区，导致两个长期专制政权的垮台，而以色列对其联盟和安全忧心

① 刘中民：“叙利亚大棋局”，《东方早报》2012年2月8日

② 亚历山大·斯莫尔齐克、福尔克哈特·温德富尔：“阿拉伯之夏”，德国《明镜》周刊2011年5月16日。

忡忡”[①]。此外，伊朗核问题升温、叙利亚局势动荡、土耳其与以色列矛盾上升，都进一步恶化了以色列的周边环境。更为重要的是，美国和以色列的盟友关系也面临着严重的信任危机。以色列已经认识到中东地区的“政治战略环境正向着不利于他们的方向演变”。[②]

（3）中东变局使土耳其的地区影响上升。中东变局导致阿拉伯国家的政治体制和发展模式发生严重危机，土耳其作为中东伊斯兰国家中世俗化、民主化的典型代表，其发展模式将对阿拉伯国家政治经济转型产生重要影响。因为“土耳其兼备伊斯兰和世俗民主国家的特性有利于其施加地区影响力”[③]。从外交角度看，土耳其对利比亚危机的斡旋以及近年来加强参与中东事务的外交调整，尤其是土耳其在巴以问题上的政策调整，都使土耳其的地区影响不断上升。此外，土耳其作为叙利亚的重要邻国和西方的重要盟国，无疑将对叙利亚危机的解决发挥重要作用。但是，土耳其对阿拉伯国家政治变革尤其是叙利亚危机的过渡干预，也将使其面临严峻的内外挑战。

（4）中东变局使伊朗的周边环境复杂化。在阿拉伯国家抗议浪潮的影响下，伊朗也一度发生民众抗议浪潮，但并未对伊朗现政权产生严重冲击。在一段时期内，主要阿拉伯国家陷入动荡，美国在阿富汗和伊拉克实施战略收缩，都有利于伊朗在中东地区坐大。对此，有评价曾指出，当前“中东的均势已经打破，伊朗自然而然占据了优势”[④]，因而“伊朗是地区变革的受益者”。[⑤] 但是，自2011年下半年以来，叙利亚政权作为伊朗盟国的岌岌可危，西方不断加大对伊朗的制裁力度，美国和以色列多次威胁军事打击伊朗，都使伊朗面临着前所未有的压力。2011年底以来，伴随伊朗多次进行

---

① Ethan Bronner and Isabel Kershner, “Fatah and Hamas Announce Outline of Deal”, http: //community. nytimes. com/comments/www. nytimes. com/2011/04/28/world/middleeast/28mideast. html? permid =9

② 阿兰·弗拉松：“以色列，巴勒斯坦和‘阿拉伯之春’”，法国《世界报》2011年4月29日。

③ Benjamin Tua, “Winners and Losers in a New Middle East”, http: //www. fpif. org/articles/winners_ and_ losers_ in_ a_ new_ middle_ east

④ “美国在中东陷入孤立境地”，日本《选择》月刊2011年4月号。

⑤ Benjamin Tua, “Winners and Losers in a New Middle East”, http: //www. fpif. org/articles/winners_ and_ losers_ in_ a_ new_ middle_ east

军事演习，并发出封锁霍尔木兹海峡的威胁，美国进一步加大了对伊朗进行制裁的力度。美国和以色列是否对伊朗核设施进行军事打击，或发动对伊朗的全面战争，一度成为中东局势的最大悬念。

（5）中东变局导致地区热点问题进一步复杂化。在中东变局的影响下，国际社会尤其是美国等西方国家将更多精力投入到阿拉伯国家的政治变革，都使巴以和平的前景堪忧。2011 年 9 月，巴勒斯坦正式提出了加入联合国的申请，其重要目的就在于以寻求“入联”的方式引起国际社会尤其是西方的注意力，以避免巴勒斯坦建国问题被中东乱局所淹没。[①] 在伊拉克问题上，海湾周边国家教派矛盾加剧与伊朗政治渗透相结合，有可能加剧伊拉克的教派冲突。在阿富汗问题上，在美国击毙拉登事件的刺激下，“基地”组织和塔利班的报复性恐怖袭击也呈大幅上升的态势。

① 刘中民：“巴勒斯坦建国难在何处”，《东方早报》2011 年 9 月 27 日。

专题 38

中东变局与世界主要大国中东战略的调整*

【摘要】本文主要结合中东变局分析了美国、欧洲和俄罗斯中东战略调整的特点。美国中东战略调整的根本目标是既要避免类似伊拉克战争的深度卷入，又要保持对中东事务的主导权。欧盟尤其是法英两国对中东变局的积极干预，使欧洲对中东事务的影响明显增强，欧盟正力图确立统一的中东战略，但其内部分歧不容忽视。俄罗斯中东战略的核心特征是原则性与灵活性相结合的实用主义外交，并极力维护其地缘战略利益和能源利益。

中东地区历来是大国战略博弈的重点区域。自阿拉伯国家陷入群体性动荡以来，美国、欧洲、俄罗斯等大国围绕中东变局纷纷进行政策与战略调整。中东变局发生以来，阿拉伯国家内部的政治生态、中东地区格局、大国中东战略都处在深刻的变化之中，并存在诸多不确定性因素，这既使中国的中东外交面临巨大的历史机遇，也面临着严峻的挑战。因此，本文主要结合中东变局分析世界大国中东战略调整的特点，以深入认识中东地区格局的深刻变化。

---

* 原载《西亚非洲》2012 年第 2 期。

中东变局与美国中东战略的调整

长期以来，国家安全、经济利益和传播民主构成了美国中东战略的三大目标，其严重的结构性矛盾突出表现为现实主义的盟友战略与民主改造中东战略之间的内在矛盾。美国一方面基于反恐、能源等安全和经济利益与中东的独裁政权结盟，另一方面又试图通过“扩展民主”推动中东国家的政治变革，进而导致两种政策之间存在严重的悖论。①

中东变局发生初期，美国的政策反应被动而又杂乱，其根源就在于从价值观的角度，美国乐见“茉莉花革命”和“阿拉伯之春”的发生，但从安全角度又对盟友政权陷于瓦解充满忧虑，这是美国中东战略困境的核心所在。这也恰如乔治·弗里德曼的评价：中东变局削弱了美国主导的“自愿联盟”（coalition of the willing），它“显然威胁到许多阿拉伯国家政权的合法性与生存，其中包括所谓自愿联盟的核心成员。如果这些亲美政权倒台，被反美政权取代，美国在中东的地位可能会垮台”。② 与此同时，伊朗地区影响的上升和以色列安全环境的恶化，也对美国造成较大的冲击。

因此，从总体上看，对中东盟友和地区敌手掌控能力同时下降的态势，导致美国中东霸权遭到了相对削弱。对此，有美国媒体悲观地指出，“尽管华盛顿竭力接纳‘阿拉伯之春’，但中东地区正不易察觉地迈向后美国的时代。该地区的盟友和敌手都逐渐对美国的禁律置若罔闻。随着中东的转变日益显著，美国越来越难以致力于解决传统安全隐患，比如解除伊朗的武装或重启阿拉伯——以色列和平进程。”“后美国时代的中东也许会在某些角落变得更民主，却也可能变得更加动荡不安。”③ 国内也有

① 牛新春：“中东北非动荡凸显美国对中东政策的内在矛盾”，载《现代国际关系》2011年第3期，第18页。

② George Friedman，“Obama and the Arab Spring”，http：//www.stratfor.com/weekly/20110523－obama-and-arab-spring

③ Ray Takeyh，“A Post-American Day Dawns in the Mideast”，http：//www.nytimes.com/2011/06/09/opinion/09iht-edtakeyh09.html

学者将中东变局对美国的直接冲击总结为“一少”（即阿拉伯盟友减少）、“一升”（即来自伊朗的威胁上升）和“一降”（即最重要盟友以色列的安全感下降）。①

从奥巴马政府的全球战略来看，通过伊拉克和阿富汗撤军在中东实行战略收缩，并使之服务于以抑制中国崛起为目标的“战略东移”，构成了美对外战略调整的重要目标。在综合权衡中东地区形势变化和全球战略调整等因素后，奥巴马于2011年5月19日在美国国务院发表了重要讲话，形成了美国新中东政策的基本框架。通过综合考察中东变局发生以来美国的中东政策，可以发现其战略调整的目标是既要避免类似伊拉克战争的深度卷入，又要保持对中东事务的主导权。具体来说，其战略调整方向主要体现在以下几个方面。

1. 以“新介入方式”主导中东事务。美国将通过主导联合国、北约等多边机制，要求欧洲盟国和中东盟友承担更多的责任，维护美国的中东霸权，即美国国务卿希拉里所谓的“新介入方式”。这一战略在利比亚政策上已得以体现。为减轻介入利比亚战争的经济、军事成本与道义风险，美国采取了依靠法英等欧洲盟国冲锋在前，自己暗中操盘的新策略。其重要原因之一就在于美国吸取了伊拉克战争的教训。这也恰如奥巴马所言：“我们在伊拉克的经验让我们认识到，无论多么用心良苦，试图用武力来实现政权更迭，其代价是多么高昂，而且是何等的困难。”“不改变我们的方法有可能使美国和阿拉伯世界之间的分歧循环深化。”② 美国学者格列高利·高斯也指出：“我们在中东面临的问题源自我们对该地区的深度军事和政治介入，而非该地区本身的病症。”“作为一个国家，我们极其不善于改变中东国家的国内政治，我们一旦卷入这样的行动，结果往往向着与动机相反的方向发展。”美国的中东战略“存在另外一种道路：既维护我们在中东地区的利益，同时也承认我们改变外国能力的局限性”③。

① 高祖贵：“中东大变局对美国中东战略的影响”，载《国际问题研究》2011年第3期，第23页。

② “奥巴马中东北非政策讲话”，http：//www.douban.com/note/151839505/

③ F. Gregory Gause III，“Misdiagnosing the Middle East”，http：//nationalinterest.org/commentary/misdiagnosing-the-middle-east－5368？page＝1

因此，美国的中东战略将主要通过综合运用“所有外交、经济与战略手段”①，重塑美国对中东事务的主导权。奥巴马的利比亚政策虽在表面上看有损美国的领导地位，但在本质上符合美国的战略利益。美著名学者罗伯特·卡普兰评价指出：奥巴马“将对利比亚的军事行动推迟到阿拉伯联盟、联合国安理会、法国和英国完全加入后，而且即使在开始行动时也对军事行动和目标加以限制，这种做法是正确的。他不希望美国独自承担利比亚问题，因为利比亚的混乱有可能持续数年”。“奥巴马总统并非软弱，相反他十分狡猾。”② 另有评论强调，在中东，“美国没有必要充当应对一切地区危机的领头羊”，美国“应该减少依赖军事解决方案，多依赖外交和经济手段，包括发展援助以及贸易和文化往来”③。

2. **区别对待中东国家继续推行双重标准**。如何实现安全、经济利益等现实目标与民主扩展的长远目标之间的平衡，是奥巴马中东战略面临的最严峻的挑战。奥巴马一方面强调美国在中东的核心利益，即“打击恐怖主义和制止核武器扩散、确保商业的自由流通、保卫该地区的安全；支持以色列的安全和追求阿拉伯—以色列和平”；另一方面又强调美国支持中东国家民众争取“言论自由、和平集会的自由、宗教自由、法治之下的男女平等，以及选择自己的领导人的自由”等“普世权利”，支持中东北非的“政治和经济变革”④。国务卿希拉里也明确指出，“在这样一个多极化的地区和多变的时刻，一刀切的方式是不合适的”，因为“美国与这个地区的国家有着许多具体的关系”⑤。具体来说，美国对不同中东国家的政策将体现为以下几个层次：

首先，以突尼斯和埃及为突破口推动中东的经济自由化和政治民主化。美国将通过经济援助等手段进一步推动其民主变革，希望它们“能通过自

---

① “奥巴马中东北非政策讲话”，http://www.douban.com/note/151839505/

② Robert D. Kaplan，“The Middle East Crisis Has Just Begun”，http://online.wsj.com/article/SB10001424052748704050204576218842399053176.html

③ Benjamin Tua，“Winners and Losers in a New Middle East”，http://www.fpif.org/articles/winners_ and_ losers_ in_ a_ new_ middle_ east

④ “奥巴马中东北非政策讲话”，http://www.douban.com/note/151839505/

⑤ “希拉里在美国伊斯兰世界论坛发表演讲谈美中东和北非政策”，《参考资料》2011年4月19日，第21页。

由与公平的选举、充满活力的公民社会、实行问责与高效的民主机构，以及负责任的地区性领导作用树立优秀典范”。在穆巴拉克政权垮台后不久，奥巴马就承诺免除埃及 10 亿美元的债务，同时为埃及 10 亿美元的债务提供担保，并强调通过设立“企业基金”（Enterprise Funds），制定“贸易和投资伙伴计划”（Trade and Investment Partnership Initiative），通过世界银行、国际货币基金组织和 G8 峰会等协调机制促进贸易和投资等手段，“支持中东和北非的民主过渡和经济现代化”①。

其次，对叙利亚和伊朗等国家进一步施压，力图实现以压促变。奥巴马在讲话中强调，支持对叙利亚进行严厉制裁，要求巴沙尔政权要么领导变革，要么为变革让路；强调“反对伊朗不容异见的做法和压制行为，反对伊朗非法从事核项目及其对恐怖活动的支持”，支持伊朗人民追求“普世权利”②。伴随叙利亚局势不断恶化，美国对叙利亚施压的力度在不断增强，但又很难直接将利比亚模式套用到叙利亚，因此主要利用阿盟、土耳其和叙反对派进行施压，以实现最终颠覆巴沙尔政权的目标。在伊朗核问题上，美国和以色列虽一度发出军事打击伊朗的威胁，但最终仍保持了克制。在对伊朗的政策上，美国内仍存在较大的分歧，有评论曾指出，“美国寻求孤立伊朗的政策并不可行。考虑到伊朗的地缘政治重要性、地区趋势以及我们在这个地区利益的性质，一味遏制将会产生相反的效果。”因此，“华盛顿必须做好准备回应德黑兰的积极举措，利用美国的经济和技术力量鼓励德黑兰的变革。”③

最后，对沙特、巴林、约旦等美国盟友实行安抚政策，同时促使其进行积极变革。奥巴马明确指出，“巴林是一个长期合作伙伴，我们致力于保障它的安全。我们认识到伊朗试图利用那里的骚乱，认识到巴林政府有维护法治的合法权益。”但同时又强调，巴林的“唯一出路是政府与反对派进行对话”。④ 对于沙特以海合会的名义对巴林局势进行干预，美国也采取了默许的态度。“美国基本上将其外交影响力借给沙特政权来遏制巴林的民众起

① “奥巴马中东北非政策讲话”，http：//www.douban.com/note/151839505/

② 同上。

③ Benjamin Tua，“Winners and Losers in a New Middle East”，http：//www.fpif.org/articles/winners_ and_ losers_ in_ a_ new_ middle_ east

④ “奥巴马中东北非政策讲话”，http：//www.douban.com/note/151839505/

义，这是因为美国担心，巴林的任何民主变革都会对伊朗有利，进而影响美国在海湾地区的利益。”①

3. **加强公共外交和互联网外交**。希拉里在有关讲话中多次强调，要推动“网络自由”、非政府组织和阿拉伯语社交网络等方面的发展，其目的就是借此影响阿拉伯国家社会政治的发展方向。② 在中东变局中，美国积极利用网络等新媒体影响阿拉伯民众，同时积极扩大与阿拉伯民众的交流，加强对阿拉伯世界的公共外交。奥巴马明确指出，在中东北非变革中，“手机和社交网络让年轻人以前所未有的方式联络和组织”，“解放广场上的领袖人物之一是谷歌一位主管，这不是偶然的巧合”。因此，“我们必须努力支持讲真话和获得信息的基本权利。我们必须支持互联网的自由开放”。“在21世纪，信息就是权力；真理不容掩盖；政府的合法性将最终取决于活跃和知情的公民。”③

4. **寻求对伊斯兰主义力量的政策改变**。长期以来，伊斯兰主义一直被美国视为极端主义和恐怖主义的意识形态基础，并成为美国与中东盟国合作打压的重要对象。尽管伊斯兰主义力量并非此次中东变局的主体力量，但中东变局为伊斯兰主义的发展创造的巨大空间，尤其是穆斯林兄弟会在埃及政治变革中的巨大能量，无疑为美国中东战略调整增加了难度。首先，阿拉伯世俗政权遭到重创，使“阿拉伯国家的政治伊斯兰势力获得了前所未有的发展机遇”。④ 其次，美国在明确表示支持中东国家发展西方所谓“民主”和“公民社会”的同时，担心伊斯兰主义力量迅速壮大，有利于“激进主义”和“恐怖主义”的发展，进而加大了美国的政策选择难度。⑤

---

① Abolghasem Bayyenat, “Bahrain: Beyond the U. S. -Iran Rivalry”, http://www. fpif. org/articles/bahrain_ beyond_ the_ us-iran_ rivalry

② Hillary Rodham Clinton, “Internet Rights and Wrongs: Choices & Challenges in a Networked World”, February 15, 2011, http://www. state. gov/secretary/rm/2011/02/156619. htm.

③ “奥巴马中东北非政策讲话”，http://www. douban. com/note/151839505/

④ 王锁劳：“有关北非中东巨变的几个问题”，载《外交评论》2011年第2期，第14页。

⑤ 高祖贵：“中东大变局对美国中东战略的影响”，载《国际问题研究》2011年第3期，第24页。

自2006年哈马斯在巴勒斯坦选举中获胜上台执政以来，美国国内主张重新认知伊斯兰主义并进行政策调整的呼声不断高涨。面对伊斯兰主义在中东变革中发展壮大的挑战，认可接纳还是继续遏制打击已经发生重大变化的伊斯兰主义力量，成为美国必须面对的难题之一。因此，通过与伊斯兰主义力量进行"积极接触"并进行政策改变，规避将伊斯兰主义力量推向反美阵营，有可能成为美国中东战略调整的重要选择。

中东变局与欧洲大国及欧盟中东战略的调整

在中东变局发生后，欧盟及其主要成员国的重视和反应程度甚至超过了美国，尤其是法英两国的积极干预引起了国际社会的广泛关注。美国中东战略的调整虽然为欧洲更多参与中东事务提供了机遇，但法英等国家充当对利比亚进行军事打击的先锋，也使欧洲大国面临承担经济、军事和道义责任的重大风险，并对欧洲的团结产生了复杂的消极影响。

1. **中东变局对欧洲的冲击。**冷战结束后，欧盟一直致力于加强与中东国家的经济合作和政治对话。1995年，欧盟启动了加强与中东北非国家政治、经济与安全合作的"巴塞罗那进程"，2003年和2004年分别出台的《欧洲安全战略》和欧盟"邻居政策"，均强调通过综合性政策，帮助中东北非地区的经济和社会发展，以解除欧盟的安全威胁。[①] 目前，北非中东地区是欧盟对外经济援助最多的地区。自1995年以来，欧盟每年向以色列周边的四个阿拉伯国家，即埃及、约旦、叙利亚、巴勒斯坦提供间接援助6.3亿欧元。[②] 在欧盟2007～2013年"邻居政策"框架下，在120亿欧元的对外援助中，其中近2/3资金将流向其南部的中东北非邻国。[③]

---

① 张健："欧盟对北非、中东政策的走势"，载《现代国际关系》2011年第4期，第37页。

② European Commission, "The EU & The Middle East Peace Process: The Union's Position and Role", http: //europa/eu/int/comm/externalrelations/mepp/index. htm.

③ Andrew Willis, "Africa shock to cause 'sea change' in EU foreign policy", *Euobserver*, February 24, 2011.

中东动荡不仅使欧洲在安全、地缘战略、能源等方面受到巨大冲击，同时也对欧盟内部团结及对外战略产生了严重的消极影响。

首先，欧洲国家安全面临严峻挑战。中东动荡导致的难民潮对欧洲尤其是法国、西班牙、意大利等地中海沿岸国家造成了直接冲击。近年来，利比亚政府是意大利等国家解决难民和非法移民的重要合作伙伴，① 但北非形势动荡尤其是利比亚战争爆发以来，大量难民持续从北非涌向欧洲，对欧洲安全构成了直接威胁。在利比亚战争爆发前，意大利外长弗拉蒂尼称，利比亚政府垮台，将直接导致20万到30万利比亚人逃往欧洲。② 而按照欧盟边境控制署的估计，移民数量可能多达50～150万人，意大利、马耳他和希腊等国将成为“重灾区”③。从长远的角度看，大规模穆斯林移民涌入，将进一步加剧穆斯林移民与欧洲主流社会的矛盾隔阂，进而给欧洲社会带来更严峻挑战，而武器扩散、“基地”组织渗透等问题也将严重威胁欧洲安全。

其次，欧洲的能源安全更加脆弱。欧盟对北非中东地区的石油和天然气依赖都很大，其45%的石油进口源自中东，30%的天然气进口来自阿尔及利亚。④ 利比亚作为欧盟的第三大石油供应国，其地位尤为重要。意大利、奥地利及爱尔兰2010年石油进口的20%，法国和希腊石油进口的近15%来自利比亚。⑤ 北非的能源供应不仅直接关系到欧盟国家的能源安全，同时也是欧盟与俄罗斯在能源问题上进行战略博弈的砝码。中东乱局无疑将使欧盟

① 例如，为解决北非的非法移民问题，意大利政府与利比亚政府于2009年达成一项协议，由意大利向利比亚政府提供援助，利比亚负责巡查本国边防，阻止本国及其他非洲国家民众经由利比亚进入欧洲，并接收意大利方面遣送的非法移民。协议签署后，到达意大利兰佩杜萨岛的移民从2009年的3.7万人减少到2010年的400人，下降了98%。参见：Stanley Pignal and Giulia Segreti，“Italians fear African migration surge”，*Financial Times*，February 21，2011.

② “Italy fears Libya migrant exodus”，http：//www.news24.com/World/News/Italy-fears-Libya-migrant-exodus－20110223.

③ 张健：“欧盟对北非、中东政策的走势”，载《现代国际关系》2011年第4期，第39页。

④ “Geopolitics of EU energy supply，” January 10，2007，http：//www.euractiv.comen/energy/geopolitics-eu-energy-supply/article－142665.

⑤ Andrew Rettman，“EU registers first energy shock from Libya unrest”，*Euobserver*，February 23，2011.

在与俄罗斯的能源博弈中处于更加被动的境地。

再次，欧洲的战略环境趋于恶化。在中东变局中陷入动荡的国家，多为与欧洲关系密切的国家，其政权更迭和政治变革无疑将给欧洲与该地区国家的关系造成严重冲击；中东地区格局的变化也使欧洲在巴以和平、伊朗核问题上面临诸多挑战，叙利亚问题更是使欧洲陷入了举棋不定、难以抉择的困境。

最后，欧盟内部分歧加剧，共同外交与安全政策遭遇挫折。2009年，欧盟通过了旨在加强欧盟外交与安全政策一体化的《里斯本条约》，但欧盟内部围绕中东变局的严重分歧无疑使其共同的安全与外交政策遭遇严重挫折。欧盟内部的分歧不仅体现在德、法、英、意等传统欧洲大国之间，同时也体现为“老欧洲”和“新欧洲”国家之间的对立。有评论指出，德国与英法在利比亚战争问题上的分歧，“再次宣告了欧盟共同外交与安全政策的失败”①。

2. **中东变局与欧洲大国的战略分歧**。冷战结束后，英美“特殊关系”使得英国多在中东的重大问题上追随美国，而法德作为欧盟的核心国家则多扮演美国霸权平衡者的角色，这在2003年的伊拉克战争中体现得尤为明显，法德构成了坚定的反战阵营。但是，在此次中东变局中，在美国中东霸权相对衰落的背景下，英法德三大国因政策取向不同发生了新的分化，其突出表现是法英与德国在利比亚问题上的不同政策。

在应对中东变局尤其是对利比亚的军事干预问题上，法英竭力推动国际社会进行干预，促成联合国安理会通过第1973号决议，并充当对利比亚进行军事打击的主力。双方在利比亚战争中开展了自1956年苏伊士运河战争后首次大规模的军事合作，被舆论称之为法英“新军事同盟”。在此过程中，法国采取的激进政策尤其引人注目。综合学界和舆论界的解释，法国政策与行为变化的根源在于法国力图通过在中东等传统势力范围取得主导权，确立在欧盟内部的领导权以及法国的世界大国地位，并为2008年法国提出的“地中海联盟”计划扫清障碍。② 这种诉求也恰如一位参加军事打击利比

① 张健：“欧盟对北非、中东政策的走势”，载《现代国际关系》2011年第4期，第39页。

② 冯仲平：“‘法国现象’新变化”，《人民日报》2011年4月19日。

亚行动的法国军官所言："法国在利比亚已证明，它仍是一个全球性大国。在一个危险的世界里，一个国家的威望首先要看其军事能力。"① 在现实利益和其他的具体因素方面，掌控利比亚能源、国内政治需要等都是影响法国政策的重要因素。

英国作为美国最重要的欧洲盟友积极参与中东事务，为美国分担责任，符合英国外交的一贯传统。但英国也有自身的特殊考虑：首先，英国的首要目的与法国相同，其重要目标在于重建英国对中东、非洲事务的主导权。其次，通过与法国联手，主导欧盟外交与安全事务。有分析认为，法英联合主导对利比亚的军事干预的原因之一就在于落实 2010 年法英签订的联合军事防务协定，深化法英"特殊伙伴关系"，而利比亚战争事实上也确实"使得法英在防务方面的合作迈出了一大步"②。最后，国内政治的需要。布莱尔政府不顾民间反对将洛克比空难嫌犯遣返利比亚，英国多名高官与利比亚的密切关系等都饱受国内诟病。因此，卡梅伦政府希望通过支持中东民主变革赢得国内民众的支持。

德国在中东变局中的独特政策反应同样引人关注。德国虽然在经济、外交、舆论等方面对中东的政治变革予以支持，但在利比亚问题上却采取了与其他西方大国截然不同的政策，其突出表现主要有二：首先，德国对 1973 号决议投了弃权票；其次，德国拒绝参加军事打击利比亚的多国部队。德国的行为表现既是欧盟以及西方内部矛盾的体现，也是法德矛盾尤其是德国和法国分别主张的欧盟"东扩"与"南下"两种战略之间矛盾的体现，同时也是德国对法英力图联合主导欧盟安全与外交事务严重不满的产物。俄罗斯媒体评价指出，对 1973 号决议投弃权票，是"德国在二战后首次与法国划清界限"，它标志着"构建统一欧洲外交政策的尝试已告失败"。③ 当然，德国的政策选择也与国内民众反对对外干涉，不断要求从阿富汗撤军等因素密切相关。

---

① 伊莎贝尔·拉塞尔："利比亚战争的初步经验教训"，法国《费加罗报》2011 年 5 月 25 日。

② 伊莎贝尔·拉塞尔："利比亚战争的初步经验教训"，法国《费加罗报》2011 年 5 月 25 日。

③ 费奥多尔·卢基扬诺夫："重建联系的时候到了：应该在西方影响力衰落的地区加大活动力度"，俄罗斯《独立报》2011 年 4 月 27 日。

3. **欧盟中东战略的发展趋势**。首先，欧盟将力争缩小内部分歧，形成应对中东变局的相对统一的政策。应该看到，在如何应对中东变局的问题上，虽然欧洲各国尤其是欧洲大国存在着一定的分歧，但在维护欧洲安全、重建与中东国家的“伙伴关系”、保障能源安全、推动民主化进程等方面，它们仍存在广泛的共识，并已经上升到欧盟的政策层面。例如，2011 年 3 月 8 日，欧盟委员会与欧盟共同外交与安全政策高级代表，向欧洲议会和欧盟理事会联合提交了针对南地中海国家的政策建议文件，提出与南地中海国家建立“民主与共享繁荣的伙伴关系”；3 月 11 日，欧盟召开北非中东形势及利比亚问题特别峰会，一致同意批准欧盟委员会对地中海国家新政策文件。

其次，维护欧洲国家安全和能源安全仍将是欧盟中东战略的重点，其手段主要包括扩大经济援助，加强对热点问题的参与力度等。在经济援助方面，欧盟委员会在其“民主与共享繁荣的伙伴关系”政策文件中明确提出，将加大力度支持北非中东国家的经济与社会发展，进一步向北非中东国家开放欧盟的农产品市场和渔业市场，建立欧盟—南地中海共同能源市场等，并建议欧盟理事会批准欧洲投资银行在未来 3 年内向北非中东地区投入 60 亿欧元资金。[①] 在地区热点问题上，欧盟表示将推动巴以双方签署和平协议。[②] 总之，无论是加大经济援助、促进中东国家经济发展，还是推动巴以和平进程，其重要目标都在于解决非法移民、加强反恐合作，维护地区稳定，保障能源供应安全等现实利益。

最后，推动民主化进程在欧盟中东战略的地位将有较大的提升。长期以来，欧盟采取了认同和维持北非中东地区政治现状的政策，并未将其“接触与援助”政策与该地区民主建设等政治改革严格挂钩。此外，布莱尔、萨科齐、贝卢斯科尼等前任欧洲大国领导人也与中东强权人物有密切的私人关系。这是中东变局发生后欧洲饱受批评的重要原因所在。因此，欧盟已经

---

① 张健：“欧盟对北非、中东政策的走势”，载《现代国际关系》2011 年第 4 期，第 43 页。

② Steve Weizman, “EU's Ashton targets Palestinian state by September”, http://news.yahoo.com/s/afp/20110215 wl_ mideast_ afp/israelpalestinianspeaceeu_ 2011021517 2523

充分意识到通过推动民主进程与中东北非国家建立新型政治关系的重要性。欧盟委员会推出的“民主与共享繁荣的伙伴关系”政策文件明确表示，民主转型与机制建设、公民社会发展以及可持续和包容性的经济社会发展将是“民主与共享繁荣的伙伴关系”的三大基础。①

中东变局与俄罗斯中东战略的调整

从总体上来说，中东变局对俄罗斯的影响利大于弊。中东乱局虽然会对俄罗斯南翼的地缘安全造成一定的冲击，同时也对俄国内稳定产生一定的消极影响。但国际能源市场的波动有利于提高俄罗斯的国际地位，尤其使欧洲对俄罗斯油气资源的依赖性进一步增强。因此，中东变局有利于改善俄罗斯的国际战略空间。在应对中东变局的过程中，俄罗斯的中东政策具有以下几个特点：

1. **原则性与灵活性相结合的实用主义外交。**在中东变局中，俄罗斯采取了不同于西方的相对独立的政策，并对西方施加了一定的压力，但又不与西方发生强烈对抗，甚至在必要时对西方予以一定的配合，充分显示了其中东政策的务实与灵活。

在中东变局之初，俄罗斯便明确声明反对通过外部施压影响该地区的政治进程，② 但在联合国1973号决议中，在利比亚有重大利益的俄罗斯仍然投了弃权票，以避免与美欧的冲突。在利比亚战争爆发后，俄罗斯先是以严厉措辞谴责西方轰炸利比亚是公然违反联合国1973号决议的战争行动，并邀请利比亚政府高级代表团访问俄罗斯，以显示其外交独立性。但从2011年5月G8峰会开始，俄罗斯迅速变脸，先是梅德韦杰夫强调，在卡扎菲政权合法性问题上，俄与其他七个西方发达国家立场相同，随后又决定派特使

① 张健：“欧盟对北非、中东政策的走势”，载《现代国际关系》2011年第4期，第42页。

② 魏良磊：“俄罗斯反对外部施压影响中东局势”，《人民日报》2011年2月24日。

斡旋利比亚政治危机。[①] 在西方和阿盟不断向叙利亚施压后，俄罗斯又不断重申反对外部势力对叙利亚进行军事干预的强硬立场，成为巴沙尔政权的最重要的外部支持。因此，在中东变局中，俄罗斯的外交政策在总体仍然延续了原则性与灵活性相结合的务实外交政策。

2. **运用能源优势，弥补在中东的损失，维护现实利益。**俄罗斯在中东的现实利益主要是武器销售和油气开采的投资，利比亚、叙利亚和也门等国家与俄罗斯均有数十亿美元的武器采购协定，俄还与利比亚签订有油田开采协定。俄在中东地区动荡中的最大损失是军火收入的下降。有资料显示，俄同中东北非地区的军火合同额达120亿美元，占俄已签订军火订单的1/4，俄参与联合国制裁利比亚的损失达40多亿美元。[②]

但是，中东形势动荡尤其是国际能源市场的价格波动，则为俄罗斯推进能源外交并获取巨大收益创造了条件。利比亚战争爆发后，欧盟便主动向俄提出增加油气供应，从而增强了俄通过能源外交与欧洲进行博弈的能力。在利比亚战争爆发后的第一周（3月18日至25日），俄罗斯的国际储备增长了40亿美元，这一增长事实上主要来源于能源市场波动的收益。对此，有评价指出："俄罗斯在利比亚损失的经济利益，完全可以从利比亚和北非局势动荡带来的高油价中得到成倍的补偿。"[③]

3. **防范中东乱局外溢，维护俄国家安全。**尽管俄政要及战略家均认为中东变局不会对俄国内稳定造成严重冲击，但却对中东乱局可能外溢到北高加索及中亚地区高度警惕。中东变局发生不久，梅德韦杰夫总统就亲自参加了2011年2月22日在北高加索召开的全国反恐会议，他强调，中东和阿拉伯国家当前的形势非常严峻，并将对俄罗斯产生长期的"直接影响"，俄必须通过经济、社会、教育、宗教等各方面措施，解决俄面临的极端主义与恐

---

① "俄将派特使调斡旋利比亚分析称俄改变对卡扎菲立场"，http://www.cnstock.com/index/gdbb/201106/1338766.htm

② "俄称因利比亚受国际制裁军售将损失40亿美元"，http://mil.huanqiu.com/world/2011－02/1527837.html

③ 关健斌："利比亚效应：美欧忙着烧钱，俄罗斯忙着数钱"，《中国青年报》2011年4月7日。

怖主义问题。[1] 普京也强调，如果激进势力在中东北非国家上台执政或影响增强，势必对包括俄北高加索在内的其他地区产生重要影响。[2] 因此，防范西方借机在独联体国家推进“颜色革命”和伊斯兰激进势力对俄周边地区的渗透，构成了俄应对中东变局的重要内容。

① “俄总统警告：部分中东和阿拉伯国家可能会分裂”，http：//news. sohu. com/20110222/n279475191. shtml

② “普京：伊斯兰激进派在北非的势力增强或可影响高加索”，http：//rusnews. cn/eguoxinwen/eluosi_ anquan/20110224/42994670. html

专题39

中国的中东热点外交：历史、理念、经验与影响*

【摘要】中国处理中东热点问题的外交经验主要包括：第一，坚持通过对话和谈判和平解决国际争端是中国热点外交的根本宗旨；第二，倡导多边主义，重视联合国在维护世界和平中的作用，恪守公认的国际关系准则；第三，重视发展，强调通过经济合作和增加人道援助，为和平解决争端营造环境；第四，从国际道义出发，尊重相关各方合理的利益关切，推动热点问题的解决向着有利于当事国或地区人民根本利益的方向发展。热点外交对中国外交创新的意义包括：首先，热点外交是我国外交政策基本原则的继承与发展，向世界昭示了中国走和平发展道路和推进和谐世界建设的坚定信念；其次，热点外交有助于塑造中国负责任大国的国际形象，有利于增强中国的软实力；最后，热点外交有助于促进中国在国际体系转型过程中发挥建设性作用，推动中国更好地融入国际社会，并使国际制度与国际秩序向着公正合理的方向发展。

伴随改革开放以来中国与中东国家关系的全面发展，中东地区作为我国周边战略的重要组成部分，以及主要的能源供应地，对我国国际战略和能源安全的重要意义日渐凸显，我国与中东国家相互依存度也不断增加。就中国

* 原载《阿拉伯世界研究》2011年第1期。

在中东的战略利益而言，在政治层面，中东是中国重要的战略依托，中国在国际事务中离不开阿拉伯伊斯兰世界的支持和配合；在经济层面，中东是中国最大的海外能源供应地、重要商品劳务出口和工程承包市场；在安全层面，“三股极端势力”通过中东、中亚、南亚向中国西部地区的渗透，构成中国西部边疆稳定的潜在威胁；在国际体系与国际制度层面，中东热点问题是联合国框架内大国博弈的重要领域，使得中东成为塑造中国负责任大国形象的重要舞台。但是，伴随中国与中东关系的深入拓展与转型，随着中国对中东问题参与程度的提高，中国中东外交所面临的诸多潜在问题与矛盾也日益凸显，并构成中国中东外交的重要掣肘。如何通过富有成效的外交政策与实践，参与中东热点问题的解决，已成为中国中东外交面临的重要问题之一。

众所周知，中东地区是世界上热点问题最为集中的地区。中国积极参与中东热点问题的解决，不仅是国际地位日渐提高的中国，因应国际社会和地区国家的诉求，承担更多国际责任的体现；同时也是在互利共赢基础上加强与有关国家的合作，维护中国在中东日益增长的利益的必然要求。在此背景下，近年来中国加大了对中东热点问题的参与力度，初步形成了具有自身特点的外交政策，积累了宝贵的实践经验，但也面临着诸多的压力与挑战。鉴于此，本文拟对中国中东热点外交的历史演变、核心理念和基本经验，进行总结、分析和思考，以推动中国的中东热点外交进一步走向成熟。

中东热点问题的含义、类型及其影响

“热点”是“国际热点问题”的简称，国内一般习惯简称为“热点问题”，国外则习惯称之为“危机”。从当今世界和平与发展两大历史潮流来看，国际热点问题是在一定历史时期内，对国家、地区及全球安全（和平）和经济繁荣（发展）构成直接或潜在威胁，引起国际社会广泛关注，诱发国际组织、大国（大国集团）进行协调、调解、斡旋或干预的冲突（或潜在冲突）或危机性问题。中东的热点问题类型多样、形式众多，几乎囊括了世界上热点问题的所有类型，概括起来主要有以下几种类型：

1. 由某一国家内部的冲突引发的国际热点问题。此类问题表现形式多样，既有可能是不同政治派别之间的冲突，也有可能是政府与反政府力量的冲突，还有可能是少数族群或跨界族群寻求自治或独立引发的冲突，如黎巴嫩内战，苏丹达尔富尔问题，困扰土耳其、伊朗、伊拉克等多的库尔德人问题等。

2. 发生于不同国家（民族）之间的地区危机或冲突。此类冲突由于涉及领土和安全问题，是国际社会中持续时间最长、外交解决难度最大的冲突，如阿以冲突、巴以冲突以及历史上的两伊战争等。

3. 由于大国军事干预导致国内冲突、地区冲突升级为地区性战争的国际热点问题。如1991年的海湾战争、2002年的阿富汗战争、2003年的伊拉克战争，此类问题往往涉及战争的合法性、国际集体安全机制、战后重建等复杂问题，往往对国际体系和国际秩序产生重大影响。

4. 全球性的非传统安全问题。此类问题主要包括恐怖主义、大规模杀伤性武器扩散、贸易与金融问题、环境问题、资源与人口问题、难民问题、人权问题、毒品问题、艾滋病问题、信息安全等非传统安全问题。以上问题在中东最为突出的有恐怖主义、大规模杀伤性武器扩散（如伊朗核问题）、难民问题、水资源争端等。

热点问题对世界和平与发展具有直接或潜在威胁，并冲击现行国际体系与国际秩序。以中东的热点问题为例，其主要影响包括：

1. 导致某些国家政权的合法性及其存续面临严峻威胁。某些国家的内部冲突，诸如政府与反政府力量（民族分离力量、宗教极端力量）之间的对抗，主体民族与少数族裔之间的对抗等所引发的国内冲突，往往在内部导致政府合法性的危机，威胁现政府的存续；从外部来说，这些国家往往被西方国家冠以存在“人道主义灾难”、政府治理失效的“失败国家”，并成为“人道主义干预”或“政权更迭”的对象。阿富汗塔利班政权和伊拉克萨达姆政权被美国强力改造，以及苏丹因达尔富尔问题面临的国际压力都是典型例证。

2. 导致国际社会的安全与稳定遭到直接性破坏，或面临潜在威胁。许多中东热点问题如阿以冲突、巴以冲突、两伊战争等，都造成了较大规模人员伤亡、难民问题、经济遭破坏等直接的灾难性影响；有的热点问题尤其是核危机，如伊朗核问题则对国际安全体制（如核不扩散机制）构成潜在威胁，从而引发国际社会的关注以及国际组织和大国的干预。

3. 冲击现行国际体系与国际秩序。中东热点问题的解决在很大程度上已构成现行国际体系下全球治理的主要内容，由于其解决涉及当事方、世界大国、国际组织、区域组织等多种行为体的复杂博弈，因此围绕主权与人权、外交解决还是武力解决、单边主义方式还是多边主义方式等一系列问题，产生了复杂的矛盾与分歧，从而冲击现行国际体系与国际制度。伊拉克战争的灾难性后果已充分证明了这一点。

中国中东热点外交的历史演变：20世纪50—90年代

本文认为，热点外交可以从两个层面加以理解：从狭义外交的角度看，它是热点问题相关方——世界大国、当事国、国际组织、区域组织等围绕热点问题的解决提出的目标、政策，以及展开的外交活动和采用的外交手段。从广义的角度看，热点外交又是一个双边与多边外交交叉渗透的外交舞台，是世界大国、当事国、国际组织、区域组织等，围绕解决热点问题的目标、原则、方式、手段而发生的外交活动和国际关系。由于本文主要研究中国的热点外交政策，因此主要在狭义的国家外交政策层面使用“热点外交”的概念，但由于热点外交不可避免地与其他世界大国、国际组织等有复杂关系，在论述时不可避免地兼及广义的热点外交的内容。本文认为，中国的热点外交就是以《联合国宪章》和国际法准则为宗旨，以中国外交政策基本原则和总体外交战略为指导，以实现热点问题的和平解决、缓和紧张地区和国际形势为目标所形成的针对国际热点问题的政策主张、外交机制和手段的总和。

事实上，在改革开放前，中国的中东外交就已经涉及中东热点问题。当时的中东热点问题主要有两种类型。第一种类型是亚非反对殖民主义的民族解放运动问题，如中东、北非的民族解放斗争。第二种类型是民族争端问题，如巴勒斯坦问题。在20世纪50～70年代，中国对亚非民族解放运动、民族争端等问题的立场与政策，深受冷战体制下的意识形态斗争的影响，恰如毛泽东在1956年党的第八次代表大会上指出：“亚洲、非洲和拉丁美洲各国的民族独立解放运动，以及世界上一切国家的和平运动和正义斗争，我们都必须给予积极的支持。”① 因此，对于中东的热点问题，中国主要从冷战体制下反帝、反殖、反霸斗争的目标出发，对民族解放运动给予道义支持和经济援助，对巴勒斯坦民族解放斗争予以支持，对西方的盟友以色列则采取了完全排斥的态度。

20世纪80～90年代，由于改革开放基本国策和以经济建设为中心的国家发展战略的确立，在继续坚持和平共处五项原则的基础上，中国外交政策进行了重大调整，突出体现为和平与发展的时代观的确立、对意识形态的超越和国家利益观的确立、赋予独立自主原则以新内容、提出建立国际政治经济新秩序的主张等。与此项适应，中国的热点外交发生了以下变化：

第一，对国际热点问题的认识成为中国对国际形势的判断之一。即国际形势总体趋向缓和，但热点问题依旧存在，并成为世界和平的威胁。如1987年党的十三大报告，首次使用了“热点”的概念，并指出：“‘热点’一个也没有消除，个别地区的冲突还存在着升级的危险。国际形势真正实现缓和，还将经历一个漫长、艰难甚至曲折的过程，各国人民仍须进行坚持不懈的努力。”② 1992年党的十四大报告则进一步具体化，突出了“民族矛盾”、“领土争端”和“宗教纷争”等国际热点问题的具体表现形式。报告指出：“目前国际形势仍然动荡不安。世界各种矛盾在深入发展，不少国家和地区的民族矛盾、领土争端和宗教纷争突出起来，甚至酿成流血冲突和局部战争。”③ 1997年党的十五大报告有类似的表述：“因民族、宗

① 《新华半月刊》1956年20号，第1页。

② “沿着有中国特色的社会主义道路前进——在中国共产党第十三次全国代表大会上的报告”，http：//cpc. people. com. cn/GB/64162/64168/64566/65447/4526368. html

③ 江泽民：“加快改革开放和现代化建设步伐，夺取有中国特色社会主义事业的更大胜利——在中国共产党第十四次全国代表大会上的报告”，http：//cpc. people. com. cn/GB/64162/64168/64567/65446/4526313. html

教、领土等因素而引发的局部冲突时起时伏。"[1] 中东形势尤其是两伊战争、海湾危机和海湾战争等热点问题，无疑是中国得出上述判断的重要依据。

第二，热点外交渐趋务实，并服务于中国对外关系的发展和国际环境的改善。中国热点外交的意识形态色彩日趋淡化，更加强调从问题本身的实际情况出发，决定中国的立场和政策。例如，在巴勒斯坦问题上，针对1979年埃以戴维营和平条约签署后中东形势的变化，以及中国自身外交政策的调整，中国在上世纪80年代后期首次承认了以色列的生存权利，为中以建交创造了条件。在1990～1991年的海湾危机和海湾战争中，中国一方面明确反对伊拉克吞并科威特，另一方面始终注重用和平手段解决危机，不赞成美国和西方对伊拉克动武。根据这一原则立场，中国对联合国安理会通过政治、外交、经济等手段迫使伊拉克撤军的决议都投了赞成票，但对授权美国对伊拉克使用武力的678号决议投了弃权票。对于1979年伊朗伊斯兰革命，中国"认为意识形态、社会制度的差异不应成为发展两国关系的障碍。中国不干涉伊朗内政，不赞成也不参与对伊朗进行的制裁"。[2] 在两伊战争中，"中国一般都采取表明自己的立场，但不直接介入的政策，同时也反对外部势力的插手和干预，希望各国通过和平途径自己解决"。[3]

第三，中国对作为中东问题核心的巴勒斯坦问题的政策主张更加明确、全面。对于巴勒斯坦和阿以冲突问题，中国改变了过去支持阿拉伯国家的"一边倒"政策。1988年，钱其琛外长郑重宣布了中国关于解决中东问题的5点主张：中东问题应通过政治途径解决；阿拉伯被占领土应予以归还，巴勒斯坦人民的合法权利应予恢复，以色列的安全也应得到保证；支持召开由安理会五个常任理事国参加的中东国际和平会议；支持中东各方进行各种形

---

① 江泽民："高举邓小平理论伟大旗帜，把建设有中国特色社会主义事业全面推向二十一世纪——在中国共产党第十五次全国代表大会上的报告"，http://cpc.people.com.cn/GB/64162/64168/64568/65445/4526290.html

② 安维华："中国—中东友好合作关系稳定发展"，载《西亚非洲》1998年第6期。http://iwaas.cass.cn/SuoKan/show_SuoKan_ls.asp?id=756

③ 肖宪主编：《世纪之交看中东》，北京：时事出版社1998年版，第435页。

式的对话，巴勒斯坦和以色列双方互相承认。[①] 1991年马德里会议召开，标志着中东和平进程已取得重大进展。中国积极支持以马德里和会为起点的中东和平进展的新发展，并为推动中东和平不断作出努力。1997年12月，钱其琛副总理在访问中东五国期间，系统阐述了中国政府关于中东和平进程的五点主张：以联合国有关决议为基础，遵循“以土地换和平”的原则，推进中东和谈；认真履行已达成的各项协议；反对任何形式的恐怖主义和暴力行为；加强地区经济交流与合作，阿以间逐步建立相互信任，实现共同发展与繁荣；国际社会有责任为实现中东全面、公正、持久的和平作出努力，中国愿为此作出自己的贡献。[②]

新世纪以来中国中东热点外交的基本理念与基本经验

在20世纪80～90年代，基于以经济建设为中心的总体发展战略，以及受中国国家实力有限、参与多边国际机制的经验相对缺乏等因素的制约，中国的热点外交在总体上具有相对超然的特点。具体体现为在与现实国家利益相关性不大的热点问题上，中国除在联合国框架内表达立场、施加影响外，参与和介入的程度十分有限。这既适应了社会转型时期以发展为第一要务的要求，也体现了1989年以来邓小平提出的“韬光养晦”、“决不当头”等外交韬略，同时也与当时中国国家利益国际拓展的有限性有关。

但是，随着中国国际地位的不断提高和国力的增强，融入国际体系程度的加深，国际社会对中国国际责任要求的提高，以及中国国家利益的不断外溢和“走出去”战略的确立，中国外交统筹国际和国内两个大局的战略重要性日益凸显，相对加强中国对国际热点问题的介入和参与程度，已成为国内外形势以及中国外交自身调整的必然要求。

进入新世纪以来，中国政府对中国与世界关系的认识明显上升到了一个

---

① 彭树智主编：《二十世纪中东史》，北京：高等教育出版社2001年版，第368页。
② “钱其琛同阿盟秘书长会谈”，《人民日报》1997年12月26日。

新的高度，党的十七大报告将这种认识提高了前所未有的高度："当代中国同世界的关系发生了历史性变化，中国的前途命运日益紧密地同世界的前途命运联系在一起"。[①] 也正是在这种认识的基础上，中国向世界庄严承诺：中国将坚定不移地走和平发展道路，致力于"建立持久和平、共同繁荣的和谐世界"。在2005年联合国成立60周年首脑会议上，胡锦涛主席明确指出："中国将始终不渝地把自身的发展与人类共同进步联系在一起，既充分利用世界和平发展带来的机遇发展自己，又以自身的发展更好地维护世界和平、促进共同发展。中国将一如既往地遵守联合国宪章的宗旨和原则，积极参与国际事务，履行国际义务。"[②] 胡锦涛主席的讲话向世界表明，中国将更多地承担与自身能力相适应的国际责任。

因此，在中国与世界关系发生深刻变化，在中国发展战略与外交战略深入调整的背景下，中国对国际热点问题的政策主张更加全面，立场更加明确，同时更加注重机制与能力建设。正如2005年胡锦涛主席在联合国成立60周年首脑会议上的讲话所指出："我们应该鼓励和支持以和平方式，通过协商、谈判解决国际争端或冲突，共同反对侵犯别国主权的行径，反对强行干涉一国内政，反对任意使用武力或以武力相威胁；应该加强反恐合作，坚持标本兼治，重在消除根源，坚决打击恐怖主义；应该按照公正、合理、全面、均衡的原则，实现有效裁军和军备控制，防止核扩散，积极推进国际核裁军进程，维护全球战略稳定。"[③] 上述主张比较全面反映了中国在国际热点问题上的政策主张。党的十七大报告进一步明确提出"中国致力于和平解决国际争端和热点问题"，[④] 表达了中国参与解决国际热点问题的根本主

① 胡锦涛："高举中国特色社会主义伟大旗帜，为夺取全面建设小康社会新胜利而奋斗——在中国共产党第十七次全国代表大会上的报告"，http：//www. chinadaily. com. cn/hqzg/2007 – 10/25/content_ 6205616. htm

② 胡锦涛："努力建立持久和平、共同繁荣的和谐世界——在联合国成立60周年首脑会议上的讲话"，http：//politics. people. com. cn/GB/1024/3699888. html。

③ 胡锦涛："努力建立持久和平、共同繁荣的和谐世界——在联合国成立60周年首脑会议上的讲话"，http：//politics. people. com. cn/GB/1024/3699888. html。

④ 胡锦涛："高举中国特色社会主义伟大旗帜，为夺取全面建设小康社会新胜利而奋斗——在中国共产党第十七次全国代表大会上的报告"，http：//www. chinadaily. com. cn/hqzg/2007 – 10/25/content_ 6205616. htm

张及信心与决心。

外交理念是国家在对外战略、外交政策、外交实践等领域所秉承和坚持的价值观念。本文认为，追求和平、合作共赢、和谐包容构成了中国热点外交的核心理念。这些理念既植根于中国文化传统与价值观念的沃土，又深刻体现于中国走和平发展道路的战略之中。正如《中国的和平发展道路》白皮书所指出："和平、开放、合作、和谐、共赢是我们的主张、我们的理念、我们的原则、我们的追求。"① 1999 年 10 月 28 日，江泽民主席在拉巴特与摩洛哥国王穆罕默德六世举行会谈时，全面阐述了中国政府对中东和平进程的看法和原则立场，其中强调指出："我们提倡和平而不是诉诸武力，提倡合作而不是对抗，提倡兼容而不是排斥"。② 这段话集中反映了中国处理国际热点问题的基本理念。胡锦涛主席倡导的"和谐世界"的外交理念，主张坚持多边主义，实现共同安全；坚持互利合作，实现共同繁荣；坚持包容精神，共建和谐世界，更是把和平、合作、包容等理念上升到了人类普遍理想价值的高度。下文结合中东热点问题，分析中国热点外交的基本经验。

1. 坚持通过对话和谈判和平解决国际争端是中国热点外交的根本宗旨。在党的十六大和十七大报告中，在继续强调民族宗教矛盾和边界、领土争端诱发的国际热点问题的同时，提出了"传统安全威胁和非传统安全威胁的因素相互交织"的新论断。在外交理念与政策层面，十六大报告提出了"顺应历史潮流，维护全人类的共同利益"的外交理念；主张树立"互信、互利、平等和协作的新安全观，通过对话和合作解决争端，而不应诉诸武力或以武力相威胁"。③ 十七大报告提出了"共同分享发展机遇，共同应对各种挑战"，"推动建设持久和平、共同繁荣的和谐世界"的外交理念；主张"安全上相互信任、加强合作，坚持用和平方式而不是战争手段解决国际争端，共同维护世界和平稳定"；承诺"中国致力于和平解决

① "中国的和平发展道路"白皮书，http：//cn. chinagate. com. cn/whitepapers/2007－02/14/content_ 2367117. htm

② 《人民日报》1999 年 10 月 29 日。

③ 江泽民："全面建设小康社会，开创中国特色社会主义事业新局面——在中国共产党第十六次全国代表大会上的报告"，http：//cpc. people. com. cn/GB/64162/64168/64569/65444/4429116. html

国际争端和热点问题，推动国际和地区安全合作，反对一切形式的恐怖主义”。[①]

以上论述表明，中国政府关于国际热点问题国际形势的认识更加深刻，并把和平解决国际争端作为中国新安全观的重要内容，纳入到中国关于国际政治经济新秩序和“和谐世界”主张的体系框架内，对于中国特色的外交理论与实践创新具有重要指导作用。

坚持通过对话和谈判和平解决国际争端，在中国的中东热点外交实践中得到了鲜明体现。

在中东和平问题上，中国主张在联合国有关决议和“土地换和平”原则基础上，通过对话公正、合理地解决中东问题；中国在同巴以的双边互访与磋商中，一直强调和平谈判才是解决争端的正确途径；2002 年 9 月中国设立并任命中东问题特使以来，进行了一系列双边与多边外交活动，积极劝谈促和，并与阿以双方和国际社会其它有关各方保持着密切的联系和磋商。[②]

在伊朗核问题上，中国一方面推动伊朗与国际原子能机构保持合作，支持伊朗与欧盟谈判，防止局势升级；另一方面积极参与六国协商并遵守安理会关于伊朗核问题的有关决议，敦促伊朗执行安理会决议，暂停铀浓缩及相关活动，早日解决未决问题。[③]

在达尔富尔问题上，通过对话、和平协商等方式推动达尔富尔问题的政治解决，构成了中国政策主张的重要内容之一；中国一直通过元首互访、派遣特使、通电话、互致信函，以及在联合国等场合开展协调等各种途径与各方沟通，缩小立场分歧，推动平等对话；中国政府认为施压和制裁无助于问

---

① 胡锦涛：“高举中国特色社会主义伟大旗帜，为夺取全面建设小康社会新胜利而奋斗——在中国共产党第十七次全国代表大会上的报告”，http：//www. chinadaily. com. cn/hqzg/2007 – 10/25/content_ 6205616. htm

② “中国关于推进中东和平进程所采取的步骤”，http：//www. southcn. com/news/international/zhuanti/absvisit/zd/200505170452. htm

③ 赵青海：“中国在解决国际热点问题中发挥积极作用”，http：//www. ciis. org. cn/index-news. asp？NewsID = 20080429083225526&d = 5&classname =% CA% B1% CA% C2% C6% C0% C2% DB&classid = 10

题的解决，取而代之的应是平等的磋商与对话。[①]

2. **倡导多边主义，重视联合国在维护世界和平中的作用，恪守公认的国际关系准则**。近年来，中国在包括解决国际热点问题在内的所有国际事务中，积极倡导多边主义，尤其是高度重视联合国在维护世界和平中的作用。十六大报告强调，“我们将继续积极参与多边外交活动，在联合国和其他国际及区域性组织中发挥作用”[②]；十七大报告进一步明确指出，“我们将继续积极参与多边事务，承担相应国际义务，发挥建设性作用，推动国际秩序朝着更加公正合理的方向发展”。[③] 在2005年联合国成立60周年首脑会议上，胡锦涛主席强调，中国主张“坚持多边主义，实现共同安全”，主张“建立公平、有效的集体安全机制，共同防止冲突和战争，维护世界和平与安全”。[④]

多边主义是在全球实现和平、发展、合作的关键，多边外交和多边机制是中国发挥负责任大国作用的重要舞台，参与和创建合适的多边制度，已成为中国新外交的重要内容。在多边外交舞台上，中国除参与全球性和地区性国际组织的多边合作机制，创办上海合作组织、中非合作论坛、中阿合作论坛等多边机制外，积极创办和参与国际热点问题政治解决的多边机制，也已构成中国多边外交的重要内容。

在巴以问题上，中国认为建立广泛参与、平衡有效的多边促和机制、监督机制和执行机制是和谈的重要保障，[⑤] 并通过设立中东特使、广泛参与有关中东问题的国际会议，增强了对中东问题的多边外交的参与力度。

---

① “中国在苏丹达尔富尔问题上的立场”，http://news.xinhuanet.com/ziliao/2004-08/24/content_1871528_3.htm

② 江泽民：“全面建设小康社会，开创中国特色社会主义事业新局面——在中国共产党第十六次全国代表大会上的报告”，http://cpc.people.com.cn/GB/64162/64168/64569/65444/4429116.html

③ 胡锦涛：“高举中国特色社会主义伟大旗帜，为夺取全面建设小康社会新胜利而奋斗——在中国共产党第十七次全国代表大会上的报告”，http://www.chinadaily.com.cn/hqzg/2007-10/25/content_6205616.htm

④ 胡锦涛：“努力建立持久和平、共同繁荣的和谐世界——在联合国成立60周年首脑会议上的讲话”，http://politics.people.com.cn/GB/1024/3699888.html

⑤ 姚匡乙：“中东热点问题走向和中国外交政策及其实践”，载《阿拉伯世界研究》2008年第1期，第8页。

在伊朗核问题上，由于伊核问题经历了在国际原子能机构内协调，在六国机制内磋商，在联合国安理会内讨论三个阶段，所以中国在开始时努力争取伊核问题在国际原子能机构框架内得以解决；在转入六国机制框架后，中国积极与美国、俄罗斯、英国、法国和德国进行沟通和磋商；在美国极力推动伊核问题进入安理会讨论后，中国在对关于伊核问题的1737号和1747号决议投赞成票的同时，仍强调国际原子能机构以及有关各方的双边和多边谈判仍是解决伊核问题的重要途径最佳选择。①

在苏丹达尔富尔问题上，支持非盟、联合国等多边机制发挥建设性作用，是中国的一贯立场，并通过双边与多边外交斡旋，为促使联合国—非盟混合部队维和计划即“安南计划”付诸实施发挥了重要作用。

在参与解决国际争端和热点问题的过程中，中国一直恪守公认的国际关系准则，并突出体现为坚持各国间平等相待、尊重当事国主权尊严等原则。这一点在苏丹达尔富尔问题上体现得最为明显，中国政府之所以能在达尔富尔问题上发挥独特的作用，首要一点就在于中国尊重苏丹政府的主权，坚持不干涉苏丹国内事务，而以朋友身份发挥建设性作用。时任中国政府达尔富尔事务特使的刘贵今大使多次表示：“达尔富尔是苏丹的达尔富尔，是非洲的达尔富尔。”中国始终遵循互不干涉内政的原则来处理达尔富尔问题，从而赢得了苏丹政府的充分信任。② 2004年7月和9月，联合国安理会就达尔富尔问题通过的1556和1564号两项决议中含有威胁对苏丹进行制裁的内容，中国投了弃权票，这是中国尊重苏丹主权的实际体现。

3. 重视发展，强调通过经济合作和增加人道援助，为和平解决争端营造环境。发展中国家和地区之所以成为热点问题频发和高发地区，经济与社会发展落后而产生的利益矛盾是诱发和加剧冲突的重要因素。因为“发展是维护和平、实现稳定的重要基础和保障。没有持续发展，难享长久和

① 姚匡乙：“中东热点问题走向和中国外交政策及其实践”，载《阿拉伯世界研究》2008年第1期，第9页。

② 余建华、王震：“中国在苏丹达尔富尔问题上的外交努力”，载《阿拉伯世界研究》2008年第2期，第15页。

平”。[①] 因此，对于许多热点问题，中国既重视从发展方面认识热点问题的根源，强调用促进发展的办法为热点问题的解决创造条件，同时更加注重通过经济援助和发展项目，为解决热点问题作出实质贡献，践行“以自身的发展更好地维护世界和平、促进共同发展”。

在苏丹达尔富尔问题上，中国一直认为问题的实质是发展问题，解决达尔富尔问题的根本出路在于实现当地经济重建和发展；国际社会除继续向达尔富尔民众提供人道主义援助外，也应提供发展援助。在实践上，中国曾先后向达尔富尔和非盟特派团提供了8000万元人民币的物资援助，并提供5000万美元贷款，用于供水设施建设。[②] 2007年胡锦涛主席访问苏丹期间，宣布再次向苏丹提供4000万元人民币的援助。中国还通过加强和苏丹之间的经贸合作促进当地社会的发展，改善当地人民的生活条件。以中石油为例，截至2006年底，中石油先后在苏丹投入3287万美元用于社会公益事业，当地直接受益人数超过150万。2007年初，胡锦涛主席在访问苏丹时要求驻非中资企业要坚持互惠互利、共同发展的原则，“积极与当地社会和谐相处，主动承担社会责任，多做有利于增强非洲国家自主发展能力、帮助非洲人民改善生活的好事，为非洲人民带来实实在在的利益”。[③]

此外，中国还积极参与阿富汗、伊拉克等国家的战后重建。早在2002年，中国政府就向阿富汗政府承诺提供1.5亿美元的经济援助。在上述援款支持下，中国援建了帕尔旺水利工程、喀布尔共和国医院等项目，并提供了物资援助和人力资源培训等。2006年和2007年，中方又向阿提供共1.6亿元人民币无偿援助，并宣布2007年起两年内接受阿方200名各类专业技术人员来华培训。[④] 2007年5月，杨洁篪外长在出席在埃及召开的伊拉克周边外长扩大会议和伊拉克国际契约大会时，特别强调伊周边国家和国际社会以

---

① 胡锦涛：“促进中东和平，建设和谐世界——在沙特阿拉伯王国协商会议的演讲”，http：//www.cnceo.com/person/show.jsp？t=15220

② 赵青海：“解决国际热点问题，中国有所作为”，http：//news.xinhuanet.com/world/2008-04/11/content_7956508.htm

③ “胡锦涛主席考察苏丹喀土穆炼油有限公司”，《光明日报》2007年2月4日。

④ 赵青海：“解决国际热点问题，中国有所作为”，http：//news.xinhuanet.com/world/2008-04/11/content_7956508.htm

及联合国支持伊政治经济重建的重要性；宣布中国政府向伊提供5000万元人民币无偿援助，并愿大幅度减免伊方拖欠中方的债务。2007年6月，伊拉克总统塔拉巴尼访华，胡锦涛等中国领导人在会谈中再次重申了中国对伊拉克问题的原则立场，并表示中国将继续提供力所能及的帮助，包括鼓励和支持中国企业参与重建，为伊重建培训急需的专业人员，并共同探讨拓展互利合作的新领域和新途径。①

4. **从国际道义出发，尊重相关各方合理的利益关切，推动热点问题的解决向着有利于当事国或地区人民的根本利益的方向发展**。进入新世纪以来，中国外交政策的一个重要理念和主张，即互利共赢的利益观与合作观。江泽民同志在党的十六大报告中强调指出：“要寻求共同利益的汇合点，扩大互利合作，共同对付人类生存和发展所面临的挑战。”② 在联合国成立60周年首脑会议上，胡锦涛同志也强调要“加强国际合作，促进共同发展，实现互利共赢”③；在党的十七大报告中，他又进一步明确强调，要“坚持把中国人民的利益同各国人民的共同利益结合起来”。④

互利共赢的利益观与合作观在中国的热点外交实践中得到了鲜明体现。在伊核、苏丹达尔富尔等问题上，中国既注意照顾有关国家的合理关切，又重视维护各方的共同利益；既重视维护联合国在国际事务中的地位和权威，又强调充分发挥自身的建设性作用，全面展现了负责任大国的良好形象。

中国在热点外交中充分考虑相关各方合理利益关切的做法和努力，赢得了世界的广泛认可。针对中国在朝核、伊核、苏丹达尔富尔、缅甸等问题上

① 姚匡乙：“中东热点问题走向和中国外交政策及其实践”，载《阿拉伯世界研究》2008年第1期，第8页。

② 江泽民：“高举邓小平理论伟大旗帜，把建设有中国特色社会主义事业全面推向二十一世纪——在中国共产党第十五次全国代表大会上的报告”，http：//cpc. people. com. cn/GB/64162/64168/64568/65445/4526290. html

③ 胡锦涛：“努力建立持久和平、共同繁荣的和谐世界——在联合国成立60周年首脑会议上的讲话”，http：//politics. people. com. cn/GB/1024/3699888. html

④ 胡锦涛：“高举中国特色社会主义伟大旗帜，为夺取全面建设小康社会新胜利而奋斗——在中国共产党第十七次全国代表大会上的报告”，http：//www. chinadaily. com. cn/hqzg/2007 -10/25/content_ 6205616. htm

对各方利益关切的重视，美国主管东亚与太平洋地区事务的副助理国务卿柯庆生（Thomas J. Christensen）曾经指出："中国和美国有可能确定外交上共同关切的问题，并为解决这些问题采取共同行动。其过程是复杂和艰难的，而其结果并非尽如人意，不过对中国外交关系史稍有了解的人都会认为这些结果具有相当积极的意义。有人认为，中国外交政策的主要动机是减弱美国在全世界的影响，这种观点很难成立。另一点值得指出的是，在近年里，中国的外交活动反映出一种变化，它逾越了以前严格坚持'不干涉别国内政'的做法，向着更务实的态度转变，认识到与国际社会在共同关切的问题上进行合作的价值与义务。这是中国外交政策上一种我们应该肯定并继续支持的趋向"。①

热点外交对中国外交创新的意义

1. **热点外交是我国外交政策基本原则的继承与发展，向世界昭示了中国走和平发展道路和推进和谐世界建设的坚定信念。**通过积极参与解决国际和地区热点问题，既承担广泛的国际义务，又发挥负责任的建设性作用，是中国向世界昭示走和平发展道路，推进和谐世界建设的重要途径和实际体现。当今世界的主要热点问题大多发生在发展中国家，随着中国国力的增强和国际地位的提高，在推动热点问题的解决过程中，国际社会尤其是发展中国家对中国有较高的期待；西方国家尤其是美国因为在冲突中偏袒一方或与相关方交恶，得不到当事国的信任或对当事国政府已无多大影响力，也希望借助中国与当事国的密切关系，通过中国向当事国施加影响，推动问题取得进展；从中国自身来看，作为安理会常任理事国，中国有义务为解决国际争端贡献自己的力量，愿意利用自己的影响力在解决热点问题上发挥建设性作用。②

---

① ［美］柯庆生："通过外交途径影响中国的全球性选择"，http：//guangzhou-ch.usembassy-china. org. cn/diplomatic_ influening_ china. htm

② 赵青海："解决国际热点问题，中国有所作为"，http：//news. xinhuanet. com/world/2008 –04/11/content_ 7956508. htm

实践证明，中国通过对话谈判推动国际热点问题政治解决所发挥的重要作用，得到了热点问题当事国以及国际社会的赞赏与认可。即使是美国也承认中国在许多热点问题上所发挥的积极作用。例如，2008 年 3 月 18 日，在题为“通过外交途径影响中国的全球性选择”的文章中，美国主管东亚与太平洋地区事务副助理国务卿柯庆生对中国外交全球影响力上升持积极看法，并主张加强中美在全球与地区性问题上的战略对话。他特别对中国在朝核问题、伊核问题、苏丹达尔富尔问题、缅甸问题上发挥的作用予以了肯定。针对中国在苏丹达尔富尔问题上发挥的作用，他指出：“中国最近参与为化解达尔富尔人道主义危机而展开的多边努力一事有力地说明，美国与中国在亚洲之外的热点地区进行接触意义重大。”①

2. **热点外交有助于塑造中国负责任大国的国际形象，有利于增强中国的软实力。**尽管学界对“软实力”的概念及构成要素尚有争议，但就外交领域而言，软实力的强弱及其实现程度，主要取决于某国倡导的外交理念能否以非强制方式为他国和世界所接受，能否对塑造国际体系和世界秩序发挥积极作用。由于国际热点问题成因复杂、牵涉面广，因此热点外交领域不仅是现实利益的矛盾交汇点，同时也是作为软实力重要体现的外交理念碰撞的舞台，甚至直接影响大国软实力的盛衰。美国软实力尤其是国际形象的严重受损与其单边主义、政权更迭、民主输出等霸权外交政策密切相关。

如前文所述，中国热点外交秉承和平、合作、共赢、和谐、包容等核心理念，不仅迎合了国际社会尤其是发展中国家对中国在热点问题上发挥更大作用的期待，适应了西方大国要求中国承担更多国际责任的呼声，更为重要的是中国的热点外交理念与实践，在缓解和抑制冲突，妥善处理各方利益关切，推动热点问题解决向着和平解决方向发展等方面，发挥了重要建设性作用，对于塑造中国负责任大国的国际形象，增强中国的软实力产生了积极影响。

在热点问题领域，尽管西方对中国仍颇有微词，但中国的理念毕竟引起了西方的注意以及反思。例如，西方尽管对中国的达尔富尔政策多有批评，但它们也已认识到，“在中国看来，冲突的根源与经济落后和贫穷是分不开

---

① [美] 柯庆生：“通过外交途径影响中国的全球性选择”，http://guangzhou-ch.usembassy-china.org.cn/diplomatic_ influening_ china.htm

的。因此最关键的问题是推动发展进程。”“中国在苏丹达尔富尔危机中所扮演的角色和在非洲的投资政策已经招致大量批评和保留意见，而实际问题上的深层原因是中国和西方存在着根本不同的观点。”“中国否认存在一个放之四海而皆准的政治模式，要求国际体系实现多元化，中国让我们了解到，采取不同于西方国家的行事方式并不一定就是错的。”①

3. **热点外交有助于促进中国在国际体系转型过程中发挥建设性作用，推动中国更好地融入国际社会，并使国际制度与国际秩序向着公正合理的方向发展。**当前，国际体系正处在深刻的转型过程中，其内容涉及国际行为体结构（国家与非国家行为体）、国际权力结构（尤其是大国兴衰）、国际秩序（国际制度与全球治理）等多个领域。在某种程度上，国际热点问题聚焦了国际体系转型的所有问题：在行为体结构层面涉及如何对待国家与非国家行为体的关系（如国家主权、国际干预等问题）；在权力结构层面涉及大国权力对比关系的变化（尤其是新兴崛起大国与传统霸权国家的关系）；在国际秩序层面涉及全球治理中的单边与多边、霸权与民主等。因此，在参与国际热点问题解决的过程中，如何处理热点问题所聚焦的复杂国际矛盾，发挥中国在国际体系转型过程中的建设性作用，无疑是中国外交的核心议题之一。

实践表明，中国的中东热点外交较好地处理了各种矛盾，对中国更好地融入国际社会，并使国际制度与国际秩序向着公正合理的方向发展产生了积极的影响。在行为体结构层面，中国在坚持国家主权原则的前提下，对不干涉内政原则的理解和运用更加灵活和务实，在处理与政府间和非政府组织的关系方面更趋成熟；在权力结构层面，中国在热点问题上努力寻求与美国等大国的共同利益与共识，妥善处理分歧与矛盾，使得西方对中国“负责任的利益攸关方”的这一体系角色定位日趋明确；在国际制度层面，通过积极“开阔思路，多辟渠道，参与接受及创造合适的多边制度”；“通过深化多边对话机制，‘引导’世界关注点”②，中国已成为国际制度的主要参与者和积极建设者。

---

① 胡利奥·里奥斯：“中国是负责任的吗？”，西班牙《对外政策》双月刊2008年7—8月号，中文载《参考资料》2008年8月26日，第16、19页。

② 沈国放：“中国新外交的理念与实践”，http：//news. cctv. com/world/20070712/101256. shtml

专题 40

中东变局与中国外交的几个基本问题*

【摘要】中国对中东变局冲击的外交应对经历了一个从紧急应对到全面统筹的过程，并取得了巨大的成功。面对中东变局，中国要从统筹国际国内两个大局的高度认识中东变局的影响，要从“外部环境考验”的高度认识中东变局的冲击；要客观认识中东变局对中国国际环境变化的影响；要进一步总结应对中东变局宝贵经验，并对存在的不足与偏差加以改进；要科学谋划中长期的中国中东外交战略及实现手段，尤其要进一步增强对中东战略地位的认识，并在坚持传统外交原则的同时适度扩大对中东事务的参与。

自2010年底以来，中国对中东变局冲击的应对经历了一个从紧急应对到全面统筹的过程。在此过程中，中国既成功消解了中东形势动荡对中国社会稳定的冲击，圆满完成利比亚撤侨的历史使命；也平稳完成了应对利比亚危机和叙利亚危机、协调大国关系、巩固和调整与阿拉伯国家关系等外交任务。在此过程中，尽管国内外舆论围绕中国应对中东变局的战略、策略、手段、方式等问题有部分批评意见，但必须肯定的是，对中东变局的成功应对是进入新世纪以来中国外交在危机管理方面取得的巨大胜利，同时也积累了宝贵的经验。

当前，中东变局仍处在进一步发展之中，并存在诸多的不确定因素，同时需要中国予以积极的外交应对。但是，当前中国对中东变局的认识以及战

* 原载《国际观察》2012年第1期。

略调整，显然应该超越局部应对的具体范畴，而应该从未来中长期国际战略环境变化、中东地区环境变化、中国中东战略调整等视角，认识中东变局对中国的影响以及中国应做出的战略安排，在更宏大的战略视野下考量中国中东外交的目标和手段。

从统筹国际国内两个大局的高度认识中东变局的影响

正确认识中东变局对中国的影响，是制定新时期中国中东外交战略与政策的基础所在。在此过程中，一定要超越只关注局部利益和眼前利益的狭隘思维，同时也要克服盲目悲观或乐观的僵化、简单化思维，要立足中长期国际、国内环境变化，从统筹国际国内两个大局的高度认识中东变局对中国的复杂影响。

1. 从“外部环境考验”的高度认识中东变局的冲击。2011 年 7 月 1 日，胡锦涛同志在讲话中指出，中国共产党必须清醒认识“执政考验、改革开放考验、市场经济考验、外部环境考验”的长期性、复杂性、严峻性。而中东变局正是近期中国面临的重要“外部环境考验”，其发生的突然性、性质的复杂性、波及范围的广泛性、影响的深远性，均在理论与实践层面提出了一系列迫切需要回答的重大问题。从“外部环境考验”的角度来看，它对中国国内最重要的影响在于它不仅一度对社会稳定产生了一定的冲击，同时也引发了对中国模式的新一轮认识与争论，而西方舆论更是推波助澜，期待“阿拉伯之春”能蔓延到中国，进而冲击中国社会稳定并减缓中国崛起的步伐。

中东变局发生之初，在国内存在着一种典型的消极思想，其特点是简单地将引发中东变局的经济与社会问题与中国转型时期面临的社会矛盾相类比，进而上升为对中国模式与发展道路的无端批评与指责，甚至丧失对中国发展道路的信心。因此，中国自身尤其是思想界和知识界，亟需深入研究中东变局的复杂性，同时对中国发展道路进行系统的总结，以消除思想混乱。在加强理论研究和舆论宣传的过程中，中国应更加坚信自身发展道路的正确性及其成功经验，同时也要从中东变局中更加清醒地认识自身面临的压力和挑战。

事实上，中东变局从反面印证了中共执政理念的正确性与先进性，它也使中国更加自信地坚持自身的发展道路。

第一，中国共产党始终将发展作为执政兴国的第一要务。经过30多年的改革开放，中国已经成功探索出一个政府主导型的市场经济发展模式，找到了一条适合自身国情的自主性发展道路，并取得了举世瞩目的成就。而中东动荡的本质根源在于发展的危机，尤其是发展模式的危机。

第二，中国不断与时俱进地加强自身的执政党合法性建设，巩固和扩大了自身的执政基础；而中东国家的僵化政治体制和因循守旧，则使其逐步丧失了政治合法性。

第三，中国妥善地处理了开放与稳定的关系，较好地保持了开放与秩序之间的平衡。中国在坚持改革开放基本国策的同时，不断通过柔性政策调整维护社会稳定。因此，“中国面临的内部政治压力要比中东的政权小得多”，因为中国比较好地处理了“开放与秩序之间潜在的紧张关系”。[①]

第四，中国妥善地处理了独立自主外交与参与国际体系的关系，实现了中国与国际体系的良性互动，同时赢得了发展的战略机遇期。而中东国家或者长期充当美国盟友，丧失外交自主性；或者长期与西方对抗并挑战现行国际体系；或者在二者之间进行激进的摇摆，其结果是，长期追随西方的国家在国内丧失了民意，而对抗国际体系的国家则丧失了利用全球化的发展机遇。

当然，深入认识中东国家陷入动荡的历史教训，对中国也有十分重要的意义。[②]

第一，中国在探索自主性、创新性的发展道路上仍然任重而道远。中国目前仍处在全球经济链条低端、产品技术含量和附加值较低、企业创新和科技创新能力总体较差、GDP产出的能源与资源高消耗、区域与城乡发展的不平衡、社会保障水平总体落后、经济贫富分化加剧等一系列问题，都是需

① 伊恩·布雷默：“用J曲线分析中东局势”，http://www.chinaelections.org/NewsInfo.asp?NewsID=200198

② 刘中民：“中共执政不会重蹈中东变局”，《环球时报》2011年6月22日。

要执政党通过发展创新加以解决的难题。

第二，社会管理的科学化成为执政党面临的重要课题。在中东变局发生后，胡锦涛主席明确提出了社会管理科学化这一重要命题。在处在矛盾凸显期的中国，实现和加强社会管理的科学化将是一个长期性的历史课题。

第三，“互联网政治”和“互联网外交”成为中国面临的严峻挑战。当前，互联网已成为美国对外输出民主和进行政治渗透的主要方式，应对“互联网外交”将成为中国面临的常态化政治和社会议题。

2. **客观认识中东变局对中国国际环境变化的影响。**要客观认识中东变局对中国国际环境变化的影响，有以下几个问题需要引起高度重视。

第一，中东变局并未改变美国战略东移决心。中东变局发生后，国内舆论中存在着一种盲目乐观的思想，它突出表现为盲目夸大中东变局对美国战略东移的牵制作用，并认为中国迎来了继“9·11”事件之后又一战略机遇期。但事态的发展表明，美国战略东移步伐并未因中东乱局而减缓。相反，美国对我周边南海问题的介入和干预呈现出进一步加强的态势。美国对中东变局的干预凸显了“新介入方式”和“巧实力”的运用，奥巴马政府并未改变在中东采取战略收缩、改善与伊斯兰世界关系，为美国战略重心向亚太地区转移创造条件的基本策略。对此，中国没有任何理由盲目乐观，单方面期待美国深陷中东乱局的看法无疑是缺乏大战略眼光的一厢情愿，无助于认识中国所处的复杂国际环境。

第二，美国并未丧失对中东事务的主导权。美国国内经济困难和阿富汗、伊拉克问题的牵制，阿拉伯国家群体性动荡导致盟国政权或垮台崩塌或对美国产生信任危机，伊朗等地区敌手坐大等，都使美国控制和主导中东的能力有所下降。因此，舆论界有观点认为中东已出现美国权势消退的“权力真空”，并主张中国应趁机填补。事实上，不仅美国在一定时期内“唯一超级大国”的地位不会改变，[①] 美国对中东事务的主导权也不会在短期内丧失。近年来，美国已经对中国谋求中东事务主导权充满警惕，如中国思想界简单从中美博弈的角度看待中东变局，更会加深美国对中国的战略猜疑，既无助于中美关系的发展，也无助于中国的中东外交。

第三，中东变局并未导致西方与新兴大国的阵营分化与对抗。在关于在

① 王辑思：“20年内美国仍是唯一超级大国”，《环球时报》2011年8月2日。

利比亚设立禁飞区的安理会1973号决议中，“金砖国家”一致投弃权票一度被国内外舆论解读为新兴大国集体决策的结果，并与2011年在中国举办的“金砖国家”峰会、国际货币基金组织总裁变更等问题结合在一起，断定西方与新兴大国的阵营分化和对抗博弈构成了2011年国际战略态势变化重要内容，以此判断国际权势转移。但事实上这是一种主观臆测。“金砖国家”对1973号决议投弃权票的结果在很大程度只是一种巧合，其共同之处最多只是“金砖国家”共同价值与外交取向的偶合，而远非集体决策的“共谋”。俄罗斯在利比亚问题上的反复变脸无疑证明了这一点，在国际货币基金组织总裁变更问题上“金砖国家”也并未“集体发力”；印度等新兴国家与美国战略合作的加强，以及中印关系的复杂矛盾都表明，无论是新兴国家与西方的关系，还是新兴国家的内部关系，都是既斗争又合作的复杂关系。

全面总结应对中东变局的经验与不足

应对中东变局是进入新世纪以来中国内政与外交面临的一次严峻考验。尽管它对中国的政治压力远小于苏东剧变，但由于中国在中东地区有巨大的现实利益，加之全球化时代信息传递的便捷和公众舆论的复杂多元，使得中国内政外交均受到较大的冲击。总体来说，中国成功地应对了中东变局的冲击，积累了危机管理的宝贵经验，但也存在着需要加以改进的不足。

1. **中国应对中东变局的主要经验。**第一，坚持不干涉内政等外交原则不动摇是中国外交保持主动性的根本所在。

始终恪守不干涉内政原则，是中国与阿拉伯国家长期友好合作关系的基石。在中东变局中尤其是在利比亚、叙利亚问题上，中国之所以没有陷入美欧的困境，其成功的根本就在于中国毫不动摇地坚持不干涉内政等外交原则。其基本内容也正如杨洁篪外长在2011年访问中东国家后所作的系统总结：首先，中国坚持不干涉内政原则，即尊重和支持地区国家自主处理内部事务，相信地区国家和人民有能力、有办法找到适合本国国情的发展道路和治国理政方式；其次，中国反对使用武力，呼吁各方通过政治手段、以和平方式解决矛盾；最后，中国呼吁国际社会支持地区国家为恢复政局稳定、发展经济、解决热点问题所作的努力，特别是积极推进中东和平进程，为地区恢复和平稳定、寻求可持续发展创造良好外部条件。①

第二，保持具体外交政策的灵活性，力争“有所作为”。

坚持不干涉内政、反对使用武力并不意味着无所作为。相反，中国与联合国、相关大国、地区组织、地区主要国家保持了密切的沟通与协调，并在不超越中国外交基本原则的基础上，在具体的政策上保持了适度的灵活，避免了僵化和被动。例如，中国在制裁利比亚的联合国决议中投赞成票，而在建立禁飞区的1973号决议中投弃权票，既坚持了尊重国家主权和不干涉内政原则，也照顾到保护平民的宗旨和阿盟、非盟等方方面面的立场，② 同时也避免了出现与西方的对抗的局面。又如，在中东形势动荡的关口，中国外长、中东问题特使等官员先后访问中东国家，相继接待沙特特使、苏丹总统、利比亚反对派特使等访华，并于2011年5月与海合会在阿布扎比举行战略对话，都体现了中国力图“有所作为”外交勇气。再如，中国在并未承认利比亚反对派“全国过渡委员会”的情况下，派外交官赴班加西与之进行接触，也体现了中国外交的灵活性。上述事例都表明，作为联合国安理会常任理事国和负责任的大国，中方愿为促进该地区的和平、稳定与发展发挥建设性作用。③

第三，内外联动，多方协作，顺利完成利比亚撤侨。

在利比亚危机发生后，中国迅即启动应急机制，积极动员国内外各种资源，海陆空三路并进，圆满完成了撤离3.586万名中国公民的壮举。在完成这次空前大撤离过程中，该地区许多国家提供了积极合作，这是顺利完成任务不可或缺的因素，也从一个侧面反映我国外交的积极成果。④ 在此次空前规模的撤侨行动中，海空军力量首次参与撤侨，尤其是海军“徐州”号导弹护卫舰穿越苏伊士运河进入了地中海，为撤侨进行护航，充分展示了中国

① “中国高调重申：在中东北非坚持不干涉原则”，http：//military. china. com/important/64/20110504/16519136. html

② 吴思科：“不干涉内政不等于无所作为”，《人民日报》2011年5月30日。

③ “中国高调重申：在中东北非坚持不干涉原则”，http：//military. china. com/important/64/20110504/16519136. html

④ 吴思科：“不干涉内政不等于无所作为”，《人民日报》2011年5月30日。

作为崛起大国的国际地位。对此，有评价指出，“仅就‘徐州’号上高高飘扬的五星红旗对在枪炮声中饱受煎熬的同胞所能产生的镇静作用而言，这次行动就足以在中国军事史上占据重要的一页”。①

2. **中国应对中东变局的若干不足**。第一，对中东变局的外交应对仍存在进一步改进的空间。

在应对中东变局过程中，中国的问题主要表现为在总体上仍存在一定的被动性。首先，中国对外交时机的把握仍显滞后。例如，与西方外交官在中东变局发生不久就频繁出访相关国家相比，中国相关外交出访活动主要是在2011年3月以后才相继展开的，存在一定的滞后性。其次，中国与中东国家反对派的接触和沟通不够主动。由于中国长期以来更习惯于官方交往，在与反政府力量交往方面，受渠道不够畅通，人才相对缺乏，非政府力量作用有限等因素的制约，中国与埃及穆斯林兄弟会、利比亚“全国过渡委员会”的接触显然滞后于其他大国。再次，中国的斡旋外交和调停外交的主动性不够，国际影响相对较小。导致以上问题的根源主要在于思想解放不够，对“不干涉内政原则”、“韬光养晦”和“有所作为”等外交方针的理解不够辩证。

第二，对中东变局的新闻报道和舆论引导存在着一定的不足。

在中东变局初期，中国新闻管理部门一度要求媒体淡化报道。在网络媒体高度发达的全球化时代，这种策略不仅无助于客观认识中东变局，而且容易造成认识上的思想混乱。最初，新闻报道主要以报纸媒体尤其是地方报纸为主。直到利比亚危机出现后，主流电视媒体才介入全面报道，这种处理方式也存在不妥之处。官方主流媒体的失语和缺位，导致民众对政府立场的猜疑心理严重。在放开报道后，许多媒体盲目效仿西方媒体，使用“茉莉花革命”、“阿拉伯之春”、“民主革命”等术语予以定性，又暴露出中国媒体缺乏自身话语体系的弊端。因此，反思中国新闻媒体的报道和评论，从最初的政府控制到后来的混乱无序，既反映了中国新闻管理政策水平和新闻媒体专业水平不高的现实，同时也折射出中国中东研究尤其是国别研究落后的现实。

---

① 叶海林：“中东北非变局及对中国战略机遇的影响”，http：//wsdx. hehua. net/jianggao/qita/2011/402. html

科学谋划中长期的中国中东外交战略及实现手段

中东变局发生以来，中东国家内部的深刻政治变革、地区格局的重组、美欧等世界大国中东战略的调整，都使中国的中东外交面临着诸多的新问题、新挑战，中东在中国国际战略和对外关系全局中的地位呈进一步上升的态势，中国迫切需要制定中长期的中东外交战略，并对其实现机制和手段做出全面的安排。

1. **进一步增强对中东战略地位的认识。**近年来，中国先后发布了《中国政府对非政策文件》（2006年1月）和《中国对拉丁美洲和加勒比政策文件》（2008年11月），标志着中国对非洲和拉美外交战略的日渐成型，但迄今尚未发布对西亚北非（中东）政策的政府性文件。尽管这并不意味着中国没有对中东的外交战略，同时也反映了中东地区形势复杂，制定统一外交战略和政策存在相当多的困难这一现实。但是，中东地区形势发生剧变的现实，改革开放以来中国与中东关系日益密切，国际社会了解中国中东外交的外部需求，都迫切需要中国将制定中长期的中东外交战略提上历史日程。

中国的中东外交战略在内容上应包括中东在中国外交中的战略地位、中国与中东国家关系的历史与现状、中国在中东的国家利益、中国中东外交的原则和机制、中国在中东热点问题上的立场和政策等。受篇幅所限，这里重点讨论中东的战略地位问题。近年来，逐步将中东地区从我国周边战略延伸地区调整为中国大周边的重要组成部分，反映了中东在我国外交全局中战略重要性的提高。① 但落实到具体的认识上，中国仍习惯于从政治上的战略依托、安全上防范“三股势力”的屏障、经济上的能源供应和经贸利益来认识中国在中东的利益。尽管这种认识并无不当，但却表现出狭隘性与功利性的缺陷。在充分认识上述重要战略利益的基础上，中国的中东战略应增强以

① 方晓：“‘中国对中东反对派持开放态度’——对中国中东问题特使吴思科的采访”，《东方早报》2011年5月21日。

下两点认识：

首先，应从全球治理的高度看待中东的战略重要性。中东的安全与发展问题已成为全球治理的重要内容，已成为中国履行国际责任无法规避的问题，尤其是中国在能源、贸易、金融、气候变化等问题上的外交政策都需要中东国家的支持。在此背景下，“将中国与中东伊斯兰国家关系仅仅定为中国‘周边战略的延伸和大周边战略的组成部分’，显然已不足以反映中国与中东伊斯兰国家关系的实质性内涵”。①

其次，应从“大中东”的地缘战略高度认识中东的重要性。在陆上安全层面，中东与中亚、南亚共同构成地缘政治的“心脏地带”，直接影响中国西北的安全环境；在海洋安全层面，中东直接关系到中国能源通道的安全以及中国在印度洋的战略利益。当前，包括中东、中亚、南亚的“大中东”地区在地缘政治上的一体化趋势日益突出，美国从中东战略收缩和重返东亚的战略东移，使中国西北陆疆与东南海疆安全压力呈现出同时吃紧的态势。② 因此，中东对于中国安全的重要性已远远超过防范“三股势力”的简单范畴。

2. **在坚持原则的同时适度扩大对中东事务的参与。**中东变局发生后，国际和国内社会都存在要求中国加大对中东事务参与力度的舆论呼声。在国际社会突出表现为西方乃至阿拉伯世界的“中国责任论”，要求国力不断增强的中国为中东国家的转型承担更多的国际责任。美国政要基辛格明确表示，作为世界最大的债权国，中国能够发挥作用的一个领域是通过协助经济发展，实现中东北非的稳定发展。③ 阿拉伯国家的官方和民间也有类似的诉求，不仅期待中国能提供更多的援助，同时希望中国能够主持正义，平衡乃至对抗西方对阿拉伯国家的压力。在国内舆论界，也有“中国要敢于接触中东内政”④、“中方

---

① 朱威烈：“试论中国与中东伊斯兰国家的战略性关系”，载《世界经济与政治》2010 年第 9 期，第 7 页。

② 刘中民：“美国介入南海争端意在牵制中国”，《法制日报》2010 年 8 月 25 日。

③ “美媒称中国应向中东北非国家推出‘中国版马歇尔计划’”，http://world.huanqiu.com/roll/2011-06/1788876.html

④ 赵可金：“中国要敢于接触中东内政”，http://opinion.huanqiu.com/roll/2011-02/1519413.html

应参与斡旋利比亚”[①]、中国应在中东“培育和扶持亲华的政治势力”[②] 等要求中国扩大对中东事务参与力度的思想主张，以更好维护中国在中东地区的海外利益，增强对中东事务的影响力，树立负责任大国的国际形象。

中国中东外交固然不会受制于国内外的舆论呼声，但在坚持中国外交原则的基础上，适度扩大对中东事务的参与力度已经成为中国必须面对的问题。中国扩大对中东事务的参与应注意以下几个问题：

第一，“不干涉内政原则”依然是中国参与中东事务的基石，是中国赢得中东国家信任，保持中国外交主动性的根本保障。因此，做公正的协调者而不是领导者，发挥建设性作用而不是控制和主导作用，是中国参与中东事务的身份定位。中国既不能充当西方的“外交掮客”，也不要刻意“培育和扶持亲华的政治势力”，避免中国中东外交丧失主动性和独立自主外交的特色。

第二，创造性地理解和运用不干涉内政原则，不断充实其内涵。在全球治理兴起的背景下，中国所倡导的不干涉原则的新内涵应包括以下内容：一是强调国际社会应当尊重全球化时代必然出现的多样性与民主协商原则，强调尊重各国自主选择自身发展道路和模式的权利，反对大国强国把自己的意志和办法强加于人。二是提出国际社会在情势不得已时的有限干预，须以联合国多数成员的赞同和安理会的决议为合法性的基石，还要尊重当事国政府和民众的意愿及国情。三是国际介入应当主要是和平的、合作的方式（个别情况下借助经济贸易制裁的手段），最大限度地减少武力威胁和强制实行的做法。四是把对此类措施的考量，与全球和平与发展的大背景、国际变革与人类进步的趋势、中国与世界关系良性互动的总体战略等因素联系起来。[③]

第三，适度扩大中国对中东国家的援助和投资，推动中东国家的经济与社会发展，增强中国对中东的影响塑造能力。中国应进一步深刻认识外援的

---

① 谷棣：“中方应参与斡旋利比亚”，http：//opinion. huanqiu. com/roll/2011 - 04/1655781. html

② 吕冠军、甄志平：“中东北非政治乱局，中国应有所作为”，http：//www. chinathinktank. cn/ShowArticle. asp? ArticleID = 20993

③ 王逸舟：“中国外交十特色——兼论对外交研究的启示”，载《世界经济与政治》2008 年第 5 期，第 15 页。

政治功能与战略作用，适当增加对转型时期阿拉伯国家的援助与投资，同时要建立对外援助的政治、经济、效益和环境等方面的评估机制，大型援建项目要通过国际机构进行环境等方面的评估；在发展投资方面，应力争避免粗放式经营的投资项目。

第四，进一步增强外交斡旋的能力，保持与国际组织、西方大国、地区组织与国家的沟通、协调，会同国际社会在联合国安理会的框架内采取积极的预防性外交，加大对中东热点问题的参与力度，发挥劝谈、促和的建设性作用，维护中东地区的安全与稳定。在具体的外交实践中，中国既“要敢于向当事国提出符合国际道义的更为可行的具体解决方案”；又要“继续遵循决不强加于人的主权原则，处理好不干涉内政与建设性介入的关系”①。

第五，坚持多边与双边并重，继续稳妥推进中国与中东国家关系的发展。此次中东剧变将进一步凸显阿拉伯国家发展的不平衡性和差异性，利用中阿合作论坛统筹中阿关系的难度将进一步增强。因此，在进一步加强中阿合作论坛机制建设的基础上，应加强对阿拉伯国家差异性的认识，并开展有针对性的双边合作。在阿拉伯世界分化加剧的背景下，中国应在加强与阿盟、非盟等地区组织协调的基础上，重点加强与海合会战略对话机制的建设；要根据中东国家形势变化有针对性地调整与相关国家的关系，要重点加强与埃及、沙特、土耳其、伊朗、以色列等地区大国的沟通、协调与合作，确保中国与中东国家关系的平稳过渡。

第六，要加强中国中东外交主体的多元化、外交渠道的多样化和多层次化，尤其是要加强与中东国家政治反对派的接触。在过去的中国中东外交中，外交主体单一和外交渠道相对匮乏的缺陷，制约了中国与中东国家关系的立体化发展，导致中国与中东国家的政治反对派、伊斯兰组织等力量的接触相对不足，不利于中国对中东国家形势变化的及时应对。在中东发生政治变革的背景下，与政治反对派打交道将成为中国外交无法回避的问题，而加强民间交往，致力于引导公民社会建设，影响中东国家的政治转型，已经成为美欧大国中东外交的重点。因此，中国应通过加强政党、非政府组织、民

---

① 刘中民：“关于加强中国热点外交的若干对策思考”，载《东北亚论坛》2010年第1期，第7页。

间团体、企业、研究机构、个人等多元外交主体建设，通过民间交往、宗教交往、人文交流等渠道，加强与中东国家政治反对派及其他主要社会组织的接触，夯实中国中东外交的社会基础。

第七，加强中东、非洲研究机构的队伍和能力建设。相对于西方大国的中东、非洲研究和国内的其他区域国别问题研究，中国的中东和非洲研究存在着研究机构数量少、队伍小、能力严重不足等缺陷，尤其是关于中小国家的国别研究长期落后。[1] 中东变局发生后，中国思想界和舆论界产生的诸多简单、片面的认识，与中国中东、非洲研究落后和人才匮乏的状况有密切关系。因此，中国应从战略高度认识中东、非洲研究的重要性，国家和社会要都要加大投入，建立和培养一批高水平的中东、非洲研究机构和专家队伍，不断加强其国际化和政策咨询能力建设，以更好地服务于中国的中东外交。

① 刘中民：“小国研究应提到战略高度”，《环球时报》，2011年4月11日。

附录

近年来本书作者围绕中东形势发表的时政评论目录

1.《试水中东：变局下的中国外交》，《世界知识》2013 年第 5 期。

2.《伊朗观点：不是“春天”是“觉醒”》，《世界知识》2013 年第 6 期。

3.《阿富汗重建，中国扮演什么角色》，《世界知识》2013 年第 12 期。

4.《中东变局与国际恐怖主义的新发展》，《世界知识》2013 年第 16 期。

5.《“阿拉伯之春”：浪漫开场，如何收尾》，《世界知识》2012 年第 7 期

6.《卡塔尔：小国玩转大世界》，《世界知识》2012 年第 9 期

7.《沙特的国家叙事：宗教、外交和大国地位》，《世界知识》2012 年第 12 期

8.《喧嚣的中东：会全面伊斯兰化吗?》，《世界知识》2012 年第 16 期

9.《中东，牵绊着奥巴马东移的脚步》，《世界知识》2012 年第 23 期

10.《“阿拉伯之春”后的埃及》，《社会观察》2011 年第 6 期。

11.《阿拉伯变局的发展趋势》，《社会观察》2011 年第 9 期。

12.《叙利亚决议案：中国为何说“不”》，《社会观察》2011 年第 10 期。

13.《国际恐怖主义新特点》，《人民日报》2013 年 2 月 5 日。

14.《伊朗想要怎样的叙利亚》,《东方早报》2013 年 3 月 4 日。

15.《意识形态是“基地”组织核心影响力》,《东方早报》2013 年 5 月 6 日。

16.《认清中国在中东的定位》,《东方早报》2013 年 5 月 29 日。

17.《拒绝为中东再陷战乱“开绿灯”》,《文汇报》2012 年 2 月 6 日

18.《西方干预决定阿拉伯国家走向》,《环球时报》2012 年 2 月 16 日。

19.《中国中东外交得与失》,《东方早报》2012 年 1 月 5 日

20.《多重挑战考验中国中东政策》,《东方早报》2012 年 2 月 6 日

21.《叙利亚大棋局》,《东方早报》2012 年 2 月 8 日

22.《俄罗斯能否力挺叙利亚到底》,《东方早报》2012 年 2 月 9 日

23.《伊朗和叙利亚的美国困局》,《东方早报》2012 年 2 月 16 日

24.《“阿拉伯之春”已蜕变为地缘政治博弈舞台》,《东方早报》2012 年 3 月 6 日

25.《阿拉伯国家剧变的共性与差异》,《东方早报》2012 年 3 月 15 日

26.《叙利亚停火之后》,《东方早报》2012 年 4 月 9 日

27.《埃及大选“终极对决”——没有轻松的胜利者》,《文汇报》2012 年 6 月 18 日

28.《叙利亚困局取决于外部力量的抉择》,《东方早报》2012 年 6 月 18 日

29.《埃及仍处在畸形的政治过渡期》,《东方早报》2012 年 6 月 26 日

30.《叙利亚危机的中国选择》,《东方早报》2012 年 7 月 18 日

31.《转型阿拉伯国家不会全面伊斯兰化》,《东方早报》2012 年 7 月 19 日

32.《“基地”组织的叙利亚契机》,《东方早报》2012 年 7 月 30 日

33.《埃及能否引领中阿关系顺利转型》,《东方早报》2012 年 8 月 29 日

34.《中东局势深入调整》,《东方早报》2012 年 10 月 17 日

35.《奥巴马中东反恐得失》,《东方早报》2012 年 10 月 25 日

36.《叙利亚危机局势或仍僵持》,《文汇报》2012 年 11 月 17 日

37.《夹缝中的哈马斯》,《东方早报》2012 年 11 月 20 日

38.《中东伊斯兰复兴将重掀高潮》,《环球时报》,2011 年 2 月 15 日

39.《乱局为何在中东蔓延》,《环球时报》, 2011年2月24日

40.《小国研究应提到战略高度》,《环球时报》, 2011年4月11日

41.《中共执政不会重蹈中东变局》,《环球时报》, 2011年6月22日

42.《利比亚局势折射全球复杂政治生态》,《中国社会科学报》2011年3月31日

43.《埃及变局》,《法制周末》, 2011年2月17日

44.《埃及变局才刚刚开始》,《东方早报》, 2011年2月16日

45.《民主未必是革命的唯一归宿》,《东方早报》2011年2月18日

46.《美国中东霸权的衰落》,《东方早报》2011年2月25日

47.《中东政治逐步回归真实》,《东方早报》2011年3月24日

48.《主权概念:真实还是虚拟?》,《东方早报》2011年4月1日

49.《政治合法性危机是中东动荡的根源》,《东方早报》2011年4月19日

50.《迟到而尴尬的反恐胜利》,《东方早报》2011年5月3日

51.《思想和制度再造是中东转型关键》,《东方早报》2011年5月5日

52.《"阿拉伯之春"缘何走向"严冬"》,《东方早报》2011年6月14日

53.《适应西方主导能力下降的世界》,《东方早报》2011年7月11日

54.《中国对中东变局不能想当然》,《东方早报》2011年8月23日

55.《干涉的利比亚模式可否复制》,《东方早报》2011年8月24日

56.《中国不应追求中东事务领导者角色》,《东方早报》2011年8月26日

57.《巴勒斯坦建国难在何处》,《东方早报》2011年9月27日

58.《巴以冲突是谁的悲剧》,《东方早报》2011年10月11日

59.《深刻调整的中东变局》,《东方早报》2011年10月31日

60.《美以威胁军事打击伊朗实属战略无奈》,《东方早报》2011年11月8日

61.《中东变局中的伊斯兰主义》,《东方早报》2011年11月24日

62.《中东逼近地区性大乱》,《东方早报》2011年11月24日

63.《叙利亚:中东动荡的"刹车"还是"油门"》,《文汇报》2011年12月5日

64.《阿拉伯世界：变革与动荡并存》，《解放日报》，2010 年 9 月 1 日。

65.《伊朗为什么是伊朗》，《东方早报》2010 年 4 月 2 日

66.《在亚洲，美国为何总收获失败》，《环球时报》2008 年 5 月 20 日

图书在版编目（CIP）数据

中东政治专题研究/刘中民著．—北京：时事出版社，2013.12
ISBN 978-7-80232-672-9

Ⅰ.①中…　Ⅱ.①刘…　Ⅲ.①中东问题－文集　Ⅳ.①D815.4－53

中国版本图书馆 CIP 数据核字（2013）第 281547 号

出 版 发 行：时事出版社
地　　　址：北京市海淀区万寿寺甲 2 号
邮　　　编：100081
发 行 热 线：（010）88547590　88547591
读者服务部：（010）88547595
传　　　真：（010）68418647
电 子 邮 箱：shishichubanshe@sina.com
网　　　址：www.shshishe.com
印　　　刷：北京昌平百善印刷厂

开本：787×1092　1/16　印张：40.25　字数：646 千字
2013 年 12 月第 1 版　2013 年 12 月第 1 次印刷
定价：118.00 元
（如有印装质量问题，请与本社发行部联系调换）